O EVANGELHO
REDIVIVO

LIVRO II
ESTUDO INTERPRETATIVO DO EVANGELHO SEGUNDO MATEUS

Organização-Coordenação
Marta Antunes Moura

O EVANGELHO
REDIVIVO

LIVRO II
ESTUDO INTERPRETATIVO DO
EVANGELHO SEGUNDO MATEUS

Copyright © 2020 *by*
FEDERAÇÃO ESPÍRITA BRASILEIRA – FEB

1ª edição – 5ª impressão – 1 mil exemplares – 6/2025

ISBN 978-85-9466-450-1

Todos os direitos reservados. Nenhuma parte desta publicação pode ser reproduzida, armazenada ou transmitida, total ou parcialmente, por quaisquer métodos ou processos, sem autorização do detentor do *copyright*.

FEDERAÇÃO ESPÍRITA BRASILEIRA – FEB
SGAN 603 – Conjunto F – Avenida L2 Norte
70830-106 – Brasília (DF) – Brasil
www.febeditora.com.br
editorial@febnet.org.br
+55 61 2101 6161

Todo o papel empregado nesta obra possui certificação FSC® sob responsabilidade do fabricante obtido através de fontes responsáveis.
* marca registrada de Forest Stewardship Council

Pedidos de livros à FEB
Comercial
Tel.: (61) 2101 6161 – comercial@febnet.org.br

Adquirindo esta obra, você está colaborando com as ações de assistência e promoção social da FEB e com o Movimento Espírita na divulgação do Evangelho de Jesus à luz do Espiritismo.

Dados Internacionais de Catalogação na Publicação (CIP)
(Federação Espírita Brasileira – Biblioteca de Obras Raras)

M929e   Moura, Marta Antunes de Oliveira de (Org.), 1946–

O evangelho redivivo: estudo interpretativo do Evangelho segundo Mateus / organização de Marta Antunes de Oliveira de Moura. – 1. ed. – 5. imp. – Brasília: FEB, 2025.

V. 2; 560 p.; 25cm

Inclui referências

ISBN 978-85-9466-450-1

1. Espiritismo. I. Federação Espírita Brasileira. II. Título.

CDD 133.9
CDU 133.7
CDE 60.07.01

SUMÁRIO

Agradecimentos 9
A obra do Evangelho 11

LIVRO II
Estudo Interpretativo do Evangelho Segundo Mateus 13

TEMA 1 – *O Evangelho de Mateus:* Considerações gerais. Os Evangelhos sinópticos 15
TEMA 2 – Genealogia de Jesus (Mt 1:1-17) 26
ANEXO: A genealogia de Jesus 34
TEMA 3 – José e os fatos que antecederam o Nascimento de Jesus (Mt 1:18-25) 36
TEMA 4 – O nascimento de Jesus e a visita dos astrólogos persas (Mt 2:1-12) 40
TEMA 5 – A fuga para o Egito e a matança dos inocentes (Mt 2:13-18) 53
TEMA 6 – Retorno do Egito e estabelecimento em Nazaré (Mt 2:19-23) 60
TEMA 7 – A pregação de João Batista (Mt 3:1-12) 69
ANEXOS 77
TEMA 8 – O batismo de Jesus (Mt 3:13-17) 79
TEMA 9 – As provações de Jesus no deserto (Mt 4:1-11) 85
ANEXO 97
TEMA 10 – Retorno à Galileia (Mt 4:12-17) 98
TEMA 11 – A escolha dos quatro primeiros discípulos (Mt 4:18-22). O chamado de Mateus (Mt 9:9). Jesus ensina e cura (Mt 4:23-25) 103
TEMA 12 – O Sermão da Montanha (Mt 5, 6 e 7). As Bem-Aventuranças (Mt 5:1-12) 111
TEMA 13 – O Sermão da Montanha: Felizes os pobres no espírito e felizes os mansos (Mt 5:3-4) 120

TEMA 14 – O Sermão da Montanha: Felizes os aflitos (Mt 5:5)... 128

TEMA 15 – O Sermão da Montanha: Felizes os que têm fome e sede de justiça. Felizes os misericordiosos (Mt 5:6-7) 137

TEXTOS PARA REFLEXÃO 144

TEMA 16 – O Sermão da Montanha: Felizes os puros de coração e felizes os que promovem a paz (Mt 5:8-9) 147

TEMA 17 – O Sermão da Montanha: Felizes os que são perseguidos por causa da justiça (Mt 5:10-12) 155

TEMA 18 – O Sermão da Montanha: O sal da terra e a luz do mundo (Mt 5:13-16) 164

TEMA 19 – O Sermão da Montanha: O cumprimento da lei e a nova justiça (Mt 5:17-48) 173

ANEXO: O cumprimento da lei e a nova justiça (Mt 5:21-48).. 183

TEMA 20 – O Sermão da Montanha: Dar esmola e orar em segredo (Mt 6:1-6) 185

TEMA 21 – O Sermão da Montanha: Pai-Nosso (Mt 6:7-15). A eficácia da oração (Mt 7:7-11) 193

TEMA 22 – O Sermão da Montanha: O jejum e a discussão sobre o jejum (Mt 6:16-18 e 9:14-17). O verdadeiro tesouro e a lâmpada do corpo (Mt 6:16-23) 204

TEMA 23 – O Sermão da Montanha: Não servir a dois senhores. Abandonar-se às Providência Divina (Mt 6:24-34) 212

TEMA 24 – O Sermão da Montanha: Não julgar e não profanar (Mt 7:1-6). A regra de ouro (Mt 7:12) 220

TEMA 25 – O Sermão da Montanha: Os dois caminhos e os falsos profetas (Mt 7:13-20) 227

TEMA 26 – O Sermão da Montanha: Os verdadeiros discípulos (Mt 7:21-27). Falar com autoridade (Mt 7:28-29). Muitos os chamados, poucos os escolhidos (Mt 9:35-38) 235

TEMA 27 – A pregação do Reino dos Céus: A cura do leproso (Mt 8:1-4) 246

TEMA 28 – A pregação do Reino dos Céus: A cura do servo do centurião (Mt 8:5-13) 252

TEMA 29 – A pregação do Reino dos Céus: A cura da sogra de Pedro e outras curas (Mt 8:14-17). A vocação apostólica (Mt 8:18-22)... 260

TEMA 30 – A pregação do Reino dos Céus: A tempestade acalmada (Mt 8:23-27)... 268

TEMA 31 – A pregação do Reino dos Céus: Os gadarenos endemoniados (Mt 8:28-34) 277

TEMA 32 – A pregação do Reino dos Céus: A cura do paralítico (Mt 9:1-8) 288

TEMA 33 – A pregação do Reino dos Céus: Refeição com os pecadores (Mt 9:10-13) 294

TEMA 34 – A pregação do Reino dos Céus: A ressurreição da filha de um chefe e a cura de uma hemorroíssa (Mt 9:18-26) 304

TEMA 35 – A pregação do Reino dos Céus: A cura de dois cegos e de um endemoniado (Mt 9:27-34) 313

TEMA 36 – Discurso apostólico: Missão dos doze. Perseguição aos missionários. Falar abertamente (Mt 10:1-33) 322

TEMA 37 – Discurso apostólico: A paz e a espada. Renunciar a si mesmo. Conclusão do discurso apostólico (Mt 10:34-42) 332

TEMA 38 – O mistério do Reino dos Céus: A parte narrativa 1 (Mt 11:1-30)... 339

TEMA 39 – O mistério do Reino dos Céus: A parte narrativa 2 (Mt 12:1-32).. 350

TEMA 40 – O mistério do Reino dos Céus: A parte narrativa 3 (Mt 12: 33-50)... 361

TEMA 41 – Discurso em parábolas: A parábola do semeador (Mt 13:1-23) 371

TEMA 42 – Discurso em parábolas: A parábola do joio, a do grão de mostarda e a do fermento (Mt 13: 24-43) 381

TEMA 43 – Discurso em parábolas: Parábolas do tesouro, da pérola e da rede (Mt 13:44-52)... 391

TEMA 44 – Primícias do Reino: Parte narrativa 1 (Mt 14:1-36) 400

TEMA 45 – Primícias do Reino: Parte narrativa 2 (Mt 15:1-39)...... 410

TEMA 46 – Primícias do Reino: Parte narrativa 3 (Mt 16:1-28)...... 420

TEMA 47 – Primícias do Reino: Parte narrativa 4 (Mt 17:1-27)...... 429

TEMA 48 – Primícias do Reino: O discurso eclesiástico (Mt 18:1-35) 439

TEMA 49 – O advento próximo do Reino dos Céus: Parte narrativa 1 (Mt 19:1-30) 451

TEMA 50 – O advento próximo do Reino dos Céus: Parte narrativa 2 (Mt 20:1-34) 461

TEMA 51 – O advento próximo do Reino dos Céus: Parte narrativa 3 (Mt 21:1-46) 472

TEMA 52 – O advento próximo do Reino dos Céus: Parte narrativa 4 (Mt 22:1-46) 483

TEMA 53 – O advento próximo do Reino dos Céus: Parte narrativa 5 (Mt 23:1-39) 492

TEMA 54 – O advento próximo do Reino dos Céus: O discurso escatológico 1 (Mt 24:1-51) 504

TEMA 55 – O advento próximo do Reino dos Céus: O discurso escatológico 2 (Mt 25:1-46) 516

TEMA 56 – Paixão e ressurreição 1 (Mt 26:1-75) 524

TEMA 57 – Paixão e ressurreição 2 (Mt 27:1-66) 535

TEMA 58 – Paixão e ressurreição 3 (Mt 28:1-20) 548

AGRADECIMENTOS

Com a publicação do segundo livro do programa *O evangelho redivivo: estudo interpretativo do evangelho segundo Mateus,* endereçamos os mais sinceros agradecimentos aos dedicados integrantes da seguinte equipe, que muito têm contribuído na realização de diferentes atividades: elaboração de textos, revisão bibliográfica e gramatical: Cylene Dalva Guida, Dalva Silva Souza, Elzi Nascimento, Elzita Melo Quinta, Fátima Guimarães, Janice Luzia Oliveira Schultz Barbosa, Manoel de Medeiros Rodrigues Craveiro, Marcos Bragatto, Mariane Lis Herrera Masotti, Pedro Paulo Camello, Nilva Polônio Craveiro, Túlia Benites e Wagna Carvalho.

O amigo Severino Celestino da Silva tem também a nossa gratidão pela elaboração do texto introdutório do livro, oportunidade em que ele transmite ao leitor visão panorâmica e pontos específicos de *O evangelho segundo Mateus.*

Um sincero e carinhoso "muito obrigada" é dirigido aos coordenadores das respectivas instituições espíritas, do Brasil e do Exterior, pelo incansável trabalho de testagem e evaliação dos temas: Carlos Roberto Campetti (Espanha), Cecília Lamego (Vitória da Conquista/Brasil), Elzi Nascimento, Elzita Melo Quinta e Mariza Borges (Goiânia/Brasil), Maura Godinho (Cidade de Goiás/Brasil) José Valdez (Caracas/Venezuela), Nelida Esther Fregossi e Luiz Antônio Brescovites (Santa Catarina/Brasil), Marluce Alves (Alagoas/Brasil), Maria Isabel de Saraiva (Leiria/Portugal), Mauricio Curi, Maria Inês von Gal Milanesi e Pedro Paulo Camelo (Brasília/Brasil), Maria Luiza Moura (Uberaba/Brasil), Maria do Socorro Rodrigues (Fortaleza/Ceará), Monica Oliveira Guadalupe (Quito/Equador), Ricardo Santos (Manaus/Amazonas), Silvana Elia (Suíça) e Wilter Coelho (Luziânia/Brasil).

Com alegria damos as boas vindas a três novos coordenadores que passam a integrar a equipe de O Evangelho Redivivo: Luiza Leontina (Cuiabá/Brasil), Cristina Miranda e José Lucimar de Oliveira (Teresina/Brasil) e Raquel M. Ferreira Freitas (Itália).

A nossa eterna gratidão é, hoje e sempre, endereçada ao Pai e Criador Supremo, a Jesus, nosso Guia e Modelo, e a todos os Espíritos benfeitores, sobretudo a Bittencourt Sampaio, que diuturnamente se fazem presentes, auxiliando-nos com amor e dedicação, além de suprir as nossas imperfeições.

Brasília (DF), 8 de dezembro de 2019.
Marta Antunes Moura
Organizadora

A OBRA DO EVANGELHO

Francisco Leite de Bittencourt Sampaio

Muitos daqueles que se entregam atualmente aos postulados científicos do Espiritismo condenam os estudiosos das ilações de ordem moral e religiosa, às quais a Doutrina inevitavelmente conduz com as suas expressões fenomênicas, demonstrando as realidades espirituais.

Mesmo aqui no Brasil, onde Ismael fixou as bases luminosas do seu programa, observam-se movimentos sub-reptícios tendentes a nulificar a ação do Evangelho, eliminando as feições religiosas e consoladoras da Doutrina.

Que se crie uma ciência nova sobre a argamassa dos fenômenos espíritas, que se amplie a metapsíquica, com os seus compêndios de complicada terminologia é natural; mas que se olvide que o moderno Espiritismo tem de ser a confirmação do Cristianismo, em sua primitiva pureza, restaurando as forças coletivas para a prática do bem, é inadmissível.

As ciências terrenas têm um valor sobremaneira relativo diante das leis transcendentes que regem o mecanismo dos destinos. O homem físico tem atingido cumeadas evolutivas, mas o homem moral se ressente de graves lacunas e grandes defeitos. Para o primeiro, a Terra está cheia de novas comodidades e de eficazes tratamentos. Para o segundo, porém, só existe um caminho de progresso — o do instituto cristão.

Na compreensão exata do Evangelho, está hoje guardada a solução de todas as crises que assoberbam os humanos. O critério de civilização ou de cultura, sob o ponto de vista mundano, não resolve os sérios enigmas que preocupam a mentalidade geral, porquanto, moralmente falando, o homem está cheio de necessidades. A mensagem do Cristo, ainda hoje, é obscura e desconhecida no ambiente de quase todas as nacionalidades, não obstante as igrejas de todos os matizes, isoladas dos verdadeiros característicos do Cristianismo. Muitos povos esperam ainda a palavra do Mestre para que aproximem as suas leis do Código da Fraternidade e do Amor.

No domínio das coisas espirituais, o homem ainda oscila entre a civilização e a barbárie. Daí se infere a necessidade de se esclarecer o entendimento humano no que se refere aos seus deveres Divinos.

Todos os programas dos ideais espiritualistas têm de se basear na melhoria do homem. O Espiritismo terá de reviver o Cristianismo ou terá de perecer; as suas questões científicas são acessórios necessários à sua evolução como Doutrina, mas não significam a sua vitalidade essencial. Os que malsinam a obra evangélica, tachando-a de inútil e descabida, não apreenderam as grandes verdades da Vida, despidos do senso das realidades atuais.

É necessário que os espíritas se convençam de que toda a obra doutrinária sem o concurso da parte moral do Espiritismo passará como meteoro. Se nas vossas atividades consuetudinárias tendes visto fracassarem inúmeras edificações rotuladas com a nossa fé consoladora, semelhantes desastres são o fruto de injustificáveis irreflexões. Antes de criar os espíritas conscientes dos seus deveres de fraternidade, de humildade e de amor, tendes levantado as obras espíritas vazias das consciências esclarecidas, inaptas a orientá-las no labirinto das atividades modernas. Criar instituições sem afinar as mentes que as nortearão nos ambientes da coletividade de acordo com os seus objetivos sagrados é meio caminho andado para a sua própria falência.

Convencei-vos de que a atualidade necessita do esforço comum de todos à sombra da bandeira da tolerância e da unificação para que se dissemine a lição do Evangelho em todo o planeta. Antes dos cérebros, faz-se mister iluminarem-se os corações. O Espiritismo marchará com o Cristo ou se desviará de suas finalidades sagradas. Ou os homens realizam o Evangelho ou a sua civilização terá de desaparecer.*

---

* Mensagem recebida pelo médium Francisco Cândido Xavier, em 24-3-1936. Federação Espírita Brasileira: *Reformador*. Ano 94, nº 1.762, mar. 1976.

O EVANGELHO REDIVIVO

LIVRO II
Estudo Interpretativo do Evangelho Segundo Mateus

TEMA 1

O EVANGELHO DE MATEUS: CONSIDERAÇÕES GERAIS. OS EVANGELHOS SINÓPTICOS

O Evangelho Redivivo é um programa de estudo continuado, disponibilizado pela Federação Espírita Brasileira ao Movimento Espírita, com a finalidade de interpretar a mensagem cristã à luz da Doutrina Espírita.

Explicações necessárias

Cada livro do Novo Testamento conterá, logo no início, um texto introdutório e explicativo da referida obra, elaborado pelo respeitável estudioso da *Bíblia*, o confrade espírita, Severino Celestino. Contudo, na apresentação que se segue do *Livro de Mateus* tomamos a liberdade para acrescentar outros esclarecimentos relacionados ao programa O Evangelho Redivivo. Mas, a partir do *Livro de Marcos* até o *Apocalipse de João*, contaremos com o texto integral de Severino Celestino.

Na elaboração dos temas priorizou-se a indicação de referências espíritas confiáveis, bem fundamentadas, como as obras codificadas por Allan Kardec e as de autores encarnados e desencarnados.** Constam também citações de obras não espíritas — todas de autores respeitáveis e de consenso no meio acadêmico e religioso. A ideia geral é analisar a mensagem do Cristo, além dos simbolismos em que elas se expressam, usualmente. Na medida do possível, tentaremos citar o maior número de autores espíritas, encarnados e desencarnados, no estudo de O Evangelho Redivivo: de Allan Kardec a Léon Denis; de Emmanuel a Amélia Rodrigues, apenas para citar alguns autores.

Há autores espíritas que serão mais citados do que outros, pelo simples fato de terem escrito mais obras a respeito do assunto. É o que acontece com publicações do Espírito Emmanuel, segundo a informação contida

---

** N.E.: As notas referentes aos trechos de obras citadas estão com numeração contínua e encontram-se ao final de cada tema.

no primeiro volume da série *O Evangelho por Emmanuel*, lançada pela Federação Espírita Brasileira, sob a coordenação de Saulo César Ribeiro Silva: "Os comentários de Emmanuel sobre o Evangelho encontram-se espalhados em 138 livros e 441 artigos publicados ao longo de trinta e nove anos nos periódicos *Reformador* e *Brasil Espírita*. Por essa razão, talvez poucos tenham a exata noção da amplitude desse trabalho, que totaliza 1.616 mensagens sobre mais de mil versículos [...]".[1]

> O Novo Testamento é a base de uma das maiores religiões de nosso tempo. Ele traz a vida e os ensinos de Jesus da forma como foram registrados por aqueles que, direta ou indiretamente, tiveram contato com o Mestre de Nazaré e sua mensagem de amor que reverbera pelos corredores da História.
>
> Ao longo dos séculos, esses textos são estudados por indivíduos e comunidades, com o propósito de melhor compreender o seu conteúdo. Religiosos, cientistas, linguistas e devotos, de variados credos, lançaram e lançam mão de suas páginas, ressaltando aspectos diversos, que vão desde a história e confiabilidade das informações nelas contidas, até padrões desejáveis de conduta e crença.[2]

Assim, no meio espírita merecem destaque as sábias contribuições do Espírito Emmanuel em parceria com o saudoso médium Chico Xavier,

> [...] que, durante mais de sessenta anos, se dedicaram ao trabalho iluminativo da senda da criatura humana. Emmanuel e Francisco Cândido Xavier foram responsáveis por uma monumental obra de inestimável valor para nossos dias, particularmente no que se refere ao estudo e interpretação da mensagem de Jesus.[3]

Faz-se, pois, necessário, que o estudioso do Evangelho também desenvolva o hábito de estudar a Doutrina Espírita, codificada por Allan Kardec. Doutrina que, revelada por Espíritos superiores, sob a supervisão do Espírito da Verdade, fornece orientações seguras. Assim, por mais simples que seja a análise de uma passagem do Evangelho, o foco a ser mantido é este: "Em suma, diante do acesso aos mais altos valores da vida, Jesus e Kardec estão perfeitamente conjugados pela Sabedoria Divina. Jesus, a porta. Kardec, a chave".[4]

1.1 ASPECTOS HISTÓRICOS E CULTURAIS DO *EVANGELHO SEGUNDO MATEUS*

Por Severino Celestino Silva

O *Evangelho de Mateus* é o mais didático, o mais completo e o mais judaico dos Evangelhos. O seu autor, *Mateus* tem os nomes de *Matatyah*, *Matanyah*, em hebraico, com o diminutivo *Matyah*. Em aramaico, o seu nome é *Mati* ou *Matai* ou *Mateus* no grego e no latim. A igreja primitiva o identifica como Levi, o publicano.

O plano geral de *O evangelho segundo Mateus* pode ser resumido em dois aspectos que se alternam: *relatos e discursos*.[5]

» **Relatos**: infância e início do ministério; os dez milagres que refletem a autoridade de Jesus; convite aos discípulos; Jesus é rejeitado por "esta geração"; Jesus é reconhecido pelos discípulos; a autoridade de Jesus; morte e ressureição.

» **Discursos**: o sermão sobre a montanha (com foco nas bem-aventuranças, entrada no Reino); que reflete as condições necessárias para encontrar e entrar no Reino; o discurso missionário; as sete parábolas sobre o Reino; a vida comunitária; discurso apocalíptico (ou discurso profético).

A linha mestra dos registros de Mateus é o tema *Reino dos Céus* (3:2; 4:17 e seguintes): "[...] pode-se caracterizar seu *Evangelho* como uma instrução narrativa sobre a vinda do Reino dos Céus [= a de Deus]".[6] Outro ponto que não deve ser ignorado no livro de Mateus:

> Este Reino de Deus [= dos Céus], que deve restabelecer entre os homens a autoridade soberana de Deus como Rei por fim reconhecido, servido e amado, havia sido preparado e anunciado pela Antiga Aliança. Também *Mateus* escrevendo para uma comunidade de cristãos vindos do Judaísmo e talvez discutindo com os rabinos, aplica-se particularmente a mostrar o cumprimento das Escrituras na pessoa e na obra de Jesus. A cada passo de sua obra ele se refere ao Antigo Testamento para provar como a Lei e os profetas são "cumpridos", isto é, não somente realizados em sua expectativa, mas ainda levados a uma perfeição que os coroa e os ultrapassa. Ele o faz para a pessoa de Jesus, confirmando com textos escriturísticos sua raça davídica. [...][7]

O estudioso francês, André Chouraqui (1917–2007), afirma que partir dos textos hebraicos e aramaicos, a tradução de *O evangelho segundo Mateus* para o grego deu a esse evangelista a autoria, mas alguns autores veem neste livro um trabalho de escola dos discípulos de Mateus. A dúvida se os registros foram escritos diretamente por *Mateus* por seus discípulos ou por ambos é irrelevante. O importante é conhecer a mensagem de Jesus.

Há estudos indicativos de que *O evangelho segundo Mateus* foi escrito antes da destruição do Templo de Jerusalém por Tito, imperador romano, no ano 70 da nossa era. O local onde *O evangelho segundo Mateus* foi escrito ainda é desconhecido. Supõe-se que tenha sido em localidade judaico-cristã, provavelmente Jerusalém.

Como registro histórico, a destruição do Templo de Jerusalém ocorreu em três diferentes momentos: a) entre os anos 587–605/604 a.C., pelos babilônios sob o comando de rei Nabucodonosor, após três ataques sucessivos (*Daniel*, 1:1); b) no ano 70 d.C., o templo e as muralhas de Jerusalém, reconstruídos por Herodes, o Grande, foram destruídos durante a *Grande Revolta Judaica* contra o domínio romano, mas em 87 d.C. Jerusalém foi definitivamente tomada pelos romanos sob o comando do general Tito; c) no ano 135 d.C. a cidade e o Templo foram destruídos por ordem do imperador romano Adriano, a fim de conter uma nova revolta dos judeus, liderada por Simão Barcoquebas contra os invasores romanos. Sobre as ruínas de Jerusalém foi edificada a cidade helênica, *Elia Capitolina*, e, sobre o monte onde existia o templo, erigiu-se um templo dedicado a Júpiter Capitolino.

O escritor, estudioso e político franco-argelino-israelense Nathan André Chouraqui (1917–2007) afirma também que o livro de Mateus não reflete uma história friamente objetiva, mas um *Anúncio*, um *querigma* (= primeiro anúncio da Boa-Nova de Jesus Cristo) que estimula os discípulos de Jesus para um combate de vida e morte, do qual depende a salvação de Israel e do resto do mundo. Chouraqui acrescenta ainda que Mateus resume em 1.701 versículos a vida de Jesus, do seu nascimento à sua morte. Enfatiza a atividade pública e morte do Messias. Os quatro últimos anos da vida de Jesus são expostos em 413 versículos e os 33 anos de sua vida ocupam 658 versículos.

Considerando que Jesus falava aramaico que a sua mensagem foi traduzida para o grego, deparamo-nos, hoje, com algumas dificuldades: como entender, de forma exata, o que Jesus realmente disse às margens do lago de Genesaré há mais de dois mil anos? Essa é a resposta que buscamos incessantemente e dela não desistiremos.

A história das dificuldades linguísticas deve ser considerada, talvez, a mais grave de todas as encontradas no presente. Segundo alguns pesquisadores, como André Chouraqui (1917–2007), já citado, Joseph Ernest Renan (1823–1892), Russell Norman Champlin (1933–2018) — estadunidense que viveu e morreu no Brasil, e David Flusser (1917–2000), Jesus falava aramaico, nunca escreveu nada e seus seguidores escreveram sua história e seus ensinamentos em grego. A questão relevante, nesse caso, é que os escritores dos Evangelhos eram judeus, à exceção de Lucas que era grego, mas escreveram o Evangelho em grego. Portanto, três evangelistas eram judeus, pensavam e agiam como judeus, não como gregos. Reside aí uma significativa dificuldade do entendimento da mensagem de Jesus.

As pesquisas levam-nos a concluir que o primeiro Evangelho foi escrito em hebraico, devido ao fato de Jesus ser judeu e ter dirigido a sua mensagem, em princípio, aos judeus. O texto original do primeiro Evangelho está perdido, mas os seus fragmentos são conhecidos pelas traduções gregas e latinas de Clemente de Alexandria (150 a 215 d.C.), Orígenes (184 a 253 d.C.), Eusébio de Cesareia (263 a 339 d.C.), Epifânio (310 a 403 d.C.) e são Jerônimo (347 a 420 d.C.). Já Pápias de Hierápolis (70 a 163 d.C.), discípulo de João e companheiro de Policarpo de Esmirna (69 a 155 d.C.), afirma que Mateus reuniu e ordenou as sentenças de Jesus em língua hebraica e as interpretou conforme a sua capacidade.

Ao lado da firme convicção de Mateus em declarar Jesus como o Messias anunciado por profetas do Velho Testamento — cuja vinda ainda continua a ser aguardada pelos judeus —, um ponto deve ser refletido: o significado da palavra *Israel*. Emmanuel assim se manifesta a respeito: "Em todos os textos das profecias, Israel deve ser considerada como o símbolo de toda a Humanidade terrestre, sob a égide sacrossanta do Cristo".[8]

Dessa forma, se Israel representa todos os habitantes da Terra, não se justifica os judeus suporem que teriam (ou têm) missão especial sobre os demais povos do planeta, apesar de termos consciência de que coube ao "[...] Judaísmo a grande missão da revelação do Deus único. Enquanto os cultos religiosos se perdiam na divisão e na multiplicidade, somente o Judaísmo foi bastante forte na energia e na unidade para cultivar o monoteísmo e estabelecer as bases da lei universalista, sob a luz da inspiração divina. [...]".[9]

A certeza de Mateus a respeito de Jesus ser o Messias é característica marcante nos registros do seu Evangelho. Tal ideia moldou o pensamento dos cristãos de todos os tempos. Parece-nos importante lembrar, ainda que muito brevemente, quais foram os principais profetas judeus que anunciaram a vinda do Cristo ou Messias Divino:

» *Isaías*, 7:14: "Portanto o Senhor mesmo vos dará um sinal: eis que uma virgem conceberá, e dará à luz um filho, e será o seu nome Emanuel". *Isaías*, 9:6: "Porque um menino nos nasceu, um filho se nos deu; e o governo estará sobre os seus ombros; e o seu nome será: Maravilhoso Conselheiro, Deus Forte, Pai Eterno, Príncipe da Paz".

> *Miqueias*, 5:2: "Mas tu, Belém Efrata, posto que pequena para estar entre os milhares de Judá, de ti é que me sairá aquele que há de reinar em Israel, e cujas saídas são desde os tempos antigos, desde os dias da eternidade".

> *Zacarias*, 9:9: "Alegra-te muito, ó filha de Sião; exulta, ó filha de Jerusalém; eis que vem a ti o teu rei; ele é justo e traz a salvação; ele é humilde e vem montado sobre um jumento, sobre um jumentinho, filho de jumenta".

1.2 OS EVANGELHOS SINÓPTICOS: *MATEUS, MARCOS E LUCAS*

A palavra *sinóptica* tem origem no grego *synoptikos*, forma adjetivada de "*synopsis*". É formada de *syn* (com) e *opsis* (vista), que aplicada aos Evangelhos significa "*vistos de um ponto de vista comum*". Assim, são chamados sinópticos os *Evangelhos segundo Mateus, Marcos e Lucas* porque consideram a vida, os ensinamentos e a significação da vida de Jesus sob o mesmo ponto de vista, em contraste com o *Evangelho de João* que o apresenta de modo bem diferente. Os Evangelhos sinópticos reconstituem e registram a vida de Jesus na Galileia, com algumas de suas viagens próximas. O *Evangelho de João* registra quase inteiramente o que Jesus disse e fez na área que abrange Jerusalém. "O Novo Testamento, entretanto, é essencial para os fiéis cristãos, contendo relatos da vida e dos ensinamentos de Jesus, e retratos (nem sempre lisonjeiros) da Igreja Primitiva.[10] Dessa forma, os Evangelhos sinóticos apresentam entre si semelhanças que podem ser catalogados em colunas paralelas e abarcados "com um só olhar", de onde seu nome de "Sinóticos". Mesmo assim, eles oferecem divergências entre si, como esclarece a *Bíblia de Jerusalém*.[11]

Os quatro Evangelhos, os sinópticos e o *Evangelho segundo João* possuem uma simbologia representativa. Esta simbologia tem origem no livro do profeta Ezequiel, capítulo 1:5-10. Assim, o *Evangelho segundo Mateus* é representado pela figura de um *homem*; o *segundo Marcos*, pela figura de um *leão*; o *segundo Lucas* por um *touro*; e o de *João* por uma *águia*.

Desde os primeiros anos, após sua produção, sempre se reconheceu que os três *Evangelhos*, (*Mateus, Marcos* e *Lucas*) são similares em conteúdo e apresentação, o que tem levado os pesquisadores a concluir que esses Evangelhos possuam uma fonte comum. O difícil, porém, é saber qual foi ou quais foram as fontes, a sua natureza e de quantas fontes se constituíram. De qualquer forma, existem teorias que tentam localizar e explicar tais fontes. Dentre elas podemos citar:

» *A Teoria do não-documento*, que afirma ser os sinópticos formados independentemente uns dos outros, sem qualquer fonte comum.

» *A Teoria do documento único*, que supõe terem os sinópticos um único documento como fonte informativa.

» *A Teoria dos dois documentos*, que considera o de *Marcos* como o Evangelho original, portanto, o mais antigo, o qual serve de base ao esboço do de *Mateus* e *Lucas*. O *Evangelho segundo Marcos* é também denominado fonte *protomarcos* ou fonte histórica. Mas alguns estudiosos acrescentam a *fonte Q*, ou fonte didática. Isto é, refere-se aos ensinamentos de Jesus (cerca de 250 versículos) que *Mateus* e *Lucas* têm em comum, não encontrados em *Marcos*. O símbolo Q vem do alemão *quelle*, que significa *fonte* e indica, especificamente, um conjunto de ensinamentos de Jesus.

» *A Teoria dos quatro documentos*, que nos fornece uma boa explicação para a relação entre os três Evangelhos de *Marcos*, *Mateus* e *Lucas* tem sido mais frutífera do que as outras. Considera que os Evangelhos sinópticos tiveram como fonte o *protomarcos*, a fonte *M* de Mateus a fonte *Q*, e a *fonte L* de Lucas. Atualmente, os pesquisadores são unânimes em concordar que o *protomarcos* e o *Evangelho segundo Marcos* constituem a principal fonte, a qual foi utilizada por Mateus e Lucas como alicerce do esboço histórico da vida de Jesus.

Porém, não podemos ignorar, como afirma Léon Denis, que "o Cristo nada escreveu. Suas palavras, disseminadas ao longo dos caminhos, foram transmitidas de boca em boca e, posteriormente, transcritas em diferentes épocas, muito tempo depois de sua morte [...]".[12] Vale também salientar que há um lapso de tempo considerável entre a época que Jesus esteve entre nós e o período em que os Evangelhos foram redigidos.

Não é senão do ano 60 ao 80 que aparecem as primeiras narrações escritas, a de *Marcos* a princípio, que é a mais antiga, depois as primeiras narrativas atribuídas a *Mateus* e *Lucas* todas, escritos fragmentários e que se vão acrescentar de sucessivas adições, como todas as obras populares.

Foi somente no fim do século I, de 80 a 98, que surgiu o *Evangelho de Lucas* assim como o de *Mateus* o primitivo, atualmente perdido; finalmente, de 98 a 110, apareceu, em Éfeso, o *Evangelho de João*.[13]

Os Evangelhos sinópticos, de *Mateus*, *Marcos* e *Lucas* têm como referência os ensinamentos dos apóstolos e apresentam a seguinte estrutura básica:

1) Genealogia e nascimento de Jesus.
2) Pregação de João Batista.
3) A missão de Jesus na Galileia.
4) A missão de Jesus na Judeia e em Jerusalém.
5) Sua paixão, sua morte e sua ressurreição.

Hoje já se constitui em ponto definido e indiscutível a existência de outras redações dos Evangelhos. No entanto, as que foram conservadas são as indicadas no Novo Testamento. Lucas faz, expressamente, alusão aos documentos dos quais ele se serviu para redigir o seu texto. É verdade que existiram, desde os primeiros anos que se seguiram à morte de Jesus, várias coleções de ensinos referentes a ele. Se os Evangelhos sinópticos se assemelham a ponto de apresentarem às vezes uma reprodução textual de certas narrativas, nem por isso deixam de ter entre si grandes diferenças, que destacam a originalidade dos seus autores.

Independentemente das alterações que os Evangelhos sofreram, quer pela descrição de eventos relatados após o transcurso de muitos anos, quer pela introdução de aspectos teológicos ou, ainda, pela perda de partes dos originais, o certo é que, de alguma forma, a mensagem do Cristo foi preservada. Isto é o essencial.

> Não se reveste o ensinamento de Jesus de quaisquer fórmulas complicadas.
> Guardando, embora, o devido respeito a todas as escolas de revelação da fé com os seus colégios iniciáticos, notamos que o Senhor desce da Altura, a fim de libertar o templo do coração humano para a sublimidade do amor e da luz, através da fraternidade, do amor e do conhecimento.[14]

De forma lúcida, Emmanuel esclarece igualmente que a pedra angular da nossa formação religiosa começa a ser construída nas lições de o Velho/Antigo Testamento, mas o processo de educação religiosa e moral está, efetivamente, no entendimento da mensagem de Jesus:

> O Velho Testamento é o alicerce da Revelação Divina. O Evangelho é o edifício da redenção das almas. Como tal, devia ser procurada a lição de Jesus, não mais para qualquer exposição teórica, mas visando cada discípulo o

aperfeiçoamento de si mesmo, desdobrando as edificações do Divino Mestre no terreno definitivo do Espírito.[15]

Em outras palavras, devemos desenvolver o espírito crítico ao considerarmos as informações históricas, culturais, linguísticas, entre outras, utilizando-as como simples instrumentos de apoio intelectual. Contudo, o mais importante, o essencial mesmo, é esforçarmo-nos para melhor entender, sentir e vivenciar os ensinamentos do Mestre Nazareno, à luz do entendimento espírita.

As classificações, diferenças, ou até mesmo aparentes contradições, que surgem nos textos evangélicos, resultam das interpretações humanas, ainda limitadas em si mesmas, em razão da nossa pouca evolução moral-intelectual. Outro ponto a ser considerado é o desaparecimento dos registros originais. Assim, a classificação em sinóticos, por exemplo, deve ser considerada como mais uma tentativa histórico-didática de estudo do Evangelho. Eis o que Emmanuel afirma:

> Ainda aí, temos de considerar a especialização das tarefas, no capítulo das obrigações conferidas a cada um. As peças nas narrações evangélicas identificam-se naturalmente, entre si, como partes indispensáveis de um todo, mas somos compelidos a observar que, se *Mateus*, *Marcos* e *Lucas* receberam a tarefa de apresentar, nos textos sagrados, o Pastor de Israel na sua feição sublime, a João coube a tarefa de revelar o Cristo Divino, na sua sagrada missão universalista.[16]

A verdade é que temos perdido muito tempo em nossas experiências reencarnatórias para absorver a mensagem do Evangelho e, sobretudo, colocá-la em prática. É chegada a hora de nos afastarmos do sentido literal da interpretação dos textos evangélicos, de abandonarmos rituais, fórmulas, dogmas e tantas manifestações de culto externo que nos distanciam da essência dos ensinamentos de Jesus.

Se lançarmos um breve olhar para a história da construção da mentalidade cristã, veremos que, passados os primeiros momentos da organização do Cristianismo, a Humanidade foi se afastando cada vez mais da mensagem cristã, para abraçar práticas ritualistas ou interpretações literais determinadas pela igreja cristã de Roma, no Ocidente, e a igreja ortodoxa, no Oriente.

Os tempos atuais, da grande transição planetária, é período que também se caracteriza pela definição de valores morais. Mais do nunca precisamos do Cristo na nossa vida, a fim de que possamos superar os desafios existenciais e, ao mesmo tempo, impulsionar a nossa evolução espiritual. Surge, então, a urgente necessidade de atendermos com decisão a afirmativa-apelo de Emmanuel, expressa por Alcíone no livro *Renúncia*: "[...] A mensagem do Cristo precisa ser conhecida, meditada, sentida e vivida. [...]".[17] Porque, acrescenta: "Nesta ordem de aquisições, não basta estar informado. Um preceptor do mundo nos ensinará a ler; o Mestre, porém, nos ensina a proceder, tornando-se-nos, portanto, indispensável a cada passo da existência. [...]"[18]

REFERÊNCIAS

[1] SILVA, Saulo César Ribeiro (Coord.). *O evangelho por Emmanuel*: comentários ao evangelho segundo Mateus. 1. ed. 9. imp. Brasília: FEB, 2019, *Prefácio*.

[2] _____. _____.

[3] _____. _____.

[4] XAVIER, Francisco Cândido. *Opinião espírita*. Pelos Espíritos Emmanuel e André Luiz. 5. ed. Uberaba: CEC, 1982, cap. 2 (mensagem de Emmanuel), p. 25.

[5] BÍBLIA DE JERUSALÉM. Gilberto da Silva Gorgulho; Ivo Storniolo e Ana Flora Anderson (Coords.). Diversos tradutores. Nova ed. rev. e ampl. 13. imp. São Paulo: Paulus, 2019, *Evangelhos sinóticos. Introdução*, p. 1.694-1.695.

[6] _____. _____. P. 1.695.

[7] _____. _____.

[8] XAVIER, Francisco Cândido. *O consolador*. Pelo Espírito Emmanuel. 29. ed. 11. imp. Brasília: FEB, 2020, q. 262.

[9] _____. _____. Q. 263.

[10] ROGERSON, J. W. *O livro de ouro da bíblia*. Trad. Talita Macedo Rodrigues, cap. 7, p. 235-236.

[11] BÍBLIA DE JERUSALÉM. Gilberto da Silva Gorgulho; Ivo Storniolo e Ana Flora Anderson (Coords.). Diversos tradutores. Nova ed. rev. e ampl. 13. imp. São Paulo: Paulus, 2019, It. Os evangelhos sinóticos – Introd., p. 1692.

[12] DENIS, Léon. *Cristianismo e espiritismo*. 17. ed. 4. imp. Brasília, FEB: 2016, cap. 1, p. 23.

[13] _____. _____. P. 24.

[14] XAVIER, Francisco Cândido. *Roteiro*. Pelo Espírito Emmanuel. 14. ed. 7. imp. Brasília: FEB, 2019, cap. 13, p. 59.

[15] _____. *O consolador*. Pelo Espírito Emmanuel. 29. ed. 11. Imp. Brasília: FEB, 2020, q. 282.

16 _____. _____. Q. 284.
17 _____. *Renúncia*. Pelo Espírito Emmanuel. 36. ed. 12. imp. Brasília: FEB, 2020, 2ª pt., cap. 3, p. 269.
18 _____. _____. P. 269.

GENEALOGIA DE JESUS (MT 1:1-17)

2.1 SIGNIFICADOS DE GENEALOGIA

Genealogia é o "estudo que tem por objeto estabelecer a origem de um indivíduo ou de uma família".[19] Em geral a genealogia apresenta "exposição cronológica, em forma de diagrama, da filiação de um indivíduo ou da origem e ramificações de uma família".[20] No Velho e Novo Testamentos, o termo genealogia extrapola o conceito usual, encontrado nos dicionários.

> A palavra "genealogia" é tradução do vocábulo hebraico *yahas*, o qual aparece apenas uma vez como substantivo, na frase *sefer hayahas*, "livro da genealogia" [...]. Fica dessa maneira claro que o termo "genealogia" [...] não se limita ao sentido que modernamente damos a essa palavra — uma lista de ancestrais de um indivíduo, repartida de conformidade com as diversas famílias, ainda que seja exatamente isso que na *Bíblia* está envolvido no vocábulo.[21]

Em outras palavras, as "genealogias do mundo antigo pretendiam muito mais do que simplesmente repassar informação histórico-biológica. A função primordial da genealogia era definir a relação do personagem principal com o passado, no intuito de destacar sua importância para o presente [...]".[22]

As genealogias típicas citadas na *Bíblia* abrangem três tipos de registos:[23]

» Relatos históricos de nomes ancestrais, breves ou extensos. São as formas predominantes no Velho Testamento;

» Fontes cronológicas que permitem a omissão de algumas gerações, a dos parentes indiretos (netos, cunhados, tios, entre outros), atentando-se mais para a linhagem direta. São genealogias presentes tanto no Velho quanto no Novo Testamento;

» Dinásticos, comuns no Oriente Próximo/Médio: representam listagens de reis ou de governantes e podem estar acrescidas de textos.

Conclui-se que "[...] não há motivos para supor-se que todas as genealogias dadas na *Bíblia* propõem ser completas, visto que seu propósito era mais estabelecer o fato de que alguém era descendente de algum ancestral ou ancestrais particulares, um propósito que não é afetado pela omissão de alguns nomes, e não tanto a transmissão de cronologias exatas".[24]

2.2 ASPECTOS HISTÓRICOS E CULTURAIS DA GENEALOGIA DE JESUS

(Observação: em anexo consta a genealogia de Jesus, segundo *Mateus* e *Lucas*)

A genealogia de Jesus é encontrada nos livros de *Mateus*, 1:1-17 e de *Lucas*, 3:23-38. Entretanto, ambos os relatos são substancialmente diferentes. O texto de *Mateus* utiliza José como fonte de referência, enquanto o de Lucas enfoca a pesquisa em Maria de Nazaré. Eis as explicações contidas na *Bíblia de Jerusalém*:

> A genealogia de Mt, embora sublinhe influências estrangeiras do lado feminino (v. 3, 5, 6), limita-se à ascendência israelita de Cristo. Ela tem por objetivo relacioná-lo com os principais depositários das promessas messiânicas, Abraão e Davi, e com os descendentes reais deste último [...]. A genealogia de Lc mais universalista, remonta a Adão, cabeça de toda a Humanidade. De Davi a José, as duas listas só têm dois nomes em comum. Essa divergência pode explicar-se, seja pelo fato de Mt ter preferido a sucessão dinástica à descendência natural, seja por admitir-se a equivalência entre a descendência legal (lei do levirato) e a descendência natural.[25]

A palavra *levirato* ou *lei do levirato* é costume observado entre alguns povos que obrigava um homem a casar-se com a viúva de seu irmão quando este não deixava descendência masculina (o filho desse casamento era considerado descendente do falecido). Esse costume é mencionado no Antigo Testamento como uma das leis de Moisés. O vocábulo deriva da palavra "levir" que, em latim, significa cunhado.

Ainda segundo a *Bíblia de Jerusalém*: "o caráter sistemático da genealogia de Mt é realçado pela distribuição dos antepassados de Cristo em três séries de duas vezes sete nomes [...], o que leva à omissão de três nomes entre Jorão e Ozias e à contagem de Jeconias [...]."[26]

> As duas listas terminam com José, que é apenas o pai legal de Jesus: a razão está em que, aos olhos dos antigos, a paternidade legal (por adoção, levirato etc.) bastaria para conferir todos os direitos hereditários, aqui os da linhagem

davídica. Naturalmente não se está excluindo a possibilidade de Maria também ter pertencido a essa linhagem, embora os evangelistas não o afirmem.[27]

Para a tradição judaica e os costumes das sociedades antigas, era importante incluir Jesus numa árvore genealógica ancestral: "Segundo o ensinamento rabínico, o Messias teria direitos legais ao trono de Davi, e ser descendente seu fazia parte deste direito. [...]"[28] *Mateus* o mais hebraizante dos apóstolos, manteve-se fiel à tradição do Judaísmo. Lucas repetiu o que era comum na sociedade, ainda que a sua genealogia fosse (seja) mais resumida.

> Lucas traça a descendência de Jesus, não através de reis (como é o caso de Mateus) mas através de outro filho de Davi, Natã (II Sm) e inclui muitas pessoas obscuras. A lista de *Mateus* até Zorobabel, provavelmente baseia-se sobre o texto de *I Crônicas*, 1-3 [...]. Todavia, não sabemos que fonte ou fontes informativas ele pode ter usado para a sua compilação inteira. Seja como for, seu ponto ficou demonstrado: Jesus era descendente tanto de Davi quanto de Abraão, ficando assim consubstanciada sua reivindicação à posição messiânica, pelo menos no que tange à existência de ser Ele filho de Davi.[29]

Em síntese, a genealogia de Jesus, por *Mateus* tem como foco Jesus Cristo, filho de Davi e filho de Abraão; traça linhagem de descendência atravessando 42 gerações, de Abraão ao Cristo. *Lucas* por sua vez, faz uma viagem retrospectiva, de José até Adão, percorrendo resumidamente mais de setenta gerações.[30] Contudo, o "principal propósito de duas listas é estabelecer a reinvindicação de Jesus como filho de Davi, e mais geralmente salientar sua solidariedade com a humanidade e sua íntima relação com todos quantos houve antes dele. Cristo e a nova aliança estão seguramente ligados com a era da antiga aliança [Abraão, Moisés]".[31] Em outras palavras, "Mateus apresenta Jesus como *herdeiro* legal do trono de Davi. A genealogia de Lucas expõe a sua descendência sanguínea. [...]."[32]

O texto de *Mateus* objeto específico deste estudo, apresenta pontos importantes que merecem ser destacados:

> Na versão de *Mateus* a história bíblica é novamente narrada e interpretada de uma perspectiva ou agenda que revela seletividade e parcialidade. A cadeia de eventos, personagens e cenários (história) são apresentados dentro de uma estrutura, forma de expressão, apresentação de conteúdo, ponto de vista (discurso) que reflete num propósito teológico, uma função sócio-pastoral e uma contribuição do narrador à compreensão da história bíblica passada, presente e futura.[33]

E qual seria esse propósito teológico de Mateus a respeito da genealogia de Jesus? A resposta é simples: "[...] A genealogia coloca a origem de Jesus e, por conseguinte, a de seus seguidores, nos centros dos planos de Deus [...]".[34]

2.3 A GENEALOGIA DE JESUS E O ESPIRITISMO

As ideias espíritas procuram sempre focar o aspecto das consequências morais de qualquer texto ou ensinamento, sobretudo quando se referem aos do Evangelho. Valoriza a importância e a necessidade do conhecimento, das informações históricas e culturais, os aspectos semânticos e simbólicos, entre outros, que podem, efetivamente, conduzir a uma melhor interpretação da mensagem de Jesus. As consequências morais, porém, são as que devem ser enfatizadas, pois são estas que provocam mudanças comportamentais e que conduzem à construção do homem de bem. O conhecimento, por melhor que seja, representa informações intelectuais que, mesmo sendo esclarecedoras, podem conduzir ou não, à busca pela melhoria espiritual. Há pessoas que possuem um grande cabedal de conhecimento, são altamente intelectualizadas, mas nem sempre aplicam o conhecimento para o bem.

Desta forma, esclarece Emmanuel que não basta conhecer, é preciso fazer: "O próprio Cristo, primeiramente, semeou o Ideal Divino no coração dos continuadores, antes de recolher-lhes o entendimento. Sofreu-lhes as negações, tolerou-lhes as fraquezas e desculpou-lhes as exigências para formar, por fim, o colégio apostólico".[35]

Jesus, como guia e modelo da Humanidade terrestre,[36] representa o exemplo de perfeição moral que podemos almejar. No entanto, a sua mensagem, que reflete a Lei de Deus em sua expressão máxima, ainda é pouco compreendida em sua essência. Há séculos que a mensagem do Evangelho é analisada sob a ótica das expressões literais, salvo honradas exceções. Resultam daí os equívocos cometidos em nome de Jesus, suficientemente registrados pela História. Allan Kardec, porém, alerta-nos a respeito:

> Se alguns dos que pretenderam instruir o homem na Lei de Deus algumas vezes o transviaram por meio de falsos princípios, foi porque se deixaram dominar por sentimentos demasiado terrenos e porque confundiram as leis que regulam as condições da vida da alma com as que regem a vida do corpo. Muitos deles apresentaram como Leis Divinas o que eram simples leis humanas, criadas para servir às paixões e para dominar os homens.[37]

Neste contexto, e pondo-se em evidência os dois textos evangélicos da genealogia de Jesus, percebemos que a maioria dos estudiosos destaca, ainda hoje, aspectos formais da ancestralidade biológica de Jesus. É por esse motivo que respeitáveis estudiosos afirmam que as informações da genealogia de Jesus são mais de natureza histórica e cultural. Nada mais. A partir das quais ergueram-se várias construções teológicas.

As implicações espirituais da genealogia de Jesus, até mesmo o fato de Ele ter nascido no seio da sociedade judaica e na linhagem de Davi, nem sempre são consideradas com os cuidados necessários. Entretanto, faz mais sentido entendermos Jesus como parte integrante dos planos de Deus, no dizer de *Mateus* ou considerá-lo filho de Deus, conforme *Lucas* do que decorar a listagem de nomes que revelam os ancestrais do Mestre, no plano físico. Todavia, para o estudioso atento, inclusive o espírita, que procura libertar-se dos estudos literais, perpassa a necessidade intrínseca de entender porque Jesus optou por nascer judeu. Por que não romano? Ou grego? Por que ele não nasceu entre os povos do oriente? Ou entre os gentílicos? Há, por certo, razões morais que justificam esta deliberação do Cristo de Deus. E estas razões são sabiamente consideradas por Emmanuel:

> E, recordando esses apontamentos da História, somos naturalmente levados a perguntar o porquê da preferência de Jesus pela árvore de Davi, para levar a efeito as suas divinas lições à Humanidade; mas a própria lógica nos faz reconhecer que, de todos os povos de então, sendo Israel o mais crente, era também o mais necessitado, dada a sua vaidade exclusivista e pretensiosa. "Muito se pedirá a quem muito haja recebido", e os israelitas haviam conquistado muito do Alto, em matéria de fé, sendo justo que se lhe exigisse um grau correspondente de compreensão, em matéria de humildade e de amor.[38]

Na verdade, pode-se até pensar que a elaboração da genealogia de Jesus foi providencial. Os dois evangelistas entenderam que não poderiam ficar omissos a respeito, sobretudo quando se considera a abrangência da sentença evangélica: "Dai, pois, o que é de César a César, e o que é de Deus, a Deus".[39]

Emmanuel oferece outros esclarecimentos a respeito do porquê de Jesus ter nascido no meio do Judaísmo, ainda que Jesus jamais tenha sido aceito pelos religiosos judeus, salvo um ou outro, como Gamaliel. Orgulhosos e vaidosos, não conseguiam entender por que o Messias Celeste nasceria anonimamente numa manjedoura e seria conhecido como filho de um humilde carpinteiro.

> [...] Os sacerdotes não esperavam que o Redentor procurasse a hora mais escura da noite para surgir na paisagem terrestre. Segundo a sua concepção, o Senhor deveria chegar no carro magnificente de suas glórias divinas, trazido do Céu à Terra pela legião dos seus Tronos e Anjos; deveria humilhar todos

os reis do mundo, conferindo a Israel o cetro supremo na direção de todos os povos do planeta; deveria operar todos os prodígios, ofuscando a glória dos Césares. [...] O Judaísmo, saturado de orgulho, não conseguiu compreender a ação do celeste emissário. Apesar da crença fervorosa e sincera, Israel não sabia que toda a salvação tem de começar no íntimo de cada um e, cumprindo as profecias de seus próprios filhos, conduziu aos martírios da cruz o Divino Cordeiro.[40]

Faz parte do nosso aprendizado espiritual conhecer e meditar sobre os ensinamentos de Jesus. Quanto mais informações tivermos a respeito melhor. Mas este conhecimento deve representar um impulso evolutivo, um meio para sentir, no âmago da nossa alma, a mensagem do Mestre Nazareno. Somente assim, adquiriremos a força moral para superar os próprios equívocos cometidos perante a Lei de Deus, em razão do uso indevido do livre-arbítrio. Só poderemos ascender aos planos superiores da vida pela vivência da Boa-Nova do Cristo.

A respeito, pondera Humberto de Campos (Irmão X) que as lições de Jesus, entre as criaturas, sobretudo as que Ele transmitiu nos momentos finais, quando se aproximava da crucificação, foi para dar-nos "[...] a conhecer que é muito fácil cantar hosanas a Deus, mas muito difícil cumprir-lhe a Divina Vontade, com o sacrifício de nós mesmos".[41] Para vivenciarmos a mensagem do Cristo, em espírito e verdade, precisamos absorver integralmente esta ideia:

> [...] Jesus é o Divino Governador do planeta não podemos duvidar. O que fará Ele do mundo redimido ainda não sabemos, porque ao soldado humílimo são defesos os planos do general.
>
> A Boa-Nova, todavia, é muito clara, quanto à primeira plataforma do Mestre dos mestres. Ele não apresentava títulos de reformador dos hábitos políticos, viciados pelas más inclinações de governadores e governados de todos os tempos.
>
> Anunciou-nos a celeste revelação que Ele viria salvar-nos de nossos próprios pecados, libertar-nos da cadeia de nossos próprios erros, afastando-nos do egoísmo e do orgulho que ainda legislam para o nosso mundo consciencial.
>
> Achamo-nos, até hoje, em simples fase de começo de apostolado evangélico – Cristo libertando o homem das chagas de si mesmo, para que o homem limpo consiga purificar o mundo.
>
> O reino individual que puder aceitar o serviço liberatório do Salvador encontrará a vida nova.[42]

REFERÊNCIAS

19 HOUAISS, Antônio e VILLAR, Mauro de Salles. *Dicionário Houaiss da língua portuguesa*. Rio de Janeiro: Objetiva, 2009.

20 _____. _____. P. 963.

21 DOUGLAS, J. J. (Org.). *O novo dicionário bíblico*. Trad. João Bentes. 3. ed. rev. São Paulo: Vila Nova, 2006, p. 539.

22 DIAS, Haroldo Dutra (Trad.). *O novo testamento*. 1. ed. 10. imp. Brasília: FEB, 2019, Nota de rodapé 1, p. 25.

23 DOUGLAS, J. J. (Org.). *O novo dicionário bíblico*. Trad. João Bentes. 3. ed. rev. São Paulo: Vila Nova, 2006, p. 539.

24 _____. _____. P. 540.

25 BÍBLIA DE JERUSALÉM. Gilberto da Silva Gorgulho; Ivo Storniolo e Ana Flora Anderson (Coords.). Diversos tradutores. Nova ed. rev. e ampl. 13. reimp. São Paulo: Paulus, 2019. *O evangelho segundo Mateus*. Nota de rodapé "a", p. 1.703.

26 _____. _____. P. 1.703.

27 _____. _____.

28 CHAMPLIN, Russell Norman. *O novo testamento interpretado versículo por versículo*: Mateus/Marcos. Nova ed. rev. São Paulo: Hagnos, 2014, v. 1, p. 263.

29 _____. _____. P. 263.

30 DOUGLAS, J. J. (Org.). *O novo dicionário bíblico*. Trad. João Bentes. 3. ed. rev. São Paulo: Vila Nova, 2006, p. 541.

31 _____. _____. P. 542.

32 CHAMPLIN, Russell Norman. *O novo testamento interpretado versículo por versículo*: Mateus/Marcos, v. 1, p. 264.

33 DIAS. Haroldo Dutra (Trad.). *O novo testamento*. 1. ed. 10. imp. Brasília: FEB, 2019, Nota de rodapé 1, p. 25.

34 _____. _____. P. 25.

35 XAVIER, Francisco Cândido. *Vinha de luz*. Pelo Espírito Emmanuel. 1. ed. 15. imp. Brasília: FEB, 2020, cap. 121, p. 255.

36 KARDEC, Allan. *O livro dos espíritos*. Trad. Evandro Noleto Bezerra. 4. ed. 9. imp. Brasília: FEB, 2020, q. 625.

37 _____. _____. Q. 625 – comentário de Kardec, p. 626.

38 XAVIER, Francisco Cândido. *A caminho da luz*. Pelo Espírito Emmanuel. 38. ed. 13. imp. Brasília; FEB, 2020, cap. 7, it. A escolha de Israel, p. 61-62.

39 BÍBLIA DE JERUSALÉM. *Evangelho segundo Mateus*, 22:21, p. 1.743.

40 XAVIER, Francisco Cândido. *A caminho da luz*. Pelo Espírito Emmanuel. 38. ed. 13. imp. Brasília: FEB, 2020, cap. 7, it. A incompreensão do Judaísmo, p. 62-63.

41 _____. *Lázaro redivivo*. Pelo Espírito Irmão X. 13. ed. 4. imp. Brasília. FEB, 2020, cap. 17, p. 80.

42 _____. *Vinha de luz*. Pelo Espírito Emmanuel. 1. ed. 15. imp. Brasília: FEB, 2020, cap. 174, p. 361-362.

ANEXO: A GENEALOGIA DE JESUS

A ascendência de Jesus, segundo *Mateus* (1:1-17)***

1 Ascendência de Jesus – Livro de origem de Jesus Cristo, filho de Davi, filho de Abraão:

2 Abraão gerou Isaac, Isaac gerou Jacó, Jacó gerou Judá e seus irmãos,

3 Judá gerou Farés e Zara, de Tamar, Farés gerou Esrom, Esrom gerou Aram,

4 Aram gerou Aminadab, Aminadab gerou Naasson, Naasson gerou Salmon,

5 Salmon gerou Booz, de Raab, Booz gerou Jobed, de Rute, Jobed gerou Jessé,

6 Jessé gerou o rei Davi. Davi gerou Salomão, daquela que fora mulher de Urias,

7 Salomão gerou Roboão, Roboão gerou Abias, Abias gerou Asa,

8 Asa gerou Josafá, Josafá gerou Jorão, Jorão gerou Ozias,

9 Ozias gerou Joatão, Joatão gerou Acaz, Acaz gerou Ezequias,

10 Ezequias gerou Manassés, Manassés gerou Amon, Amon gerou Josias,

11 Josias gerou Jeconias e seus irmãos por ocasião do exílio na Babilônia.

12 Depois do exílio na Babilônia, Jeconias gerou Salatiel, Salatiel gerou Zorobabel,

13 Zorobabel gerou Abiud, Abiud gerou Eliacim, Eliacim gerou Azor,

14 Azor gerou Sadoc, Sadoc gerou Aquim, Aquim gerou Eliud,

15 Eliud gerou Eleazar, Eleazar gerou Matã, Matã gerou Jacó,

16 Jacó gerou José, o esposo de Maria, da qual nasceu Jesus chamado Cristo.

17 Portanto, o total das gerações é: de Abraão até Davi, quatorze gerações; de Davi até o exílio na Babilônia, quatorze gerações; e do exílio na Babilônia até Cristo, quatorze gerações.

*** BÍBLIA DE JERUSALÉM. Gilberto da Silva Gorgulho; Ivo Storniolo e Ana Flora Anderson (Coords.). Diversos tradutores. Nova ed. rev. e ampl. 13. reimp. São Paulo: Paulus, 2019, p. 1.703-1.704.

ANEXO: A genealogia de Jesus

Genealogia de Jesus, segundo *Lucas* (3:23-38)****

23 Ao iniciar o ministério, Jesus tinha mais ou menos trinta anos e era, conforme se supunha, filho de José, filho de Eli,

24 Filho de Matat, filho de Levi, filho de Melqui, filho de Janai, filho de José,

25 Filho de Matatias, filho de Amós, filho de Naum, filho de Esli, filho de Nagai,

26 Filho de Maat, filho de Matatias, filho de Semein, filho de Josec, filho de Jodá,

27 Filho de Joanã, filho de Ressa, filho de Zorobabel, filho de Salatiel, filho de Neri,

28 Filho de Melqui, filho de Adi, filho de Cosã, filho de Elmadã, filho de Her,

29 Filho de Jesus, filho de Eliezer, filho de Jorim, filho de Matat, filho de Levi,

30 Filho de Simeão, filho de Judá, filho de José, filho de Jonã, filho de Elacim,

31 Filho de Meléia, filho de Mená, filho de Matatá, filho de Natã, filho de Davi,

32 Filho de Jessé, filho de Obed, filho de Booz, filho de Salá, filho de Naason,

33 Filho de Aminadab, filho de Admin, filho de Arnin, filho de Esron, filho de Farés, filho de Judá,

34 Filho de Jacó, filho de Isaac, filho de Abraão, filho de Taré, filho de Nacor,

35 Filho de Seruc, filho de Ragau, filho de Faleg, filho de Eber, filho de Salá,

36 Filho de Cainã, filho de Arfaxad, filho de Sem, filho de Noé, filho de Lamec,

37 Filho de Matusalém, filho de Henoc, filho de Jared, filho de Malaleel, filho de Cainã,

38 Filho de Enós, filho de Set, filho de Adão, filho de Deus.

**** BÍBLIA DE JERUSALÉM. Gilberto da Silva Gorgulho; Ivo Storniolo e Ana Flora Anderson (Coords.). Diversos tradutores. Nova ed. rev. e ampl. 13. reimp. São Paulo: Paulus, 2019, p. 1.703-1.704.

TEMA 3

JOSÉ E OS FATOS QUE ANTECEDERAM O NASCIMENTO DE JESUS (MT 1:18-25)

3.1 JOSÉ

José é nome hebraico que designa "[...] uma forma imperativa do verbo *Yasaf*, "adicionar"; e o nome *Yosef* quer dizer que Ele (Deus) adicione (filhos), cf. Gn 30:24".[43] José da Galileia era o marido de Maria de Nazaré. Apresenta-se como pessoa discreta, que age mais nos bastidores, como pano de fundo, porém, em razão das suas elevadas qualidades morais, ofereceu condições para concretizar a vinda de Jesus. Pouco se sabe a respeito de José. As escassas informações que existem revelam uma alma elevada, bondosa, ciente do papel que deveria ocupar junto ao Messias Divino. José não "[...] é mencionado em Marcos, e as referências em *João*, 1:45 e 6:42 são indiretas. De conformidade com *Mateus* José era descendente de Davi (Mt 1:20) [...]. Lucas já havia demonstrado que Jesus não era filho de José. Mateus [na genealogia de Jesus] estava traçando a relação legal de volta até Davi e até Abraão".[44]

> Tanto Mateus como Lucas registram que Jesus foi concebido pelo Espírito Santo num tempo quando José estava noivo de Maria, mas antes de ter tido relações com ela. (Mt 1:18; Lc 1:27, 35). Lucas registra a revelação recebida por Maria por intermédio de um anjo. Mateus registra a revelação dada a José. Parece que Mateus obteve suas informações de José (provavelmente por meio de Tiago, irmão do Senhor) e que Lucas as obteve de Maria.[45]

Na verdade, tem pouca ou nenhuma importância o fato de José não ter sido pai biológico de Jesus. O que interessa, e se destaca, é que José agiu verdadeiramente como um pai amoroso e dedicado ao Mestre Nazareno, cumprindo todos os deveres inerentes à paternidade, seguindo rigorosamente as normas da sociedade judaica onde ele, Maria e Jesus, estavam inseridos: "José agia como pai para Jesus, levando-o a Jerusalém para a purificação (Lc 2:22) e fugindo com ele para o Egito, a fim de escapar de Herodes. Retornou a Nazaré e ali se estabeleceu (Mt 2). Levava o menino Jesus a Jerusalém em cada ano, por ocasião da Páscoa (Lc 2:41) [...]".[46]

Segundo Carlos Torres Pastorino, os fatos podem ter acontecido na forma como se segue.

> Sendo Maria noiva [...] de José, antes que se ajuntassem, ela se achou grávida de um Espírito Santo.
>
> Os judeus distinguiam nitidamente o noivado e o casamento (Dt 20:7) [...].
>
> Então, ainda durante o noivado, José verificou a gravidez [...]. O fato só deve ter ocorrido depois que Maria regressou da casa de Isabel em Ai'n-Karim, para sua aldeia de Nazaré. Mateus silencia a esse respeito, fazendo que o leitor suponha que eles normalmente habitavam em Belém. Tanto que, mais tarde (2:23), quando José regressava do Egito para sua casa (Belém), ao saber que Arquelau, filho de Herodes, é que lá reinava, resolveu ir morar na Galileia, a conselho do anjo, na cidade de Nazaré, "para que o menino pudesse realizar a profecia e ser chamado nazareno.[47]

O que salta aos olhos, é que José se fez pequeno para que Jesus fosse colocado em evidência. Uma missão de tamanha envergadura só cabe a Espíritos de escol, como bem nos alertam os orientadores da Codificação Espírita: "A importância das missões guarda relação com as capacidades e com a elevação do Espírito. O estafeta que leva um telegrama também desempenha uma missão, embora bem diversa da de um general".[48]

3.2 FATOS QUE ANTECEDERAM O NASCIMENTO DE JESUS (MT 1:18-25)[49]

José assume a paternidade legal de Jesus

> 18 A origem de Jesus Cristo foi assim: Maria, sua mãe, comprometida em casamento com José, antes que coabitassem, achou-se grávida pelo Espírito Santo. 19 José, seu esposo, sendo justo e não querendo denunciá-la publicamente, resolveu repudiá-la em segredo. 20 Enquanto assim decidia, eis que o Anjo do Senhor se manifestou a ele em sonho, dizendo-lhe: "José, filho de Davi, não temas receber Maria, tua mulher, pois o que nela foi gerado vem do Espírito Santo. 21 Ela dará à luz um filho e tu o chamarás com o nome de Jesus, pois ele salvará o seu povo dos seus pecados. 22 Tudo isso aconteceu para que se cumprisse o que o Senhor havia dito pelo profeta: 23 Eis que a virgem conceberá e dará à luz um filho e o chamarão com o nome de Emanuel, o que traduzido significa "Deus está conosco". 24 José, ao despertar do sono, agiu conforme o Anjo do Senhor lhe ordenara e recebeu em casa sua mulher. 25

> Mas não a conheceu até o dia em que ela deu à luz um filho. E ele o chamou com o nome de Jesus.

Tais registros de Mateus revelam pontos que merecem criteriosa análise: 1) a tese de que Jesus não era filho de José; 2) o impecável caráter de José da Galileia; 3) e as revelações dos acontecimentos sempre que lhe eram transmitidas durante o sono por um emissário celestial.

1) O compromisso de casamento de José com Maria: "18 Maria, sua mãe, comprometida em casamento com José, antes que coabitassem, achou-se grávida pelo Espírito Santo": Trata-se de um compromisso de casamento, isto é, de um noivado, mas o noivado judaico era um compromisso tão real que o noivo já se dizia "marido" e não podia desfazê-lo senão por um "repúdio" (v. 19).[50]

2) José cogitou em repudiar Maria: "19 José, seu esposo, sendo justo e não querendo denunciá-la publicamente, resolveu repudiá-la em segredo": A justiça de José consiste certamente em não querer acobertar com o seu nome uma criança cujo pai ignora, mas também em que, por compaixão, se recusa entregar Maria ao processo rigoroso da lei, à lapidação (Dt 22:21), repudiando-a "em segredo": em contraste com o ordálio prescrito em *Números* (5:11-31). Convencido da virtude de Maria, se recusa a expor às formalidades processuais da Lei (Dt 22:20 ss.) esse mistério que ele não compreende.[51] *Ordálio* era prova judiciária feita com a concorrência de elementos da natureza e cujo resultado era interpretado como um julgamento Divino; juízo de Deus.

3) Mediunidade onírica de José: versículos 20 e 21:

> Enquanto assim decidia, eis que um Anjo do Senhor se manifestou a ele em sonho, dizendo-lhe: José, filho de Davi, não temas receber Maria, tua mulher, pois o que nela foi gerado vem do Espírito Santo. Ela dará à luz um filho e tu o chamarás com o nome de Jesus, pois ele salvará o seu povo dos seus pecados.

Este tipo de mediunidade aparece em outros momentos da vida de José, como nos episódios da fuga para o Egito (Mt 2:13 a 23), em razão da ordem de Herodes para matar os recém-nascidos da região; e o do retorno do Egito (Mt 2:19 a 20), cessado o perigo, com a morte de Herodes.

A mediunidade onírica acontece quando o médium está dormindo e, no estado de emancipação da alma provocada pelo sono, recebe informações, mensagens e orientações.[52] As orientações transmitidas ao médium durante o sono são recordadas na forma de sonhos:

Os sonhos são efeitos da emancipação da alma, que se torna mais independente pela suspensão da vida ativa e de relação. Daí uma espécie de clarividência indefinida [...]. Daí também a lembrança que traz à memória acontecimentos verificados na presente existência ou em existências anteriores. [...]⁵³

Sob quaisquer circunstâncias, José da Galileia reflete a conduta do *homem de bem*, o exemplo de integridade moral, assim caracterizado por Allan Kardec:

> O verdadeiro homem de bem é o que cumpre a lei de justiça, de amor e de caridade, na sua maior pureza. Se ele interroga a consciência sobre seus próprios atos, perguntará a si mesmo se não violou essa lei, se não praticou o mal, se fez todo o bem *que podia*, se desprezou voluntariamente alguma ocasião de ser útil, se ninguém tem qualquer queixa dele; enfim, se fez a outrem tudo o que gostaria que lhe fizessem.⁵⁴

REFERÊNCIAS

43 DOUGLAS, J. J. (Org.). *O novo dicionário bíblico*. Trad. João Bentes. 3. ed. rev. Vila Nova: São Paulo, 2006, p. 717.

44 _____. _____. P. 720

45 _____. _____.

46 _____. _____.

47 PASTORINO, Carlos T. *Sabedoria do evangelho*. Rio de Janeiro: Sabedoria, 1964, v. 1, it. Revelação a José, p. 55-56.

48 KARDEC, Allan. *O livro dos espíritos*. Trad. Evandro Noleto Bezerra. 4. ed. 9. imp. Brasília: FEB, 2020, q. 571

49 BÍBLIA DE JERUSALÉM. Gilberto da Silva Gorgulho; Ivo Storniolo e Ana Flora Anderson (Coords.). Diversos tradutores. Nova ed. rev. e ampl. 13. imp. São Paulo: Paulus, 2019, *Evangelho segundo Mateus*, p. 1.704.

50 _____. _____. Nota de rodapé "b".

51 _____. _____. Nota de rodapé "c".

52 KARDEC, Allan. *O livro dos espíritos*. Trad. Evandro Noleto Bezerra. 4. ed. 9. imp. Brasília: FEB, 2020, q. 402 a 412.

53 _____. _____. Questão 402 – comentário, p. 209.

54 _____. *O evangelho segundo o espiritismo*. Trad. Evandro Noleto Bezerra. 2. ed. 10. imp. Brasília: FEB, 2020, cap. 17, it. 3, p. 226.

TEMA 4

O NASCIMENTO DE JESUS E A VISITA DOS ASTRÓLOGOS PERSAS (MT 2:1-12)

Vimos nos estudos anteriores, relacionados à genealogia de Jesus, que os relatos de Mateus e Lucas apresentam enfoques diferentes: Mateus dá ênfase à ancestralidade régia de Jesus como descendente de Abraão e Davi, a partir de José; enquanto Lucas traça a ancestralidade a partir de Maria de Nazaré, de acordo com a tradição do Judaísmo, que é a origem biológica de Jesus. Vimos também que a vinda do Cristo foi previamente anunciada por profetas do Antigo Testamento. Assim, o seu nascimento foi cercado de sinais irrefutáveis, necessários para demonstrar ser Ele o Messias prometido.

4.1 NASCIMENTO DE JESUS. VISITA DOS MAGOS E DOS PASTORES (MT 2:1-12)[55]

1 Tendo Jesus nascido em Belém da Judeia, no tempo do rei Herodes, eis que alguns magos do Oriente chegaram a Jerusalém, 2 Perguntando: "Onde está o rei dos judeus recém-nascido? Com efeito, vimos a sua estrela no céu surgir e viemos homenageá-lo". 3 Ouvindo isso, o rei Herodes ficou alarmado e com ele toda a Jerusalém. 4 E, convocando todos os chefes dos sacerdotes e os escribas do povo, procurou saber deles onde havia de nascer o Cristo. 5 Eles responderam: "Em Belém da Judeia; pois é isto que escreveu o profeta: 6 "E tu, Belém, terra de Judá, de modo algum és a menor entre os clãs de Judá; pois de ti sairá um chefe que apascentará Israel, o meu povo". 7 Então Herodes mandou chamar secretamente os magos e procurou certificar-se com eles a respeito do tempo em que a estrela tinha aparecido. 8 E enviando-os a Belém disse-lhes: "Ide e procurai obter informações exatas a respeito do menino e, ao encontrá-lo, avisai-me, para que também eu vá homenageá-lo". 9 A essas palavras do rei, eles partiram. E eis que a estrela que tinham visto no céu surgir ia à frente deles, até que parou sobre o lugar onde se encontrava o menino. 10 Eles, revendo a estrela, alegraram-se imensamente. 11 Ao entrar na casa, viram o menino com Maria, sua mãe, e, prostrando-se, o homenagearam.

Em seguida, abriram seus cofres e ofereceram-lhe presentes: ouro, incenso e mirra. 12 Avisados em sonho que não voltassem a Herodes, regressaram por outro caminho para a sua região.

Os registros de *Mateus* quanto ao local e condições do nascimento de Jesus são breves, preferindo enfatizar a visita dos magos, também chamados sábios ou astrólogos. *Lucas* por outro lado, é mais detalhista, nada assinala sobre os magos e enfatiza o aviso do nascimento do Mestre Nazareno que foi dado aos pastores por um anjo do Senhor. No momento oportuno, retornaremos a este assunto, por ocasião do estudo do *Evangelho segundo Lucas*. Destacamos, em seguida, pontos considerados importantes para a contextualização do texto de Mateus.

4.1.1 BELÉM

"1 Tendo Jesus nascido em Belém da Judeia [...]." (Mt 2:1).

O nome *Belém*

> [...] significa *casa do pão*, o que indica a fertilidade da região. A cidade ficava localizada a poucos quilômetros ao sul de Jerusalém. Em *Gênesis* (35:16, 19 e 48:7) é chamada *Efrata*. Era chamada Belém de Judá ou Belém Efrata para não ser confundida com outra Belém, localizada no território de Zebulon (Js 19:15), que ficava a onze quilômetros de Nazaré, a noroeste".[56]

Cidade dos antepassados de Davi, foi destruída pelos romanos no século II depois do Cristo, durante o reinado do imperador Adriano (Publius Aelius Hadrianus, 76–138 d.C.). O local exato do nascimento de Jesus se perdeu com a destruição da cidade, ainda que Helena, a mãe de Constantino, tenha erguido a Igreja da Natividade no local em que, supostamente, se encontrava a estrebaria e a manjedoura. Mas os estudiosos têm dúvidas a respeito. Constantino ou Constantino I, também conhecido como Constantino Magno ou Constantino, o Grande (em latim: *Flavius Valerius Constantinus*, 272–337) foi um imperador romano, que governou o Império Romano no Oriente, em Bizâncio, cidade que ficou conhecida como *Nova Roma*, mais tarde denominada Constantinopla e, hoje, Istambul.

> Nos dias atuais, Belém é um centro de peregrinação, com suas construções em altas paredes de pedra, intricadas ruas estreitas, exibindo arcadas em seus trajetos.
>
> Sempre pequenina, desde os tempos bíblicos, compondo notável contraste com as majestosas colinas do deserto da Judeia, a cidade está dominada por edifícios conventuais da Basílica da Natividade, construída no século VI. A basílica foi assentada sobre os vestígios de uma igreja mais antiga, levantada

em 330 por Constantino [atendendo ao desejo da sua esposa], o imperador romano, e considerado por tradição o local em que nasceu Jesus.[57]

4.1.2 HERODES

"Tendo Jesus nascido em Belém da Judeia, no tempo do rei Herodes [...]" (Mt 2:1).

Herodes, cognominado o Grande, morreu por "[...] volta do ano 4 ou 5 a.C. Por um erro antigo, a era cristã começa alguns anos depois do nascimento de Cristo (cf. Lc 2, +; 3,1+). Herodes reinou de 37 a 4 a.C. O seu reino acabou por abranger a Judeia, a Idumeia, a Samaria, a Galileia, a Pereia, e outras regiões [...]".[58]

> Herodes, o Grande, rei dos judeus, 40-4 a.C., nasceu em 73 a.C. Seu pai, Antipattre, um judeu de ascendência Idumeia, atingiu posição de grande influência na Judeia depois da conquista romana, e foi nomeado procurador da Judeia por Júlio César, em 47 a.C. Por sua vez, ele nomeou seu filho, Herodes, como prefeito militar da Galileia, e Herodes demonstrou suas qualidades pelo vigor com que suprimiu bandos armados naquela região; o governador romano da Síria ficou tão impressionado com sua energia que o tornou prefeito militar da Coele-Síria [...].[59]

Acredita-se que

> Herodes subiu ao trono da Judeia por volta de 37 a.C., com um ato típico de oportunismo político — apelou para Roma durante um levante encabeçado pelo Sumo Sacerdote e, como era de se esperar, garantiu um reforço de tropas suficiente para dominar toda a Judeia. Ele apresentava para os historiadores um paradoxo: como pode um monarca cruel e sanguinário ser conhecido como "grande"? Sua grandeza consistiu na diplomacia que soube conduzir e nas decisões políticas que tomou, além da habilidade mostrada em alinhar-se sempre com os vencedores [conquistadores romanos, no caso].[60]

Herodes passou para a História como pessoa portadora de personalidade violenta, regada a ódio, "[...] que ordenara a morte dos próprios filhos, com o fito de proteger a sua hegemonia. Muitos atos de violência e ódio assinalaram a sua carreira, inclusive o assassinato de sua esposa favorita, Mariane. Seu mais notável [e violento] memorial foi a bárbara matança dos inocentes de Belém [objeto de estudo do próximo tema]. Pouco depois dessa ocorrência, Herodes morreria, em Jericó, na primavera de 4 a.C., de hidropisia, gangrena, e uma enfermidade aviltante, aos 70 anos de idade. [...]".[61]

> Quer Herodes se considerasse guardião do povo judaico no mundo pagão, quer tenha sido apenas um tirano oportunista, o resultado de sua política foi o estabelecimento de um forte esquema de repressão. Não apenas condenou

todos sobre quem recaía a menor suspeita de traição, inclusive sua própria esposa, como também prometeu expurgos indiscriminados. Seus espiões e a polícia secreta encontravam-se em todos os lugares. Há até histórias apócrifas em que ele aparece caminhando disfarçado pelas ruas, perguntando a seus súditos o que pensavam a seu respeito.[62]

De qualquer forma, o fato de Herodes ser idumeu não o tornava, intrinsicamente, aceito pelos judeus:

> Os idumeus eram prosélitos (gentios convertidos ao Judaísmo) – o que já bastava para despertar contra eles as suspeitas dos judeus – habitantes do sul da Judeia. Politicamente, demonstravam grande senso de oportunismo, procurando cair nas graças dos governantes romanos. Ao mesmo tempo em que a dinastia dos sumos sacerdotes declinava, ele consolidava sua posição [...].[63]

4.1.3 A VISITA DOS MAGOS DO ORIENTE

> "1 Tendo Jesus nascido em Belém da Judeia, no tempo do rei Herodes, eis que alguns magos do Oriente chegaram a Jerusalém, 2 Perguntando: Onde está o rei dos judeus recém-nascido?" (Mt 2:1 e 2).

Os magos eram considerados astrólogos ou sábios astrólogos que, segundo *Mateus* vieram do Oriente, possivelmente da Pérsia, da Babilônia, ou da Arábia do Sul,[64] ou, ainda, Caldeia, Pártia ou lugares próximos.[65] Não se sabe ao certo.

> Este relato [a visita dos magos] não tem paralelo em nenhum outro documento conhecido por nós. É impossível dizer onde *Mateus* autor deste Evangelho, colheu este material. [...]. É possível que a igreja em Antioquia ou na Judeia tenham preservado a narrativa. O relato expressa a verdade do fato de homens serem trazidos de longe, e, por meio de muitas vicissitudes da vida, encontrarem e adorarem o Cristo. [...] Os primeiros pais da Igreja interpretavam a história como indicação de que todas as formas de paganismo, incluindo a magia, terão de dobrar-se à sabedoria do menino Cristo, tal como os magos se prostraram ante o berço de Jesus.[66]

Segundo os estudiosos,

> [...] os magos eram eruditos que se distinguiam no campo da Matemática, da Astronomia, da Astrologia, da Alquimia e da religião. Com frequência, eram conselheiros de cortes reais, e um dos seus deveres era estudar as estrelas, a fim de antecipar o nascimento de qualquer novo governante que, eventualmente, ameaçasse os poderes correntes.[67]

Na verdade, há dúvida até quanto ao número dos magos: "[...] Os cristãos orientais [Igreja Ortodoxa] têm uma tradição de doze sábios, cada um dos quais representaria uma das doze tribos [de Israel]. Alguns antigos mosaicos mostram apenas dois magos, ao passo que outros exibem sete ou mesmo onze." [...].[68]

A tradição cristã passou a admitir o número de três magos em razão da quantidade dos presentes oferecidos a Jesus nascituro: "[...] ouro, olíbano (espécie de incenso feito de resina aromática) e mirra (unguento usado como balsâmico e em perfumes). Como são guiados por uma estrela, os magos parecem ter sido astrólogos, provavelmente da Pérsia. Magos, como são chamados, é o plural de *magus*, palavra grega para feiticeiro ou mágico. Só muito tempo depois, foram os sábios chamados de reis e receberam o nome de Gaspar, Melquior e Baltazar, dos quais, segundo a tradição, um era negro".[69] Estes nomes (Gaspar, Melquior/Melchior e Baltazar) foram dados pelo escritor inglês Beda (673–735 d.C.).[70]

> Os magos também não eram reis. É outra contradição, considerada um acréscimo da tradição católica, pois não há comprovação a respeito. Há estudiosos que afirmam que os magos ignoravam as profecias do Antigo Testamento sobre o advento do Cristo. Entretanto, não é consenso, pois há quem afirme que os magos estariam, sim, informados das profecias quanto à vinda do Cristo: "É fora de dúvida que terão tomado conhecimento das profecias referentes à vinda do Messias, por meio dos israelitas, quando estes estiveram cativos na Babilônia. Essas profecias, guardadas carinhosamente no recesso dos templos, só eram reveladas aos iniciados nas coisas espirituais." [...][71]

Estudiosos espíritas apresentam o entendimento similar ao apontado por outros pesquisadores:

> Os magos eram sacerdotes. Na antiga Pérsia formavam uma corporação que se ocupava do culto religioso e do cultivo da ciência, principalmente da astronomia. O verdadeiro significado da palavra *mago é sábio*. Eram respeitadíssimos pelo povo e dividiam-se em várias classes, cada uma das quais tinha privilégios e deveres distintos. Levavam uma vida austera, vestiam-se com extrema simplicidade e não comiam carne. [...][72]

4.1.4 A ESTRELA QUE GUIA OS MAGOS

> "[...] Onde está o rei dos judeus recém-nascido? Com efeito, vimos a sua estrela no céu surgir e viemos homenageá-lo" (Mt 2:2).

Há outra questão básica relacionada ao aviso do nascimento de Jesus. É impossível supor que uma estrela, o corpo celeste tal como é definido pela astronomia, pudesse se deslocar e definir um percurso para os magos seguirem. Há diferentes interpretações a respeito do que seria, de fato, essa estrela. Destacamos os principais argumentos.[73]

» *A estrela seria uma personalidade.* Um anjo, por exemplo, que teria guiado os magos a Jerusalém.

» *A estrela e a narração seriam um mito.* Representariam uma criação de Mateus para engrandecer a figura de Jesus.

» *A estrela seria um fenômeno Divino, da percepção exclusiva dos magos.* Este argumento tem como base o fato de que ninguém viu a estrela, só os magos.

» *A estrela seria um astro, especialmente preparado por Deus.* É a hipótese mais aceita na atualidade, ainda que não se consiga identificar que tipo de astro poderia produzir este feito.

» *A estrela seria um cometa.* Mas neste caso, seria visto por todos.

» *A estrela representaria uma conjunção de planetas.* Foi a opinião do astrônomo alemão Kepler (Johannes Kepler, 1571–1630) e do matemático e geógrafo alemão Münster (Sebastian Münster, 1489–1552 — autor do famoso livro *Cosmografia universal*, publicado em 1544). A estrela citada pelos magos teria sido, segundo o escritor, médico e jurista germânico Werner Keller (1909–1980), uma conjunção dos planetas, pois, de acordo com a Ciência, teria ocorrido fato semelhante, uma conjunção dos planetas Júpiter e Saturno, no ano 7 a.C., na constelação de Peixes, próximo a Áries. Há indicações de que esta localidade é a parte do universo em que ocorre frequentemente os maiores e os mais notáveis fenômenos.

Allan Kardec pondera à luz da fé raciocinada:

> A questão não é saber se o fato narrado por Mateus é real ou não, ou se passa de uma figura indicativa de que os magos foram guiados de forma misteriosa ao lugar onde estava o menino Jesus, uma vez que não existe meio algum de verificação; trata-se, isto, sim, de saber se é possível um fato de tal natureza.
>
> O que é certo é que, naquela circunstância, a luz não podia ser uma estrela. Na época que o fato ocorreu, era possível acreditassem que fosse, porque então se pensava que as estrelas eram pontos luminosos cravados no firmamento e que podiam cair sobre a Terra; mas não hoje, quando se conhece a natureza das estrelas.
>
> Entretanto, por não ter como causa a que lhe atribuíram, não deixa de ser possível o fato da aparição de uma luz com o aspecto de uma estrela. Um Espírito pode aparecer sob forma luminosa, ou transformar uma parte do seu fluido perispirítico em foco luminoso. Muitos fatos desse gênero, recentes e

perfeitamente autênticos, não procedem de outra causa, que nada apresenta de sobrenatural.⁷⁴

4.1.5 OS PRESENTES DOS ASTRÓLOGOS PERSAS A JESUS

> "Eles, revendo a estrela, alegraram-se imensamente. Ao entrarem na casa, viram o menino com Maria, sua mãe, e, prostrando-se, o homenagearam. Em seguida, abriram seus cofres e ofereceram-lhe presentes: ouro, incenso e mirra" (Mt 2:10 e 11).

Pastorino informa que os presentes oferecidos a Jesus tinham para os povos antigos um significado especial.

> Segundo o entendimento mais profundo, o ouro representa a luz, e, portanto, a sabedoria; o incenso é a devoção, que espalha o "bom odor" do Espírito às criaturas; e a mirra é o consumir-se para beneficiar. No entanto, a sabedoria consagrada a Deus e consumida em benefício dos homens, traz sofrimento porque obriga a criatura a permanecer no cárcere da matéria; a mirra sugere sacrifício e a renúncia total de todos os bens, inclusive do próprio eu personalístico. Então, temos o simbolismo:
>
> *Ouro – luz e sabedoria.*
>
> *Incenso – devoção pessoal a Deus e aos homens.*
>
> *Mirra – sacrifício e renúncia ao próprio eu.*⁷⁵

4.1.6 O NASCIMENTO DE JESUS É PREVISTO PELO PROFETA *MIQUEIAS*

> "3 Ouvindo isso, o rei Herodes ficou alarmado e com ele toda a Jerusalém. 4 E, convocando todos os chefes dos sacerdotes e os escribas do povo, procurou saber deles onde havia de nascer o Cristo. 5 Eles responderam: — Em Belém da Judeia; pois é isto que escreveu o profeta" (Mt 2:3-5).

O nascimento de Jesus em Belém da Judeia/Efrata foi previsto no Velho Testamento pelo profeta *Miqueias* cuja previsão encontra-se inserida no texto de *Mateus* versículo 6. *Miqueias* "[...] exerceu sua atividade durante os reinados de Acaz e Ezequias, isto é, antes e depois da tomada de Samaria em 721 e talvez até da invasão de Senaquerib, em 701. Foi, portanto, em parte, contemporâneo de Oseias e, por mais tempo, de Isaías. [...]"⁷⁶ A profecia completa de *Miqueias* (5:2 e 3) é a que se segue.⁷⁷

> 1 E tu, Belém Efrata, pequena entre os clãs de Judá, de ti sairá para mim aquele que governará Israel. Suas origens são dos tempos antigos, de dias imemoráveis. 2 Por isso Ele [Iahweh] os abandonará até o tempo em que a parturiente dará à luz. Então o resto dos seus irmãos voltará para os israelitas. 3 Ele se erguerá

e apascentará o rebanho pela força de Iahweh, pela glória do nome de seu Deus. Eles se estabelecerão, pois, então, ele será grande até os confins da Terra.

Para o Espiritismo, foi importante que a vinda do Cristo, do nascimento à ressurreição, fosse marcada por previsões e fatos inusitados, pois era necessário despertar a Humanidade, que se mantinha, até então, indiferente ao imperativo da melhoria moral. Melhoria moral que está refletida na lição de amor e de humildade que ele nos trouxe. "[...] única em todos os tempos da Humanidade".[78]

4.2 INTERPRETAÇÃO ESPÍRITA DO NASCIMENTO DE JESUS

O Espírito Emmanuel assinala com muita propriedade o efeito que a vinda do Cristo representa para a história da civilização humana. Todos os detalhes, por mais simples que sejam, revelam um plano Divino voltado para a vivência da lei de amor.

4.2.1 A LIÇÃO DA HUMILDADE

> A manjedoura assinalava o ponto inicial da lição salvadora do Cristo, como a dizer que a humildade representa a chave de todas as virtudes.
>
> Começava a era definitiva da maioridade espiritual da Humanidade terrestre, uma vez que Jesus, com a sua exemplificação divina, entregaria o código da fraternidade e do amor a todos os corações.[79]

4.2.2 AS BASES DA VERDADE E DO AMOR

> Sim, o mundo era um imenso rebanho desgarrado. Cada povo fazia da religião uma nova fonte de vaidades, salientando-se que muitos cultos religiosos do Oriente caminhavam para o terreno franco da dissolução e da imoralidade; mas o Cristo vinha trazer ao mundo os fundamentos eternos da verdade e do amor. Sua palavra, mansa e generosa, reunia todos os infortunados e todos os pecadores [...].[80]

4.2.3 A PRÁTICA DA CARIDADE, DA FRATERNIDADE E DA SIMPLICIDADE

> [...] Sua palavra, mansa e generosa, reunia todos os infortunados e todos os pecadores. Escolheu os ambientes mais pobres e mais desataviados para viver a intensidade de suas lições sublimes, mostrando aos homens que a verdade dispensava o cenário suntuoso dos areópagos, dos fóruns e dos templos, para

fazer-se ouvir na sua misteriosa beleza. Suas pregações, na praça pública, verificam-se a propósito dos seres mais desprotegidos e desclassificados, como a demonstrar que a sua palavra vinha reunir todas as criaturas na mesma vibração de fraternidade e na mesma estrada luminosa do amor. [...][81]

4.2.4 ATUALIZAÇÃO DA LEI, DOS PROFETAS E DAS FILOSOFIAS

[...] Combateu pacificamente todas as violências oficiais do Judaísmo, renovando a Lei Antiga com a doutrina do esclarecimento, da tolerância e do perdão. Espalhou as mais claras visões da vida imortal, ensinando às criaturas terrestres que existe algo superior às pátrias, às bandeiras, ao sangue e às leis humanas. Sua palavra profunda, enérgica e misericordiosa, refundiu todas as filosofias, aclarou o caminho das ciências e já teria irmanado todas as religiões da Terra, se a impiedade dos homens não fizesse valer o peso da iniquidade na balança da redenção.[82]

4.2.5 A PALAVRA DIVINA

[...] [Compete] apenas às suas comunidades e aos seus adeptos a observação do ensino imortal, aplicando-a a si próprios, no mecanismo da vida de relação, de modo que se verifique a renovação geral, na sublime exemplificação, porque, se a manjedoura e a cruz constituem ensinamento inolvidável, muito mais devem representar, para nós outros, os exemplos do Divino Mestre, no seu trato com as vicissitudes da vida terrestre.

De suas lições inesquecíveis, decorrem consequências para todos os departamentos da existência planetária, no sentido de se renovarem os institutos sociais e políticos da Humanidade, com a transformação moral dos homens dentro de uma nova era de justiça econômica e de concórdia universal.[83]

4.2.6 O EXEMPLO DO CRISTO

[...] a lição do Cristo ficou para sempre na Terra, como o tesouro de todos os infortunados e de todos os desvalidos. Sua palavra construiu a fé nas almas humanas, fazendo-lhes entrever os seus gloriosos destinos. Haja necessidade e tornaremos a ver a crença e a esperança reunindo-se em novas catacumbas romanas, para reerguerem o sentido cristão da civilização da Humanidade. É, muitas vezes, nos corações humildes e aflitos que vamos encontrar a divina palavra cantando o hino maravilhoso dos bem-aventurados.[84]

4.2.7 A REVOLUÇÃO CRISTÃ

O Espírito Irmão X (Humberto de Campos) transmite-nos significativo diálogo ocorrido entre Jesus e Tomé, um dos apóstolos, a respeito da revolução que o Evangelho traria ao mundo. Reproduzimos, em seguida, apenas alguns trechos do diálogo ocorrido entre o Mestre e o discípulo, para indicar o sentido da grande transformação que Jesus nos deixou como precioso legado espiritual.[85]

» Ouvindo variadas referências ao novo Reino, Tomé impressionara--se, acreditando o povo judeu nas vésperas de formidável renovação política. [...].

» Submetendo, certa noite, ao Cristo as impressões de que se via possuído, d'Ele ouviu a confirmação esperada:

» — Sem dúvida — explicou o Nazareno —, o Evangelho é portador de gigantesca transformação do mundo. Destina-se à redenção das massas anônimas e sofredoras. Reformará o caminho dos povos.

» — Um movimento revolucionário! — acentuou Tomé, procurando imprimir mais largo sentido político à definição.

» — Sim — acrescentou o Profeta Divino —, não deixa de ser...

No dia seguinte, o Senhor demonstrou para o equivocado apóstolo que tipo de revolução ele propunha à Humanidade: a de natureza moral.

Vivenciaram ao longo do dia várias experiências: primeiro junto a um pescador embriagado, fazendo o apóstolo compreender que se tratava de um enfermo do espírito, merecedor de amparo espiritual para reerguer-se; depois encontraram pobre mulher que pediu auxílio para a filha enferma, fazendo-os proferir prece intercessora. Mais tarde, toparam com três senhoras que pediram esclarecimento sobre a Boa-Nova. O dia prosseguiu assim, de atendimento aos sofredores. Quando a noite chega, Tomé está exausto, mas prossegue em seu diálogo com Jesus:

» Tomé, que mostrava os pés sangrentos, enxugou o suor copioso e rendeu graças a Deus pela possibilidade de algum descanso. A fadiga, porém, não lhe subtraíra a curiosidade. Erguendo para o Cristo olhar indagador, inquiriu:

» — Senhor, dar-me-ás agora a chave da conspiração libertadora?

» O Divino interpelado esclareceu, sem vacilações:

» — Tomé, os homens deviam entediar-se de revoltas e guerras que começam de fora, espalhando ruína e ódio, crueldade e desespero. Nossa iniciativa redentora verifica-se de dentro para fora. Já nos achamos em plena revolução evangélica e o dia de hoje, com os abençoados deveres que nos trouxe, representa segura resposta à indagação que formulaste. Enquanto houver preponderância do mal, a traduzir-se em aflições e trevas, no caminho dos homens, combateremos em favor do triunfo supremo do bem.

» E, ante o discípulo desapontado, concluiu:

» — A ordem para nós não é de matar para renovar, mas sim de servir para melhorar e elevar sempre.

» Tomé passou a refletir maduramente e nada mais perguntou.

Tenhamos certeza de que a mensagem do Cristo precisa, mais do que nunca, ser conhecida, refletida, sentida e vivida. Nos tempos atuais da grande transição planetária, ocorrem profundas e paulatinas modificações na sociedade planetária. Urge busquemos nas lições inesquecíveis do Evangelho o referencial para nos transformarmos em pessoas de bem, mais moralizadas. Para tanto, faz-se necessário deixar o Cristo entrar na intimidade do nosso ser, a fim de podermos vivenciar cada ensinamento, em espírito e em verdade. Pois, como assinala Amélia Rodrigues, o "mergulho de Jesus nos fluidos grosseiros do orbe é a história da redenção da própria Humanidade, que sai das furnas do *eu* para os altos píncaros da liberdade".[86]

REFERÊNCIAS

[55] BÍBLIA DE JERUSALÉM. Gilberto da Silva Gorgulho; Ivo Storniolo e Ana Flora Anderson (Coords.). Diversos tradutores. Nova ed. rev. e ampl. 13. reimp. São Paulo: Paulus, 2019, *Evangelho segundo Mateus*, 2:1-12, p. 1.705.

[56] CHAMPLIN, Russell Norman. *O novo testamento interpretado versículo por versículo:* Mateus/Marcos. Nova edição revisada. São Paulo: Hagnos, 2014, v. 1, p. 271.

[57] CALDEIRA, Wesley. *Da manjedoura a Emaús*. 1. ed. 1. imp. Brasília: FEB, 2014, cap. 6.

[58] BÍBLIA DE JERUSALÉM. Gilberto da Silva Gorgulho; Ivo Storniolo e Ana Flora Anderson (Coords.). Diversos tradutores. Nova ed. rev. e ampl. 13. reimp. São Paulo: Paulus, 2019, *Evangelho segundo Mateus*. Nota "b", p. 1.705.

[59] DOUGLAS, J. J. (Org.). *O novo dicionário bíblico*. Trad. João Bentes. 3. ed. rev. Vila Nova: São Paulo, 2006, p. 585.

[60] RENAN, Ernest. *A vida de Jesus*. Trad. Sociedade Bíblica do Brasil. Rio de Janeiro: Livro Técnico, 1979, p. 21.

61 CHAMPLIN, Russell Norman. *O novo testamento interpretado versículo por versículo*: Mateus/Marcos, Nova edição revisada. São Paulo: Hagnos, 2014, v. 1, p. 271.

62 RENAN, Ernest. *A vida de Jesus*. Trad. Sociedade Bíblica do Brasil. Rio de Janeiro: Livro Técnico, 1979, p. 21.

63 _____. _____. P. 21.

64 BÍBLIA DE JERUSALÉM. Gilberto da Silva Gorgulho; Ivo Storniolo e Ana Flora Anderson (Coords.). Diversos tradutores. Nova ed. rev. e ampl. 13. reimp. São Paulo: Paulus, 2019, *Evangelho segundo Mateus*. Nota de rodapé "c", p. 1.705.

65 CHAMPLIN, Russell Norman. *O novo testamento interpretado versículo por versículo*: Mateus/Marcos. Nova edição revisada, v. 1. São Paulo: Hagnos, 2014, v. 1, p. 272.

66 _____. _____. P. 271.

67 _____. _____. P. 272.

68 _____. _____.

69 GUIA COMPLETO DA BÍBLIA. AS SAGRADAS ESCRITURAS COMENTADAS E RICAMENTE ILUSTRADAS. *As sagradas escrituras comentadas e ricamente ilustradas*. Trad. Alda Porto (et al). Rio de Janeiro: Reader's Digest, 2003, p. 313.

70 PASTORINO. Carlos T. *Sabedoria do evangelho*. Rio de Janeiro: Sabedoria, 1964, v. 1, it. Visita dos Magos, p. 88.

71 RIGONATTI, Eliseu. *O evangelho dos humildes*. 21. ed. São Paulo: Pensamento, 2007, Cap. 2, p. 12.

72 _____. _____. Cap. 2, p. 12.

73 CHAMPLIN, Russell Norman. *O novo testamento interpretado versículo por versículo*: Mateus/Marcos. Nova edição revisada. São Paulo: Hagnos, 2014, v. 1, p. 274.

74 KARDEC, Allan. *A gênese*. Trad. Evandro Noleto Bezerra. 2. ed. 2. imp. Brasília: FEB, 2019, cap. 15, it. 4, p. 266.

75 PASTORINO. Carlos T. *Sabedoria do evangelho*. Rio de Janeiro: Sabedoria, 1964, v. 1, it. Visita dos Magos, p. 93.

76 BÍBLIA DE JERUSALÉM. Gilberto da Silva Gorgulho; Ivo Storniolo e Ana Flora Anderson (Coords.). Diversos tradutores. Nova ed. rev. e ampl. 13. reimp. São Paulo: Paulus, 2019, it. Introdução aos profetas, p. 1.248.

77 _____. _____. *Miqueias*, p. 1.640.

78 XAVIER, Francisco Cândido. *A caminho da luz*. Pelo Espírito Emmanuel. 38. ed. 13. imp. Brasília; FEB, 2020, cap. 12, it. Cumprimento das profecias de Israel, p. 98.

79 _____. _____. It. A manjedoura, p. 97.
80 _____. _____. It. A grande lição, p. 99.
81 _____. _____. It. A grande lição, p. 99-100.
82 _____. _____. It. A grande lição, p. 100.
83 _____. _____. It. A palavra divina, p. 100-101.
84 _____. _____. It. O exemplo do Cristo, p. 102.
85 _____. *Luz acima*. Pelo Espírito Irmão X. 11. ed. 4. imp. Brasília: FEB, 2013, cap. 46, p. 193-196.
86 FRANCO, Divaldo Pereira. *Primícias do reino*. Pelo Espírito Amélia Rodrigues. 8. ed. Salvador: LEAL, 2001, cap. 1, p. 31.

TEMA 5

A FUGA PARA O EGITO E A MATANÇA DOS INOCENTES (MT 2:13-18)[87]

> *13 Após a sua partida [dos magos], eis que o Anjo do Senhor se manifestou em sonhos a José e lhe disse: "Levanta-te, toma o menino e sua mãe e foge para o Egito. Fica lá até que eu te avise, porque Herodes procurará o menino para o matar". 14 Ele levantou-se, tomou o menino e sua mãe, durante a noite, e partiu para o Egito. 15 Ali ficou até a morte de Herodes, para que se cumprisse o que dissera o Senhor por meio do profeta: "Do Egito chamei o meu filho". 16 Então Herodes, percebendo que fora enganado pelos magos, ficou enfurecido e mandou matar, em Belém e em todo seu território, todos os meninos de dois anos para baixo, conforme o tempo de que havia se certificado com os magos. 17 Então cumpriu-se o que fora dito pelo profeta Jeremias: 18 "Ouviu-se uma voz em Ramá, choro e grande lamentação: Raquel chora os seus filhos; e não quer consolação, porque eles já não existem".*

Este trecho de *Mateus* destaca de forma muito clara: a celestial proteção dada a Jesus e aos seus pais; o aviso que o anjo faz a José sobre os perigos que corriam; e a crueldade de Herodes, ordenando a morte de crianças.

5.1 A FUGA PARA O EGITO

Valendo-se da mediunidade onírica de José, um anjo do Senhor, ou Espírito puro, segundo o Espiritismo,[88] aparece-lhe pela segunda vez em sonho, orientando-o a fugir para o Egito porque Herodes iria matar o menino Jesus: "Levanta-te, toma o menino e sua mãe e foge para o Egito. Fica lá até que eu te avise, porque Herodes procurará o menino para o matar" (Mt 2:13). José, homem bom e zeloso, sabia ouvir a voz divina que lhe falava no íntimo e, sem qualquer vacilação, atende imediatamente a orientação do anjo.

> [...] A ideia é que a família fugiu na mesma noite em que José teve o sonho, sem perda de tempo. Nos Evangelhos apócrifos, há muitas adições aos detalhes simples aqui encontrados. Por exemplo, nos Evangelhos há a história de uma

fonte que surgiu no caminho por onde viajava a família, para que tivessem água. Essa fonte não teria existido antes. Outra lenda é que foram atacados por salteadores, mas foram poupados por um dentre eles, de nome Dimas, que seria o mesmo ladrão penitente crucificado com Jesus. A narrativa de Mateus é verídica; mas esses outros detalhes soam a mitos.[89]

O certo é que a implantação definitiva do bem na Terra foi e ainda é cercada de ataques, muitos dos quais cruéis, pelos agentes do mal. Sabemos que o Amor triunfará, cedo ou tarde, mas trata-se de longa jornada ascensional, de significativos desafios, a fim de que cada um de nós, habitante do planeta, vença as próprias imperfeições. É importante não perdermos de vista que a vinda de Jesus anunciava a chegada à Terra do "[...] sublime emissário. Sua lição de verdade e de luz ia espalhar-se pelo mundo inteiro, como chuva de bênçãos magníficas e confortadoras. A Humanidade vivia, então, o século da Boa-Nova. [...]"[90]

Importa considerar que o "Egito incluía a península do Sinai e sua porção mais próxima não era distante de Belém. [...] Era bom lugar para onde fugir, porque, sendo perto, a viagem não seria estafante. Estariam *fora do poder* de Herodes, e, naquela época, muitos judeus moravam no Egito".[91]

No registro de *Mateus* ora em estudo, consta uma profecia de Oseias no versículo 15: "Ali ficou até a morte de Herodes, para que se cumprisse o que dissera o Senhor por meio do profeta: Do Egito chamei o meu filho" [Os 11:1]. "Lendo em *Oseias*, o trecho parece, à primeira vista, não ter nenhuma referência ao Messias, mas quando examinamos a literatura judaica verificamos que em *Êxodo* (4:23), sobre a qual *Oseias* é baseado: "era aplicado pela antiga sinagoga ao Messias".[92]

Quando se faz leitura atenta dos episódios relacionados ao advento do Cristo, o Messias anunciado pelos profetas, cada vez mais somos tomados pela convicção de que "Jesus é uma realidade e, ao mesmo tempo, um símbolo. Ele é a Verdade, é a Justiça, é o Amor. Onde estes elementos predominarem, Ele aí estará, embora não lhe hajam invocado o nome. [...] Jesus não é, como se imagina comumente, o criador de determinada escola, o fundador de certo credo ou seita. Ele é o revelador da Lei Eterna, o expoente máximo da Verdade, o que vale dizer, da vontade de Deus".[93]

5.2 O MASSACRE DOS INOCENTES

Herodes, que facilmente assassinou sua esposa e seus filhos, achou fácil matar alguns infantes desconhecidos. As criancinhas mortas eram não só de Belém,

> *mas também das aldeias vizinhas, pois Herodes quis ter a certeza de que o filho de Maria não escapasse. O número de crianças mortas provavelmente não foi grande, pois Belém era uma aldeia pequena (A. T. Robertson calcula que houve mais ou menos quinze a vinte crianças mortas) [...].*[94]

Independentemente do número de crianças assassinadas, nada ameniza ou justifica a ação do ambicioso Herodes. Subjugado ao poder temporário do mundo e à exaltação do próprio ego, definiu um roteiro de graves provações para futuras reencarnações. Poucos anos depois desses acontecimentos, Herodes retorna ao plano espiritual: "No ano 4 da nossa era, vitimado por hidropisia [edemas generalizados], febres e úlcera, desencarnou Herodes, ficando a Casa de Israel, por testamento, dividida entre os seus três filhos Herodes-Filipe II, Herodes-Ântipas e Arquelau".[95]

Vencedor no mundo, conquistou títulos e poder, mas Herodes chega à esfera extrafísica como Espírito falido, derrotado, assemelhando-se aos desencarnados em trevas, aos que não souberam aproveitar as benditas oportunidades da reencarnação. Tais Espíritos apresentam, entre outras, as características que se seguem:

> Eram donos de palácios soberbos, e sentem-se aferrolhados no estreito espaço do túmulo.
>
> Mostravam-se insensíveis nos galarins do poder, e derramam o pranto horizontal dos caídos.
>
> Amontoavam haveres, e agarram-se, agora, aos panos do esquife.
>
> Possuíam rebanhos e pradarias, e jazem num fosso de poucos palmos.
>
> Despejavam fardos de dor nos ombros sangrentos dos semelhantes, e suportam, chorando, os mármores do sepulcro a lhes partirem os ossos.
>
> Estadeavam ciência inútil e tremem perante o desconhecido.
>
> Devoravam prazeres, e gemem a sós.
>
> Exibiam títulos destacados, e soluçam no chão.
>
> Brilhavam em salões engrinaldados de fantasias, e arrastam-se, estremunhados, ante as sombras da cova.
>
> Oprimiam os fracos, e não sabem fugir à gula dos vermes.
>
> Eram campeões da beleza física, e procuram, debalde, esconder-se nas próprias cinzas. Repoltreavam-se em redes de ouro, e estiram-se, atarantados, entre caixas de pó.
>
> Emitiam discursos brilhantes, e gaguejam agora.
>
> Deitavam sapiência, e estão loucos.[96]

Como não há injustiça nas leis de Deus, sabe-se, à luz do entendimento espírita, que as crianças vitimadas pela ação insana de Herodes eram

Espíritos "[...] em expiação. Em encarnações passadas muito tinham errado, tornando-se, desse modo, merecedores do castigo pelo qual passaram".[97] É verdade, como também ensina a Doutrina Espírita, que a reparação de crimes cometidos no passado, em outras existências, pode ocorrer por meio da lei do amor, como nos esclarece o apóstolo Pedro: "[...] porque o amor cobre uma multidão de pecados" (I Pe 4:8).

Pastorino levanta a hipótese, fundamentada em revelações espirituais, de que as crianças mortas pela insanidade de Herodes "[...] seriam a reencarnação dos homens que, sob as ordens de Elias (o futuro João Batista, que também morreria à espada), haviam degolado os 450 sacerdotes de Baal junto à torre de Kishon (I Rs 18:40 e 19:1)".[98] É uma possibilidade.

No versículo 18, Mateus anota a seguinte citação do profeta Jeremias: "Então cumpriu-se o que fora dito pelo profeta Jeremias: Ouviu-se uma voz em Ramá, choro e grande lamentação: Raquel chora os seus filhos; e não quer consolação, porque eles já não existem" [Jr 31:15].

A "voz em Ramá" ou "Ramah", diz respeito a um local situado em ponto mais alto, mais elevado, e pode representar vários lugares. "Quatro locais são propostos atualmente para Ramá: Ramallah, a 13 km ao norte de Jerusalém; Beith Ramá, a 19 km a noroeste de Betel; Er-Ram, a Ramá de Benjamim; e Nebi Samwil. Alguma incerteza continua, entretanto."[99] O vocábulo pode, ainda, indicar um local acima, na fronteira de Aser (Js 19:29); uma cidade murada de Naftali (Js 19:36); ou uma forma abreviada de Ramote-Gileade (cf. II Rs 8:28 e 29 e II Cr 22:5-6).

Ainda no versículo 18, há referência à personagem Raquel: "Raquel chora os seus filhos; e não quer consolação, porque eles já não existem". O nome *Raquel* refere-se à avó de Efrain, Manassés e Benjamim, filhos de José do Egito, cujos membros da tribo foram mortos ou exilados pelos assírios, e por eles Raquel chora. "A aplicação feita aqui por Mt poderia ter sido sugerida por uma tradição que localizava o túmulo de Raquel no território de Belém (Gn 35:19s)."[100] A citação do Antigo Testamento por Mateus serve também para destacar a dor que se abateu sobre as mães que tiveram os filhos mortos pela sentença de Herodes.

Amélia Rodrigues analisa com propriedade:

> A história da Boa-Nova é a epopeia do homem atormentado, buscando as fontes inexauríveis da Divina Misericórdia e recebendo a linfa refrescante da paz, que vem sorvendo lentamente através dos dois últimos milênios.

> Por enquanto, condicionado às circunstâncias da própria necessidade, não tem sabido valer-se do gral asseado da abnegação e a toma em vasilhames impregnados de sujidades que impedem a absorção total e lenificadora do refrigério de que se faz instrumento.
>
> Seguindo Jesus, o Amigo Excelente, não tem sabido o homem abandonar a estreiteza das limitações ideológicas em torno das quais circunvaga [...].
>
> Asfixiado pela volúpia dos gozos imediatos, e suserano das paixões, reluta no momento de abdicar as velhas acomodações derrotistas [...].
>
> Confundido pelas ideologias estranhas de classes e nações, padronizando direitos e deveres conforme os preconceitos que vitaliza, estoicamente, aferra-se ao mundo [...].
>
> [...]
>
> No entanto, a Boa-Nova em sua epopeia, representa a história do homem atormentado que bate às portas dos céus, ansiosamente, e recebe a resposta da esperança e do amor, atendendo-o generosamente.[101]

Em todas as circunstâncias da vida é fundamental buscar esclarecimentos a respeito da mensagem de Jesus, a fim de sabermos traçar, com segurança, um planejamento de melhoria espiritual. Não dá mais para adiar! A nossa felicidade futura, nas próximas reencarnações e nos estágios que passaremos no Plano Espiritual, depende das nossas atuais decisões e ações de hoje. E nesta jornada evolutiva precisamos, e muito, de Jesus: dos seus ensinamentos, da sua companhia, da sua proteção. Já possuímos os requisitos necessários, da inteligência e da moral, para podermos absorver o seu Evangelho de Luz e Amor.

> Não se reveste o ensinamento de Jesus de quaisquer fórmulas complicadas.
>
> Guardando, embora, o devido respeito a todas as escolas de revelação da fé com os seus colégios iniciáticos, notamos que o Senhor desce da Altura, a fim de libertar o templo do coração humano para a sublimidade do amor e da luz, através da fraternidade, do amor e do conhecimento.
>
> Para isso, o Mestre não exige que os homens se façam heróis ou santos de um dia para o outro. Não pede que os seguidores pratiquem milagres, nem lhes reclama o impossível.
>
> Dirige-se a palavra dele à vida comum, aos campos mais simples do sentimento, à luta vulgar e às experiências de cada dia.[102]

REFERÊNCIAS

[87] BÍBLIA DE JERUSALÉM. Gilberto da Silva Gorgulho; Ivo Storniolo e Ana Flora Anderson (Coords.). Diversos tradutores. Nova ed. rev. e ampl. 13. imp. São Paulo: Paulus, 2019, *Evangelho segundo Mateus,* p. 1.705–1.706.

[88] KARDEC, Allan. *O livro dos espíritos.* Trad. Evandro Noleto Bezerra. 4. ed. 9. imp. Brasília: FEB, 2020, q. 112 e 113, p. 96.

[89] CHAMPLIN, Russell Norman. *O novo testamento interpretado versículo por versículo:* Mateus/Marcos. Nova ed. rev., v. 1. São Paulo: Hagnos, 2014, v. 1, p. 277.

[90] XAVIER, Francisco Cândido. *Boa nova.* Pelo Espírito Humberto de Campos. 37. ed. 15. imp. Brasília: FEB, 2020, cap. 1, p. 14.

[91] CHAMPLIN, Russell Norman. *O novo testamento interpretado versículo por versículo:* Mateus/Marcos. Nova ed. rev. São Paulo: Hagnos, 2014, v. 1, p. 277.

[92] MCNAIR, S. E. (Org.). *Bíblia de estudo explicada.* (Com Dicionário e Harpa Cristã e texto bíblico Almeida rev. e corrig., ed. 1995). Rio de Janeiro: CPAD, 2014, Nota de rodapé, p. 1.032.

[93] VINICIUS (Pedro Camargo). *Na seara do mestre.* 10. ed. 1. reimp. Rio de Janeiro: FEB, 2009, it. Considerações sobre o Natal, p. 23.

[94] CHAMPLIN, Russell Norman. *O novo testamento interpretado versículo por versículo*: Mateus/Marcos. Nova ed. rev. São Paulo: Hagnos, 2014, v. 1, p. 278.

[95] FRANCO, Divaldo Pereira. *Primícias do reino.* Pelo Espírito Amélia Rodrigues. 12. ed. Salvador: LEAL, 2015, it. Respingos históricos, p. 24.

[96] XAVIER, Francisco Cândido. *Justiça divina.* Pelo Espírito Emmanuel. 14. ed. 8. imp. Brasília: FEB, 2019, cap. 60, p. 143-144.

[97] RIGONATTI, Eliseu. *O evangelho dos humildes.* 21. ed. São Paulo: Pensamento, 2007, cap. 2, p. 13-14.

[98] PASTORINO, Carlos T. *Sabedoria do evangelho.* Rio de Janeiro: Sabedoria, 1964, v. 1, it. Massacre dos inocentes, p. 99.

[99] DOUGLAS, J. J. (Org.). *O novo dicionário bíblico.* Trad. João Bentes. 3. ed. rev. São Paulo: Vila Nova, 2006, p. 1.134.

[100] BÍBLIA DE JERUSALÉM. Gilberto da Silva Gorgulho; Ivo Storniolo e Ana Flora Anderson (Coords.). Diversos tradutores. Nova ed. rev. e ampl. 13. imp. São Paulo: Paulus, 2019, *Evangelho segundo Mateus.* Nota de rodapé "a", p. 1.706.

[101] FRANCO, Divaldo Pereira. *Luz no mundo*. Pelo Espírito Amélia Rodrigues. 11. ed. Salvador: LEAL, 2016. cap. 1, p. 13-14.
[102] XAVIER, Francisco Cândido. *Roteiro*. Pelo Espírito Emmanuel. 14. ed. 7. imp. Brasília: FEB, 2019, cap. 13, p. 59.

TEMA 6

RETORNO DO EGITO E ESTABELECIMENTO EM NAZARÉ (MT 2:19-23)

19 Quando Herodes morreu, eis que o Anjo do Senhor manifestou-se em sonho a José, no Egito, 20 e lhe disse: "Levanta-te, toma o menino e sua mãe e vai para a terra de Israel, pois os que buscavam tirar a vida ao menino já morreram". 21 Ele se levantou, tomou o menino e sua mãe e entrou na terra de Israel. 22 Mas, ouvindo que Arquelau era rei da Judeia em lugar de seu pai Herodes, teve medo de ir para lá. Tendo recebido um aviso em sonho, partiu para a região da Galileia. 23 e foi morar numa cidade chamada Nazaré, para que se cumprisse o que foi dito pelos profetas: "Ele será chamado Nazareu".[103]

Esse texto de Mateus apresenta duas ordens gerais de ideias, que serão assim analisadas: a) o retorno de Jesus e de seus pais do Egito para Israel, após José ter recebido, em sonho, o aviso de um Anjo do Senhor; b) a instalação da família em Nazaré, cidade da Galileia, cumprindo profecia anteriormente anunciada, de que Jesus seria conhecido como o Nazareno.

6.1 O RETORNO DE JESUS A ISRAEL

Nos versículos 18 a 22 consta que, durante seu retorno a Israel, por duas vezes, José foi alertado em sonho pelo Anjo do Senhor, quanto à segurança de Jesus. No primeiro sonho, o alerta é para a família sair do Egito; no segundo sonho, a orientação é para retornar à terra de origem e à cidade onde Jesus e seus pais deveriam residir.

> Após a morte de Herodes, novamente funciona a mediunidade onírica de José: em sonhos um anjo manda-o regressar à terra de Israel [...]. José obedeceu de imediato e (segundo Mateus) dispunha-se a regressar a Belém, quando ouve dizer que lá governava Arquelau, filho de Herodes. Instala-se nele o medo [...]. Mas à noite, outro sonho esclarece-o indicando-lhe que se dirija à Galileia, "a uma cidade chamada Nazaré". [...].[104]

A situação era, de fato, grave, pois se a fuga para o Egito foi em decorrência da perseguição do rei Herodes, culminando com a matança dos inocentes (Mt 2:16-18, veja *Tema 5*), o retorno para Israel ainda implicava muitos riscos. O novo rei, Arquelau, se revelou tão insano quanto o anterior, de quem era filho.

> Em preservar a vida do menino, defendendo-o de seus perseguidores, devemos admirar a obediência de José, esposo de Maria e pai de Jesus.
>
> Obedecendo às intuições de seus guias espirituais e ao seu anjo da guarda, José rendeu um preito de adoração e de veneração a Deus, nosso Pai.
>
> Se José não tivesse obedecido às inspirações superiores, teria falhado na missão que lhe fora conferida de velar pela infância de Jesus. [...][105]

Arquelau, cognominado Herodes, o *etnarca* – termo que significa governador de províncias do Oriente, relativamente autônomas, mas vassalas dos romanos – era o filho mais velho de Herodes e da samaritana Maltace. Governou a Judeia de 4 a.C. a 6 d.C., mas a sua reputação era péssima.[106] Efetivamente, ele não tinha o título de rei, como o pai, mas agia como se fosse: Arquelau contava "[...] com a promessa de Augusto de que receberia o título de "rei", como Herodes, O Grande, se fizesse por merecê-lo. No entanto, ao invés disso, dez anos mais tarde, foi deposto por Augusto e banido para a Gália. [...]. De acordo com Josefo, Arquelau foi barbaramente cruel, tanto para os judeus como para os samaritanos [...]".[107]

> [...] Ofendeu as suscetibilidades dos judeus ao casar-se com Glafira, viúva do seu meio-irmão Alexandre. Deu prosseguimento aos empreendimentos edificadores de seu pai, porém seu governo repressivo se tornou intolerável; uma delegação de aristocracia judaica e samaritana, finalmente, foi até Roma a fim de advertir que, se Arquelau não fosse removido, haveria uma revolta em escala total. De conformidade com a queixa, Arquelau foi deposto e banido, e a Judeia se tornou uma província romana, administrada por procuradores nomeados pelo imperador.[108]

Ante tais informações, justificava-se o temor de José ao retornar a Israel. Então, novamente em sonho, foi alertado para que se encaminhasse à Galileia, onde veio a fixar residência. Repetimos o versículo 22 de *Mateus* como lembrete: "[...] Mas, ouvindo que Arquelau era rei da Judeia, em lugar do seu pai Herodes, teve medo de ir para lá. Tendo recebido um aviso em sonho, partiu para a região da Galileia [...]".

> A morte de Herodes, o Grande, resultou na divisão de seu reino em quatro partes [uma parte ficou com cada filho] duas ficaram com Arquelau, incluindo as terras da Judeia, Samaria e Idumeia (Edom). Antipas recebeu a Galileia e a Pereia. Filipe recebeu Betaneia, Traconites e Auranites. Esses eram chamados

"tetrarcas", que significa "governadores de uma quarta parte". (Ver Josefo, *Antiq.* 17, 11, 4).

Merecem destaque as precisas orientações recebidas por José durante o sonho, que destaca a sua desenvolvida capacidade anímica-mediúnica: a de desprender-se do corpo físico durante o sono, manter a lucidez das orientações mediunicamente transmitidas na forma de sonhos e recordá-las posteriormente, quando em vigília.

Segundo o Espiritismo, os sonhos são lembranças das atividades exercidas pelo Espírito quando este se encontra dormindo: uma atividade anímica e um fenômeno mediúnico. Durante o sono, pode-se receber informações de Espíritos superiores e inferiores. Usualmente, os dois fenômenos, animismo e mediunidade, se associam.

Allan Kardec denomina as impressões anímicas como *fenômenos de emancipação da alma*,[109] popularmente conhecidas como *desdobramento espiritual*. No estado de emancipação espiritual as ações e as atividades são produzidas pelo próprio Espírito reencarnado, quando ele se encontra parcialmente liberto dos laços que o prendem ao corpo físico. Nesta situação, o corpo dorme, mas o Espírito jamais permanece inativo, uma vez que durante "[...] o sono, afrouxam-se os laços que o prendem ao corpo e, então, não precisando o corpo da sua presença, o Espírito se lança no espaço e *entra em relação mais direta com os outros Espíritos*".[110]

Por outro lado, estando o encarnado liberto parcialmente do corpo, pode acontecer que receba orientações e instruções de outros Espíritos, desencarnados ou encarnados. Caracteriza-se, desta forma, o fenômeno mediúnico porque o emancipado está atuando como um intérprete do pensamento de outro Espírito: "Os Espíritos se comunicam por meio dos médiuns, que lhes servem de instrumento e de intérpretes".[111]

Na situação de José podemos afirmar, sem medo de errar, que a sua faculdade psíquica, manifestada em alto grau de desenvolvimento, era de natureza anímico-mediúnica. José revela grande facilidade para se emancipar durante o sono (faculdade anímica), mas mantinha a lembrança intacta das orientações recebidas pelo emissário divino quando acordava (faculdade mediúnica). Aliás, as comunicações dos Espíritos aos médiuns são, independentemente do tipo, de natureza anímico-mediúnicas.

A mediunidade onírica, tal como ocorria com José, é conhecida da História. Temos o exemplo de Dom Bosco (Giovanni Melchior Bosco,

1815-1888), sacerdote italiano que, em sonhos, recebeu informações precisas sobre a construção de Brasília. "[...] Sua mediunidade onírica surgiu aos 9 anos de idade, como o famoso sonho que define seu destino espiritual e que foi o primeiro de uma série de manifestações desse tipo, de sua multíplice mediunidade".[112]

6.2 A INFÂNCIA DE JESUS EM NAZARÉ

O versículo 23 informa: "e foi morar numa cidade chamada Nazaré, para que se cumprisse o que foi dito pelos profetas: "Ele será chamado Nazareu [Nazireu ou Nazareno]". É fato curioso que a cidade de Nazaré "[...] não é mencionada no AT e Josefo, historiador judeu, ao enumerar *quarenta e cinco* cidades da Galileia, não fez menção a Nazaré. [...]".[113]

Hoje sabemos que Nazaré é cidade situada "[...] no sul da Galileia, cerca de 24 km a sudoeste do mar da Galileia e 32 km a leste do Mediterrâneo. Localizava-se provavelmente no sítio da cidade do mesmo nome na Israel moderna, ou próximo dele. Referências a ela ocorrem nos Evangelhos e em Atos. [...]".[114]

> Embora não situada em nenhuma das principais rotas comerciais, Nazaré não ficava longe delas e distava apenas algumas milhas de Séforia, importante cidade próxima da estrada de Ptolemaida a Tiberíades. Sua posição retirada pode explicar a ausência de referências a ela antes dos tempos romanos, e isso pode indicar que era um lugarejo judaico insignificante. Por outro lado, as referências de Lucas a Nazaré como uma cidade e não como uma aldeia talvez indique que não era um lugar insignificante. [...]
>
> Localizada num monte na planície de Esdrelon, estava cerca de 365m acima do nível do mar. Do alto dela podiam-se ver montanhas em três direções e a planície de Esdrelon ao sul. O clima moderado, chuvas suficientes e solo fértil eram favoráveis ao cultivo de frutas, grãos e legumes. O abastecimento de água, restrito a uma fonte, era suplementado por cisternas. Se a fonte deve ser identificada como "Poço de Maria" mostrado aos turistas, este é o único santuário de muitos em Nazaré que pode remontar ao tempo de Jesus.[115]

Essas informações conduzem-nos à reflexão de que fixar residência em Nazaré, onde Jesus passou a sua infância, foi, acima de tudo, estratégico para que nada interferisse na missão do Mestre Nazareno:

> A vida de Jesus tornou essa cidade, antes tão obscura, em localidade importante, conhecida por milhões de pessoas daquela época. Provavelmente, muitas *ilustrações* usadas por Jesus, como a do semeador, a do vinho e dos odres etc., baseavam-se em suas memórias da infância, passada na pequena aldeia agrícola. Muitas são as descobertas arqueológicas na região. [...][116]

6.3 ELE SERÁ CHAMADO NAZAREU/NAZIREU/NAZARENO

Vivendo a sua infância com simplicidade numa cidade pequena, Jesus e seus pais ficaram distanciados das intrigas e das ações nefastas, comuns aos homens detentores do poder transitório do mundo. A singeleza da vida cotidiana, desfrutada numa comunidade simples e pacífica, ofereceu condições propícias para Jesus se preparar para o cumprimento do seu mandato de amor junto aos habitantes da Terra.

Ainda que os cristãos tenham a certeza de que Jesus é o Messias prometido, vemos que se comportam como se pensassem exatamente o contrário, pois se deixam conduzir pelos interesses imediatistas do mundo atual, em que posições de destaque, poder social e/ou político, ideologias, materialismo e consumismo intensos são mais valorizados.

Tudo isso revela distanciamento da mensagem cristã e da necessidade urgente de promover a própria melhoria moral. Espíritos imperfeitos, moralmente atrasados, identificamos, no momento, uma Humanidade indiferente à mensagem de Jesus, tal como aconteceu entre os judeus, que até hoje ainda aguardam a vinda do Messias. Contudo, o Cristo veio, submeteu-se a todas as condições de um mundo atrasado para cumprir e desenvolver a Lei de Deus, "[...] dar-lhe o verdadeiro sentido e adaptá-la ao grau de adiantamento dos homens. É por isso que se encontra, nessa lei, o princípio dos deveres para com Deus e para com o próximo, que constitui a base da sua doutrina". [...][117]

A palavra *Nazareu* (em hebraico *nazir*), também usada como *Nazireu* ou *Nazareno*, refere-se originalmente a uma pessoa "[...] que se dedicava a serviço sagrado especial através de um voto feito por ela própria ou por um de seus pais. A dedicação podia durar a vida toda ou apenas por um período limitado".[118] Ora, para que alguém fosse chamado Nazireu deveria apresentar características especiais, que o destacasse dos demais.

> Um nazireu em Israel tinha de preencher várias condições para permanecer consagrado. Homem ou mulher tinha de se abster do fruto da vinha e de tudo o que podia embriagar, evitar profanação por contato com um corpo morto (mesmo o de parente próximo), e não admitir que uma navalha lhe cortasse o cabelo. Havia rituais especificados para o caso do contato não intencional de um nazireu com um cadáver e para assinalar a conclusão de um período de dedicação. Os nazireus só podiam tomar vinho quando o seu período se completava, mas eram por vezes tentados a fazê-lo antes do cumprimento de seu voto.[119]

Por outro lado, especula-se que a frase *Ele será chamado Nazareu*, não "[...] é citação direta do AT, mas vem de textos como *Isaías,* 11:1, que tem a palavra *ramo* (da qual vem o termo *Nazaré*), referindo-se ao Messias, e esses textos provavelmente estavam na mente do autor [Mateus] ao fazer a citação (ver: Jr 23:5; 33:15; Zc 3:8 e 6:12). Assim, o Messias seria o "ramo" ou o "renovo" da família de Davi".[120] A expressão *Ele será chamado Nazareu* que não é, pois, uma citação literal de algum livro do Velho Testamento. Representaria, antes, uma ideia geral relacionada ao advento do Messias, anunciado e aguardado pelos judeus.

Como Mateus tinha forte convicção de Jesus ser o Messias, é muito natural que ele inserisse a ideia no seu texto evangélico, na forma de citações, literais ou não, dos profetas que anunciaram a vinda do Cristo de Deus. Contudo, notemos "[...] que não há profecia alguma que diga dever o Messias ser chamado "nazareno" nem "nazareu". A única frase que poderia ser aplicada seria a de *Isaías* (11:1) quando diz que *do tronco de Jessé sairá um rebento, e de suas raízes sairá um renovo* [renovo = nezer = nazaré] *que frutificará. E o Espírito de YHWH se deterá nele*. Tendo Mateus apresentado Jesus como o último rebento (o renovo) na genealogia, pode ter feito mentalmente uma aproximação, embora forçada".[121]

Sabemos da existência de nazareus famosos, além, obviamente de Jesus, o maior de todos, quais sejam: Sanção [sic], cuja condição de se consagrar "[...] foi anunciada por um mensageiro Divino quando ele estava ainda no útero da sua mãe e foi reconhecida mais tarde pelo próprio Sanção [sic]. [...] Samuel também é chamado um nazireu; esse é igualmente o caso de José [do Egito], mas isto pode ser apenas metafórico, designando alguém separado dos seus irmãos".[122]

Tais relatos indicam que as referências históricas e as práticas culturais de um povo, em geral transmitidas pela tradição, apresentam caráter informativo, importante para que os acontecimentos sejam situados no tempo e no espaço. Contudo, é importante que o estudo do Novo Testamento e de outras Escrituras Sagradas deva, à luz do entendimento espírita, priorizar as consequências morais das informações. Somente estas são, efetivamente, capazes de nos transformar em pessoas melhores.

Analisando, ainda que muito brevemente, os acontecimentos que envolveram a infância do Cristo, percebe-se, de imediato, que Jesus e seus pais seguiam todas as regras existentes no mundo onde se encontrava: as tradições judaicas e as normas de vida em sociedade. Lembremos que, mais tarde, o Messias viria a afirmar: "é preciso dar a César o que é de César, e a Deus o que é de Deus" (Mt 22:21; Mc 12:13-17; Lc 20:26).

Outra reflexão também se sobressai dos relatos: a de que a vida num planeta de provas e expiações é marcada por desafios constantes. Um exemplo poderoso disso é o próprio Governador Espiritual do orbe, o Messias Divino, porque se encontrava mergulhado nas vibrações da Terra, submeteu-se a dolorosos sofrimentos. Ele nos fornece o exemplo de como agir perante a adversidade. A lição que Ele nos transmite, entre tantas outras, é que o homem pode se redimir pela educação. Educação dos instintos, das más tendências e das imperfeições que ainda traz dentro de si. Esse é o esforço renovador que a mensagem do Evangelho nos transmite. Aliás, o único título que Jesus aceitou foi o de Mestre, "[...] ainda que fizesse jus às mais excelentes denominações honoríficas que possamos imaginar [...]. Esse o título por Ele reivindicado, porque, realmente, Jesus é o Mestre excelso, o Educador incomparável. [...]".[123]

Daí Emmanuel recomendar: "Quando, pois, te encontrares em luta imensa, recorda que o Senhor te conduziu a semelhante posição de sacrifício, considerando a probabilidade de tua exaltação, e não te esqueças de que toda crise é fonte sublime de espírito renovador para os que sabem ter esperança."[124]

Seguir Jesus não é tarefa fácil. Ao contrário, é extremamente desafiante, pois requer persistente propósito de nos renovarmos moralmente. Seguir Jesus não se restringe a obter simplesmente informações do seu Evangelho. É muito mais: traduz-se por extrapolar o conhecimento das suas lições e exemplos, refletindo-as profundamente, para em seguida, senti-las no íntimo do ser, e, sobretudo vivenciá-las cotidianamente. Portanto, precisamos nos esforçar e perseverar, mais e mais, para seguir Jesus.

> Segui-lo é renunciar às vãs ambições da posse, das quiméricas aquisições que não transpõem o túmulo. Permutar os limites do que se toca pelo horizonte sem-fim das realizações espirituais.
>
> É ter sem deter.
>
> Possuindo sem dominar.
>
> Ter os céus como teto, num zimbório bordado de estrelas como gemas engastadas num dossel de insuperável beleza.
>
> Não ter nada e tudo possuir. Sem amanhã, num perene hoje a perder-se na verticalidade do amor.[125]

REFERÊNCIAS

[103] BÍBLIA DE JERUSALÉM. Gilberto da Silva Gorgulho; Ivo Storniolo e Ana Flora Anderson (Coords.). Diversos tradutores. Nova ed. rev. e ampl. 13. imp. São Paulo: Paulus, 2019, *Evangelho segundo Mateus,* p. 1.706.

[104] PASTORINO, Carlos T. *Sabedoria do evangelho.* Rio de Janeiro: Sabedoria, 1964, v. 1, it. Regresso do Egito, p. 101.

[105] RIGONATTI, Eliseu. *O evangelho dos humildes.* 21. ed. São Paulo: Pensamento, 2007, cap. 2, p. 14.

[106] DOUGLAS, J. J. (Org.). *O novo dicionário bíblico.* Trad. João Bentes. 3. ed. rev. Vila Nova: São Paulo, 2006, p. 586.

[107] CHAMPLIN, Russell Norman. *O novo testamento interpretado versículo por versículo*: Mateus/Marcos. Nova ed. rev. São Paulo: Hagnos, 2014, v. 1, p. 279.

[108] _____. _____.

[109] KARDEC, Allan. *O livro dos espíritos.* Trad. Evandro Noleto Bezerra. 4. ed. 9. imp. Brasília: FEB, 2020, q. 400 a 412.

[110] _____. _____. Q. 401.

[111] _____. *O livro dos médiuns.* Trad. Evandro Noleto Bezerra. 2. ed. 5. imp. Brasília: FEB, 2019, 1ª pt., cap. 4, it. 49:9a, p. 55.

[112] TAVARES, Clóvis. *Mediunidade dos santos.* 1. ed. 1. imp. Brasília: FEB, 2015, cap. 11, it. 1.1 Mediunidade onírica, p. 179.

[113] CHAMPLIN, Russell Norman. *O novo testamento interpretado versículo por versículo*: Mateus/Marcos. Nova ed. rev. São Paulo: Hagnos, 2014, v. 1, p. 279.

[114] METZGER, Bruce M. e COOGAN, Michael. (Orgs.) *Dicionário da bíblia*: as pessoas e os lugares. Trad. Maria Luísa X. de A. Borges. Rio de Janeiro: Jorge Zahar Editora, 2002, v. 1, p. 226.

[115] _____. _____.

[116] CHAMPLIN, Russell Norman. *O novo testamento interpretado versículo por versículo*: Mateus/Marcos. Nova ed. rev. São Paulo: Hagnos, 2014, v. 1, p. 279.

[117] KARDEC, Allan. *O evangelho segundo o espiritismo.* Trad. Evandro Noleto Bezerra. 2. ed. 10. imp. Brasília: FEB, 2020, cap. 1, it. 3, p. 38.

[118] METZGER, Bruce M. e COOGAN, Michael (Orgs.) *Dicionário da bíblia*: as pessoas e os lugares. Trad. Maria Luísa X. de A. Borges. Rio de Janeiro: Jorge Zahar Editora, 2002, v. 1, p. 226.

[119] _____. _____.

[120] CHAMPLIN, Russell Norman. *O novo testamento interpretado versículo por versículo*: Mateus/Marcos. Nova ed. rev. São Paulo: Hagnos, 2014, v. 1, p. 279.

121 PASTORINO, Carlos T. *Sabedoria do evangelho*. Rio de Janeiro: Sabedoria, 1964, v. 1, it. Regresso do Egito, p. 102.
122 METZGER, Bruce M. e COOGAN, Michael. (Orgs.) *Dicionário da bíblia*: as pessoas e os lugares. Trad. Maria Luísa X. de A. Borges. Rio de Janeiro: Jorge Zahar Editora, 2002, v. 1, p. 226.
123 VINICIUS (Pedro Camargo). *O mestre na educação*. 10. ed. 4. imp. Rio de Janeiro: FEB, 2015, cap. 9, p. 50.
124 XAVIER, Francisco Cândido. *Vinha de luz*. Pelo Espírito Emmanuel. 1. ed. 15. imp. Brasília: FEB, 2020, cap. 58, p. 130.
125 FRANCO, Divaldo P. *Luz do mundo*. Pelo Espírito Amélia Rodrigues, cap. 15, p. 99.

TEMA 7

A PREGAÇÃO DE JOÃO BATISTA (MT 3:1-12)[126]

1 Naqueles dias, apareceu João Batista, pregando no deserto da Judeia. 2 E dizendo: "Arrependei-vos, porque o Reino dos Céus está próximo". 3 Pois foi dele que falou o profeta Isaías ao dizer: "Voz do que grita no deserto: Preparai o caminho do Senhor, tornai reta as suas veredas". 4 João usava uma roupa de pelos de camelo e um cinturão de couro em torno dos rins. Seu alimento consistia em gafanhotos e mel silvestre. 5 Então vieram até ele Jerusalém, toda a Judeia e toda a região vizinha ao Jordão. 6 E eram batizados por ele no rio Jordão, confessando os pecados. 7 Como visse muitos fariseus e saduceus que vinham ao batismo, disse-lhes: "Raça de víboras, quem vos ensinou a fugir da ira que está para vir?" 8 Produzi, então, fruto digno de arrependimento. 9 E não penseis que basta dizer: "Temos por pai a Abraão". Pois eu vos digo que mesmo destas pedras Deus pode suscitar filhos a Abrão. 10 O machado já está posto à raiz das árvores e toda árvore que não produzir bom fruto será cortada e lançada ao fogo. 11 Eu vos batizo com água para o arrependimento, mas aquele que vem depois de mim é mais forte do que eu. De fato, eu não sou digno nem ao menos de tirar-lhe as sandálias. Ele vos batizará com o Espírito Santo e com fogo. 12 A pá está na sua mão: limpará sua eira e recolherá seu trigo no celeiro: mas, quanto à palha, a queimará num fogo inextinguível.

O texto de Mateus referente à pregação de João Batista é muito similar ao de Marcos. Um pequeno acréscimo merece ser destacado: Marcos identifica João Batista como o mensageiro que anunciaria a vinda de Jesus com base na profecia de *Isaías*, 40:3: "Eis que vos envio o meu mensageiro diante de ti a fim de preparar o teu caminho; voz do que clama no deserto: preparai o caminho do Senhor, tornai retas suas veredas" (Mc 1:2 e 3).[127]

7.1 JOÃO BATISTA

À exceção de Jesus, João Batista é o único personagem do Novo Testamento cuja missão foi prevista por profetas. Em *Isaías*, 40:3 ele é a voz que clama no deserto: preparai o caminho do Senhor. Em *Malaquias*, 3:23 fala-se dele: "Eis que eu vos enviarei Elias, o profeta, antes que chegue o dia de Iahweh, grande e terrível." [...]¹²⁸ Importa também destacar que, em outro momento, *Mateus* (11:11-15) volta a reafirmar a posição de João Batista como precursor de Jesus, quando reproduz estas palavras atribuídas ao próprio Cristo: "Em verdade vos digo que, entre os nascidos de mulher, não surgiu nenhum maior do que João, o Batista, e, no entanto, o menor no Reino dos Céus é maior do que ele. Desde os dias de João Batista até agora, o Reino dos Céus sofre violência, e violentos se apoderam dele. Porque todos os profetas bem como a Lei profetizaram, até João. E, se quiserdes dar crédito, ele é o Elias que deve vir. Quem tem ouvidos, ouça!"¹²⁹

Ao fazer correlação do texto de Mateus com os textos de *Marcos, Lucas* e *João* (em anexo constam os dois últimos textos), verificamos que o pensamento dos quatro evangelistas, em relação a João Batista, pode ser assim resumido:

» Ele é o precursor ou mensageiro escolhido que anuncia a vinda do Cristo;

» É o último dos profetas do Judaísmo, fechando-se, assim, o ciclo dos profetas que se encontram relatados no Velho Testamento;

» Entre os profetas, João Batista foi considerado por Jesus como *o maior* (Mt 11:1-15) ainda que *o menor no Reino de Deus seja maior do que ele*;

» Ele é Elias renascido (Is 40:3; Mt 4:5; 11:14 e 15).

Lucas destaca o papel de João Batista não só como o precursor do Cristo, mas como aquele que utiliza o simbolismo do batismo pela água com o intuito de fazer os filhos de Israel refletir a respeito do compromisso assumido de divulgar a ideia do Deus único e das consequências daí decorrentes:

> Pois ele será grande diante do Senhor; não beberá vinho, nem bebida embriagante; ficará pleno do Espírito Santo ainda no seio de sua mãe e converterá muitos dos filhos de Israel ao Senhor, seu Deus. Ele caminhará à sua frente, com o espírito e o poder de Elias, a fim de converter os corações dos pais aos filhos, e os rebeldes à prudência dos justos, para preparar ao Senhor um povo bem-disposto (Lc 1:15-17).¹³⁰

A certeza que se tinha do papel de João Batista foi naturalmente aceita desde o seu nascimento, possivelmente antes do nascimento, e tal certeza foi envolvida numa série de fenômenos psíquicos. A própria educação que João Batista recebeu no lar paterno foi cercada de cuidados em decorrência do trabalho que ele estaria a realizar na fase adulta. Até o nome do precursor foi previamente escolhido no Plano Espiritual, como informa *Lucas,* 1:11-16.[131]

> Apareceu-lhe, então, o Anjo do Senhor, de pé, à direita do altar do incenso. Ao vê-lo, Zacarias perturbou-se e o temor apoderou-se dele.
>
> Disse-lhe, porém, o Anjo: "Não temas, *Zacarias* porque tua súplica foi ouvida, e Isabel, tua mulher, te dará um filho, ao qual porás o nome de João.
>
> Terás alegria e regozijo, e muitos se alegrarão com seu nascimento.
>
> Pois ele será grande diante do Senhor; não beberá vinho nem bebida embriagante; ficará pleno do Espírito Santo ainda no seio de sua mãe
>
> e converterá muitos dos filhos de Israel ao Senhor, seu Deus.

Tudo isso reflete a necessidade de garantir que a missão do Cristo fosse integralmente cumprida, sendo necessário torná-la conhecida ao maior número de pessoas: dominadores romanos, religiosos e ao povo, em geral. São ações que refletem, claramente, um Plano Divino em curso.

O apóstolo João, por sua vez, reforça a ideia de ser João Batista o precursor do Cristo; e destaca a possibilidade de ele, o Batista, ser o profeta Elias (ou outro profeta) renascido: Esse foi o testemunho de João quando os judeus enviaram de Jerusalém sacerdotes e levitas para o interrogar: "Quem és tu?" Ele confessou e não negou; confessou: "Eu não sou o Cristo". Perguntaram-lhe: "Quem és, então? És tu, Elias?" Ele disse: "Não o sou". "És o profeta?" Ele respondeu: "Não" (Jo 1:19-22).

> Atribui-se comumente aos profetas o dom de revelar o futuro, de sorte que as palavras *profecia* e *predição* se tornaram sinônimas. No sentido evangélico, a palavra profeta tem mais ampla significação. Diz-se de todo enviado de Deus com a missão de instruir os homens e de lhes revelar as coisas ocultas e os mistérios da vida espiritual. Portanto, um homem pode ser profeta, sem fazer predições. Aquela era a ideia dos judeus, ao tempo de Jesus. Foi por isso que, quando o levaram à presença do sumo sacerdote Caifás, os escribas e os anciães, reunidos, lhe cuspiram no rosto, lhe deram socos e bofetadas, dizendo: "Cristo, profetiza para nós e dize quem foi que te bateu". Entretanto, deu-se o caso de haver profetas que tiveram a presciência do futuro, quer por intuição, quer por revelação providencial, a fim de transmitirem avisos aos homens. Tendo realizado-se os acontecimentos preditos, o dom de predizer o futuro foi considerado como um dos atributos da qualidade de profeta.[132]

É natural que o Apóstolo João e demais evangelistas, considerassem João Batista uma personalidade incomum, cuja pregação despertava a atenção dos poderosos e das pessoas comuns. Ele batizava em nome de Deus e anunciava a vinda do Reino dos Céus. O certo é que João Batista se destacava, ainda que negasse ser Elias renascido ou outro profeta, percebe-se que ele revelava ter experiências anteriores, aprendidas em outras existências, independentemente da personalidade que ele fora.

O Espírito Humberto de Campos transmite informações de suas pesquisas realizadas no plano espiritual e que aparecem neste diálogo entre Maria de Nazaré e sua prima Isabel, genitora de João Batista:

> — O que me espanta — dizia Isabel com caricioso sorriso — é o temperamento de João, dado às mais fundas meditações, apesar de sua pouca idade. Não raro, procuro-o inutilmente em casa, para encontrá-lo, quase sempre, entre as figueiras bravas, ou caminhando ao longo das estradas adustas [ardentes], como se a pequena fronte estivesse dominada por graves pensamentos.
>
> — Essas crianças, a meu ver [referindo-se a Jesus e João Batista] — respondeu-lhe Maria, intensificando o brilho suave de seus olhos —, trazem para a Humanidade a Luz divina de um caminho novo. Meu filho também é assim, envolvendo-me o coração numa atmosfera de incessantes cuidados. Por vez, vou encontrá-lo a sós, junto das águas, e de outras, em conversação profunda com os viajantes que demandam a Samaria ou as aldeias mais distantes, nas adjacências do lago. Quase sempre surpreendendo-lhe a palavra caridosa que dirige às lavadeiras, aos transeuntes, aos mendigos sofredores...[133]

O fato de Mateus e João acreditarem ser João Batista a reencarnação de Elias, demonstra que a ideia da reencarnação lhes era natural, ainda que entendida na forma de ressureição.

> A reencarnação fazia parte dos dogmas dos judeus, sob o nome de ressurreição. Somente os saduceus, que pensavam que tudo acabava com a morte, não acreditavam nisso. As ideias dos judeus sobre esse ponto, como sobre muitos outros, não eram claramente definidas, porque só tinham noções vagas e incompletas acerca da alma e da sua ligação com o corpo. Acreditavam que um homem que vivera podia reviver, sem saberem precisamente de que maneira o fato poderia dar-se. Designavam pelo termo *ressurreição* o que o Espiritismo, mais judiciosamente, chama *reencarnação*. Com efeito, a *ressurreição* pressupõe o retorno à vida do corpo que já está morto, o que a Ciência demonstra ser materialmente impossível, sobretudo quando os elementos desse corpo já se acham desde muito tempo dispersos e absorvidos. A *reencarnação* é a volta da alma ou Espírito à vida corpórea, mas em outro corpo, novamente formado para ele e que nada tem de comum com o antigo. A palavra *ressurreição* podia assim aplicar-se a Lázaro, mas não a Elias, nem aos outros profetas. Se, portanto, segundo a crença deles, João Batista era Elias, o corpo de João não podia ser o de Elias, pois que João fora visto criança e seus pais eram conhecidos. João, pois, podia ser Elias *reencarnado*, mas não *ressuscitado*.[134]

A personalidade de João Batista é algo que, realmente, desperta atenção nos relatos evangélicos: ele era muito incisivo no falar e no pregar: "Raça de víboras, quem vos ensinou a fugir da ira que está para vir? Produzi, então, fruto digno de arrependimento." [...] (Mt 3:7 e 8). Ele adota um estilo de vida diferente do comum. "João usava uma roupa de pelos de camelo e um cinturão de couro em torno dos rins. Seu alimento consistia de gafanhotos e mel silvestre." (Mt 3:4). Tais aspectos criavam, por certo, impacto nos ouvintes. Impacto nem sempre positivo, considerando as perseguições e morte por decapitação a que foi alvo o último dos profetas do Judaísmo.

> Se João nasceu de linhagem sacerdotal, deve ter abandonado o sacerdócio e adotado um modo de vida ascético no deserto da Judeia, onde vivia de gafanhotos e mel silvestre. Os que iam à sua procura encontravam um homem metido num pano grosseiro de pelo de camelo e com um cinto de couro atado à cintura, o traje ostensivo de um profeta. Com zelo profético pregava uma nova mensagem e propunha um novo rito. A mensagem era que a descendência linear de Abraão asseguraria a salvação. Os méritos de Abraão não seriam suficientes, mas apenas um ato de arrependimento que incluísse a renúncia a todas as presunções fundadas em eleição ou etnicidade. O Deus que chamara Israel para fora do Egito e o conduzira através do rio Jordão estava agora criando um novo povo ao passá-lo pelas águas do batismo naquele mesmo rio. [...][135]

João Batista, por sua vez, via-se, apenas, como a "voz que clama no deserto", aquele que tinha o compromisso de apontar e/ou endireitar o caminho para o Senhor. Ele não se via como Elias ou qualquer outro profeta. Deveria, mesmo, desconhecer essa informação. O seu compromisso era, acima de tudo, anunciar a chegada do Messias, aplainar os caminhos do Senhor e convocar os irmãos judeus para o batismo, a fim de que, ao lhes renovar as atitudes perante Deus, demonstrassem estar preparados para receber a mensagem do Evangelho.

O Espírito Amélia Rodrigues assinala a resposta dada por João Batista, quando lhe indagaram quem ele era: "O homem não pode receber coisa alguma se do céu não lhe for dada. Vós mesmos sois testemunhas de que vos disse: Não sou o Cristo! Mas fui enviado apenas como precursor. [...] Pois, esta alegria me coube abundantemente. Convém que ele cresça e que eu diminua." [...][136]

Aliás, este desconhecimento da missão para a qual fora preparado no plano espiritual são sinais indicativos de reconhecimento dos verdadeiros profetas, como esclarece o Espiritismo e nos alertam os Espíritos Superiores: "[...] Numa palavra, os verdadeiros profetas se revelam por seus atos, são adivinhados, ao passo que os falsos profetas se arrogam, eles próprios, como enviados de Deus. O primeiro é humilde e modesto; o segundo é orgulhoso e cheio de si, fala com altivez e, como todos os mentirosos, parece sempre temeroso de que não lhe deem crédito [...]".[137]

> Como em todas as coisas, o mestre tem de saber mais do que o discípulo; para fazer que a Humanidade avance moralmente e intelectualmente, são precisos homens superiores em inteligência e em moralidade. Por isso, para essas missões, são sempre escolhidos Espíritos já adiantados, que fizeram suas provas em outras existências, visto que, se não fossem superiores ao meio em que têm de atuar, a sua ação seria nula.
>
> Isto posto, haveis de concluir que o verdadeiro missionário de Deus tem de justificar a missão de que está investido pela sua superioridade, pelas suas virtudes, pela sua grandeza, pelo resultado e pela influência moralizadora de suas obras. Tirai, também, esta outra consequência: se, pelo seu caráter, pelas suas virtudes, pela sua inteligência, ele se mostra abaixo do papel com que se apresente, ou da personagem sob cujo nome se abriga, não passa de farsista de baixa categoria, que nem sequer sabe imitar o modelo que escolheu.
>
> Outra consideração: os verdadeiros missionários de Deus ignoram-se a si mesmos, em sua maior parte; desempenham a missão a que foram chamados pela força do gênio que possuem, secundados pelo poder oculto que os inspira e dirige à revelia deles, mas sem desígnio premeditado [...].[138]

A mensagem de arrependimento radical era a regra da salvação do Espírito, anunciada por João Batista, "[...] era materializada num rito de imersão em que o pecado da presunção e a totalidade da vida passada da pessoa eram lavados. Os que se erguiam das águas eram como crianças-renascidas, ou como aqueles que passaram da morte para a vida [...]".[139]

Nesse aspecto, como em outros relacionados aos ritualismos e manifestações de culto externo, o Espiritismo ensina que são totalmente desnecessários.

> Difere o Espiritismo de todas as religiões conhecidas por demonstrar a lógica dos seus ensinos através de experiências científicas e por apresentar uma filosofia também baseada em experimentos e observações e documentada por uma legião de sábios de renome universal.
>
> Religião científico-filosófica, confirmando os ensinamentos básicos de todas as religiões, não pretende demolir as que a precederam, antes reconhece a necessidade da existência delas para grande parte da humanidade, cuja evolução se processará lenta e inevitavelmente.
>
> Doutrina religiosa, sem dogmas propriamente ditos, sem liturgia, sem símbolos, sem sacerdócio organizado, ao contrário de quase todas as demais religiões, não adota em suas reuniões e em suas práticas:
>
> a) paramentos, ou quaisquer vestes especiais;
>
> b) vinho ou qualquer bebida alcoólica;

c) incenso, mirra, fumo ou substâncias outras que produzam fumaça;

d) altares, imagens, andores, velas e quaisquer objetos materiais como auxiliares de atração do público;

e) hinos ou cantos em línguas mortas ou exóticas, só os admitindo, na língua do país, exclusivamente em reuniões festivas realizadas pela infância e pela juventude e em sessões ditas de efeitos físicos;

f) danças, procissões e atos análogos;

g) atender a interesses materiais terra-a-terra, rasteiros ou mundanos;

h) pagamento por toda e qualquer graça conseguida para o próximo;

i) talismãs, amuletos, orações miraculosas, bentinhos, escapulários ou quaisquer objetos e coisas semelhantes;

j) administração de sacramentos, concessão de indulgências, distribuição de títulos nobiliárquicos;

k) confeccionar horóscopos, exercer a cartomancia, a quiromancia, a astromancia e outras mancias;

l) rituais e encenações extravagantes de modo a impressionar o público;

m) termos exóticos ou heteróclitos para a designação de seres e coisas;

n) fazer promessas e despachos, riscar cruzes e pontos, praticar, enfim, a longa série de atos materiais oriundos das velhas e primitivas concepções religiosas.[140]

Há de se reconhecer que João Batista, "a voz que clama no deserto", é o admirável mensageiro que veio anunciar ao mundo a vinda do Cristo de Deus, e que ocupa um lugar especial no coração de todos os cristãos sinceros da história do Cristianismo. Foi um fiel instrumento da vontade do Pai celestial e cumpriu seu mandato com dedicação e firmeza, sem nenhuma vacilação.

> Havia quase cinco séculos que a boca profética ali se calara e uma preocupação dominava os corações.
>
> O sangue das vítimas das guerras e das rebeliões incessantes, abafadas a ferro e a fogo, corria abundante e o clamor das vozes ao Senhor era ensurdecedor. O Alto, no entanto, permanecia em silêncio...
>
> Ele se sentia, não há como duvidar, "a voz que clama no deserto" e preparava "os caminhos do Senhor". Fora assim mesmo que respondera aos judeus enviados pelos sacerdotes e levitas de Jerusalém, ao lhe indagarem se ele era o Cristo ou o Elias esperado. Naquele instante, força incomum dominara-o e nobre inflexão modulara-lhe a voz ao proclamar: "Eu batizo com água, mas no meio de vós está desconhecido de vós aquele que virá após mim. Eu nem sou digno de lhe desatar as correias do calçado".
>
> [...]
>
> Pregava as primícias do Reino de Deus com inusitada emoção. [...][141]

REFERÊNCIAS

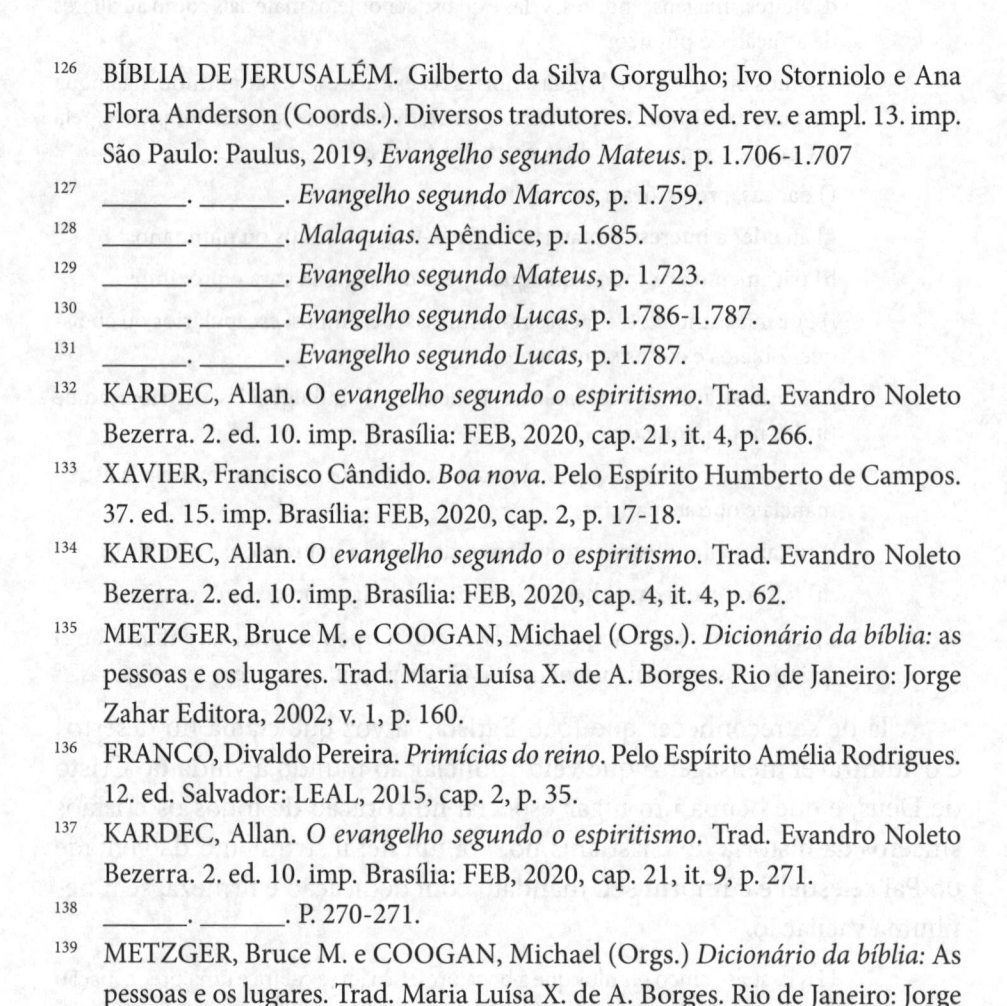

[126] BÍBLIA DE JERUSALÉM. Gilberto da Silva Gorgulho; Ivo Storniolo e Ana Flora Anderson (Coords.). Diversos tradutores. Nova ed. rev. e ampl. 13. imp. São Paulo: Paulus, 2019, *Evangelho segundo Mateus*. p. 1.706-1.707

[127] _____. _____. *Evangelho segundo Marcos*, p. 1.759.

[128] _____. _____. *Malaquias*. Apêndice, p. 1.685.

[129] _____. _____. *Evangelho segundo Mateus*, p. 1.723.

[130] _____. _____. *Evangelho segundo Lucas*, p. 1.786-1.787.

[131] _____. _____. *Evangelho segundo Lucas*, p. 1.787.

[132] KARDEC, Allan. *O evangelho segundo o espiritismo*. Trad. Evandro Noleto Bezerra. 2. ed. 10. imp. Brasília: FEB, 2020, cap. 21, it. 4, p. 266.

[133] XAVIER, Francisco Cândido. *Boa nova*. Pelo Espírito Humberto de Campos. 37. ed. 15. imp. Brasília: FEB, 2020, cap. 2, p. 17-18.

[134] KARDEC, Allan. *O evangelho segundo o espiritismo*. Trad. Evandro Noleto Bezerra. 2. ed. 10. imp. Brasília: FEB, 2020, cap. 4, it. 4, p. 62.

[135] METZGER, Bruce M. e COOGAN, Michael (Orgs.). *Dicionário da bíblia:* as pessoas e os lugares. Trad. Maria Luísa X. de A. Borges. Rio de Janeiro: Jorge Zahar Editora, 2002, v. 1, p. 160.

[136] FRANCO, Divaldo Pereira. *Primícias do reino*. Pelo Espírito Amélia Rodrigues. 12. ed. Salvador: LEAL, 2015, cap. 2, p. 35.

[137] KARDEC, Allan. *O evangelho segundo o espiritismo*. Trad. Evandro Noleto Bezerra. 2. ed. 10. imp. Brasília: FEB, 2020, cap. 21, it. 9, p. 271.

[138] _____. _____. P. 270-271.

[139] METZGER, Bruce M. e COOGAN, Michael (Orgs.) *Dicionário da bíblia:* As pessoas e os lugares. Trad. Maria Luísa X. de A. Borges. Rio de Janeiro: Jorge Zahar Editora, 2002, v. 1, p. 161.

[140] TEIXEIRA, J. Raul. Esclarecendo dúvidas. Pelo Espírito Francisco de Paula Víctor. Disponível em: <http:// www.feparana.com.br/topico/?topico=108>. Acesso em maio de 2019.

[141] FRANCO, Divaldo Pereira. *Primícias do reino*. Pelo Espírito Amélia Rodrigues, cap. 2, p. 38.

ANEXOS

LUCAS, 1:5-25 – NASCIMENTO E VIDA OCULTA DE JOÃO BATISTA[*****]

5 Nos dias de Herodes, rei da Judeia, houve um sacerdote chamado *Zacarias* da classe de Abias; sua mulher, descendente de Aarão, chamava-se Isabel. 6 Ambos eram justos diante de Deus e, de modo irrepreensível, seguiam todos os mandamentos e estatutos do Senhor. 7 Não tinham filhos, porque Isabel era estéril e os dois eram de idade avançada. 8 Ora, aconteceu que, ao desempenhar as funções sacerdotais diante de Deus, no turno de sua classe, 9 coube-lhe por sorte, conforme o costume sacerdotal, entrar no Santuário do Senhor para oferecer o incenso. 10 Toda a assembleia do povo estava fora, em oração, na hora do incenso. 11 Apareceu-lhe, então, o Anjo do Senhor, de pé, à direita do altar do incenso. 12 Ao vê-lo, Zacarias perturbou-se e o temor apoderou-se dele. 13 Disse-lhe, porém, o anjo: "Não temas, *Zacarias* porque tua súplica foi ouvida, e Isabel, tua mulher, te dará um filho, ao qual porás o nome de João. 14 Terás alegria e regozijo, e muitos se alegrarão com seu nascimento. 15 Pois ele será grande diante do Senhor, não beberá vinho nem bebida embriagante; ficará pleno do Espírito Santo ainda no seio de sua mãe, 16 e converterá muitos dos filhos de Israel ao Senhor, seu Deus. 17 Ele caminhará à sua frente, com o espírito e o poder de Elias, a fim de converter os corações dos pais aos filhos, e os rebeldes à prudência dos justos, para preparar ao Senhor um povo bem-disposto". 18 Zacarias perguntou ao Anjo: "De que modo saberei disso? Pois sou velho e minha esposa é de idade avançada". 19 Respondeu-lhe o Anjo: "Eu sou Gabriel; assisto diante de Deus e fui enviado para anunciar-te essa boa-nova. 20 Eis que ficarás mudo e sem poder falar até o dia em que isso acontecer, porquanto não creste em minhas palavras, que se cumprirão no tempo oportuno". 21 O povo esperava por *Zacarias* admirado com sua demora no Santuário. 22 Quando saiu, não lhes podia falar; e compreenderam que tivera alguma visão no Santuário. Falava-lhes com sinais e permanecia mudo. 23 Completados os dias do seu ministério, voltou para casa. 24 Algum tempo depois, Isabel, sua esposa, concebeu e se manteve oculta por cinco meses, dizendo: 25 "Isto fez por mim o Senhor, quando se dignou retirar o meu opróbio perante os homens!"

[*****] BÍBLIA DE JERUSALÉM. Gilberto da Silva Gorgulho; Ivo Storniolo e Ana Flora Anderson (Coords.). Diversos tradutores. Nova ed. rev. e ampl. 13. imp. São Paulo: Paulus, 2019, *Evangelho segundo Lucas*, p. 1.786-1.787.

JOÃO, 1:19-28 – O TESTEMUNHO DE JOÃO[******]

19 Este foi o testemunho de João, quando os judeus enviaram de Jerusalém sacerdotes e levitas para o interrogar: "Quem és tu?" 20 Ele confessou e não negou; confessou: "Eu não sou o Cristo". 21 Perguntaram-lhe: "Quem és, então? És tu, Elias?" Ele disse: "Não o sou". "És o profeta?" Ele respondeu: "Não". 22 Disseram-lhe, então: Quem és para darmos uma resposta aos que nos enviaram? Que dizes de ti mesmo?" Disse ele: "Eu sou uma voz que clama no deserto: Endireitai o caminho do Senhor. Como disse o profeta Isaías". 24 Alguns dos enviados eram fariseus. 25 Perguntaram-lhe ainda: "E porque batizas, se não és o Cristo nem Elias, nem o profeta?" 26 João lhes respondeu: "Eu batizo com água. No meio de vós está alguém que não conheceis, 27 Aquele que vem depois de mim, do qual não sou digno de desatar a correia da sandália". 28 Isto se passava em Bethabara, do outro lado do Jordão, onde João batizava.

[******] BÍBLIA DE JERUSALÉM. Gilberto da Silva Gorgulho; Ivo Storniolo e Ana Flora Anderson (Coords.). Diversos tradutores. Nova ed. rev. e ampl. 13. imp. São Paulo: Paulus, 2019, *Evangelho segundo João*, p. 1.844.

TEMA 8

O BATISMO DE JESUS (MT 3:13-17)

O batizado de Jesus é o momento em que o Mestre Nazareno se apresenta ao mundo como o Messias aguardado. É quando, efetivamente, a sua missão tem início na Terra. O batismo, em si, foi apenas um formalismo ou ato simbólico, que poderia ser dispensado se os fatos acontecessem atualmente. Mas, Jesus, atento à sua grandiosa missão, sempre cumpriu as tradições e normas da sociedade da época, sem descuidar o que diziam as profecias. É tema registrado pelos quatro evangelistas. Os textos são muito semelhantes entre si. Apenas João apresenta alguns acréscimos, mas a ideia geral predominante é a de que Jesus é o Messias, como demonstram os textos que se seguem.

MATEUS, 3:13-17[142]

13 Nesse tempo, veio Jesus da Galileia ao Jordão até João, a fim de ser batizado por ele. 14 Mas João tentava dissuadi-lo, dizendo: "Eu é que tenho necessidade de ser batizado por ti e tu vens a mim?"15 Jesus, porém, respondeu-lhe: "Deixa estar por enquanto, pois assim nos convém cumprir toda a justiça". E João consentiu. 16 Batizado, Jesus subiu imediatamente da água e logo os céus se abriram e Ele viu o Espírito de Deus descendo como uma pomba e vindo sobre Ele. 17 Ao mesmo tempo, uma voz vinda dos céus dizia: "Este é o meu Filho amado, em quem me comprazo".

MARCOS, 1:9-11[143]

9 Aconteceu, naqueles dias, que Jesus veio de Nazaré da Galileia e foi batizado por João no rio Jordão. 10 E, logo ao subir da água, ele viu os céus se rasgando e o Espírito, como uma pomba, descer até ele, 11 e uma voz veio dos céus: "Tu és o meu Filho amado, em ti me comprazo".

LUCAS, 3:21-22[144]

21 Ora, tendo todo o povo recebido o batismo, e no momento em que Jesus, também, é batizado, achava-se em oração, o céu se abriu 22 E o Espírito Santo desceu sobre ele em forma corporal, como pomba. E do céu veio uma voz: "Tu és o meu Filho; eu, hoje, te gerei!"

JOÃO, 1:29-34[145]

> 29 No dia seguinte, ele [João Batista] vê Jesus aproximar-se dele e diz: "Eis o Cordeiro de Deus, que tira o pecado do mundo. 30 Dele é que eu disse: Depois de mim, vnum homem que passou adiante de mim, porque existia antes de mim. 31. Eu não o conhecia, mas, para que ele fosse manifestado a Israel, vim batizar com água". 32 E João deu testemunho, dizendo: "Vi o Espírito descer, como uma pomba, vindo do céu, e permanecer sobre ele. 33 Eu não o conhecia, mas aquele que me enviou para batizar com água, disse-me: "Aquele sobre quem vires o Espírito descer e permanecer é o que batiza com o Espírito Santo. 34 E eu vi e dou testemunho que ele é o Eleito de Deus".

Os quatro textos evangélicos destacam os fenômenos mediúnicos de efeitos físicos ocorridos durante o batizado de Jesus: materialização de uma pomba e voz direta ou pneumatofonia. A pomba materializada simboliza o *Espírito de Deus* (Mt 3:16); *o Espírito* (Mc 1:10); *Espírito Santo* (Lc 3:22); *Espírito* e *Espírito Santo* (Jo 1:32 e 33). A voz materializada (pneumatofonia) afirma ser Jesus o Messias Divino.

Segundo a Doutrina Espírita, o fenômeno de voz direta apresenta estas características: "Já que os Espíritos podem produzir ruídos e pancadas, podem igualmente fazer que se ouçam gritos de toda a espécie e sons vocais que imitam a voz humana, tanto ao nosso lado como no ar. Damos a este fenômeno o nome de *pneumatofonia* [...]".[146]

> Os sons espirituais ou pneumatofônicos se produzem de duas maneiras bem distintas. Às vezes, é uma voz interior que repercute no nosso foro íntimo; embora sejam claras e distintas, as palavras nada têm de material. Outras vezes, são exteriores e nitidamente articuladas, como se procedessem de uma pessoa que estivesse ao nosso lado. Entretanto, seja qual for a forma da sua produção, o fenômeno da pneumatofonia é quase sempre espontâneo e só muito raramente pode ser provocado.[147]

8.1 BATISMO: SIGNIFICADOS

O simbolismo do Batismo é muito antigo e ainda continua a ser utilizado por diferentes interpretações religiosas e filosóficas nos dias atuais. Em sentido amplo, é considerado como marco inicial de alguma iniciação espiritual, que deve ser assinalada formal e solenemente, por meio de práticas ritualísticas, subtendidas como o momento de transformação espiritual que deve acontecer subsequentemente. Sendo assim, o batismo é representativo de um novo estágio da vida, no qual perpassa a ideia de que tudo o que a pessoa fez até então é considerado morto. Com a iniciação, propriamente dita, o iniciado retorna à vida, reintegrando-se à comunidade, porém transformado.[148] "Trata-se,

> especialmente, da passagem para a fase adulta, associada com provas e atos simbólicos (p. ex., circuncisão)". Em sentido mais estrito, toda iniciação designa, por meio de ritos, "[...] as condições para ser admitido em sociedades secretas ou cultos de mistérios [...]".[149]

Vemos, então, que todo batismo é uma iniciação, mas nem toda iniciação caracteriza um batismo, independentemente das fórmulas e rituais utilizados. Porém, o "costume de batizar não tem sua primeira origem no Cristianismo, pois nos relatos de diferentes seitas dos povos da Antiguidade, encontramos referências a banhos purificadores, aspersões e imersões, que preparavam os crentes para o culto de suas divindades".[150]

> [...] Difundido em muitas culturas, principalmente em associação com ritos de nascimento ou morte ou em iniciações [...]. As religiões orientais conhecem o banho de purificação em rios sagrados (p. ex., Eufrates e Ganges). [...] Em oposição às repetidas abluções e ritos de purificação, o batismo cristão, originalmente uma espécie de banho, é um ato realizado uma só vez, que sela a recepção na Igreja cristã. O batismo do Cristo significa simultaneamente purificação espiritual e descida do Espírito santo. Segundo Paulo, o banho de imersão do batismo cristão é símbolo da morte e ressureição em Cristo.[151]

A Doutrina Espírita respeita as tradições culturais, religiosas ou não, mas, por outro lado, disponibiliza orientações esclarecedoras, por meio dos seus postulados. A proposta do Espiritismo de libertar o ser humano da adoção de simbolismos, rituais e manifestações de cultos externos, tão do agrado das teologias e religiões primitivas, tem como finalidade ensiná-lo a cultivar os valores imperecíveis do espírito, a ampliar a sua visão espiritual que identifica as causas e reflete as consequências. Em outras palavras, significa dilatar a compreensão da vida. A pessoa cativa de fórmulas e rituais sacramentais apresenta visão espiritual mais restritiva, distante da essência dos ensinamentos imortais.

Quando se lança um olhar para a história, vemos que é perfeitamente compreensível a adoção de práticas ritualistas iniciáticas, as quais foram, de certa forma, importantes ao Espírito que se encontrava na fase de elaboração intelectual e moral. O homem moderno, mesmo o destituído de maior compreensão intelectual das coisas e dos fatos, já revela inteligência compatível para entender, em espírito, verdades espirituais. Para que isso ocorra, porém, é preciso sair da zona de conforto psíquico em que se encontra acomodado.

> A religião tem por finalidade conduzir o homem a Deus, mediante instruções que permitam seu progresso moral.

No entanto, a tendência das criaturas é transformar o roteiro evolutivo, que exige esforço, renúncia e sacrifício, em atos litúrgicos de rígida observação, nos quais se acomodam falsamente por séculos, até que outros recursos, inclusive o sofrimento, venham conduzi-la à senda da evolução.

Um desses preceitos é o chamado batismo, que seria o símbolo da purificação. Se a limpeza se relaciona com o corpo físico, a água é o principal componente, além de contribuir para a saúde e o bem-estar. Na purificação do espírito, porém, o processo consiste na reforma íntima, e esta, na conscientização evangélica. Há que se considerar ainda, além de porfiados esforços, o tempo que envolve sucessivas existências, diversos lares, escolas e experiências. Não é, pois, com ligeira cerimônia que se purifica o espírito milenar, modificando-lhe a personalidade.[152]

8.2 O BATISMO DE JESUS

Muitas discussões ocorreram entre os estudiosos em relação ao batismo de Jesus, fazendo surgir indagações como: *Por que Jesus foi batizado? Haveria, mesmo, necessidade de Jesus se submeter ao ritual do batismo?* Em resposta, a *Bíblia de Jerusalém* informa: "Conforme tradições judaicas, o Messias, que ninguém distinguia de outros homens, devia permanecer desconhecido até o dia em que seria manifestado como Messias, por Elias que havia voltado à terra (Mt 3:23, 24; Jo 5:35+)".[153] Compreendemos, assim, porque João Batista e Jesus se submeteram ao rito.

Por outro lado, há de se considerar que convinha ao Mestre "[...] cumprir toda a justiça, segundo ele próprio o declara a João [Mt 3:14 e 15]: [*Mas João tentava dissuadi-lo, dizendo: "Eu é que tenho necessidade de ser batizado por ti e tu vens a mim? Jesus, porém, respondeu-lhe: "Deixa estar por enquanto, pois assim nos convém cumprir toda a justiça. E João consentiu*]. O precursor encerra o período das fórmulas exteriores, com as quais até então se adorava o Pai. Jesus inaugura o período em que se presta veneração a Deus em espírito e verdade, no santuário da consciência de cada um dos seus filhos. [...]".[154] Entretanto, Jesus nunca batizou. Ele não utilizava essa prática, deixando claro que a encerrara com João Batista.

Um outro ponto a ser analisado é que, apesar de João Batista, filho de Isabel e *Zacarias* conhecer Jesus, pois este fazia parte do seu núcleo familiar, ele desconhecia ser Jesus o Messias de Deus. Fazia-se necessário, pois, que o aviso, dado a João sobre a identidade do Messias, se cumprisse: *Eu não o conhecia, mas, para que ele fosse manifestado a Israel, vim batizar com água* (Jo 1:31). Vemos, então, que o Messias não foi identificado de imediato, quando João mergulhou Jesus nas águas, mas logo em seguida, quando Jesus sai das águas: *Batizado, Jesus subiu imediatamente da água e logo os céus se abriram e ele viu o Espírito de Deus descendo como uma pomba e vindo sobre ele. Ao mesmo tempo, uma voz vinda dos céus dizia: "Este é o meu filho amado, em que quem me comprazo"* (Mt 3:16 e 17).

João Batista cumpriu exemplarmente o seu mandato no mundo, e, segundo o seu entendimento, realizava o chamado batismo do arrependimento, necessário à proclamação do Reino de Deus. Cumpriu com zelo a sua missão de precursor, revelando-se como o instrumento fiel de Deus para anunciar a vinda do Messias, o qual traria ao mundo a inesquecível mensagem de Amor:

> Cada um dos evangelistas usa as tradições sobre João Batista a serviço da proclamação de Jesus. Cada um dá a ele um tratamento diferente, mas todos o veem como aquele que está no início da história do Evangelho, pedindo do ouvinte uma mente de iniciante e o abandono de todas as certezas prévias, para que uma palavra nova possa ser ouvida.[155]

Com o ato simbólico do batismo nas águas do rio Jordão, Jesus se fez visível entre nós e anunciou o caminho a ser trilhado para alcançarmos o Reino de Deus. Mesmo injuriado, incompreendido, humilhado, perseguido e crucificado, Ele persiste. Permanece entre nós, não nos abandona e nos aguarda o despertamento com seu imenso amor. *Um Espírito israelita*, em *O evangelho segundo o espiritismo* pontua esta assertiva.

> O Cristo foi o iniciador da moral mais pura, da mais sublime: a moral evangélico-cristã, que há de renovar o mundo, aproximar os homens e torná--los irmãos; que há de fazer brotar de todos os corações humanos a caridade e o amor do próximo e estabelecer entre os homens uma solidariedade comum; de uma moral, enfim, que há de transformar a Terra, tornando-a morada de Espíritos superiores aos que hoje a habitam. É a lei do progresso, à qual a Natureza está submetida, que se cumpre, e o *Espiritismo* é a alavanca de que Deus se utiliza para fazer com que a Humanidade avance.
>
> São chegados os tempos em que as ideias morais hão de desenvolver-se para que se realizem os progressos que estão nos desígnios de Deus. Têm elas de seguir a mesma rota que percorreram as ideias de liberdade, suas precursoras. Porém, não se deve acreditar que esse desenvolvimento se faça sem lutas. Não, aquelas ideias precisam, para atingirem a maturidade, de abalos e discussões, a fim de que atraiam a atenção das massas. Uma vez isso conseguido, a beleza e a santidade da moral tocarão os espíritos, e eles se dedicarão a uma ciência que lhes dá a chave da vida futura e lhes abre as portas da felicidade eterna. Moisés abriu o caminho; Jesus continuou a obra; o Espiritismo a concluirá. – *Um Espírito israelita* (Mulhouse, 1861).[156]

REFERÊNCIAS

142 BÍBLIA DE JERUSALÉM. Gilberto da Silva Gorgulho; Ivo Storniolo e Ana Flora Anderson (Coords.). Diversos tradutores. Nova ed. rev. e ampl. 13. imp. São Paulo: Paulus, 2019, *Evangelho segundo Mateus*. p. 1.707-1.708.

143 _____. _____. *Evangelho segundo Marcos*, p. 1.759.

144 _____. _____. *Evangelho segundo Lucas*, p. 1.793

145 _____. _____. *Evangelho segundo João*, p. 1.844-1.845.

146 KARDEC, Allan. *O livro dos médiuns*. Trad. Evandro Noleto Bezerra. 2. ed. 5. imp. Brasília: FEB, 2019, 2ª pt., cap. 12, it. 150, p. 162.

147 _____. _____. It. 151, p. 163.

148 BECKER, Udo. *Dicionário dos símbolos*. Trad. Edwino Royer. São Paulo: Paulus, 1999, p. 151.

149 _____. _____. P. 151.

150 OLIVEIRA, Therezinha. *Estudos espíritas do evangelho*. Capivari: Eme, 1997, cap. 11, p. 143.

151 BECKER, Udo. *Dicionário dos símbolos*. Trad. Edwino Royer, p. 43.

152 MOUTINHO, João J. *Conquista do reino*. Brasília: Livraria e Editora Recanto, 2000, cap. 6, p. 55-56.

153 BÍBLIA DE JERUSALÉM. Gilberto da Silva Gorgulho; Ivo Storniolo e Ana Flora Anderson (Coords.). Diversos tradutores. Nova ed. rev. e ampl. 13. imp. São Paulo: Paulus, 2019, *Evangelho segundo João*. Nota de rodapé "a", p. 1.845.

154 RIGONATTI, Eliseu. *O evangelho dos humildes*. São Paulo: Pensamento, 2018, cap. 3, p. 21.

155 METZGER, Bruce M. e COOGAN, Michael. (Orgs.) *Dicionário da bíblia*: as pessoas e os lugares. Trad. Maria Luísa X. de A. Borges. Rio de Janeiro: Jorge Zahar Editora, 2002, v. 1, p. 162.

156 KARDEC, Allan. *O evangelho segundo o espiritismo*. Trad. Evandro Noleto Bezerra. 2. ed. 10. imp. Brasília: FEB, 2020, cap. 1, it. 9, p.42.

TEMA 9

AS PROVAÇÕES DE JESUS NO DESERTO (MT 4:1-11)

Os Evangelhos sinópticos referem-se às "tentações" que Jesus teria passado no deserto, logo após ser batizado por João Batista, no rio Jordão. Algo totalmente fora de propósito, considerando ser ele o Messias, e, por isso mesmo, Espírito portador de qualidades divinas. Jesus passou por inúmeras provações, como bem sabemos, mas jamais seria tentado, pois a superioridade do seu Espírito demonstra que ele estaria (e está) acima de qualquer tentação. Allan Kardec assim se expressa a respeito do Cristo:

> Sem nada prejulgar sobre a natureza do Cristo [...], não podemos deixar de reconhecê-lo como um dos Espíritos de ordem mais elevada e, por suas virtudes, colocado muitíssimo acima da humanidade terrestre. Pelos imensos resultados que produziu, a sua encarnação neste mundo forçosamente há de ter sido uma dessas missões que a Divindade somente confia a seus mensageiros diretos, para cumprimento dos seus desígnios. Mesmo sem supor que Ele fosse o próprio Deus, [ideia defendida pela teosofia católica], mas um enviado de Deus para transmitir sua palavra aos homens, seria mais do que um profeta, porquanto seria um Messias Divino.[157]

É relevante considerar que a "ideia bíblica de tentação não é primariamente de sedução, conforme a ideia moderna, mas é a de pôr a pessoa em prova, de sujeitá-la a um teste, o que pode ser feito com o propósito benevolente de provar ou melhorar a sua qualidade, ou então com o propósito malicioso de mostrar a sua fraqueza ou levá-lo a cair na armadilha de fazer uma má ação. *Tentar*, pois, significa *testar*, nesse sentido irrestrito. Somente mais recentemente é que a palavra tem sido limitada em seu sentido [...]. a testar com má intenção".[158]

Outra palavra que aparece nos três textos, e que usualmente é encontrada no Antigo e no Novo Testamento, é *demônio* e os sinônimos *satanás, satã* ou *diabo*. Assim, para compreendermos o sentido e o contexto da mensagem evangélica é importante saber o significado de tais vocábulos. No Antigo Testamento "há referências aos demônios sob os nomes *sa'ír* (Lv 177; II Cr

11:15) e *shed* (Dt 32.17; Sl 106:37). O primeiro termo significa "cabeludo", e aponta para o demônio como um sátiro [símbolo de devasso]. O último tem sentido incerto, embora evidentemente esteja ligado com uma palavra assíria semelhante. Nessas passagens [do AT] há o pensamento que as deidades que foram ocasionalmente servidas por Israel não são verdadeiros deuses, mas em realidade eram demônios (cf. II Co 10:19s) [...]".[159]

> No Novo Testamento, sobretudo nos escritores do Evangelho, "há muitas referências aos demônios. A designação usual é *daimonion*, um diminutivo de *daimon*, que se encontra em Mt 8:31. [...] Nos escritos clássicos, *daimon* é frequentemente usada em bom sentido, para indicar um deus ou o poder Divino. No NT, entretanto, *daimon* e *daimonion* sempre se referem a seres espirituais hostis a Deus e aos homens, Belzebu (ou Belzebul) é o seu príncipe (Mc 3:22), pelo que os demônios podem ser considerados seus agentes. Esta é a parte mais grave por detrás da acusação que Jesus tinha "demônio" (Jo 7:20; 10:20). Aqueles que se opunham ao seu ministério, tentaram ligá-lo com as próprias forças do mal, em lugar de reconhecerem sua origem divina.[160]

Para a mitologia os demônios traziam, "[...] originalmente designação de deuses, posteriormente de seres intermediários entre deuses e homens, que podem influenciar os destinos humanos e os eventos cósmicos para o bem e para o mal. Os filósofos gregos consideravam-nos a parte divina ou a voz divina no homem (*daimonion*). Os demônios caracterizavam-se pelo seu modo de ser imprevisível e caprichoso e frequentemente se apoderam das forças psíquicas dos homens".[161] Nos textos bíblicos, demônios passam a ter outro conceito: "A *Bíblia* descreve-os exclusivamente como Espíritos maus, anjos decaídos, que representam um poder contra o domínio de Deus.[...]".[162] A teologia católica acrescentou detalhes, definindo uma hierarquia — que lembra muito a mitologia greco-romana — para anjos e demônios, abandonando de vez o simbolismo interpretado pelos antigos filósofos gregos e pelos profetas, passando a alimentar a ideia de que Deus teria criado seres bons e seres maus.

Allan Kardec analisa: "Segundo a Igreja, *Satã*, o chefe ou o rei dos demônios, não é uma personificação alegórica do mal, mas um ser *real*, a praticar exclusivamente o mal, enquanto Deus pratica exclusivamente o bem".[163] Acreditar que Deus tenha criado seres bons e seres maus, realmente, é algo difícil de ser acatado pela lógica e pelo bom senso. É totalmente fora de propósito supor a mera possibilidade de que Deus, todo perfeição e bondade, tenha criado seres voltados para o mal. Allan Kardec afirma o seguinte:

> [Pelo Espiritismo o homem] sabe que não há criaturas deserdadas, nem mais favorecidas umas das outras; que Deus não privilegiou a criação de nenhuma delas, nem dispensou quem quer que fosse do trabalho imposto às outras para progredirem; que não há seres perpetuamente votados ao mal e ao sofrimento; que os que se designam pelo nome de *demônios* são Espíritos ainda atrasados e imperfeitos, que praticam o mal no Espaço [mundo espiritual], como o praticavam na Terra, mas que se adiantarão e aperfeiçoarão; que os anjos ou Espíritos puros não são seres à parte na Criação, mas Espíritos que chegaram à meta depois de terem palmilhado a estrada do progresso [...].[164]

Os textos de *Mateus* e *Lucas* são muito semelhantes e apresentam detalhes a respeito da provação de Jesus no deserto. *Marcos*, ao contrário, registra brevíssimas informações, assim especificadas: "E logo o Espírito o impeliu para o deserto. E ele esteve no deserto quarenta dias, sendo tentado por Satanás; e vivia entre as feras, e os anjos o serviam" (Mc 1:12 e 13).[165] O que mais chama a atenção na passagem de Marcos é o fato de ter omitido, ou ignorado, "[...] o pormenor das três tentações, que Mt e Lc colheram em alguma outra fonte. A alusão às feras evoca o ideal messiânico, anunciado pelos profetas, de um retorno à paz paradisíaca (cf. Is 11:6-9+), associada ao tema do retiro no deserto (cf. Os 2:16+). O serviço dos anjos exprime a Proteção Divina (cf. Sl 91:11-13), [...]."[166]

A análise que se segue está mais focalizada no registro de *Mateus* mas o texto de Lucas encontra-se em anexo para eventual comparação.

9.1 A TENTAÇÃO NO DESERTO (MT 4:1-11)[167]

> *Então, Jesus foi levado pelo Espírito ao deserto, para ser tentado pelo diabo.*
>
> *Por quarenta dias e quarenta noites esteve jejuando. Depois teve fome. Então, aproximando-se o tentador, disse-lhe: "Se és Filho de Deus, manda que estas pedras se transformem em pães." Mas Jesus respondeu: "Está escrito: Não só de pão vive o homem, mas de toda palavra que sai da boca de Deus." Então o diabo o levou à Cidade Santa e o colocou sobre o pináculo do Templo e disse-lhe: "Se és Filho de Deus, atira-te para baixo, porque está escrito: Ele dará ordem a seus anjos a teu respeito e eles te tomarão pelas mãos, para que não tropeces em nenhuma pedra. Respondeu-lhe Jesus: "Também está escrito: Não tentarás ao Senhor teu Deus." Tornou o diabo a levá-lo, agora para um monte muito alto. E mostrou-lhe todos os reinos do mundo com o seu esplendor e disse-lhe: "Tudo isto te darei, se, prostrado, me adorares." Aí Jesus lhe disse: "Vai-te, Satanás, porque está escrito: Ao Senhor teu Deus adorarás e a Ele só prestarás culto." Com isso, o diabo o deixou. E os anjos de Deus se aproximaram e puseram-se a servi-lo.*

Observa-se, de imediato, algumas ideias-chave presentes no texto de Mateus. Logo no primeiro versículo encontramos as que merecem ser analisadas: "Então, Jesus foi levado pelo Espírito ao deserto, para ser tentado pelo diabo".

9.1.1 ESPÍRITO

> A palavra Espírito, citada no texto, não faz referência à espécie humana, propriamente dita, ou ao "princípio inteligente do Universo",[168] no dizer do Espiritismo. Traz o mesmo significado de Espírito de Deus ou Espírito Santo, a forma preferida por *Lucas* (4:1): "O interesse particular de Lc pelo Espírito Santo manifesta-se não só nos dois primeiros capítulos [...], mas ainda no resto do Evangelho, em que ele acrescenta diversas vezes [...]".[169]

Constatamos que a expressão Espírito Santo tem significado específico nas escrituras sagradas, como: "[...] *Sopro* e energia criadora de Deus, que dirigia os profetas (Is 11:2; Jz 3:10+), dirigirá o próprio Jesus no cumprimento da sua missão (cf. 3:16+; Lc 4:1+), como mais tarde dirigirá a Igreja no seu início (At 1:8+)".[170]

9.1.2 DESERTO

> O local para onde o Espírito ou Espírito Santo levou Jesus com o fim de submetê-lo a provações, que poderia ser o deserto de Jericó ou o deserto próximo ao monte Sinai — não há consenso entre os estudiosos. É um vocábulo que se escreve de formas diferentes, diversificando, assim, seu significado. "Nas Escrituras, os vocábulos traduzidos como 'deserto' incluem não somente os desertos estéreis de dunas, de areia ou de rocha, que surgem e dão cor à imaginação popular, mas igualmente designam terras planas de estepes e terras de pastagem, apropriadas para a criação de gado".[171]

9.1.3 TENTAÇÃO

A suposta "tentação" de Jesus seria mais um simbolismo do que fato verdadeiramente ocorrido. Trata-se de representação simbólica de acontecimentos antigos, sucedidos com os judeus que, antes de se constituírem numa nação, peregrinaram por quarenta anos, no deserto, (Dt 8:2-4, cf. Nm 8:2-4, cf. Nm 14:34):

> [Jesus é levado ao deserto para aí ser tentado durante 40 dias, como outrora Israel durante 40 anos]. Aí conhece três tentações destacadas por três citações tomadas de Dt 6:8, capítulos dominados (conforme a ética de Mt) pelo mandamento de amar a Deus: Dt 6:5. As três tentações, à primeira vista enigmáticas,

podem ser compreendidas à luz da tradição judaica que interpreta Dt 6:5 como tentações contra o amor de Deus, valor supremo. a) Não amar a Deus "de todo o teu coração", isto é, não submeter os próprios desejos interiores a Deus, é rebelar-se contra o alimento Divino, o maná. b) Não amar a Deus "de toda a tua alma", isto é, com tua vida, teu corpo físico, até o martírio, caso necessário. c) Não amar a Deus "com toda a tua força", isto é, com tuas riquezas, aquilo que possues, teus bens exteriores. No fim, Jesus aparece como aquele que ama a Deus perfeitamente.[172]

Lembrando a citação de *Tiago* (1:14): "Antes, cada qual é provado pela própria concupiscência, que o arrasta, e o seduz"; o venerável Emmanuel conduz-nos a esta reflexão, a respeito das tentações:

> As referências do Apóstolo estão profundamente tocadas pela luz do céu: "Cada um é tentado, quando atraído pela própria concupiscência".
>
> Examinemos particularmente ambos os substantivos "tentação" e "concupiscência". O primeiro exterioriza o segundo, que constitui o fundo viciado e perverso da natureza humana primitivista. Ser tentado é ouvir a malícia própria, é abrigar os inferiores alvitres de si mesmo, porquanto, ainda que o mal venha do exterior, somente se concretiza e persevera se com ele afinamos, na intimidade do coração.
>
> Finalmente, destacamos o verbo "atrair". Verificaremos a extensão de nossa inferioridade pela natureza das coisas e situações que nos atraem.[173]

9.1.4 DIABO

A palavra diabo, inserida no texto, não traz o significado convencional, utilizado nas interpretações teológicas das igrejas cristãs, isto é, são considerados "[...] anjos que se rebelaram contra Deus, especialmente o mais elevado entre eles, *Lúcifer*, que seduziu o primeiro casal humano ao pecado e desde então é o *príncipe do mundo*".[174]

Na verdade, estudiosos que se debruçaram sobre a citação de *Mateus* entendem que o vocábulo *diabo* tem o significado de "acusador", "caluniador", tradução da palavra hebraica *satan*, que seria melhor entendida como "adversário" (Jó 1:6+). O portador deste nome — visto que se dedica a levar os homens a transgressão — é considerado como responsável por tudo aquilo que se opõe à obra de Deus e de Cristo (Mt 13:39; Jo 8:44; 13:2; At 10:38; Ef 6:11; I Jo 3:8 etc.). A sua derrota assinalará a vitória final de Deus (Mt 25:45; Hb 2:14; Ap 12:9-12; 20:2-10)".[175]

No versículo dois, Mateus informa que Jesus foi submetido a jejum severo, de longo tempo de duração: *Por quarenta dias e quarenta noites esteve jejuando. Depois teve fome.*

9.1.5 40 DIAS DE JEJUM

Este número de dias não parece ser aleatório. É simbolismo que faz paralelo com citações do Velho e do Novo Testamento:

"Ver Êx 34:28, que fala de Moisés ao receber a Lei de Deus. Elias também passou pela prova de quarenta dias (I Rs 19:8). Israel foi provado quarenta anos no deserto. Quando em criança, aos 40 dias de idade, Jesus foi apresentado ao templo. Após sua ressurreição, ficou na terra por quarenta dias, antes de entrar na presença de Deus. [...].[176] Podemos, então, acrescentar:

> Em poucas palavras podemos dizer que o número 40 indica um tempo necessário de preparação da pessoa que se dispõe a jejuar para se preparar para algo novo que vai acontecer. [...] O número quarenta aparece tanto no Antigo Testamento e Novo Testamento, em diferentes formas e maneiras observemos:
>
> 40 dias e quarenta noites do dilúvio (Gn 7:4:12);
>
> 40 dias e 40 noites Moisés passa no Monte (Ex. 24:18; 34:26; Dt 9:9-11; 10:10);
>
> 40 anos foi o tempo da peregrinação pelo deserto (Nm 14:33; 32:13; Dt 8:2; 29:4, etc.);
>
> 40 dias que Jesus jejuou antes de começar seu ministério (Mt 4:2; Mc 1:12; Lc 4:2);
>
> 40 dias depois da Ressurreição acontece a ascensão de Jesus (At 1:3);
>
> 40 chicotadas eram dadas a alguém que errava como forma de correção (Dt 25:3);
>
> 40 chicotadas, Paulo recebeu pelo menos cinco vezes menos uma (II Cor 11:24).[177]

9.1.6 JEJUM

O jejum era prática comum entre os judeus, remonta à época do Velho Testamento e continua a ser praticada por religiosos de diferentes interpretações nos dias atuais. "A bem da verdade, essa prática nenhum proveito acarreta ao Espírito. Considere-se ainda o preceito do Cristo que assegura não ser o que entra pela boca aquilo que macula o homem".[178]

> Importa destacar que, no Novo Testamento, a única ocasião que consta que Jesus jejuou é, justamente, esta citação referente à chamada tentação no

deserto.¹⁷⁹ A prática do jejum não era utilizada pelo Cristo e Ele não a prescreve aos seus discípulos, como confere esta citação de *Mateus,* 9:14: "Por este tempo, vieram procurá-lo os discípulos de João [Batista], com esta pergunta: "Porque nós e os fariseus jejuamos, enquanto os teus discípulos não jejuam?"

Para o Espiritismo, devemos buscar um outro gênero de jejum: o jejum espiritual e moral.

> Relaciona-se [...] ao processo de pureza de pensamentos, a que a criatura conscientizada se impõe, não só por imperativo da evolução espiritual como igualmente por ser um dos recursos mais eficazes nos processos de desobsessão própria ou de terceiros. É ainda a profilaxia da mente que recolhe, no oceano dos pensamentos humanos, apenas o oxigênio puro, necessário à própria vida. Na economia dos valores espirituais, convém guardar, no alforje do coração, o alimento que se puder colher na seara do Evangelho e, se algum jejum deve ser observado, que seja o da abstenção de pensamentos inferiores.¹⁸⁰

9.2 AS PROVAÇÕES DE JESUS NO DESERTO

A tirania do mal ou do pecado resulta escravidão para o homem, que lhe se torna cativo. O bem, ao contrário, liberta o ser o humano, fazendo-o alçar voos evolutivos. A alegoria da luta entre o bem e o mal, ora analisado nos escritos dos evangelistas Mateus, Marcos e Lucas indica, três tipos de provações que Jesus teria suportado: "[...] Operar milagres para satisfazer uma necessidade imediata, dar sinais convincentes e exercer poder político – devem ter se repetido por muitas vezes na vida do Cristo. A tentação oferece tanto a oportunidade de elevar-se como o perigo de cair. [...]".¹⁸¹ Em síntese, Jesus teria passado por três grandes tentações: a dos gozos materiais, a de viver uma vida fácil, livre de cuidados e dificuldades e a tentação da riqueza e do poder.¹⁸²

9.2.1 PRIMEIRA PROVAÇÃO: TRANSFORMAR PEDRAS EM PÃES (MT 4:1-3)

> Então, Jesus foi levado pelo Espírito ao deserto, para ser tentado pelo diabo.
> Por quarenta dias e quarenta noites esteve jejuando. Depois teve fome.
> Então, aproximando-se o tentador, disse-lhe: Se és Filho de Deus, manda que estas pedras se transformem em pães.

A necessidade imediata era alimentar, passado o prolongado jejum. O tentador tinha intuito de ver Jesus subjugado a uma necessidade fisiológica básica, inerente à sobrevivência da espécie humana, que é a de ingerir alimentos, a fim de que a máquina orgânica se mantenha em funcionamento. *Nessa* situação, se ele fosse portador de superpoderes psíquicos ser-lhe-ia fácil transformar as pedras existentes no deserto em pães para saciar a sua fome, realizando um prodígio, denominado milagre, por estudiosos das igrejas cristãs. Recordemos que, no sentido teológico, "[...] a palavra *milagre* (de *miraculum*) significa: *prodígio, maravilha; coisa extraordinária*. [...]".[183]

O teste teria, então, dupla natureza: vencer a necessidade fisiológica por meio de um ato prodigioso. A primeira parte foi realizada com tranquilidade por Jesus: "Como homem, tinha a organização dos seres carnais, mas como Espírito puro, desprendido da matéria, havia de viver mais da vida espiritual do que da vida corpórea, de cujas fraquezas não era passível. [...] Sua alma não devia achar-se presa ao corpo senão pelos laços estritamente indispensáveis [...]".[184] A segunda parte foi desnecessária, uma vez que Jesus não foi vencido pela fome.

9.2.2 RESPOSTA DE JESUS (MT 4:4)

> "Mas Jesus respondeu: Está escrito: Não só de pão vive o homem, Mas de toda palavra que sai da boca de Deus."

Com Jesus, encontraremos sempre o acréscimo de forças morais para vencer as vicissitudes da vida, independentemente da forma como estas se nos apresentam. Emmanuel aconselha como agir ante as provações:

> Disse o Mestre: "Nem só de pão viverá o homem."
>
> Apliquemos o sublime conceito ao imenso campo do mundo.
>
> Bom gosto, harmonia e dignidade na vida exterior constituem dever, mas não nos esqueçamos da pureza, da elevação e dos recursos sublimes da vida interior, com que nos dirigimos para a Eternidade.[185]

9.2.3 SEGUNDA PROVAÇÃO: ATIRAR-SE DO PINÁCULO DO TEMPLO E SER SALVO PELOS ANJOS (MT 4:5 E 6)

> Então o diabo o levou à Cidade Santa e o colocou sobre o pináculo do Templo e disse-lhe: Se és Filho de Deus, atira-te para baixo, porque está escrito: Ele dará ordem a seus anjos a teu respeito e eles te tomarão pelas mãos, para que não tropeces em nenhuma pedra.

Depois Jesus foi levado para Jerusalém (Cidade Santa), sendo colocado no alto do Templo, "nome dado ao principal centro de culto do povo de Israel, onde se realizavam as diversas ofertas e sacrifícios conhecidos como *korbanot*.[186]

Uma coisa fica bem evidente nesta passagem evangélica: o tentador reconhece que Jesus é o Filho de Deus (versículo 6: "e disse-lhe: Se és Filho de Deus, atira-te para baixo, porque está escrito [...]), ou seja, o próprio adversário do bem percebeu que se encontrava diante do Messias ou, no mínimo, que Jesus teria uma relação mais especial com Deus, bem diferente da que existe entre as pessoas comuns e o Criador.[187]

9.2.4 RESPOSTA DE JESUS (MT 4:7)

"Respondeu-lhe Jesus: Também está escrito: Não tentarás ao Senhor teu Deus."

Para a Doutrina Espírita, as tentações oferecidas pela vida transitória no plano físico têm sido um dos maiores obstáculos à melhoria moral do ser humano. "[...] Contra o desejo que frequentemente nos assalta de vivermos uma vida fácil, [Jesus] avisa-nos de que não devemos tentar a Deus. Os trabalhos, os suores, as amarguras e as desilusões são oportunidades benditas de redenção e de progresso. Se insistíssemos para com o Senhor e Ele nos concedesse uma vida isenta de cuidados, estacionaríamos lamentavelmente. Chegaria o dia em que o tédio se apossaria de nós e suplicaríamos ao Altíssimo que semeasse nosso caminho de pedras e de tropeços para que, por meio de rudes trabalhos, pudéssemos progredir".[188]

9.2.5 TERCEIRA PROVAÇÃO: PODER E RIQUEZA DO MUNDO (MT 4:8 E 9)

"Tornou o diabo a levá-lo, agora para um monte muito alto. E mostrou-lhe todos os reinos do mundo com o seu esplendor. E disse-lhe: Tudo isto te darei, se, prostrado, me adorares."

Jesus foi conduzido a um monte muito alto, onde poderia ver todos os reinos do mundo (versículo 8: "Tornou o diabo a levá-lo, agora para um monte muito alto"). Aqui, considera-se que se trata de mais um simbolismo, possivelmente uma forma de representar uma visão psíquica ou vidência, não exatamente um monte.[189] O poder transitório do mundo é oferecido a Jesus por aquele que as escrituras denominam satanás (versículo 9: "E disse-lhe: Tudo isto te darei, se, prostrado, me adorares").

> Satanás apresentou-se como *dono* do mundo inteiro. Jesus não negou esse direito, e, em outros lugares, Jesus mesmo faz essa declaração (ver *João*, 12:31; 14:30; 16:11). Paulo revela que a nossa luta não é contra o sangue e a carne, e, sim, contra os "principados e potestades, contra os dominadores deste mundo tenebroso, contra as forças espirituais do mal, nas regiões celestes. A passagem

de *Efésios*, 6:12 apresenta nota detalhada sobre a questão. O testemunho das Escrituras é que o mundo dos Espíritos é bem real, e embora seja uma doutrina ridicularizada hoje em dia, a evidência moderna dos estudos psíquicos e da experiência humana confirmam a verdade do mundo dos Espíritos. [...].[190]

9.2.6 RESPOSTA DE JESUS (MT 4:10)

> *Aí Jesus lhe disse: Vai-te, Satanás, por que está escrito: Ao Senhor teu Deus adorarás,*
> *E a Ele só prestarás culto.*

Adorar a Deus, em espírito e verdade, seguir os preceitos da Lei de Deus, transmitida pelo Cristo, deve ser nosso esforço permanente.

> Se a ambição do mando, o orgulho do poder e a glória da riqueza ofuscarem o nosso espírito, tenhamos em mente a lição de Jesus em suas tentações. Acima de tudo, veneremos a Deus, nosso Pai, e o sirvamos lealmente. As coisas do mundo são efêmeras, duram muito pouco e costumam precipitar em séculos de sofrimentos expiatórios quem as adora excessivamente.[191]

A passagem evangélica de *Mateus* e, igualmente, a de *Lucas* indicam a nossa eterna luta entre o *bem* e o *mal*. Para cada proposta do *mal*, cercada de atrações e bons argumentos, o *bem* replica de forma lúcida e esclarecedora. A lição que se aprende, no final, é que o *bem* é e sempre será vitorioso, porque este é que é permanente. Assim, nunca é demais recordar que o "[...] bem é tudo o que é conforme a Lei de Deus, e o mal é tudo o que dela se afasta. Assim, fazer o bem é proceder de acordo com a Lei de Deus. Fazer o mal é infringir essa Lei".[192]

REFERÊNCIAS

[157] KARDEC, Allan. *A gênese*. Trad. Evandro Noleto Bezerra. 2. ed. 2. imp. Brasília: FEB, 2019, cap. 15, it. 2, p. 264.

[158] DOUGLAS, J. J. (Org.). *O novo dicionário bíblico*. Trad. João Bentes. 3. ed. rev. Vila Nova: São Paulo, 2006. p. 1.312.

[159] _____. _____. P. 325.

[160] _____. _____. P. 325-326.

[161] BECKER, Udo. *Dicionário dos símbolos*. Trad. Edwino Royer. São Paulo: Paulus, 1999, p. 86.

[162] _____. _____.

163 KARDEC. Allan. *O céu e o inferno*. Trad. Evandro Noleto Bezerra. 2. ed. 2. imp. Brasília: FEB, 2019, 1ª pt., cap. 9, it. 7, p. 114.

164 _____. *A gênese*. Trad. Evandro Noleto Bezerra. 2. ed. 2. imp. Brasília: FEB, 2019, cap. 1, it. 30, p. 28.

165 BÍBLIA DE JERUSALÉM. Gilberto da Silva Gorgulho; Ivo Storniolo e Ana Flora Anderson (Coords.). Diversos tradutores. Nova ed. rev. e ampl. 13. imp. São Paulo: Paulus, 2019, *Evangelho segundo Marcos*, p. 1.759.

166 _____. _____. Nota de rodapé "f", p. 1.759.

167 _____. _____. *Evangelho segundo Mateus*, p. 1.708-1.709.

168 KARDEC, Allan. *O livro dos espíritos*. Trad. Evandro Noleto Bezerra. 4. ed. 9. imp. Brasília: FEB, 2020, q. 23.

169 BÍBLIA DE JERUSALÉM. Gilberto da Silva Gorgulho; Ivo Storniolo e Ana Flora Anderson (Coords.). Diversos tradutores. Nova ed. rev. e ampl. 13. imp. São Paulo: Paulus, 2019, *Evangelho segundo Lucas*. Nota de rodapé "b", p. 1.794.

170 _____. _____. *Evangelho segundo Mateus*. Nota de rodapé "e", p. 1.708.

171 DOUGLAS, J. J. (Org.). *O novo dicionário bíblico*. 3. ed. rev. Vila Nova: São Paulo, 2006, p. 328.

172 BÍBLIA DE JERUSALÉM. Gilberto da Silva Gorgulho; Ivo Storniolo e Ana Flora Anderson (Coords.). Diversos tradutores. Nova ed. rev. e ampl. 13. imp. São Paulo: Paulus, 2019, *Evangelho segundo Mateus*. Nota de rodapé "d", p. 1.708.

173 XAVIER, Francisco Cândido. *Caminho, verdade e vida*. Pelo Espírito Emmanuel. 1. ed. 17. imp. Brasília: FEB, 2020, cap. 129, p. 273-274.

174 BECKER, Udo. *Dicionário dos símbolos*. Trad. Edwino Royer. São Paulo: Paulus, 1999, p. 88.

175 BÍBLIA DE JERUSALÉM. Gilberto da Silva Gorgulho; Ivo Storniolo e Ana Flora Anderson (Coords.). Diversos tradutores. Nova ed. rev. e ampl. 13. imp. São Paulo: Paulus, 2019, *Evangelho segundo Mateus*. Nota de rodapé "f", p. 1.708.

176 CHAMPLIN, Russell Norman. *O novo testamento interpretado versículo por versículo*: Mateus/Marcos. Nova ed. rev. São Paulo: Hagnos, 2014, v. 1, p. 288.

177 UMA JANELA SOBRE O MUNDO BÍBLICO. <http://www.abiblia.org/ver.php?id=7535>. Acesso em: 18/11/2018.

178 MOUTINHO, João de Jesus. *O evangelho sem mistérios nem véus*. 1. ed. 2. imp. Brasília: FEB, 2015, cap. 11, p. 60.

179 DOUGLAS, J. J. (Org.). *O novo dicionário bíblico*. 3. ed. rev. Vila Nova: São Paulo, 2006, p. 657.

180 MOUTINHO, João de Jesus. *O evangelho sem mistérios nem véus*. 1. ed. 2. imp. Brasília: FEB, 2015, cap. 11, p. 60.

[181] CHAMPLIN, Russell Norman. *O novo testamento interpretado versículo por versículo:* Mateus/Marcos. Nova ed. rev. São Paulo: Hagnos, 2014, v. 1, p. 286--287.

[182] RIGONATTI. Eliseu. *O evangelho dos humildes.* São Paulo: Pensamento, 2018, cap. 4, p. 23.

[183] KARDEC, Allan. *A gênese.* Trad. Evandro Noleto Bezerra. 2. ed. 2. imp. Brasília: FEB, 2019, cap. 13, it. 1, p. 221.

[184] _____. _____. Cap. 14, it. 2, p. 264.

[185] XAVIER, Francisco Cândido. *Fonte viva.* Pelo Espírito Emmanuel. 1. ed. 16. imp. Brasília: FEB, 2020, cap. 18, p. 52.

[186] Templo de Jerusalém. <https://pt.wikipedia.org/wiki/Templo_de_Jerusal%C3%A9m>. Acesso em: 18/11/2018.

[187] CHAMPLIN, Russell Norman. *O novo testamento interpretado versículo por versículo:* Mateus/Marcos. Nova ed. rev. São Paulo: Hagnos, 2014, v. 1, p. 288.

[188] RIGONATTI. Eliseu. *O evangelho dos humildes.* São Paulo: Pensamento, 2018, cap. 4, p. 23, cap. 4, p. 24-25.

[189] CHAMPLIN, Russell Norman. *O novo testamento interpretado versículo por versículo:* Mateus/Marcos. Nova ed. rev. São Paulo: Hagnos, 2014, v. 1, p. 288, v. 1. p. 289.

[190] _____. _____. P. 290.

[191] RIGONATTI. Eliseu. *O evangelho dos humildes.* São Paulo: Pensamento, 2018, cap. 4, p. 23, cap. 4, p. 25.

[192] KARDEC, Allan. *O livro dos espíritos.* Trad. Evandro Noleto Bezerra. 4. ed. 9. imp. Brasília: FEB, 2020, q. 23, q. 630.

ANEXO

A TENTAÇÃO NO DESERTO – *LUCAS*, 4:1-13[*]

Jesus, pleno do Espírito Santo, voltou do Jordão; era conduzido pelo Espírito através do deserto durante quarenta dias, e tentado pelo diabo. Nada comeu nesses dias e, passado esse tempo, teve fome. Disse-lhe, então, o diabo: "Se és filho de Deus, manda que esta pedra se transforme em pão." Replicou-lhe Jesus: "Está escrito: não só de pão vive o homem". O diabo, levando-o para mais alto, mostrou-lhe num instante todos os reinos da Terra e disse-lhe: "Eu te darei todo este poder com a glória destes reinos, porque ela me foi entregue e eu a dou a quem eu quiser. Por isso, se te prostrares diante de mim, toda ela será tua." Replicou-lhe Jesus: "Está escrito: Adorarás ao senhor teu Deus, e só a ele prestarás culto." Conduziu-o depois a Jerusalém, colocou-o sobre o pináculo do Templo e disse-lhe: "Se és Filho de Deus, atira-te para baixo, porque está escrito: Ele dará ordem a seus anjos a teu respeito, para que te guardem. E ainda: E eles te tomarão pelas mãos, para que não tropeces em nenhuma pedra." Mas Jesus lhe respondeu: "Foi dito: Não tentarás ao Senhor, teu Deus." Tendo acabado toda a tentação, o diabo o deixou até o tempo oportuno.

---

[*] BÍBLIA DE JERUSALÉM. Gilberto da Silva Gorgulho; Ivo Storniolo e Ana Flora Anderson (Coords.). Diversos tradutores. Nova ed. rev. e ampl. 13. imp. São Paulo: Paulus, 2019, *Evangelho segundo Lucas*, p. 1.794.

TEMA 10

RETORNO À GALILEIA (MT 4:12-17)[193]

> *12 Ao ouvir que João [Batista] tinha sido preso, Ele voltou para a Galileia 13 e, deixando Nazaré, foi morar em Cafarnaum, à beira-mar, nos confins de Zabulon e Neftali. 14 Para que se cumprisse o que foi dito pelo profeta Isaías: 15 Terra de Zabulon, terra de Naftali, Caminho do mar, região além Jordão, Galileia das nações! 16 O povo que jazia em trevas viu uma grande luz, aos que jaziam na região sombria da morte, surgiu uma luz. 17 A partir deste momento, começou Jesus a pregar e a dizer: "Arrependei-vos, porque está próximo o Reino de Deus".*

Jesus retorna a Nazaré ao saber da prisão de João Batista, fazendo cumprir as previsões decorrentes da morte de João Batista. É interessante observar que a prisão de João Batista fora anunciada por *Lucas*, 3:1-20 desde o momento do batizado de Jesus. Vemos, porém, que no *Evangelho de João* a prisão de João Batista só é relatada após extensa descrição da missão do precursor (Jo 3:22-30). Não há, portanto, uma sequência cronológica exata dos acontecimentos, entre os evangelistas.[194]

> João fora preso e o seu "[...] cárcere era no castelo de *Maquero*, na margem oriental do Mar Morto. É óbvio que a prisão podia ser avistada do magnífico palácio de Herodes. Duas masmorras existem até hoje na cidadela, com pequenas perfurações na alvenaria, onde linguetas de madeira e ferro estavam antigamente afixadas para retenção dos prisioneiros, perfurações essas ainda visíveis. [...] Nestas circunstâncias, o profeta, antes livre, que andava ao ar livre no deserto, ficou ali encerrado durante quase um ano, antes de sofrer morte horrenda. O encarceramento de João ilustra o fato real de que ninguém deve supor que a vida espiritual, ainda quando vivida em alto nível e sob "o favor de Deus", sempre é acompanhada de prosperidade, paz e ausência de problemas. João morreria vergonhosamente [...].[195]

O precursor cumprira o seu papel com dignidade. O sofrimento, que lhe acompanhou os momentos finais daquela existência, representa reparação de erros cometidos contra a Lei de Deus, em outras existências, sobretudo naquela em que envergava a personalidade do profeta Elias. Pelo testemunho de sua fé, João cumpriu exemplarmente a sua missão. Sabemos que a

> [...] reencarnação de João Batista foi profetizada por *Isaías* com antecedência de sete séculos e meio, aproximadamente, numa prova incontestável da vida organizada noutra dimensão e da existência do Espírito fora do corpo, confirmando ainda que os fatos principais relacionados à evolução da Humanidade estão agendados e, com antecedência de milênios, conhecidos nos planos superiores onde se estabelece o governo espiritual da Terra.[196]
>
> [...] Embora em sua elevada condição de precursor de Jesus e considerado o maior dos nascidos de mulher, João não se isenta da culpa que assumiu, quando determinou a morte dos profetas [ou sacerdotes] de Baal, ao tempo do rei Acabe e da rainha Jezabel.
>
> [...] Programada espiritualmente, sob determinação da consciência, João resgata uma dívida que remontava oito séculos, com o que se liberta em foros de consciência [...].[197]

Com a prisão de João Batista, o Mestre Nazareno vislumbrou que era chegado o momento dele se revelar à Humanidade terrestre como o Messias aguardado. Para tanto, voltou à Galileia, região onde viveu a meninice, fixando residência em Cafarnaum, cidade à beira-mar, nos confins de Zabulon e Nefatli, regiões situadas. no caminho do mar, no além Jordão, na Galileia.

> Cafarnaum é "[...] cidade situada na praia noroeste do mar da Galileia. Seu nome se deriva claramente do hebraico *k'far nahum*, "vila de Nahum" que o grego transformou numa única palavra. [...] A cidade não é mencionada no AT, mas era cidade importante no tempo do Cristo. Era sede de um coletor de impostos e a presença de um centurião (Mt 8:5) bem pode ter significado que ali havia um posto militar romano. Jesus fê-la de seu quartel general por algum tempo e, portanto, se tornou conhecida como a "sua" cidade [...].[198]

Zabulon era localidade-sede de uma das doze tribos de Israel, a tribo de Jacó. Membros dessa tribo e habitantes de Zabulon eram conhecidos pelo elevado patriotismo demonstrado a Israel. Alguns descendentes se tornaram famosos na história israelita, inclusive Jesus que viveu numa das cidades: Nazaré.[199] Naftali, nome do quinto filho de Jacó, constituiu a Tribo de Naftali, estabelecendo-se com os seus descendentes a oeste do mar da Galileia e no curso superior do rio Jordão, numa região próxima onde viviam os cananeus. Devido à proximidade com a Assíria, foi a primeira tribo aprisionada e levada para o cativeiro na Babilônia. Havia 19 cidades muradas que pertenciam à tribo de Naftali.[200]

A profecia de *Isaías* 9:1 "O povo que andava nas trevas viu uma grande luz, uma luz raiou para os que habitavam uma terra sombria", foi assim registrada por *Mateus*, 4:15-16: "Terra de Zabulon, terra de Naftali, Caminho do mar, região além Jordão, Galileia das nações! O povo que jazia em trevas viu uma grande luz, aos que jaziam na região sombria da morte, surgiu uma luz". Ambas as referências transmitem a mesma ideia de ser Jesus a luz espiritual que dissipa as trevas da Humanidade terrestre.

O versículo 17 de *Mateus* assinala que, após a prisão de João Batista, Jesus define o momento certo para começar a pregação do seu Evangelho ao mundo. Pregação que teve marco inicial na cidade de Cafarnaum, onde escolheu os primeiros discípulos. Importa destacar, porém, que antes do seu retorno à Galileia o Mestre Nazareno fez esta exortação: "Arrependei-vos, porque está próximo o Reino de Deus" (Mt 4:17).

Duas palavras se destacam no versículo e devem ser meditadas e sentidas: *arrependimento* e *Reino de Deus*.

O arrependimento traduz-se como o processo de conscientização de erros cometidos, do uso indevido do livre-arbítrio. Allan Kardec, pondera, a propósito: "[...] O Espírito só compreende a gravidade dos seus malefícios depois que se arrepende. O arrependimento acarreta o pesar, o remorso, o sentimento doloroso, que é a transição do mal para o bem, da doença moral para a saúde moral [...]".[201] Por outro lado, para que o arrependimento ocorra, efetivamente, faz-se necessário que o indivíduo reconheça que errou, que tenha remorso. O remorso é uma espécie de catalizador que, ao mesmo tempo que expõe o sofrimento do erro cometido, é instrumento libertador que, bem utilizado, conduz o sofredor ao arrependimento. E pelo arrependimento chegar à reparação do mal cometido.

Nestes termos, remorso e arrependimento não são, exatamente, palavras sinônimas. O remorso é um sentimento carregado de sofrimento, em maior ou menor grau, que aponta para o erro cometido. O arrependimento é a fase seguinte, em que a mente consegue racionalizar a dor do remorso e planificar meios para reparar o erro cometido. Pode-se iniciar com um simples pedido de perdão, desde que este seja verdadeiro, não apenas mera verbalização de palavras. É a forma mais simples. Os Espíritos sofredores, como assim são denominados, vivem mergulhados no remorso: "O remorso, afirmam, os persegue sem tréguas nem piedade. Mas esquecem que o remorso é precursor imediato do arrependimento [...]".[202]

No texto de *Mateus* Jesus pede aos judeus arrependimento porque eles eram suficientemente esclarecidos pelas escrituras sagradas e pelas profecias. Mesmo assim cometeram delitos e erraram. Eles tinham passado pela fase do remorso, ante as manifestações da Lei de Causa e Efeito. Era hora do arrependimento. O apelo de Jesus nos alcança igualmente porque, além de conhecermos os textos sagrados, como os judeus do passado, temos também o Evangelho. Mesmo assim, somos Espíritos falidos. Por sermos assim, o momento atual é crucial para a nossa felicidade futura: é a era do arrependimento. Sem o qual não teremos acesso ao Reino de Deus ou do Céu.

O Reino dos Céus ou Reino de Deus é o tema central da pregação de Jesus, segundo os Evangelhos sinópticos. Enquanto *Mateus* que se dirige aos judeus, na maioria das vezes fala em "Reino dos Céus", Marcos e Lucas falam sobre o "Reino de Deus", expressão esta que tem o mesmo sentido daquela, ainda que mais inteligível para os não judeus. O emprego de "Reino dos Céus", em *Mateus* certamente é devido à tendência, no Judaísmo, de evitar o uso direto do nome de Deus. Seja como for, nenhuma distinção quanto ao sentido, deve ser suposta entre essas duas expressões [...].[203]

Pelo arrependimento dos erros cometidos no passado e no presente chegaremos ao arrependimento de nossas falhas. E pelo arrependimento reconheceremos uma verdade universal. "O Reino do Céu no coração deve ser o tema central de nossa vida. Tudo o mais é acessório. [...]".[204]

> O Reino de Deus tem de ser fundado no coração das criaturas; o trabalho árduo é o meu gozo; o sofrimento, o meu cálice; mas o meu Espírito se ilumina da sagrada certeza da vitória.
>
> [...]
>
> A paz da consciência pura e a resignação suprema à vontade do meu Pai são do meu Reino; mas os homens costumam falar de uma paz que é ociosidade do Espírito e de uma resignação que é vício do sentimento. Trago comigo as armas para que o homem combata os inimigos que lhe subjugam o coração e não descansarei enquanto não tocarmos o porto da vitória. Eis por que o meu cálice, agora, tem de transbordar de fel, que são os esforços ingentes que a obra reclama.
>
> [...]
>
> Os verdadeiros discípulos das verdades do Céu, esses não aprovam o erro, nem exterminam os que os sustentam. Trabalham pelo bem, porque sabem que Deus também está trabalhando. O Pai não tolera o mal e o combate, por muito amar a seus filhos [...].[205]

REFERÊNCIAS

193 BÍBLIA DE JERUSALÉM. Gilberto da Silva Gorgulho; Ivo Storniolo e Ana Flora Anderson (Coords.). Diversos tradutores. Nova ed. rev. e ampl. 13. imp. São Paulo: Paulus, 2019, *Evangelho segundo Mateus*, p. 1.709.

194 CHAMPLIN, Russell Norman. *O novo testamento interpretado versículo por versículo*: Mateus/Marcos. Nova ed. rev. São Paulo: Hagnos, 2014, v. 1. p. 291.

195 _____. _____.

196 MOUTINHO, João de Jesus. *Os profetas*: interpretações bíblicas e evangélicas à luz da codificação kardequiana. Rio de Janeiro: FEB, 2010, v. 3, it. João Batista, n. 1, p. 135-136.

197 _____. _____.

198 DOUGLAS, J. J. (Org.). *O novo dicionário bíblico*. Trad. João Bentes. 3. ed. rev. São Paulo: Vila Nova, 2006, p. 182.

199 _____. _____. P. 1.392.

200 _____. _____. P. 914.

201 KARDEC, ALLAN. *O céu e o inferno*. Trad. Evandro Noleto Bezerra. 2. ed. 2. imp. Brasília: FEB, 2019, 2ª pt., cap. 6, it. IV, p. 312.

202 _____. _____. 1ª pt., cap. 4, it. 17, p. 123.

203 DOUGLAS, J. J. (Org.). *O novo dicionário bíblico*. Trad. João Bentes. 3. ed. rev. São Paulo: Vila Nova, 2006, p. 1.148.

204 XAVIER, Francisco Cândido. *Boa nova*. Pelo Espírito Humberto de Campos. 37. ed. 15. imp. Brasília: FEB, 2020, cap. 12, p. 79.

205 _____. _____. Cap. 4, p. 31-32.

TEMA 11

A ESCOLHA DOS QUATRO PRIMEIROS DISCÍPULOS (MT 4:18-22). O CHAMADO DE MATEUS (MT 9:9). JESUS ENSINA E CURA (MT 4:23-25)

18 Estando Ele a caminhar junto ao mar da Galileia, viu dois irmãos: Simão, chamado Pedro, e seu irmão André, que lançavam a rede ao mar, pois eram pescadores. 19 Disse-lhes: "Segui-me e eu farei de vós pescadores de homens". 20 Eles, deixando imediatamente as redes, o seguiram. 21 Continuando a caminhar, viu outros dois irmãos: Tiago, filho de Zebedeu, e seu irmão, João, no barco com o pai Zebedeu, a consertar as redes. E os chamou. 22 Eles, deixando imediatamente o barco e o pai, o seguiram.

11.1 A ESCOLHA DOS QUATRO PRIMEIROS DISCÍPULOS (MT 4:18-22)[206]

O colégio apostolar do Cristo foi constituído de doze apóstolos, cujos dados biográficos constam do Livro I, tema 4, subitem 4.4.4, de *O Evangelho Redivivo*. Segundo *Mateus* estes "foram os nomes dos doze apóstolos: primeiro, Simão, chamado Pedro, e André, seu irmão; Tiago, filho de Zebedeu, e João, seu irmão; Filipe e Bartolomeu; Tomé e Mateus o publicano; Tiago, filho de Alfeu, e Tadeu; Simão, o Zelota, e Judas Iscariotes, aquele que o entregou (*Mateus*, 10:1-4)".[207] Esta relação também pode ser localizada em *Marcos*, 3:14-19; e em *Lucas*, 6:13-16, que oferecnuma ou outra informação complementar.

Importa recordar que, embora as palavras *discípulo* e *apóstolo* sejam consideradas sinônimas, *discípulos*, segundo o Novo Testamento, são pessoas que aceitavam ou seguiam os ensinamentos de alguém. "Seu uso mais comum era para denotar os aderentes de Jesus: quer no sentido geral [...], quer referindo-se especialmente aos doze, que tudo abandonaram a fim de segui-lo. [...] Fora dos Evangelhos, as únicas outras ocorrências neotestamentárias do termo aparecem no livro de Atos, onde descreve os crentes, aqueles que confessam a Jesus como Cristo".[208] *Apóstolo*, por outro lado, tem o sentido de *enviado* ou de *mensageiro*:

> No NT é aplicada a Jesus como aquele que é o enviado de Deus (Hb 3:1). Aqueles que foram enviados por Deus a pregarem a Israel (Lc 11.49) e aqueles enviados às igrejas (II Co 8:23; Fp 2:35); mas, acima de tudo, é aplicada de modo absoluto ao grupo de homens que mantinham a dignidade suprema na igreja primitiva. Visto que *apostello* parece significar frequentemente "enviar com propósito particular" [...], é provavelmente "alguém comissionado" – pelo menos é isto subentendido por Cristo.[209]

Emmanuel esclarece que "Jesus chamou a equipe dos apóstolos que lhe asseguraram cobertura à obra redentora, não para incensar-se nem para encerrá-los em torre de marfim, mas para erguê-los à condição de amigos fiéis, capazes de abençoar, confortar, instruir e servir ao povo que, em todas as latitudes da Terra, lhe constitui a amorosa família do coração".[210]

"Os quatro primeiros apóstolos foram, portanto, Pedro, André, Tiago e João, o grupo que, possivelmente, seria o mais próximo do Cristo, Pedro e André eram irmãos, assim como Tiago e João, estes filhos de Zebedeu."[211] "Pedro foi o nome que Jesus deu a Simão."[212] Ainda que tenham sido esses os primeiros cooperadores de Jesus, há controvérsias quanto ao local onde, efetivamente, se encontrava Jesus durante a convocação, uma vez que Mateus inicia o versículo 18 afirmando: "Estando ele a caminhar junto ao mar da Galileia" [...] Trata-se de simples fato informativo que, em si, nada interfere na missão do Cristo nem na dos apóstolos. Mas, a "chamada dos primeiros discípulos é *diferentemente* apresentada nos vários Evangelhos. Conforme a narrativa de João, isso teve lugar na região da Judeia; mas os Evangelhos sinópticos situam o fato na Galileia. [...]"[213]

O chamamento inicial apresenta dois momentos, segundo o relato de Mateus: primeiro o Cristo localiza Simão Pedro e o seu irmão André, que pescavam junto ao mar da Galileia (18 "Estando Ele a caminhar junto ao mar da Galileia, viu dois irmãos: Simão, chamado Pedro, e seu irmão André, que lançavam a rede ao mar, pois eram pescadores"): "André e Pedro são apresentados como discípulos de Batista, tendo seguido a Jesus depois do testemunho dado por aquele: 'Eis o cordeiro de Deus!'"[214] Ambos são convidados por Jesus a segui-lo e serem transformados em pescadores de homens (19 Disse-lhes: "Segui-me e eu farei de vós pescadores de homens.").

Trata-se de convite do Mestre que representa poderoso impulso evolutivo, pois se refere ao trabalho incessante no bem. É convite que se destina a toda a Humanidade terrestre, simbolizada na figura de dois humildes pescadores: Pedro e André.

O segundo momento do chamamento inicial, ocorrido tempos depois, é dirigido aos irmãos da família Zebedeu: Tiago (posteriormente conhecido como Tiago Maior) e João (conhecido como o discípulo amado), como consta do relato de *Mateus,* 4:21: "Continuando a caminhar, viu outros dois irmãos: Tiago, filho de Zebedeu, e seu irmão, João, no barco com o pai Zebedeu, a consertar as redes. E os chamou".

> É interessante notar que, por todos os recantos onde Jesus deixou o sinal de sua passagem, houve sempre grande movimentação no que se refere ao ato de levantar e seguir. André e Tiago deixam as redes para acompanhar o Salvador. Mateus levanta-se para segui-lo. Os paralíticos que retomam a saúde se erguem e andam. Lázaro atende-lhe ao chamamento e levanta-se do sepulcro. Em dolorosas peregrinações e profundos esforços da vontade, Paulo de Tarso procura seguir o Mestre Divino, [...] depois de se haver levantado, às portas de Damasco. Numerosos discípulos do Evangelho [...] acordaram de sua noite de ilusões terrestres, ergueram-se para o serviço da redenção e demandaram os testemunhos santificados no trabalho e no sacrifício.[215]

11.2 O CHAMADO DE MATEUS (9:9)[216]

> *Indo adiante, viu Jesus um homem chamado Mateus sentado na coletoria de impostos, e disse-lhe: "Segue-me". Este levantando-se, o seguiu.*

Esta citação de *Mateus* reproduzida por *Marcos* (2:13-14) e por *Lucas* (5:27-28) indica que *Mateus* também conhecido como Levi, era filho de Alfeu (Mc 2:14), portanto, irmão de Tiago menor. Temos, assim, no colégio apostolar três grupos de irmãos: Pedro e André; João e Tiago Maior; e Mateus (Levi) irmão de Tiago menor (ambos filhos de Alfeu). "Mateus era 'publicano', isto é, funcionário público; mais exatamente, um cobrador de imposto. Os publicanos não eram bem-vistos pelo povo em face de sua desonestidade e da violência que empregavam para extorquir dinheiros, roubando, por meios legais, viúvas e outras pessoas destituídas de bens. [...]."[217]

Allan Kardec pondera a respeito:

> De toda a dominação romana, o imposto foi o que os judeus aceitavam com mais dificuldade e o que causou mais irritação entre eles. Dele resultaram várias revoltas, fazendo-se do caso uma questão religiosa, por ser considerado contrário à lei. [...] Os judeus tinham, portanto, horror ao imposto e, em

consequência, a todos os que se encarregavam de arrecadá-lo. Daí a aversão que votavam aos publicanos de todas as categorias, entre as quais podiam encontrar-se pessoas estimáveis, mas que, em virtude de suas funções, eram desprezadas, assim como as pessoas de suas relações e confundidos na mesma reprovação. Os judeus de destaque consideravam um comprometimento ter intimidade com eles.[218]

A pergunta que se faz é: por que Jesus escolheria uma pessoa com esse histórico para integrar o seu colégio apostolar? É certo que Jesus que conhecia (e conhece) a alma humana em profundidade, logo, sabia o que fazia: Ele viu o que escapava à percepção dos demais: que Mateus (ou Levi), efetivamente, não se enquadrava no conceito genérico que o povo aplicava aos publicanos. Jesus, encontrou no futuro apóstolo um servidor leal, que abraçaria com dedicação a causa do Evangelho.

> Levi, pelo que se observa, era homem de espírito voltado para as coisas de Deus; sua vocação não era ser empregado do Fisco, cobrador de taxas públicas, de impostos. Nenhuma religião do seu tempo o havia atraído, porque todas elas eram exclusivistas, mercantilizadas, não falavam à alma, nem ao coração, nem à inteligência, pregavam falsidades em vez de anunciarem a Verdade. Mas logo que ele teve conhecimento da Doutrina que o Moço Nazareno ensinava [...] propendeu imediatamente para o lado de Jesus, porque tinha verdadeira vocação religiosa, era um espírito inclinado às coisas de Deus, sentia-se apto a desempenhar uma tarefa nesse sentido.[219]

11.3 JESUS ENSINA E CURA (MT 4:23-25)[220]

> *23 Jesus percorria toda a Galileia, ensinando em suas sinagogas, pregando o Evangelho do Reino e curando qualquer doença ou enfermidade do povo. 24 Sua fama espalhou-se por toda a Síria, de modo que lhe traziam todos os que eram acometidos por doenças diversas e atormentados por enfermidades, bem como endemoninhados, lunáticos e paralíticos. E Ele os curava. 25 Seguiam-no multidões numerosas vindas da Galileia, da Decápole, de Jerusalém, da Judeia e da Transjordânia.*

A partir da formação do colégio apostolar, Jesus inicia a sua missão de transmitir o seu Evangelho ao povo, às autoridades e aos sacerdotes. Estabelecia no planeta, a partir daquele momento, uma revolução que, infelizmente, ainda se prolonga por séculos: a revolução do Amor. O Cristo demonstrou que só o Amor, em todas as suas formas de expressão pode modificar o ser humano para melhor. Mas Ele não só ensinava, exemplificava e estendia as mãos misericordiosas a todos os sofredores. Curava as doenças do corpo e da alma de todos os necessitados que se colocavam sob o raio da sua bondade e misericórdia.

11.3.1 O ENSINO NAS SINAGOGAS

> O culto nas sinagogas usualmente consistia de oração, louvor, leitura das Escrituras e exposição feita por algum rabino ou outra pessoa competente. A vida de Jesus, sua reputação como autor de milagres e notável mestre bíblico qualificavam-no a pregar nas sinagogas, apesar de provavelmente não ter recebido instrução formal que se exigia para tal posição.[221]

Sinagoga (do grego *synagoge*) é denominação dada ao local de reunião, adoração ou de representação da fé judaica. Difere de templo (do hebraico *hekal = casa grande*), cujo significado é bem mais amplo, por ser considerado, literalmente, "a Casa de Yahweh (Javé). A palavra Templo tem significado diverso de sinagoga, ainda que ambos sejam entendidos como casa de oração. O *templo* apresentava diferenças acentuadas, tanto no aspecto arquitetônico (tamanho, altura, largura e forma das pedras das paredes, colunas e do edifício — estrutura retangular com uma ampla varanda — tipo de telhado etc.); localização (em local mais elevado, um monte, por exemplo), como características relacionadas às práticas religiosas do Judaísmo, ou santuários: altar, locais de louvor, leituras e orações, de sacrifícios, sendo que o espaço considerado o mais sagrado era onde guardavam a *arca da aliança*.[222] Em outras palavras, a sinagoga atende a três propósitos do dia a dia: 'adoração, educação e governo da vida civil da comunidade".[223]

> A sinagoga servia como substituto do templo. Na sinagoga não havia altar, e a oração e a leitura da Torah tomavam o lugar do sacrifício. Além disto, a casa da oração realizava importante função social [...] era ponto de reunião onde o povo podia congregar-se sempre que fosse necessário aconselhar-se sobre importantes negócios da comunidade. A sinagoga tornou berço de um tipo inteiramente novo de vida social e religiosa, e estabeleceu o alicerce para uma comunidade religiosa de escopo universal.[224]

Importa considerar que os judeus tiveram dois templos, ambos situados em Jerusalém, considerada a cidade santa. O primeiro, o Templo de Jerusalém, situava-se no cume do Monte Moriá (também chamado *Monte do Templo*), a leste de Jerusalém. Esse templo teria sido construído no reinado de Salomão, cerca de mil anos antes de Cristo, no local onde Abraão ofereceu seu filho Isaque como sacrifício. Foi saqueado, incendiado e totalmente destruído por Nabucodonosor II, em torno do ano 597 a.C., que levou os judeus para o cativeiro na Babilônia.[225]

O segundo templo foi construído após o retorno do cativeiro da Babilônia, entre 535 e 516 a.C., sob a orientação de Zorobabel (descendente de Davi, que sobreviveu ao exílio da Babilônia – *Esdras*, 2:2), o local onde situava o primeiro templo. Diferentemente do primeiro templo, este templo não tinha a Arca da Aliança e outros objetos símbolos da fé judaica (óleo e fogo sagrado, Tábuas da Lei, o cajado de Abraão, etc.). Foi destruído, no ano 70 d.C. Tito, por imperador romano.

A construção do terceiro templo é projeto atual, definido pelos judeus, de acordo com a tradição e a interpretação das Escrituras, assim entendida a necessidade de sua construção, em Jerusalém:

> O terceiro templo existirá quando o anticristo se revelar e interromper os sacrifícios (*Daniel*, 9:27). O Apóstolo Paulo também o menciona quando declara que o "homem do pecado" irá se assentar no santuário de Deus, proclamando que ele mesmo é Deus (*II Tessalonicenses*, 2:3-4). Atualmente, existem grandes obstáculos para a reconstrução do terceiro templo e o maior diz respeito à sua localização. O local será construído no Monte do Templo, que é um lugar sagrado para judeus, cristãos e muçulmanos [...]. Lá se encontram a Mesquita de Al-Aqsa e o Domo da Rocha, construídos no século VII e que estão entre as mais antigas estruturas do mundo muçulmano.[226]

Como fechamento do estudo, mas não conclusão, podemos afirmar, com Allan Kardec, em relação ao chamamento dos primeiros discípulos e dos demais apóstolos pelo Cristo: "[...] Quando Jesus chama a si Pedro, André, Tiago, João e Mateus é que já lhes conhecia as disposições íntimas e sabia que eles o acompanhariam e que eram capazes de desempenhar a missão que planejava confiar-lhes. Era preciso que eles próprios tivessem intuição da missão que iriam desempenhar para, sem hesitação, atenderem ao chamamento de Jesus. [...]"[227]

> Nesse sentido, contudo, o Cristo forneceu preciosa resposta aos seus tutelados no mundo.
>
> Longe de pleitear quaisquer prerrogativas, não enviou substitutos ao Calvário ou animais ao sacrifício nos templos, e, sim abraçou, Ele mesmo, a cruz pesada, imolando-se em favor das criaturas e dando a entender que todos os discípulos serão compelidos ao testemunho próprio no altar da própria vida.[228]

Refletindo a respeito, à luz do entendimento espírita, percebemos ser necessário desenvolver maior esforço para colocarmos em prática a mensagem do Evangelho. Um esforço diário e perseverante.

> Indubitavelmente, não basta apreciar os sentimentos sublimes que o Cristianismo inspira.

É indispensável revestirmo-nos deles.

[...]

O problema não é da pura cerebração.

É de intimidade do ser.

[...]

Detendo tão copiosa bagagem de conhecimentos, acerca da eternidade, o cristão legítimo é pessoa indicada a proteger os interesses espirituais de seus irmãos de jornada evolutiva; no entanto, é encarecer o testemunho, que não se limita à fraseologia brilhante.

[...]

O mal, para ceder terreno, compreende apenas a linguagem do verdadeiro bem; o orgulho, a fim de renunciar aos seus propósitos infelizes, não entende senão a humildade. Sem espírito fraternal, é impossível quebrar o escuro estilete do egoísmo. É necessário dilatar sempre as reservas do sentimento superior, de modo a avançarmos, vitoriosamente, na senda da ascensão.[229]

REFERÊNCIAS

[206] BÍBLIA DE JERUSALÉM. Gilberto da Silva Gorgulho; Ivo Storniolo e Ana Flora Anderson (Coords.). Diversos tradutores. Nova ed. rev. e ampl. 13. imp. São Paulo: Paulus, 2019, *Evangelho segundo Mateus*, p. 1709.

[207] _____. _____. P. 1.720.

[208] DOUGLAS, J. J. (Org.). *O novo dicionário bíblico*. Trad. João Bentes. 3. ed. rev. São Paulo: Vila Nova, 2006, p. 353.

[209] _____. _____. P. 67.

[210] XAVIER, Francisco Cândido e VIEIRA, Waldo. *Estude e viva*. Pelos Espíritos Emmanuel e André Luiz. 14. ed. 7. imp. Brasília: FEB, 2020, cap. 39, p. 171.

[211] BÍBLIA DE JERUSALÉM. Gilberto da Silva Gorgulho; Ivo Storniolo e Ana Flora Anderson (Coords.). Diversos tradutores. Nova ed. rev. e ampl. 13. imp. São Paulo: Paulus, 2019, *Evangelho segundo Mateus*, Nota de rodapé "d", p. 1.720.

[212] _____. _____. *Evangelho segundo Lucas*, p. 1.798.

[213] CHAMPLIN, Russell Norman. *O novo testamento interpretado versículo por versículo*: Mateus/Marcos, Nova ed. rev. São Paulo: Hagnos, 2014, v. 1, p. 294.

[214] _____. _____. P. 294.

[215] XAVIER, Francisco Cândido. *Segue-me!* Pelo Espírito Emmanuel. 2. ed. Matão, SP: O Clarim, cap. *Segue-me! E ele o seguiu*, p. 1.

216 BÍBLIA DE JERUSALÉM. Gilberto da Silva Gorgulho; Ivo Storniolo e Ana Flora Anderson (Coords.). Diversos tradutores. Nova ed. rev. e ampl. 13. imp. São Paulo: Paulus, 2019, *Evangelho segundo Mateus,* p. 1.718.

217 CHAMPLIN, Russell Norman. *O novo testamento interpretado versículo por versículo:* Mateus/Marcos. Nova ed. rev. São Paulo: Hagnos, 2014, v. 1, p. 359.

218 KARDEC, Allan. *O evangelho segundo o espiritismo.* Trad. Evandro Noleto Bezerra. 2. ed. 10. imp. Brasília: FEB, 2020, *Introdução,* it. III – Notícias históricas, p. 24 (Publicanos).

219 SCHUTEL. Cairbar. *O espírito do cristianismo.* 8. ed. Matão, SP: O Clarim, cap. 8, p. 74.

220 BÍBLIA DE JERUSALÉM. Gilberto da Silva Gorgulho; Ivo Storniolo e Ana Flora Anderson (Coords.). Diversos tradutores. Nova ed. rev. e ampl. 13. imp. São Paulo: Paulus, 2019, Gilberto da Silva Gorgulho; Ivo Storniolo e Ana Flora Anderson (Coords.). Diversos tradutores. Nova ed. rev. e ampl. 13. imp. São Paulo: Paulus, 2019, *Evangelho segundo Mateus,* p. 1.710.

221 CHAMPLIN, Russell Norman. *O novo testamento interpretado versículo por versículo:* Mateus/Marcos, Nova ed. rev. São Paulo: Hagnos, 2014, v. 1, p. 295.

222 _____. *Novo dicionário bíblico.* Ampliado e atualizado. São Paulo: Hagnos, 2018, p. 1.700-1.701.

223 DOUGLAS, J. J. (Org.). *Novo dicionário bíblico.* Trad. João Bentes. 3. ed. rev. São Paulo: Vila Nova, 2006, p. 1.272.

224 _____. _____. P. 1.271.

225 Disponível em: <https://pt.wikipedia.org/wiki/Templo de Jerusal%C3%A9m>. Acesso em: 2 de janeiro de 2019.

226 Disponível em: <https://guiame.com.br/gospel/israel/projeto-para-construcao-do-terceiro-templo-esta-em-andamento-anuncia-rabino.html>.

227 KARDEC, Allan. *A gênese.* Trad. Evandro Noleto Bezerra. 2. ed. 2. imp. Brasília: FEB, 2019, cap. 15, it. 9, p. 268.

228 XAVIER, Francisco Cândido. *Pão nosso.* Pelo Espírito Emmanuel. 1. ed. 17. imp. Brasília: FEB, 2020, cap. 139, p. 292.

229 _____. *Vinha de luz.* Pelo Espírito Emmanuel. 1. ed. 15. imp. Brasília: FEB, 2020, cap. 89, p. 191-192.

TEMA 12

O SERMÃO DA MONTANHA (MT 5, 6 E 7). AS BEM-AVENTURANÇAS (MT 5:1-12)

Este estudo tem como propósito fornecer uma visão panorâmica do *Sermão da Montanha* e das *Bem-Aventuranças*, sem entrar em maiores detalhes, visto que tais assuntos serão estudados, posteriormente, com maior profundidade.

12.1 SERMÃO DA MONTANHA (MT 5, 6 E 7)[230]

O Sermão da Montanha ou do Monte (Almeida, revista e corrigida e J. D. Douglas), como usualmente é conhecido, recebe também outras denominações: *Primeiro grande discurso* (R. N. Champlin), *Discurso: O sermão da montanha* (*Bíblia de Jerusalém*). O assunto integra o texto de *Mateus* que abrange três capítulos: o quinto, o sexto e o sétimo, os quais, por sua vez, estão subdivididos em quatro conjuntos de ideias, assim especificadas na *Bíblia de Jerusalém*:[231]

» **Primeiro Discurso**: *As bem-aventuranças* (Mt 5:1-12).

» **Segundo Discurso**: *A relação da mensagem de Jesus para com a ordem antiga* (Mt 5:17-48).

» **Terceiro Discurso**: *Instruções práticas para a conduta no Reino* (Mt 6:1-7, 12).

» **Quarto Discurso**: *Desafio para uma vida de dedicação* (Mt 7:13-29).

Importa considerar que há estudiosos que apresentam mais subdivisões a esses quatro conjuntos. São detalhes que não interferem na compreensão geral. Por outro lado, o evangelista *Lucas* além de nomear o Sermão da Montanha como *Discurso Inaugural* (Lc 6:20-23) registra um ou outro trecho citado por Mateus. Contudo, levanta a controvérsia de que o discurso de Jesus teria sido realizado numa planície ou planura (Lc 6:17), não no monte (Mt 5:1) — este fato, permite a alguns interpretadores do Evangelho chamar o Sermão do Monte de *Sermão da Planície*: "Porém, ambas as expressões provavelmente denotam o mesmo lugar, acessível por dois caminhos diferentes. [...]".[232]

> É [...] natural supor que a cena do sermão teria sido uma das colinas que rodeavam a planície norte, já que Jesus entrou em Cafarnaum, pouco depois (Mt 8:5), certamente ficava localizada naquela área geral. Há uma tradição latina, de cerca do séc. XIII, segundo a qual a cena do sermão teria sido numa colina com dois picos, Karn Hattin. Que fica um pouco mais ao sul, mas apenas os guias e turistas parecem aceitar essa identificação com alguma seriedade.[233]

A maioria dos estudiosos acredita que o sermão aconteceu num monte porque Jesus teria a intenção de assinalar um marco ou simbolismo inicial da sua pregação. Ou seja, o Mestre se coloca num ponto mais alto para que todos prestassem a devida atenção ao seu discurso: "Jesus subiu ao monte, pois o que tinha a dizer transcende à vida comum do vale inferior, onde estavam acostumados a reunir-se. (Cf. sua subida ao monte da transfiguração, em Mt 17:1), bem como a outorga de seu mandamento final, em Mt 28:16)".[234] Daí Amélia Rodrigues esclarecer:

> A montanha, em sua grandeza especial, é também um símbolo: o *Filho do Homem* que desce aos homens vencendo as dificuldades do mergulho no abismo e *Homem* que sobe, conduzindo os homens por sobre escarpas até o seio de Deus.
>
> A montanha também é destaque maravilhoso na paisagem.
>
> Galgar, subir a montanha pode significar vencer os óbices que perturbam o avanço da jornada evolutiva. Descer, deixar o monte, é não considerar o empecilho e refazer o caminho, alongar as mãos em direção dos que ficaram tolhidos na retaguarda...[235]

Percebe-se nos estudos anteriores que há uma sequência de ações planejadas pelo Senhor a fim de nos trazer a Boa-Nova: primeiro, é batizado por João Batista; segundo, se retira para a Galileia, após a notícia da prisão de Batista; terceiro, escolhe os doze membros do seu colégio apostolar; quarto, inicia a pregação nas sinagogas e a realização de curas; quinto, sobe ao monte para proferir o discurso inaugural de sua mensagem, lançando as bases do Evangelho.

> O Sermão da Montanha foi endereçado primeiramente aos discípulos, este é o sentido aparente tanto de (Mt 5:1, 2) como de (Lc 6:20). O uso que Lucas faz da segunda pessoa, nas bem-aventuranças, ao dizer: "Vós sois o sal da terra" (Mt 5:13), e a ética exaltada do sermão como um todo, pode significar apenas

que o mesmo foi designado para ensinar àqueles que haviam abandonado o paganismo para abraçar a vida no reino. Não obstante, ao fim de cada relato (Mt 7:28, 29 e Lc 7:1) aprendemos que havia outros presentes também [...].[236]

O Sermão da Montanha revela, assim, um delineamento básico e bem estruturado dos ensinamentos de Jesus, uma síntese dos fundamentos do seu Evangelho, dirigida especialmente aos discípulos, estendido também a todos os indivíduos que desejam conhecer os ensinamentos da Lei de Amor: "[...] aquele esboço original de cristianismo essencial [...]".[237] As circunstâncias da ocorrência do Sermão da Montanha indicam que Jesus escolheu um momento específico para proferi-lo. Não se refere a um acontecimento aleatório, mas, ao contrário, foi planejado com antecedência:

> Tanto Mateus como Lucas põem o Sermão da Montanha no primeiro ano do ministério público de Jesus. Mateus um pouco antes do que *Lucas* que o localiza imediatamente depois da escolha dos 12, e deixa entendido que o mesmo deva ser compreendido como algo como um "sermão de ordenação". Em qualquer caso, foi apresentado naquele período antes que os líderes religiosos pudessem ter reunido as suas forças de oposição, mas tarde bastante para que a fama de Jesus pudesse haver-se espalhado pela Terra.[238]

Mateus apresenta em três capítulos maravilhosa síntese da mensagem imortal do Evangelho, subdividida na forma de grandes discursos (sermões) ou conjuntos de ideias, que o Mestre iria aprofundar posteriormente, até os derradeiros momentos de sua existência entre nós. São "[...] discursos formais dirigidos às massas ou aos seus discípulos. Os sermões se compõem de aforismos, máximas e instruções de tão elevada qualidade, que têm sido lembrados e entesourados há séculos".[239]

> A Carta Magna foi apresentada. As Boas Novas foram cantadas aos ouvidos dos séculos.
>
> O sermão da montanha são o alfa e o ômega da Doutrina de Jesus.
>
> Nenhum cristão poderá por ignorância cultivar o mal.
>
> O fato ficará assinalado para todo o sempre.
>
> A História concluirá o canto nos confins da eternidade, no reencontro futuro do homem redimido com o Filho do Homem, redentor.[240]

12.2 OS DISCURSOS DO SERMÃO DA MONTANHA

12.2.1 PRIMEIRO DISCURSO: *AS BEM-AVENTURANÇAS* (MT 5:1-12)[241]

As bem-aventuranças anunciadas pelo Cristo, e que serão estudadas sequencialmente mais à frente, são as que se seguem:

> 1 Vendo Ele as multidões, subiu à montanha. Ao sentar-se, aproximaram-se dele os seus discípulos. 2 E pôs-se a falar e os ensinava, dizendo: 3. Felizes os pobres em espírito porque deles é o Reino dos Céus. 4 Felizes os mansos porque herdarão a terra. 5. Felizes os aflitos porque serão consolados. 6 Felizes os que têm fome e sede de justiça porque serão saciados. 7 Felizes os misericordiosos porque alcançarão misericórdia. 8 Felizes os puros de coração porque verão a Deus. 9 Felizes os que promovem a paz, porque serão chamados filhos de Deus. 10 Felizes os que são perseguidos por causa da justiça porque deles é o Reino dos Céus. 11 Felizes sois quando vos injuriarem e vos perseguirem e, mentindo, disserem todo o mal contra vós por causa de mim. 12 Alegrai-vos e regozijai-vos, porque será grande a vossa recompensa nos Céus, *pois foi assim que perseguiram os profetas, que vieram antes de vós.*

O *Evangelho segundo Lucas,* 6:20-23 apresenta apenas quatro bem-aventuranças, assim especificadas:

> 20 Erguendo então os olhos para os seus discípulos, dizia: Felizes vós, os pobres, porque vosso é o Reino de Deus. 21 Felizes vós, que agora tendes fome, porque sereis saciados. Felizes vós, que agora chorais, porque haveis de rir. 22 Felizes sereis quando os homens vos odiarem, quando rejeitarem, insultarem e prescreverem vosso nome como infame, por causa do Filho do Homem. 23 Alegrai-vos naquele dia e exultai, porque no *Céu será grande a vossa recompensa; pois do mesmo modo seus pais tratavam os profetas.*

Bem-aventurança "(grego, *makarismós*, "felicidades") é expressão que envolve o conceito de felicidade plena, o que no Novo Testamento só é possível se o homem estiver em perfeito relacionamento com Deus. Para os gregos, essa expressão referia-se a uma felicidade material, a uma vida sem sofrimento ou preocupações. Os judeus estenderam um pouco mais este conceito de felicidade. Acreditavam que ser bem-aventurado era uma recompensa pela obediência à lei. Jesus deu um completo sentido à expressão associando a verdadeira felicidade a um relacionamento com Deus e à participação do homem no seu Reino".[242]

Há uma discrepância entre os tradutores da Bíblia de Jerusalém e João Ferreira de Almeida, tradutor da *Bíblia Sagrada* — revista e corrigida, edição a partir de 1995 — e da *Bíblia de Estudo Explicada* — *Dicionário Harpa*

Cristã (compilada por S. E. McNair) — edição contemporânea revisada, que merece ser conhecida.

Na *Bíblia de Jerusalém* consta a palavra *felizes*, nas outras traduções consta *bem-aventurados*. Para João Ferreira de Almeida, a "[...] palavra *bem-aventurado* repete-se nove vezes. Não quer dizer precisamente "feliz", mas, antes, útil, prestável, bem-sucedido na vida espiritual. Podemos tomar estas *bem-aventuranças* como quadro do progresso espiritual de uma alma".[243] Fica aqui o registro quanto ao verdadeiro significado de *Felizes* e de *bem-aventuranças*. Parece-nos, contudo, que são palavras sinônimas, extraindo-se o espírito da letra.

Para Carlos Torres Pastorino, o evangelista Mateus vê nas bem-aventuranças uma mensagem ou promessa dirigida diretamente ao Espírito, ou ser imortal, que sobrevive à morte do corpo, enquanto para *Lucas* ao contrário, as orientações de Jesus estariam destinadas à personalidade ou Espírito reencarnado.[244]

Emmanuel, contudo, apresenta-nos esta reflexão:

> O problema das bem-aventuranças exige sérias reflexões, antes de interpretado por questão líquida, nos bastidores do conhecimento.
>
> Confere Jesus a credencial de bem-aventurados aos seguidores que partilham as aflições e trabalhos; todavia, cabe-nos salientar que o Mestre categoriza sacrifícios e sofrimentos à conta de bênçãos educativas e redentoras.
>
> [...]
>
> O Mestre, na supervisão que lhe assinala os ensinamentos, reporta-se às bem-aventuranças eternas; entretanto, são raros os que se aproximam delas com a perfeita compreensão de quem se avizinha de tesouro imenso. [...][245]

12.2.2 SEGUNDO DISCURSO: *A RELAÇÃO DA MENSAGEM DE JESUS PARA COM A ORDEM ANTIGA* (MT 5:17-48)[246]

É parte extensa do Sermão da Montanha (Mt 5:17-48), na qual a "[...] mensagem de Jesus 'cumpre' a lei penetrando além da letra e esclarecendo seu princípio subjacente, assim levando-a ao seu término ideal".[247] Recorda preceitos da lei instituída por Moisés, destacando-se: o mandamento de não matar; o adultério como fruto de um coração nutrido de desejos impuros; o exercício da justiça no Reino vinculado ao da honestidade, que extrapola os juramentos; a inutilidade da lei de talião porque só alimenta o sentimento de vingança; por último, destaca o valor do amor.[248]

Emmanuel analisa que o conceito de "não matar", indicado no primeiro mandamento do Decálogo ("Não matarás"), reflete outros aspectos, nem sempre considerados.

> [...] O texto não se refere, porém, unicamente, à vida dos semelhantes.
>
> Não frustrarás a tarefa dos outros, porque a suponhas inadequada, uma vez que toda tarefa promove quem a executa, sempre que nobremente cumprida.
>
> Não dilapidarás a esperança de ninguém, porquanto a felicidade, no fundo, não é a mesma na experiência de cada um.
>
> Não destruirás a coragem daqueles que sonham ou trabalham em teu caminho, considerando que, de criatura para criatura, difere a face do êxito.
>
> Não aniquilarás com inutilidades o tempo de teus irmãos, porque toda hora é agente sagrado nos valores da criação.
>
> Não extinguirás a afeição na alma alheia, porquanto ignoramos, todos nós, com que instrumento de amor a Sabedoria Divina pretende mover os corações que nos compartilham a existência. Obedecem a estruturas e direções que variam ao infinito.
>
> Não exterminarás a fé no espírito dos companheiros que renteiam contigo, observando-se que as estradas para Deus obedecem a estruturas e direções que variam ao infinito.
>
> Reflitamos no bem do próximo, respeitando-lhe a forma e a vida. A lei não traça especificações ou condições dentro do assunto; preceitua, simplesmente: "não matarás".[249]

12.2.3 TERCEIRO DISCURSO: *INSTRUÇÕES PRÁTICAS PARA A CONDUTA NO REINO* (MT 6:1-7, 12)[250]

Neste discurso, Jesus apresenta três ordens de ideias. A primeira ensina como deve ser a prática da esmola, da oração e do jejum, que devem estar isentos da falsa piedade. A segunda identifica a importância de eliminar a ansiedade, executando-se os preceitos da lei com confiança pura e singeleza. Por último, o Mestre volta a destacar o valor de viver sob as asas do amor.[251]

Nesse sentido, o bem deve sempre ser realizado sem ostentação, seguindo-se os princípios da caridade, alimentados pela esperança, fé e confiança na Providência Divina. Esclarecem a respeito, os orientadores da Codificação Espírita: "Há grande mérito em fazer o bem sem ostentação; ocultar a mão que dá é ainda mais meritório; constitui sinal incontestável de grande superioridade moral [...]".[252]

O exercício do bem envolve, necessariamente, a prática da lei de amor, lei que "[...] está toda inteira nestas palavras: *Fora da caridade não há salvação*. Contudo, entre os que ouvem a palavra divina, quão poucos são os que a guardam e a aplicam proveitosamente. [...]"[253] Precisamos, então, estar atentos: "Para que sejamos intérpretes genuínos do bem, não basta desculpar o mal. É imprescindível nos despreocupemos dele, em sentido absoluto, relegando-o à condição de efêmero acessório no triunfo das leis que nos regem".[254]

12.2.4 QUARTO DISCURSO: *DESAFIO PARA UMA VIDA DE DEDICAÇÃO* (MT 7:13-29)[255]

Na última parte do Sermão da Montanha, Jesus apresenta os desafios de vivenciarmos a sua mensagem de amor, afirmando que o caminho da salvação é estreito; que a árvore que não produz bons frutos será arrancada e que o Reino está destinado àqueles que ouvem e praticam os ensinamentos do Evangelho.[256]

Sendo assim, faz-se necessário compreendermos que a superação dos desafios reside no empenho da vontade em seguir o caminho da ascensão espiritual. Cada dia, hora, minuto ou segundo da existência, independentemente do plano de vida onde nos situemos, somos chamados a agir no bem. É, efetivamente, tarefa desafiante em razão da notória imperfeição espiritual que ainda possuímos. Emmanuel ensina com sabedoria como devemos agir:

> Trazes contigo a flama do ideal superior e anelas concretizar os grandes sonhos de que te nutres, mas, diante da realidade terrestre, costumas dizer que a dificuldade é invencível.
>
> Afirmas haver encontrado incompreensões e revezes, entraves e dissabores, por toda parte, no entanto...
>
> [...]
>
> Se aspiras, desse modo, à realização do teu alto destino, não desdenhes lutar, a fim de obtê-lo.
>
> Na forja da vida, nada se faz sem trabalho e nada se consegue de bom sem apoio no próprio sacrifício.
>
> Se queres, na sombra do vale, exaltar o topo do mundo, basta contemplar-lhe a grandeza, mas se te dispões a comungar-lhe o fulgor solar na beleza do cimo, será preciso usar a cabeça que carregas nos ombros, sentir com a própria alma, mover os pés em que te susténs e agir com as próprias mãos.[257]

REFERÊNCIAS

[230] BÍBLIA DE JERUSALÉM. Gilberto da Silva Gorgulho; Ivo Storniolo e Ana Flora Anderson (Coords.). Diversos tradutores. Nova ed. rev. e ampl. 13. imp. São Paulo: Paulus, 2019, *Evangelho segundo Mateus*. Cap. 5, p. 1.710-1.712; 6, p. 1.713-1.714; 7, p. 1.714-1.716.

[231] DOUGLAS, J. J. (Org.). *Novo dicionário bíblico*. Trad. João Bentes. 3. ed. rev. Vila Nova: São Paulo, 2006, p. 1.257-1.258.

[232] _____. _____. P. 1.256.

[233] _____. _____. P. 1.257.

[234] CHAMPLIN, Russell Norman. *O novo testamento interpretado versículo por versículo:* Mateus/Marcos. Nova ed. rev. São Paulo: Hagnos, 2014, v. 1, p. 297.

[235] FRANCO, Divaldo Pereira. *Primícias do reino*. Pelo Espírito Amélia Rodrigues. 8. ed. Salvador: LEAL, 2001, cap. 3, p. 52-53.

[236] DOUGLAS, J. J. (Org.). *Novo dicionário bíblico*. Trad. João Bentes. 3. ed. rev. Vila Nova: São Paulo, 2006, p. 1.257.

[237] _____. _____. P. 1.256.

[238] _____. _____. P. 1.257.

[239] CHAMPLIN, Russell Norman. *O novo testamento interpretado versículo por versículo:* Mateus/Marcos. Nova ed. rev. São Paulo: Hagnos, 2014, v. 1, p. 297.

[240] FRANCO, Divaldo Pereira. *Primícias do reino*. Pelo Espírito Amélia Rodrigues. 8. ed. Salvador: LEAL, 2001, cap. 3, p. 65-66.

[241] BÍBLIA DE JERUSALÉM. Gilberto da Silva Gorgulho; Ivo Storniolo e Ana Flora Anderson (Coords.). Diversos tradutores. Nova ed. rev. e ampl. 13. imp. São Paulo: Paulus, 2019, *Evangelho segundo Mateus*. p. 1.710-1.711.

[242] DAVIS, John. *Novo dicionário da bíblia*. Trad. J. B. Carvalho Braga. Ed. ampliada e atual. São Paulo: Hagnos, 2005, p. 171.

[243] MCNAIR, S. E. (Org.). *Bíblia de estudo explicada*. (Com Dicionário e Harpa Cristã e texto bíblico Almeida rev. e corrig., ed. 1995). Rio de Janeiro: Cpad, 2014, p. 1.035.

[244] PASTORINO, Carlos T. *Sabedoria do evangelho*. Rio de Janeiro: Spiritus, 1965, v. II, it. O Sermão do Monte, p. 118-121.

[245] XAVIER, Francisco Cândido. *Pão nosso*. Pelo Espírito Emmanuel. 1. ed. 17. imp. Brasília: FEB, 2020, cap. 89, p. 190-191.

[246] BÍBLIA DE JERUSALÉM. Gilberto da Silva Gorgulho; Ivo Storniolo e Ana Flora Anderson (Coords.). Diversos tradutores. Nova ed. rev. e ampl. 13. imp. São Paulo: Paulus, 2019, *Evangelho segundo Mateus*. p. 1.711-1.713.

[247] DOUGLAS, J. J. (Org.). *Novo dicionário bíblico*. Trad. João Bentes. 3. ed. rev. Vila Nova: São Paulo, 2006, p. 1.257.

[248] _____. _____. P. 1.257-1.258.

[249] XAVIER, Francisco Cândido. *Ceifa de luz*. Pelo Espírito Emmanuel. 2. ed. 10. Imp. Brasília: FEB, 2019, cap. 25, p. 91-93.

[250] BÍBLIA DE JERUSALÉM. Gilberto da Silva Gorgulho; Ivo Storniolo e Ana Flora Anderson (Coords.). Diversos tradutores. Nova ed. rev. e ampl. 13. imp. São Paulo: Paulus, 2019, *Evangelho segundo Mateus*, p. 1.713.

[251] DOUGLAS, J. J. (Org.). *Novo dicionário bíblico*. Trad. João Bentes. 3. ed. rev. Vila Nova: São Paulo, 2006, p. 1.258.

[252] KARDEC, Allan. *O evangelho segundo o espiritismo*. Trad. Evandro Noleto Bezerra. 2. ed. 10. imp. Brasília: FEB, 2020, cap. 8, it. 3, p. 172.

[253] _____. _____. cap. 8, it. 2, p. 241.

[254] XAVIER, Francisco Cândido. *Mediunidade e sintonia*. Pelo Espírito Emmanuel. 1. ed. 2. imp. Brasília: FEB, 2020, cap. 12, p. 61.

[255] BÍBLIA DE JERUSALÉM. Gilberto da Silva Gorgulho; Ivo Storniolo e Ana Flora Anderson (Coords.). Diversos tradutores. Nova ed. rev. e ampl. 13. imp. São Paulo: Paulus, 2019, *Evangelho segundo Mateus*. p. 1.710-1.711.

[256] DOUGLAS, J. J. (Org.). *Novo dicionário bíblico*. Trad. João Bentes. 3. ed. rev. Vila Nova: São Paulo, 2006, p. 1.258.

[257] XAVIER, Francisco Cândido. *Livro da esperança*. Pelo Espírito Emmanuel. 20. ed. Uberaba, MG: CEC, 2008, cap. 55, p. 151.

TEMA 13

O SERMÃO DA MONTANHA: FELIZES OS POBRES NO ESPÍRITO E FELIZES OS MANSOS (MT 5:3-4)

Em uma das colinas perto de Cafarnaum,[258] Jesus profere o discurso inicial de sua pregação de três anos consecutivos, transmitindo à multidão que o observava magnífica síntese do seu Evangelho, que começa assim, como nos informa Mateus: "Vendo ele as multidões, subiu à montanha. Ao sentar-se, aproximaram-se dele os seus discípulos. E pôs-se a falar e os ensinava, dizendo: Felizes os pobres em espírito porque deles é o Reino dos Céus. Felizes os mansos porque herdarão a Terra. [...]" (Mt 5:1-4).[259]

Em seguida, saúda o povo, utilizando a palavra "felizes" ou a expressão "bem-aventurados", conforme a tradução do Novo Testamento, indicativas de como alcançar o Reino de Deus. Tais elocuções são igualmente encontradas no Antigo Testamento que "[...] às vezes empregava fórmulas de felicitações como essas, falando de piedade, de sabedoria, de prosperidade (Sl 1:1; 33:12; 128:5-6; Pr 3:3; Eclo 34:8 etc.) [...]."[260] São expressões que devem ser interpretadas fora do sentido literal, em que se busca localizar a mensagem espiritual que está por detrás da letra. Aliás, o grande desafio que o estudioso do Evangelho enfrenta é, justamente, saber superar a dificuldade de entender o conteúdo implícito da mensagem cristã para saber colocá-la em prática.

Os atavismos do passado, a literalidade da forma, comum nas teologias, liturgias, rituais, cultos externos etc. distanciam o discípulo do aspecto moral da Boa-Nova. É algo que precisamos superar.

> As bem-aventuranças relacionadas em *Mateus* 5 exprimem um regozijo que é fruto de uma recompensa divina e não humana. O modelo de vida mencionado não é o conceito de felicidade que os homens tinham. *Ser humilde de espírito, ser manso*, ou estar dentro do contexto dos que *choram* e são *perseguidos* demonstra mais um estado de tristeza e fracasso [aos olhos do mundo] do que de felicidade. No entanto, o ensino de Jesus demonstra que a felicidade

perfeita só é possível tendo participação no Reino de Deus, e quando as bem-
-aventuranças se tornarem mais que promessas para a Igreja, elas são regras
para alcançar a verdadeira felicidade.[261]

Estudar as bem-aventuranças é abrir as comportas do coração, fugindo do racionalismo e intelectualismo excessivos ou das excessivas ênfases aos aspectos históricos. A proposta e a plataforma do Cristo é outra:

> Jesus rompe com a superficialidade e penetra o âmago dos homens, altercando-lhes totalmente a existência, porque lhes demonstra a sua realidade espiritual e divina, num mundo transitório e portador de planos e oportunidades para experiências evolutivas, libertadoras. Com algumas frases, compôs o poema de liberdade – as bem-aventuranças – que são o momento glorioso da Sua palavra e vida.[262]

13.1 INTERPRETAÇÃO DA PRIMEIRA BEM--AVENTURANÇA, ANUNCIADA POR JESUS

» *Mateus, 5:3: Felizes os pobres em espírito porque deles é o Reino dos Céus.*

» *Lucas, 6:20: Felizes* vós, os pobres, porque vosso é o Reino de Deus.

A primeira bem-aventurança é citada por *Mateus* e *Lucas*. Percebe-se, porém, que a palavra "pobre" tem diferente significado para os dois evangelistas. Em *Mateus* "Cristo retoma a palavra "pobre" com o matiz moral que já se percebe em *Sofonias* (Sf 2:3), explicitada aqui pela expressão "em espírito" que não ocorre em Lc 6:20. Despojados e oprimidos, os "pobres" ou os "humildes" estão disponíveis para o Reino dos Céus. [...]."[263] De qualquer forma, em ambos os evangelistas, a pobreza que Jesus faz referência é de natureza espiritual, independentemente da pessoa possuir, ou não, posses materiais.

Allan Kardec esclarece perfeitamente o sentido de pobres de espírito:

> [...] Por pobre de espírito Jesus não se refere aos homens desprovidos de inteligência, mas aos humildes, e diz que o Reino dos Céus é para estes, e não para os orgulhosos.
>
> Os homens de saber e de espírito, conforme o mundo, fazem geralmente tão alta opinião de si mesmos e de sua superioridade, que consideram as coisas divinas como indignas de sua atenção. Concentrando sobre si próprios os seus olhares, eles não os podem elevar até Deus.
>
> [...]
>
> Dizendo que o Reino dos Céus é dos simples, Jesus deu a entender que ninguém é admitido nesse Reino sem a *simplicidade do coração e a humidade do espírito*; que o ignorante, que possui essas qualidades, será preferido ao sábio que mais

crê em si do que em Deus. Em todas as circunstâncias, Jesus põe a humildade na categoria das virtudes que aproximam de Deus e o orgulho entre os vícios que dele afastam a criatura, e isso por uma razão muito natural: a de ser a humildade um ato de submissão a Deus, ao passo que o orgulho é a revolta contra Ele. Mais vale para a felicidade futura que o homem seja *pobre de espírito*, no sentido mundano, e rico em qualidades morais.[264]

Somente aos pobres de espírito está destinado o Reino dos Céus ou Reino de Deus porque, "[...] em se dirigindo à massa popular, aludia o Senhor aos corações despretensiosos e humildes, aptos a lhe seguirem os ensinamentos, sem determinadas preocupações rasteiras da existência."[265] Mas, afinal o que é *Reino dos Céus* ou *Reino de Deus*?

13.1.1 O REINO DOS CÉUS. O REINO DE DEUS

Ambas as expressões são sinônimas, sendo que o "[...] evangelista Mateus prefere a expressão Reino dos Céus; Marcos e Lucas preferem dizer Reino de Deus. Esse Reino é todo espiritual, e nenhum dos meios materiais violentos servirá para o seu estabelecimento na Terra (Jo 18:33--37). Começou na Terra com o ministério de Cristo e será consumado nas bem-aventuranças do mundo eterno (Mt 25:31 a 46; Lc 23: 42, 43) [...]."[266]

Cairbar Schutel pondera e aconselha como alcançarmos o Reino de Deus, anunciado por Jesus.

> Do alto do monte, tomado de tristeza pelas desventuras humanas, o Senhor ensinava às multidões os meios de conquistar com o trabalho por que passavam, o Reino dos Céus. E a todos recomendava resignação na adversidade, mansidão nas lutas da vida, misericórdia no meio da tirania, e higiene de coração para que pudessem ver Deus.
>
> [...]
>
> Lutemos contra a dor, aproveitando essa prova que nos foi oferecida, para a vitória do Espírito, liberto dos liames terrenos!
>
> Empunhemos a espada da fé e o escudo da caridade, com todos os seus atributos, e o Reino de Deus florescerá entre nós, como rogamos diariamente no Pai Nosso, a prece que Jesus nos legou.[267]

Os judeus aguardavam a vinda de um Messias que iria estabelecer definitivamente o reinado de Deus sobre a Terra, com base na tradição do cumprimento da promessa de serem eles o povo escolhido. Um reinado que, inclusive, os libertasse da opressão romana. Ao mesmo tempo, entendiam, sem muita clareza, que com o advento do Messias haveria um reinado espiritual também, não só limitado à ideia de reino, propriamente dito, isto é, um território ou povo governado por um rei. No entanto, Jesus anuncia algo totalmente fora do contexto das interpretações do Judaísmo, destacando que o Reino de Deus é totalmente de natureza espiritual: "Em sentido bem amplo, poderíamos definir esse Reino como composto por aqueles que reconhecem, adoram, amam e obedecem a Deus, como o único Deus vivo e verdadeiro. Portanto, esse Reino pode ser concebido como existente no Céu, ou então no coração dos homens regenerados. Os remidos, pois, comporiam o Reino de Deus. [...].[268]

Nesse sentido, nunca é demais recordar, que a "[...] obtenção do Reino do Céu, todavia, não sugere o recolhimento à vida monástica, nem denuncia negligência às obrigações para com a família, ou para consigo mesmo, na manutenção da vida física, por traduzir domínio sobre inclinações e sentimentos inferiores, considerando observar os bens transitórios da vida física por simples "meios" ou "fatores" de se alcançar a eterna riqueza, sugerindo também educação e respeito às necessidades do próximo."[269]

> Afirma Jesus que o Reino de Deus não vem com aparência exterior. É sempre ruinosa a preocupação por demonstrar pompas e números vaidosamente, nos grupos da fé. Expressões transitórias de poder humano não atestam o Reino de Deus. A realização divina começará do íntimo das criaturas, constituindo gloriosa luz do templo interno.[270]

Estejamos, pois, atentos que o Reino dos Céus, obtido "[...] por elevada conscientização espiritual e suadas existências, a posse do reino de Deus é a conquista de si mesmo, pelo domínio que impõe às imperfeições próprias [...]."[271]

13.2 INTERPRETAÇÃO DA SEGUNDA BEM--AVENTURANÇA, ANUNCIADA POR JESUS

» *Mateus, 5:4: Felizes os mansos porque herdarão a terra.*

Trata-se de uma bem-aventurança registrada apenas por *Mateus* e estudiosos acreditam que essa "[...] bem-aventurança se alicerça em *Salmos*, 37:11. Os homens que padecem sob o mal, sem se deixar contaminar pelo espírito de amargura, mas com paciência possuem qualidades aprovadas por Deus. [...] O Messias mostra que a nova ordem do Reino de Deus promete a Terra a essas pessoas. A mansidão é uma das características dos regenerados. [...][272]

Vivemos num mundo em que a violência predomina nos pensamentos, palavras e atos. Para muitos que sofrem as suas ações funestas, é difícil supor que um dia a mansuetude ocupará espaço na sociedade planetária. Mas, cedo ou tarde, à "[...] medida que os homens forem ficando esclarecidos à luz da fraternidade universal, irão também desaparecendo os atos violentos que as nações praticam contra nações e indivíduos contra indivíduos. Os rebeldes que não se submeterem às leis fraternas, serão desterrados para mundos inferiores. E a Terra será possuída pelos mansos, isto é, pelos que não tentam violentar o próximo nem por palavras nem por atos."[273]

No contexto de uma visão histórica, vemos que a "[...] Terra sempre pertenceu aos poderosos que aliciam a impiedade à astúcia, e podem esmagar, tripudiando sobre os tímidos e brandos. [...]. Mas a brandura é a auréola da paz, a irmã do equilíbrio. [...] Os brandos são os possuidores da Terra que ninguém arrebata, do lar que ninguém corrompe, do país onde abundam bens e as messes são fecundas. *Herdarão a Terra!*"[274]

Refletindo a respeito da bem-aventurança, Allan Kardec, analisa com sabedoria as duas principais ideias do texto evangélico (*Felizes os mansos porque herdarão a Terra* – Mt 5:4).

13.2.1 FELIZES OU BEM-AVENTURADOS OS MANSOS

> Por essas máximas, Jesus faz da brandura, da moderação, da mansuetude, da afabilidade e da doçura, uma lei. Condena, por conseguinte, a violência, a cólera e até a expressão descortês para com os semelhantes.
> [...]
> É evidente que aqui, como em todas as circunstâncias, a intenção agrava ou atenua a falta, mas em que pode uma simples palavra revestir-se de tamanha gravidade? É que toda palavra ofensiva exprime um sentimento contrário à lei de amor e de caridade, que deve presidir às relações entre os homens e manter entre eles a concórdia e a união. [...].[275]

13.2.2 OS MANSOS HERDARÃO A TERRA

> Que queria dizer por essas palavras: "Bem-aventurados os que são mansos, porque possuirão a Terra", já que Ele mesmo havia recomendado aos homens que renunciassem aos bens deste mundo, e lhes tendo prometido os do Céu?
>
> Enquanto aguarda os bens do Céu, o homem tem necessidade dos da Terra para viver. Jesus apenas lhe recomenda que não ligue a estes últimos mais importância do que aos primeiros.
>
> Por aquelas palavras, o Cristo quis dizer que até agora os bens da Terra são tomados à força pelos violentos, em prejuízo dos que são mansos e pacíficos; que a estes falta muitas vezes o necessário, ao passo que outros têm o supérfluo.

Promete que justiça lhes será feita, assim na Terra como no Céu, porque serão chamados filhos de Deus. Quando a Humanidade se submeter à lei de amor e de caridade, deixará de haver egoísmo; o fraco e o pacífico já não serão explorados nem esmagados pelo forte e pelo violento. Tal será a condição da Terra, quando, de acordo com a lei do progresso e a promessa de Jesus, ela se houver transformado em mundo feliz, em virtude do afastamento dos maus.[276]

13.3 CONCLUSÃO

O estudo favorece-nos com três tipos de aprendizados, necessários a uma vida de paz e concórdia, no presente e no futuro:

» A prática da humildade como a primeira condição para buscarmos o Reino de Deus;

» Significado de Reino dos Céus ou Reino de Deus, que se traduz como a vivência da Lei de Amor;

» A mansuetude, prática da não violência, é a condição imprescindível para integrar-se à Humanidade regenerada que habitará a Terra do futuro, já não tão distante.

> Bem-aventurados os pobres de espírito: proclamou o Senhor.
>
> Nesse passo, porém, não vemos Jesus contra os tesouros culturais da Humanidade, mas, sim, exaltando a humildade de coração. O Mestre recordava-nos, no capítulo das bem-aventuranças, que é preciso trazer a mente descerrada à luz da vida para que a sabedoria e o amor encontrem seguro aconchego em nossa alma.
>
> [...]
>
> Jesus induzia-nos a esquecer a paralisia mental, em que, muitas vezes, nos comprazemos, inclinando-nos à adoção da simplicidade por norma de ascensão espiritual.
>
> Esvaziemos o coração de todos os defeitos e de todos os fantasmas que experiências inferiores nos impuseram na peregrinação que nos trouxe ao presente.
>
> Cada dia é nova revelação do Senhor para existência.
>
> Cada companheiro da estrada é campo vivo a que podemos arrojar as sementes abençoadas da renovação.
>
> Cada dor é uma bênção para os que prosseguem acordados no conhecimento edificante.
>
> Cada hora na marcha pode converter-se em plantação de beleza e alegria, se caminhamos obedecendo aos imperativos do trabalho constante no Infinito Bem.

Toda ciência do mundo, confrontada à sabedoria que nos espera, é menos que o ribeiro singelo ante o corpo ciclópico do oceano.

Toda riqueza dos homens perante a herança de luz que o Pai Celestial nos reserva é minúsculo grão de pó na química planetária.

Sejamos simples e espontâneos, na senda em que a atualidade nos situa, aprendendo com a vida e doando à vida o melhor que pudermos, para que, em nos candidatando à láurea dos bem-aventurados, possamos ser realmente discípulos felizes daquele Amigo Eterno que nos recomendou: "Aprendei de mim que sou humilde de coração."[277]

REFERÊNCIAS

[258] BÍBLIA DE JERUSALÉM. Gilberto da Silva Gorgulho; Ivo Storniolo e Ana Flora Anderson (Coords.). Diversos tradutores. Nova ed. rev. e ampl. 13. imp. São Paulo: Paulus, 2019, *Evangelho segundo Mateus*. Nota de rodapé "f", p. 1710.

[259] _____. _____.

[260] _____. _____. Nota de rodapé "g", p. 1710.

[261] DAVIS, John. *Novo dicionário da bíblia*. Trad. J. B. Carvalho Braga. Ed. ampl. e atual. São Paulo: Hagnos, 2005, p. 171.

[262] FRANCO, Divaldo Pereira. *Pelos caminhos de Jesus*. Pelo Espírito Amélia Rodrigues. 4. ed. Salvador: LEAL, 1987, cap. 1, p. 19.

[263] BÍBLIA DE JERUSALÉM. Gilberto da Silva Gorgulho; Ivo Storniolo e Ana Flora Anderson (Coords.). Diversos tradutores. Nova ed. rev. e ampl. 13. imp. São Paulo: Paulus, 2019, *Evangelho segundo Mateus*. Nota de rodapé "h", p. 1710.

[264] KARDEC, Allan. *O evangelho segundo o espiritismo*. Trad. Evandro Noleto Bezerra. 2. ed. 10. imp. Brasília: FEB, 2020, cap. 7, it. 2, p. 105-106.

[265] XAVIER, Francisco Cândido. *O consolador*. Pelo Espírito Emmanuel. 29. ed. 11. imp. Brasília: FEB, 2020, q. 313, p. 209.

[266] DAVIS, John. *Novo dicionário da bíblia*. Trad. J. B. Carvalho Braga. Ed. ampl. e atual. São Paulo: Hagnos, 2005, p. 1049-1050.

[267] SCHUTEL, Cairbar. *Parábolas e ensinos de Jesus*. 13. ed. Matão: O Clarim, 2000, 2ª pt., it. As bem-aventuranças..., p. 158-159.

[268] CHAMPLIN, Russell Norman. *Novo dicionário bíblico*. São Paulo: Hagnos, 2018, p. 1493.

[269] MOUTINHO, João de Jesus. *O evangelho sem mistérios nem véus*. 1. ed. 2. imp. Brasília: FEB, 2015, cap. 40, p.155.

270 XAVIER, Francisco Cândido. *Caminho, verdade e vida*. Pelo Espírito Emmanuel. 1. ed. 17. imp. Brasília: FEB, 2020, cap. 107, p. 229.
271 MOUTINHO, João de Jesus. *O evangelho sem mistérios nem véus*. 1. ed. 2. imp. Brasília: FEB, 2015, cap. 40, p. 156.
272 CHAMPLIN, Russell Norman. *O novo testamento interpretado versículo por versículo*: Mateus/Marcos. Nova ed. rev. São Paulo: Hagnos, 2014, v. 1, it. 5.5, p. 302.
273 RIGONATTI, Eliseu. *O evangelho dos humildes*. 15. ed. São Paulo: Pensamento, 2003, cap. 5, p. 27.
274 FRANCO, Divaldo Pereira. *Primícias do reino*. Pelo Espírito Amélia Rodrigues. 8. ed. Salvador: LEAL, 2015, cap. 3, p. 57.
275 KARDEC, Allan. *O evangelho segundo o espiritismo*. Trad. Evandro Noleto Bezerra. 2. ed. 10. imp. Brasília: FEB, 2020, cap. 9, it. 4, p. 129-130.
276 _____. _____. It. 5, p. 130.
277 XAVIER, Francisco Cândido. *Refúgio*. Pelo Espírito Emmanuel. São Paulo: IDEAL, 1989, it. A humildade de coração, p. 10-11.

TEMA 14

O SERMÃO DA MONTANHA: FELIZES OS AFLITOS (MT 5:5)[278]

A *Bíblia de Jerusalém* registra esta bem-aventurança: *Felizes os aflitos porque serão consolados* como sendo a do versículo 5, do capítulo 5 de *Mateus* (Mt 5:5). Assinalamos, porém, que outras traduções do Novo Testamento apresentam controvérsia quanto à numeração desse versículo. Exemplifiquemos.

Na *Bíblia Sagrada*, traduzida por João Ferreira de Almeida, edição revista e traduzida — que é de amplo uso no Brasil — a bem-aventurança, ora em estudo, encontra-se no versículo 4, e não quinto, como consta na *Bíblia de Jerusalém*. Outro ponto é que nessa Trad. Almeida a redação do versículo está modificada, inclusive substituindo a palavra *Felizes* por *bem-aventurados*, expressão popularmente aceita pelos cristãos. A escrita do versículo está assim: *Bem-aventurados os que choram, porque eles serão consolados* (Mt 5:4), sendo que o versículo 5, da Trad. Almeida, refere-se a outra bem-aventurança, já estudada no tema anterior (tema 13): *Bem-aventurados os mansos porque eles herdarão a terra.* (Mt 5:5).[279] Como estamos estudando o livro de *Mateus* essa e outras contradições aparecem, mas, em essência, não alteram a mensagem do Cristo.

A *Bíblia Thompson*, também traduzida por João Ferreira de Almeida, edição contemporânea revisada — e de uso comum nos Estados Unidos da América do Norte — apresenta a mesma discrepância, indicada na *Bíblia Sagrada*.[280]

A controvérsia é explicada porque *Mateus* aparentemente, preferiu ampliar o número das bem-aventuranças, na tentativa de detalhar os ensinamentos de Jesus, enquanto Lucas preferiu sintetizá-los. Na verdade, *Lucas* reduziu muito o número das bem-aventuranças: "[...] *Mateus* aparentemente enumera nove bem-aventuranças, embora a oitava e a nona possam se constituir numa só; e se for removido o v. 5, teremos apenas sete. *Lucas*, 6:20-23 contém quatro bem-aventuranças, as quais têm paralelos aqui [...]",[281] isto é, no texto de *Mateus*.

A sugestão para igualar as citações da *Bíblia de Jerusalém* com os textos traduzidos por João Ferreira de Almeida implicaria juntar as bem-aventuranças 8 e 9, e eliminar a quinta, o que, efetivamente, não podemos fazer, pois não há como alterar o texto original. De qualquer forma, a sugestão proposta (ou pensada) ficaria assim:

» Unir a oitava e a nona bem-aventurança = *Felizes os puros de coração porque verão a Deus* + *Felizes os que promovem a paz, porque serão chamados filhos de Deus* (Mt 5:8:9 – Bíblia de Jerusalém).

» Eliminação da quinta bem-aventurança: *Felizes os aflitos porque serão consolados* (Mt 5:5 – Bíblia de Jerusalém).

As controvérsias existentes entre os escritores do Evangelho e os seus tradutores são perfeitamente admissíveis, até porque as escrituras dos textos evangélicos foram originalmente redigidas em diferentes épocas, e em grego (veja: Livro I – *Introdução ao estudo de o evangelho redivivo*, tema 4.5 – As escrituras dos textos evangélicos). As traduções também apresentam desafios quanto à *língua* a ser traduzida, a linguagem da época etc. No caso específico das bem-aventuranças, as discrepâncias são mais de forma do que de conteúdo, fato que, a rigor, não altera o conteúdo dos ensinamentos de Jesus, que é o fundamental. Por este motivo, há entre os estudiosos o consenso de que, independentemente onde os versículos estejam situados, se estão juntos ou separados, se ampliados ou sintetizados,

[...] as bem-aventuranças, mostram que, para Jesus, a retidão é mais do que a súmula de seus mandamentos; é uma total atitude da mente, uma forma particular de caráter. Aqueles que são louvados no Evangelho são homens e mulheres humildes, amorosos, confiantes, fieis e corajosos. Ainda não são perfeitos, mas convertidos. Seus interesses e desejos se voltam na direção do Reino de Deus [...].[282]

14.1 FELIZES OU BEM-AVENTURADOS OS AFLITOS PORQUE SERÃO CONSOLADOS

No vol. 1 *(Mateus/Marcos)*, dissemos que Allan Kardec nomeia o capítulo 5 *de Bem-aventurados os aflitos*, utilizando como subsídios para o estudo do tema outras citações evangélicas: o registro de *Mateus,* 5:4; 6 e 7 e os textos de *Lucas,* 6:20-21 e 6:24 e 25, assim especificadas:

> » "Bem-aventurados os que choram, porque serão consolados. Bem-aventurados os famintos e os que têm sede de justiça, porque serão saciados. Bem-aventurados os que sofrem perseguição pela justiça, porque deles é o Reino dos Céus" (*Mateus,* 5:4; 6 e 10).
>
> » "Bem-aventurados vós, que sois pobres, porque vosso é o Reino dos céus. Bem-aventurados vós, que agora tendes fome, porque sereis saciados. Felizes sois vós, que agora chorais, porque rireis" (*Lucas,* 6:20 e 21).
>
> » "Mas ai de vós, ricos! que tendes no mundo a vossa consolação. Ai de vós que estais saciados, porque tereis fome. Ai de vós que agora rides, porque gemereis e chorareis" (*Lucas,* 6:24 e 25).

No capítulo 5 da obra citada, Kardec se debruça sobre a análise das aflições, suas causas e consequências, tendo como pano de fundo: "Bem-aventurados os que choram, porque eles serão consolados" (Mt 5:4)[283] ou "Felizes os aflitos porque serão consolados" (Mt 5:5).

Para melhor compreender o sofrimento que é inerente às aflições ou aos que choram porque estão aflitos, o Codificador faz correlação do assunto com outras bem-aventuranças e com a citação de *Lucas,* 6:24-25, anteriormente registradas, como subsídios para o estudo do tema central. É possível que essa correlação tenha sido de inspiração espiritual. Não sabemos. Mas, ao analisarmos a seleção indicada por Kardec, percebemos que há uma sabedoria implícita: a aflição, justificada ou não, está sempre presente nos que choram, nos famintos, nos que têm sede de justiça e nos perseguidos. Da mesma forma, a dor da aflição é também encontrada nos que são pobres e nos que têm fome. A principal lição que se extrai é que, independentemente do tipo de aflição (que faz sofrer e/ou chorar), se esta é suportada com resignação, sem revoltas, com fé na Providência Divina, a pessoa será consolada, será feliz ou bem-aventurada.

O Espiritismo nos ensina o valor das aflições quando estas são sabiamente aproveitadas.

> Provocações e problemas, habitualmente, são testes de persistência necessários à evolução e aprimoramento da própria vida.
>
> A paciência é escora íntima que auxilia a criatura a atravessá-los com o proveito devido.

O desespero, entretanto, é sobretaxa de sofrimento que a pessoa impõe a si mesma, complicando os processos de apoio que a conduziriam à tranquilidade e ao refazimento.

[...]

Disse Jesus: "Bem-aventurados os aflitos porque serão consolados", mas urge reconhecer que os aflitos inconformados, sempre acomodados com o desespero, acima de tudo, são enfermos que se candidatam a socorro e medicação.[284]

Emmanuel destaca, igualmente, que o choro dos aflitos lhes concederá bem-aventuranças se não for regado por lágrimas do desespero.

"Bem-aventurados os que choram" — disse-nos o Senhor —, contudo, é importante lembrar que, se existe aflição gerando tranquilidade, há muita tranquilidade gerando aflição.

[...]

Valoriza a aflição de hoje, aprendendo com ela a crescer para o bem, que nos burila para a união com Deus, porque o Mestre que te propões a escutar e seguir, invés de facilidades no imediatismo da Terra, preferiu, para ensinar-nos a verdadeira ascensão, a humildade da manjedoura, o imposto constante do serviço aos necessitados, a incompreensão dos contemporâneos, a indiferença dos corações mais queridos e o supremo testemunho do amor em plena cruz da morte.[285]

Allan Kardec explica que há sempre manifestação da justiça divina nas aflições. As aflições estão vinculadas à expressão da Lei de Causa e Efeito ou de Ação e Reação, que é decorrente do uso do livre-arbítrio pelo Espírito, por suas escolhas, ocorridas no passado, em vidas pretéritas, ou na atual reencarnação.

14.1.1 JUSTIÇA DAS AFLIÇÕES

O Espiritismo ensina que as aflições têm uma razão de ser e não surgem na vida por obra do acaso. Decorrem do uso indevido do livre-arbítrio, das escolhas insensatas. E como toda ação tnuma reação, as aflições, assim como as alegrias da vida, resultam do que o Espírito fez ou deixou de fazer. A pessoa esclarecida e mais moralizada aprende a agir com ponderação, mede os prós e os contras de qualquer situação. Mas, se em dado momento age com imprudência, deve procurar remediar a situação, a fim de que as consequências não resultem maiores sofrimentos.

As compensações que Jesus promete aos aflitos da Terra só podem efetivar-se na vida futura. Sem a certeza do futuro, essas máximas seriam um contrassenso; mais ainda: seriam um engodo. Mesmo com essa certeza, dificilmente se compreende a utilidade de sofrer para ser feliz. É, dizem, para se ter mais mérito. Mas, então, pergunta-se: por que uns sofrem mais do que outros? Por que alguns nascem na miséria e outros na opulência, sem nada terem feito para justificar essa situação? Por que uns nada conseguem, ao passo que a outros tudo parece sorrir? Mas o que se compreende menos ainda é ver os bens e os males tão desigualmente repartidos entre o vício e a virtude; e que os homens virtuosos sofram, ao lado dos maus que prosperam. A fé no futuro pode consolar e dar paciência, mas não explica essas anomalias, que parecem desmentir a Justiça de Deus.

Entretanto, desde que se admita Deus, não se pode concebê-lo sem o infinito das perfeições. Ele deve ser todo poder, todo justiça, todo bondade, sem o que não seria Deus. Se é soberanamente justo e bom, não pode agir por capricho nem com parcialidade. *As vicissitudes da vida têm, pois, uma causa e, visto que Deus é justo, essa causa há de ser justa.* Eis o de que cada um deve bem se compenetrar. Deus encaminhou os homens na compreensão dessa causa pelos ensinos de Jesus, e hoje, julgando-os suficientemente maduros para compreendê-la, revela-a inteiramente pelo *Espiritismo*, isto é, pela *voz dos Espíritos*.[286]

Neste sentido, pondera Emmanuel, é importante examinarmos a própria aflição, analisando-a com calma, procurando discernir porque ela surge. É importante não se entregar ao desespero que, além de não resolver a problemática, pode até agravá-la. O exame da própria aflição é o primeiro passo para superá-la.

Examina a própria aflição para que não se converta a tua inquietude em arrasadora tempestade emotiva.

Todas as aflições se caracterizam por tipos e nomes especiais.

A aflição do egoísmo chama-se egolatria.

A aflição do vício chama-se delinquência.

A aflição da agressividade chama-se cólera.

A aflição do crime chama-se remorso.

A aflição do fanatismo chama-se intolerância.

A aflição da fuga chama-se covardia.

A aflição da inveja chama-se despeito.

A aflição da leviandade chama-se insensatez.

A aflição da indisciplina chama-se desordem.

A aflição da brutalidade chama-se violência.

A aflição da preguiça chama-se rebeldia.

A aflição da vaidade chama-se loucura.

A aflição do relaxamento chama-se evasiva.

A aflição da indiferença chama-se desânimo.

A aflição da inutilidade chama-se queixa.

A aflição do ciúme chama-se desespero.

A aflição da impaciência chama-se intemperança.

A aflição da sovinice chama-se miséria.

A aflição da injustiça chama-se crueldade.

Cada criatura tem a aflição que lhe é própria.

A aflição do reino doméstico e da esfera profissional, do raciocínio e do sentimento...

Os corações unidos ao sumo bem, contudo, sabem que suportar as aflições menores da estrada é evitar as aflições maiores da vida e, por isso, apenas eles, anônimos heróis da luta cotidiana, conseguem receber e acumular em si mesmos os talentos de amor e paz reservados por Jesus aos sofredores da Terra, quando pronunciou no monte a divina promessa:

"Bem-aventurados os aflitos!" [287]

14.1.2 CAUSAS ATUAIS DAS AFLIÇÕES

As aflições que têm origem na vida atual estão relacionadas ao comportamento, atitudes, estilo de viver escolhidos pelo Espírito. Daí o Codificador ponderar, com acerto:

> [...] Remontando-se à origem dos males terrestres, reconhecer-se-á que muitos são consequência natural do caráter e da conduta dos que os suportam.
>
> Quantos homens caem por sua própria culpa! Quantos são vítimas de sua imprevidência, de seu orgulho e de sua ambição!
>
> Quantos se arruínam por falta de ordem, de perseverança, pelo mau proceder ou por não terem sabido limitar seus desejos!
>
> Quantas uniões infelizes, porque resultaram de um cálculo de interesse ou de vaidade, e nas quais o coração não tomou parte alguma!
>
> Quantas dissensões e disputas funestas se teriam evitado com mais moderação e menos suscetibilidade!
>
> Quantas doenças e enfermidades decorrem da intemperança e dos excessos de todo gênero!
>
> Quantos pais são infelizes com seus filhos, porque não lhes combateram as más tendências desde o princípio! Por fraqueza ou indiferença deixaram que neles se desenvolvessem os germes do orgulho, do egoísmo e da tola vaidade que produzem a secura do coração; depois, mais tarde, quando colhem o que semearam, admiram-se e se afligem com a sua falta de respeito e a sua ingratidão.
>
> Que todos os que são feridos no coração pelas vicissitudes e decepções da vida interroguem friamente suas consciências; que remontem passo a passo

à origem dos males que os afligem e verifiquem se, na maior parte das vezes, não poderão dizer: *Se eu tivesse feito, ou deixado de fazer tal coisa, não estaria em semelhante situação.*²⁸⁸

14.1.3 CAUSAS ANTERIORES DAS AFLIÇÕES

As causas anteriores das aflições referem-se a ações cometidas no passado, em outras reencarnações, que fazem reflexo no presente. As ações passadas moldam a personalidade dos reencarnados, e demonstram que todos somos o produto das nossas escolhas, do passado e do presente, e influenciam o planejamento reencarnatório no mais amplo contexto: familiar, social e profissional.

Erros cometidos no passado refletem-se no presente, não há dúvida. Por outro lado, a misericórdia divina concede ao Espírito faltoso condições propícias para que ele possa reajustar-se às leis divinas. Faz-se necessário, então, vigilância permanente para que o Espírito faltoso não repita experiências equivocadas, situação que pode ser agravada por obsessores — em geral, Espíritos que buscam vingar os males de que foram alvos — ou por cúmplices, os quais podem ainda estar desencarnados ou reencarnados, às vezes vivendo próximo, no círculo familiar, social ou profissional.

> Todavia, em virtude do axioma segundo o qual *todo efeito tnuma causa*, tais misérias são efeitos que devem ter uma causa e, desde que se admita um Deus justo, essa causa também deve ser justa. Ora, como a causa sempre precede o efeito, se a causa não se encontrar na vida atual, há de ser anterior a essa vida, isto é, deve estar numa existência precedente. Por outro lado, não podendo Deus punir alguém pelo bem que fez nem pelo mal que não fez, se somos punidos, é que fizemos o mal; se não fizemos esse mal na vida presente, é que o fizemos em outra. É uma alternativa a que ninguém pode escapar e em que a lógica decide de que lado está a Justiça de Deus.²⁸⁹

Há ainda uma situação que não é tão incomum como parece à primeira vista, e que, usualmente, recebe a denominação de auto obsessão. Diz respeito ao remorso persistente que a pessoa se vê envolvida que, na verdade, está relacionado a atos cometidos no passado, dos quais não se recorda o consciente. Entretanto, como os atos cometidos se acham registrados na memória integral, eles podem vir à tona, parcial ou integralmente, provocando diferentes rupturas psicológicas no indivíduo. A principal causa da auto-obsessão é a ausência do autoperdão. É situação relativamente comum em suicidas diretos (aqueles que programaram a destruição da própria vida), sobretudo em ex-suicidas renitentes.

Nessa situação, a pessoa sofre muito, sendo portadora de contínuas aflições, envolvendo-se em processos depressivos, ideias suicidas etc., os quais podem ser agravados pela exploração de obsessores. Trata-se de uma pessoa desesperada:

> O desespero, entretanto, é sobretaxa de sofrimento que a pessoa impõe a si mesma, complicando todo os processos de apoio que a conduziriam à tranquilidade e ao refazimento.
>
> O desespero é compatível a certo tipo de alucinação, estabelecendo as maiores dificuldades para aqueles que o hospedam na própria alma.
>
> [...]
>
> Disse Jesus: "Bem-aventurados os aflitos porque serão consolados", mas urge reconhecer que os aflitos inconformados, sempre acomodados com o desespero, acima de tudo, são enfermos que se candidatam a socorro e medicação.[290]

Perante esse quadro, a *casa espírita* deve estar preparada para oferecer o devido apoio espiritual, transmitindo ao sofredor ou aos familiares e amigos, orientações seguras, abstendo-se de se envolver em procedimentos médicos e ou psicológicos que tais irmãos necessitam, comumente.

O codificador do Espiritismo faz um alerta a respeito de aflições impostas pela Lei de Causa e Efeito a certas categorias de Espíritos.

> As tribulações da vida podem ser impostas a Espíritos endurecidos ou muito ignorantes, para levá-los a fazer uma escolha com conhecimento de causa; porém, são livremente escolhidas e aceitas por Espíritos arrependidos, que querem reparar o mal que fizeram e tentar proceder melhor. Tal ocorre com aquele que, havendo desempenhado mal a sua tarefa, pede para recomeçá-la, a fim de não perder o fruto de seu trabalho. Essas tribulações, portanto, são, ao mesmo tempo, expiações do passado, que elas punem, e provas para o futuro, que elas preparam. Rendamos graças a Deus, que, em sua bondade, concede ao homem a faculdade da reparação e não o condena irrevogavelmente por uma primeira falta.[291]

No rol das causas e consequências das aflições, não se deve esquecer as provações comuns, as quais podem ser mais ou menos desafiantes.

> Não se deve crer, no entanto, que todo sofrimento suportado neste mundo seja necessariamente indício de uma determinada falta. Muitas vezes são simples provas escolhidas pelo Espírito para concluir a sua depuração e acelerar o seu adiantamento. Assim, a expiação serve sempre de prova, mas nem sempre a prova é uma expiação. Contudo, provas e expiações são sempre sinais de relativa inferioridade, porque o que é perfeito não precisa ser provado.[292]

REFERÊNCIAS

278 BÍBLIA DE JERUSALÉM. Gilberto da Silva Gorgulho; Ivo Storniolo e Ana Flora Anderson (Coords.). Diversos tradutores. Nova ed. rev. e ampl. 13. imp. São Paulo: Paulus, 2019, *O evangelho segundo Mateus*, 5:5, p. 1710.

279 BÍBLIA SAGRADA. Trad. João Ferreira de Almeida. Revista e Corrigida. 4. ed. Barueri [SP]: Sociedade Bíblica do Brasil, 2009, 1249.

280 BÍBLIA THOMPSON. Trad. João Ferreira de Almeida. Compilado e redigido por Frank Charles Thompson. Trad. João Ferreira de Almeida. São Paulo: Editora Vida, 2014, p. 1107.

281 CHAMPLIN, Russell Norman. *O novo testamento interpretado versículo por versículo*: Mateus/Marcos. Nova ed. rev. São Paulo: Hagnos, 2014, v. 1, it. II, 2, p. 299.

282 _____. _____.

283 KARDEC, Allan. *O evangelho segundo o espiritismo*. Trad. Evandro Noleto Bezerra. 2. ed. 10. imp. Brasília: FEB, 2020, cap. 5, p. 73-97.

284 XAVIER, Francisco Cândido. *Hoje*. Pelo Espírito Emmanuel. 1. ed. 2. imp. Brasília: FEB, 2020, cap. Desespero, p. 5.

285 _____. *Ceifa de luz*. Pelo Espírito Emmanuel. 2. ed. 10. Imp. Brasília: FEB, 2019, cap. 27, p. 99 e 100-101.

286 KARDEC, Allan. *O evangelho segundo o espiritismo*. Trad. Evandro Noleto Bezerra. 2. ed. 10. imp. Brasília: FEB, 2020, cap. 5, it. 3, p. 74.

287 XAVIER, Francisco Cândido. *Religião dos espíritos*. Pelo Espírito Emmanuel. 22. ed. 9. imp. Brasília: FEB, 2019, cap. 10, p. 29-30.

288 KARDEC, Allan. *O evangelho segundo o espiritismo*. Trad. Evandro Noleto Bezerra. 2. ed. 10. imp. Brasília: FEB, 2020, cap. 5, it. 4, p. 74-75.

289 _____. _____. It. 6, p.77.

290 XAVIER, Francisco Cândido. *Hoje*. 1. ed. 2. imp. Brasília: FEB, 2020, cap. *Desespero*, p. 5.

291 KARDEC, Allan. *O evangelho segundo o espiritismo*. Trad. Evandro Noleto Bezerra. 2. ed. 10. imp. Brasília: FEB, 2020, cap. 5, it. 8, p. 78.

292 _____. _____. It. 9, p. 78.

TEMA 15

O SERMÃO DA MONTANHA: FELIZES OS QUE TÊM FOME E SEDE DE JUSTIÇA. FELIZES OS MISERICORDIOSOS (MT 5:6-7)

Apenas em *Mateus* são encontradas referências a essas duas bem-aventuranças: "Felizes os que têm fome e sede de justiça, porque serão saciados. Felizes os misericordiosos, porque alcançarão misericórdia" (Mt 5:6 e 7)[293] Ainda que em outro contexto, haja alguma correlação em *João*, 6:34 e 35, com a primeira bem-aventurança: Disseram-lhe: "Senhor, dá-nos sempre deste pão!" Jesus lhes disse: "Eu sou o pão da vida. Quem vem a mim, nunca mais terá fome, e o que crê em mim nunca mais terá sede."[294]

Em seguida, vamos analisar os conceitos básicos anunciados: *justiça e misericórdia*.

15.1 FELIZES OS QUE TÊM FOME E SEDE DE JUSTIÇA PORQUE SERÃO SACIADOS

Estudiosos da bem-aventurança: *"felizes os que têm fome e sede de justiça porque serão saciados"* (Mt 5:6), apresentam algumas ideias a respeito do tema, em seguida sintetizadas.

> A fome e a sede de justiça deveriam ser experiências comuns para aqueles com quem Jesus falava. [...] Provavelmente muitos entre eles nem tinham o que comer. Jesus usa esses instintos [fome e sede] como ilustração, mostrando que devemos sentir essa necessidade espiritual. [...] O desejo é tão intenso, que se transforma em dor. Jesus mostra que precisamos desse desejo em relação às coisas espirituais, relativas à justiça. O desejo físico pelo alimento impele o indivíduo a buscar comida, quase sem considerar o preço da mesma ou as dificuldades de sua obtenção. Precisamos de atitude similar quanto à justiça de Deus. Qualquer um concorda que o mais forte e insistente dos instintos

naturais, como também o mais necessário, é o da alimentação. O alimento sustenta a vida física. A alma também tem fome e sede.[295]

A justiça é necessidade intrínseca do ser humano. Em seu nome, infelizmente, muitas injustiças foram cometidas. Daí a palavra justiça sempre requisitada, de uma forma ou de outra, desde o passado mais remoto.

> A palavra "justiça" aparece algumas dezenas de vezes, no AT, como tradução dos termos hebraicos *tsedeq* ou *ts^{e}daqah*, e uma vez como Trad. *mishpat* "julgamento" (Jó 36:17). Quando mishpat e *ts^{e}daqah* aparecem juntos, a frase inteira é geralmente traduzida como "julgar e fazer justiça" (p. ex., II Sm 8:15; cf. Gn 18:19). Entretanto, a palavra "justiça" deve ser entendida como vocábulo dotado do sentido de "retidão", dificilmente denotando o conceito especializado moderno de "equidade legal", com o qual é atualmente associado. [..] No NT o substantivo "justiça" aparece como tradução do termo grego *dikaiosyne* cerca de 90 vezes, enquanto o adjetivo dikaios, "reto", é traduzido mais de 30 vezes como "justo".[296]

O importante, contudo, é procurar entender o sentido espiritual que a bem-aventurança especifica, pois, ainda que a justiça humana não seja aplicada, a justiça de Deus cedo ou tarde, expressar-se-á por meio da voz da consciência. Amélia Rodrigues adverte:

> — O servidor do Evangelho deve fiscalizar com sincera acuidade as nascentes íntimas dos sentimentos, de modo a cercear no começo os adversários cruéis, que são o egoísmo e o orgulho, a inveja e o ciúme com toda a corte de nefandos sequazes... Os inimigos de fora não conseguem atingir o homem, senão exteriormente, pois que só alcançam a forma, sem lobrigarem mudar a constituição intrínseca do ser. Vinculado ao ideal superior da vida a que se entrega, o discípulo sincero compreende os que dormem no amolecimento das paixões, desculpa os perseguidores e não receia que outros corações, também fascinados pela luz da verdade, desejem integrar-se no lídimo ideal da solidariedade a benefício de todos. Dia virá em que a Mensagem da Boa-nova se espalhará pelos múltiplos campos do mundo em formosa semeadura de abnegação, convocando multidões ao ministério excelso. Irmanados no ideal do serviço, todos aqueles que nos não combaterem ajudar-nos-ão, contribuindo eficientemente para a colheita dos resultados valiosos.[297]

No que diz respeito às Escrituras Sagradas, o conceito de *justiça* passou por um processo evolutivo ao longo dos tempos, que abrangem nove estágios:[298]

1) Conceito etimológico ou literal de retidão, não no sentido de moralidade, moral, propriamente dito, mas de aspectos da vida em sociedade: cumprir deveres sociais, as leis etc.

2) Na era patriarcal surge a primeira ideia abstrata ou espiritual de justiça, com a definição de um padrão de valores, o de como a pessoa deve agir honestamente. Por exemplo, honestidade nas transações comerciais, relacionadas aos pesos e medidas, ou fazer o que é certo, ainda que contrariado, nas questões de arbitragem etc. O Patriarcado foi um sistema social em que homens adultos mantêm o poder primário e predominam em funções de liderança política, autoridade moral, privilégio social e controle das propriedades. No domínio da família, o pai (ou figura paterna) mantém a autoridade sobre as mulheres e as crianças. Na religião judaica, refere-se ao período de Abraão, seu filho Isaac e o filho deste, Jacó, que depois mudou seu nome para Israel, o ancestral dos antigos israelitas.

3) Justiça passa a ser definida como o maior dos atributos de Deus, iniciando a partir de Moisés.

4) Aparece o sentido moral de justiça, mediante o qual Deus mede a conduta humana.

5) A justiça torna-se descritiva, com base na interpretação de como é o governo Divino, e deve ser aplicada de modo particular, como punição contra uma infração moral (os termos ímpios e justos são citados frequentemente).

6) A partir da época dos Juízes, a justiça refere-se à descrição dos feitos Divinos pelos quais os homens devem se conduzir. Este conceito passou a ser muito requisitado nas apelações judiciais. A Era dos Juízes foi um período na história do povo judeu que durou cerca de 350 anos. Os quinze Juízes, *shoftim* em hebraico, reinaram em ordem consecutiva (com alguma sobreposição) de 1228 a 879 a. C. Sob os Juízes, a nação judaica ficou num estado semiautônomo. Localiza-se entre a soberania do Rei Salomão e as batalhas de Joshua contra os clãs das nações pagãs assentadas no território da Terra Santa.

7) Novo conceito de justiça é introduzido: a Justiça Divina deixa de ser apenas uma expressão de merecimento moral, mas deve ser associada aos preceitos de piedade, amor e graça Divinos.

8) A justiça é agora vinculada ao perdão de Deus, um dos atributos Divinos que deve ser praticado pelos homens que confiam em Deus.

9) A justiça é vinculada à bondade e ao perdão, atuando, mesmo nas situações em que o ofensor cometeu erros e deveria ser punido. É a forma em que se evidencia a pessoa do Cristo e a sua obra.

Entende-se, perfeitamente, a evolução da ideia de justiça e, ao mesmo tempo, infere-se que ainda não é fácil aplicá-la, em razão da imperfeição moral e intelectual que por enquanto predomina no planeta.

> A justiça da Terra é falha; ignora as causas profundas que levaram alguém a cometer uma falta; por isso julga superficialmente. Além disso, quantos crimes não ficam impunes! [...]
>
> Embora possamos iludir a justiça terrena, é impossível iludir a Justiça Divina. E Jesus, profundo conhecedor da lei de compensação que cada um movimenta pró ou contra si próprio, nos diz:
>
> – Não te importes se sofreres injustiças ou se irmãos que te ofenderam não foram alcançados pela justiça dos homens. No mundo espiritual para onde irás mais cedo ou mais tarde, pontifica um Juiz Incorruptível; Ele te fartará de justiça.[299]

15.2 FELIZES OS MISERICORDIOSOS PORQUE ALCANÇARÃO A MISERICÓRDIA

Para os estudiosos, a bem-aventurança, "Felizes os misericordiosos porque alcançarão misericórdia" (Mt 5:7) tem origem na citação de *Salmos*, 18:25. Sendo que, mais tarde, Paulo de Tarso em duas epístolas: *Colossenses*, 3:13 e *Efésios*, 4:32, demonstra que para sermos alvos da Misericórdia Divina devemos ser misericordiosos. Por sua vez, "*Mateus*, 8:23-35, na parábola do credor incompassivo, ensina que aqueles que recebem misericórdia estão na obrigação de demonstrá-la, e que, se assim não fizerem, receberão o mais severo julgamento (Lc 6:37 e Tg 5:9)."[300]

> A palavra portuguesa *misericórdia* vem do latim *mercês, mercedis*, "pagamento", "recompensa", que veio a ser associada às recompensas divinas, ou seja, aos atos de compaixão celeste.
>
> No Antigo Testamento temos três palavras que devem ser consideradas. 1) *Hesed, que* aponta para a ideia de sede física, de compaixão, e que leva o indivíduo a sentir e exprimir compaixão [...]. É daí que se originam o amor e a misericórdia naturais, que se podem achar nos membros de uma mesma família, uns pelos outros e que o homem espiritual é capaz de ampliar, envolvendo seus parentes distantes e outras pessoas [...]. 2) *Rhm*, uma raiz hebraica que descreve as atitudes de Deus em relação à miséria e desgraça de seu povo, ou seja, compaixão que isso provoca nele [...]. 3) A raiz hebraica *chnn* é usada para indicar a exibição de favor e misericórdia, de alguém mostrar-se gracioso para com outrem [...].[301]

A misericórdia é uma das virtudes que, definitivamente, o homem deve desenvolver porque, com a misericórdia, outras virtudes se ampliam naturalmente: compaixão, fraternidade, tolerância e perdão. "A misericórdia é o complemento da brandura, porque aquele que não for misericordioso não poderá ser brando, nem pacífico. Ela consiste no esquecimento e no perdão das ofensas. O ódio e o rancor denotam alma sem elevação e sem grandeza [...]".[302]

A mensagem de Jesus não altera os preceitos antigos, mas atualiza-os, mostrando em todos os instantes que esteve entre nós o sentido espiritual, moral e ético, da sua grandiosa mensagem de Amor. Assim, no Novo Testamento a palavra misericórdia é sinônima de compaixão e está também associada ao vocábulo "simpatia" no que diz respeito aos interesses coletivos de Deus em relação aos homens.[303]

> A misericórdia é o ato de tratar um ofensor com menor rigor do que ele merece. Trata-se do ato de não aplicar um castigo merecido [...]. Também aponta para o ato de aliviar o sofrimento, inteiramente à parte da questão do mérito pessoal. [...]
>
> A misericórdia é uma atitude de compaixão e de beneficência ativa e graciosa expressa mediante o perdão calorosamente conferido a um malfeitor. Apesar de ser uma atitude apropriada somente a um ser superior ético, não denota condescendência, e, sim, amor, desejando restaurar o ofensor e mitigar, se não mesmo omitir, o castigo que esse ofensor merece [...].[304]

Nos dias atuais, mais do que nunca, necessitamos exercitar a misericórdia como um ato de compaixão, ante a imensa crise moral que afeta a Humanidade terrestre. As pessoas encontram-se profundamente infelizes, desorientadas, mesmo aquelas que levam uma vida de conforto e de regalias. O ser humano encontra-se na desafiante fase de definição de valores espirituais e, até por uma questão de sobrevivência, precisa ter mais compaixão para com as faltas do próximo. Emmanuel aconselha, a propósito: "Deixa que a luz da compaixão te clareie a rota para que a sombra te não envolva [...]. Perante todos os disparates do próximo, compadece-te e faz o melhor que possas. Todos somos alunos do educandário da vida e todos somos suscetíveis de queda moral no erro. Usa, pois, a misericórdia com os outros e acharás nos outros a misericórdia para contigo."[305]

A misericórdia, aliada à compaixão, tal como Jesus ensinou, é poderoso instrumento educador, o que fornece condições para se colocar no lugar do outro. De enxergar os atos lesivos do próximo como poderosa lição e oportunidade de promover a empatia (colocar-se no lugar do outro) e, também, desenvolver a arte da resiliência (capacidade de superar os desafios existenciais). A pessoa empática e resiliente desenvolve a indulgência, aprendendo a ser mais tolerante com as imperfeiçoes alheias. É o que ensina José, um dos Espíritos orientadores da Codificação, em mensagem transmitida na cidade de Bordeaux-França, em 1.863:

> A indulgência não vê os defeitos dos outros, ou, se os vê, evita falar deles, divulgá-los. Ao contrário, oculta-os, a fim de que não se tornem conhecidos senão dela unicamente e, se a malevolência os descobre, tem sempre uma desculpa à mão para os disfarçar, isto é, uma desculpa plausível, séria, e não das que, com a aparência de atenuar a falta, mais a evidenciam com pérfida habilidade.
> [...]
> Sede indulgentes, meus amigos, porque a indulgência atrai, acalma, ergue, ao passo que o rigor desanima, afasta e irrita.[306]

REFERÊNCIAS

[293] BÍBLIA DE JERUSALÉM. Gilberto da Silva Gorgulho; Ivo Storniolo e Ana Flora Anderson (Coords.). Diversos tradutores. Nova ed. rev. e ampl. 13. imp. São Paulo: Paulus, 2019, *O evangelho segundo Mateus*, 5:6 e 7, p. 1710.

[294] _____. _____. *O evangelho segundo João*, 6:34 e 35, p. 1857-1858.

[295] CHAMPLIN, Russell Norman. *O novo testamento interpretado versículo por versículo:* Mateus/Marcos. Nova ed. rev. São Paulo: Hagnos, 2014, v. 1, it. 5.5, p. 302.

[296] DOUGLAS, J.J. (Org.). *Novo dicionário bíblico.* Trad. João Bentes 3. ed. Vila Nova: São Paulo, 2006, p. 743.

[297] FRANCO, Divaldo Pereira. *Luz do mundo.* Pelo Espírito Amélia Rodrigues. 11. ed. Salvador : LEAL, 2016, cap. 10, p. 71.

[298] DOUGLAS, J. J. (Org.). *Novo dicionário bíblico.* Trad. João Bentes 3. ed. Vila Nova: São Paulo, 2006, it. Justiça, p. 743-745.

[299] RIGONATTI, E. *O evangelho dos humildes.* 1. ed. São Paulo: Pensamento, 2018, cap. 5, p. 28.

[300] CHAMPLIN, Russell Norman. *O novo testamento interpretado versículo por versículo:* Mateus/Marcos. Nova ed. rev. São Paulo: Hagnos, 2014, v. 1, it. 5.5, p. 304.

[301] _____. _____. It. Misericórdia. (Misericordioso), p. 1119.

[302] KARDEC, Allan. *O evangelho segundo o espiritismo.* Trad. Evandro Noleto Bezerra. 2. ed. 10. imp. Brasília: FEB, 2020, cap. 10, Item 4, p. 136.

[303] CHAMPLIN, Russell Norman. *Novo dicionário bíblico.* Ampliado e atualizado. São Paulo: Hagnos, 2018, it. 1, Palavras desenvolvidas, p. 1119.

304 _____. It. II. Definições, p. 1119.
305 XAVIER, Francisco Cândido. *Palavras de vida eterna*. Pelo Espírito Emmanuel. 41. ed. Uberaba: CEC, 2017, cap. 69, p. 154-155.
306 KARDEC, Allan. *O evangelho segundo o espiritismo*. Trad. Evandro Noleto Bezerra. 2. ed. 10. imp. Brasília: FEB, 2020, cap. 10, it. 16, p. 142-143.

TEXTOS PARA REFLEXÃO

Os que têm fome e sede de justiça serão saciados. Reflexão de Vinícius (Pedro Camargo)****

Os antigos costumavam representar a Justiça na figura de uma mulher com os olhos vendados, trazendo numa das mãos uma balança, e, na outra, uma espada.

A venda nos olhos significa a imparcialidade de que a Justiça se acha revestida: não faz exceção de pessoas, desconhece as individualidades.

A balança, instrumento de pesagem que registra todas as diferenças para mais ou para menos, cujo fiel oscila mediante a mais ligeira pressão exercida sobre quaisquer das conchas, simboliza a justeza com que age a Justiça, dando a cada um aquilo que de direito lhe pertence, registrando com admirável precisão todas as nuances e matizes do mérito ou do demérito individual.

A espada, a seu turno, alegoriza a equidade perfeita com que a Justiça se porta. Sua lâmina, ao contrário da do punhal que rasga e dilacera impiedosamente sem jamais ceder ou vergar, é dúctil e maleável sem que, contudo, deixe de ser retilínea.

Tal é como se imaginava outrora a Justiça, a divina Têmis imparcial como aquele que, de venda nos olhos, julga o fato sem atentar para a pessoa que o praticou. Exata e precisa como a balança cuja sensibilidade mecânica acusa as mais insignificantes diferenças para mais ou para menos. Flexível como a espada que assume curvaturas várias, consoante exijam as necessidades do golpe que desfere, voltando, invariavelmente, à posição reta.

— Imparcialidade, flexibilidade e exação — eis os predicados inseparáveis da Justiça. A ausência de qualquer um deles desvirtuará sua natureza. Se lhe faltar flexibilidade, será cruel. Se lhe faltar exação, será defectível e falha.

Só o vero Cristianismo nos oferece a expressão da Justiça indefectível, proclamando com o Evangelho: A cada um será dado segundo suas obras.

Observaçao: Têmis ou *Themis* (do grego): Na mitologia grega, era uma titânite (feminino de titã), filha de Urano e de Gaia. Era a deusa-guardiã dos juramentos dos homens e da lei, sendo costumeiro invocá-la nos julgamentos perante os

---

******** VINÍCIUS (Pedro Camargo). *Em torno do mestre*. 9. ed. 5. imp. Brasília: FEB, 2019, cap. *Cristianismo e Justiça*, p. 290.

magistrados. Por isso, foi por vezes tida como deusa da justiça, título atribuído na realidade a Dice ou Dike cuja equivalente romana é a deusa justiça. Dice era filha de Zeus e Têmis, sendo considerada a vingadora dos infratores.

Os misericordiosos receberão misericórdia. Reflexão de André Luiz[********]

RESPOSTAS DE DEUS

André Luiz

Eis algumas das respostas de Deus, nos fundamentos da vida, através da Misericórdia Perfeita:

o bem ao mal;

amor ao ódio;

luz às trevas;

equilíbrio à perturbação;

socorro à necessidade;

trabalho à inércia;

alegria à tristeza;

esquecimento às ofensas;

coragem ao desânimo;

fé à descrença;

paz à discórdia;

renovação ao desgaste;

esperança ao desalento;

recomeço ao fracasso;

consolo ao sofrimento;

justiça à crueldade;

reparação aos erros;

conhecimento à ignorância;

bênção à maldição;

amparo ao desvalimento;

verdade à ilusão;

[********] XAVIER, Francisco Cândido Cândido. *Respostas da vida.* Pelo Espírito André Luiz. 9. ed. São Paulo: IDEAL, 1980, cap. 40, p. 126-127.

silêncio aos agravos;

companhia à solidão;

remédio à enfermidade;

e sempre mais vida aos processos da morte.

Efetivamente, podemos afirmar que Deus está sempre ao nosso lado, mas pelas respostas de Deus, no campo da vida, ser-nos-á possível medir sempre as dimensões de nossa permanência pessoal ao lado de Deus.

O SERMÃO DA MONTANHA: FELIZES OS PUROS DE CORAÇÃO E FELIZES OS QUE PROMOVEM A PAZ (MT 5:8-9)

16.1 OS PUROS DE CORAÇÃO

Em *Mateus*, 5:8-9 constam essas duas bem-aventuranças: "Felizes os puros no coração, porque verão a Deus. Felizes os que promovem a paz, porque serão chamados filhos de Deus."[307] "Os limpos de coração", da versão de João Ferreira de Almeida têm o mesmo significado de "os puros de coração" da *Bíblia de Jerusalém*, inclusive quanto à evolução histórica dos termos puros ou limpos de coração, inicialmente centralizados mais nos aspectos ritualísticos.

> Pode incluir a ideia de *castidade*, mas indica principalmente a *singeleza* de mente, o propósito sincero e puro. *Salmos*, 24:3:4 evidentemente é o trecho básico dessa bem-aventurança. Os líderes judeus falavam com insistência sobre a pureza cerimonial, a pureza da forma, a pureza da lei. Jesus, porém, mostra, aqui e noutros textos, que Deus interessa-se pelo coração, isto é, pelo homem interior, quanto ao seu caráter, na própria condição de ser [...].[308]

Allan Kardec, por sua vez, considera que a "pureza de coração é inseparável da simplicidade e da humildade. Exclui toda ideia de egoísmo e de orgulho [...]."[309] É o sentido que o Cristo imprimiu em suas palavras. Infelizmente, quando o Cristianismo ganhou um corpo de igreja, a pureza ficou mais centrada na castidade, inclusive impondo ao clero renúncia à organização familiar e a proibição de qualquer forma de contato íntimo ente o homem e a mulher.

Jesus faz referência a outro tipo de pureza: a da alma.

> [...] Estudando a palavra do Mestre Divino, recordemos que no mundo, até hoje, não existiu ninguém como Ele, com tanta pureza na própria alma.
> [...]
> Se purificares, assim, o coração, identificarás a presença de Deus em toda parte, compreendendo que a esperança do Criador não esmorece em criatura alguma, e perceberás que a maldade e o crime são apenas espinheiro e lama que envolvem o campo da alma – o brilhante Divino que virá fatalmente à luz...
> E, aprendendo e servindo, ajudando e amando, passarás, na Terra, por mensagem incessante de amor, ensinando os homens que te rodeiam a converter o charco em berço de pão e a entender que, mesmo nas profundezas do pântano, podem surgir lírios perfumados e puros para exaltar a glória de Deus.[310]

O controle imposto pelas igrejas cristãs, no âmbito da intimidade sexual, objetivava conter abusos existentes nesta área. Mas não havia, no início da formação das igrejas cristãs, indicativos que aprovavam o celibato. Isto foi uma prática adotada posteriormente pela Igreja Católica, que permanece até os dias atuais. A medida, porém, foi aplicada em decorrência de políticas da Igreja, a qual determinava que os bens pessoais herdados pelos membros do clero fossem repassados à Igreja. A questão moral, propriamente dita, não estava envolvida. Entretanto, cedo ou tarde, essa questão deixará de existir, visto que contraria o mecanismo fisiológico de sobrevivência da espécie, evolutivamente estabelecido pelas leis divinas. A imposição política pelo celibato foi um dos fatores do enriquecimento da Igreja que, além de não conduzir os membros da igreja à santidade espiritual, não impediu o cometimento de abusos, inclusive no âmbito do controle sexual, como bem registra a História. A castidade verdadeira é a do Espírito.

> [...] A justiça deve ser o princípio que guia a vida e cria, no homem interior, uma condição que resulta do contato com Deus da transformação à imagem do Cristo. Nestas palavras, sentimos que isso é impossível sem a ajuda do poder e do contato do Espírito de Deus. Indicam elas o resultado da regeneração [...].[311]

16.2 OS PUROS DE CORAÇÃO VERÃO A DEUS

> Palavras que têm duas aplicações: a primeira é *imediata*, referindo-se aos que recebem compreensão e visão interiores da natureza e pessoa de Deus (como vemos em Ef 1:18). A outra é que essa visão de interior tem também *aperfeiçoamento* no futuro, que é a visão beatífica, e experiência mística mais elevada. Os indivíduos podem receber vários níveis dessa visão [...]. Ela inclui a ideia de transformação do ser de acordo com a imagem de Cristo, na forma de mudança de natureza, em que a mortalidade humana é transformada em imortalidade [...].[312]

A visão de Deus, é questão complexa, em geral relacionada à interpretação literal e beatífica por parte de religiosos, cristãos e não cristãos. Historicamente, temos notícias de relatos de experiências místicas neste sentido. São relatos em que a pessoa se encontrava no estado de êxtase espiritual, ou de profunda emancipação espiritual, a ponto de acreditar ter visto Deus:

> O que ele vê é real para ele, mas, como o seu Espírito está sempre sob a influência das ideias terrenas, pode ver à sua maneira, ou, melhor dizendo, pode exprimir o que viu numa linguagem condizente com os seus preconceitos e as ideias em que foi criado, ou com os vossos preconceitos, a fim de ser mais bem compreendido. É sobretudo nesse sentido que ele pode errar.[313]

De qualquer forma, é algo discutível a suposição de alguém ter visto a Deus, no sentido literal.

Na verdade, é importante aprendermos a nos libertar dos aspectos literais da interpretação dos textos sagrados, analisando-os em espírito e verdade. Ver a Deus é expressão simbólica que deve ser entendida como um estado de plenitude espiritual superior, em que se compreende, no mais profundo do ser, a grandeza e sabedoria divinas, assim como a providência divina e as leis de Deus. Daí o apóstolo João afirmar: "Ninguém jamais viu a Deus [...]".[314]

Deus não é um indivíduo, pessoa ou homem em ponto maior, mesmo sendo pleno de perfeições: "Deus é a inteligência suprema, causa primeira de todas as coisas."[315] Não temos inteligência ou condições espirituais atuais para compreendermos o significado real da ideia de Deus, quanto mais de ter visão d'Ele. Somente quando o ser humano evoluir muito, moral e intelectualmente poderá compreender, um pouco mais, a Deus: "Quando seu espírito não mais estiver obscurecido pela matéria e, pela sua perfeição, se houver aproximado de Deus, então o verá e o compreenderá".[316]

> A inferioridade das faculdades do homem não lhe permite compreender a natureza íntima de Deus. Na infância da Humanidade, o homem o confunde muitas vezes com a criatura, cujas imperfeições lhe atribui, mas, à medida que nele se desenvolve o senso moral, seu pensamento penetra melhor no âmago das coisas; então ele faz da Divindade uma ideia mais justa e mais conforme a sã razão, embora sempre incompleta.[317]

16.3 FELIZES OS QUE PROMOVEM A PAZ

Os pacificadores são os que promovem a paz, mas nem sempre conseguem semear a paz. Há aí uma diferença significativa, pois a promoção da paz pode se restringir apenas à intenção ou ao simples discurso. Os pacificadores não são "[...] somente os dotados de natureza pacífica, nem os que aceitam a paz sem protesto ou que preferem a paz ao desacordo, nem os que têm paz na alma, com Deus, como explicou Agostinho, e nem os que amam a paz [...], mas aqueles que promovem ativamente a paz e procuram estabelecer a harmonia entre inimigos [...]".[318]

Emmanuel faz as seguintes considerações a respeito das palavras de Jesus, registradas por *Mateus*, 5:9: "Bem-aventurados os pacificadores porque serão chamados filhos de Deus".

> Na cultura da paz, saibamos sempre:
> respeitar as opiniões alheias como desejamos seja mantido o respeito dos outros para com as nossas;
> colocar-nos na posição dos companheiros em dificuldades, a fim de que lhes saibamos ser úteis;
> calar referências impróprias ou destrutivas;
> reconhecer que as nossas dores e provações não são diferentes daquelas que visitam o coração do próximo;
> consagrar-nos ao cumprimento das próprias obrigações;
> fazer de cada ocasião a melhor oportunidade de cooperar em benefício dos semelhantes;
> melhorar-nos, por meio do trabalho e do estudo, seja onde for;
> cultivar o prazer de servir;
> semear o amor, por toda parte, entre amigos e inimigos;
> jamais duvidar da vitória do bem.
> Buscando a consideração de pacificadores, guardemos a certeza de que a paz verdadeira não surge, espontânea, uma vez que é e será sempre fruto do esforço de cada um.[319]

A promoção da paz só acontece, efetivamente, quando a alma humana aprende a se desprender das ilusões geradas pelo sentimento de posse (bens materiais e/ou pessoas), tão estimulados pela sociedade hedonista, que considera apenas o aqui e o agora. Amélia Rodrigues pondera a respeito: "Os tortuosos caminhos da existência humana, do ponto de vista social e tradicional, caracterizam-se pela ambição em favor do poder temporal, do destaque no grupo, da glória rápida, da disputa incessante pelos bens que fascinam e não preenchem os abismos das necessidades emocionais, nem as aspirações de paz interior e de saúde integral [...]."[320]

A mensagem do Cristo veio para despertar o homem da hipnose em que ele está mergulhado há milênios e que faz adiar o seu despertar espiritual: "[...] Jesus deu a sua vida a fim de trazer a paz universal, no sentido mais lato possível, tanto na Terra como nos lugares celestiais (Ver Ef 2:14-16 e Cl 1:20) [...]". [321]Eis uma das principais razões para os poderosos choques de entendimento que existem entre o apelo do Mestre Nazareno e os chamamentos do mundo. A benfeitora espiritual continua em suas ponderações:

> Numa sociedade imediatista, assinalada pela hipocrisia e pela audácia do poder temporal, seria temeridade inverter a ordem conceitual a respeito de quem merece amor e é digno de ser considerado como bem-aventurado.

As multidões que O ouviram permaneceram inebriadas, porque, além de Ele haver exalçado a humildade, a pobreza em espírito, a fidelidade, o apoio à Justiça e à Verdade, também propusera o novo código que deveria viger no porvir da Humanidade.

O amor deveria ocupar lugar de destaque nos códigos do futuro, mas não o amor interesseiro e servil, ou o direcionado àqueles que o merecem e retribuem com afeição correspondente, mas sim, quando oferecido aos que se fizeram difíceis de ser amados, aos ingratos, aos egoístas, porque esses são realmente os necessitados do sentimento libertador, embora não se deem conta disso.[322]

16.4 OS QUE PROMOVEM A PAZ SERÃO CHAMADOS FILHOS DE DEUS

Serão chamados filhos de Deus porque cumprirão os desígnios Divinos naturalmente, sem desânimos, revoltas ou sentimento de dor. Eles representam mais do que uma simples atitude de reconhecimento da vontade de Deus.

> [...] O AT emprega a expressão "filhos de Deus", referindo-se aos anjos ou aos seres Divinos (Jó, 38:7), e algumas vezes também a pessoas piedosas, seres humanos que são objetos do amor especial de Deus (Dt 32:6). Aqueles que buscam a paz amando os seus inimigos agem segundo o próprio Deus, e por isso são filhos de Deus no sentido verdadeiro. [...] A paz é uma das virtudes cardeais da ética cristã. O exclusivismo dos judeus era e é bem conhecido, e já se tornara proverbial antes dos dias de Jesus. O discípulo autêntico do Reino

não é aquele que odeia, mas aquele que ama os seus inimigos. Isso faz do exclusivismo [judeu] uma impossibilidade na ética cristã [...].[323]

Retribuir o mal com o bem não é tarefa fácil, admitamos. Contudo, este é o caminho da retidão, de superação de si mesmo, do desenvolvimento de virtudes: "Se o amor do próximo constitui o princípio da caridade, amar os inimigos é a mais sublime aplicação desse princípio, porque a posse dessa virtude é uma das maiores vitórias alcançadas contra o egoísmo e o orgulho [...]".[324]

Razão por que *Lucas*, 6:32-35 assinala:

> Se amais os que vos amam, que graça alcançais? Pois até mesmo os pecadores amam aqueles que os amam. E se fazeis o bem aos que vo-lo fazem, que graça alcançais? Até mesmo os pecadores agem assim! E se emprestais àqueles de quem esperais receber, que graça alcançais? Até mesmo os pecadores emprestam aos pecadores para receber o equivalente. Muito pelo contrário, amai vossos inimigos, fazei o bem e emprestai sem esperar coisa alguma em troca. Será grande a vossa recompensa, e sereis filhos do Altíssimo, pois Ele é bom para com os ingratos e com os maus [...].[325]

É importante, todavia, entender o verdadeiro sentido de amar os inimigos, como esclarece Allan Kardec:

> Amar os inimigos não é, portanto, ter por eles uma afeição que não está na natureza, visto que o contato de um inimigo nos faz bater o coração de modo muito diverso do seu bater, ao contato de um amigo. Amar os inimigos é não lhes guardar ódio nem rancor, nem desejo de vingança; é perdoar-lhes, *sem segundas intenções e incondicionalmente* o mal que nos causem; é não opor nenhum obstáculo à reconciliação; é desejar-lhes o bem, e não o mal; é regozijar-se, em vez de afligir-se, com o bem que lhes advenha; é estender-lhes a mão que socorre, em caso de necessidade; é abster-se, *quer por palavras, quer por atos*, de tudo que os possa prejudicar; é, finalmente, restituir-lhes todo o mal com o bem, *sem intenção de os humilhar*. Quem age dessa forma preenche as condições do mandamento: Amai os vossos inimigos.[326]

REFERÊNCIAS

[307] BÍBLIA DE JERUSALÉM. Gilberto da Silva Gorgulho; Ivo Storniolo e Ana Flora Anderson (Coords.). Diversos tradutores. Nova ed. rev. e ampl. 13. imp. São Paulo: Paulus, 2019, *O evangelho segundo Mateus*, 5:8-9, p. 1.711.

308 CHAMPLIN, Russell Norman. *O novo testamento interpretado versículo por versículo:* Mateus/Marcos. Nova ed. rev. São Paulo: Hagnos, 2014, v. 1, it. 5.8, p. 304.

309 KARDEC, Allan. *O evangelho segundo o espiritismo.* Trad. Evandro Noleto Bezerra. 2. ed. 10. imp. Brasília: FEB, 2020, cap. 8, it. 3, p. 117.

310 XAVIER, Francisco Cândido. *Religião dos espíritos.* Pelo Espírito Emmanuel. 22. ed. 9. imp. Brasília: FEB, 2019, cap. 11, p. 31 e 32.

311 CHAMPLIN, Russell Norman. *O novo testamento interpretado versículo por versículo*: Mateus/Marcos. Nova ed. rev. São Paulo: Hagnos, 2014, v. 1, it. 5.8, p. 304.

312 _____. _____. P. 304.

313 KARDEC, Allan. *O livro dos espíritos.* Trad. Evandro Noleto Bezerra. 4. ed. 9. imp. Brasília: FEB, 2020, q. 443, p. 221.

314 BÍBLIA DE JERUSALÉM. Gilberto da Silva Gorgulho; Ivo Storniolo e Ana Flora Anderson (Coords.). Diversos tradutores. Nova ed. rev. e ampl. 13. imp. São Paulo: Paulus, 2019, O evangelho segundo João, 1:18, p. 1844.

315 KARDEC, Allan. *O livro dos espíritos.* Trad. Evandro Noleto Bezerra. 4. ed. 9. imp. Brasília: FEB, 2020, q. 1, p. 53.

316 _____. _____. Q. 11, p. 55.

317 _____. _____. Q. 11- comentário, p. 55.

318 CHAMPLIN, Russell Norman. *O novo testamento interpretado versículo por versículo*: Mateus/Marcos. Nova ed. rev. São Paulo: Hagnos, 2014, v. 1, it. 5.9: Os pacificadores, p. 305.

319 XAVIER, Francisco Cândido. *Ceifa de luz.* Pelo Espírito Emmanuel. 2. ed. 10. Imp. Brasília: FEB, 2019, cap. 54, p. 119-120.

320 FRANCO, Divaldo Pereira. *A mensagem do amor imortal.* Pelo Espírito Amélia Rodrigues, cap. 16, p.114.

321 CHAMPLIN, Russell Norman. *O novo testamento interpretado versículo por versículo:* Mateus/Marcos. Nova ed. rev. São Paulo: Hagnos, 2014, v. 1, it. 5.9: Os pacificadores, p. 305.

322 FRANCO, Divaldo Pereira. *A mensagem do amor imortal.* Pelo Espírito Amélia Rodrigues. 2. ed. Salvador: LEAL, 2015, cap. 6, p.41-42.

323 CHAMPLIN, Russell Norman. *O novo testamento interpretado versículo por versículo:* Mateus/Marcos. Nova ed. rev. São Paulo: Hagnos, 2014, v. 1, It. Serão chamados filhos de Deus, p. 305.

324 KARDEC, Allan. *O evangelho segundo o espiritismo.* Trad. Evandro Noleto Bezerra. 2. ed. 10. imp. Brasília: FEB, 2020, cap. 12, it. 3, p. 160.

[325] BÍBLIA DE JERUSALÉM. Gilberto da Silva Gorgulho; Ivo Storniolo e Ana Flora Anderson (Coords.). Diversos tradutores. Nova ed. rev. e ampl. 13. imp. São Paulo: Paulus, 2019, *O evangelho segundo Lucas,* 6:32-35, p. 1799.

[326] KARDEC, Allan. *O evangelho segundo o espiritismo.* Trad. Evandro Noleto Bezerra. 2. ed. 10. imp. Brasília: FEB, 2020, cap. 12, it. 3, p. 160-161.

O SERMÃO DA MONTANHA: FELIZES OS QUE SÃO PERSEGUIDOS POR CAUSA DA JUSTIÇA (MT 5:10-12)

> *10 Felizes os que são perseguidos por causa da justiça, porque deles é o Reino dos Céus. 11 Felizes sois, quando vos injuriarem e vos perseguirem e, mentindo, disserem todo o mal contra vós por causa de mim. 12 Alegrai-vos e regozijai-vos, porque será grande a vossa recompensa nos Céus, pois foi assim que perseguiram os profetas, que vieram antes de vós.*[327]

Como sabemos, esse texto consta do primeiro discurso do Sermão da Montanha, do *Evangelho de Mateus*, 5:1-12 e faz parte também das quatro bem-aventuranças registradas por Lucas em seu *Evangelho* (6:22 e 23): "Felizes sereis quando os homens vos odiarem, quando vos rejeitarem, insultarem e prescreverem vosso nome como infame, por causa do Filho do Homem. Alegrai-vos naquele dia e exultai, porque no *Céu será grande a vossa recompensa; pois do mesmo modo seus pais tratavam os profetas.*"[328] Lembramos, igualmente, como foi assinalado anteriormente, o uso dos termos "felizes" e "bem- aventurados" são encontrados, respectivamente, na *Bíblia de Jerusalém* e na *Bíblia Sagrada*, esta traduzida por João Ferreira de Almeida.

As palavras "injuriarem, perseguirem e mentindo" (Mt 5:11-12) revelam alerta de Jesus aos seus seguidores: eles seriam excluídos, isolados, caluniados e perseguidos por aderirem aos postulados cristãos, explica o estudioso Russell Norman Champlin. A expressão "Filho do Homem" é utilizada por Lucas não por Mateus. Todavia, é expressão importante, informa Champlin: "[...]Trata-se de um título messiânico de natureza profética, pois reflete a passagem de *Daniel*, 7:13-14. O Messias é o Homem vindo dos Céus, uma figura transcendental, embora verdadeiramente humana e totalmente identificada com a Humanidade. [...]".[329]

Assim, *alegrai-vos e regozijai-vos* (texto de *Mateus*) e *alegrai-vos e exultai* (texto de *Lucas*) sinalizam a boa colheita no tempo (*naquele dia:* Lc 6:21) de serviço útil. Alegria, regozijo, exultação são termos que traduzem a confiança nas bênçãos alcançadas ao longo do caminho. Sendo assim, o aprendiz do Evangelho esforça-se em desenvolver uma atitude positiva no dia-a-dia da existência, atitude que é alimentada pela confiança na Providência divina. Emmanuel esclarece a respeito quando se reporta a Paulo (*I Tessalonicenses,* 5:16), que afirma: *Regozijai-vos sempre:*[330]

> Lembra-te das mercês que o Senhor te concede pelos braços do tempo e espalha gratidão e alegria onde estiveres...
>
> Repara as forças da Natureza, a emergirem, serenas, de todos os cataclismos.
>
> Corre a fonte cantando pelo crivo do charco...
>
> Sussurra a brisa melodias de confiança após a ventania destruidora...
>
> A árvore multiplica flores e frutos, além da poda...
>
> Multidões de estrelas rutilam sobre as trevas da noite...
>
> E cada manhã, ainda mesmo que os homens se tenham valido da sombra para enxovalhar a terra com o sangue do crime, volve o Sol, em luminoso silêncio, acalentando homens e vermes, montes e furnas.
>
> Ainda mesmo que o mal te golpeie transitoriamente o coração, recorda os bens que te compõem a riqueza da saúde e da esperança, do trabalho e do amor, e rejubila-te, buscando a frente...
>
> Tédio é deserção.
>
> Pessimismo é veneno.
>
> Encara os obstáculos de ânimo firme e estampa o otimismo em tua alma para que não fujas aos teus próprios compromissos perante a vida.
>
> Serenidade em nós é segurança nos outros.
>
> O sorriso de paz é arco-íris no céu de teu semblante.
>
> "Regozijai-vos sempre" — diz-nos o apóstolo Paulo.
>
> E acrescentamos:
>
> — Rejubilemo-nos em tudo com a Vontade de Deus, porque a Vontade de Deus significa Bondade Eterna.[331]

Na busca pelo "espírito da letra" observa-se no texto de Mateus como no texto de *Lucas* algumas ideias que merecem ser analisadas em relação ao comportamento do homem justo: a) perseguição de que, usualmente, é alvo, por causa da justiça e por guardar fidelidade aos propósitos da Lei; b) por seguir os ensinamentos do Filho do Homem, por considerá-los fonte de alegria e recompensa para os que perseverarem na seara do Pai; c) o convite claro dirigido aos discípulos por Jesus para serem os novos profetas, tarefeiros e missionários da mensagem cristã, mesmo que submetidos a grandes provações, testados na fé e perseverantes na execução da obra de regeneração da Humanidade.

> O homem cuja felicidade nasceu da verdade é calmo e sereno em todas as vicissitudes da vida, porque sabe que não precisaria mudar de direção fundamental se a morte o surpreendesse nesse instante [...]. Assim só pode falar quem tem plena certeza de que está no caminho certo, em linha reta ao seu destino, embora distante da meta final. Ora, esse caminho não pode deixar de ser estreito e árduo, uma espécie de tristeza, como é toda a disciplina; mas no fundo dessa tristeza externa dormita uma grande alegria interior.[332]

A aceitação e execução deste convite-desafio revela-se como fonte de perene alegria.[333]

> O homem justo é perseguido por causa da sua espiritualidade, tanto pelos indivíduos menos espirituais, como também pelas sociedades organizadas que necessitam de massa e tradição para sua sobrevivência; mas, apesar de tudo, ele vive num ambiente de paz e felicidade, porque está na "comunhão dos santos". "Bem-aventurado... dele é o Reino dos Céus". O Reino dos Céus, porém, "está dentro de vós".[334]

17.1 O SIGNIFICADO DE HOMEM JUSTO

Como definir o homem justo? Nos textos sagrados, o justo é o homem santo, aquele que conseguiu a vitória sobre si mesmo. É aquele que se preocupa mais em "ser" do que "ter":

> O "ter" é dos profanos — o "ser" é dos iniciados. Quanto mais cresce o "ser" do homem mais decresce o seu desejo de ter. Não é, certamente, a simples ausência material desses objetos que dá força ao homem; não é o simples fato de alguém ser Diógenes ou um mendigo pelo desfavor das circunstâncias — mas é o fato da espontaneidade do desapego, porque esse ato voluntário é filho de uma exuberante plenitude espiritual, e essa plenitude é que é garantia de vitória ou melhor, ela mesma é a grande vitória.[335]

Ao responder à questão 1009 de *O livro dos espíritos*, Paulo, o apóstolo, informa que *justo* é aquele que busca a conquista de si mesmo, pois: "Gravitar para a unidade divina, tal é o objetivo da Humanidade. Para atingi-lo, são necessárias três coisas: a justiça, o amor e a ciência. Três coisas lhe são opostas e contrárias: a ignorância, o ódio e a injustiça [...]."[336]

O justo se diferencia da maioria que vive nos vales das sombras, pois, para atingir a condição de homem justo, uma longa caminhada ascensional faz-se necessária. Alçado, porém, ao estágio de homem justo, o Espírito consegue movimentar recursos de grande significância, inclusive por meio da prece. Daí *Tiago*, 5:16, afirmar que "[...] a oração feita por um justo pode muito em seus efeitos".[337] O certo é que, no âmbito da evolução, a criatura humana realiza ensaios para poder alcançar o estágio de homem justo, como esclarece Emmanuel.

> Considerando as ondas do desejo, em sua força vital, todo impulso e todo anseio constituem também orações que partem da Natureza.
>
> [...]
>
> O homem primitivo, adorando o trovão, nos recessos d'alma pede explicações da Divindade, de maneira a educar os impulsos de fé.
>
> Todas as necessidades do mundo, traduzidas no esforço dos seres viventes, valem por súplicas das criaturas ao Criador e Pai.
>
> Por isso mesmo, se o desejo do homem bom é uma prece, o propósito do homem mau ou desequilibrado é também uma rogativa.
>
> [...]
>
> Mas de todas as orações que se elevam para o Alto, o apóstolo destaca a do homem justo como revestida de intenso poder.
>
> É que a consciência reta, no ajustamento à Lei, já conquistou amizades e intercessões numerosas.
>
> Quem ajunta amigos, amontoa amor. Quem amontoa amor, acumula poder.
>
> Aprende, assim, a agir com justiça e bondade e teus rogos subirão sem entraves, amparados pelos veículos da simpatia e da gratidão, porque o justo, em verdade, onde estiver, é sempre um cooperador de Deus.[338]

17.2 PERSEGUIÇÃO POR CAUSA DA JUSTIÇA. FIDELIDADE COMO FONTE DE ALEGRIA

Para estudiosos dos textos sagrados, como Champlin, o anúncio da bem-aventurança "Felizes os que são perseguidos por causa da justiça, porque deles é o Reino dos Céus" (Mt 5:10, *Bíblia de Jerusalém*), por Jesus, promoveria imensa transformação para todos os que desejam, efetivamente, alcançar o Reino dos Céus.

> [...] Provavelmente, Jesus, o Messias, o Rei do Reino de Deus, estava antecipando a mudança que será necessária para que o Reino seja estabelecido. João Batista já estava na prisão, prestes a morrer. É possível que outros tivessem o mesmo destino. Considerando a intensa força do mal, a força das autoridades religiosas que se oporiam ao Reino e ao Rei, a luta não seria fácil e sem problemas. As velhas formas da religião e da ordem política não se renderiam sem luta [...].[339]

Nos versículos 10 e 11 de *Mateus* consta este registro: "Felizes os que são perseguidos por causa da justiça, porque deles é o Reino dos Céus. Felizes sois quando vos injuriarem e vos perseguirem e, mentindo, disserem todo mal contra vós por causa de mim". São indicadores que se renovam na citação de Erasto, anjo guardião de Allan Kardec, que concita os trabalhadores da última hora à cruzada contra a injustiça e a iniquidade, assinalando o perfil dos perseguidos e dos injuriados:

> Reconhecê-los-eis pelos princípios da verdadeira caridade que eles professarão e ensinarão. Reconhecê-los-eis pelo número de aflitos a que levem consolo; reconhecê-los-eis pelo seu amor ao próximo, pela sua abnegação, pelo seu desinteresse pessoal; reconhecê-los-eis, finalmente, pelo triunfo de seus princípios, porque Deus quer o triunfo da Sua Lei; os que seguem a Sua Lei são os Seus eleitos e Ele lhes dará a vitória; mas Ele destruirá aqueles que falseiam o espírito dessa Lei e fazem dela um degrau para satisfazer à sua vaidade e à sua ambição [...].[340]

Em mensagem, transmitida em 1862, em Paris, o Espírito de Verdade anuncia: "Aproxima-se o tempo em que se cumprirão as coisas anunciadas para a transformação da Humanidade. Felizes os que houverem trabalhado no campo do Senhor, com desinteresse e sem outro motivo, senão a caridade! [...]"[341]

Os vitoriosos, segundo o Cristo, não se sentem perseguidos nem injuriados porque aprenderam a desempenhar os deveres impostos pela própria consciência para com o próximo, seguindo a prática da regra de ouro: "Tudo aquilo, portanto, que quereis que os homens vos façam, fazei--o vós a eles, pois esta é a Lei e os Profetas"[342] (Mt 7:12). Nesse estado de ânimo, Emmanuel esclarece que é comum a solidão alcançar o servidor fiel.

> À medida que te elevas, monte acima, no desempenho do próprio dever, experimentas a solidão dos cimos e incomensurável tristeza te constringe a alma sensível.
>
> Onde se encontram os que sorriram contigo no parque primaveril da primeira mocidade? Onde pousam os corações que te buscavam o aconchego nas horas de fantasia? Onde se acolhem quantos te partilhavam o pão e o sonho, nas aventuras ridentes do início?
>
> Certo, ficaram...
>
> Ficaram no vale, voejando em círculo estreito, à maneira das borboletas douradas, que se esfacelam ao primeiro contato da menor chama de luz que se lhes descortine à frente.
>
> Em torno de ti, a claridade, mas também o silêncio...

Dentro de ti, a felicidade de saber, mas igualmente a dor de não seres compreendido...

[...]

A solidão com o serviço aos semelhantes gera a grandeza.

[...]

Não te canses de aprender a ciência da elevação.

Lembra-te do Senhor, que escalou o Calvário, de cruz aos ombros feridos. Ninguém o seguiu na morte afrontosa, à exceção de dois malfeitores, constrangidos à punição, em obediência à justiça.

Recorda-te dele e segue...

[...]

Não esperes pelos outros, na marcha de sacrifício e engrandecimento. E não olvides que, pelo ministério da redenção que exerceu para todas as criaturas, o Divino Amigo dos Homens não somente viveu, lutou e sofreu sozinho, mas também foi perseguido e crucificado.[343]

17.3 A RECOMPENSA DO REINO DE DEUS

Em *Mateus*, versículos 10, 11 e 12, objeto desse estudo, Jesus anuncia aos perseguidos pela justiça e em seu nome, grande recompensa, a de alcançarem o Reino dos Céus:

> Felizes os que são perseguidos por causa da justiça, porque deles é o Reino dos Céus. Felizes sois quando vos injuriarem e vos perseguirem e, mentindo, disserem todo o mal contra vós por causa de mim. Alegrai-vos e regozijai-vos, porque será grande a vossa recompensa nos Céus, pois foi assim que perseguiram os profetas, que vieram antes de vós.[344]

A recompensa que Jesus promete deve estar, necessariamente, subjugada à fidelidade a Deus. O discípulo fiel não tem dúvidas a respeito de qual Senhor ele deve seguir. Por isto Jesus recomendou, segundo os registros do Espírito Humberto de Campos:

> O Mestre ponderou:
>
> — Na causa de Deus, a fidelidade deve ser uma das primeiras virtudes. Onde o filho e o pai que não desejam estabelecer, como ideal de união, a confiança integral e recíproca? Nós não podemos duvidar da fidelidade do nosso Pai para conosco. Sua dedicação nos cerca os espíritos, desde o primeiro dia. Ainda não o conhecíamos e já Ele nos amava. E, acaso, poderemos desdenhar a possibilidade da retribuição? Não seria repudiarmos o título de filhos amorosos, o fato de nos deixarmos absorver no afastamento, favorecendo a negação?
>
> [...]

TEMA 17 – O Sermão da Montanha: Felizes os que são perseguidos por causa da justiça (Mt 5:10-12)

— Tudo na vida tem o preço que lhe corresponde. Se vacilais receosos ante as bênçãos do sacrifício e as alegrias do trabalho, meditai nos tributos que a fidelidade ao mundo exige. O prazer não costuma cobrar do homnum imposto alto e doloroso? Quanto pagarão, em flagelações íntimas, o vaidoso e o avarento? Qual o preço que o mundo reclama ao gozador e ao mentiroso? [...][345]

A recompensa do Reino de Deus não isenta decisão, coragem, persistência e sacrifícios por parte do discípulo. O trabalho de elevação espiritual requer dedicação permanente, a fim de que ele possa não só atender ao convite ao Bem, proferido pelo Mestre, mas aguardar com serenidade a recompensa do Reino dos Céus que lhe caberá. Fazer jus a esse chamado é poder sustentar em si, ante os obstáculos e dificuldades da marcha, a alegria prometida por Jesus a todos os que foram perseguidos por exercer novas e libertadoras ideias, pois a Humanidade (encarnada e desencarnada) desde os profetas da antiguidade, resiste ao bem e se compraz no mal.

Podemos, assim, concluir que a ideia do homem justo, a perseguição por causa da justiça e a recompensa que lhe cabe, começa com o convite ao Bem, pelo chamamento que o Cristo lhe dirige, incessantemente, através dos tempos, a fim de que ele construa o Reino de Deus em si mesmo. A partir do momento que o discípulo toma consciência do caminho que deve trilhar em direção aos píncaros evolutivos da vida, ele aprende a se fortalecer naturalmente, e nenhum obstáculo será impedimento para alcançar a felicidade prometida aos filhos de Deus. Mas estejamos sempre atentos ao convite que o Senhor nos faz, permanentemente.

> Em todas as épocas, o bem constitui a fonte divina, suscetível de fornecer-nos valores imortais.
>
> O homem de reflexão terá observado que todo o período infantil é conjunto de apelos ao sublime manancial.
>
> O convite sagrado é repetido, anos a fio. Vem por intermédio dos amorosos pais humanos, dos mentores escolares, da leitura salutar, do sentimento religioso, dos amigos comuns.
>
> Entretanto, raras inteligências atingem a juventude, de atenção fixa no chamamento elevado. Quase toda gente ouve as requisições da natureza inferior, olvidando deveres preciosos.
>
> Os apelos, todavia, continuam...
>
> Aqui, é um livro amigo, revelando a verdade em silêncio; ali, é um companheiro generoso que insiste em favor das realidades luminosas da vida...
>
> A rebeldia, porém, ainda mesmo em plena madureza do homem, costuma rir inconscientemente, passando, todavia, em marcha compulsória, na direção dos desencantos naturais, que lhe impõem mais equilibrados pensamentos.

No Evangelho de Jesus, o convite ao bem reveste-se de claridades eternas. Atendendo-o, poderemos seguir ao encontro de nosso Pai, sem hesitações.

Se o clarim cristão já te alcançou os ouvidos, aceita-lhe as clarinadas sem vacilar.

Não esperes pelo aguilhão da necessidade.

Sob a tormenta, é cada vez mais difícil a visão do porto.

A maioria dos nossos irmãos na Terra caminha para Deus, sob o ultimato das dores, mas não aguardes pelo açoite de sombras, quando podes seguir calmamente pelas estradas claras do amor.[346]

REFERÊNCIAS

[327] BÍBLIA DE JERUSALÉM. Gilberto da Silva Gorgulho; Ivo Storniolo e Ana Flora Anderson (Coords.). Diversos tradutores. Nova ed. rev. e ampl. 13. imp. São Paulo: Paulus, 2019, *Evangelho segundo Mateus*, 5:10-12, p.1.711.

[328] _____. _____. *Evangelho segundo Lucas*, 6:22 e 23, p. 1798.

[329] CHAMPLIN, Russell Norman. *O novo testamento interpretado versículo por versículo*: Lucas/João. Nova edição revisada. São Paulo: Hagnos, 2014, v. 2, p. 83.

[330] BÍBLIA SAGRADA. Trad. João Ferreira de Almeida. Revista e corrigida. 4. ed. Barueri [SP]: Sociedade Bíblica do Brasil, 2009, *I Tessalonicenses*, 5:16, p. 1560.

[331] XAVIER, Francisco Cândido. *Palavras de vida eterna*. Pelo Espírito Emmanuel. 41. ed. Uberaba [MG]: CEC, 2017, cap. 50, p. 116-117.

[332] ROHDEN, Huberto. *O sermão da montanha*. Ediçao especial. São Paulo: Martin Claret, 2000, cap. 7, p. 31.

[333] _____. _____. Cap. 7, p. 30-32, cap. 8, p. 33-36.

[334] _____. _____. Cap. 8, p. 36.

[335] _____. _____. Cap. 19, p. 68.

[336] KARDEC, Allan. *O livro dos espíritos*. Trad. Evandro Noleto Bezerra. 4. ed. 9. imp. Brasília: FEB, 2020, q. 1009, p. 437.

[337] BÍBLIA SAGRADA. Trad. João Ferreira de Almeida. Revista e corrigida. 4. ed. Barueri [SP]: Sociedade Bíblica do Brasil, 2009, *Epístola de Tiago*, 5:16, p. 1.597.

[338] XAVIER, Francisco Cândido. *Fonte viva*. Pelo Espírito Emmanuel. 1. ed. 16. imp. Brasília: FEB, 2020, cap. 150, p. 317-318.

339 CHAMPLIN, Russell Norman. *O novo testamento interpretado versículo por versículo*: Mateus/Marcos. Nova ed. rev. São Paulo: Hagnos, 2014, v. 1, it. 8, Os perseguidos, p. 305.

340 KARDEC, Allan. *O evangelho segundo o espiritismo*. Trad. Evandro Noleto Bezerra. 2. ed. 10. imp. Brasília: FEB, 2020, cap. 20, it. 4, p. 263-264.

341 _____. _____. It. 5, p. 264.

342 BÍBLIA DE JERUSALÉM. Gilberto da Silva Gorgulho; Ivo Storniolo e Ana Flora Anderson (Coords.). Diversos tradutores. Nova ed. rev. e ampl. 13. imp. São Paulo: Paulus, 2019, *Evangelho segundo Mateus,* 7:12, p. 1.715.

343 XAVIER, Francisco Cândido. *Fonte viva*. Pelo Espírito Emmanuel. 1. ed. 16. imp. Brasília: FEB, 2020, cap. 70, p. 155-156.

344 BÍBLIA DE JERUSALÉM. Gilberto da Silva Gorgulho; Ivo Storniolo e Ana Flora Anderson (Coords.). Diversos tradutores. Nova ed. rev. e ampl. 13. imp. São Paulo: Paulus, 2019, *Evangelho segundo Mateus,* 5:10-12, p. 1.711.

345 XAVIER, Francisco Cândido. *Boa nova*. Pelo Espírito Humberto de Campos. 37. ed. 15. imp. Brasília: FEB, 2020, cap. 6, p. 41-42.

346 XAVIER, Francisco Cândido. Pão nosso. Pelo Espírito Emmanuel. 1. ed. 17. imp. Brasília: FEB, 2020, cap. 39, p. 91-92.

TEMA 18

O SERMÃO DA MONTANHA: O SAL DA TERRA E A LUZ DO MUNDO (MT 5:13-16)[347]

> *13 Vós sois o sal da terra. Ora, se o sal se tornar insosso, com que salgaremos? Para nada mais serve, senão para ser lançado fora e pisado pelos homens. 14 Vós sois a luz do mundo. Não se pode esconder uma cidade situada sobre um monte. 15 Nem se acende uma lâmpada e se coloca debaixo do alqueire, mas na luminária, e assim ela brilha para todos os que estão na casa. 16 Brilhe do mesmo modo a vossa luz diante dos homens, para que, vendo as vossas boas obras, eles glorifiquem o vosso Pai que está nos Céus.*

A famosa afirmativa, creditada a Mahatma Gandhi, revela sabedoria: "Se se perdessem todos os livros sacros da Humanidade, e só se salvasse *O Sermão da Montanha*, nada estaria perdido". Em nada a frase desvia-se do entendimento que a Doutrina Espírita nos fornece a respeito dos Evangelhos. No famoso Sermão, que vai do capítulo 5 ao 7 no *Evangelho de Mateus* Jesus traça um roteiro moral seguro para a nossa evolução espiritual.

Como sabemos, *O Sermão da Montanha* inicia com as bem-aventuranças. Jesus nos apresenta as características dos Espíritos felizes, que em tudo se alinham com as qualidades do homem de bem, citado em *O evangelho segundo o espiritismo*.[348] Posteriormente, e até o final do sermão, Jesus exorta-nos a adotar uma série de comportamentos, que demonstram as respectivas consequências, desde a forma de interpretarmos as Leis Divinas, que nos clama à eterna busca da perfeição moral, até como fazer a caridade, a maneira correta de orar, indicada na célebre oração dominical, o *Pai-Nosso*.[349] Entretanto, logo após as bem-aventuranças e antes de proferir essas exortações, o Cristo afirma quem somos: somos o *sal da terra* e *a luz do mundo*.

18.1 O SAL DA TERRA

O sal possui muitas caraterísticas e poderia ser utilizado, metaforicamente, de diversas maneiras, porém Jesus refere-se a ele como tempero, o que tem por função salgar ou ressaltar o sabor dos alimentos. É o conceito bastante comum nos textos bíblicos, como vemos em Paulo, quando fala aos *Colossenses* (4:6): "A vossa palavra seja sempre agradável, temperada com sal, para que saibais como vos convém responder a cada um."[350] Paulo de Tarso utiliza a metáfora do sal como aquilo que pode tornar a palavra agradável, temperada com o bom gosto das expressões, aquilo que realça o lado bom da ação humana. Cabe destacar, a propósito, que o sal como tempero não cria sabores, mas realça as qualidades existentes no alimento.

> É possível que Jesus tenha usado aqui um provérbio conhecido em seus dias, possivelmente um ditado romano. O *sal* é considerado como dotado de uma propriedade *distinta* e importante, ou seja, a de conservar ou de condimentar. A ideia aqui não indica especialmente uma função definida, como a de conservar ou condimentar, ou ainda, como a dos muitos usos do sal, mas a ideia geral é que o crente santificado deve demonstrar ter a realidade daquilo que professa, da mesma forma que o sal apresenta a propriedade que esperamos dele [...].[351]

Da mesma forma, Moisés utiliza o símbolo do sal como o elemento que eleva as ações humanas, aquilo que o discípulo deve utilizar em todas as ações perante Deus: "E toda a oferta dos teus manjares salgarás com sal; e não deixarás faltar à tua oferta de manjares o sal do concerto de teu Deus; em toda a tua oferta oferecerás sal" (*Levítico*, 2:13).[352] Este "sal da aliança com Deus" pode representar a vontade firme de seguirmos as Leis Divinas; a nossa fé e esforço de sempre fazermos o bem; ofertas a Deus daquilo que alimentamos moralmente, o que tempera nossas ações, ainda que imperfeitas, com o esforço do devotamento ao Criador.

Jesus fala que somos o sal da terra. Com isso nos esclarece que temos por função temperar a terra do coração humano com as ações desenvolvidas na seara cristã. Tais ações resultam das promessas e do pacto de Deus com Abrão, e que se encontram registrados nos capítulos 12 a 15 de *Gênesis*.[353] "Os filhos de Abrão", como foram denominados na posteridade, são citados por João Batista em *Mateus,* 3:9. "E não presumais de vós mesmos, dizendo: Temos por pai a Abraão; porque eu vos digo que mesmo destas pedras Deus pode suscitar filhos a Abraão".[354]

Os filhos de Abraão são, na verdade, todos os Espíritos que seguem as leis de Deus, os que transformam as pedras inférteis de seus corações em terrenos férteis. São Espíritos que oferecem a terra fértil do coração às sementes semeadas pelo semeador Divino, conforme registro de *Lucas*, 8:15: [...] "E a que caiu em boa terra, esses são os que, ouvindo a palavra, a conservam num coração honesto e bom e dão fruto com perseverança".[355] O conjunto desses corações é, justamente, a terra que, simbolicamente, Abraão herdará, na qual frutificarão todos os Espíritos que são os frutos da fé; esclarece Paulo: "Sabei, pois, que os que são da fé são filhos de Abraão" (*Gálatas*, 3:7).[356]

No versículo: "Vós sois o sal da terra. Ora, se o sal se tornar insosso, com o que o salgaremos? Para nada mais serve, senão para ser lançado fora e pisado pelos homens." (Mt 5:13), há uma indagação e duas afirmações que merecem ser destacadas.

» "Ora, se o sal se tornar insosso, com que salgaremos?" [...] Depois de perder o seu sabor, o sal nunca mais readquire seu verdadeiro caráter. Assim sucede àquele que acolhe os ensinos e as bênçãos de Deus e depois os abandona [...]."[357]

» "Para nada mais serve, senão para ser lançado fora e pisado pelos homens". Em outras palavras, significa dizer que "[...] a religião sem autenticidade dificilmente tem real valor para os discípulos de Jesus ou para o mundo em geral."[358]

Na condição de Espíritos esclarecidos pelas lições do Cristianismo e cientes do valor das bem-aventuranças, devemos assumir o dever de temperar a terra da humanidade, ainda tão necessitada de frutos Divinos, agindo como semeadores do Cristo. O dever moral do cristão sincero requer grande esforço para que ele possa se libertar das más tendências. Para tanto, realiza esforço de autossuperação, por meio da vontade firme, da fé inabalável.

> O dever é a obrigação moral da criatura para consigo mesma, primeiro, e, em seguida, para com os outros. O dever é a lei da vida. Ele se encontra nas mais ínfimas particularidades, como nos atos mais elevados. Quero falar aqui apenas do dever moral, e não do dever que as profissões impõem.
>
> Na ordem dos sentimentos, o dever é muito difícil de cumprir-se, por se achar em antagonismo com as seduções do interesse e do coração. Suas vitórias não têm testemunhas e suas derrotas não estão sujeitas à repressão. O dever íntimo do homem fica entregue ao seu livre-arbítrio. O aguilhão da consciência, guardião da probidade interior, o adverte e sustenta, mas, muitas vezes, mostra-se impotente diante dos sofismas e da paixão. Fielmente observado, o dever do coração eleva o homem; como determiná-lo, porém, com exatidão? Onde começa ele? Onde termina? *O dever começa exatamente no ponto em*

que ameaçais a felicidade ou a tranquilidade do vosso próximo; acaba no limite que não desejais que ninguém ultrapasse o vosso.[359]

Porém, completa o Mestre, se não utilizarmos nosso potencial e nossa vontade firme para elevarmos nossas ações e intenções aos Céus, estaremos fadados a passar pelas provações sem entender-lhes as preciosas lições. Ou seja, se o sal perde o sabor, para nada mais serve senão para ser lançado fora e ser pisado pelos homens, como faziam as tradições do Judaísmo. O sal sem sabor, não era utilizado nos sacrifícios religiosos, mas "[...] era lançado nos degraus e declives ao redor do templo para impedir que o terreno se tornasse escorregadio e assim era pisado pelos homens [...]."[360] Em suma, ser o sal da Terra é ser o Tempero Divino nos corações humanos, dever de todo cristão consciente.

> Jesus disse que somos o sal da Terra.
>
> O homem é o sal, mas o que lhe garante o sabor é o exercício de sua espiritualidade, que se traduz de forma objetiva nas diretrizes do Evangelho de Jesus.
>
> Uma pessoa pode ser bonita e atraente, mas, se não tiver virtudes, é uma pessoa insossa.
>
> Uma casa pode ser ampla, moderna e confortável, mas se não tiver Evangelho no lar, se torna fria e vazia.
>
> Uma religião pode ser composta de vários cerimoniais e constituída de inúmeros prédios grandiosos que abriguem muitos fiéis, mas, se ali não houver o Evangelho aplicado em simplicidade, não será uma morada do Cristo.
>
> É a pitada de espiritualidade que faz a diferença no trabalho, no lar, nos relacionamentos [...].[361]

18.2 A LUZ DO MUNDO

No versículo 14 de *Mateus* Jesus também afirma: "Vós sois a luz do mundo. Não se pode esconder uma cidade situada sobre um monte". Importa considerar o significado de luz que consta nas escrituras para entendermos a correlação entre o ensinamento anterior de Jesus (*Vós sois o sal da Terra*) e este outro (*Vós sois a luz do mundo*).

> Na terminologia dos rabinos, vemos que "luz" se refere a Deus, a Israel, à *Torah* e a outros elementos importantes de sua religião. Davi foi chamado de "luz de Israel" (II Sm 21:17). E os seus descendentes são designados luzes em *I Reis,* 11:36; *Salmos,* 132:17; *Lucas,* 2:32. [...]. A luz, à semelhança do sal, deve ser útil. A luz deve brilhar livremente, sem qualquer empecilho.
>
> [...].

> Jesus, o Cristo, é a "*verdadeira luz*" que "ilumina todo homem" (Jo 1:9), Os crentes são luzes secundárias. Paulo diz que são "luzeiros" (Fl 2:16) [...].[362]

É possível que sejamos assolados pelo sentimento de impotência perante a grandiosa tarefa de nos transformarmos em luzeiros ou de refletirmos a luz do Cristo. Talvez por esse motivo o Mestre não tenha se limitado a nos dizer que somos o "sal da terra", mas também afirmou que nós somos a "luz do mundo". Mas como podemos ser a luz do mundo se ainda estamos a construir em nós a iluminação interior? O próprio Mestre nos dá a resposta a essa pergunta: "De novo, Jesus lhes falava: Eu sou a luz do mundo. Quem me segue não andará nas trevas, mas terá a luz da vida" (*João*, 8:12).[363]

Apenas Jesus é elevado o suficiente para brilhar a luz divina em nosso meio, agindo sob a inspiração direta do Criador, conforme esclarece Kardec:

> Sem nada prejulgar sobre a natureza do Cristo, [...] não podemos deixar de reconhecê-lo como um dos Espíritos de ordem mais elevada e, por suas virtudes, colocado muitíssimo acima da Humanidade terrestre. Pelos imensos resultados que produziu, a sua encarnação neste mundo forçosamente há de ter sido uma dessas missões que a Divindade somente confia a seus mensageiros diretos, para o cumprimento de seus desígnios. Mesmo sem supor que Ele fosse o próprio Deus, mas um enviado de Deus para transmitir sua palavra aos homens, seria mais do que um profeta, porquanto seria um Messias Divino.[364]

Assim como Jesus reflete a luz de Deus, nós podemos refletir, de algum modo, a luz do Cristo. Ressalta-se que Jesus está falando a todos os Espíritos já imbuídos do sentimento cristão, representado pelos apóstolos, e não a apenas um indivíduo em particular. Desta forma, explica-nos como Ele próprio age em nosso planeta como a luz de Deus, que se espelhará nos corações humanos, refletidas pelo coração do Cristo Jesus. A luz cristã irá irradiar-se no mundo por meio de todos os que se esforçam por serem o sal da terra. Jesus cuida dos homens pelos próprios homens, utilizando as luzes que cada um já conseguiu absorver em si para que possa auxiliar aos outros na estrada da evolução.

> O Mestre não prometeu claridade à senda dos que apenas falam e creem. Assinou, no entanto, real compromisso de assistência contínua aos discípulos que o seguem. Nesse passo, é importante considerar que Jesus não se reporta a lâmpadas de natureza física, cujas irradiações ferem os olhos orgânicos. Assegurou a doação de luz da vida. Quem efetivamente se dispõe a acompanhá-lo, não encontrará tempo a gastar com exames particularizados de nuvens negras e espessas, porque sentirá a claridade eterna dentro de si mesmo.

Quando fizeres, pois, o costumeiro balanço de tua fé, repara, com honestidade imparcial, se estás falando apenas do Cristo ou se procuras seguir-lhe os passos, no caminho comum.[365]

O sal tem a sua função, assim como a luz. A do primeiro é realçar as qualidades ou sabor do alimento; a da segunda é dissipar as trevas, tal como se acende uma candeia para iluminar. E para que a luz consiga dissipar as trevas é necessário que ela se exponha a estas. Isto não é tarefa simples nem cômoda. Daí Jesus recomendar prudência aliada à mansuetude: "Eis que vos envio como ovelhas entre lobos. Por isso, sede prudentes como as serpentes e sem malícia como as pombas" (*Mateus*, 10:16).[366]

A exposição às trevas exige prudência e mansidão de coração, mas, também, a firmeza da coragem para dar o testemunho de vida cristã, o exemplo da consciência reta de quem segue a Deus. É ter vontade firme no bem, de conformidade com os preceitos evangélicos, ainda quando todos, ao redor, lhe pressionem para o oposto, ou quando os nossos desejos nos impulsionem para caminhos contrários ao dever moral. O cristão sincero, compreende, então, que é necessário fazer sacrifícios, em diferentes circunstâncias, como orienta Emmanuel:

> Cristão sem espírito de sacrifício é lâmpada morta no santuário do Evangelho.
>
> Busquemos o Senhor, oferecendo aos outros o melhor de nós mesmos.
>
> Sigamo-lo, auxiliando indistintamente.
>
> Não nos detenhamos em conflitos ou perquirições sem proveito.
>
> "Vós sois a luz do mundo" — exortou-nos o Mestre —, e a luz não argumenta, mas sim esclarece e socorre, ajuda e ilumina.[367]

Somente assim podemos agir de conformidade com a crença sincera que nos alimenta o espírito, de fazer o bem pelo bem, sem alardes de qualquer espécie, como esclarece Allan Kardec:

> Há grande mérito em fazer o bem sem ostentação; ocultar a mão que dá é ainda mais meritório; constitui sinal incontestável de grande superioridade moral, porque, para encarar as coisas de mais alto do que faz o vulgo, é preciso fazer abstração da vida presente e se identificar com a vida futura; numa palavra, é necessário colocar-se acima da Humanidade, para renunciar à satisfação que resulta do testemunho dos homens e esperar a aprovação de Deus. Aquele que prefere o sufrágio dos homens ao sufrágio Divino prova que tem mais fé nos homens do que em Deus e que dá mais valor à vida presente do que à vida futura ou mesmo que não crê na vida futura.[368]

As nossas boas obras refletem naturalmente a luz que nos ilumina no íntimo, e se assemelham às cidades construídas no alto, a fim de que todos possam vê-las. Similarmente, no versículo 16, *Mateus* registra: "Brilhe do mesmo modo a vossa luz diante dos homens, para que, vendo as vossas boas obras, eles glorifiquem o vosso Pai que está nos Céus" (Mt 5:16).³⁶⁹

> Brilhar nossa luz não é convite para se exibir, como muita gente faz. Dizer que uma pessoa é iluminada pode deixá-la cheia de vaidade. No entanto, esse não é um convite para o ego, é um convite para o *self*. Não "brilhar", no sentido de não distribuir as coisas boas que cada um tem, pode ser uma demonstração de egoísmo e falta de humildade.
>
> [...]
>
> A luz que Jesus recomenda é a das boas obras, é a prática do bem [...].³⁷⁰

O verdadeiro cristão põe em prática a caridade, de forma consciente e espontânea, sem exibicionismos, sem glorificação pessoal. Eis por que este apelo do Espírito Lacordaire,³⁷¹ transmitido há mais de um século, ainda é roteiro seguro para que a luz do Cristo brilhe em nosso Espírito, hoje e sempre.

> Despertai, meus irmãos, meus amigos. Que a voz dos Espíritos vos toque os corações. Sede generosos e caridosos, sem ostentação, isto é, fazei o bem com humildade. Que cada um vá demolindo aos poucos os altares erguidos ao orgulho. Numa palavra, sede verdadeiros cristãos e tereis o reino da verdade. Não duvideis mais da bondade de Deus, quando dela Ele vos dá tantas provas. Vimos preparar os caminhos para que as profecias se cumpram. Quando o Senhor vos der uma manifestação mais retumbante da sua clemência, que o enviado celeste já vos encontre formando uma grande família; que os vossos corações, mansos e humildes, sejam dignos de ouvir a palavra divina que Ele vos vem trazer; que o eleito não encontre em seu caminho senão as palmas que aí tenhais deposto pelo vosso retorno ao bem, à caridade, à fraternidade, quando, então, o vosso mundo se tornará o paraíso terrestre. No entanto, se permanecerdes insensíveis à voz dos Espíritos enviados para depurar e renovar a vossa sociedade civilizada, rica em ciências e, contudo, tão pobre de bons sentimentos, ah! então nos restará apenas chorar e gemer pela vossa sorte. Mas, não, assim não será. Voltai para Deus, vosso Pai, e todos nós que houvermos contribuído para o cumprimento da sua vontade entoaremos o cântico de ação de graças, a fim de agradecer ao Senhor por sua inesgotável bondade e glorificá-lo por todos os séculos dos séculos. Assim seja. [...]. (Constantina, 1.863.)

REFERÊNCIAS

347 BÍBLIA DE JERUSALÉM. Gilberto da Silva Gorgulho; Ivo Storniolo e Ana Flora Anderson (Coords.). Diversos tradutores. Nova ed. rev. e ampl. 13. imp. São Paulo: Paulus, 2019, *Evangelho segundo Mateus,* 5:13-16, p. 1.711.

348 KARDEC, Allan. *O evangelho segundo o espiritismo.* Trad. Evandro Noleto Bezerra. 2. ed. 10. imp. Brasília: FEB, 2020, cap. 27, it. 3, p. 226.

349 _____. _____. Cap. 28, it. 2 e 3, p 240-241.

350 BÍBLIA SAGRADA. Trad. João Ferreira de Almeida. Revista e Corrigida. 4. ed. Barueri [SP]: Sociedade Bíblica do Brasil, 2009, *Colossenses,* 4:6, p. 1.555.

351 CHAMPLIN, Russell Norman. *O novo testamento interpretado versículo por versículo*: Mateus/Marcos. Nova edição revisada. São Paulo: Hagnos, 2014, v.1, p. 306-307.

352 BÍBLIA SAGRADA. Trad. João Ferreira de Almeida. Revista e Corrigida. 4. ed. Barueri [SP]: Sociedade Bíblica do Brasil, 2009, *Levítico,* 2:13: p. 146.

353 _____. _____. *Gênesis,* 12 – 15, p. 16- 18.

354 _____. _____. *Evangelho segundo Mateus,* 3:9, p. 1.247.

355 BÍBLIA SAGRADA. Trad. João Ferreira de Almeida. Revista e Corrigida. 4. ed. Barueri [SP]: Sociedade Bíblica do Brasil, 2009, *Evangelho segundo Lucas.* 8:15, p. 1347.

356 _____. _____. *Gálatas,* 3:7, p. 1.534.

357 CHAMPLIN, Russell Norman. *O novo testamento interpretado versículo por versículo*: Mateus/Marcos. Nova edição revisada. São Paulo: Hagnos, 2014, v.1, p. 307.

358 _____. _____. P. 307.

359 KARDEC, Allan. *O evangelho segundo o espiritismo.* Trad. Evandro Noleto Bezerra. 2. ed. 10. imp. Brasília: FEB, 2020, cap. 17, it. 7, p. 231.

360 CHAMPLIN, Russell Norman. *O novo testamento interpretado versículo por versículo*: Mateus/Marcos. Nova edição revisada. São Paulo: Hagnos, 2014, v.1, p. 307.

361 LOPES, Sergio Luís da Silva. *O código do monte*: as virtudes do sermão da montanha. 1. ed. Porto Alegre: Livraria e Editora Francisco Spinelli, 2013, p. 155.

362 CHAMPLIN, Russell Norman. *O novo testamento interpretado versículo por versículo*: Mateus/Marcos. Nova edição revisada. São Paulo: Hagnos, 2014, v.1, p. 307.

363 BÍBLIA DE JERUSALÉM. Gilberto da Silva Gorgulho; Ivo Storniolo e Ana Flora Anderson (Coords.). Diversos tradutores. Nova ed. rev. e ampl. 13. imp. São Paulo: Paulus, 2019, *O evangelho segundo João,* 8:12, p. 1.863.

364 KARDEC, Allan. *A gênese.* Trad. Evandro Noleto Bezerra. 2. ed. 2. imp. Brasília: FEB, 2019, cap. 15, it. 2, p. 264.

365 XAVIER, Francisco Cândido. *Vinha de luz.* Pelo Espírito Emmanuel. 1. ed. 15. imp. Brasília: FEB, 2020, cap. 146, p. 306.

366 BÍBLIA DE JERUSALÉM. Gilberto da Silva Gorgulho; Ivo Storniolo e Ana Flora Anderson (Coords.). Diversos tradutores. Nova ed. rev. e ampl. 13. imp. São Paulo: Paulus, 2019, *O evangelho segundo Mateus,* 10:16, p. 1.721.

367 XAVIER, Francisco Cândido. *Fonte viva.* Pelo Espírito Emmanuel. 1. ed. 16. imp. Brasília: FEB, 2020, cap. 105, p. 227-228.

368 KARDEC, Allan. *O evangelho segundo o espiritismo.* Trad. Evandro Noleto Bezerra. 2. ed. 10. imp. Brasília: FEB, 2020, cap. 13, it. 3, p. 172.

369 BÍBLIA DE JERUSALÉM. Gilberto da Silva Gorgulho; Ivo Storniolo e Ana Flora Anderson (Coords.). Diversos tradutores. Nova ed. rev. e ampl. 13. imp. São Paulo: Paulus, 2019, *O evangelho segundo Mateus,* 5:16, p. 1.711.

370 LOPES, Sergio Luís da Silva. *O código do monte:* as virtudes do sermão da montanha. 1. ed. Porto Alegre: Livraria e Editora Francisco Spinelli, 2013, p. 157-158.

371 KARDEC, Allan. *O evangelho segundo o espiritismo.* Trad. Evandro Noleto Bezerra. 2. ed. 10. imp. Brasília: FEB, 2020, cap. 7, it. 11, p. 113.

TEMA 19

O SERMÃO DA MONTANHA: O CUMPRIMENTO DA LEI E A NOVA JUSTIÇA (MT 5:17-48)[372]

Os trinta e um versículos de *Mateus,* 5:17-48 abrangem duas grandes ordens de ideias: *A nova lei* (Mt 5: 17-20) e *O contraste entre a lei antiga e a nova* (Mt 5:21-48). São ideias que podem sugerir ao aprendiz precipitado que Jesus estaria revogando todas os ensinamentos anteriores. Seria imprudência pensar assim, pois indica interpretação literal do ensinamento evangélico. Jesus apenas atualiza os preceitos do Antigo Testamento direcionando-os para a vivência da lei de amor.

É importante extrairmos o espírito da letra quando se trata do estudo do Evangelho. Compreendemos que Jesus não alterou nada da lei antiga, mas deu-lhe nova interpretação, disponibilizando ao discípulo condições para o seu verdadeiro crescimento espiritual. Condições que o libertam das fantasias dos rituais, solenidades e práticas de culto externo, às quais se mantém preso há séculos. O grande diferencial entre a lei antiga e a nova lei é a interpretação dada pelo Cristo que, ao se revestir da túnica da humildade, demonstra que o Amor se faz presente em todas as manifestações das leis divinas. O Amor é o diferencial nos preceitos cristãos.

Para melhor compreender o texto de Mateus do capítulo 5, objeto deste estudo, vamos subdividi-lo em duas partes, analisando-as separadamente: a) *A nova lei,* que abrange os versículos 17 a 20; b) *O cumprimento da nova lei e da nova justiça,* inserido nos versículos 21 a 48.

19.1 A NOVA LEI (MT 5:17-20)[373]

> 17 Não penseis que vim revogar a Lei e os Profetas. Não vim revogá-los, mas dar-lhes pleno cumprimento, 18 porque em verdade vos digo que, até que passem o céu e a terra, não será omitido nem um só i, uma só vírgula da Lei, sem que tudo seja realizado. 19 Aquele, portanto, que violar um só desses

> menores mandamentos e ensinar os homens a fazerem o mesmo, será chamado o menor no Reino dos Céus. Aquele, porém, que os praticar e os ensinar, esse será chamado grande no Reino dos Céus. A nova justiça é superior à antiga. 20 Com efeito, eu vos asseguro que se a vossa justiça não exceder a dos escribas e a dos fariseus, não entrareis no Reino dos Céus.

É importante considerar que esse trecho de *Mateus,* 5:17-20 refere-se à "[...] segunda parte do Sermão do Monte: Jesus explica a sua relação com a lei de Moisés, na qualidade de Messias, especialmente conforme ela era interpretada em seu tempo."[374] Entretanto, não devemos esquecer o que o Espiritismo diz a respeito: "Há duas partes distintas na lei mosaica: a Lei de Deus, promulgada no monte Sinai, e a lei civil ou disciplinar, estabelecida por Moisés. Uma é invariável; a outra, apropriada aos costumes e ao caráter do povo, se modifica com o tempo."[375]

A Lei de Deus está formulada nos dez mandamentos que se seguem.

> I. Eu sou o Senhor, vosso Deus, que vos tirei do Egito, da casa da servidão. Não tereis diante de mim outros deuses estrangeiros. Não fareis imagem esculpida, nem figura alguma do que está acima no céu, nem embaixo, na Terra. Não os adorareis e nem lhes prestareis culto soberano.
>
> II. Não pronunciareis em vão o nome do Senhor, vosso Deus.
>
> III. Lembrai-vos de santificar o dia do sábado.
>
> IV. Honrai a vosso pai e a vossa mãe, a fim de viverdes longo tempo na terra que o Senhor vosso Deus vos dará.
>
> V. Não matareis.
>
> VI. Não cometereis adultério.
>
> VII. Não roubareis.
>
> VIII. Não prestareis falso testemunho contra o vosso próximo.
>
> IX. Não desejareis a mulher do vosso próximo.
>
> X. Não cobiçareis a casa do vosso próximo, nem o seu servo, nem a sua serva, nem o seu boi, nem o seu jumento, nem qualquer das coisas que lhe pertençam.[376]

Outro ponto que não devemos perder de vista é ter em mente que os princípios da Lei de Deus são imutáveis e eternos.

> Essa Lei [Lei de Deus] é de todos os tempos e de todos os países, e tem, por isso mesmo, caráter Divino. Todas as outras são leis que Moisés estabeleceu, obrigado a manter, pelo temor, um povo naturalmente turbulento e indisciplinado, no qual tinha ele de combater arraigados abusos e preconceitos, adquiridos durante a escravidão do Egito. Para imprimir autoridade às suas leis houve de lhes atribuir origem divina, assim como fizeram todos os legisladores dos povos primitivos. A autoridade do homem precisava apoiar-se na

autoridade de Deus, mas só a ideia de um Deus terrível podia impressionar homens ignorantes, nos quais o senso moral e o sentimento de uma justiça reta estavam ainda pouco desenvolvidos. É evidente que aquele que incluíra, entre os seus mandamentos, este: "Não matareis; não fareis mal ao próximo", não poderia contradizer-se, fazendo da exterminação um dever. As leis mosaicas, propriamente ditas, tinham, pois, um caráter essencialmente transitório.³⁷⁷

Em *Mateus*, 5:17, destaca-se logo de início a afirmação de Jesus: "Não penseis que vim revogar a Lei e os Profetas. Não vim revogá-los, mas dar--lhes pleno cumprimento". Isto quer dizer exatamente o que está escrito: "Jesus não veio destruir a Lei (Dt 4:80), e toda a economia antiga, nem consagrá-la como intangível, mas dar-lhe, pelo seu ensinamento e pelo seu comportamento, forma nova e definitiva, na qual se realiza, afinal, plenamente aquilo que a Lei se encaminhava [...]".³⁷⁸

> O evangelista [Mateus] mostra que muito da antiga fé deve ser aceito. Ele não queria causar nenhuma cisma entre a antiga e a nova lei, quanto a conceitos básicos. Portanto, nesse ponto, ele apresenta Cristo como quem continuava a antiga tradição, e não como quem a destruía [...]. A nova lei, apesar de depender da antiga, é exatamente isso: uma nova doutrina [...].³⁷⁹

A principal atualização da Lei antiga proposta por Jesus é incluir o amor em suas práticas. Lei que, muitas vezes era exercida com rigor, em nome da necessidade de se aplicar a justiça a qualquer custo. Por certo, a justiça deva ser aplicada em qualquer situação, mas sempre conjugada à misericórdia, como orienta Jesus. Até porque, sabe-se que a Justiça dos homens é falha. Fica claro, portanto, que Jesus não revogou nem atualizou a Lei de Deus, mas deu-lhe uma interpretação nova, revestindo-a de amor, a Deus e ao próximo.

Em todas as situações o Mestre é incisivo quanto ao cumprimento da lei mosaica, e reproduz, inclusive, expressões corriqueiras do Judaísmo quando faz referência às coisas eternas, imperecíveis: "[...] porque em verdade vos digo que, até que passem o Céu e a Terra, não será omitido nnum só i, uma só vírgula da Lei, sem que tudo seja realizado"(Mt 5:18). A ideia que aqui se destaca é a de que "[...] a lei e os profetas jamais serão revogados [...]. A expressão "até que o Céu e a Terra passem" provavelmente é uma fórmula comum para mostrar a invariabilidade da palavra divina. Posteriormente, Jesus empregou quase que os mesmos vocábulos para indicar que as suas palavras são invariáveis e eternas: "Passará o Céu e a Terra, porém as minhas palavras não passarão (Mt 24:35; Mc 13:31 e Lc 21:33)"³⁸⁰

No versículo 19 Jesus nos faz, contudo, um alerta: "Aquele, portanto, que violar um só desses menores mandamentos e ensinar os homens a fazerem o mesmo, será chamado o menor no Reino dos Céus. Aquele, porém, que os praticar e os ensinar, esse será chamado grande no Reino dos Céus. A nova justiça é superior à antiga". Com estas palavras, Jesus não se referia apenas aos rituais e ao formalismo usuais encontrados nas práticas da lei de Moisés. Jesus "[...] Falava da lei moral, porque essa não sofre modificações [...]."[381] Já no versículo 20, encontramos um conselho de Jesus que deve merecer nossa reflexão: *Com efeito, eu vos asseguro que se a vossa justiça não exceder a dos escribas e a dos fariseus, não entrareis no Reino dos Céus.*

É de conhecimento histórico que os escribas e fariseus eram cumpridores ardorosos da fé ortodoxa do Judaísmo, porém dedicavam-se mais às formalidades externas do culto e dos cerimoniais do que da interpretação espiritual das escrituras. Eram rigorosos quanto à aplicação da justiça aos que violentavam os mais simples preceitos da lei de Moisés. Eram meticulosos observadores das formas externas da lei, mas não compreendiam nem observavam tanto os seus princípios morais.[382] Usualmente eram acusados de "hipócritas", "guias cegos", "insensatos", "serpentes", "raça de víboras", etc., até mesmo pelo próprio Cristo. Em suma, Jesus queria demonstrar que o espírito da lei, a intenção moral que estava por trás, é que deveriam ser praticados, ordenando a pureza e a intenção do coração.[383]

Emmanuel, ensina que a lição que Jesus transmitia é bem mais profunda do que se entende à primeira vista.

> Sem dúvida, para consolidar a excelência da lei mosaica do ponto de vista da opinião, Jesus poderia invocar a ciência e a filosofia, a religião e a história, a política e a ética social, mobilizando a cultura de seu tempo para grafar novos tratados de revelação superior, empunhando o buril da razão ou o azorrague da crítica para chamar os contemporâneos ao cumprimento dos próprios deveres, mas, compreendendo que o amor rege a justiça na Criação Universal, preferiu testemunhar a Lei vigente, plasmando-lhe a grandeza e a exatidão do próprio ser, através da ação renovadora com que marcou a própria rota, na expansão da própria luz.
>
> [...]
>
> É por isso que, da Manjedoura simples à Cruz da morte, vemo-Lo no serviço infatigável do bem, empregando a compaixão genuína por ingrediente inalienável da própria mensagem transformadora, fosse subtraindo a Madalena à fúria dos preconceitos de sua época para soerguê-la à dignidade feminina, ou desculpando Simão Pedro, o amigo timorato que abdicava da lealdade à última hora, fosse esquecendo o gesto impensado de Judas, o discípulo enganado, ou

buscando Saulo de Tarso, o adversário confesso, para induzir-lhe a sinceridade a mais amplo e seguro aproveitamento da vida.

[...].³⁸⁴

19.2 O CUMPRIMENTO DA NOVA LEI E A NOVA JUSTIÇA (MT 5:21-48)³⁸⁵

Informações: Devido à extensão do texto, que vai dos versículos 21 ao 48, estes estão inseridos em anexo. E como se tratam de assuntos citados por outros autores dos livros do Novo Testamento (de Mateus ao Apocalipse de João), serão paulatinamente analisados com mais detalhes, uma vez que o Novo Testamento representa a Nova Lei, instituída pelo Cristo e constitui o objeto do estudo de *O Evangelho Redivivo*. No âmbito desse tema (19 – *O sermão da montanha: o cumprimento da nova lei e a nova justiça*) serão abordados apenas os seus aspectos gerais.

Jesus ensina que o cumprimento da Lei Divina não deve priorizar o formalismo e as práticas cerimoniais de culto externo. Estas têm pouco ou nenhum valor quando se considera a necessidade da transformação moral do discípulo. A nova lei e a nova justiça devem estar fundamentadas no Amor. Nesse sentido, "[...] Jesus eleva a "conduta cristã" como um ideal muito acima do que normalmente se pregava nas sinagogas. [...]."³⁸⁶

A nova lei e a nova justiça, pregadas e exemplificadas por Jesus (*Mateus*, 5:21-48), indicam atualização das práticas religiosas tradicionais, muitas das quais injustas e radicais. Nesse sentido, a Doutrina Cristã apresenta interpretações significativas, ainda que se valendo dos preceitos da lei antiga, quais sejam:

> O antigo conceito do homicídio e da ira, com aquilo que os cristãos devem pensar sobre esses males (v. 21-26); adultério e concupiscência (v. 27-30); a reconsideração sobre o divórcio (v. 31-32); a proibição sobre juramentos (v. 33-37); a proibição acerca da vingança (v. 38-42); o amor e o ódio (v. 43-48). Em todos os casos, a nova *lei* é mais pura, mais lata em sua aplicação, e mais exigente que a antiga. Jesus esperava mais dos homens do que o fazia Moisés. Cristo é o novo Legislador.³⁸⁷

Destacamos em seguida, e de forma bem ampla, os pontos fundamentais anunciados por Jesus, e pontuados por Allan Kardec em *O evangelho segundo o espiritismo*.

19.2.1 NÃO MATARÁS (MT 5:21-22)

> 21 Ouvistes que foi dito aos antigos: Não matarás; aquele que matar terá de responder no tribunal. 22 Eu, porém, vos digo: todo aquele que se encolerizar contra seu irmão, terá de responder no tribunal; aquele que chamar ao seu irmão 'cretino' estará sujeito ao julgamento do Sinédrio; aquele que lhe chamar 'louco' terá de responder na geena de fogo.

O homicídio era prática comum no passado, não sendo caracterizado como crime em diferentes culturas. Em decorrência, a existência legal dos duelos e outras formas de assassinato foram legalmente permitidas, algumas das quais ainda permanecem na atualidade, como o aborto intencional e homicídios por divergências ideológicas e/ou políticas em nações ou comunidades fechadas e radicais. O Espírito Francisco Xavier esclarece em mensagem transmitida em Bordeaux-França, ano 1861, que tal fato resulta do pouco desenvolvimento do senso moral:

> Quando a caridade regular a conduta dos homens, eles conformarão seus atos e palavras a esta máxima: "Não façais aos outros o que não gostaríeis que vos fizessem". Então, desaparecerão todas as causas de dissensões e, com elas, as dos duelos e das guerras, que são os duelos de povo a povo [...].[388]

19.2.2 O ADULTÉRIO (MT 5:27-28)

> "27 Ouvistes que foi dito: Não cometerás adultério. 28 Eu, porém, vos digo: todo aquele que olha para uma mulher com desejo libidinoso já cometeu adultério com ela em seu coração."

A palavra adultério não deve ser aqui entendida no sentido exclusivo da acepção que lhe é própria, mas num sentido mais geral. Muitas vezes Jesus a empregou por extensão, para designar o mal, o pecado, todo e qualquer pensamento mau, como, por exemplo, nesta passagem: "Porque se alguém se envergonhar de mim e das minhas palavras, dentre esta raça adúltera e pecadora, o Filho do Homem também se envergonhará dele, quando vier acompanhado dos santos anjos, na glória de seu Pai" (*Marcos*, 8:38). A verdadeira pureza não está somente nos atos; está também no pensamento, porque aquele que tem puro o coração, nem sequer pensa no mal. Foi o que Jesus quis dizer: Ele condena o pecado, mesmo em pensamento, porque é sinal de impureza.[389]

19.2.3 O DIVÓRCIO (MT 5: 31-33)

> 31 Foi dito: Aquele que repudiar a sua mulher, dê-lhe uma carta de divórcio. 32 Eu, porém, vos digo: todo aquele que repudia sua mulher, a não ser por motivo de fornicação, faz com que ela adultere; e aquele que se casa com a repudiada comete adultério.

Allan Kardec esclarece a respeito:

> O divórcio é lei humana que tem por fim separar legalmente o que já está, de fato, separado. Não é contrário à Lei de Deus, pois apenas reforma o que os homens fizeram e só é aplicável nos casos em que não se levou em conta a Lei Divina.
>
> [...].
>
> Porém, nem mesmo Jesus consagrou a indissolubilidade absoluta do casamento. Não disse Ele: "Foi por causa da dureza dos vossos corações que Moisés permitiu que despedísseis as vossas mulheres?". Isso significa que, desde o tempo de Moisés, não sendo a afeição mútua a única finalidade do casamento, a separação podia tornar-se necessária.
>
> [...]
>
> Jesus vai mais longe: especifica o caso em que o repúdio pode ocorrer, o de adultério. Ora, não existe adultério onde reina sincera afeição recíproca [...].[390]

19.2.4 PROIBIÇÃO DE JURAMENTO (MT 5:34-37)

> 34 Eu, porém, vos digo: não jureis em hipótese nenhuma; nem pelo Céu, porque é o trono de Deus, 35 nem pela Terra, porque é o escabelo dos seus pés, nem por Jerusalém, porque é a Cidade do Grande Rei, 36 Nem jures pela tua cabeça, porque tu não tens o poder de tornar um só cabelo branco ou preto. 37 Seja o vosso 'sim', sim, e o vosso 'não', não. O que passa disso vem do Maligno.

O juramento é prática antiquíssima que, infelizmente, ainda é usual no meio religioso de diferentes procedências. Tem por princípio invocar a Deus por testemunha de algo que se afirma ou se promete realizar. O juramento pode estar associado ao cumprimento de uma promessa ou de uma penitência, sobretudo quando, por alguma razão, não foi possível executar o juramento, total ou parcialmente.

Entende-se por penitência atos como: jejuns, orações, esmolas, vigílias, peregrinações que os fiéis — ou a alguns tipos de religião — oferecem a Deus como provas de que estão arrependidos dos seus pecados; praticados dentre os diversos ramos do cristianismo — de diferentes formas — com a finalidade de expiação dos pecados; tendo o significado de um sacrifício pessoal do fiel, pagando um pecado cometido, ou agradecendo uma graça recebida."[391] Algumas penitências levam ao absurdo da autoflagelação.

Jesus, sabiamente, orienta os seus discípulos não fazerem juramentos, sob quaisquer condições, em nome de Deus ou não, pois entre a promessa proferida e o seu cumprimento há fatores que podem estar fora do controle, como bem destaca o versículo: "Nem jures pela tua cabeça, porque tu não tens o poder de tornar um só cabelo branco ou preto" (Mt 5:36). Ao contrário, o Mestre destaca que o discípulo fiel deve ter como regra de conduta a firmeza da coragem moral que determina: "Seja o vosso sim, sim, e o vosso não, não. O que passa disso vem do Maligno" (Mt 5:37).

19.2.5 PROIBIÇÃO DE VINGANÇA (MT 5:38-41)

> 38 Ouvistes que foi dito: Olho por olho e dente por dente. 39 Eu, porém, vos digo: não resistais ao homem mau; antes, àquele que te fere na face direita oferece-lhe também a esquerda; 40 e àquele que quer pleitear contigo, para tomar-te a túnica, deixa-lhe também a veste; 41 e se alguém te obriga a andar uma milha, caminha com ele duas.

> Os preconceitos do mundo sobre o que se convencionou chamar "ponto de honra" produzem essa suscetibilidade sombria, nascida do orgulho e da exaltação da personalidade, que leva o homem a retribuir uma injúria com outra injúria, uma ofensa com outra, o que é tido como justiça por aquele cujo senso moral não se eleva acima das paixões terrenas. É por isso que a lei mosaica prescrevia: olho por olho, dente por dente, lei em harmonia com a época em que Moisés vivia. Veio o Cristo e disse: "Retribuí o mal com o bem". E disse ainda: "Não resistais ao mal que vos queiram fazer; se alguém vos bater numa face, apresentai-lhe a outra". Ao orgulhoso, este preceito parecerá uma covardia, pois ele não compreende que haja mais coragem em suportar um insulto do que em se vingar, em virtude de sua visão ser incapaz de ultrapassar o presente.

> [...]

> Por essas palavras Jesus não pretendeu interdizer toda defesa, mas condenar a vingança. Dizendo que apresentemos a outra face àquele que nos haja batido numa, disse, sob outra forma, que não se deve pagar o mal com o mal; que o homem deve aceitar com humildade tudo quanto possa abater o seu orgulho; que haverá mais glória para ele em ser ofendido do que em ofender, em suportar pacientemente uma injustiça do que em cometer ele mesmo outra injustiça; que mais vale ser enganado do que enganar, ser arruinado do que arruinar os outros.[392]

19.2.6 AMOR E ÓDIO (MT 5:42-43)

> "42 Ouvistes que foi dito: Amarás o teu próximo e odiarás o teu inimigo. 43 Eu, porém, vos digo: amai os vossos inimigos e orai pelos que vos perseguem."

> Se o amor do próximo constitui o princípio da caridade, amar os inimigos é a mais sublime aplicação desse princípio, porque a posse dessa virtude é uma das maiores vitórias alcançadas contra o egoísmo e o orgulho.

> Entretanto, geralmente há equívoco quanto ao sentido da palavra amar, nesta circunstância. Jesus não pretendeu, por essas palavras, que se tenha para com o inimigo a ternura que se dispensa a um irmão ou amigo. A ternura pressupõe

confiança; ora, ninguém pode ter confiança numa pessoa, sabendo que esta lhe quer mal; ninguém pode ter para com ela expansões de amizade, já que ela pode abusar dessa atitude.

[...].

Amar os inimigos é não lhes guardar ódio nem rancor, nem desejo de vingança; é perdoar-lhes, sem segundas intenções e incondicionalmente o mal que nos causem; é não opor nenhum obstáculo à reconciliação; é desejar-lhes o bem, e não o mal; é regozijar-se, em vez de afligir-se, com o bem que lhes advenha; é estender-lhes a mão que socorre, em caso de necessidade; é abster-se, quer por palavras, quer por atos, de tudo que os possa prejudicar; é, finalmente, restituir-lhes todo o mal com o bem, sem intenção de os humilhar. Quem age dessa forma preenche as condições do mandamento: Amai os vossos inimigos.[393]

19.2.7 PERFEIÇÃO ESPIRITUAL (MT 5:48)

"Portanto, deveis ser perfeitos como o vosso Pai celeste é perfeito."

Estas [...] palavras devem, pois, ser entendidas no sentido da perfeição relativa, a de que a Humanidade é suscetível e que mais a aproxima da Divindade. Em que consiste essa perfeição? Jesus o diz: em "amarmos os nossos inimigos, em fazermos o bem aos que nos odeiam, em orarmos pelos que nos perseguem". Mostra, desse modo, que a essência da perfeição é a caridade na sua mais ampla acepção, porque implica a prática de todas as outras virtudes.

Com efeito, se observarmos os resultados de todos os vícios e, mesmo, dos simples defeitos, reconheceremos não haver nenhum que não altere mais ou menos o sentimento da caridade, porque todos têm o seu princípio no egoísmo e no orgulho, que lhes são a negação, já que tudo que superexcita o sentimento da personalidade destrói, ou, pelo menos, enfraquece os elementos da verdadeira caridade, que são: a benevolência, a indulgência, a abnegação e o devotamento. [...].[394]

REFERÊNCIAS

[372] BÍBLIA DE JERUSALÉM. Gilberto da Silva Gorgulho; Ivo Storniolo e Ana Flora Anderson (Coords.). Diversos tradutores. Nova ed. rev. e ampl. 13. imp. São Paulo: Paulus, 2019, *Evangelho segundo Mateus*, 5:17-48, p. 1.711-1712.

[373] _____. _____. *Evangelho segundo Mateus*, 5:17-20, p. 1.714.

[374] CHAMPLIN, Russell Norman. *O novo testamento interpretado versículo por versículo*: Mateus/Marcos. Nova edição revisada. São Paulo: Hagnos, 2014, v. 1, p. 308.

375 KARDEC, Allan. *O evangelho segundo o espiritismo*. Trad. Evandro Noleto Bezerra. 2. ed. 10. imp. Brasília: FEB, 2020, cap. 1, it. 2, p. 37.
376 _____. _____. Cap. 1, p. 37-38
377 _____. _____. It. 2, p. 38.
378 BÍBLIA DE JERUSALÉM. Gilberto da Silva Gorgulho; Ivo Storniolo e Ana Flora Anderson (Coords.). Diversos tradutores. Nova ed. rev. e ampl. 13. imp. São Paulo: Paulus, 2019, *Evangelho segundo Mateus*. Nota de rodapé "C", p. 1.714.
379 CHAMPLIN, Russell Norman. *O novo testamento interpretado versículo por versículo*: Mateus/Marcos. Nova edição revisada. São Paulo: Hagnos, 2014, it. II, Primeiro grande discurso, subit. 4 (A nova lei), p. 308.
380 _____. _____. P. 309.
381 _____. _____.
382 _____. _____.
383 _____. _____. It. II, Primeiro grande discurso, subit. 5: contraste entre a antiga lei e a nova lei, p. 310.
384 XAVIER, Francisco Cândido. *Abrigo*. Pelo Espírito Emmanuel. 4. ed. Araras: IDE, 1998, cap.16, p. 76-78.
385 BÍBLIA DE JERUSALÉM. Gilberto da Silva Gorgulho; Ivo Storniolo e Ana Flora Anderson (Coords.). Diversos tradutores. Nova ed. rev. e ampl. 13. imp. São Paulo: Paulus, 2019, *Evangelho segundo Mateus*, 5:17-48, p. 1.711-1712.
386 CHAMPLIN, Russell Norman. *O novo testamento interpretado versículo por versículo*: Mateus/Marcos. Nova edição revisada. São Paulo: Hagnos, 2014, it. II, subit. 5: contraste entre a antiga lei e a nova lei, p. 310.
387 _____. _____.
388 KARDEC, Allan. *O evangelho segundo o espiritismo*. Trad. Evandro Noleto Bezerra. Trad. Evandro Noleto Bezerra. 2. ed. 10. imp. Brasília: FEB, 2020, cap. 12, Item 14, p. 169.
389 _____. _____. Cap. 8, it. 6, p. 119.
390 _____. _____. Cap. 22, it. 5, p. 279-280.
391 Penitência: https://pt.wikipedia.org/wiki/Penit%C3%AAncia Acesso em 23/02/2019.
392 KARDEC, Allan. *O evangelho segundo o espiritismo*. Trad. Evandro Noleto Bezerra. 2. ed. 10. imp. Brasília: FEB, 2020, cap. 12, it. 8, p. 163.
393 _____. _____. It. 3, p. 160.
394 _____. _____. Cap. 17, it. 2, p. 225-226.

ANEXO: O CUMPRIMENTO DA LEI E A NOVA JUSTIÇA (MT 5:21-48)********

OBS.: Os assuntos que constam deste anexo serão estudados com mais detalhes nos livros subsequentes do Novo Testamento.

21 Ouvistes que foi dito aos antigos: Não matarás; aquele que matar terá de responder no tribunal.

22 Eu, porém, vos digo: todo aquele que se encolerizar contra seu irmão, terá de responder no tribunal; aquele que chamar ao seu irmão "Cretino!" estará sujeito ao julgamento do Sinédrio; aquele que lhe chamar 'Louco' terá de responder na geena de fogo.

23 Portanto, se estiveres para trazer a tua oferta ao altar e ali te lembrares de que o teu irmão tem alguma coisa contra ti,

24 deixa a tua oferta ali diante do altar e vai primeiro reconciliar-te com o teu irmão; e depois virás apresentar a tua oferta.

25 Assume logo uma atitude conciliadora com o teu adversário, enquanto estás com ele no caminho, para não acontecer que o adversário te entregue ao juiz e o juiz ao oficial de justiça e, assim, sejas lançado na prisão.

26 Em verdade te digo: dali não sairás, enquanto não pagares o último centavo.

27 Ouvistes que foi dito: Não cometerás adultério.

28 Eu, porém, vos digo: todo aquele que olha para uma mulher com desejo libidinoso já cometeu adultério com ela em seu coração.

29 Caso o teu olho direito te leve a pecar, arranca-o e lança-o para longe de ti, pois é preferível que se perca um dos teus membros do que todo o teu corpo seja lançado na geena.

30 Caso a tua mão direita te leve a pecar, corta-a e lança-a para longe de ti, pois é preferível que se perca um dos teus membros do que todo o teu corpo vá para a geena.

31 Foi dito: Aquele que repudiar a sua mulher, dê-lhe uma carta de divórcio.

******** BÍBLIA DE JERUSALÉM. Gilberto da Silva Gorgulho; Ivo Storniolo e Ana Flora Anderson (Coords.). Diversos tradutores. Nova ed. rev. e ampl. 13. imp. São Paulo: Paulus, 2019, *Evangelho segundo Mateus,* 5:21-48, p. 1.711-1712.

32 Eu, porém, vos digo: todo aquele que repudia sua mulher, a não ser por motivo de 'fornicação', faz com que ela adultere; e aquele que se casa com a repudiada comete adultério.

33 Ouvistes também que foi dito aos antigos: Não perjurarás, mas cumprirás os teus juramentos para com o Senhor.

34 Eu, porém, vos digo: não jureis em hipótese nenhuma; nem pelo Céu, porque é o trono de Deus,

35 nem pela Terra, porque é o escabelo dos seus pés, nem por Jerusalém, porque é a Cidade do Grande Rei,

36 nem jures pela tua cabeça, porque tu não tens o poder de tornar um só cabelo branco ou preto.

37 Seja o vosso 'sim', sim, e o vosso 'não', não. O que passa disso vem do Maligno.

38 Ouvistes que foi dito: Olho por olho e dente por dente.

39 Eu, porém, vos digo: não resistais ao homem mau; antes, àquele que te fere na face direita oferece-lhe também a esquerda;

40 e àquele que quer pleitear contigo, para tomar-te a túnica, deixa-lhe também o manto;

41 e se alguém te obriga a andar uma milha, caminha com ele duas.

42 Dá ao que te pede e não voltes as costas ao que te pede emprestado.

43 Ouvistes que foi dito: Amarás o teu próximo e odiarás o teu inimigo.

44 Eu, porém, vos digo: amai os vossos inimigos e orai pelos que vos perseguem;

45 desse modo vos tornareis filhos do vosso Pai que está nos céus, porque ele faz nascer o seu sol igualmente sobre maus e bons e cair a chuva sobre justos e injustos.

46 Com efeito, se amais aos que vos amam, que recompensa tendes? Não fazem também os publicanos a mesma coisa?

47 E se saudais apenas os vossos irmãos, que fazeis de mais? Não fazem também os gentios a mesma coisa?

48 Portanto, deveis ser perfeitos como o vosso Pai Celeste é perfeito.

O SERMÃO DA MONTANHA: DAR ESMOLA E ORAR EM SEGREDO (MT 6:1-6)[395]

1 Guardai-vos de praticar a vossa justiça diante dos homens para serdes vistos por eles. Do contrário, não recebereis recompensa junto ao vosso Pai que está nos céus. 2 Por isso, quando deres esmola, não te ponhas a trombetear em público, como fazem os hipócritas nas sinagogas e nas ruas, com o propósito de serem glorificados pelos homens. Em verdade vos digo: já receberam a sua recompensa. 3 Tu, porém, quando deres esmola, não saiba a tua mão esquerda o que faz a tua direita, 4 para que a tua esmola fique em segredo; e o teu Pai, que vê no segredo, te recompensará. 5 E quando orardes, não sejais como os hipócritas, porque eles gostam de fazer oração pondo-se em pé nas sinagogas e nas esquinas, a fim de serem vistos pelos homens. Em verdade vos digo: já receberam a sua recompensa. 6 Tu, porém, quando orares, entra no teu quarto e, fechando tua porta, ora ao teu Pai que está lá, no segredo; e o teu Pai, que vê no segredo, te recompensará.

O registro de Mateus apresenta três ideias principais relacionadas à conduta do cristão e que serão analisadas neste estudo: a) *prática da justiça sem ostentação*; b) *auxílio (esmola) ao próximo em segredo*; c) *oração em segredo*.

Mateus evidencia a comparação que Jesus faz entre a lei antiga e a nova por Ele instituída. Contudo, não "[...] podemos reduzir Jesus a mero reformador do Judaísmo. Nem podemos fazer o Evangelho de Mateus ser aviltado à posição de "documento judaico". Pois este Evangelho foi escrito quando o Cristianismo já tinha cinquenta anos, e visava a ser um manual de instrução cristã para enfrentar as necessidades diárias e estabelecer um novo jogo de padrões de conduta, mais elevados. [...] O gênio de Jesus consistia em penetrar no coração da espiritualidade, deixando de lado a massa de dogmas que os rabinos haviam acumulado por cima dos ensinamentos espirituais [...]."[396]

20.1 JUSTIÇA PRATICADA SEM OSTENTAÇÃO (MT 6:1)

Na *Bíblia de Jerusalém* o versículo "Guardai-vos de praticar a vossa justiça diante dos homens para serdes vistos por eles. Do contrário, não recebereis recompensa junto ao vosso Pai que está nos Céus" (Mt 6:1), difere do que consta na *Bíblia Sagrada*, tradução de João Ferreira de Almeida, em que a palavra *justiça* é substituída por *esmola*. Assim: "Guardai-vos de fazer a vossa esmola diante dos homens, para serdes vistos por eles. Do contrário, não tereis o galardão junto de vosso Pai que está nos Céus".[397]

A nova justiça pregada pelo Cristo difere da antiga, não somente o conceito em si, mas também a forma como a justiça deve ser praticada: impregnada de amor. Amélia Rodrigues esclarece a respeito.

> Até então, os conceitos pragmáticos da Lei eram constituídos pela violência e impiedade, entretecidos com os interesses malsãos da criatura humana, colocando de relevo o poder da força, a presunção, a aparência, a habilidade sórdida das conquistas imediatas.
>
> [...]
>
> Numa sociedade imediatista, assinalada pela hipocrisia e pela audácia do poder temporal, seria temeridade inverter a ordem conceitual a respeito de quem merece amor e é digno de ser considerado como bem-aventurado.
>
> As multidões que O ouviram permaneceram inebriadas, porque, além de Ele haver exalçado a humildade, a pobreza em espírito, a fidelidade, o apoio à Justiça e à Verdade, também propusera o novo código que deveria viger no porvir da Humanidade. O amor deveria ocupar lugar de destaque nos códigos do futuro, mas não o amor interesseiro e servil, ou o direcionado àqueles que o merecem e retribuem com afeição correspondente, mas sim, quando oferecido aos que se fizeram difíceis de ser amados, aos ingratos, aos egoístas, porque esses são realmente os necessitados do sentimento libertador, embora não se deem conta disso.[398]

Em termos da prática litúrgica das igrejas cristãs, "[...] fazer a vossa justiça" (var. "dar esmola") [...] é praticar as boas obras que tornam o homem justo diante de Deus. Na opinião dos judeus, as principais [práticas] eram a esmola (v. 2-4), a oração (v. 5-6) e o jejum (v. 16-18)."[399] A prática litúrgica ou liturgia indica um conjunto dos elementos e rituais do culto religioso (missa, orações, cerimônias, sacramentos, objetos de culto, rituais, palavras etc.) instituídos por uma igreja ou seita religiosa.

Apresentamos, em seguida, outros esclarecimentos relacionados aos vocábulos *justiça* e *esmola*.

A palavra *siríaca* [Dialeto aramaico, do ramo ocidental da família linguística semita] (idioma falado por Jesus), aqui traduzida por "justiça", era também empregada de maneira mais restrita com o sentido de "esmola", e é possível que essa mesma palavra tenha sido usada nestes ensinos (v.1 e 2), mas o grego tem "justiça" e "esmola" como palavras diferentes. Jesus refere-se aqui à justiça prática, legítima, de que se abusava, entretanto. [...] A "justiça" prática e externa da religião ensinada pelas autoridades judaicas apresentava-se principalmente de três modos: por meio de esmolas, orações e jejuns. Jesus fala contra a ostentação em seus ensinos sobre a santidade diária. As autoridades judaicas queriam ser vistas pelos homens e atrair a atenção para si mesmas, mas não se interessavam realmente pelo caráter espiritual da religião revelada. Infelizmente, todas essas exibições de ostentação daqueles homens continuam vivas na igreja atual.[400]

É importante considerar que todo ato de caridade deva ser executado sem exibicionismo, sem atrair a atenção e a aprovação pública:

Quantos há que só dão na expectativa de que o que recebe irá bradar por toda parte o benefício recebido! que, publicamente, dariam grandes somas e que, às ocultas, não dariam uma única moeda! Foi por isso que Jesus declarou: "Os que fazem o bem com ostentação já receberam a sua recompensa". Com efeito, aquele que procura a sua própria glorificação na Terra, pelo bem que pratica, já pagou a si mesmo; Deus não lhe deve mais nada; só lhe resta receber a punição do seu orgulho.[401]

Rigonatti acrescenta que

No coração dos homens há dois sentimentos que os impelem a executar seus atos: a humildade e o orgulho. A humildade é o sentimento que leva o homem a praticar o bem pelo bem, sem esperar outra recompensa a não ser a satisfação íntima de ter concorrido para a felicidade de um irmão. E o orgulho é o sentimento que leva o homem a praticar o bem por ostentação. Jesus aqui nos recomenda que façamos o bem movidos pelo sentimento da humildade.[402]

20.2 DAR A ESMOLA EM SEGREDO (MT 6:2-4)

De acordo com o dicionário, esmola traz o significado de donativo ou benefício que é concedido a alguém necessitado de auxílio. Representa, em geral, ato de caridade material. Trata-se de um costume muito antigo, considerado uma honra para quem o praticava. Contudo, nem sempre a esmola era doada em particular, em "segredo", a sós entre o benfeitor e o beneficiado. Em geral, era um ato público que, ao ser praticado, constrangia o alvo da beneficência, porque suas privações eram publicamente expostas. Por isto Emmanuel recomenda: "Distribui, desse modo, a beneficência do agasalho e do pão, evitando humilhar quem te recolhe os gestos de providência e carinho; contudo, não olvides estender a caridade do pensamento e da língua, para que o bálsamo do perdão anule o veneno do ódio e para que a força do esquecimento extinga as sombras de todo mal".[403]

Jesus recomenda que a esmola deva ser dada, mas sem qualquer tipo de humilhação ou constrangimento a quem não pode arcar com o próprio sustento. Em qualquer situação, o donativo deve ser revestido de piedade fraternal, como assinala o versículo: "Por isso, quando derdes esmola, não vos ponhais a trombetear em público, como fazem os hipócritas nas sinagogas e nas ruas, com o propósito de serem glorificados pelos homens. Em verdade vos digo: já receberam a sua recompensa" (Mt 6:2).

Em mensagem transmitida na cidade de Bordeaux, França, ano de 1862, o Espírito Miguel ensina como devemos agir quando imbuídos do propósito de auxiliar o próximo.

> A piedade é a virtude que mais vos aproxima dos anjos; é a irmã da caridade, que vos conduz a Deus. Ah! deixai que o vosso coração se enterneça ante o espetáculo das misérias e dos sofrimentos dos vossos semelhantes. Vossas lágrimas são um bálsamo que derramais em suas feridas, e quando, por uma doce simpatia, chegais a lhes proporcionar esperança e resignação, que encanto não experimentais! [...] A piedade, a piedade bem sentida é amor; amor é devotamento; devotamento é o esquecimento de si mesmo e esse esquecimento, essa abnegação em favor dos infelizes, é a virtude por excelência, aquela que o Divino Messias praticou em toda a sua vida e ensinou na sua doutrina tão santa e tão sublime. Quando esta doutrina for restabelecida na sua pureza primitiva, quando for admitida por todos os povos, ela tornará feliz a Terra, fazendo que reinem aí a concórdia, a paz e o amor.[404]

Auxiliar em segredo, significa praticar a caridade fraternal com discrição, no privado, a sós entre o beneficiador e o beneficiado, mesmo em se tratando de simples benefício material.

> Há grande mérito em fazer o bem sem ostentação; ocultar a mão que dá é ainda mais meritório; constitui sinal incontestável de grande superioridade moral, porque, para encarar as coisas de mais alto do que faz o vulgo, é preciso fazer abstração da vida presente e se identificar com a vida futura; numa palavra, é necessário colocar-se acima da Humanidade, para renunciar à satisfação que resulta do testemunho dos homens e esperar a aprovação de Deus. Aquele que prefere o sufrágio dos homens ao sufrágio Divino prova que tem mais fé nos homens do que em Deus e que dá mais valor à vida presente do que à vida futura, ou mesmo que não crê na vida futura"[405] (Mt 6:2).

Deve-se evitar, portanto, e a todo custo, a ostentação, o "chamar de atenção", o exibicionismo, para que se possa atender a orientação deste versículo: "Tu, porém, quando deres esmola, não saiba a tua mão esquerda o que faz a tua direita" [Mt 6:3].

> "Que a vossa mão esquerda ignore o bem praticado pela direita."
>
> Semelhantes palavras do Senhor induzem-nos a jornadear na Terra, exaltando o bem, por todos os meios ao nosso alcance, com integral despreocupação de tudo o que represente vaidade nossa ou incompreensão dos outros, de vez que em qualquer boa dádiva somente a Deus se atribui a procedência.
>
> Procurando a nossa posição de servidores fiéis da regeneração do mundo, a começar de nós mesmos, pela renovação dos nossos hábitos e impulsos, olvidemos a sombra e busquemos a luz, cada dia, conscientes de que qualquer pausa mais longa na apreciação dos quadros menos dignos que ainda nos cercam será nossa provável indução ao estacionamento indeterminado no cárcere do desequilíbrio e do sofrimento.[406]

Toda ação no bem, toda manifestação de amor ao próximo, encontra-se, porém, sob as vistas de Deus, como registra o versículo: "para que a tua esmola fique em segredo; e o teu Pai, que vê no segredo, te recompensará" (Mt 6:4).

20.3 ORAR EM SEGREDO (MT 6:5-6)

Podemos orar em público ou em particular, não restam dúvidas. Mas outro é o significado da expressão "orar em segredo" pronunciada por Jesus: "E quando orardes, não sejais como os hipócritas, porque eles gostam de fazer oração pondo-se em pé nas sinagogas e nas esquinas, a fim de serem vistos pelos homens. Em verdade vos digo: já receberam a sua recompensa. Tu, porém, quando orares, entra no teu quarto e, fechando tua porta, ora ao teu Pai que está lá, no segredo; e o teu Pai, que vê no segredo, te recompensará" (Mt 6:5-6).

Jesus destaca a necessidade de fazer sintonia com Deus durante a prece, pois, se "[...] a oração não estabelece contato com Deus, torna-se inútil e é um desperdício de tempo. Um número demasiadamente grande de "homens de oração", nos dias de Jesus, não passava de um grupo de atores. Eram profissionalmente piedosos".[407]

Não devemos ignorar que a

> prece é uma demonstração de humildade da criatura para com o Criador; não pode, por conseguinte, servir de estímulo ao orgulho dos homens.

Recomendando-nos que oremos secretamente dentro de nosso quarto, Jesus quer que o sagrado ato da prece seja realizado na maior simplicidade possível e na mais perfeita humildade e harmonia.[408]

Jesus definiu claramente as qualidades da prece. Quando orardes, diz Ele, não vos ponhais em evidência, mas orai em segredo. Não afeteis orar muito, pois não é pela multiplicidade das palavras que sereis escutados, mas pela sinceridade delas. Antes de orardes, se tiverdes qualquer coisa contra alguém, perdoai-lhe, visto que a prece não pode ser agradável a Deus, se não parte de um coração purificado de todo sentimento contrário à caridade. Orai, enfim, com humildade, como o publicano, e não com orgulho, como o fariseu. Examinai os vossos defeitos, e não as vossas qualidades; se vos comparardes aos outros, procurai o que há de mau em vós.[409]

O registro de *Mateus* "Tu, porém, quando orares, entra no teu quarto e, fechando tua porta, ora ao teu Pai que está lá, no segredo; e o teu Pai, que vê no segredo, te recompensará" (Mt 6:6) apresenta também outra explicação, de natureza histórica, considerando-se as práticas de culto externo do Judaísmo:

"Quarto" — a palavra exprime "[...] o lugar que uma pessoa reserva só para si, a que outras não têm acesso. "Nesse lugar" é que se deve orar, onde ninguém nos vê [...].

"Fechada a porta" — não "[...] deveria ser apenas um lugar onde nenhum outro pudesse entrar, mas também não se deveria deixar a porta aberta para que outros o vissem. Jesus não censura a oração pública, nem estabelece regras acerca da oração, mas enfatiza a necessidade do espírito humilde nas orações [...].

"Em secreto" — provavelmente, há alusão à crença que Deus habitava no lugar mais remoto e secreto do templo, o lugar mais santo (Hb, 9:3), onde só o sumo sacerdote podia entrar, uma vez por ano. A ideia é que nos encontramos com Deus num lugar assim, onde a verdadeira oração pode ser oferecida: ali é o lugar secreto de Deus, ali nos encontramos com Deus [...].[410]

Jesus condena, igualmente, todo tipo de profissionalismo relacionado à prece, como era comum à sua época, sobretudo quando as preces eram pronunciadas para a multidão. Existiam, inclusive, pessoas que cobravam para proferir as orações. Prática que, mais tarde, durante a organização da igreja católica, foi consolidada, sendo que as preces pagas são um hábito que permanece até os dias atuais no Catolicismo.

A Doutrina Espírita nos orienta, enfaticamente, abstrairmo-nos de qualquer tipo de prática e rituais, e, jamais cobrar por qualquer benefício prestado ao próximo. Ensina-nos a reter os ensinamentos do Evangelho em espírito e vida para que possamos apreender a sua essência divina.

[...] A prece é um ato de caridade, um impulso do coração. Cobrar a prece que se dirige a Deus em favor de outro, é transformar-se em intermediário assalariado. Nesse caso, a prece passa a ser uma fórmula, cujo preço é proporcional ao tempo que dure para ser proferida. Ora, de duas, uma: Deus mede ou não mede suas graças pelo número das palavras. Se estas forem necessárias em grande número, por que dizê-las pouco, ou quase nada, por aquele que não pode pagar? É falta de caridade. Se uma só é suficiente, o excesso é inútil. Por que então cobrá-las? É prevaricação.

Deus não vende os benefícios que concede. Por que, então, alguém que não é, sequer, o distribuidor deles, que não pode garantir a sua obtenção, cobraria um pedido que talvez não produza nenhum resultado? Deus não pode subordinar um ato de clemência, de bondade ou de justiça, que se solicite da sua misericórdia, a uma soma em dinheiro. Do contrário, se a soma não fosse paga, ou fosse insuficiente, a justiça, a bondade e a clemência de Deus ficariam em suspenso. A razão, o bom senso e a lógica dizem que Deus, a perfeição absoluta, não pode delegar a criaturas imperfeitas, o direito de estabelecer preço para a sua justiça. A Justiça de Deus é como o Sol: existe para todos, tanto para o pobre como para o rico. Assim como se considera imoral traficar com as graças de um soberano, porventura seria lícito fazer comércio com as do soberano do Universo?

As preces pagas têm ainda outro inconveniente: aquele que as compra se julga, na maioria das vezes, dispensado de orar ele próprio, já que se considera quite, desde que deu o seu dinheiro. Sabe-se que os Espíritos são tocados pelo fervor do pensamento de quem se interessa por eles. Qual pode ser o fervor daquele que incumbe um terceiro do encargo de orar por ele, mediante paga? Qual o fervor desse terceiro, quando delega o seu mandato a outro, este a outro e assim por diante? Não será reduzir a eficácia da prece ao valor de uma moeda corrente?[411]

REFERÊNCIAS

[395] BÍBLIA DE JERUSALÉM. Gilberto da Silva Gorgulho; Ivo Storniolo e Ana Flora Anderson (Coords.). Diversos tradutores. Nova ed. rev. e ampl. 13. imp. São Paulo: Paulus, 2019, *Evangelho segundo Mateus.* 6:1-6, p. 1.713.

[396] CHAMPLIN, Russell Norman. *O novo testamento interpretado versículo por versículo:* Mateus/Marcos. Nova edição revisada. São Paulo: Hagnos, 2014, v. 1, Primeiro Grande Discurso, p. 320.

[397] BÍBLIA SAGRADA. Revista e Corrigida. Trad. João Ferreira de Almeida. 4. ed. Barueri [SP]: Sociedade Bíblica do Brasil, 2009, *Mateus*, 6:1, p. 1.020.

[398] FRANCO, Divaldo Pereira. *A mensagem do amor imortal.* Pelo Espírito Amélia Rodrigues. 2. ed. Salvador: LEAL, 2015, cap.6, p. 41-42.

399 BÍBLIA DE JERUSALÉM. Gilberto da Silva Gorgulho; Ivo Storniolo e Ana Flora Anderson (Coords.). Diversos tradutores. Nova ed. rev. e ampl. 13. imp. São Paulo: Paulus, 2019, *Evangelho segundo Mateus,* 6.1. Nota de rodapé "a", p. 1.713.

400 CHAMPLIN, Russell Norman. *O novo testamento interpretado versículo por versículo:* Mateus/Marcos. Nova edição revisada. São Paulo: Hagnos, 2014, v. 1, it. "esmola", p. 320.

401 KARDEC, Allan. *O evangelho segundo o espiritismo*. Trad. Evandro Noleto Bezerra. 2. ed. 10. imp. Brasília: FEB, 2020, cap. 13, it. 3, p. 172.

402 RIGONATTI, Eliseu. *O evangelho dos humildes.* 1. ed. São Paulo: Pensamento, 2018, cap. 6, p. 42.

403 XAVIER, Francisco Cândido e Vieira, Waldo. *O espírito da verdade.* Por diversos Espíritos. 17. ed. Rio de Janeiro: FEB, 2008, cap. 79 (mensagem de Emmanuel), p. 264.

404 KARDEC, Allan. *O evangelho segundo o espiritismo*. Trad. Evandro Noleto Bezerra. 2. ed. 10. imp. Brasília: FEB, 2020, cap. 13, it. 17, p. 186.

405 _____. _____. It. 3, p. 172.

406 XAVIER, Francisco Cândido. *Mediunidade e sintonia*. Pelo Espírito Emmanuel. 1. ed. 2. imp. Brasília: FEB, 2020, cap. 12, p. 64.

407 CHAMPLIN, Russell Norman. *O novo testamento interpretado versículo por versículo*, v. 1 (Mateus/Marcos), it. 6.6, p. 322.

408 RIGONATTI, Eliseu. *O evangelho dos humildes,* cap. 6, p. 43.

409 KARDEC, Allan. *O evangelho segundo o espiritismo*. Trad. Evandro Noleto Bezerra. 2. ed. 10. imp. Brasília: FEB, 2020, cap. 27, it. 4, p. 314.

410 CHAMPLIN, Russell Norman. *O novo testamento interpretado versículo por versículo:* Mateus/Marcos. Nova edição revisada. São Paulo: Hagnos, 2014, v. 1, it. 6.6, p. 323.

411 KARDEC, Allan. *O evangelho segundo o espiritismo*. Trad. Evandro Noleto Bezerra. 2. ed. 10. imp. Brasília: FEB, 2020, cap. 26, it. 4, p. 308.

TEMA 21

O SERMÃO DA MONTANHA: PAI-NOSSO (MT 6:7-15). A EFICÁCIA DA ORAÇÃO (MT 7:7-11)

Percebe-se na *Bíblia de Jerusalém* que há uma sequência gradual e didática dos assuntos, registrados por *Mateus* em relação ao Sermão da Montanha, que abrange os capítulos 5 a 7. Esta sequência fornece uma melhor percepção dos ensinamentos de Jesus, no todo e no particular. Assim, na análise do atual tema *O Pai-Nosso e a Eficácia da Prece*, que é uma continuidade do estudo anterior (tema 20: *Dar esmola e orar em segredo*), deparamos com um alerta que deve merecer nossa reflexão: a postura hipócrita e superficial dos que gostam de chamar a atenção para si mesmos quando oram, isto é, "pondo-se de pé nas sinagogas e nas esquinas, a fim de serem vistos pelos homens" (Mt 6:5).

21.1 A VERDADEIRA ORAÇÃO: O PAI--NOSSO (MT 6:7-15)[412]

Existem várias interpretações da oração que Jesus nos ensinou. Contudo, como o foco de estudo do programa *O evangelho redivivo* tem como base a interpretação espírita dos livros do Novo Testamento, vamos seguir as orientações de Allan Kardec que constam nos capítulos 27 e 28 de *O evangelho segundo o espiritismo*, sobretudo os ensinamentos deste último capítulo, no que diz respeito à prece Pai Nosso e à coletânea de preces espíritas. Kardec fornece-nos esta informação:

> [...] Os Espíritos recomendaram que, encabeçando esta coletânea, puséssemos a *Oração dominical*, não somente como prece, mas também como símbolo. De todas as preces, é a que eles colocam em primeiro lugar, seja porque procede

do próprio Jesus (*Mateus*, 6:9 a 13), seja porque pode suprir a todas, conforme os pensamentos que se lhe conjuguem [...].[413]

21.1.1 O PAI-NOSSO OU ORAÇÃO DOMINICAL (MT 6:7-15)

> 7 Nas vossas orações, não useis de vãs repetições, como os gentios, porque imaginam que é pelo palavreado excessivo que serão ouvidos. 8 Não sejais como eles, porque vosso Pai sabe do que tendes necessidade antes de lhe pedirdes. 9 Portanto, orai desta maneira: Pai Nosso, que estás no *Céu, santificado seja o teu nome;* 10 Venha o teu Reino, seja feita a tua vontade, na Terra, como no *Céu. 11* O pão nosso de cada dia dá-nos hoje. 12 E perdoa-nos as nossas dívidas como também nós perdoamos aos nossos devedores.13 E não nos submetas à tentação, mas livra-nos do Maligno.14 Pois, se perdoardes aos homens os seus delitos, também vosso Pai Celeste vos perdoará. Mas, se não perdoardes aos homens, tampouco vosso Pai vos perdoará.[414]

Importa destacarmos o significado das palavras "repetições" e "maligno".

> **Repetições** – palavra usada para indicar a gagueira, que tem o sentido de balbuciar. [...] Os pagãos, antigos ou modernos, são exemplos disso, pois pensam que cansando seus deuses com repetições conseguirão o que pedem; mas os "paternostros" [pai-nossos] e "ave-marias" não parecem muito diferentes. Orações assim são paganismos redivivos. Lembremo-nos de que, na Galileia, as regiões gentílicas não ficavam distantes, e que entre os próprios judeus habitavam muitos gentios [...]. Lemos na história dos judeus que alguns deles imitavam o estilo das orações pagãs.[415]

> **Maligno** – palavra que consta no final do versículo 13, é utilizada de duas formas nas traduções: "maligno" e "mal". Em *O novo testamento*, tradução de Haroldo Dutra Dias, encontramos a seguinte explicação, fundamentada na origem dessas palavras, no grego e no hebraico: Lit. "mal; mau, malvado, malevolente, maligno, malfeitor, perverso, criminoso, ímpio". No grego clássico, a expressão significava "sobrecarregado", "cheio de sofrimento", "desafortunado", "miserável", "indigno", como também "mau", "causador de infortúnio", "perigoso". No Novo Testamento, refere-se tanto ao "mal" quanto ao "malvado", "mau", "maligno", sendo que em alguns casos substitui a palavra hebraica "satanás" (adversário).[416]

Passemos, então, à análise da oração que Jesus nos ensinou e na sua interpretação, conforme *O evangelho segundo o espiritismo*. Importa, porém, destacar que o *Pai-Nosso* é também denominado Oração Dominical — expressão utilizada, inclusive, por Allan Kardec — porque, segundo as tradições, o dia de domingo é o sétimo da Criação, sendo santificado e abençoado por Deus. (*Gênesis*, 1:1-31 e 2:1-3). É o Dia de Deus, do Senhor.

Por outro lado, em *Apocalipse,* 1:10, o dia do Senhor significa domingo porque os primeiros cristãos deixaram de observar o sábado (como ocorre na tradição do Judaísmo), mas se reuniam no primeiro dia da semana para louvar a Deus. *O domingo foi escolhido para louvar a Deus porque foi o dia em que Jesus ressuscitou.* Por isso, o domingo ficou conhecido como o dia do Senhor.[417]

Para o Espiritismo, o *Pai-Nosso* é "[...] o mais perfeito modelo de concisão, verdadeira obra-prima de sublimidade na simplicidade. Com efeito, sob a forma mais singela, ela resume todos os deveres do homem para com Deus, para consigo mesmo e para com o próximo. Encerra uma profissão de fé, um ato de adoração e de submissão; o pedido das coisas necessárias à vida e o princípio da caridade. Dizê-la na intenção de uma pessoa é pedir para ela o que se pediria para si mesmo".[418]

21.1.2 PAI NOSSO, QUE ESTÁS NO CÉU, SANTIFICADO SEJA O TEU NOME

Trata-se de declaração de crença e confiança no Criador Supremo. É também um louvor que se faz a Deus, o Pai Celestial.

> Cremos em ti, Senhor, porque tudo revela o teu poder e a tua bondade. A harmonia do Universo dá testemunho de uma sabedoria, de uma prudência e de uma previdência que ultrapassam todas as faculdades humanas. O nome de um ser soberanamente grande e sábio se acha inscrito em todas as obras da Criação, desde o raminho de erva minúscula e o pequenino inseto, até os astros que se movem no Espaço. Por toda a parte deparamos com a prova de paternal solicitude. Cego, portanto, é aquele que te não reconhece nas tuas obras, orgulhoso aquele que te não glorifica e ingrato aquele que te não rende graças.[419]

21.1.3 VENHA A NÓS O TEU REINO

Há, aqui, referência às leis divinas que regem o Universo, as quais se encontram gravadas na consciência do ser humano, desde o momento em que ele foi criado por Deus. São leis que todos os homens irão seguir, cedo ou tarde, para que possam alcançar a felicidade plena para a qual estão destinados. A vivência das leis divinas significa alcançar o Reino de Deus.

> Senhor, deste aos homens leis plenas de sabedoria e que lhes dariam a felicidade, se eles as observassem. Com essas leis, fariam reinar entre si a paz e a justiça e se ajudariam mutuamente, em vez de se maltratarem, como o fazem. O forte sustentaria o fraco, em vez de o esmagar. Evitariam os males, que geram os

abusos e os excessos de toda ordem. Todas as misérias deste mundo provêm da violação de Tuas Leis, pois não há uma só infração delas que não acarrete consequências fatais.

Deste ao bruto o instinto, que lhe traça o limite do necessário, e ele maquinalmente se conforma; mas ao homem, além desse instinto, deste a inteligência e a razão; também lhe deste a liberdade de observar ou infringir aquelas das tuas leis que pessoalmente lhe concernem, isto é, a liberdade de escolher entre o bem e o mal, a fim de que tenha o mérito e a responsabilidade das suas ações.

Ninguém pode pretextar ignorância das Tuas Leis, pois, com a Tua providência paternal, quiseste que elas se gravassem na consciência de cada um, sem distinção de cultos, nem de nações. Aqueles que as violam, é porque Te menosprezam.

Dia virá em que, segundo a Tua promessa, todos as praticarão; a incredulidade, então, terá desaparecido. Todos te reconhecerão por soberano Senhor de todas as coisas, e o reinado das Tuas Leis será o Teu Reino na Terra.

Digna-Te, Senhor, de apressar-lhe o advento, outorgando aos homens a luz necessária para os conduzir ao caminho da verdade.[420]

21.1.4 SEJA FEITA A TUA VONTADE, ASSIM NA TERRA COMO NO CÉU

Indica que o ser humano não só admite a existência de Deus, Criador de todos os seres e coisas, na Terra e fora dela, mas que se dispõe a submeter-se à Vontade Divina, que é sempre sábia e plena de compaixão. Reconhece a Divina Providência, que ampara a Humanidade, contínua e ininterruptamente.

Se a submissão é um dever do filho com relação ao pai, do inferior para o superior, quão maior não deve ser a da criatura para com o seu Criador! Fazer a Tua Vontade, Senhor, é observar as Tuas Leis e submeter-se, sem queixumes, aos Teus Decretos Divinos. O homem a ela se submeterá, quando compreender que és a fonte de toda a sabedoria e que sem Ti ele nada pode. Então, ele fará a Tua Vontade, na Terra, como os eleitos a fazem no Céu.[421]

21.1.5 O PÃO NOSSO DE CADA DIA, DÁ-NOS HOJE

O crente sincero compreende que o Senhor da Vida concede ao homem e a todos os seres da Criação, diuturnamente, o necessário à sua sobrevivência e ao seu progresso espiritual, intelectual e moral, ao longo da sua ascensão evolutiva. Reconhece que as faltas humanas resultam do mau uso do livre-arbítrio, das escolhas insensatas.

Dá-nos o alimento para a sustentação das forças do corpo; dá-nos também o alimento espiritual para o desenvolvimento do nosso espírito.

O animal encontra a sua pastagem; o homem, porém, deve o sustento à sua própria atividade e aos recursos da sua inteligência, porque o criaste livre.

Tu lhe disseste: "Tirarás da terra o alimento com o suor do rosto". Desse modo, fizeste do trabalho uma obrigação para o homem, a fim de que exercitasse a inteligência na procura dos meios de prover às suas necessidades e ao seu bem--estar, uns mediante o trabalho manual, outros pelo trabalho intelectual. Sem o trabalho, ele se conservaria estacionário e não poderia aspirar à felicidade dos Espíritos superiores.

Ajudas o homem de boa vontade que confia em ti, no que se refere ao necessário; não, porém, àquele que se compraz na ociosidade e desejara obter tudo sem esforço, nem àquele que busca o supérfluo [...].

Quantos e quantos sucumbem pela própria culpa, pela sua incúria, pela sua imprevidência, ou pela sua ambição e por não terem querido contentar-se com o que lhes havias concedido! Esses são os artífices do seu infortúnio e não têm o direito de queixar-se, pois são punidos naquilo em que pecaram. Mas nem a esses mesmos abandonas, porque és infinitamente misericordioso. Estende-lhes as mãos para socorrê-los, desde que, como o filho pródigo, se voltem sinceramente para Ti. [...].

Antes de nos queixarmos da sorte, indaguemos de nós mesmos se ela não é obra nossa. A cada desgraça que nos chegue, perguntemos se não teria dependido de nós evitá-la, mas lembremos também que Deus nos deu a inteligência para tirar-nos do lamaçal, e que de nós depende o modo de a utilizarmos.

Considerando-se que o homem se acha submetido à lei do trabalho na Terra, dá-nos coragem e força para cumpri-la. Dá-nos também a prudência, a previdência e a moderação, a fim de não perdermos seus frutos.

Dá-nos, pois, Senhor, o pão de cada dia, isto é, os meios de adquirirmos, pelo trabalho, as coisas necessárias à vida, pois ninguém tem o direito de reclamar o supérfluo.

Se não nos é possível trabalhar, confiamo-nos à Tua Divina Providência.

Se está nos Teus Desígnios experimentar-nos pelas mais duras provações, apesar dos nossos esforços, aceitamo-las como justa expiação das faltas que tenhamos cometido nesta existência, ou noutra anterior, pois és Justo. Sabemos que não há penas imerecidas e que jamais castigas sem motivo.

Preserva-nos, ó meu Deus, de invejar os que possuem o que não temos, nem mesmo dos que dispõem do supérfluo, ao passo que a nós nos falta o necessário. Perdoa-lhes, se esquecem a lei de caridade e de amor do próximo, que lhes ensinaste. [...].

Afasta, igualmente, do nosso espírito a ideia de negar a Tua Justiça, ao notarmos a prosperidade do mau e a desgraça que por vezes cai sobre o homem de bem. Sabemos, agora, graças às novas luzes que houveste por bem conceder-nos, que a Tua Justiça se cumpre sempre e a ninguém exclui; que a prosperidade material do mau é efêmera, como a sua existência corpórea, e que terá reveses terríveis, ao passo que a alegria reservada àquele que sofre com resignação será eterna. [...][422]

21.1.6 PERDOA AS NOSSAS DÍVIDAS, ASSIM COMO PERDOAMOS AOS QUE NOS DEVEM. PERDOA AS NOSSAS OFENSAS, COMO PERDOAMOS AOS QUE NOS OFENDERAM

O pedido de perdão contra os erros e infrações cometidos contra a Lei de Deus se destaca neste item, demonstrando que tais equívocos representam, de um lado, uma dívida contraída, e, de outro, consequências das imperfeições humanas. A caridade está explícita como norma de conduta, o que indica a forma de reparar as falhas cometidas. Perpassa também no texto a ideia da reencarnação, medida divina justa para prover a melhoria do Espírito imortal.

Cada uma das nossas infrações às Tuas Leis, Senhor, é uma ofensa que Te fazemos e uma dívida contraída que, cedo ou tarde, teremos de saldar. Pedimos-te que no-las perdoes pela Tua Infinita Misericórdia, sob a promessa, que Te fazemos, de nos esforçarmos para não contrair novas dívidas.

Tu nos impuseste por Lei expressa a caridade; mas, a caridade não consiste apenas em assistirmos os nossos semelhantes em suas necessidades; mas também consiste no esquecimento e no perdão das ofensas. Com que direito reclamaríamos a tua indulgência, se nós mesmos não a aplicamos em relação àqueles de quem nos queixamos?

Dá-nos força, ó meu Deus, para sufocar em nossa alma todo ressentimento, todo ódio e todo rancor. *Faze que a morte não nos surpreenda guardando no coração desejos de vingança.* Se Te aprouver tirar-nos hoje mesmo deste mundo, faze que possamos apresentar-nos, diante de Ti, puros de toda animosidade, a exemplo do Cristo, cujas últimas palavras foram em prol dos seus algozes [...].

As perseguições que os maus nos infligem fazem parte das nossas provas terrenas. Devemos aceitá-las sem nos queixarmos, como todas as outras provas, e não maldizer dos que, por suas maldades, nos abrem o caminho da felicidade eterna, visto que nos dissestes, por intermédio de Jesus: "Bem-aventurados os que sofrem pela justiça!" Bendigamos, portanto, a mão que nos fere e humilha, uma vez que as mortificações do corpo nos fortificam a alma e que seremos exalçados por efeito da nossa humildade [...].

Bendito seja teu nome, Senhor, por nos teres ensinado que nossa sorte não está irrevogavelmente fixada depois da morte; que encontraremos, em outras existências, os meios de resgatar e de reparar nossas culpas passadas, de cumprir em nova vida o que não podemos fazer nesta, para nosso progresso [...].

Assim se explicam, afinal, todas as anomalias aparentes da vida. É a luz que se projeta sobre o nosso passado e o nosso futuro, sinal evidente da Tua Justiça soberana e da Tua Infinita Bondade.[423]

21.1.7 NÃO NOS DEIXES ENTREGUES À TENTAÇÃO, MAS LIVRA-NOS DO MAL

A tentação reflete uma das características do Espírito imperfeito que, preso às paixões e desejos moralmente inferiores, se apega às coisas transitórias da vida, existentes como meio ou instrumento de evolução. O texto destaca compreensão sobre a influência dos maus Espíritos que, aproveitando-se da imperfeição ainda existente na alma humana, a induz a executar atos contrários às leis de Deus.

> Dá-nos, Senhor, a força de resistir às sugestões dos Espíritos maus, que tentem desviar-nos do caminho do bem, inspirando-nos maus pensamentos.
>
> Nós mesmos, porém, somos Espíritos imperfeitos, encarnados na Terra para expiar nossas faltas e melhorar-nos. A causa primeira do mal está em nós mesmos e os Espíritos maus aproveitam os nossos pendores viciosos, nos quais nos entretêm para nos tentarem.
>
> Cada imperfeição é uma porta aberta à influência deles, ao passo que são impotentes e renunciam a toda tentação contra os seres perfeitos. Tudo o que possamos fazer para os afastar é inútil, se não lhes opusermos inabalável vontade no bem e absoluta renúncia ao mal. Portanto, é contra nós mesmos que precisamos dirigir os nossos esforços; só então os Espíritos maus se afastarão, porque é o mal que os atrai, ao passo que o bem os repele (Veja-se adiante: *Preces pelos obsidiados*.)
>
> Senhor, ampara-nos em nossas fraquezas, inspira-nos pela voz dos nossos anjos da guarda e pelos Espíritos bons, a vontade de nos corrigirmos de nossas imperfeições a fim de fecharmos aos Espíritos maus o acesso à nossa alma (Veja-se aqui e adiante o nº 11).
>
> O mal não é obra Tua, Senhor, porque a fonte de todo bem nada de mal pode gerar. Somos nós mesmos que criamos o mal, infringindo as Tuas Leis e pelo mau uso da liberdade que nos concedeste. Quando os homens observarem as Tuas Leis, o mal desaparecerá da Terra, como já desapareceu dos mundos mais adiantados.
>
> O mal não é uma necessidade fatal e só parece irresistível aos que nele se comprazem.
>
> Se temos vontade de fazê-lo, também podemos ter a de praticar o bem. Por isso, ó meu Deus, pedimos a Tua Assistência e a dos Espíritos bons, a fim de resistirmos à tentação.[424]

21.1.8 ASSIM SEJA

Assim seja é o mesmo que *Amém*, palavra que tem origem "[...] num adjetivo hebraico que significa verdadeiro, certo, digno de confiança. O verbo correlato, *aman*, significa "sustentar", "apoiar". O uso do *Amém* como uma explicação significa certamente, assim seja.[425]

Que seja da Tua Vontade, Senhor, que os nossos desejos se realizem!

Mas nos inclinamos diante da Tua Sabedoria Infinita. Que em todas as coisas que nos escapam à compreensão se faça a Tua Santa Vontade, e não a nossa, pois somente queres o nosso bem e sabes melhor do que nós o que nos convém. [...].[426]

21.2 A EFICÁCIA DA ORAÇÃO (MT 7:7-11)[427]

7 Pedi, e vos será dado; buscai e achareis; batei e vos será aberto; 8 Pois todo o que pede recebe; o que busca acha e ao que bate, se lhe abrirá. 9 Quem dentre vós dará uma pedra a seu filho, se este lhe pedir pão? 10 Ou lhe dará uma cobra, se este lhe pedir peixe? 11 Ora, se vós que sois maus sabeis dar boas dádivas aos vossos filhos, quanto mais vosso Pai que está nos céus dará coisas boas aos que lhe pedem.

Nessa passagem de *Mateus* Jesus indica que a "[...] verdadeira oração requer confiança no Pai Celestial, em Seu poder e em Seu interesse [...]."[428] A prece proferida dessa forma é, também, um exercício da fé, que devemos cultivar, pois estimula a confiança no Amor e na Misericórdia de Deus, ainda que estejamos sob o peso de duras provações: "[...] O Mestre deixa claro que a oração, para ser ouvida por Deus, precisa revestir-se de fervor e sinceridade, e, pois, deve ser feita em estado de alma todo especial, sem que olhares e ouvidos curiosos nos constranjam ou nos inibam."[429]

Nem sempre é possível proferir uma prece com fervor e sinceridade no meio de muitas pessoas. A prática da abstração, de se isolar dos ruídos, movimentos e burburinhos que acontecem à nossa volta, requer tempo e dedicação. Voltar-se para o interior de si mesmo no momento da oração não se aprende de uma hora para outra. É necessário concentração nesse diálogo íntimo com Deus. É por esta razão que, muitas vezes, procuramos um lugar mais reservado, onde seja possível integrar-se inteiramente à oração, longe de qualquer tipo de distração. Tal fato não significa dizer que a prece coletiva não deva ocorrer. Ao contrário, deve ser sempre realizada nas reuniões e encontros. Não significa, igualmente, que a prece fervorosa só possa ser realizada a sós ou proferida em lugares específicos. Ela deve ser pronunciada sempre que necessário e em qualquer lugar, a sós ou coletivamente. O mais importante, porém, é que a oração seja realizada com simplicidade, sem rituais ou simbolismos.

Emmanuel esclarece melhor:

De modo algum se referia o Senhor tão somente à soledade dos sítios que favorecem a meditação, onde sempre encontramos sugestões vivas da natureza

humana. Reportava-se à câmara silenciosa, situada dentro de nós mesmos [...].
No templo secreto da alma, o Cristo espera por nós, a fim de registrar-nos as
forças exaustas.[430]

"Pedi e vos será dado; buscai e achareis; batei e vos será aberto, pois, todo o que pede recebe; o que busca acha; e, ao que bate se lhe abrirá" (Mt 7:7-8).[431]

> Há pessoas que contestam a eficácia da prece, baseando-se no princípio de que, conhecendo Deus as nossas necessidades, é supérfluo expô-las a Ele. Acrescentam ainda que, como tudo se encadeia no Universo por leis eternas, as nossas súplicas não podem mudar os decretos de Deus.
>
> Sem dúvida alguma há leis naturais e imutáveis que Deus não pode derrogar ao capricho de cada um, mas, daí a crer-se que todas as circunstâncias da vida estão submetidas à fatalidade, vai grande distância. Se fosse assim, o homem não passaria de um instrumento passivo, sem livre-arbítrio e sem iniciativa.[432]

Jesus ensina que devemos ter irrestrita confiança em Deus. Confiança que, alimentada pela fé e pela esperança, nos ensina a reconhecer as respostas do Senhor. Esta é a verdadeira eficácia da prece: saber ouvir as respostas do Senhor aos nossos pedidos. Respostas que sempre nos alcançarão não segundo os nossos interesses ou pontos de vista, mas de acordo com a vontade celestial, que, por ser sábia e justa, nos concede o que necessitamos. É o sentido que devemos dar a estes registros de Mateus: "Quem dentre vós dará uma pedra a seu filho, se este lhe pedir pão? Ou lhe dará uma cobra, se este lhe pedir peixe? Ora, se vós que sois maus sabeis dar boas dádivas aos vossos filhos, quanto mais vosso Pai que está nos céus dará coisas boas aos que lhe pedem" (Mt 7:9-11).

> O que Deus lhe concederá, se pedir com confiança, é a coragem, a paciência e a resignação. E o que ainda lhe concederá, são os meios de se livrar das dificuldades, com a ajuda das ideias que lhe serão sugeridas pelos bons Espíritos, de maneira que lhe restará o mérito da ação. Deus assiste aos que se ajudam a si mesmos, segundo a máxima: "Ajuda-te e o Céu ajudar-te-á", e não aos que tudo esperam do socorro alheio, sem usar as próprias faculdades. Mas, na maioria das vezes, preferimos ser socorridos por um milagre, sem nada fazermos. [...].[433]

Na obra *Boa nova*, do Espírito Humberto de Campos e psicografia de Francisco Cândido Xavier, consta um alerta de Jesus a Pedro, que é muito oportuno para todos nós: "[...] Pedro, enquanto orardes pedindo ao Pai a satisfação dos teus desejos e caprichos, é possível que te retires da prece inquieto e desalentado. Mas, sempre, que solicitares as bênçãos de Deus, a fim de compreenderes a sua vontade justa e sábia, a teu respeito, receberás pela oração os bens Divinos do consolo e da paz." [434]

Oração Fraternal[435]

EMMANUEL

[1] Irmão nosso, que estás na Terra.

[2] Glorificada seja a tua boa vontade, em favor do Infinito Bem.

[3] Trabalha incessantemente pelo Reino Divino com a tua cooperação espontânea.

[4] Seja atendida a tua aspiração elevada, com esquecimento de todos os caprichos inferiores.

[5] Tanto no Lar da Carne, quanto no Templo do Universo.

[6] O pão nosso de cada dia, que vem do Celeste Celeiro, usa com respeito e divide santamente.

[7] Desculpa nossas faltas para contigo, assim como o Eterno Pai tem perdoado nossas dívidas em comum.

[8] Não permitas que a tua existência se perca pela tentação dos maus pensamentos.

[9] Livra-te dos males que procedem do próprio coração.

[10] Porque te pertence, agora, a gloriosa oportunidade de elevação para o reino do poder, da justiça, da paz, da glória e do amor para sempre.

REFERÊNCIAS

[412] BÍBLIA DE JERUSALÉM. Gilberto da Silva Gorgulho; Ivo Storniolo e Ana Flora Anderson (Coords.). Diversos tradutores. Nova ed. rev. e ampl. 13. imp. São Paulo: Paulus, 2019, *Evangelho segundo Mateus*, 6:7-15, p. 1.713-1.714.

[413] KARDEC, Allan. *O evangelho segundo o espiritismo*. Trad. Evandro Noleto Bezerra. 2. ed. 10. imp. Brasília: FEB, 2020, cap. 28. It. I. p. 329.

[414] BÍBLIA DE JERUSALÉM. Gilberto da Silva Gorgulho; Ivo Storniolo e Ana Flora Anderson (Coords.). Diversos tradutores. Nova ed. rev. e ampl. 13. imp. São Paulo: Paulus, 2019, *O evangelho segundo Mateus*, 6:7-15, p. 1.713-1.714.

[415] CHAMPLIN, Russell Norman. *O novo testamento interpretado versículo por versículo*: Mateus/Marcos. Nova edição revisada. São Paulo: Hagnos, 2014, v. 1, it. 6.7, p. 323.

416 O NOVO TESTAMENTO. Trad. Haroldo Dutra Dias. 1. ed. 10. imp. Brasília: FEB, 2019, Nota de rodapé 16, p. 56.

417 O domingo é o dia do Senhor? – https://www.respostas.com.br/o-que-e-o-dia-do-senhor/ Acesso em 12 maio de 2019.

418 KARDEC, Allan. *O evangelho segundo o espiritismo*. Trad. Evandro Noleto Bezerra. 2. ed. 10. imp. Brasília: FEB, 2020, cap. 28, it. II, p. 329.

419 _____. _____. P. 329-330.

420 _____. _____. It. II, p. 330.

421 _____. _____. It. III, p. 330.

422 _____. _____. It. IV, p. 330-332.

423 _____. _____. It. V, p. 332-333.

424 _____. _____. It. VI, p. 334.

425 DAVIS, John. *Novo dicionário da bíblia*. Ampliado e atualizado. Trad. J. R. Carvalho Braga. São Paulo: Hagnos, 2005, p. 65.

426 KARDEC, Allan. *O evangelho segundo o espiritismo*. Trad. Evandro Noleto Bezerra. 2. ed. 10. imp. Brasília: FEB, 2020, cap. 28, it. VII, p. 333-334.

427 BÍBLIA DE JERUSALÉM. Gilberto da Silva Gorgulho; Ivo Storniolo e Ana Flora Anderson (Coords.). Diversos tradutores. Nova ed. rev. e ampl. 13. imp. São Paulo: Paulus, 2019, O evangelho segundo Mateus, 7:7-11, p. 1.715.

428 CHAMPLIN, Russell Norman. *O novo testamento interpretado versículo por versículo*: Mateus/Marcos. Nova edição revisada. São Paulo: Hagnos, 2014, v. 1, p. 336.

429 CALLIGARIS, Rodolfo. *O sermão da montanha*. 18. ed. Brasília: FEB, 2018, parágrafo: Quando orardes [...], p. 85

430 XAVIER, Francisco Cândido. *Pão nosso*. Pelo Espírito Emmanuel. 1. ed. 17. imp. Brasília: FEB, 2020, cap. 34, p. 81 e 82.

431 BÍBLIA DE JERUSALÉM. Gilberto da Silva Gorgulho; Ivo Storniolo e Ana Flora Anderson (Coords.). Diversos tradutores. Nova ed. rev. e ampl. 13. imp. São Paulo: Paulus, 2019, O evangelho segundo Mateus, 7:7-8, p. 1.715.

432 KARDEC, Allan. *O evangelho segundo o espiritismo*. Trad. Evandro Noleto Bezerra. 2. ed. 10. imp. Brasília: FEB, 2020, cap. 27, it. 6, p. 314.

433 _____. _____. It. 7, p. 315.

434 XAVIER, Francisco Cândido. *Boa nova*. Pelo Espírito Humberto de Campos. 37. ed. 15. imp. Brasília: FEB, 2020, cap.18, p. 150.

435 _____. _____. *Correio fraterno*. Por diversos Espíritos. 6. ed. Rio de Janeiro: FEB, 2004, cap. 54 (Mensagem de Emmanuel), p. 126.

TEMA 22

O SERMÃO DA MONTANHA: O JEJUM E A DISCUSSÃO SOBRE O JEJUM (MT 6:16-18 E 9:14-17). O VERDADEIRO TESOURO E A LÂMPADA DO CORPO (MT 6:16-23)

O estudo deste tema está subdividido em três ideias gerais, apresentadas na forma dos seguintes simbolismos: a) *o jejum*, que era uma das práticas básicas do Judaísmo (juntamente com a oração, a justiça e a esmola); b) *o verdadeiro tesouro*; e c) *a lâmpada do corpo*. O intuito do estudo é fornecer visão panorâmica dos assuntos, porque eles serão estudados, posteriormente, em diferentes livros do Novo Testamento.

22.1 O JEJUM E A DISCUSSÃO SOBRE O JEJUM (MT 6:16-18 E 9:14-17)[436]

22.1.1 JEJUAR EM SEGREDO (MT 6:16-18)

> 16 Quando jejuardes, não tomeis um ar sombrio como fazem os hipócritas, pois eles desfiguram seu rosto para que seu jejum seja percebido pelos homens. Em verdade vos digo: já receberam a sua recompensa. 17 Tu, porém, quando jejuares, unge tua cabeça e lava teu rosto, 18 para que os homens não percebam que estás jejuando, mas apenas o teu Pai, que está lá no segredo; e o teu Pai, que vê no segredo, te recompensará.

Em termos históricos e das tradições de diferentes interpretações religiosas existentes no planeta, é correto afirmar:

> O jejum é "[...] ato de abstinência total ou parcial de alimentos durante um período limitado de tempo, geralmente praticado por razões morais ou religiosas.

> As máximas religiosas a respeito do jejum variam entre o Zoroastrismo, que o proibia, e o Jainismo, que ensina que o alvo do fiel é uma vida de desprendimento sem paixões, que culmina idealmente na morte pela fome, induzida espontaneamente.
>
> Quase todas as religiões promovem ou sancionam o jejum de alguma forma. Nas religiões primitivas, é frequentemente um meio de controlar ou aplacar os deuses, de produzir virilidade ou de fazer preparativos para a observância cerimonial — tal como a iniciação ou o luto. O jejum era praticado por gregos antigos quando consultavam oráculos, por índios norte-americanos para obterem seu totem particular e por xamãs africanos para entrarem em contato com os espíritos. Muitas religiões orientais o praticam para obter clareza de visão e entendimento místico. O Judaísmo, vários ramos do Cristianismo e do Islamismo, todos eles têm dias de jejum, e geralmente associam a disciplina da carne com o arrependimento pelo pecado. O Islamismo empreende o jejum anual no Ramadã, um mês inteiro durante o qual os mulçumanos são obrigados a abster-se de todo alimento e água, desde o raiar até ao pôr do sol.
>
> No Judaísmo, o Dia da Expiação é o único dia do jejum público estipulado pela Lei (Lv 16:29-31; 23:26-32; Nm 29:7-11) [...].[437]

O texto ora citado faz referência ao Zoroastrismo e ao Jainismo, cujo significado assim se expressa:

» *Zoroastrismo:* doutrina também conhecida como *Mazdeísmo*, foi uma religião monoteísta surgida no Irã, pregada pelo profeta Zaratustra (ou Zoroastro, na versão grega), que viveu entre 628–551 a.C. A religião acreditava na existência do demônio, do paraíso, na ressureição dos Espíritos e no juízo final. Acreditava também na vinda de um Messias que iria influenciar o Judaísmo.

» *Jainismo:* religião indiana criada no século VI a.C., após ruptura com a tradição védica e o hinduísmo. Fundamentava-se na ideia do *ainsa* (rejeição à violência)

O versículo 16 informa: "Quando jejuardes, não tomeis um ar sombrio como fazem os hipócritas, pois eles desfiguram seu rosto para que seu jejum seja percebido pelos homens. Em verdade vos digo: já receberam a sua recompensa" (Mt 6:16).

O ar sombrio, de desfalecimento ou de fraqueza estão, obviamente, relacionados à privação da alimentar, cuja repetição a longo prazo pode causar desnutrição ao organismo, conduzindo-o a enfermidades graves, como anemias, ou até mesmo à morte. A despeito de Jesus não adotar o jejum como prática usual, ele procurava, na medida do possível, seguir as tradições da sociedade judaica onde fora criado, como relatam *Mateus*,

4:1-2 e *Lucas,* 4:1-2 que, antes de iniciar o seu trabalho missionário, Jesus teria jejuado. Contudo, o Cristo sempre esclarecia que os costumes e práticas utilizadas até então deveriam ser atualizadas, sempre considerando o melhoramento do Espírito. Da mesma forma, os cristãos da igreja primitiva e também os católicos, mais tarde, assimilaram a prática do jejum, que era utilizada pelo Judaísmo. Os religiosos daquela época, e muitos dos dias atuais, não entenderam que o jejum deveria ser mais espiritual e menos físico. Emmanuel esclarece a respeito:

> Os cristãos, contudo, não tiveram de início uma visão do campo de trabalho que se lhes apresentava. Não atinaram que, se o jejum e a oração constituuma grande virtude na soledade, mais elevada virtude representam quando levados a efeito no torvelinho das paixões desenfreadas, nas lutas regeneradoras, a fim de aproveitar aos que os contemplam. Não compreenderam imediatamente que esses preceitos evangélicos, acima de tudo, significam sacrifício pelo próximo, perseverança no esforço redentor, serenidade no trabalho ativo, que corrige e edifica simultaneamente. Retirando-se para a vida monástica, povoaram os desertos na suposição de que se redimiriam mais rapidamente para o Cordeiro.[438]

De qualquer maneira, como Jesus não tinha o hábito de jejuar, os seus discípulos jejuavam ocasionalmente, ou não jejuavam, por compreenderem "[...] que a vida e a fé cristãs são tão jubilosas, que não se podem tornar enclausuradas a qualquer mera forma externa [...]".[439]

22.1.2 DISCUSSÃO SOBRE O JEJUM (MT 9:14-17)

> 14 Por esse tempo, vieram procurá-lo os discípulos de João com esta pergunta: "Por que razão nós e os fariseus jejuamos, enquanto os teus discípulos não jejuam?" 15 Jesus respondeu-lhes: "Por acaso podem os amigos do noivo estar de luto enquanto o noivo está com eles? Dias virão, quando o noivo lhes será tirado; então, sim, jejuarão. 16 Ninguém põe remendo de pano novo em roupa velha, porque o remendo repuxa a roupa e o rasgo torna-se maior. 17 Nem se põe vinho novo em odres velhos; caso contrário, estouram os odres, o vinho se entorna e os odres ficam inutilizados. Antes, o vinho novo se põe em odres novos; assim ambos se conservam".

Com Jesus e, mais tarde, com o Espiritismo, a prática do jejum passou a ter outros significados: de natureza espiritual ou moral.

> O jejum que o Pai recompensa, pode ser de duas espécies: uma é a resignação ante as provas e as expiações. Ante as provas, porque são os degraus da escada, que precisamos subir, para alcançar a perfeição. Ante as expiações, porque são os meios pelos quais corrigimos os erros de nossas existências passadas.

A outra espécie de jejum é o esforço que fazemos para nos libertarmos de nossas imperfeições. Quando perdoamos, quando abandonamos os vícios, quando alimentamos pensamentos puros, quando evitamos ser maldizentes, quando cumprimos rigorosamente nossos deveres, quando somos humildes, quando amamos nosso próximo, tudo isso constitui um verdadeiro jejum espiritual, muito meritório aos olhos de Deus.

Todavia, Jesus recomenda que esse jejum espiritual seja praticado na humildade de nosso coração, sem hipocrisia, sem alardes, o mais ocultamente possível, para que o orgulho não comprometa os resultados.[440]

Os versículos 14 e 15 revelam a pouca importância dada por Jesus ao jejum, comportamento adotado por seus discípulos, em sua maioria: "Por esse tempo, vieram procurá-lo os discípulos de João com esta pergunta: "Por que razão nós e os fariseus jejuamos, enquanto os teus discípulos não jejuam?". Jesus respondeu-lhes: "Por acaso podem os amigos do noivo estar de luto enquanto o noivo está com eles? Dias virão, quando o noivo lhes será tirado; então, sim, jejuarão (Mt 9:14 e 15).

Na verdade, o jejum só era importante para os judeus no Dia da Expiação (*Yon Kippur*) e nos dias de jejum publicamente proclamados. Portanto, a alusão aqui é do jejum particular, e voluntário, que, evidentemente, não caracterizava os discípulos de Jesus, como ocorria com os discípulos de João Batista. [...]".[441]

Os demais versículos apresentam, à primeira vista, ideias que parecem estar fora do contexto. Contudo, ao extrair o espírito da letra percebe-se o seu verdadeiro significado:

"[...] Ninguém põe remendo de pano novo em roupa velha, porque o remendo repuxa a roupa e o rasgo torna-se maior. Nem se põe vinho novo em odres velhos; caso contrário, estouram os odres, o vinho se entorna e os odres ficam inutilizados. Antes, o vinho novo se põe em odres novos; assim ambos se conservam" (Mt 9:16-17).

A indagação sobre a não obrigatoriedade do jejum, observada na conduta do próprio Cristo e na dos discípulos, seguida da resposta de Jesus, indica, declaradamente, um fato: a necessidade de atualizar ou renovar os costumes e práticas religiosas e atentar para as causas espirituais. Vemos, assim, que a "[...] resposta dada por Jesus encerra três símbolos parabólicos: o casamento, o pano novo em vestido velho e o vinho novo em odres velhos".[442]

22.1.3 OS CONVIDADOS DO CASAMENTO OU OS AMIGOS DO NOIVO

Estes são simbolizados pelas pessoas amigas, pelos padrinhos e todos os que se rejubilavam e expressavam alegrias com o casamento. Somente os amigos próximos, familiares ou não, é que devem ser convidados para as bodas. E Jesus assim procedeu, convidando os discípulos para viverem a mensagem de amor, não as aparências do amor. Nas religiões antigas, entre elas o Judaísmo, os rituais e cerimoniais tinham mais valor do que os sentimentos envolvidos. Esta é uma das renovações da Lei que Jesus propõe.[443]

22.1.4 "NINGUÉM PÕE REMENDO DE PANO NOVO EM ROUPA VELHA [...]. NEM SE PÕE VINHO NOVO EM ODRES VELHOS."

"É óbvio que esses dois símbolos parabólicos querem ensinar a mesma coisa: não podemos misturar o velho sistema religioso (praticado no AT) com o novo sistema (religião caracterizada pela alegria, livre de formalidades, ensinada pelo Cristo)."[444]

22.2 O VERDADEIRO TESOURO (MT 6:19-21)[445]

19 Não ajunteis para vós tesouros na terra, onde a traça e o caruncho os corroem e onde os ladrões arrombam e roubam. 20 Mas ajuntai para vós tesouros nos *Céus, onde nem a traça, nem o caruncho corroem e onde os ladrões não arrombam nem roubam*. 21 Pois onde está o vosso tesouro aí estará também vosso coração.

Com estes três versículos inicia-se a "[...] quarta sessão do Sermão da Montanha [...]. Essa sessão aborda especialmente o materialismo, em contraste com a espiritualidade [...]. Esse ensino tem passado despercebido, tanto que, muitas vezes, aqueles que não têm riquezas não as têm somente porque não tiveram oportunidade ou habilidade para adquiri-las, e não que lhes faltasse a vontade de possuí-las. O deus *Mamon* os atrai mais que o Cristo da Galileia [...]."[446]

Mamon é termo bíblico, usado para descrever riqueza material ou cobiça, mas que pode personificar uma divindade. A palavra é uma transliteração da palavra hebraica "Mamom", que significa literalmente "dinheiro". Nesse sentido, Emmanuel apresenta esta bela análise dos três versículos, convidando-nos a uma reflexão mais aprofundada a respeito do sentimento de posse de bens imperecíveis que, vezes sem conta, somos por ele conduzidos.

A palavra do Cristo é clara e insofismável.

— "Ajuntai tesouros no céu" — disse-nos o Senhor. Isso quer dizer "acumulemos valores íntimos para comungar a glória eterna!"

Efêmera será sempre a galeria de evidência carnal.

Beleza física, poder temporário, propriedade passageira e fortuna amoedada podem ser simples atributos da máscara humana, que o tempo transforma, infatigável.

Amealhemos bondade e cultura, compreensão e simpatia.

Sem o tesouro da educação pessoal é inútil a nossa penetração nos Céus, porquanto estaríamos órfãos de sintonia para corresponder aos apelos da Vida Superior.

Cresçamos na virtude e incorporemos a verdadeira sabedoria, porque amanhã serás visitado pela mão niveladora da morte e possuirás tão somente as qualidades nobres ou aviltantes que houveres instalado em ti mesmo.[447]

22.3   A LÂMPADA DO CORPO (MT 6:22-23)[448]

"22 A lâmpada do corpo é o olho. Portanto, se o teu olho estiver são, todo o teu corpo ficará iluminado. 23 Mas se o teu olho estiver doente, todo o teu corpo ficará escuro. Pois se a luz que há em ti são trevas, quão grandes serão as trevas!"

O simbolismo inserido neste texto pode ser assim interpretado: "A luz material, cujo benefício o olho concede ou recusa, conforme esteja são ou doente, compara-se à luz espiritual que se irradia da alma: ela mesma está obscurecida, a cegueira será bem pior do que a que resulta da cegueira física."[449] No livro *Palavras de vida eterna*, Emmanuel analisa o versículo 23 de *Mateus* extraído da *Bíblia Sagrada*, Trad. João Ferreira de Almeida, e expressa-se por meio da mensagem *Olhos*: trata-se de mais uma reflexão que o benfeitor espiritual nos propõe:

22.3.1 OLHOS[450]

" [...] *Se os teus olhos forem bons, todo o teu corpo terá luz...*" – Jesus (*Mateus*, 6:22)[451]

Olhos...patrimônio de todos.

Encontramos, porém, olhos diferentes em todos os lugares.

Olhos de malícia...

Olhos de crueldade...

Olhos de ciúme...

Olhos de ferir...

Olhos de desespero...

Olhos de desconfiança...

Olhos de atrair a viciação...

Olhos de perturbar...

Olhos de registrar males alheios...

Olhos de desencorajar as boas obras...

Olhos de frieza...

Olhos de irritação...

Se aspiras, no entanto, a enobrecer os recursos da visão, ama e ajuda, aprende e perdoa sempre, e guardarás contigo os "olhos bons", a que se referia o Cristo de Deus, instalando no próprio espírito a grande compreensão suscetível de impulsionar-te à glória da Eterna Luz.

REFERÊNCIAS

436 BÍBLIA DE JERUSALÉM. Gilberto da Silva Gorgulho; Ivo Storniolo e Ana Flora Anderson (Coords.). Diversos tradutores. Nova ed. rev. e ampl. 13. imp. São Paulo: Paulus, 2019, *Evangelho segundo Mateus*, 6:16-18, p. 1.714 e 9:14--17, p. 1.719.

437 ELWELL, Walter (Editor). *Enciclopédia histórico-teológica da igreja cristã*. Trad. Gordon Chown. ed. 1. imp. São Paulo: Sociedade Religiosa Edições Vida Nova, 1992, v. 2, p. 359-360.

438 XAVIER, Francisco Cândido. *A caminho da luz*. Pelo Espírito Emmanuel. 38. ed. 13. imp. Brasília; FEB, 2020, cap. 15, it. O jejum e a oração, p. 123-124.

439 CHAMPLIN, Russell Norman. *O novo testamento interpretado versículo por versículo*: Mateus/Marcos. Nova edição revisada. São Paulo: Hagnos, 2014, v. 1, it. III, p. 361.

440 RIGONATTI, Eliseu. *O evangelho dos humildes*. 1. ed. São Paulo: Pensamento, 2018, cap. VI, p. 47.

441 CHAMPLIN, Russell Noeman. *O novo testamento interpretado versículo por versículo*: Mateus/Marcos. Nova edição revisada. São Paulo: Hagnos, 2014, v. 1, it. III, p. 361.

442 _____. _____. It. III, p. 362.

443 _____. _____. P. 362.

444 _____. _____. It. 9.16 e 9.17, p. 362.

445 BÍBLIA DE JERUSALÉM. Gilberto da Silva Gorgulho; Ivo Storniolo e Ana Flora Anderson (Coords.). Diversos tradutores. Nova ed. rev. e ampl. 13. imp. São Paulo: Paulus, 2019, *Evangelho segundo Mateus*, 6:19-21, p. 1.714.

446 CHAMPLIN, Russell Norman. *O novo testamento interpretado versículo por versículo*: Mateus/Marcos. Nova edição revisada. São Paulo: Hagnos, 2014, v. 1, it. 6.9, p. 328.

447 XAVIER, Francisco Cândido. *Fonte viva*. Pelo Espírito Emmanuel. 1. ed. 16. imp. Brasília: FEB, 2020, cap. 177, p. 371-372.

448 BÍBLIA DE JERUSALÉM. Gilberto da Silva Gorgulho; Ivo Storniolo e Ana Flora Anderson (Coords.). Diversos tradutores. Nova ed. rev. e ampl. 13. imp. São Paulo: Paulus, 2019, *Evangelho segundo Mateus*, 6:22-23, p. 1.714.

449 _____. _____. *Evangelho segundo Mateus*. Nota de rodapé "a", p. 1.714.

450 XAVIER, Francisco Cândido. *Palavras de vida eterna*. Pelo Espírito Emmanuel. 41. ed. Uberaba: CEC: 2017, cap. 71, p. 158-159.

451 BÍBLIA SAGRADA. Trad. João Ferreira de Almeida. Revista e Corrigida. 4. ed. Barueri: Sociedade Bíblica do Brasil, 2009, *Evangelho segundo Mateus*, 6:22, p. 1.021.

TEMA 23

O SERMÃO DA MONTANHA: NÃO SERVIR A DOIS SENHORES. ABANDONAR-SE ÀS PROVIDÊNCIA DIVINA (MT 6:24-34)

Esse registro de *Mateus* abrange dois conjuntos principais de ideias: O *apego aos bens materiais* e *a providência divina*. São assuntos que fazem relação com outros registros do Novo Testamento, os quais serão estudados no momento apropriado. Por exemplo, no *Evangelho de Lucas* o primeiro assunto, apego aos bens materiais, pode ser vinculado ao ensino parabólico do administrador infiel (Lc 16:1-8), enquanto o segundo assunto faz relação com a necessidade de submissão à Providência Divina (Lc 12: 22-31). Por ora, analisemos as anotações de *Mateus*.

23.1 O APEGO AOS BENS MATERIAIS: DEUS E O DINHEIRO (MT 6:24)[452]

> 24 *Ninguém pode servir a dois senhores. Com efeito, ou odiará um e amará o outro, ou se apegará ao primeiro e desprezará o segundo. Não podeis servir a Deus e ao Dinheiro.*

Os ensinamentos deste versículo são, de certa forma, uma continuidade das ideias expressas nos versículos 19 a 21, anteriormente estudados no roteiro 22, os quais esclarecem a importância de não se acumular tesouros que a traça e a ferrugem destroem ou que os ladrões possam roubar ("Não ajunteis para vós tesouros na terra, onde a traça e o caruncho os corroem e onde os ladrões arrombam e roubam" Mt 6:19).

A questão do apego aos bens materiais é poderoso desafio que pode impor sérios obstáculos ao processo evolutivo do ser humano, sobretudo quando o homem se deixa governar pelo materialismo, agindo como se não houvesse continuidade da vida além da existência física, ou que o Espírito se desintegra com a morte do corpo físico.

Por outro lado, o apego a qualquer coisa ou pessoa não é atitude saudável, pois revela processo de aprisionamento, de dependência. Na verdade, nada possuímos em termos de bens materiais, ensina o Espiritismo. Somos meros usufrutuários dos meios e recursos Divinos, disponibilizados por Deus para impulsionar nosso progresso, intelectual e moral: os "[...] bens da Terra pertencem a Deus, que os distribui à vontade, não sendo o homem senão o usufrutuário, o administrador mais ou menos íntegro e inteligente desses bens. Tanto eles não constituem propriedade individual do homem, que Deus anula frequentemente todas as previsões, o que faz a riqueza escapar daquele que se julga com os melhores títulos para possuí-la [...]".[453]

> O homem só possui em plena propriedade aquilo que lhe é dado levar deste mundo. Do que encontra ao chegar e deixa ao partir, goza ele enquanto aqui permanece. Desde, porém, que é forçado a abandonar tudo isso, não tem a posse real das suas riquezas, mas, simplesmente, o usufruto. Que possui ele, então? Nada do que é de uso do corpo; tudo o que é de uso da alma: a inteligência, os conhecimentos, as qualidades morais. Isso é o que ele traz e leva consigo, o que ninguém lhe pode arrebatar, o que lhe será de muito mais utilidade no outro mundo do que neste. Depende dele ser mais rico ao partir do que ao chegar, porque, daquilo que tiver adquirido em bem, resultará a sua posição futura.[454]

Ao fazer uma breve análise do versículo: "Ninguém pode servir a dois senhores. Com efeito, ou odiará um e amará o outro, ou se apegará ao primeiro e desprezará o segundo. Não podeis servir a Deus e ao dinheiro" (Mt 6:24), destacamos as seguintes palavras-chave: "senhores", "Deus" e "dinheiro", as quais demonstram, de imediato, que a dualidade Deus-dinheiro são incompatíveis, porque não se pode servir a dois senhores: "Com efeito, ou odiará um e amará o outro, ou se apegará ao primeiro e desprezará o segundo".

> [...] Este versículo é a conclusão ou aplicação das palavras de Jesus sobre os tesouros. A luz e as trevas. O homem que cuida das coisas espirituais procura apenas um tesouro, isto é, o tesouro dos Céus. Busca também conservar "visão boa", visão que não enxerga duas imagens.
> [...]
> Jesus demonstra que não somente é difícil a alguém ter visão singela (embora isso alcance o alvo espiritual do ser humano), mas também que é totalmente impossível alguém obter esse alvo, se tiver visão dupla. Finalmente, o homem

será fiel a um ou a outro senhor [...]. O senhor que finalmente obtiver a fidelidade do homem terá, ao mesmo tempo, o amor desse homem.[455]

Emmanuel apresenta sábias considerações a respeito do dinheiro, úteis à nossa reflexão.

> Não digas que o dinheiro é a causa dos males que atormentam a Terra.
>
> Se contemplas o firmamento, aceitando a Sabedoria e a grandeza cósmica e se te inclinas para flor do valado, crendo que a Infinita Bondade no-la ofertou, não ignoras que a Providência Divina criou também o dinheiro de que dispões.
>
> [...]
>
> Dinheiro na estrutura social é comparável ao sangue no mundo orgânico: circulando garante a vida e, parado, acelera a morte.
>
> Valores amoedados, sejam em metal ou papel, são sementes de realização e alegria; e observe-se que ninguém está impedido de multiplicá-las nas próprias mãos, através do trabalho honesto.
>
> É por isso que a Doutrina Espírita nos ensina a encontrar no dinheiro um agente valioso e neutro a pedir-nos emprego e direção.
>
> Dá-lhe passagem para o reino do bem, agindo e servindo-te dele, a benefício de quantos te partilham a caminhada e estarás em conjunção incessante com o Suprimento Divino que te abençoará a prosperidade e te resguardará a presença na Terra, por fonte viva do Eterno Bem.[456]

Outro ponto a considerar, é a palavra *dinheiro*, simbolizada por bens materiais, mas que, em algumas traduções do Novo Testamento para a língua portuguesa, como a de João Ferreira de Almeida ou a de Haroldo Dutra Dias, é substituída por *Mamon*: "Esta palavra representa a palavra aramaica [...] que significa riquezas ou opulência. Nos termos pré-cristãos a expressão "o Mamon da iniquidade" (Lc 16:9) já se tornara um sinônimo dos males do dinheiro. Nos Targuns[457] aramaicos, "Mamon" é aplicada à riqueza ou ganhos. Não há base adequada para supor que este termo designava uma deidade pagã nos tempos bíblicos [...]."[458]

Em outras palavras, "Jesus nos demonstra a incompatibilidade reinante entre os bens materiais e os espirituais [...]. Realmente, não podemos amar com a mesma intensidade as coisas da Terra e as do Céu. Insensivelmente, sem que o percebamos, começaremos a nos dedicar mais a umas do que a outras. É contra esse perigo que Jesus nos adverte. Se a nossa vontade de adquirir os bens espirituais for fraca, correremos o risco de trocá-los pelas coisas transitórias da Terra. É preciso, pois, que nutramos o ardente desejo de trabalhar assiduamente para conquistar a espiritualidade, dedicando a esta tarefa nossos melhores esforços [...].[459]

A riqueza, em si, não é um mal, mas o seu uso é que pode não ser bom. E há muitos ricos que sabem, felizmente, bem aproveitar esse instrumento de progresso concedido por Deus. É o que nos lembra Allan Kardec.

> Se a riqueza houvesse de constituir obstáculo absoluto à salvação dos que a possuem, conforme se poderia deduzir de certas palavras de Jesus, interpretadas segundo a letra, e não conforme o espírito, Deus, que a concede, teria posto nas mãos de alguns um instrumento de perdição, sem apelação nenhuma, ideia que repugna à razão. Sem dúvida a riqueza é uma prova muito arriscada, mais perigosa do que a miséria, em virtude dos arrastamentos a que dá causa, pelas tentações que gera e pela fascinação que exerce. É o supremo excitante do orgulho, do egoísmo e da vida sensual. É o laço mais poderoso que prende o homem à Terra e lhe desvia do Céu o pensamento. Produz tal vertigem que, muitas vezes, aquele que passa da miséria à riqueza esquece depressa a sua primeira condição, os que com ele a partilharam, os que o ajudaram, e faz-se insensível, egoísta e vão. Mas, pelo fato de a riqueza tornar difícil a jornada, não significa que a torne impossível e não possa vir a ser um meio de salvação nas mãos daquele que sabe servir-se dela, como certos venenos podem restituir a saúde, se empregados a propósito e com discernimento.[460]

23.2 ABANDONAR-SE À PROVIDÊNCIA (MT 6:25-34)[461]

> 25 Por isso vos digo: não vos preocupeis com a vossa vida quanto ao que haveis de comer, nem com o vosso corpo quanto ao que haveis de vestir. Não é a vida mais do que o alimento e o corpo mais do que a roupa? 26 Olhai as aves do céu: não semeiam, nem colhem, nem ajuntam em celeiros. E, no entanto, vosso Pai Celeste as alimenta. Ora, não valeis vós mais do que elas? 27 Quem dentre vós, com as suas preocupações, pode acrescentar um só côvado à duração da sua vida? 28 E com a roupa, por que andais preocupados? Aprendei dos lírios do campo, como crescem, e não trabalham e nem fiam. 29 E, no entanto, eu vos asseguro que nem Salomão, em toda a sua glória, se vestiu como um deles. 30 Ora, se Deus veste assim a erva do campo, que existe hoje e amanhã será lançada ao forno, não fará ele muito mais por vós, homens fracos na fé? 31 Por isso, não andeis preocupados, dizendo: Que iremos comer? Ou, que iremos beber? Ou, que iremos vestir? 32 De fato, são os gentios que estão à procura de tudo isso: o vosso Pai celeste sabe que tendes necessidade de todas essas coisas. 33 Buscai, em primeiro lugar, o Reino de Deus e a sua justiça, e todas essas coisas vos serão acrescentadas. 34 Não vos preocupeis, portanto, com o dia de amanhã, pois o dia de amanhã se preocupará consigo mesmo. A cada dia basta o seu mal.

O Espiritismo nos esclarece que a Providência Divina "[...] é a solicitude de Deus para com as suas criaturas. Deus está em toda parte, tudo vê e a tudo preside, mesmo às coisas mais insignificantes. É nisto que consiste a ação providencial."⁴⁶² Confiantes em Deus, que concede aos seus filhos o necessário para eles conduzirem a sua existência, independentemente do plano de vida onde se encontrem, Jesus nos informa: "Por isso vos digo: não vos preocupeis com a vossa vida quanto ao que haveis de comer, nem com o vosso corpo quanto ao que haveis de vestir. Não é a vida mais do que o alimento e o corpo mais do que a roupa?" (Mt 6:24).

O texto de *Mateus,* 6:24-34 fala da ação providencial de Deus, mas traz também um aconselhamento: o de nos entregarmos à Providência Divina. Nesse registro, Jesus apresenta *oito* razões pelas quais devemos evitar a ansiedade de viver, mas, ao contrário, ensina que devemos nos entregar à Divina Ação Providencial.⁴⁶³

1) A vida humana é mais do que a parte física, e por isso merece mais consideração do que os desejos por aquilo que as coisas físicas podem oferecer (v. 25).

2) Deus cuida dos animais inferiores, como as aves, que não fazem provisão nenhuma para si mesmas. Assim também certamente cuidará dos próprios filhos (v. 26).

3) A ansiedade não altera as condições da vida nem aumenta a sua duração (v. 27).

4) Deus outorga belíssimas vestes às flores, que nem sabem raciocinar. Certamente que suprirá as necessidades de seus filhos, sem que estes precisem preocupar-se (v. 28).

5) A ansiedade pelas coisas físicas faz parte da conduta dos gentios. Os discípulos do Reino devem ter uma atitude diferente dos gentios, porquanto contam com seu Pai Celeste. (v. 32).

6) O conhecimento perfeito que o Pai tem de nossas necessidades físicas garante o suprimento das mesmas (v. 32)

7) O Reino de Deus e de sua Justiça garantem, por si mesmos, o recebimento das coisas menos importantes, ou seja, daquilo de que precisamos para nossas necessidades físicas (v. 33).

8) A ansiedade, por sua própria natureza, é inútil e só acrescenta maior dose de sofrimento à vida diária, que já é amaldiçoada por muitos males. É *loucura* sofrer o mal futuro, que nem ao menos existe ainda, juntamente com o sofrimento presente, o qual é perfeitamente real (v. 34).

Importa considerar, todavia, que as orientações de Jesus registradas no texto de *Mateus* ora sob estudo, não devem servir de estímulo à inércia, à preguiça e à acomodação, pois o homem deve batalhar pelo ganho do pão de cada dia. A Providência Divina supre-nos as necessidades fundamentais à sobrevivência e ao progresso espiritual. Não nos concede, porém, o supérfluo, ao qual o homem menos espiritualizado se apega rapidamente. A vida exige que nos habituemos a conviver com o necessário e que se abstraia do supérfluo.

Em *O livro dos espíritos* encontram-se as seguintes questões e respostas dadas pelos Espíritos orientadores, úteis à reflexão do assunto em pauta.

> Necessário e Supérfluo
>
> 715. Como pode o homem conhecer o limite do necessário?[464]
>
> "Aquele que é sábio o conhece por intuição. Muitos só o conhecem à custa de suas próprias experiências."
>
> 716. A Natureza não traçou o limite das nossas necessidades por meio da própria organização física que nos deu?[465]
>
> "Sim, mas o homem é insaciável. A Natureza traçou o limite de suas necessidades por meio da própria organização que lhe deu, mas os vícios alteraram a sua constituição e criaram para ele necessidades que não são reais."
>
> 717. Que se deve pensar dos que se apropriam dos bens da Terra para se proporcionarem o supérfluo, com prejuízo daqueles a quem falta o necessário?[466]
>
> "Desprezam a Lei de Deus e terão que responder pelas privações que houverem causado aos outros".

Comentário de Allan Kardec:

> O limite do necessário e do supérfluo nada tem de absoluto. A civilização criou necessidades que o selvagem desconhece, e os Espíritos que ditaram esses preceitos não pretendem que o homem civilizado deva viver como o selvagem. Tudo é relativo, cabendo à razão colocar cada coisa em seu devido lugar. A civilização desenvolve o senso moral e, ao mesmo tempo, o sentimento de caridade, que leva os homens a se prestarem mútuo apoio. Os que vivem à custa das privações dos outros exploram os benefícios da civilização em proveito próprio. Desta têm apenas o verniz, como há muitas pessoas que da religião só têm a máscara.[467]

Como conclusão do estudo, mas não do assunto, podemos afirmar que a inquietação sobre o amanhã pode nos induzir ao desejo de acumular bens materiais que, usualmente, disfarçarmos sob o rótulo de "ser previdentes". Realmente, devemos ser previdentes, pensar nas realizações futuras, planejá-las com atenção e trabalhar para alcançá-las pelo próprio esforço e mérito. Mas agindo sempre com ponderação e equilíbrio. Ser prudente é uma coisa. Ser insensato ou estressado é algo bem diferente. Ações cotidianas que conduzem à contínua busca pelo acúmulo de bens, ainda que sob as melhores justificativas, adoecem a alma, cedo ou tarde. Em consequência, a pessoa vai se afastando de Deus, da família, dos amigos, tornando-se cada vez mais materialista, como esclarece a mensagem de Emmanuel:

> Jesus não recomenda a indiferença ou a irresponsabilidade.
>
> O Mestre, que preconizou a oração e a vigilância, não aconselharia a despreocupação do discípulo ante o acervo do serviço a fazer.
>
> Pede apenas combate ao pessimismo crônico.
>
> Claro que nos achamos a pleno trabalho, na lavoura do Senhor, dentro da ordem natural que nos rege a própria ascensão.
>
> Ainda nos defrontaremos, inúmeras vezes, com pântanos e desertos, espinheiros e animais daninhos.
>
> Urge, porém, renovar atitudes mentais na obra a que fomos chamados, aprendendo a confiar no Divino Poder que nos dirige.
>
> [...].[468]

REFERÊNCIAS

[452] BÍBLIA DE JERUSALÉM. Gilberto da Silva Gorgulho; Ivo Storniolo e Ana Flora Anderson (Coords.). Diversos tradutores. Nova ed. rev. e ampl. 13. imp. São Paulo: Paulus, 2019, *Evangelho segundo Mateus*, 6:24, p. 1.714.

[453] KARDEC, Allan. *O evangelho segundo o espiritismo*. Trad. Evandro Noleto Bezerra. 2. ed. 10. imp. Brasília: FEB, 2020, cap. 16, it. 10, p. 217.

[454] _____. _____. It. 9. p. 216.

[455] CHAMPLIN, Russell Norman. *O novo testamento interpretado versículo por versículo*: Mateus/Marcos. Nova edição revisada. São Paulo: Hagnos, 2014, v. 1, it. 6.24, p. 330.

[456] XAVIER, Francisco Cândido. *Livro da esperança*. Pelo Espírito Emmanuel. 20. ed. Uberaba: CEC, 2008, cap. 49, p. 139 e 140.

[457] Targum/Targuns: é uma paráfrase ou tradução interpretativa usada pelo aramaico de palavras hebraicas. (J. D. Douglas. *O Novo dicionário da bíblia*, p. 1297).

[458] ELWELL, Walter. (Editor). *Enciclopédia histórico-teológica da igreja cristã*. Trad. Gordon Chown. 2. ed. 1. imp. São Paulo: Sociedade Religiosa Edições Vida Nova, 1992, v. 2, p. 469.

[459] RIGONATTI, Eliseu. *O evangelho dos humildes*. 15. ed. São Paulo: Pensamento, 2018, cap. 6, p. 50.

460 KARDEC, Allan. *O evangelho segundo o espiritismo.* Trad. Evandro Noleto Bezerra. 2. ed. 10. imp. Brasília: FEB, 2020, cap. 16, it. 7. p. 213.

461 BÍBLIA DE JERUSALÉM. Gilberto da Silva Gorgulho; Ivo Storniolo e Ana Flora Anderson (Coords.). Diversos tradutores. Nova ed. rev. e ampl. 13. imp. São Paulo: Paulus, 2019, *Evangelho segundo Mateus,* 6:24, p. 1.714.

462 KARDEC, Allan. *A gênese.* Trad. Evandro Noleto Bezerra. 2. ed. 2. imp. Brasília: FEB, 2019, cap. 2, it. 20, p. 53.

463 CHAMPLIN, Russell Norman. *O novo testamento interpretado versículo por versículo:* Mateus/Marcos. Nova edição revisada. São Paulo: Hagnos, 2014, v. 1, it. 6.34, p. 334.

464 KARDEC, Allan. *O livro dos espíritos.* Trad. Evandro Noleto Bezerra. 4. ed. 9. imp. Brasília: FEB, 2020, q. 715, p. 317.

465 _____. _____. Q. 716, p. 317.

466 _____. _____. Q. 717, p. 317.

467 _____. _____. Q. 717-comentário, p. 317-31.

468 XAVIER, Francisco Cândido. *Vinha de luz.* Pelo Espírito Emmanuel. 1. ed. 15. imp. Brasília: FEB, 2020, cap. 86, p. 185.

TEMA 24

O SERMÃO DA MONTANHA: NÃO JULGAR E NÃO PROFANAR (MT 7:1-6). A REGRA DE OURO (MT 7:12)

Iniciamos nesse tema 24 o capítulo sete de *O Sermão da Montanha* que, de acordo com os registros de *Mateus* nos ensina três normas comportamentais, a serem vivenciadas pelo cristão sincero, em qualquer situação, de forma transparente e sem dubiedade: 1) não julgar o próximo; 2) não profanar as coisas consideradas santas; e 3) não desejar ao outro o que não gostaria para si mesmo.

24.1 NÃO JULGAR (MT 7:1-5)[469]

> 1 Não julgueis para não serdes julgados. 2 Pois com o julgamento com que julgais sereis julgados, e com a medida com que medis sereis medidos. 3 Por que reparas no cisco que está no olho do teu irmão, quando não percebes a trave que está no teu? 4 Ou como poderás dizer ao teu irmão: "Deixa-me tirar o cisco do teu olho", quando tu mesmo tens uma trave no teu? 5 Hipócrita, tira primeiro a trave do teu olho, e então verás bem para tirar o cisco do olho do teu irmão.

A palavra *julgar*, oriunda do grego, traz o sentido etimológico de *criticar*. "[...] Literalmente, significa separar, distinguir, discriminar, mas aqui (v. 1) significa crítica injusta, censura prejudicial. Essa ação é própria dos hipócritas, a quem falta boa visão espiritual".[470]

> O que aqui é reprovado não é o discernimento sensato e necessário, mas uma inclinação para a censura, que é condenada por dois motivos: porque prejudica o próprio caráter (v. 1 e 2) e impede-nos de servirmos aos outros (v. 3-5). A ilustração do argueiro e a trave é penetrante e humorística [...]. O que o Senhor diz é que quem tiver trave no próprio olho não pode ver claramente para tirar o argueiro do olho de outro. Quando julgamos pequenas as nossas próprias culpas é certo que havemos de pensar que as dos outros são *grandes*.[471]

É importante refletir com discernimento o verdadeiro sentido do ensinamento de Jesus, pois a crítica ou censura, em si, nem sempre é prejudicial, sobretudo quando há intenção educativa (por exemplo, relacionamentos entre pais e filhos, professores e alunos) e quando se pretende propor avaliação de conduta ou de procedimentos. Em tais situações, a crítica não é só necessária como é bem-vinda. Mas a crítica a que Jesus faz referência está relacionada à atitude de denegrir, diminuir ou apontar defeitos.

> Esse julgamento é: 1) a atitude de *censura*, particularmente; 2) a disposição do homem em esperar e enfatizar sempre qualquer *defeito* alheio. Jesus se referia a um espírito egoístico, duro, destituído de amor, cheio de malícia, que sempre espera o mal e não o bem na Humanidade e nos indivíduos. O julgamento dessa natureza é contrário à lei de amor, que Jesus ilustrara [...]. Jesus falava de julgamentos que não são originados nem pelo amor nem pelo dever. A base psicológica desse tipo de julgamento é o egoísmo puro. O indivíduo que profere julgamento tenciona eliminar a possibilidade de outros reconhecerem alguma coisa boa na pessoa criticada, o que resulta (pelo menos assim espera o crítico) no aumento das qualidades de sua pessoa no conceito alheio.[472]

Ao analisar o versículo 1: "Não julgueis para não serdes julgados?" (Mt 7:1), o Apóstolo Tiago esclarece que a ideia deve ser aplicada em outros contextos, como no hábito de se falar mal de alguém: "Não faleis mal uns dos outros, irmãos. Aquele que fala mal de um irmão ou julga o seu irmão, fala mal da Lei e julga a Lei. Ora, se julgas a Lei, já não praticas a Lei, mas te fazes juiz da Lei. Só há um legislador e juiz, a saber, aquele que pode salvar ou destruir. Tu, porém, quem és para julgares o teu próximo?"[473]

Dessa forma, segundo o apóstolo, falar mal do próximo, independentemente se é justo ou não, é emitir juízo de valor a respeito da pessoa, e por extensão, é também falar mal da lei de Deus, julgando-a. E, qualquer julgamento neste sentido indica que o cristão não põe em prática, efetivamente, as leis divinas. Na verdade, lembra-nos Tiago, somente a Deus cabe qualquer julgamento, não a nós, Espíritos moralmente imperfeitos.

O versículo 2 do texto de *Mateus*: "Pois com o julgamento com que julgais sereis julgados, e com a medida com que medis sereis medidos", indica os julgamentos precipitados, imaturos e, sobretudo, os que têm como finalidade denegrir a imagem do outro. Daí Jesus alertar a respeito das consequências que, cedo ou tarde, advirão para o julgador imprudente ou malicioso, como também alerta Paulo de Tarso: "Não vos enganeis: de Deus não se zomba, pois aquilo que o homem semear, isso também ceifará". (Gl 6:7). A propósito, Emmanuel nos recorda que o melhor seria aprendermos a desenvolver a capacidade de autojulgamento: "Realmente, advertiu-nos Jesus: Não julgues para não serdes julgados". O Divino Mestre, entretanto, não nos proclamou impedidos de julgar a nós próprios, de modo a revisarmos nossos ideais e atitudes, colocando-nos finalmente a caminho da própria sublimação."[474]

Os versículos 3, 4 e 5 refletem a insensatez e a hipocrisia dos indivíduos que se autoavaliam positivamente, que se veem com bons olhos ou como portadores de boas qualidades, mas que não usam da mesma medida para avaliar as ações do próximo, julgando-o com rigor, discriminação e falta de caridade:

> Por que reparas no cisco que está no olho do teu irmão, quando não percebes a trave que está no teu? 4 Ou como poderás dizer ao teu irmão: "Deixa-me tirar o cisco do teu olho", quando tu mesmo tens uma trave no teu? 5.Hipócrita, tira primeiro a trave do teu olho, e então verás bem para tirar o cisco do olho do teu irmão (Mt 7: 3-5).

Precisamos aprender a conviver uns com os outros, respeitando as possibilidades, qualidades e dificuldades de cada pessoa. É uma norma de relacionamento que sempre conduz à paz e à harmonia entre as pessoas, no lar, no ambiente profissional, no templo religioso, na vida em sociedade. O que não significa dizer que devemos fechar os olhos ou ignorar os equívocos que acontecem à nossa volta, no meio social onde atuamos: isto poderia caracterizar cumplicidade ou conivência com as faltas humanas. A convivência social é uma arte que se aperfeiçoa diariamente, que exige esforço próprio, considerando esta orientação de Allan Kardec: "Não é com leis que se decreta a caridade e a fraternidade. Se elas não estiverem no coração, o egoísmo sempre as sufocará. Cabe ao Espiritismo fazê-las, penetrar nele".[475]

É um engodo nada falar ou nada fazer ante ações do próximo que refletem desarmonia, intriga, mal-estar ou até mesmo desentendimentos. Quem assim procede, mesmo em nome da paz, demonstra uma certa imaturidade espiritual, visto que, intrinsicamente, há aprovação de erros que, conforme a situação, poderão conduzir a descontroles imprevisíveis. Na medida do possível, é importante evitarmos os desgastantes movimentos oscilantes, de altos e baixos, de efeito "gangorra" que, frequentemente ocorrem nos relacionamentos interpessoais.

> Sempre que possas, lança um gesto de amor àqueles que se apagam no dia a dia, para que te não faltem segurança e conforto.
>
> [...]

Quanto puderes, como puderes e onde puderes, na pauta da consciência tranquila, cede algo dos bens que desfrutas, em favor dos companheiros anônimos que te garantem os bens.

Protege os braços que te alimentam.

Ajuda aos que te sustentam a moradia.

Escreve em auxílio dos que te favorecem a inteligência.

Ampara os que te asseguram o bem-estar.

Ninguém consegue ser ou ter isso ou aquilo, sem que alguém lhe apoie os movimentos naquilo ou nisso.

Trabalha a benefício dos outros, considerando o esforço que os outros realizam por ti.

Não há rio sem fontes, como não existe frente sem retaguarda.

Na terra, o astrônomo que define a luz das estrelas é também constrangido a sustentar-se com os recursos do chão.[476]

24.2 NÃO PROFANAR AS COISAS SANTAS (MT 7:6)[477]

"6 Não deis aos cães o que é santo, nem atireis as vossas pérolas aos porcos, para que não as pisem e, voltando-se contra vós, vos estraçalhem."

Na *Bíblia de Jerusalém* consta que o sentido de profanação de coisas santas pode ser assim interpretado: "[...] não se deve propor uma doutrina preciosa e santa a pessoas incapazes de recebê-las bem e que poderiam fazer mau uso dela [...]."[478] Trata-se de uma situação relativamente comum no meio religioso e, inclusive, no espírita: é fato até corriqueiro encontrarmos pessoas que não se preocupam em conhecer melhor os princípios doutrinários religiosos ou espíritas ou em estudá-los de forma madura e criteriosa, contudo emitem opiniões muitas das quais impróprias, desabonadoras e levianas, as quais revelam mais um falso intelectualismo. Tais ideias alcançam pessoas que, por não terem o desejável bom senso ou conhecimento, são arrastadas para situações constrangedoras.

Emmanuel nos convida, então, a uma reflexão mais aprofundada a respeito do "dar aos cães o que é santo" ou do "atirar pérolas aos porcos":

O Mestre, lançando o apelo, buscava preservar amigos e companheiros do futuro contra os perigos da imprevidência.

O Evangelho não é somente um escrínio celestial de sublimes palavras. É também o tesouro de dádivas da Vida Eterna. Se é reprovável o desperdício de recursos materiais, que não dizer da irresponsabilidade na aplicação das riquezas sagradas?

O aprendiz inquieto na comunicação de dons da fé às criaturas de projeção social, pode ser generoso, mas não deixa de ser imprudente. Porque um homem esteja bem trajado ou possua larga expressão de dinheiro, porque se mostre revestido de autoridade temporária ou se destaque nas posições representativas da luta terrestre, isto não demonstra a habilitação dele para o banquete do Cristo.

Recomendou o Senhor seja o Evangelho pregado a todas as criaturas; entretanto, com semelhante advertência não espera que os seguidores se convertam em demagogos contumazes e, sim, em mananciais ativos do bem a todos os seres, através de ações e ensinamentos, cada qual na posição que lhe é devida.

Ninguém se confie à aflição para impor os princípios evangélicos, nesse ou naquele setor da experiência que lhe diga respeito. Muitas vezes, o que parece amor não passa de simples capricho, e em consequência dessa leviandade é que encontramos verdadeiras maltas de cães avançando em coisas santas.[479]

Todo cuidado é necessário a respeito do assunto, pois não são poucos os adeptos que se deixam iludir por opiniões precipitadas que refletem mais vaidade e exaltação do ego. Neste sentido, é sempre prudente lembrar as seguintes orientações do citado benfeitor espiritual:

Nem tudo o que é admirável é Divino.
Nem tudo o que é grande é respeitável.
Nem tudo o que é belo é santo.
Nem tudo o que é agradável é útil.
O problema não é apenas de saber. É o de reformar-se cada um para a extensão do bem.[480]

24.3 A REGRA DE OURO (MT 7:12)[481]

12 Tudo aquilo, portanto, que quereis que os homens vos façam, fazei-o vós a eles, pois esta é a Lei e os Profetas.

Essa máxima de comportamento era bem conhecida desde a Antiguidade, entre os judeus e filósofos (cf. Tb 4.15, carta de Aristeu, Targum de Lv 19,18, Hilel, Filon e outros), mas aplicando-a de forma negativa, isto é, dizendo o que não devemos fazer a outrem. Com Jesus e, depois dele, os escritos cristãos dão a essa máxima uma ação positiva, que é bem mais exigente",[482] pois Jesus ensina o que é bom, de conformidade com a Lei de Deus. O Mestre não trabalha o erro, mas as boas ações.

A Regra de Ouro é norma de conduta exemplar, poderoso recurso de como agir nos relacionamentos humanos. E, a despeito de ser uma sábia orientação antiquíssima, nós, seres humanos, ainda revelamos dificuldades em segui-la.

> O Judaísmo, o budismo e a filosofia grega expõem todos esta máxima ética, de uma forma ou de outra. Bem conhecida, especialmente pelo povo do Extremo Oriente, é uma declaração de Confúcio, venerado no Oriente como o maior sábio e instrutor. Nos *Analectos,* o terceiro dos *Quatro livros* de Confúcio, encontramos esta ideia expressa três vezes. Confúcio declarou duas vezes em resposta a indagações de discípulos: "Não faças aos outros o que não queres que os outros façam a ti". Em outra ocasião, quando seu discípulo Zigong se jactou, "O que não quero que outros façam a mim tampouco quero fazer a eles", o mestre deu a seguinte resposta ponderada: "Sim, mas isto ainda não és capaz de fazer".
>
> Lendo estas palavras, pode-se ver que a declaração de Confúcio é uma versão negativa do que Jesus disse mais tarde. A diferença óbvia é que a Regra de Ouro, declarada por Jesus, exige ações positivas, de fazer o bem a outros [...].
>
> Quer essa regra seja declarada de forma positiva, quer negativa ou de outra forma, é significativo que pessoas em diversas épocas e lugares, e com formações diferentes, têm dado muito valor à ideia expressa na Regra de Ouro. Isto simplesmente mostra que aquilo que Jesus disse no Sermão do Monte é um ensino universal que influencia a vida das pessoas em todas as partes e em todas as épocas.[483]

Amélia Rodrigues esclarece com sabedoria por que o Cristo adotou a regra de ouro como norma de conduta humana.

> A "regra de ouro" para a Humanidade se impõe como o fundamento essencial do novo Reino que Ele vem instalar na Terra.
>
> Já não há equívocos. Os outros eram reinos levantados sobre os despojos dos vencidos, que se transformavam em adubo fecundante, quando não se faziam veículos de pestes dizimadoras. O forte esmagava o fraco e se apresentava como se fora mais forte. A usura se armava de ambição e marchava sob o comando da impiedade para dominar.
>
> Amar! Amar mesmo os inimigos para instaurar a Era da Misericórdia que precederia a do amor real.
>
> Os primeiros artigos do Estatuto apresentado eram preceitos simples, temas de conversas das margens dos lagos e da boca das lavadeiras nos ribeirinhos cantantes. Conviver e amar os adversários e não lhes resistir por meio da violência...
>
> Ele viveria, durante todo o Seu ministério, aquela regra. Daria a vida. Cumpriria a Lei.[484]

REFERÊNCIAS

[469] BÍBLIA DE JERUSALÉM. Gilberto da Silva Gorgulho; Ivo Storniolo e Ana Flora Anderson (Coords.). Diversos tradutores. Nova ed. rev. e ampl. 13. imp. São Paulo: Paulus, 2019, *Evangelho segundo Mateus*, 7:1-5, p.1.714-1.715.

[470] CHAMPLIN, Russell Norman. *O novo testamento interpretado versículo por versículo*: Mateus/Marcos. Nova ed. rev. São Paulo: Hagnos, 2014, v. 1, it. 71, p. 335.

[471] MCNAIR, S.E. (Org.). *Bíblia de estudo explicada.* (Com Dicionário e Harpa Cristã e texto bíblico Almeida rev. e corrig., ed. 1995). São Paulo: Sociedade Bíblica do Brasil, 2006, Nota de rodapé, p. 1.039.

[472] CHAMPLIN, Russell Norman. *O novo testamento interpretado versículo por versículo:* Mateus/Marcos. v. 1, it. 71, p. 334.

[473] BÍBLIA DE JERUSALÉM. Gilberto da Silva Gorgulho; Ivo Storniolo e Ana Flora Anderson (Coords.). Diversos tradutores. Nova ed. rev. e ampl. 13. imp. São Paulo: Paulus, 2019, *Epístola de Tiago*, 4:11-12, p. 2.111.

[474] XAVIER, Francisco Cândido. *Algo mais.* Pelo Espírito Emmanuel. 4. ed. São Paulo: Ideal, 1990, cap. 28, p. 85.

[475] KARDEC, Allan. *O evangelho segundo o espiritismo.* Trad. Evandro Noleto Bezerra. 2. ed. 10. imp. Brasília: FEB, 2020, cap. 25, it. 8, p. 305.

[476] XAVIER, Francisco Cândido. *Livro da esperança.* Pelo Espírito Emmanuel. 20. ed. Uberaba: CEC, 2008, cap. 85, p. 224 e 225.

[477] BÍBLIA DE JERUSALÉM. Gilberto da Silva Gorgulho; Ivo Storniolo e Ana Flora Anderson (Coords.). Diversos tradutores. Nova ed. rev. e ampl. 13. imp. São Paulo: Paulus, 2019, *Evangelho segundo Mateus*, 7:6, p. 1.715.

[478] _____. _____. Nota de rodapé "a", p. 1.715.

[479] XAVIER, Francisco Cândido. *Vinha de luz.* Pelo Espírito Emmanuel. 1. ed. 15. imp. Brasília: FEB, 2020, cap. 93, p. 199-200.

[480] _____. _____. *Pão nosso.* Pelo Espírito Emmanuel. 1. ed. 13. imp. Brasília: FEB, 2012, Introdução, p. 14.

[481] BÍBLIA DE JERUSALÉM. Gilberto da Silva Gorgulho; Ivo Storniolo e Ana Flora Anderson (Coords.). Diversos tradutores. Nova ed. rev. e ampl. 13. imp. São Paulo: Paulus, 2019, *Evangelho segundo Mateus*, 7:12, p. 1.715.

[482] _____. _____. Nota de rodapé *"b"*, p. 1.715.

[483] Regra de Ouro. https://wol.jw.org/pt/wol/d/r5/lp-t/2001880#h=6 Acesso em 20/03/2019.

[484] FRANCO, Divaldo Pereira. *Luz do mundo.* Pelo Espírito Amélia Rodrigues. Salvador: 2. ed. LEAL, 1971, cap. 4, p. 28-29.

O SERMÃO DA MONTANHA: OS DOIS CAMINHOS E OS FALSOS PROFETAS (MT 7:13-20)

Estamos encaminhando para os últimos tópicos do Sermão da Montanha. Nestes dois grupos de versículos do capítulo 7 do *Evangelho de Mateus* (7:13-14 e 7:14-20), encontramos replicada a tese do bem e do mal, tanto nos dois caminhos, que pressupõem a escolha correta para o espaço a percorrer nos trâmites da vida, como na descrição das falsas aparências dos chamados falsos profetas, pessoas que esposam fins reles e interesses obscuros.

25.1 OS DOIS CAMINHOS (MT 7:13-14)[485]

> *13 Entrai pela porta estreita, porque largo e espaçoso é o caminho que conduz à perdição. E muitos são os que entram por ele. 14 Estreita, porém, é a porta e apertado o caminho que conduz à Vida. E poucos são os que o encontram.*

Ao alertar para o perigo dos espaços largos, que "conduzem à perdição", Jesus reporta-se a tema antigo e comum ao Judaísmo: o espectro do bem e do mal a bailarem nas possibilidades de escolha da alma humana. Nesta ótica, registra Russel Champlin ao comentar a passagem sobre o caminho escolhido:

> O "caminho", quer apertado, quer espaçoso, implica numa maneira de viver, isto é, no caráter geral da vida. Quando entramos num caminho, começamos a caminhar para chegarmos a certo destino. Depois de tomar a decisão de iniciar (ou entrar) em determinado tipo de vida, ou seja, depois de entrar pela porta, o indivíduo é obrigado a fazer a viagem da vida pelo caminho escolhido.[486]

Allan Kardec, em *O evangelho segundo o espiritismo*, transcreve os versículos 13 e 14 do capítulo 7 de *Mateus* e destaca a sabedoria que expressa a misericórdia do Cristo em suas máximas, cabendo à criatura humana o cuidado de vencer as paixões malsãs na sua jornada evolutiva.

> Larga é a porta da perdição, porque são numerosas as paixões más e porque o caminho do mal é frequentado pelo maior número. É estreita a da salvação, porque o homem que a queira transpor deve fazer grandes esforços sobre si mesmo para vencer suas más tendências, e poucos são os que se resignam com isso. É o complemento da máxima: Muitos são os chamados e poucos os escolhidos.[487]

A tentativa de exercitar a capacidade de pensar refletidamente e de aprender a "retirar o espírito da letra" nos textos evangélicos, faz surgir, naturalmente, algumas indagações:

- » Como entender, o que sugere Jesus, com os indicadores caminho e porta?
- » De que forma avaliar, perante a vida, os caminhos que oferecem flores, mas que descambam para os espinhos das consequências menos felizes?
- » Que portas temos escolhido nas passagens que a vida nos apresenta?
- » Qual a relação do tempo perdido ante as escolhas falíveis e a reparação que a lei do retorno proporciona em nome da misericórdia?

São argumentos lógicos que encontram ressonância nos comentários de Emmanuel, quando ele analisa o versículo 13 de Mateus: "Entrai pela porta estreita, porque largo e espaçoso é o caminho que conduz à perdição. E muitos são os que entram por ele." O orientador espiritual ilustra o impasse entre o bem e o mal, e, ao mesmo tempo, responde as nossas indagações, de forma magistral, no texto que se segue.

> Em nos referindo a semelhante afirmativa do Mestre, não nos esqueçamos de que toda porta constitui passagem incrustada em qualquer construção, a separar dois lugares, facultando livre curso entre eles.
>
> Porta, desse modo, é peça arquitetônica encontradiça em paredes, muralhas e veículos, permitindo, em todos os casos, franco passadouro.
>
> E as portas referidas por Jesus, a que estrutura se entrosam?
>
> Sem dúvida, a porta estreita e a porta larga pertencem à muralha do tempo, situada à frente de todos nós.
>
> A porta estreita revela o acerto espiritual que nos permite marchar na senda evolutiva, com o justo aproveitamento das horas.
>
> A porta larga expressa-nos o desequilíbrio interior, com que somos forçados à dor da reparação, com lastimáveis perdas de tempo.
>
> Aquém da muralha, o passado e o presente.
>
> Além da muralha, o futuro e a eternidade.

De cá, a sementeira do *hoje*.

De lá, a colheita do *amanhã*.

A travessia de uma das portas é ação compulsória para todas as criaturas.

Porta larga — entrada na ilusão —, saída pelo reajuste...

Porta estreita — saída do erro —, entrada na renovação...

O momento atual é de escolha da porta, estreita ou larga.

Os minutos apresentam valores particulares, conforme atravessemos a muralha, pela porta do serviço e da dificuldade ou através da porta dos caprichos enganadores. Examina, por tua vez, qual a passagem que eleges por teus atos comuns, na existência que se desenrola, momento a momento.

Por milênios, temos sido viajores do tempo a ir e vir pela porta larga, nos círculos de viciação que forjamos para nós mesmos, engodados na autoridade transitória e na posse amoedada, na beleza física e na egolatria aviltante.

Renovemo-nos, pois, em Cristo, seguindo-o, nas abençoadas lições da porta estreita, a bendizer os empecilhos da marcha, conservando alegria e esperança na conversão do tempo em dádivas da felicidade maior.[488]

A invigilância e o desconhecimento da continuidade da vida e da realidade espiritual, além da morte do corpo físico, podem levar à opção pela travessia de portas enganadoras. É sobre esse aspecto que Jesus estabelece um alerta, para que, na forja da vida, as aspirações e ações individuais coincidam com o caminho que conduz à felicidade plena: "[...] Se aspiras, desse modo, à realização do teu alto destino, não desdenhes lutar, a fim de obtê-lo. Na forja da vida, nada se faz sem trabalho e nada se consegue de bom sem apoio no próprio sacrifício [...]."[489]

25.2 OS FALSOS PROFETAS (MT 7:15-20)[490]

15 Guardai-vos dos falsos profetas, que vêm a vós disfarçados de ovelhas, mas por dentro são lobos ferozes. 16 Pelos seus frutos os conhecereis. Por acaso colhem-se uvas dos espinheiros ou figos dos cardos? 17 Do mesmo modo, toda árvore boa dá bons frutos, mas a árvore má dá frutos ruins. 18 Uma árvore boa não pode dar frutos ruins, nem uma árvore má dar bons frutos. 19 Toda árvore que não produz bom fruto é cortada e lançada ao fogo. 20 É pelos seus frutos, portanto, que os reconhecereis.[491]

No âmbito das falsas aparências, tema impresso nos versículos 15 a 20 do capítulo em estudo, que encontramos também nos *Evangelhos de Marcos*, 13:6, 22 e *Lucas*, 17:23 e 21:8,

[...] Jesus alerta para a incidência dos falsos profetas e de todo tipo de falcatruas e desordens orquestradas por eles, que nada mais são do que mercadores de

> falácias, produtores de fenômenos que impressionam os incautos e invigilantes. Acautelai-vos ou guardai-vos dos falsos profetas é orientação segura para, ao "[...] evitar entrar pela porta larga [...], o homem deve escolher determinado tipo de vida, caracterizado pela fé; e também, deve evitar entrar no "caminho espaçoso, que é o curso de vida que inclui os anelos da existência terrena. Precisamos tomar cuidado com aqueles que advogam a vida errada, ensinando doutrinas pervertidas, os quais encorajam os homens a entrar pela porta larga, podendo assim caminhar pelo caminho espaçoso" [...].⁴⁹²

O disfarce dos falsos profetas (Mt 7:15) tem o intuito de enganar até os eleitos, pois trajados como "ovelhas", mascaram o "lobo rapace" que os caracteriza. Isto é evidência registrada em todas as épocas e textos da Antiguidade (*Deuteronômio*, 13:3-4; *Jeremias*, 23:16).

> Disfarçados em ovelhas. Vestidos como ovelhas. Aqui é feita alusão à veste dos profetas, descrita em *Mateus*, 3:4 e também em *Hebreus*, 11:37. Todavia, Jesus não fala literalmente de roupas, mas usa essa expressão a fim de indicar a natureza da ovelha, isto é, que ela é gentil e mansa. Apresentando-se como ovelha, o lobo consegue intrometer-se entre elas, mas come a carne das ovelhas.⁴⁹³

O evangelho segundo o espiritismo assinala algumas características dos profetas que são úteis ao nosso aprendizado.

> Atribui-se comumente aos profetas o dom de adivinhar o futuro, de sorte que as palavras profecia e predição se tornaram sinônimas. No sentido evangélico, o vocábulo profeta tem mais extensa significação. Diz-se de todo enviado de Deus com a missão de instruir os homens e de lhes revelar as coisas ocultas e os mistérios da vida espiritual. Portanto, um homem pode ser profeta, sem fazer predições. [...] Entretanto, deu-se o caso de haver profetas que tiveram a presciência do futuro, quer por intuição, quer por revelação providencial, a fim de transmitirem avisos aos homens. Tendo-se realizados os acontecimentos preditos, o dom de predizer o futuro foi considerado como um dos atributos da qualidade de profeta.⁴⁹⁴

Trata-se de conceituação que foge à vulgar associação que usualmente se faz entre profetas, propriamente ditos, os adivinhos e os prestidigitadores, exigindo-se observação e discernimento do discípulo sincero. É sempre necessário aprender a distinguir o verdadeiro do falso profeta, tendo em mente esta recomendação de Jesus: "Guardai-vos dos falsos profetas, que vêm a vós disfarçados de ovelhas, mas por dentro são lobos ferozes" (Mt 7:15). Allan Kardec comenta:

> [...] Em todos os tempos houve homens que exploraram, em proveito de suas ambições, de seus interesses e do seu anseio de dominação, certos conhecimentos que possuíam, a fim de alcançarem o prestígio de um suposto poder

sobre-humano, ou de uma pretensa missão divina. São esses os falsos cristos e os falsos profetas [...].[495]

Os falsos profetas são capazes de produzir feitos prodigiosos e enganar o discípulo desatento ou que não detém bom conhecimento doutrinário. Há falsos profetas eloquentes que são portadores de um magnetismo envolvente, capazes de arrastar multidões, induzindo-as a cometer atos contrário ao bem. Todo cuidado é pouco. Os discípulos que se deixam envolver pelos falsos profetas vivem sob um clima de hipnose passiva, comum aos processos obsessivos. Com o tempo, cedo ou tarde, os falsos profetas ou aqueles que, equivocadamente, dizem agir em nome do Cristo, serão desmascarados. Eis o que Kardec nos orienta a respeito: "Levantar-se-ão falsos cristos e falsos profetas, que farão grandes prodígios e coisas de espantar, a ponto de seduzirem os próprios escolhidos".

> Essas palavras dão o verdadeiro sentido do termo prodígio. Na acepção teológica, os prodígios e os milagres são fenômenos excepcionais, fora das Leis da Natureza. Como as Leis da Natureza são obras exclusivas de Deus, Ele pode, sem dúvida, derrogá-las, se lhe apraz, mas o simples bom senso diz que não é possível que Ele tenha dado a seres inferiores e perversos um poder igual ao Seu, nem, ainda menos, o direito de desfazer o que Ele tenha feito. Jesus não pode ter consagrado semelhante princípio.
>
> [...]
>
> Aos olhos do vulgo ignorante, todo fenômeno cuja causa é desconhecida passa por sobrenatural, maravilhoso e miraculoso; uma vez encontrada a causa, reconhece-se que o fenômeno, por mais extraordinário que pareça, não passa da aplicação de uma Lei da Natureza. Assim, o círculo dos fatos sobrenaturais se restringe à medida que o da Ciência se alarga.
>
> [...]
>
> A difusão das luzes lhes destrói o crédito, razão pela qual o número deles diminui à medida que os homens se esclarecem.[496]

Jesus fornece orientação fundamental, para aprendermos a distinguir o falso do verdadeiro profeta, registrada assim por Mateus:

> Pelos seus frutos os conhecereis. Por acaso colhem-se uvas dos espinheiros ou figos dos cardos? Do mesmo modo, toda árvore boa dá bons frutos, mas a árvore má dá frutos ruins. Uma árvore boa não pode dar frutos ruins, nem uma árvore má dar bons frutos. Toda árvore que não produz bom fruto é cortada e lançada ao fogo. É pelos seus frutos, portanto, que os reconhecereis (Mt 7:16-20).

Comentários de Allan Kardec:

Desconfiai dos falsos profetas. Essa recomendação é útil em todos os tempos, mas, sobretudo, nos momentos de transição em que, como no atual, se elabora uma transformação da Humanidade, porque, então, uma multidão de ambiciosos e intrigantes se arvoram em reformadores e messias. [...]

[...] Julgais que Deus seja menos prudente do que os homens? Ficai certos de que só confia missões importantes aos que Ele sabe capazes de as cumprir, já que as grandes missões são fardos pesados que esmagariam o homem demasiado fraco para carregá-los. Como em todas as coisas, o mestre tem de saber mais do que o discípulo; para fazer que a Humanidade avance moralmente e intelectualmente, são precisos homens superiores em inteligência e em moralidade. Por isso, para essas missões, são sempre escolhidos Espíritos já adiantados, que fizeram suas provas em outras existências, visto que, se não fossem superiores ao meio em que têm de atuar, a sua ação seria nula.

Isto posto, haveis de concluir que o verdadeiro missionário de Deus tem de justificar a missão de que está investido pela sua superioridade, pelas suas virtudes, pela sua grandeza, pelo resultado e pela influência moralizadora de suas obras.

[...]

Outra consideração: os verdadeiros missionários de Deus ignoram-se a si mesmos, em sua maior parte; desempenham a missão a que foram chamados pela força do gênio que possuem, secundados pelo poder oculto que os inspira e dirige à revelia deles, mas sem desígnio premeditado. Numa palavra, *os verdadeiros profetas se revelam por seus atos, são adivinhados, ao passo que os falsos profetas se arrogam, eles próprios, como enviados de Deus*. O primeiro é humilde e modesto; o segundo é orgulhoso e cheio de si, fala com altivez e, como todos os mentirosos, parece sempre temeroso de que não lhe deem crédito. [...].[497]

Emmanuel, por sua vez, acrescenta:

Árvore alguma será conhecida ou amada pelas aparências exteriores, mas sim pelos frutos, pela utilidade, pela produção.

Assim também nosso espírito em plena jornada...

Ninguém que se consagre realmente à verdade dará testemunho de nós pelo que parecemos, pela superficialidade de nossa vida, pela epiderme de nossas atitudes ou expressões individuais percebidas ou apreciadas de passagem, mas sim pela substância de nossa colaboração no progresso comum, pela importância de nosso concurso no bem geral.

"Pelos frutos os conhecereis" — disse o Mestre.

"Pelas nossas ações seremos conhecidos" — repetiremos nós.[498]

A vida, as pessoas precisam de ricas referências para poderem construir um comportamento maduro: "O mundo atual, em suas elevadas características de inteligência, reclama frutos para examinar as sementes dos princípios. O cristão, em razão disso, necessita aprender com a boa árvore que recebe os elementos da Providência Divina, através da seiva, e os converte em utilidades para as criaturas. Convém o esforço de autoanálise, a fim de identificarmos a qualidade das próprias ações [...]".[499]

O alerta do Cristo é, contudo, peremptório: *Toda árvore que não produz bom fruto é cortada e lançada ao fogo*" (*Mateus*, 7:19; *Lucas*, 3:9). No campo da vida, as tentações pululam. Somente os indivíduos de ânimo forte conseguirão a trajetória feliz de safar-se às armadilhas dos percalços do mundo:

> [...] Tenhamos cautela em nós mesmos, a fim de que a nossa defensiva contra a mentira e contra a ilusão funcione, eficiente. Não seríamos procurados pelos adversários da luz se não cultivássemos a sombra. Jamais ouviríamos o apelo às nossas vaidades se não vivêssemos reclamando o envenenado licor da lisonja ao nosso próprio "eu" enfermiço. Procuremos as situações, os acontecimentos, as criaturas e as coisas pelo bem que possam produzir, nunca pelo estímulo ao nosso personalismo desregrado [...].[500]

REFERÊNCIAS

[485] BÍBLIA DE JERUSALÉM. Gilberto da Silva Gorgulho; Ivo Storniolo e Ana Flora Anderson (Coords.). Diversos tradutores. Nova ed. rev. e ampl. 13. imp. São Paulo: Paulus, 2019, *Evangelho segundo Mateus*, 7:13-14, p. 1.715.

[486] CHAMPLIN, Russell Norman. *O novo testamento interpretado versículo por versículo*: Mateus/Marcos, Nova edição revisada. São Paulo: Hagnos, 2014, v. 1, p. 339.

[487] KARDEC, Allan. *O evangelho segundo o espiritismo*. Trad. Evandro Noleto Bezerra. 2. ed. 10. imp. Brasília: FEB, 2020, cap. 28, it. 5, p. 242.

[488] XAVIER, Francisco Cândido e VIEIRA, Waldo. *O espírito da verdade*. Por diversos Espíritos. 18. ed. 1. imp. Brasília: FEB, 2013, cap. 14 (mensagem de Emmanuel), p. 41-42.

[489] XAVIER, Francisco Cândido. *Livro da esperança*. Pelo Espírito Emmanuel. 20 ed. Uberaba: CEC, 2008, cap. 55, p. 152.

[490] BÍBLIA DE JERUSALÉM. Gilberto da Silva Gorgulho; Ivo Storniolo e Ana Flora Anderson (Coords.). Diversos tradutores. Nova ed. rev. e ampl. 13. imp. São Paulo: Paulus, 2019, *Evangelho segundo Mateus*, 7:15-20, p. 1.715.

[491] _____. _____. P. 1.715.

492 CHAMPLIN, Russell Norman. *O novo testamento interpretado versículo por versículo*: Mateus/Marcos. Nova edição revisada. São Paulo: Hagnos, 2014, v. 1, it. 7.15, p. 339.
493 _____. _____.
494 KARDEC, Allan. *O evangelho segundo o espiritismo*. Trad. Evandro Noleto Bezerra. 2. ed. 10. imp. Brasília: FEB, 2020, cap. 21, it. 4, p. 266.
495 _____. _____. It. 5, p. 267.
496 _____. _____. P. 266-267.
497 _____. _____. It. 9, p. 270-271.
498 XAVIER, Francisco Cândido. *Fonte viva*. Pelo espírito Emmanuel. 1. ed. 16. imp. Brasília: FEB, 2020, cap. 7, p. 29-30.
499 XAVIER, Francisco Cândido. *Caminho, verdade e vida*. Pelo Espírito Emmanuel. 1. ed. 17. imp. Brasília: FEB, 2020, cap. 122, p. 259-260.
500 XAVIER, Francisco Cândido. *Tentações* (pelo Espírito Emmanuel). *Reformador*, dez. 1953, nº 71, p. 279.

TEMA 26

O SERMÃO DA MONTANHA: OS VERDADEIROS DISCÍPULOS (MT 7:21-27). FALAR COM AUTORIDADE (MT 7:28-29). MUITOS OS CHAMADOS, POUCOS OS ESCOLHIDOS (MT 9:35-38)

Com esse tema, concluímos o estudo de *O Sermão da Montanha*, que abrange os capítulos 5, 6 e 7 de *Mateus* apresentando a análise de dois temas: *Os verdadeiros discípulos* e *Falar com autoridade*. Ambos se complementam no ensinamento do Cristo: "Muitos os chamados, poucos os escolhidos", que se encontra no capítulo 9 de *O evangelho segundo Mateus*.

Recordamos, mais uma vez, que muitos dos assuntos estudados até o momento não se esgotaram. Serão reanalisados em outras oportunidades, ao realizarmos o estudo dos registros dos demais evangelistas (Marcos, Lucas e João) e dos outros livros que integram o Novo Testamento.

26.1 OS VERDADEIROS DISCÍPULOS (MT 7:21-27)[501]

21 Nem todo aquele que me diz "Senhor, Senhor" entrará no Reino dos Céus, mas sim aquele que pratica a Vontade de meu Pai que está nos Céus. 22 Muitos me dirão naquele dia: "Senhor, Senhor, não foi em teu nome que profetizamos e em teu nome que expulsamos demônios e em teu nome que fizemos muitos milagres?" 23 Então eu lhes declararei: "Nunca vos conheci. Apartai-vos de mim, vós que praticais a iniquidade". 24 Assim, todo aquele que ouve essas minhas palavras e as põe em prática será comparado a um homem sensato que construiu a sua casa sobre a rocha. 25 Caiu a chuva, vieram as enxurradas, sopraram os ventos e deram contra aquela casa, mas ela não caiu, porque estava alicerçada

> *na rocha. 26 Por outro lado, todo aquele que ouve essas minhas palavras, mas não as pratica, será comparado a um homem insensato que construiu a sua casa sobre a areia. 27 Caiu a chuva, vieram as enxurradas, sopraram os ventos e deram contra aquela casa, e ela caiu. E foi grande sua ruína!*

Há estudiosos das escrituras que se revelam intrigados com manifestações de poderes psíquicos encontrados em alguns indivíduos que se dizem cristãos, seguidores ou representantes do Cristo no plano físico, mas que, contraditoriamente, não se encontram envolvidos na prática de boas obras, ou seja, o discurso e os fenômenos psíquicos que viabilizam estão em desacordo com as orientações do Mestre Nazareno. Por esse motivo é que Jesus afirmou:

> Nem todo aquele que me diz "Senhor, Senhor" entrará no Reino dos Céus, mas sim aquele que pratica a vontade de meu Pai que está nos céus. Muitos me dirão naquele dia: "Senhor, Senhor, não foi em teu nome que profetizamos e em teu nome que expulsamos demônios e em teu nome que fizemos muitos milagres?" Então eu lhes declararei: "Nunca vos conheci. Apartai-vos de mim, vós que praticais a iniquidade" (Mt 7:21-23).

O respeitável teólogo protestante e estudioso da *Bíblia*, Russell Norman Champlin, pondera a respeito desse alerta de Jesus:

> Os versículos 21-23 são instrutivos quanto problemáticos: Jesus não nega que grandes obras foram feitas ou possam ser feitas [...]. As pesquisas sobre os fenômenos psíquicos demonstram a capacidade de certas pessoas em prever o futuro, curar, falar línguas estrangeiras sem nenhum estudo, expulsar maus Espíritos e exercer outros poderes espantosos, mesmo fora de qualquer seita religiosa, ou como demonstração de muitas e diferentes religiões. Esses poderes parecem fazer parte da expressão da personalidade humana (em seu aspecto espiritual), pois o homem, acima de tudo, é um ser *espiritual*, dotado de poderes espirituais [...]. A grande lição é que o poder e o sucesso que o mundo vê não serve de "critério legítimo" sobre o conhecimento que alguém tem de Cristo, e nem mesmo relação que mantém com Ele. Pesquisas feitas sobre esta questão mostram que esses poderes sempre foram comuns a todas as civilizações, mesmo as separadas de qualquer fé cristã. Portanto, cabe aqui uma palavra de cautela, dirigida a todos: a própria existência dos fenômenos de natureza verdadeiramente sobrenatural não é prova de Cristianismo autêntico, pois estes poderes têm várias fontes [...].[502]

Os comentários de Champlin revelam sintonia com as orientações espíritas, ainda que ele considere as práticas psíquicas viabilizadas por seguidores transviados como de origem demoníaca — palavra considerada, obviamente, no sentido teológico, não de acordo com a origem etimológica da palavra que significa apenas Espírito. Para o Espiritismo, as pessoas que intermedeiam fenômenos psíquicos são denominadas médiuns. E a mediunidade, como faculdade psíquica humana, pode ser utilizada para o bem ou para o mal. Outro ponto de concordância entre o texto do estudioso da igreja reformada e o Espiritismo, é considerar a mediunidade uma faculdade psíquica inerente ao ser humano (ou à personalidade espiritual como declara Champlin). O simples fato de alguém intermediar fenômenos mediúnicos, ou outros ligados ao psiquismo humano, não o transforma em pessoa de bem. Isto é ponto pacífico. Daí o Cristo afirmar de forma incisiva, sem margem a qualquer dúvida: "Apartai-vos de mim, vós que praticais a iniquidade" (Mt 7: 23).

Eliseu Rigonatti comenta que

> Não são os rótulos religiosos que abrem as portas dos planos felizes do Universo, nem tampouco as palavras piedosas que se pronunciam, nem as obras que se praticam, quando são o orgulho ou a hipocrisia que as ditam ou inspiram. Inimigo da hipocrisia e do orgulho, tendo combatido acerrimamente estes dois vícios da alma, principais obstáculos à perfeição, Jesus coloca na categoria de obras da iniquidade mesmo as boas obras quando praticadas sob a capa dessas duas imperfeições. E a Vontade do Pai é que não sejamos nem hipócritas nem orgulhosos, praticando o bem pelo bem, sem outro qualquer motivo oculto.[503]

As palavras "iníquo" e "iniquidade" são usuais na Bíblia e, vez ou outra, aparecem também em textos espíritas, "[...] usadas para descrever a condição pecaminosa do homem caído [...]. *Iníquo* (iniquidade) é interpretação de mais de uma dúzia de palavras hebraicas e de cinco gregas [...]. *Iníquo*, segundo parece, sempre envolve um estado moral [...] que pode descrever infortúnios e aflições que resultam do pecado, bem como o próprio pecado [...]. A iniquidade é um princípio ativo e destrutivo [...]".[504]

O destaque que se faz aqui às duas palavras, utilizadas pelo próprio Jesus, não se restringe apenas ao seu significado propriamente dito, demonstra, também, a fragilidade humana, uma vez que, na intenção de praticar o bem, o discípulo pode ser envolvido pelas imperfeições que ainda traz no imo do ser, transformando-se em instrumento do mal. Por isso, a necessidade permanente de vigilância e do esforço contínuo de desenvolver virtudes.

> "Não basta dizer — Senhor! Senhor!" — equivale a assegurar que a fé não satisfaz, só por si, em nossa suspirada ascensão às bênçãos da vida imperecível.
> [...]

> Cada criatura renasce na carne com um plano de ação a executar nas linhas do Eterno Bem.
>
> Não bastará se refugie na certeza da Bondade Divina, para atender às obrigações que lhe cabem.
>
> Não é suficiente a visão do Céu para equacionar as exigências do aprimoramento a que deve afeiçoar-se na Terra.
>
> É inadiável a consagração de cada um de nós à obra viva da própria iluminação, para que a nossa confiança não seja infortunado jardim e entorpecer-se nas trevas.
>
> Compreendamos que se Jesus admitisse a fé inoperante como penhor de vitória na vida, não teria descido da Glória Celestial para sofrer o convívio humano, testemunhando no próprio sacrifício as suas grandes lições!...
>
> E, abraçando o serviço da redenção que nos é necessária, estejamos empenhados à edificação do bem de todos, porque ajudar a todos é auxiliar a nós próprios e educar-nos, a preço de trabalho e abnegação, é acender em favor dos outros, com a sublimação de nós mesmos, a bênção da própria luz.[505]

Na verdade, se no passado utilizamos mal os ensinamentos do Evangelho, entendemos que, agora, estamos recebendo a bendita oportunidade de reparar equívocos, pondo em prática acertadamente os ensinamentos de Jesus. Precisamos, pois, aproveitar esta chance de progresso, a bênção de reparar faltas cometidas anteriormente e investir mais em nossa melhoria espiritual. É sempre útil lembrar este outro ensinamento de Jesus, registrado por Lucas: "E Jesus, respondendo, disse-lhes: Não necessitam de médico os que estão sãos, mas, sim, os que estão enfermos. Eu não vim chamar os justos, mas sim os pecadores, ao arrependimento" (Lc 5:31-32).[506]

Neste sentido, Amélia Rodrigues nos faz recordar que, tal como aconteceu a Judas, nós também, equivocados, enganamos a nós mesmos. Todavia, surge, então, o momento do reajuste espiritual

> A construção material, por mais complexa, é possível de ser erguida com relativa facilidade. A de natureza moral demanda tempo, exige tenacidade, começos e recomeços até se tornar sólida, resistente a qualquer devastação.
>
> O aplainar das arestas morais é mais sacrificial do que o desbastar os minerais, corrigir-lhes as anfractuosidades, moldá-los.
>
> Por isso mesmo, o espírito é o construtor da sua realidade, devendo entregar-se com empenho ao mister sem descanso. Qualquer titubeio, surge a ameaça à realização. Um descuido, e abrem-se os canais para o alagamento e desastre da obra [...].[507]

Nos versículos que se seguem, Jesus orienta como o discípulo sincero deve agir para pôr em prática os seus ensinamentos:

24 Assim, todo aquele que ouve estas minhas palavras e as põe em prática será comparado a um homem sensato que construiu a sua casa sobre a rocha. 25 Caiu a chuva, vieram as enxurradas, sopraram os ventos e deram contra aquela casa, mas ela não caiu, porque estava alicerçada na rocha. 26 Por outro lado, todo aquele que ouve estas minhas palavras, mas não as pratica, será comparado a um homem insensato que construiu a sua casa sobre a areia. 27 Caiu a chuva, vieram as enxurradas, sopraram os ventos e deram contra aquela casa, e ela caiu. E foi grande sua ruína!

Jesus denomina *sensato* quem deseja erguer o edifício da própria construção espiritual. Entretanto, é insuficiente apenas desejar, é preciso fazer. O sensato é alguém que age e pensa com cautela, com prudência; que é previdente ou precavido. Sendo assim, não é suficiente se autodenominar homem de fé, ter um título obtido de alguma escola religiosa ou se dizer adepto de alguma religião. É preciso mais, muito mais: é necessário conhecer, refletir e vivenciar as lições imortais do Evangelho, trabalhando no dia a dia as imperfeições espirituais. Temos que, realmente, investir mais no "ser" do que no "parece ser", como esclarece Vinicius.

> Se observarmos atentamente o que se passa na sociedade, verificaremos que tudo se faz, não no sentido de ser, mas no de *parecer*.
>
> Realmente, quando se trata de qualidades e virtudes, é muito mais fácil simulá-las que adquiri-las. O resultado, porém, é que não é o mesmo.
>
> Daí o transformarem a Religião em acervos de dogmas abstrusos e numa série de determinadas cerimônias que se executam maquinalmente; a Eugenia, em arte dos arrebiques; o *civismo*, em toques de caixa e de cornetas executados por indivíduos trajando uniformes; o *patriotismo*, em discursos ocos e plataformas pejadas de falazes promessas, formuladas já com o propósito de se não cumprirem; a Política, finalmente, em processo de explorar o povo.
>
> A Moral, considerada outrora por Sócrates como a ciência por excelência, consiste hoje em acompanhar passivamente a opinião da maioria dominante, com menosprezo, embora, dos mais comezinhos princípios do decoro e da decência. E, sob tal critério, tudo se agita e se move no afã de aparentar, de simular e de parecer aquilo que devia ser, mas, em realidade, não é.
>
> A propósito, cumpre rememorar as palavras d'Aquele que foi, neste mundo, a personificação da Verdade: "Este povo honra-me com os lábios, mas seu coração está longe de mim. Naquele dia me dirão: Senhor! Senhor! mas eu retrucarei abertamente: não vos conheço: apartai-vos de mim, vós que vivestes na iniquidade e na mentira" (Mt 7:23).[508]

A época atual, de transição planetária, pede uma postura mais decisiva por parte dos discípulos do Cristo e, também, dos espíritas. É chegada a hora de agirmos com mais sensatez, de colocarmos em prática os ensinamentos do Evangelho. É hora de construirmos nossa casa espiritual sobre a rocha que resistirá a todos os açoites da existência, como destaca o versículo: "Caiu a chuva, vieram as enxurradas, sopraram os ventos e deram contra aquela casa, mas ela não caiu, porque estava alicerçada na rocha" (Mt 7:25).

A rocha representa a solidez das nossas intenções e comportamentos, que devem ser estruturados, firmemente, na prática incansável do bem, exercendo a grandiosa lição evangélica do amai-vos uns aos outros: "A observância dos preceitos de Jesus nos dará a fortaleza moral com a qual nós nos protegeremos, quando tivermos de sofrer as provas e as expiações que merecermos. Com o espírito fortificado pelo conhecimento que possuímos das leis divinas, facilmente triunfaremos das vicissitudes terrenas e edificaremos nossas vidas em bases sólidas, que não poderão ser abaladas pelas ilusões da Terra. Quem ouve a palavra de Jesus é aquele que estuda o Evangelho, mas não basta estudar ou ouvir a palavra, é preciso observá-la, isto é, viver de conformidade com o que ouviu e aprendeu [...]."[509]

> Forte contrassenso que desorganiza a contribuição humana, no Divino edifício do Cristianismo, é o impulso sectário que atormenta enormes fileiras de seguidores.
>
> Mais reflexão, mais ouvidos ao ensinamento de Jesus e essas batalhas injustificáveis estariam para sempre apagadas [...].
>
> Que esperam, entretanto, os companheiros esclarecidos para serem efetivamente irmãos uns dos outros?
>
> Muita gente se esquece de que a solidariedade legítima escasseia nos ambientes onde é reduzido o espírito de serviço e onde sobra a preocupação de criticar.
>
> Instituições notáveis são conduzidas à perturbação e ao extermínio, em vista da ausência do auxílio mútuo, no terreno da compreensão, do trabalho e da boa-vontade.
>
> Falta de assistência? Não.
>
> Toda obra honesta e generosa repercute nos planos mais altos, conquistando cooperadores abnegados. Quando se verifica a invasão da desarmonia nos institutos do bem, que os agentes humanos acusem a si mesmos pela defecção nos compromissos assumidos ou pela indiferença ao ato de servir. E que ninguém peça ao Céu determinadas receitas de fraternidade, porque a fórmula sagrada e imutável permanece conosco no "amai-vos uns aos outros"[510]

26.2 FALAR COM AUTORIDADE (MT 7:28-29)[511]

> *28 Aconteceu que ao terminar Jesus essas palavras, as multidões ficaram extasiadas com o seu ensinamento, 29 porque as ensinava com autoridade e não como os seus escribas.*

"Ensinar com autoridade" é referência aos que têm moral e conhecimento para tal, como os anciãos ou mesmo os fariseus que, a rigor, tinham sido preparados para interpretar a Lei.[512] E muitos interpretadores da Lei, fariseus e doutores da Lei se deixaram levar pela vaidade e pelos atrativos do mundo, desvirtuando a missão que lhes cabia realizar.

> Substituindo a chave da humildade indicada no Evangelho pelo que, clandestinamente, se faz com o metal do orgulho e da vaidade, os equivocados líderes podem errar descerrando portas a planos inferiores, e não a mundos elevados [...].
>
> O *intérprete da Lei*, valendo-se da autoridade que o cargo lhe confere, divulga estranhas *chaves da Terra* que promovem a aparência, o poder econômico, olvidando a legítima chave denunciada nos valores morais e na imortalidade do Espírito [...].
>
> Por isto asseverava Jesus: "Se a vossa justiça não exceder à dos escribas e dos fariseus, não entrareis no reino dos Céus" (*Mateus*, 5:20).[513]

"Jesus ensinava com autoridade e não como os seus escribas", destaca o registro de *Mateus* que reflete o estado da alma de todos os que o ouviam. O magnetismo amoroso do Cristo ensinava e orientava multidões com sabedoria e pela força do amor, apontando-lhes o caminho certo a seguir.

> A fortaleza moral que sustentará nosso espírito é a força que conquistamos para lutar contra nossas imperfeições e desenvolver em nossa alma a Virtude. [...]
>
> Além do estudo contínuo do Evangelho, podemos fortificar nosso espírito pela prece, pela dedicação aos trabalhos espirituais e pela leitura dos bons livros. A prece fortifica, principalmente se feita como um ato diário, em horas determinadas; forma-se, então, em nosso recinto uma pequenina corrente espiritual, da qual receberemos benéficos fluidos, que fortificam nosso corpo e nossa alma. A dedicação aos trabalhos espirituais é outra fonte onde podemos haurir forças espirituais, que nos protegerão das tentações do mundo. [...]
>
> A leitura dos bons livros é outro meio eficaz de fortalecer o espírito. Assimilando os altos pensamentos dos bons escritores, nosso espírito se revigora e se aparelha para resistir aos embates da vida [...].[514]

26.3 MUITOS OS CHAMADOS, POUCOS OS ESCOLHIDOS (MT 9:35-38)[515]

> 35 Jesus percorria todas as cidades e povoados ensinando em suas sinagogas e pregando o Evangelho do Reino, enquanto curava toda sorte de doenças e enfermidades. 36 Ao ver a multidão teve compaixão dela, porque estava cansada e abatida como ovelhas sem pastor. Então disse aos seus discípulos: 37 "A colheita é grande, mas poucos os operários! 38 Pedi, pois, ao Senhor da colheita que envie operários para a sua colheita".

A expressão "ovelhas sem pastor" transcrita no versículo "ao ver a multidão teve compaixão dela, porque estava cansada e abatida como ovelhas sem pastor" (Mt 9:36) era bem conhecida dos judeus, usada para expressar a imagem de pessoas perdidas, sem guia ou orientadores. É expressão muito usual nos textos do Velho Testamento: Nm 27:17; I Rs 22, 17; Jt 11,19; Ez 34:5; II Cr 18:16.[516]

> Com Jesus, porém, a Humanidade estava segura. O Messias Divino curava as enfermidades da alma e do corpo, por ande passava, espalhando as notícias do advento do Reino de Deus.
>
> A mensagem da esperança alcançando as fronteiras das almas inebriava-as, derramando-se abundante pelos demais corações que se contagiavam da Sua empolgante realidade.
>
> Jamais Israel vira ou escutara alguém igual a Ele.
>
> Os sofredores recebiam de Suas mãos as mais vantajosas quotas de auxílio, e os deserdados enriqueciam-se de alegria do primeiro encontro com as Suas palavras.
>
> N'Ele tudo transpirava amor.
>
> Das aldeias e cidades, dos arredores do Lago e das terras distantes chegavam os grupos que se adensavam em multidões expressivas para ouvi-Lo, sentir a grandeza dos Seus ensinos, fruir as concessões das Suas dadivosas mãos.
>
> Nunca se cansava de ensinar nem se descoroçoava jamais ante a impertinência ou a rebeldia dos infelizes. Compreendia-os por conhecer o ácido sabor do sofrimento que os infelicitava e por compreender-lhes a dor decorrente da pesada canga a constranger-lhes os corpos cansados e os espíritos aflitos.
>
> Alongava-se a todos como abençoada fímbria de luz na pesada sombra a clarear os roteiros e fazia-se a barca de segurança para que os náufragos do mar das paixões atingissem as praias da paz ou os postos da segurança [...].[517]

A despeito de todas as benesses que Jesus nos vem transmitindo ao longo das eras, assinala o versículo que "a colheita é grande, mas poucos os operários! Pedi, pois, ao Senhor da colheita que envie operários para a sua colheita" (Mt 9:37-38). Significa dizer que os trabalhadores dedicados ainda são poucos. Mas tempos virão em que a seara do Senhor contará com a abundância de servidores renovados no Bem. Será uma época feliz para a Humanidade terrestre, na qual a previsão do Mestre Nazareno se cumprirá, finalmente: "Nisto todos conhecerão que sois os meus discípulos, se vos amardes uns aos outros" (Jo 13:35)[518]

Com Emmanuel, fechamos o estudo do tema e do sermão da Montanha, registrado por *Mateus* apresentando as principais diretrizes do labor do Cristo de Deus, no âmbito do estudo ora em foco.

> Desde os primórdios da organização religiosa no mundo, há quem estime a vida contemplativa absoluta por introdução imprescindível às alegrias celestiais. Cristalizado em semelhante atitude, o crente demanda lugares ermos como se a solidão fosse sinônimo de santidade.
>
> [...]
>
> Com o Cristo, não vemos a ideia de repouso improdutivo como preparação do Céu.
>
> Não foge o Mestre ao contato com a luta comum.
>
> A Boa-Nova em seu coração, em seu verbo e em seus braços é essencialmente dinâmica.
>
> Não se contenta em ser procurado para mitigar o sofrimento e socorrer a aflição.
>
> Vai, Ele mesmo, ao encontro das necessidades alheias, sem alardear presunção.
>
> Instrui a alma do povo, em pleno campo, dando a entender que todo lugar é sagrado para a Divina Manifestação.
>
> Não adota posição especial, a fim de receber os doentes e impressioná-los.
>
> Na praça pública, limpa os leprosos e restaura a visão dos cegos.
>
> À beira do lago, entre pescadores, reergue paralíticos.
>
> Em meio da multidão, doutrina entidades da sombra, reequilibrando obsidiados e possessos.
>
> [...]
>
> Em ocasião alguma o encontramos fora de ação.
>
> [...]
>
> Seja onde for, sem subestimar os valores do Céu, ajuda, esclarece, ampara e salva.
>
> Com o Evangelho, institui-se entre os homens o culto da verdadeira fraternidade.
>
> O Poder Divino não permanece encerrado na simbologia dos templos de pedra.
>
> Liberta-se.
>
> Volta-se para a esfera pública.

Marcha ao encontro da necessidade e da ignorância, da dor e da miséria.

Abraça os desventurados e levanta os caídos.

Não mais a tirania de Baal, nem o favoritismo de Júpiter, mas Deus, o Pai, que, através de Jesus Cristo, inicia na Terra o serviço da fé renovadora e dinâmica que, sendo êxtase e confiança, é também compreensão e caridade para a ascensão do espírito humano à Luz Universal.[519]

REFERÊNCIAS

[501] BÍBLIA DE JERUSALÉM. Gilberto da Silva Gorgulho; Ivo Storniolo e Ana Flora Anderson (Coords.). Diversos tradutores. Nova ed. rev. e ampl. 13. imp. São Paulo: Paulus, 2019, *Evangelho segundo Mateus,* 7:21-27, p. 1.715-1.716.

[502] CHAMPLIN, Russell Norman. O novo testamento interpretado versículo por versículo: Mateus/Marcos. Nova edição revisada. São Paulo: Hagnos, 2014, v. 1, it. 7:21, p. 341.

[503] RIGONATTI, Eliseu. *O evangelho dos humildes.* 15. ed. São Paulo: Pensamento, 2018, cap. 6, p. 61.

[504] ELWELL, Walter. (Editor). *Enciclopédia histórico-teológica da igreja cristã.* Trad. Gordon Chown. 2. ed. 1 imp. São Paulo: Sociedade Religiosa Edições Vida Nova, 1992, v. 2, p. 333.

[505] XAVIER, Francisco Cândido. C. *Escrínio de luz.* Pelo Espírito Emmanuel. Matão: O Clarim, 1973. Cap. Fé e Ação, p. 137-138.

[506] BÍBLIA SAGRADA. Trad. João Ferreira de Almeida. Edição rev. e corrigida de 1995. Barueri [SP]: Sociedade Bíblica do Brasil, 2004, *O evangelho segundo Lucas,* 5:31-32, p. 1.093.

[507] FRANCO, Divaldo Pereira. *Trigo de Deus.* Pelo Espírito Amélia Rodrigues. 6 ed. Salvador: LEAL, 2014, cap. 12, p. 77.

[508] VINICIUS. *Nas pegadas do mestre.* 12. ed. 4. imp. Brasília: FEB, 2015, cap. *Ser e não parecer,* p. 71-72.

[509] RIGONATTI, Eliseu. *O evangelho dos humildes.* 15. ed. São Paulo: Pensamento, 2018, cap. 7, p. 61.

[510] XAVIER, Francisco Cândido. *Pão nosso.* Pelo Espírito Emmanuel. 1. ed. 17. imp. Brasília: FEB, 2020, cap. 10, p. 35.

[511] BÍBLIA DE JERUSALÉM. Gilberto da Silva Gorgulho; Ivo Storniolo e Ana Flora Anderson (Coords.). Diversos tradutores. Nova ed. rev. e ampl. 13. imp. São Paulo: Paulus, 2019, *Evangelho segundo Mateus,* 7:28-29, p. 1.716.

[512] _____. _____. *Evangelho segundo Mateus.* Nota de rodapé "a", p. 1.716.

513 MOUTINHO, João de Jesus. *O evangelho sem mistérios nem véus.* 1. ed. 2. imp. Brasília: FEB, 2015, cap. 81, p. 295

514 RIGONATTI, Eliseu. *O evangelho dos humildes.* 15. ed. São Paulo: Pensamento, 2018, cap. 7, p. 62.

515 BÍBLIA DE JERUSALÉM. Gilberto da Silva Gorgulho; Ivo Storniolo e Ana Flora Anderson (Coords.). Diversos tradutores. Nova ed. rev. e ampl. 13. imp. São Paulo: Paulus, 2019, *Evangelho segundo Mateus,* 9:35-38, p. 1.720.

516 _____. _____. *Evangelho segundo Mateus.* Nota de rodapé "b", p. 1.720.

517 FRANCO, Divaldo Pereira. *Luz do mundo.* Pelo Espírito Amélia Rodrigues. 2 ed. Salvador: LEAL, 1989, cap. 22, p. 136-137.

518 BÍBLIA SAGRADA. Trad. João Ferreira de Almeida. Edição rev. e corrigida de 1995. Barueri [SP]: Sociedade Bíblica do Brasil, 2004, *O evangelho segundo João,* 13:35, p. 1.151.

519 XAVIER, Francisco Cândido. *Roteiro.* Pelo Espírito Emmanuel. 14. ed. 7. imp. Brasília: FEB, 2019, cap. 20, p. 87- 89.

TEMA 27

A PREGAÇÃO DO REINO DOS CÉUS: A CURA DO LEPROSO (MT 8:1-4)[520]

O estudo faz referência à cura de pessoa portadora de doença milenar, cujos casos mais graves ainda permanecem sem resolução ou com baixa resolução pela Ciência. A lepra, mal de Hansen ou hanseníase, como se diz atualmente, é muito citada nos textos antigos, bíblicos ou não, existindo relatos de casos que datam de 1.350 a.C.

> A enfermidade *tsara'at*, traduzida por lepra, é descrita com detalhes em Lv 13 mas a descrição podia, e provavelmente incluía mesmo outras doenças de pele [...]. O próprio termo também é aplicado às vestes e às casas (Lv 14:55) e parece ter sido geralmente empregado para escrever algo que era cerimonialmente impuro. Quando um leproso era "purificado" e assim pronunciado pelo sacerdote, é provável que a condição era autolimitadora, e não aquilo que atualmente chamaríamos de *lepra*, isto é, uma enfermidade causada por uma bactéria específica. [...] Na LXX [*Septuaginta* ou *Bíblia dos 70*] o termo *tsara'at* é traduzido por *lepra*, e no NT *lepra* é igualmente o vocábulo empregado. Certamente, havia *lepra* autêntica no Oriente Próximo, nos tempos neotestamentários.[521]

Os termos atuais para se referir à doença (Mal de Hansen ou Hanseníase) têm origem no nome do médico norueguês Gerhard Henrick Armauer Hansen (1841–1912) que, em 1873, conseguiu visualizar ao microscópio a bactéria *Mycobacterium leprae*, agente causador da enfermidade. Tempos depois, a palavra *lepra* passou a ser substituída por hanseníase ou mal de Hansen, em razão do caráter discriminatório que persistiu por séculos. A hanseníase é uma doença infecciosa que lesiona os nervos periféricos e diminui a sensibilidade da pele. Nos casos graves (forma L), as lesões são mutilantes.

Por falta de conhecimentos específicos, a hanseníase foi alvo de grande preconceito social, altamente discriminativo, produzindo o isolamento dos doentes, que eram excluídos da vida em sociedade. A ignorância os apontava como impuros, pecadores e desonrados que deveriam viver como marginais, fora do meio familiar e da sociedade. No passado, os hansenianos moravam fora das cidades, deveriam ter todas as partes do corpo cobertas de panos, com sinos presos ao pescoço ou membros, para serem identificados. O estado de marginalidade, o abandono social, higiene deficiente, entre outros fatores, produziam infecções secundárias, exacerbando o sofrimento dos doentes. Mais tarde, com melhor compreensão da doença, foram criadas casas de saúde, sanatórios ou leprosários, onde os portadores do mal de Hansen eram internados, muitas vezes ali permanecendo ao longo da existência. Ainda que existam alguns leprosários, especialmente voltados para a internação dos casos mais graves, o conceito de exclusão familiar e social deixou de existir. Sendo assim, atualmente o enfermo pode viver com a família e conviver com membros da sociedade, entretanto o preconceito, mesmo que mais abrandado, persiste.

As curas realizadas por Jesus, eram consideradas milagres, sobretudo se levarmos em conta o efeito prodigioso ou maravilhoso do fato, contudo devemos ser cuidadosos para não aplicar à palavra o sentido popular e teológico, que "[...] implica a ideia de um fato extranatural; no sentido teológico é a derrogação das leis da natureza, por meio da qual Deus manifesta o Seu Poder."[522] Ora, o raciocínio mais elementar indica que Deus, o Criador Supremo, não iria derrogar leis por Ele criadas. Não se pode supor que Deus se equivocaria ao definir a legislação divina.

Nos Evangelhos, identificamos dois grandes grupos de curas realizadas por Jesus: as enfermidades físicas (p. ex. *a cura da mulher que sangrava* – Mc 5:25-34;) e os distúrbios mentais, cujos enfermos eram vulgarmente denominados endemoniados. Como exemplo, temos a história do menino epilético (Mc 9:14-29) e a dos endemoniados gadarenos (Mt 8: 28-34). Há, porém, relatos de casos que, nos tempos atuais, não seriam indicados como uma "doença" propriamente dita. Exemplo: a ressurreição do filho da viúva de Naim (Lc 7:11-16) e a ressureição de Lázaro (Jo 11:1-46). Na verdade, "[...] os Evangelhos não fazem distinção quanto à espécie dos milagres, quer envolvam transformações psicológicas, físicas ou espirituais. Sabemos, atualmente, que, com frequência, é difícil distinguir exatamente a causa das enfermidades, e que geralmente há outras causas presentes que não são físicas.[523] Para os espíritas, essas causas estariam subordinadas à Lei de Causa e Efeito, considerando ações realizadas pelo Espírito em outras reencarnações.

Feitas essas colocações introdutórias, passemos à análise da cura do leproso, assim registrada por *Mateus,* 8:1-4.

> "1 Ao descer da montanha, seguiam-no multidões numerosas, 2 quando de repente um leproso se aproximou e se prostrou diante dele, dizendo: "Senhor, se queres, tens poder para purificar-me". 3 Ele estendeu a mão e tocando-o disse: "Eu quero, sê purificado". E imediatamente ele ficou livre da sua lepra. 4 Jesus lhe disse: "Cuidado, não digas nada a ninguém, mas vai mostrar-te ao sacerdote e apresenta a oferta prescrita por Moisés, para que lhe sirva de prova".

Nesse texto, uma ideia está presente: o evangelista quer demonstrar que Jesus era o Messias aguardado pelo povo judeu: "Jesus tinha o poder de curar qualquer pessoa. Desse modo, o autor demonstra que Ele é verdadeiramente o Messias. A literatura rabínica mostra que os líderes religiosos do Judaísmo julgavam imperativo que o Messias fosse dotado de poderes miraculosos. Jesus satisfez supremamente essa exigência. [...]."[524]

> Os poderes de cura do Senhor Jesus têm sido confirmados por numerosas tradições, tanto nos escritos cristãos quanto nos não cristãos, e até os seus inimigos admitiam a existência desse poder, embora o atribuíssem às artes mágicas (Mt 12:23), Uma tradição do Talmude diz que Jesus foi enforcado na véspera da páscoa porque praticava bruxaria e desviava o povo de Israel. Há outras histórias bem comprovadas de curas, entre os judeus e os não judeus, como nas sociedades helênicas [...]. Não obstante, muitos tipos de curas foram feitas por Jesus cujas condições só podiam ser consideradas puramente físicas, muitas delas reputadas totalmente incuráveis. Pode ser, entretanto, que o curador mais habilidoso seja aquele que pode curar os males psicológicos e espirituais dos homens, e não aquele que pode curar as enfermidades físicas. Tudo isso, todavia, faz parte do ministério de Jesus.[525]

Temos, então, aqui, uma contradição humana, que a História revela em relação às curas de Jesus: para os seus discípulos, Ele era o Messias, e, o fato de curar, física ou espiritualmente, demonstra ser Ele o enviado de Deus. Por outro lado, para os indivíduos que lhe faziam oposição, destacando-se a classe sacerdotal, ele era classificado como um bruxo e deveria ser combatido, até com a morte, inclusive.

Importa destacar aspectos do breve diálogo entre o enfermo e Jesus, que pede para ser purificado (ou ser limpo, segundo algumas traduções do Novo Testamento), ou seja, é possível que o maior sofrimento do hanseniano não fosse a doença, em si, mas o fato de ser ele considerado impuro, como consta no registro de *Mateus* versículos 5 a 7: "*Ao descer da montanha, seguiam-no multidões numerosas, quando de repente um leproso se aproximou e se prostrou diante dele, dizendo: 'Senhor, se queres, tens poder para*

*purificar-me'. Ele estendeu a mão e, tocando-o disse: 'Quero, sê purificado".
E imediatamente ele ficou livre da sua lepra.* (Mt 8:1-3). Amélia Rodrigues pondera a respeito do sofrimento espiritual daquele leproso.

> Proibido de entrar nas cidades, vagava pelos campos, quase sempre misturado à farândula dos desgraçados do seu jaez.
>
> Quando afloraram as primeiras manchas roxas na pele tostada e as pústulas nauseabundas e doloridas começaram a apodrecer o corpo, também principiara a morrer...
>
> Todos os escorraçavam
>
> Os vínculos da família se arrebentaram e os sonhos da juventude se converteram em trevas hediondas.
>
> Acossado fora expulso,
>
> Nome, procedência, ficaram para trás.
>
> Agora, era somente um *imundo*![526]

Contudo, ao se acercar de Jesus, o doente lhe implora para ser limpo, a fim de que pudesse libertar a alma dos tormentos que trazia no íntimo desde quando foi rotulado de impuro. Amélia Rodrigues prossegue acompanhado o encontro do enfermo com o médico das almas:

> — Senhor, se Tu quiseres bem podes limpar-me. Eu creio que és Aquele que todos esperamos.
>
> [...].
>
> — Quero ser limpo! [...].
>
> — Que queres que eu faça?
>
> [...]
>
> O Estranho Rabi tornara-se diáfano. Uma beleza incomparável d'Ele se irradiava. Parecia sorrir.
>
> A turba acercou-se, muda de espanto, e constatou-lhe a cura.[527]

Outro ponto que merece análise está inserido no versículo 4, quando, após ter realizado a cura, Jesus recomenda não dizer nada a ninguém, mas ir aos sacerdotes e mostrar-lhes a comprovação do afastamento da doença. "Jesus lhe disse: Cuidado, não digas nada a ninguém, mas vai mostrar-te ao sacerdote e apresenta a oferta prescrita por Moisés, para que lhes sirva de prova" (Mt 8:4).

De imediato, surge a indagação: por que Jesus instrui para não divulgar a cura? Ao contrário, orienta para o beneficiário ir primeiramente mostrá-la aos sacerdotes e apresentar a oferta prescrita por Moisés. Neste sentido, apresentamos, em seguida, o texto do esclarecido estudioso protestante Russell Norman Champlin.

> O fato de Jesus não desejar que os seus milagres fossem dados a público tem sido um dos problemas de interpretação. Quanto a isso, existem as seguintes ideias: 1) Jesus teria dito essas palavras àquele homem para benefício espiritual dele, isto é, para evitar o espírito soberbo, que poderia demonstrar após ter sido curado. 2) A proibição seria apenas para aquele momento; depois de haver mostrado ao sacerdote e ficar "limpo" à vista das autoridades, teria liberdade para relatar a sua história. 3) Para esconder o segredo messiânico. Jesus não estava pronto para se revelar (ou segundo alguns), não tinha certeza ainda de sua missão como Messias. 4) Jesus não queria ser conhecido apenas como realizador de milagres, mas como o Messias, o Mestre da lei e da verdadeira religião (Mt 12:15-21). 5) Mais provavelmente — e esta última razão parece escapar aos comentários em geral —, Jesus simplesmente não se interessava pelo aplauso popular, porque sabia ser vã e sem valor a glória entre os homens. Ele só se interessava pela aprovação divina. Nisto mostrou a verdadeira atitude de ministro de Deus. Não são muitos os que têm seguido esse exemplo.[528]

O estudo da cura da hanseníase é relatado também por *Marcos,* 1:40-42 e *Lucas,* 5:12-16 que, oportunamente, serão estudados, retomando ideias que não estão presentes no registro de Mateus. Recordemos, com Emmanuel, a importância de aprendermos com o Mestre Nazareno a oportunidade de estender as mãos aos que se encontram enfermos: "Jesus, o Mestre Divino, passou no mundo estendendo-as no auxílio a todos, ensinando e ajudando, curando e afagando, aliviando corpos enfermos e levantando almas caídas, e, para mostrar-nos o supremo valor das mãos consagradas ao bem constante, preferiu morrer na cruz, de mãos estendidas, como que descerrando o coração pleno de amor à Humanidade inteira."[529]

REFERÊNCIAS

[520] BÍBLIA DE JERUSALEM. Gilberto da Silva Gorgulho; Ivo Storniolo e Ana Flora Anderson (Coords.). Diversos tradutores. Nova ed. rev. e ampl. 13. imp. São Paulo: Paulus, 2019, *Evangelho segundo Mateus,* 8:1-4, p. 1.716.

[521] DOUGLAS, J. D. (Org.). *O novo dicionário da bíblia.* It. Doença e cura, subit. d) Lepra, p. 362.

[522] KARDEC, Allan. *A gênese.* Trad. Evandro Noleto Bezerra. 2. ed. 2. imp. Brasília: FEB, 2019, 2013, cap. 13, it. 1, p. 221.

523 CHAMPLIN, Russell Norman. *O novo testamento interpretado versículo por versículo*: Mateus/Marcos. Nova edição revisada. São Paulo: Hagnos, 2014, v. 1, it. 8:1, A cura dos leprosos, p. 344.
524 _____. _____.
525 _____. _____.
526 FRANCO, Divaldo Pereira. *Primícias do reino*. Pelo Espírito Amélia Rodrigues. 8. ed. Salvador: LEAL, 2001, cap. 13, p. 146.
527 _____. _____. P. 146-147.
528 CHAMPLIN, Russell Norman. *O novo testamento interpretado versículo por versículo*: Mateus/Marcos. Nova edição revisada. São Paulo: Hagnos, 2014, v. 1, cap. 8. 4, p. 346.
529 XAVIER, Francisco Cândido. *Reparemos as nossas mãos* (pelo Espírito Emmanuel). *Reformador*, jul. 1958, p. 146.

A PREGAÇÃO DO REINO DOS CÉUS: A CURA DO SERVO DO CENTURIÃO (MT 8:5-13)

Esta belíssima passagem no *Evangelho de Mateus*, 8:5-13[530] (e em *Lucas*, 7:1-10) está assim registrada na *Bíblia de Jerusalém*:

> 5 Ao entrar em Cafarnaum, chegou-se a ele um centurião que o implorava e dizia 6 Senhor, o meu criado está deitado em casa paralítico, sofrendo dores atrozes. 7 Jesus lhe disse: Eu irei curá-lo. 8 Mas o centurião, respondeu-lhe: Senhor, não sou digno de receber-te sob o meu teto, basta que digas uma palavra e meu criado ficará são. 9 Com efeito, também eu estou debaixo de ordens e tenho soldados sob o meu comando; e quando digo a um: Vai! ele vai, e a outro Vem!, ele vem; e quando digo ao meu servo: Faze isto, ele o faz. 10 Ouvindo isso, Jesus ficou admirado e disse aos que o seguiam: Em verdade vos digo que, em Israel, não achei ninguém com tanta fé. 11 Mas eu vos digo que virão muitos do Oriente e do Ocidente e se assentarão à mesa com Abraão, e Isaque, e Jacó, no Reino dos Céus; 12 Enquanto os filhos do Reino serão postos para fora, nas trevas; onde haverá choro e ranger de dentes. 13 Em seguida disse ao centurião: Vai, como creste, assim te seja feito! Naquela mesma hora, o criado ficou são.

28.1 A ROGATIVA DO CENTURIÃO (COMANDANTE MILITAR DE UMA CENTÚRIA: COMPANHIA DE CEM HOMENS)

Os versículos de cinco a nove, em seguida citados, transmitem surpreendente diálogo ocorrido entre Jesus e um oficial militar romano, o qual não apenas reconhece o poder espiritual de Jesus e a sua superior autoridade, como se curva a esta, suplicando ao Mestre auxílio em benefício do seu servo que se encontrava enfermo:

> 5 Ao entrar em Cafarnaum, chegou-se a ele um centurião que o implorava e dizia: 6 Senhor, o meu criado está deitado em casa paralítico, sofrendo dores

atrozes. 7 Jesus lhe disse: Eu irei curá-lo. 8 Mas o centurião, respondeu-lhe: Senhor, não sou digno de receber-te sob o meu teto, basta que digas uma palavra e meu criado ficará são. 9 Com efeito, também eu estou debaixo de ordens e tenho soldados sob o meu comando; e quando digo a um: Vai!, ele vai, e a outro: Vem!, ele vem; e quando digo ao meu servo: Faze isto, ele o faz (Mt 8:5-9).

A respeito, Vinicius esclarece com sabedoria:

> Existem milícias no Céu como existem na Terra, embora visando a alvos diametralmente opostos.
>
> Ordem, disciplina, aprendizagem, manobras, arregimentação, planos, estratégias, combates e pelejas porfiadas, batalhões aguerridos, estado maior, oficiais, soldados etc. — tudo como na Terra.
>
> O centurião que procurou a Jesus para curar-lhe o fâmulo que se encontrava gravemente enfermo, mostrou compreender perfeitamente a organização do exército sideral. Retrucando a Jesus que prometera atendê-lo indo a sua casa, disse: "Senhor, não é preciso que te incomodes tanto. Nem eu mesmo sou digno de te receber em minha casa. Dize somente uma palavra, e meu servo se curará. Eu também sou homem sujeito à autoridade, e tenho inferiores às minhas ordens, e digo a este: vem cá, e ele vem; faze isto, e ele faz" (*Mateus*, 8:8 e 9).
>
> Pelos dizeres acima, vemos que o centurião compreendia perfeitamente aquilo que até hoje muitos ignoram, isto é, a maneira de Jesus agir através das milícias do Céu. A analogia que ele estabeleceu, como chefe de cem inferiores, entre seu comando e o comando de Jesus dirigindo os batalhões celestes, é das mais felizes para aclarar o modo de ação empregado pelo Redentor do mundo na obra da salvação.[531]

Outro ponto que merece destaque é a postura do invasor estrangeiro rogando por um subalterno, alguém que o servia. É lição, tanto para os judeus que se consideravam o povo eleito, mas que ainda não compreendiam o verdadeiro sentido da Lei e das ideias dos profetas, como para todos nós, em sentido amplo. Ora, o centurião era o inimigo declarado, odiado e temido, porque representava o atroz atentado contra o inalienável direito natural de liberdade humana. O centurião indicava também a força da subjugação e da repressão obtida pelo poder das armas, contudo a mensagem do Cristo nos pede para sairmos do óbvio que a visão, em geral superficial, transmite a respeito de pessoas e acontecimentos. O foco da mensagem é identificar os verdadeiros inimigos que transitam com grande mobilidade no nosso íntimo: a ignorância e as imperfeições morais.

É preciso, portanto, reconhecer que há diferentes tipos de inimigos:

Há, portanto, exércitos Divinos como há os humanos. A diferença é que aqueles combatem por amor, e estes, por egoísmo. O amor fecunda as almas prodigalizando a vida e vida em abundância. O egoísmo vai disseminando entre os homens o luto, a dor e a morte. No combate sustentado pelas milícias celestes não há vencidos: todos são vencedores. Não se aniquila o adversário, não se humilha o prisioneiro: são este e aquele convertidos em aliados, compartilhando os louros da vitória. Combate original, porque é combate de amor. Enquanto os exércitos terrenos sustentam e multiplicam as causas de separação, fomentando rivalidades e ódios, os exércitos do céu desfazem os dissídios, confraternizando com as raças, irmanando os povos, conjugando os credos.[532]

Não julgar segundo as aparências é outro enfoque que não deve escapar da análise do discípulo sincero. Os textos evangélicos e as mensagens dos orientadores espirituais continuamente enfatizam esse comportamento, como lembra Emmanuel:

> Quanto mais nos adentramos no conhecimento de nós mesmos, mais se nos impõe a obrigação de compreender e desculpar, na sustentação do equilíbrio em nós e em torno de nós.
>
> Daí a necessidade da convivência, em que nos espelhamos uns nos outros, não para nos criticar, mas para entender-nos, através de bendita reciprocidade, nos vários cursos de tolerância em que a vida nos situa, no clima da evolução terrestre.[533]

28.2 A FÉ DO CENTURIÃO

O centurião romano é exemplo de fé, a despeito de ser pagão e politeísta. Por outro lado, Tomé, um dos apóstolos conviveu com o Cristo e presenciou muitos de seus "milagres" e curas, mas não acreditou na ressurreição até que esta fosse testificada pelo Mestre Nazareno, ao ver e tocar nos locais onde Jesus foi ferido pelos pregos, ao ser crucificado. Já o centurião, apenas ouviu falar do Nazareno e se convenceu da sua autoridade divina, a ponto de nem sequer requisitar presença física do Cristo, em sua casa e frente ao doente, para que a cura se efetivasse. Jesus realizou a cura a distância. A fé do invasor estrangeiro impressiona Jesus, a ponto de Ele afirmar: "[...] Em verdade vos digo que, em Israel, não achei ninguém com tanta fé" (Mt 8:10).

Uma pergunta que poderíamos fazer a nós mesmos: Seria a nossa fé semelhante à do oficial romano? Possivelmente não. Mesmo cientes de que Jesus é o grande médico das almas, ainda agimos mais como Tomé.

> Qual é o médico que, sem ver o doente, sem perscrutar, sem examinar; sem ver os olhos, tocar o ventre, o fígado, o peito ou as costas; sem auscultar o

coração ou os pulmões; sem fazer análise de urina, ou de escarros, ou de fezes; sem inquirir do doente, ou da pessoa que o assiste, onde sente dor; se come, se bebe, se tem febre, pode dizer categoricamente a qualquer que o chama para socorrer um sofredor: "Eu irei curá-lo?"[534]

Amélia Rodrigues esclarece em belíssimo texto que a "[...] fé é energia de vital importância, por irradiar vibrações poderosas que atingem os fulcros das nascentes que produzem os acontecimentos, aí agindo". "Vai-te" — disse o Amigo ao amigo confiante, — e como creste assim te seja feito." "Curou-se o servo do centurião."[535]

A benfeitora Joanna de Ângelis, por sua vez complementa:

> A verdadeira fé, como asseverou Allan Kardec, é "aquela que enfrenta a razão face a face em todas as épocas da Humanidade". Mas não somente do ponto de vista filosófico, racional, intelectivo, mas, sobretudo, moral, quando ocorrem as insatisfações, e as dificuldades ameaçam o elenco de satisfações do indivíduo. Mede-se, portanto, a capacidade da fé religiosa pela maneira como são enfrentadas as vicissitudes e recebidas as provações por aquele que a possui.
>
> Ninguém se encontra no mundo físico sem a experiência dos processos iluminativos que são propiciados tanto pelo sofrimento quanto pelas realizações enobrecedoras.[536]

A argumentação utilizada pelo centurião, para Jesus realizar a cura do servo a distância, foi a alegação de que ele não se sentia digno de recebê-lo em sua casa. Só essa frase já demonstra a incrível percepção do militar romano a respeito do Cristo, percepção que escapou a inúmeras pessoas, a ponto de conduzi-lo à crucificação.

> As opiniões das autoridades bíblicas diferem quanto à explicação do sentido: 1) "Sob" autoridade não significa que estivesse "sujeito" à autoridade alheia, e, sim, é expressão que significa que estava investido de autoridade para fazer cumprir o que desejasse. 2) Homem "sob" ou "sujeito" à autoridade de outros, isto é, sob o *"tribunus legionis"* e o "imperador". Havia superiores sob ele mesmo, a quem tinha de obedecer. Provavelmente, a segunda opinião é a mais correta. Apesar de haver autoridades superiores a ele, às quais tinha de obedecer, ele mesmo tinha poderes para dar ordens, porquanto era comandante de cem soldados; podia dizer: "Vai, vem, faz", e os soldados faziam exatamente o que ele dizia". Portanto, a despeito de estar sujeito a outros, exercia grande poder e autoridade ao cumprir o seu serviço e dever. Bastava uma só palavra para que fosse cumprida a ordem que dava. [...][537]

Jesus é o Cristo, o Messias da Humanidade terrestre, um representante direto da Divindade e sua autoridade.

Os *Messias*, seres superiores, chegados ao mais alto grau da hierarquia celeste, depois de terem atingido uma perfeição que os torna infalíveis daí por diante, e acima das fraquezas humanas, mesmo na encarnação. Admitidos nos conselhos do Altíssimo, *recebem diretamente sua palavra*, que são encarregados de transmitir e fazer cumprir. *Verdadeiros representantes da Divindade*, da qual têm o pensamento, é entre eles que Deus escolhe seus enviados especiais, ou seus *Messias*, para as grandes missões gerais, cujos detalhes de execução são confiados a outros Espíritos encarnados ou desencarnados, agindo por suas ordens e sob sua inspiração".[538]

Amélia Rodrigues ratifica essa autoridade de Jesus: "Jesus é a Autoridade e os Espíritos atendem. Não há maior autoridade do que aquela que lhe é própria, a que foi adquirida e não a que é concedida por empréstimo e pode ser retirada".[539]

28.3 O REINO DE DEUS ANUNCIADO POR JESUS ABRANGE A HUMANIDADE TERRESTRE

Na missão inicial dos doze apóstolos, Jesus os orienta para anunciar que o Reino dos Céus estava próximo, instruindo-os: "[...] *Não ireis pelo caminho dos gentios, nem entrareis em cidade de samaritanos. Mas ide antes às ovelhas perdidas da casa de Israel*" (*Mateus*, 10:5 e 6).

Após a sua morte e ressurreição, Jesus aparece aos discípulos na Galileia. "18 Jesus, aproximando-se deles, falou: Todo o poder foi-me dado no céu e sobre a Terra. 19 Ide, portanto, e fazei que todas as nações se tornem discípulos, batizando-as em nome do Pai, do Filho, e do Espírito Santo. 20 E ensinando-os a observar tudo que eu vos ordenei; E eis que eu estou convosco todos os dias, até a consumação dos séculos!" (Mt 28:18-20).

No Antigo Testamento, há várias referências cruzadas a respeito do advento do Reino de Deus anunciado por Jesus, assim registrado por Mateus: "Mas eu vos digo que virão muitos do Oriente e do Ocidente e se assentarão à mesa, no Reino dos Céus, com Abraão, Isaque e Jacó" (Mt 8:11).

Tais referências são indicativas de que o Reino dos Céus anunciado por Jesus está destinado a toda a Humanidade terrestre, não apenas ao povo judeu, como se supõe à primeira vista ou quando se faz análise literal. Neste sentido, se não extrairmos o espírito da letra, a análise literal conduz a possível contradição que existiria entre as citações do Velho Testamento e a afirmação de Jesus. Na verdade, a contradição é aparente e simbólica, considerando que o povo judeu teve como missão transmitir a ideia de Deus único, o Criador Supremo. Assim, quando se interpreta adequadamente o símbolo, vemos que o povo de Israel representa a Humanidade terrestre, a que se encontra sob a orientação de Jesus, o Messias.

Citamos, em seguida, algumas profecias do Antigo Testamento, a título de ilustração:

Isaías, 59:19-20[540]

"19 Assim, desde o ocidente se temerá o nome de Iahweh, e desde o oriente, a sua glória, pois Ele virá como torrente impetuosa, conduzido pelo espírito de Iahweh. 20 Virá um redentor a Sião, aos que se converterem da sua rebelião em Jacó. Oráculo de Iahweh."

Malaquias, 1:11[541]

"11 Sim, do levantar ao pôr-do-sol, meu Nome será grande entre as nações, e em todo lugar será oferecido ao meu Nome um sacrifício de incenso e uma oferenda pura. Porque o meu Nome é grande entre os povos! Disse Iahweh dos Exércitos."

O livro dos salmos[542]

Salmo 98: "Os confins da Terra contemplaram a salvação do nosso Deus. 4 Aclamai a Iahweh, Terra inteira, dai gritos de alegria! 5 Tocai para Iahweh com a harpa e o som dos instrumentos; 6 com trombetas e o som da corneta aclamai ao rei Iahweh! 7 Estronde o mar e o que ele contém, o mundo e seus habitantes; 8 batam palmas os rios todos e as montanhas gritem de alegria 9 diante de Iahweh, pois Ele vem para julgar a Terra: Ele vai julgar o mundo com justiça e os povos com retidão!

O livro dos salmos: é o maior livro de toda *Bíblia* e constitui-se de 150 (ou 151 segundo a Igreja Católica Ortodoxa) cânticos e poemas proféticos, que são o coração do AT. É espécie de síntese que reúne todos os temas e estilos dessa parte da *Bíblia*. A maioria dos salmos foram escritos pelo rei Davi, o qual teria escrito pelo menos 73 poemas. Asafe é considerado o autor de 12 salmos. Os filhos de Corá escreveram em torno de nove salmos e o rei Salomão ao menos dois. Hemã, com os filhos de Corá, bem como Etã e Moisés, escreveram no mínimo um cada.

O estudioso Champlin pondera a respeito do Salmo 98:

> Todas as limitações fronteiriças são aqui removidas, [...] Assim, foi estabelecida a universalidade da comissão apostólica. [...] "Todas as nações" certamente incluiria os judeus, mas a mensagem não teria mais alcance provinciano. Um

dos principais temas deste Evangelho de Mateus é o de demonstrar a universalidade da mensagem cristã [...]."[543]

Carlos Torres Pastorino faz uma análise geral da atitude e do caráter do centurião romano.

> Admirável centurião! Conhecedor profundo e sempre seguro da iniciação da Verdade, revela-se homem de grande evolução, pois vivia as duas qualidades máximas do evoluído: o AMOR e a HUMILDADE. Diz-nos Lucas que ele AMAVA o empregado; seu amor era tão grande, que ele o estendia não apenas aos parentes, mas até aos humildes servos. E sua humildade era tão sincera, que acredita não ser sua casa digna de receber um profeta; e nem ele mesmo se julga digno de entrevistar-se com Ele![544]

Retornando ao lar, o centurião encontrou o seu servo curado. E é natural que fosse assim, considerando as prodigiosas faculdades do Mestre Jesus. Devemos aprender, contudo, que a maior lição que recebemos ao estudar o texto evangélico não se refere à cura, propriamente dita, e aos eventos envolvidos no fato, devemos enxergar é a mensagem espiritual com que o Cristo nos presenteou, como bem lembra Emmanuel:

> É que o Mestre Divino não veio à Terra apenas para religar ossos quebrados ou reavivar corpos doentes, mas acima de tudo, descerrar horizontes libertadores à sublime visão da alma, banindo o cativeiro da superstição e do fanatismo.
>
> Em meio ao coro de hosanas que fazia levantar a turba de enfermos e paralíticos, efetuava a pregação do reino de Deus que, no fundo, era sempre aula de profunda sabedoria, despertando a mente popular para a imortalidade e para a justiça.
>
> Fosse no topo do monte, ao pé da multidão desorientada ou no recinto das sinagogas onde lia os escritos sagrados para ouvintes atentos, fosse na casa de Pedro, alinhando anotações da Boa-Nova, ou na barca dos pescadores que convertia em cátedra luminosa na universidade da natureza, foi sempre o Mestre, leal ao ministério do ensino, erguendo consciências e levantando corações, não somente no socorro às necessidades de superfície, mas na solução integral dos problemas da Vida Eterna.[545]

REFERÊNCIAS

[530] BÍBLIA DE JERUSALÉM. Gilberto da Silva Gorgulho; Ivo Storniolo e Ana Flora Anderson (Coords.). Diversos tradutores. Nova ed. rev. e ampl. 13. imp. São Paulo: Paulus, 2019, *Evangelho segundo Mateus*, 8: 5-13, p. 1.716-1.717.

[531] VINICIUS (Pedro Camargo). *Em torno do mestre*. 9. ed. 5. imp. Brasília: FEB, 2019, cap. *Milícias celestes*, p. 163.

532 _____. _____. P. 164-165.
533 XAVIER, Francisco Cândido. *Ceifa de luz.* 2. ed. 10. Imp. Brasília: FEB, 2019, cap. 52, p.
534 SCHUTEL, Cairbar. *Parábolas e ensinos de Jesus.* 28. ed. Matão/SP: O Clarim, 2016, cap. 49, p. 177.
535 FRANCO, Divaldo Pereira. *Há flores no caminho.* Pelo Espírito Amélia Rodrigues. 9. ed. Salvador: LEAL. 2015, cap. 1, p. 8.
536 _____. _____. *Atitudes renovadas.* Pelo Espírito Joanna de Ângelis, cap. 13.
537 CHAMPLIN, Russell Norman. *O novo testamento interpretado versículo por versículo*: Mateus/Marcos. Nova edição revisada. São Paulo: Hagnos, 2014, v. 1, p. 347.
538 KARDEC, Allan. *Revista Espírita.* Trad. Evandro Noleto Bezerra. Fev. 1868. Brasília: FEB, 2020, Êxtase sonambúlico, p. 79.
539 FRANCO, Divaldo. *Há flores no caminho.* Pelo Espírito Amélia Rodrigues, cap. 1, p. 8.
540 BÍBLIA DE JERUSALÉM. Gilberto da Silva Gorgulho; Ivo Storniolo e Ana Flora Anderson (Coords.). Diversos tradutores. Nova ed. rev. e ampl. 13. imp. São Paulo: Paulus, 2019, *Isaías*, 59:19-20, p. 1.349-1.350.
541 _____. _____. *Malaquias*, 1:11, p. 1.349-1.350, p. 1.682.
542 https://pt.wikipedia.org/wiki/Livro_de_Salmos
543 CHAMPLIN, Russell Norman. *O novo testamento interpretado versículo por versículo*: Mateus/Marcos. Nova edição revisada. São Paulo: Hagnos, 2014, v. 1, p. 749.
544 PASTORINO, Carlos T. *Sabedoria do evangelho.* Rio de Janeiro, 1964, v. 3, cap. 1, p. 6.
545 XAVIER, Francisco Cândido. *Doutrina-escola.* Por diversos Espíritos. 1 ed. Araras [SP]: IDE, 1996, cap. 11 (Jesus e estudo – mensagem de Emmanuel), p. 63-64.

A PREGAÇÃO DO REINO DOS CÉUS: A CURA DA SOGRA DE PEDRO E OUTRAS CURAS (MT 8:14-17). A VOCAÇÃO APOSTÓLICA (MT 8:18-22)[546]

O estudo abrange três assuntos, dois dos quais fecham a análise das curas de Jesus e características da vocação apostólica, segundo o registro de Mateus.

A palavra cura traz a ideia geral de restauração da saúde, mas também "[...] significa "integridade" e "sanidade", ou seja, pureza. A saúde é definida pela Organização Mundial da Saúde como "um estado de completo bem-estar físico, mental e social, e não apenas ausência de saúde". A essa definição devemos acrescentar a dimensão bem-estar espiritual que surge de um relacionamento correto com Deus. Esse bem-estar completo do homem em todos os aspectos do seu ser representa o propósito original de Deus para o homem".[547]

> Na narrativa combinada dos quatro Evangelhos, há cerca de duas dúzias de histórias sobre a cura de indivíduos ou de pequenos grupos. Alguns foram curados a distância, alguns com uma palavra, mas sem qualquer contato físico, alguns mediante toque físico e alguns com contatos físico e "meios", isto é, o emprego de barro misturado com saliva, que era um remédio popular para a cegueira naqueles tempos (Mc 8:23; Jo 9:6) e para a surdez (Mc 7:32-35).
>
> [...]
>
> Os relatos sobre casos individuais se referem a enfermidades que são predominantemente orgânicas. A cura instantânea, ou quase, ocorre em casos em que a recuperação é improvável ou problemática, e parece ter havido imediata restauração da saúde sem qualquer período de convalescença ou reabilitação, e sem recaídas [...].[548]

Importa considerar que Jesus amplia o significado de cura, seja no significado etimológico, seja no que envolve a dimensão fisiopsicoemocional e espiritual do ser humano: "No AT a saúde é descrita pela palavra *shalom*, usualmente traduzida por "paz", mas significando por derivação "sanidade" ou "bem-estar" [...]. Quando Jesus fala de saúde, refere-se à bem-aventurança (*makarios*, Mt 5:311), à vida (*zoe*, Jo 10:10) e à totalidade (*hygies*, Jo 5:6). Nos Evangelhos, o verbo sözo, "salvar", é usado igualmente tanto para a cura do corpo quanto para a salvação da alma (Lc 7:50, 9:24).[549]

29.1 A CURA DA SOGRA DE PEDRO (MT 8:14-15)

> *14 Entrando Jesus na casa de Pedro, viu a sogra deste, que estava de cama e com febre. 15 Logo tocou-lhe a mão e a febre a deixou. Ela se levantou e pôs-se a servi-lo.*

O texto sugere que a enfermidade da sogra de Pedro era de natureza orgânica e passageira, isto é, não estava relacionada a atos cometidos em vidas anteriores. Nesse sentido, é importante lembrar estas informações de Allan Kardec: "As vicissitudes da vida são de duas espécies, ou se quisermos, têm duas fontes bem diferentes que importa distinguir. Umas têm sua causa na vida presente; outras, fora desta vida. Remontando-se à origem dos males terrestres, reconhecer-se-á que muitos são consequência natural do caráter e da conduta dos que os suportam [...]".[550]

A ação do magnetismo curador de Jesus atuou diretamente na causa que provocara febre tão alta e, eliminando a causa, a cura foi imediata, sem qualquer sequela. Observe-se que, segundo o registro de *Mateus,* Jesus "tocou-lhe a mão e a febre a deixou" (Mt 8:15). Essa foi uma cura individual e com toque físico, por meio do qual Jesus introduziu no corpo da enferma os fluidos magnéticos necessários à restauração da sua saúde.

Contudo, ainda lembrando Kardec, é importante estarmos sempre atentos a qualquer manifestação de doenças, evitando adquirir ou desenvolver enfermidades resultantes da nossa conduta ou hábitos.

> As doenças fazem parte das provas e das vicissitudes da vida terrena; são inerentes à grosseria da nossa natureza material e à inferioridade do mundo que habitamos. As paixões e os excessos de toda ordem semeiam em nós germes malsãos, às vezes hereditários. Nos mundos mais adiantados, física ou moralmente, o organismo humano, mais depurado e menos material, não está sujeito às mesmas enfermidades, e o corpo não é minado secretamente pelos efeitos desastrosos das paixões [...]. Temos, assim, de nos resignar às

consequências do meio em que nos coloca a nossa inferioridade, até que mereçamos passar a outro. Isso, no entanto, não nos deve impedir, enquanto esperamos tal mudança, de fazer o que dependa de nós para melhorar as nossas condições atuais. Se, porém, apesar dos nossos esforços, não o conseguirmos, o Espiritismo nos ensina a suportar com resignação os nossos males passageiros. Se Deus não quisesse que, em certos casos, os sofrimentos corpóreos fossem dissipados ou abrandados, não teria posto à nossa disposição recursos de cura. A esse respeito, a sua previdente solicitude, em conformidade com o instinto de conservação, indica que é dever nosso procurar esses recursos e aplicá-los.

Ao lado da medicação ordinária, elaborada pela Ciência, o magnetismo nos dá a conhecer o poder da ação fluídica, e o Espiritismo nos revela outra força na *mediunidade curadora* e a influência da prece [...].[551]

Curada do mal passageiro, a sogra de Pedro passa a servi-lo, gesto que indica que a saúde foi totalmente recuperada, passa a cuidar dos seus afazeres corriqueiros e, mais, revela disposição íntima de fazer o bem: "Ela se levantou e pôs-se a servi-lo" (Mt 8:15).

29.2 OUTRAS CURAS (MT 8:16 E 17)

16 Ao entardecer, trouxeram-lhe muitos endemoninhados e ele, com uma palavra, expulsou os espíritos e curou todos os que estavam enfermos, 17 a fim de se cumprir o que foi dito pelo profeta Isaías: "Levou nossas enfermidades e carregou nossas doenças".

Nesse registro, Mateus nos transmite a informação de outro gênero de cura realizada por Jesus: o das enfermidades psíquicas. No caso, o versículo faz referência a uma pessoa que se encontrava subjugada por "endemoniados", palavra que, para o Espiritismo, refere-se a Espíritos maus ou que perseguem alguém, produzindo obsessão: "A obsessão apresenta caracteres muito diversos, desde a simples influência moral, sem perceptíveis sinais exteriores, até a perturbação completa do organismo e das faculdades mentais [...]."[552]

O caso relatado é indicativo de obsessão severa, pois o enfermo estava sob o jugo de vários Espíritos perseguidores, cuja ação, por si só, já caracteriza natureza nefasta que, por certo, produzia graves lesões à saúde psíquica e física do enfermo. Toda ação obsessiva é sempre desagradável, penosa e fatigante: "Ela provoca uma agitação febril, movimentos bruscos e desordenados"[553] devido à associação com entidades espirituais de baixa vibração moral, o que faz ampliar a desarmonia psíquica que, por sua vez, se reflete no corpo físico.

A obsessão é a ação persistente ou "[...] domínio que alguns Espíritos logram adquirir sobre certas pessoas. É praticada pelos Espíritos inferiores, que procuram dominar, pois os Espíritos bons não impõem nenhum constrangimento. [...]

A obsessão apresenta características diversas, que é preciso distinguir e que resultam do grau do constrangimento e da natureza dos efeitos que produz. A palavra obsessão é, de certo modo, um termo genérico, pelo qual se designa esta espécie de fenômeno, cujas principais variedades são: a *obsessão simples*, a *fascinação* e a *subjugação*.[554]

Os Espíritos que produzem obsessão, conhecidos como *obsessores*, apresentam uma característica muito específica: a imposição; eles dão ordens e querem ser obedecidos. *Obsidiado* é o indivíduo que se encontra sob o jugo obsessivo. *O quadro obsessivo* diz respeito às ações do obsessor e do obsidiado. A obsessão não se restringe à ação nociva de um perseguidor (o obsessor) e ao sofrimento de uma vítima (o obsidiado). Trata-se de um *processo* complexo, muitas vezes de difícil resolução, sobretudo nas obsessões graves, que pode estar vinculado a experiências vividas em outras encarnações e/ou a comportamentos e estilos de vida da atual existência.

Importa considerar que na obsessão não há, a rigor, perseguidor e vítima. Trata-se de um processo que envolve relacionamento mútuo entre os envolvidos, cujas ações podem estar vinculadas à vida atual ou a existências pretéritas. Para melhor entender as manifestações obsessivas, apresentamos, em seguida, alguns conceitos básicos.

29.2.1 RAIZ DAS OBSESSÕES

Do mesmo modo que as doenças resultam das imperfeições físicas, que tornam o corpo acessível às influências perniciosas exteriores, a obsessão é sempre o resultado de uma imperfeição moral, que dá acesso a um Espírito mau. A causas físicas se opõem forças físicas; a uma causa moral, tem-se de opor uma força moral. Para preservá-lo das enfermidades, fortifica-se o corpo; para livrá-lo da obsessão, é preciso fortificar a alma [...].[555]

29.2.2 CAUSAS DAS OBSESSÕES

As causas da obsessão variam de acordo com o caráter do Espírito. Às vezes é uma vingança que ele exerce sobre a pessoa que o magoou nesta vida ou em existências anteriores. Muitas vezes, é o simples desejo de fazer o mal; como o Espírito sofre, quer fazer que os outros também sofram; encontra uma espécie de prazer em atormentá-los, em humilhá-los, e a impaciência que a vítima demonstra o exacerba mais ainda, porque é esse o objetivo que o obsessor tem em vista, enquanto a paciência acaba por cansá-lo. Ao irritar-se e mostrar-se despeitado, o perseguido faz exatamente o que o perseguidor deseja. Esses Espíritos agem, não raras vezes, por ódio e por inveja do bem, o que os leva a lançarem suas vistas malfazejas sobre as pessoas mais honestas. [...] Outros são guiados por um sentimento de covardia, que os induz a se aproveitarem da fraqueza moral de certos indivíduos, que eles sabem incapazes de lhes resistirem [...].[556]

29.2.3 TIPOS DE OBSESSÕES

» a) obsessão simples: ação inoportuna e desagradável, em que um Espírito se agarra à pessoa com tenacidade, causando mal-estar generalizado.[557]

» b) fascinação: é uma ilusão produzida diretamente na mente do obsidiado (ideias fixas, imagens hipnotizantes, mágoas, fantasias etc.). Nessa situação, o obsessor é ardiloso e hipócrita, simulando falsa virtude.[558]

» c) subjugação: é uma constrição, moral ou física, que paralisa a vontade do que a sofre e o faz agir a seu malgrado.[559]

O versículo informa a extensão dos benefícios da cura que Jesus prodigalizou aos enfermos do corpo e da alma, naquele dia: "Ao entardecer, trouxeram-lhe muitos endemoniados, Ele, com uma palavra, expulsou os Espíritos e curou todos os que estavam enfermos" (Mt 8:16). Sobre esse fenômeno, diz Kardec: "De todos os fatos que dão testemunho do poder de Jesus, os mais numerosos são, incontestavelmente, as curas. Ele queria provar, dessa forma, que o verdadeiro poder é o daquele que faz o bem; que o seu objetivo era ser útil e não satisfazer à curiosidade dos indiferentes, por meio de coisas extraordinárias".[560]

O versículo seguinte afirma: "a fim de se cumprir o que foi dito pelo profeta Isaías: "Levou nossas enfermidades e carregou nossas doenças" (Mt 8:17). Todas as ações de Jesus foram, de uma forma ou de outra, previstas pelos profetas e escritores do Antigo Testamento.

> O Messias, o Cristo Jesus, veio com a finalidade de aliviar o sofrimento humano [...].
>
> Finalmente, seria um erro não notar que este versículo (além de ensinar certas doutrinas) mostra principalmente a simpatia e o espírito de misericórdia de Jesus para com a raça humana. Jesus não operou milagres para mostrar sua Divindade, ilustrar as doutrinas etc., mas para aliviar o sofrimento humano, porquanto, como homem, participou desses sofrimentos e simpatizou com

os homens. O versículo demonstra, mais do que qualquer outra coisa, a compaixão de Jesus.[561]

29.3 A VOCAÇÃO APOSTÓLICA (MT 8:18-22)

18 Vendo Jesus que estava cercado de grandes multidões, ordenou que partissem para a outra margem do lago. 19 Então chegou-se a ele um escriba e disse: "Mestre, eu te seguirei para onde quer que vás". 20 Ao que Jesus respondeu: "As raposas têm tocas e as aves do céu, ninhos; mas o Filho do Homem não tem onde reclinar a cabeça". 21 Outro dos discípulos lhe disse: "Senhor, permite-me ir primeiro enterrar meu pai". 22 Mas Jesus lhe respondeu: "Segue-me e deixa que os mortos enterrem seus mortos".

Sobre essa passagem, comenta Champlin que

> [...] A história ilustra o rigor do autêntico discipulado cristão, e, como este exige uma dedicação que não é comum na maioria dos líderes religiosos, quanto menos da Humanidade em geral. A seção ilustra que o discipulado pode resultar de um impulso apenas, e não de verdadeira espiritualidade. O indivíduo já era profundamente religioso, mas ainda não se encontrava com Cristo. Ele percebeu a beleza da pessoa do Cristo, conforme a maioria das pessoas religiosas, mas, segundo tudo indica, não estava disposto a entregar a sua vida e sua alma a Ele [...]."[562]

Na organização da Igreja Católica Romana, alguns equívocos foram cometidos ao interpretar essa citação de *Mateus* quando os sacerdotes e demais membros da hierarquia da Igreja afastaram-se do mundo, da família em especial, utilizando o argumento de "servir à Igreja". Ora, se a organização familiar é de origem divina, é célula da sociedade, por que razão servir a Deus e a Jesus implicaria abrir mão da organização familiar? Obviamente, tal imposição eclesiástica está relacionada às políticas da Igreja, como aquisição de heranças e bens.

> Seguir a Jesus é renunciar à cobiça, à inveja, à maledicência, ao ódio, à concupiscência, à cólera, à violência, aos vícios, aos maus hábitos, às más palavras, aos maus pensamentos e aos maus atos.
>
> Seguir a Jesus é não se apegar excessivamente aos bens deste mundo, com prejuízo dos bens espirituais.
>
> Seguir a Jesus é esquecer-se de si mesmo, em benefício dos outros.
>
> Conhecendo que o escriba queria segui-lo, mas ainda carregado das vaidades do mundo, Jesus lhe respondeu como se lhe dissesse: "Eu, neste mundo, renunciei a tudo; como queres seguir-me se não te sujeitas a renunciar a nada?"
>
> Os que já compreendem a imortalidade da alma sabem que a morte não existe. Quem já chegou a este grau de compreensão é um vivo, porque despertou para

a realidade. Os que não compreendem a imortalidade da alma e julgam que a morte é o fim de tudo, estes são os verdadeiros mortos espirituais.

Dizendo Jesus ao discípulo que o seguisse, pois os mortos cuidariam do morto, quis dizer-lhe: "Tu que já sabes que a morte não existe, por que te importas tanto com ela? Deixa que se interessem pela morte os que não compreendem a verdadeira vida".[563]

Emmanuel nos faz ver o verdadeiro significado das palavras do Cristo, impressas no versículo 22, e orienta-nos como servir ao Mestre Nazareno no dia a dia da existência: "Mas Jesus lhe respondeu: Segue-me e deixa que os mortos enterrem seus mortos" (Mt 8:22):

> Jesus não recomendou ao aprendiz deixasse "aos cadáveres o cuidado de enterrar os cadáveres", e sim conferisse "aos mortos o cuidado de enterrar os seus mortos".
>
> Há, em verdade, grande diferença.
>
> O cadáver é carne sem vida, enquanto que um morto é alguém que se ausenta da vida.
>
> Há muita gente que perambula nas sombras da morte sem morrer.
>
> [...]
>
> Aprende a participar da luta coletiva.
>
> Sai, cada dia, de ti mesmo e busca sentir a dor do vizinho, a necessidade do próximo, as angústias de teu irmão e ajuda quanto possas.
>
> Não te galvanizes na esfera do próprio "eu".
>
> Desperta e vive com todos, por todos e para todos, porque ninguém respira tão somente para si.
>
> [...]
>
> Cedamos algo de nós mesmos, em favor dos outros, pelo muito que os outros fazem por nós.
>
> Recordemos, desse modo, o ensinamento do Cristo.
>
> Se encontrares algum cadáver, dá-lhe a bênção da sepultura, na relação das tuas obras de caridade, mas, em se tratando da jornada espiritual, deixa sempre "aos mortos o cuidado de enterrar os seus mortos".[564]

REFERÊNCIAS

546 BÍBLIA DE JERUSALEM. Gilberto da Silva Gorgulho; Ivo Storniolo e Ana Flora Anderson (Coords.). Diversos tradutores. Nova ed. rev. e ampl. 13. imp. São Paulo: Paulus, 2019, *Evangelho segundo Mateus*. 8:14-22, p. 1.716.

547 CHAMPLIN, Russell Norman. *Novo dicionário bíblico*. Ampliado e atualizado. São Paulo: Hagnos, 2018, v. 1, it. Cura, p. 394.

548 DOUGLAS, J. D. (Org.). *O novo dicionário da bíblia*. Trad. João Bentes. 3 ed. São Paulo: Vida Nova, 2006, Curas milagrosas nos Evangelhos, it. B, p. 362-363.

549 CHAMPLIN. Russell Norman. *Novo dicionário bíblico*. Ampliado e atualizado. São Paulo: Hagnos, 2018, v. 1, it. Cura, p. 394.

550 KARDEC, Allan. *O evangelho segundo o espiritismo*. Trad. Evandro Noleto Bezerra. 2. ed. 10. imp. Brasília: FEB, 2020, cap. 5, it. 4, p. 74.

551 _____. _____. Cap. 28, it. 77, p. 368.

552 _____. _____. Cap. 28, it. 81, p. 369.

553 _____. *O que é o espiritismo*. Trad. Evandro Noleto Bezerra. 2. ed. 7. imp. Brasília: FEB, 2019, cap. 2, it. 72, p. 178.

554 _____. *O livro dos médiuns*. Trad. Evandro Noleto Bezerra. 2. ed. 5. imp. Brasília: FEB, 2019, 2ª pt., cap. 28, it. 237, p. 259.

555 _____. *O evangelho segundo o espiritismo*. Trad. Evandro Noleto Bezerra. 2. ed. 10. imp. Brasília: FEB, 2020, cap. 28, it. 81, p. 368.

556 _____. *O livro dos médiuns*. Trad. Evandro Noleto Bezerra. 2. ed. 5. imp. Brasília: FEB, 2019, 2ª pt., cap. 23, it. 245, p. 265.

557 _____. _____. It. 238, p. 259-260.

558 _____. _____. It. 239, p. 260-261.

559 _____. _____. It. 240, p. 261-265.

560 _____. *A gênese*. Trad. Evandro Noleto Bezerra. 2. ed. 2. imp. Brasília: FEB, 2019, cap. 15, it. 27, p. 278.

561 CHAMPLIN, Russell Norman. *O novo testamento interpretado versículo por versículo*: Mateus/Marcos. Nova edição revisada. São Paulo: Hagnos, 2014, v. 1, it. 8.17 p. 350.

562 _____. _____. it. 3, Ministério das obras poderosas de Jesus, o Messias (8:1-9 e 34), p. 350

563 RIGONATTI, Eliseu. *O evangelho dos humildes*. 15. ed. São Paulo: Editora Pensamento, 2018, cap. 8, it. Como devemos seguir Jesus, p. 68-69.

564 XAVIER, Francisco Cândido. *Fonte viva*. Pelo Espírito Emmanuel. 1. ed. 16. imp. Brasília: FEB, 2020, cap. 143, p. 303-304.

TEMA 30

A PREGAÇÃO DO REINO DOS CÉUS: A TEMPESTADE ACALMADA (MT 8:23-27)

A *tempestade acalmada* é registro encontrado nos Evangelhos sinópticos: em *Mateus*, 8:23-27, em *Marcos*, 4:35-41 e em *Lucas*, 8:22-25. Há consenso entre os estudiosos de que a fonte principal teria sido a de Marcos para a construção do texto. Como não há diferenças significativas entre os três registros, optamos por estudá-los em conjunto. O mais importante, porém, é captarmos o sentido geral do tema, procurando entender o seu significado à luz do Espiritismo.

> [...] A fonte informativa é o protomarcos, conforme se dá na maior parte das porções históricas dos Evangelhos sinópticos. O intuito do autor é ilustrar o tremendo poder de Jesus, mostrando aos leitores a validade das reivindicações messiânicas de Jesus, porque nada era difícil demais para Ele. Portanto, podemos confiar nele como Salvador e Senhor [...].[565]

As citações dos evangelistas *Mateus*, *Marcos* e *Lucas* são os as que se seguem.

30.1 A TEMPESTADE ACALMADA, *MATEUS*, 8:23-27[566]

> *23 Depois disso, entrou no barco e os seus discípulos o seguiram. 24 E, nisso, houve no mar uma grande agitação, de modo que o barco era varrido pelas ondas. Ele, entretanto, dormia. 25 Os discípulos então chegaram-se a Ele e o despertaram, dizendo: "Senhor, salva-nos, estamos perecendo!" 26 Disse-lhes Ele: "Por que tendes medo, homens fracos na fé?" Depois, pondo-se de pé, conjurou severamente os ventos e o mar. E houve uma grande bonança. 27 Os homens ficaram espantados e diziam: "Quem é este a quem até os ventos e o mar obedecem?"*

30.2 A TEMPESTADE ACALMADA, *MARCOS* 4:35-41[567]

35 E disse-lhes naquele dia, ao cair da tarde: "Passemos para a outra margem". 36 Deixando a multidão, eles o levaram, do modo como estava, no barco; e com Ele havia outros barcos. 37 Sobreveio então uma tempestade de vento, e as ondas se jogavam para dentro do barco, e o barco já estava se enchendo.

38 Ele estava na popa, dormindo sobre o travesseiro. Eles o acordam e dizem: "Mestre, não te importa que pereçamos?" 39 Levantando-se, Ele conjurou severamente o vento e disse ao mar: "Silêncio! Quieto!" Logo o vento serenou, e houve grande bonança. 40 Depois, Ele perguntou: "Por que tendes medo? Ainda não tendes fé?" 41 Então ficaram com muito medo e diziam uns aos outros: "Quem é este a quem até o vento e o mar obedecem?"

30.3 A TEMPESTADE ACALMADA, *LUCAS,* 8:22-25[568]

22 Certo dia, Ele subiu a um barco com os discípulos e disse-lhes: "Passemos à outra margem do lago". E fizeram-se ao largo. 23 Enquanto navegavam, Ele adormeceu. Desabou então uma tempestade de vento no lago; o barco se enchia de água e eles corriam perigo. 24 Aproximando-se dele, despertaram-no dizendo: "Mestre, Mestre, perecemos!" Ele, porém, levantando-se, conjurou severamente o vento e o tumulto das ondas; apaziguaram-se e houve bonança. 25 Disse-lhes então: "Onde está a vossa fé?" Com medo e espantados, eles diziam entre si: "Quem é esse, que manda até nos ventos e nas ondas, e eles lhe obedecem?"

Importa destacar que o mar citado por Mateus é o mar da Galileia, também conhecido como mar de Tiberíades ou lago de Genesaré.

> Na verdade, trata-se de um "[...] lago de água doce, formado pelo [rio] Jordão. A princípio chamava-se mar de Quinerete, Nm, 34:11, mais tarde lago de Genesaré, Lc 5:1 [...], e ainda mar da Galileia e Tiberíades, Jo 6:1; 21:1 [...]. É cercado de montanhas, exceto nos lugares por onde sai o Jordão. [...] Por causa da sua considerável extensão, deram-lhe o nome de mar, não obstante serem doces as suas águas. Mede 23.613 metros de comprimento, desde a entrada do Jordão à sua saída; a maior largura, em frente a Magdala, é de 13.890 metros [...]. O nível das águas está 225 metros abaixo do Mediterrâneo. Apesar de seu nível inferior, a temperatura é semitropical [...]. O [Monte Hermon] está nas suas vizinhanças coroado de neves eternas, onde se originam violentas e repentinas tempestades, que se desencadeiam pelos desfiladeiros das montanhas até penetrar nas águas do lago. [Há cerca de] 22 espécies de peixes que o enriquecem [...].[569]

As tempestades são ali frequentes e, às vezes, violentas, como relatam os textos evangélicos, em razão do ar quente produzido pelo clima semitropical chocar-se com o ar frio vindo das montanhas próximas (Hermon).[570]

A leitura dos relatos dos evangelistas nos faz ver que a tempestade acalmada traz duas mensagens fundamentais: a primeira é a ação de Jesus sobre as forças da Natureza; a segunda refere-se ao valor da fé ou confiança no Messias Divino, que permanecia dormindo, enquanto a tempestade atingia o barco, inundando-o e colocando em risco a vida dos discípulos, pois o vento e as ondas eram violentos. Allan Kardec pondera a respeito:[571]

> Jesus teria (tem) autoridade sobre os seres que cuidam da Natureza, orientando-os a acalmar a tempestade.
>
> Jesus sabia (sabe) de antemão que não havia um perigo real, e, ainda que estivesse dormindo, o seu Espírito permanecia ativo, tendo ciência de tudo. Os discípulos deveriam confiar no Senhor, mesmo estando Ele dormindo.

É importante analisar essas duas ordens de ideias mais atentamente.

30.3.1 1ª) OS SERES QUE ATUAM NA NATUREZA

Em *O livro dos espíritos* consta a informação de que há Espíritos e outros seres incumbidos da ordenação da Natureza, sendo que no período mitológico eram chamados deuses, os quais exerciam atividades específicas. Para a mitologia, havia Espíritos ou deuses que cuidavam dos ventos, dos raios, da vegetação etc.[572] Contudo, a resposta que os orientadores da Codificação transmitem à questão 538, da referida obra, nos conduz às seguintes conclusões: para cuidar da Natureza, há o envolvimento direto de Espíritos mais desenvolvidos e de outros mais primitivos. A pergunta de Kardec e a resposta dos orientadores são as seguintes:

» *O livro dos espíritos*, pergunta 538:[573] "Os Espíritos que presidem aos fenômenos da Natureza formam categoria à parte no mundo espiritual? Serão seres especiais ou Espíritos que foram encarnados como nós?"

» Resposta: "Que o serão, ou que o foram".

A resposta transmitida está aberta, inclusive, a outra reflexão: a de que tais seres poderiam não ser, ainda, humanos, encontrando-se na faixa de transição muito próxima da espécie humana. Condição indicada nas tradições célticas, que transmitem a ideia da existência de elfos, duendes, fadas, gnomos etc., e que são genericamente denominados elementais.

A questão seguinte, 538-a, e a subsequente resposta, nos faz cogitar que poderia haver, por outro lado, três categorias de seres diretamente envolvidos nos fenômenos da Natureza: Espíritos superiores, Espíritos menos adiantados e os elementais (que podem ser Espíritos recém-criados, ou, ainda, Espíritos mais inferiores que os da segunda categoria).

» *O livro dos espíritos*, pergunta 538-a:[574] "Esses Espíritos pertencem às ordens superiores ou inferiores da hierarquia espiritual?"

» Resposta: "Depende do papel mais ou menos material ou mais ou menos inteligente que desempenhem. Uns comandam, outros executam. Os que executam coisas materiais são sempre de ordem inferior, tanto entre os Espíritos quanto entre os homens".

A questão 540 e a sua resposta reforçam, porém, as cogitações levantadas.

» *O livro dos espíritos*, pergunta 540:[575] "Os Espíritos que exercem ação nos fenômenos da Natureza agem com conhecimento de causa, em virtude do livre-arbítrio, ou por impulso instintivo e irrefletido?"

» Resposta:

> Uns sim, outros não. Façamos uma comparação. Figurai essas miríades de animais que, pouco a pouco, fazem emergir do mar ilhas e arquipélagos. Acreditais que não haja aí um fim providencial e que essa transformação da superfície do globo não seja necessária à harmonia geral? Entretanto, são animais do último grau que realizam essas coisas, provendo às suas necessidades e sem

suspeitarem de que são instrumentos de Deus. Pois bem! Do mesmo modo, os Espíritos mais atrasados são úteis ao conjunto. Enquanto se ensaiam para a vida, antes que tenham plena consciência de seus atos e estejam no gozo do livre-arbítrio, atuam em certos fenômenos, dos quais são agentes, mesmo de forma inconsciente. Primeiramente, executam; mais tarde, quando suas inteligências estiverem mais desenvolvidas, comandarão e dirigirão as coisas do mundo material; mais tarde ainda, poderão dirigir as do mundo moral. É assim que tudo serve, tudo se encadeia na Natureza, desde o átomo primitivo até o arcanjo, que também começou pelo átomo. Admirável lei de harmonia, da qual o vosso Espírito limitado ainda não pode abranger o conjunto.

Com o propósito de uma reflexão mais analítica, destacamos na pergunta de Kardec as frases-chave: "[...] agem com conhecimento de causa, em virtude do livre-arbítrio, ou por impulso instintivo e irrefletido?" Ora, quem age movido mais pelo instinto irrefletido ou são Espíritos recém-criados (individualização do princípio inteligente) ou são seres elementais. Aliás a predominância do instinto irrefletido ocorre em animais mais distantes evolutivamente do homem. Os animais superiores, como o macaco e o cão, agem por instinto, mas nem sempre de forma irrefletida. É algo para se pensar.

Ainda para reflexão, observemos algumas frases-chave da resposta que nos foi transmitida: a) "Uns sim, outros não" (isto é, há seres que agem por livre-arbítrio, outros por instinto impulsivo); b) "Do mesmo modo, os Espíritos mais atrasados são úteis ao conjunto. Enquanto se *ensaiam* (destacamos a palavra) para a vida, antes que tenham plena consciência de seus atos e estejam no gozo do livre-arbítrio, atuam em certos fenômenos, dos quais são agentes, mesmo de forma inconsciente".

> Falanges de Espíritos em evolução trabalham ativamente, zelando pela manutenção dos reinos da Natureza: o mineral, o vegetal e o animal. Os fenômenos atmosféricos também são presididos por plêiades de Espíritos, sob orientação superior, encarregados de manterem o equilíbrio planetário. Nem sempre compreendemos o porquê dos fenômenos, que muitas vezes causam verdadeiras calamidades em determinadas regiões do mundo. Mas o Espiritismo nos ensina que não há efeito sem causa. Por conseguinte, os fenômenos tais como: tempestades, terremotos, maremotos, inundações são orientados por entidades espirituais, em obediência a desígnios Divinos, visando ao apressamento da evolução não só do planeta, como também nas populações atingidas. Jesus aqui não fez milagre ao apaziguar a tempestade. Usou apenas de seu conhecimento das forças que regem o universo e de sua superioridade moral para ordenar aos orientadores invisíveis da atmosfera que fizessem cessar a tempestade.[576]

30.3.2 2ª) O PERIGO NÃO ERA REAL. A CONFIANÇA EM JESUS

O crente, a pessoa que crê, tem a sua fé testada em todos os instantes da vida. Trata-se de um trabalho intenso e persistente esse de desenvolver a fé. Espíritos imperfeitos, somos ainda muito vacilantes nesta questão. Da mesma forma, aconteceu com os discípulos do Mestre Nazareno, a despeito de aceitarem plenamente, de terem convicção de que Jesus era o Messias enviado por Deus. Entretanto, no momento de crise, deixaram-se conduzir pelo medo, pela desesperança, entregando-se ao desespero, apesar de Jesus estar ali, ao lado deles, no mesmo barco.

Tal constatação demonstra o quanto ainda temos de crescer espiritualmente pela vivência da fé. Não a vivência de uma fé mística, dogmática, mas a de praticar a fé raciocinada, como ensina o Espiritismo. Não é por acaso que os grandes lidadores do Evangelho, como Paulo de Tarso, destacam o valor de se cultivar a fé, a fim de nos garantirmos em harmonia, sanidade e felicidade espirituais:

» "O justo viverá da fé" (*Hebreus*, 10:39).

» "Sem fé é impossível agradar-Lhe [a Deus], porque é necessário que aquele que se aproxima de Deus creia que Ele existe e que é galardoador dos que o buscam." (*Hebreus*, 11:6).

» "Porque n'Ele se descobre a justiça de Deus de fé em fé, como está escrito: mas o justo viverá da fé" (*Romanos*, 1:17).

A fé tem importância capital na transformação pessoal para o bem. É algo para que devemos canalizar toda a nossa força e energia espirituais. Daí Jesus ter repreendido os seus apóstolos várias vezes pela falta de fé deles. Ora, se eles, com Jesus presente, tiveram falta ou escassez de fé, então, que nos resta? Ainda agimos como Tomé que não acreditou na ressureição de Jesus (*João*, 20:25), fazendo o Mestre aparecer a ele oito dias depois da crucificação (*João*, 20:26). Constatando a ressureição, Jesus alertou o apóstolo com palavras sábias que extrapolam os tempos e chegam até nós como serena advertência: "Disse-lhe Jesus: porque me viste, Tomé, creste; bem-aventurados os que não viram e creram!"[577]

É preciso, portanto, aprendermos a cultivar a fé. Honório Abreu comenta a respeito: "Em outra ocasião, nos momentos finais que antecederam a sua crucificação, Jesus recomenda uma vez mais: 'Não se turbe o vosso coração; credes em Deus, crede também em mim'" (*João*, 14:1).[578]

> [...] Por incrível que pareça, "nós compreendemos com o coração" (Mt 13:14 e 15). Enquanto um assunto está mais na área intelectual, podemos ter dúvidas, desfigurá-lo, esquecê-lo. Quando o sentimos, a partir de então podemos até nem ter condições de transmiti-lo, mas ele já se incorpora à nossa bagagem, ao nosso tesouro.
>
> Coração é sentimento. Sendo bom, dará essa qualidade a tudo; sendo mau, o fato será o mesmo, negativamente.
>
> "Não se turbe o vosso coração" é o imperativo apontado por Jesus, para que não deixemos que o nosso ânimo diante das lutas, se quebrante. Se a situação, as circunstâncias não se mostram favoráveis, uma razão há para tanto. E, se a causa menos feliz de ontem gerou a aflição de agora, a serenidade e a ação no Bem hoje nos assegurarão, sem dúvida, melhor posicionamento em faixas que Jesus, como Mestre, pede e vem propondo aos nossos corações, no decorrer dos tempos.[579]

Um ponto marcante, repetido pelos três evangelistas, é o fato de Jesus estar dormindo quando aconteceu a tempestade. O texto de Mateus afirma: "24 E, nisso, houve no mar uma grande agitação, de modo que o barco era varrido pelas ondas. Ele, entretanto, dormia. 25 Os discípulos então chegaram-se a Ele e o despertaram, dizendo: "Senhor, salva-nos, estamos perecendo!" (Mt 8:24-25). O de Marcos informa: "Ele estava na popa, dormindo sobre o travesseiro. Eles o acordam e dizem: 'Mestre, não te importa que pereçamos?" (Mc 4:38); e o de Lucas diz: "Enquanto navegavam, Ele adormeceu. Desabou então uma tempestade de vento no lago; o barco se enchia de água e eles corriam perigo. Aproximando-se dele, despertaram-no dizendo: "Mestre, Mestre, estamos perecendo!" (Lc 8:23-24).

> Outro tanto sucede na vida diária, repleta de muitos perigos. A palavra de Jesus, entretanto, é suficiente para acalmar o mar agitado da vida. Sem dúvida, devemos entender aqui uma lição moral e espiritual, e não meramente que, como Messias, Jesus tinha grande poder, a ponto de controlar a Natureza.
>
> [...]
>
> O poder de Cristo é suficiente para corrermos em meio à tribulação. Esse "milagre sobre a Natureza", feito por Jesus, mostra que Jesus, na qualidade de Cristo, tem significação cósmica, e não apenas terrena [...].[580]

Uma análise superficial pode nos conduzir ao terrível equívoco de entender que Jesus se encontrava alheio ou desinteressado das dificuldades e medo vivenciados pelos discípulos. Como é inconcebível tal atitude no Cristo, o fato expressa algo de maior alcance. Na verdade, sendo Jesus, Senhor e Mestre por excelência, não retirou dos apóstolos a oportunidade educativa de ensinar-lhes como agir perante os desafios da vida. O sono de Jesus reflete a forma de agir perante as situações calamitosas: com calma, "dormindo" na certeza da fé em Deus, que o auxílio virá, fortificando nosso espírito contra as intempéries. Dormir, no significado expresso no texto, não deve ter a conotação de invigilância ou de descuido. A falta ou escassez de fé tem colocado muitos "barcos" humanos à deriva. Entretanto, ainda que pareça paradoxal, são muitas vezes as situações periclitantes que despertam as pessoas para as realidades do Evangelho, clamando por Jesus: "E, despertaram-no, dizendo-lhe: Mestre, não te importa que pereçamos?" Trata-se de poderoso apelo dos discípulos.

Estejamos atentos, cientes de que as dificuldades para superar os desafios existenciais podem ser vencidas pela fé e pela paciência, como ensina o evangelista Marcos, lembrando a afirmativa de Jesus: *"Tudo é possível ao que crê" (Marcos, 9:23).*[581]

A sabedoria de Emmanuel destaca, na belíssima e profunda mensagem que segue, que o momento em que ora vivemos é *Tempo de Confiança*, ao interpretar o último versículo registrado por Lucas a respeito da tempestade acalmada: "Disse-lhes então: 'Onde está a vossa fé?" (Lc 8:25)

> A tempestade estabelecera a perturbação no ânimo dos discípulos mais fortes. Desorientados, ante a fúria dos elementos, socorrem-se de Jesus, em altos brados.
>
> Atende-os o Mestre, mas pergunta depois:
>
> — Onde está a vossa fé?
>
> O quadro sugere ponderações de vasto alcance. A interrogação de Jesus indica claramente a necessidade de manutenção da confiança, quando tudo parece obscuro e perdido. Em tais circunstâncias, surge a ocasião da fé, no tempo que lhe é próprio.
>
> Se há ensejo para trabalho e descanso, plantio e colheita, revelar-se-á igualmente a confiança na hora adequada.
>
> Ninguém exercitará otimismo, quando todas as situações se conjugam para o bem-estar. É difícil demonstrar-se amizade nos momentos felizes.
>
> Aguardem os discípulos, naturalmente, oportunidades de luta maior, em que necessitarão aplicar mais extensa e intensivamente os ensinos do Senhor. Sem isso, seria impossível aferir valores.
>
> Na atualidade dolorosa, inúmeros companheiros invocam a cooperação direta do Cristo. E o socorro vem sempre, porque é infinita a misericórdia celestial, mas, vencida a dificuldade, esperem a indagação:
>
> — Onde está a vossa fé?
>
> E outros obstáculos sobrevirão, até que o discípulo aprenda a dominar-se, a educar-se e a vencer, serenamente, com as lições recebidas.[582]

REFERÊNCIAS

565 CHAMPLIN, Russell Norman. *Novo dicionário bíblico, ampliado e atualizado*. São Paulo: Hagnos, 2018, v. 1, it. 8.1-9.34. III.5: Poder sobre as forças naturais, p. 352.

566 BÍBLIA DE JERUSALÉM. Gilberto da Silva Gorgulho; Ivo Storniolo e Ana Flora Anderson (Coords.). Diversos tradutores. Nova ed. rev. e ampl. 13. imp. São Paulo: Paulus, 2019, *Evangelho segundo Mateus*, 8:23-27.

567 _____. _____. *Evangelho segundo Marcos*, 4:35-41.

568 _____. _____. *Evangelho segundo Lucas*, 8:22-25, p. 1.802.

569 DAVIS, John. *Novo dicionário da bíblia*. Ampliado e atualizado. Trad. J.R. Carvalho Braga. São Paulo: Hagnos, 2005, p. 508-509.

570 CHAMPLIN, Russell Norman. *O novo testamento interpretado versículo por versículo*: Mateus/Marcos. São Paulo: Hagnos, 2014, v. 1, it. 8.1-9.34, p. 502.

571 KARDEC, Allan. *A gênese*. Trad. Evandro Noleto Bezerra. 2. ed. 2. imp. Brasília: FEB, 2019, cap. 15, it. 46, p. 288.

572 _____. *O livro dos espíritos*. Trad. Evandro Noleto Bezerra. 4. ed. 9. imp. Brasília: FEB, 2020, q. 537, p. 254.

573 _____. _____. Q. 538, p. 254.

574 _____. _____. Q. 538-a, p. 254.

575 _____. _____. Q. 540, p. 255.

576 RIGONATTI, Eliseu. *O evangelho dos humildes*. 15. ed. São Paulo: Pensamento, 2018, cap. 8, it. Jesus apazigua a tempestade, p. 69-70.

577 BÍBLIA SAGRADA. Trad. João Ferreira de Almeida. 4. ed. Barueri [SP]: Sociedade Bíblica do Brasil, 2009, *O evangelho segundo João*, 20:29.

578 _____. _____. *O evangelho segundo João*, 14:1.

579 ABREU. Honório. (Coordenador). *Luz imperecível*: estudo interpretativo do evangelho à luz da doutrina espírita. Belo Horizonte [MG]: Grupo Espírita Emmanuel, 1997, cap. 206, p. 551-552.

580 CHAMPLIN, Russell Norman. *O novo testamento interpretado versículo por versículo*: Lucas/João. São Paulo: Hagnos, 2014, v. 2, it. 8.24, p. 107.

581 BÍBLIA SAGRADA. Trad. João Ferreira de Almeida. 4. ed. Barueri [SP]: Sociedade Bíblica do Brasil, 2009, *O evangelho segundo Marcos*, 9:23.

582 XAVIER, Francisco Cândido. *Caminho, verdade e vida*. Pelo Espírito Emmanuel. 1. ed. 17. imp. Brasília: FEB, 2020, cap. 40, p. 95-96.

TEMA 31

A PREGAÇÃO DO REINO DOS CÉUS: OS GADARENOS ENDEMONIADOS (MT 8:28-34)

A citação de *Mateus* faz referência a um assunto comumente estudado no meio espírita: a obsessão. Alguns conceitos básicos a respeito do assunto foram apresentados no tema 29 (A cura da sogra de Pedro e outras curas, Mt 8:14-17; a vocação apostólica, Mt 8:18-22) do qual sugerimos releitura. Mas o estudo do tema atual destaca tipo ou grau severo da obsessão, denominado *subjugação*, cujo conceito e consequências merecem ser mais bem estudados. É muito difícil compreender o ensinamento de Jesus, relatado por *Mateus, Marcos* e *Lucas* sem as explicações espíritas.

Começamos por afirmar que, para um Espírito, encarnado ou desencarnado, produzir interferência negativa no modo de pensar ou agir de alguém, é preciso, em algum momento, haver sintonia entre ambos, sintonia que é, em geral, determinada por afinidade moral e/ou intelectual. Assim, a obsessão apresenta "[...] características muito diferentes, que vão desde a simples influência moral, sem sinais exteriores perceptíveis, até a perturbação completa do organismo e das faculdades mentais [...]."[583] Na *obsessão simples,* há interferência de um Espírito sobre a pessoa, influenciando seus pensamentos e vontade. Mas nada ocorre de forma tão intensa e contínua. O influenciado pode ter consciência, ou intuição, de que alguém está interferindo no seu modo de pensar,[584] mas tal interferência psíquica nem sempre é claramente percebida, pois a ocorrência é mais sutil.

Na *fascinação,* há agravamento do quadro anterior. As consequências são muito mais graves, pois, além da ação do obsessor ser mais permanente ou contínua, o obsidiado fica sob ação hipnótica, passando a viver das ilusões produzidas pela ação direta do Espírito sobre o seu pensamento. O mais grave é que a *pessoa fascinada* não acredita que esteja sendo enganada; o Espírito tem a arte de lhe inspirar confiança cega, que a impede de ver o embuste e de compreender o absurdo do que escreve, fala ou faz, ainda quando esse absurdo salte aos olhos de todo mundo. A ilusão pode ir até o ponto de a fazer achar sublime a linguagem mais ridícula, afirma Allan Kardec.[585]

> Compreende-se facilmente toda a diferença que existe entre a obsessão simples e a fascinação; compreende-se também que os Espíritos que produzem esses dois efeitos devem diferir de caráter. Na primeira, o Espírito que se agarra à pessoa não passa de um importuno pela sua tenacidade, do qual ela procura livrar-se. Na segunda, a coisa é muito diferente. Para chegar a tais fins, é preciso que o Espírito seja muito esperto, astucioso e profundamente hipócrita, porque só pode enganar e se impor à vítima por meio da máscara que toma e de uma falsa aparência de virtude. [...] Por isso mesmo, o que o fascinador mais teme são as pessoas que veem as coisas com clareza, de modo que a tática deles, quase sempre, consiste em inspirar ao seu intérprete o afastamento de quem quer que lhe possa abrir os olhos. Por esse meio, evitando toda contradição, fica certo de ter sempre razão.[586]

A *subjugação* é obsessão muito mais grave que a fascinação.

> A *subjugação* é uma opressão que paralisa a vontade daquele que a sofre e o faz agir contra a sua vontade. Numa palavra, o paciente fica sob um verdadeiro *jugo*. A subjugação pode ser *moral ou corpórea*. No primeiro caso, o subjugado é constrangido a tomar decisões muitas vezes absurdas e comprometedoras que, por uma espécie de ilusão, ele julga sensatas: é uma espécie de fascinação. No segundo caso, o Espírito atua sobre os órgãos materiais e provoca movimentos involuntários. Revela-se, no médium escrevente, por uma necessidade incessante de escrever, mesmo nos momentos mais inoportunos. Vimos alguns que, na falta de caneta ou lápis, simulavam escrever com o dedo, onde quer que se encontrassem, mesmo nas ruas, nas portas e nas paredes.
>
> Algumas vezes, a subjugação corpórea vai mais longe, podendo levar a vítima aos atos mais ridículos [...].[587]

Em cada tipo ou grau de obsessão (simples, fascinação e subjugação), a intensidade da ação obsessiva vai se estabelecendo de forma gradual: desde a mais simples influência até o domínio completo das faculdades mentais e orgânicas do obsidiado. Assim, nos casos extremos de subjugação, o obsidiado fica totalmente sob o domínio do obsessor ou obsessores (que unem suas forças negativas para dominar). Diz-se, então que a pessoa está sob *possessão*:

> De posse momentânea do corpo do encarnado, o Espírito se serve dele como se fora seu próprio corpo; fala por sua boca, vê pelos seus olhos, age com seus braços, como o faria se estivesse vivo [encarnado] [...]; no caso da possessão, é

o desencarnado que fala e atua, de modo que, quem o haja conhecido em vida, reconhecerá sua linguagem, sua voz, os gestos e até a expressão da fisionomia.[588]

Importa considerar, porém, que na possessão o obsessor não habita o corpo do obsidiado. Isso seria impossível: "[...] Por conseguinte, a possessão é sempre temporária e intermitente, porque um Espírito desencarnado não pode tomar definitivamente o lugar de um Espírito encarnado, considerando-se que a união molecular do perispírito e do corpo só se pode operar no momento da concepção [...]."[589]

Fica claro, então, que à medida que a ação obsessiva se intensifica, ela se torna mais nítida para a pessoa que recebe a influência e para os circunstantes, em razão de ocorrer estreitamento da sintonia mental entre o obsessor e o obsidiado. Essa fase pode durar meses ou anos, ou melhor: deixar de existir. Tudo depende das ações morais e inteligentes impostas no processo:

> Os Espíritos maus somente procuram lugares onde encontram possibilidades de dar expansão à sua perversidade. Para os afastar, não basta pedir-lhes, nem mesmo ordenar-lhes que se vão; é preciso que o homem elimine de si o que os atrai. Os Espíritos maus farejam as chagas da alma, como as moscas farejam as chagas do corpo. Assim como limpais o corpo, para evitar a contaminação pelos vermes, também deveis limpar a alma de suas impurezas, para evitar os Espíritos maus. Vivendo num mundo em que estes pululam, nem sempre as boas qualidades do coração nos põem a salvo de suas tentativas, embora nos deem a força para lhes resistirmos.[590]

31.1 OS GADARENOS ENDEMONIADOS. MT 8:28-34[591]

> 28 Ao chegar ao outro lado, ao país dos gadarenos, vieram ao seu encontro dois endemoninhados, saindo dos túmulos. Eram tão ferozes que ninguém podia passar por aquele caminho. 29 E eis que puseram-se a gritar: "Que queres de nós, Filho de Deus? Vieste aqui para nos atormentar antes do tempo?" 30 Ora, a certa distância deles, havia uma manada de porcos que pastavam. 31 Os demônios lhe imploravam, dizendo: "Se nos expulsas, manda-nos para a manada de porcos". 32 Jesus lhes disse: "Ide". Eles, saindo, foram para os porcos e logo toda a manada se precipitou no mar, do alto de um precipício, e pereceu nas águas. 33 Os que os apascentavam fugiram e, dirigindo-se à cidade, contaram tudo o que acontecera, inclusive o caso dos endemoninhados. 34 Diante disso, a cidade inteira saiu ao encontro de Jesus. Ao vê-lo, rogaram-lhe que se retirasse do seu território.

Na terminologia espírita, a palavra *endemoniado* é o mesmo que *obsidiado*, isto é, pessoa portadora de obsessão. O obsessor é citado nos textos sagrados como *demônio*, *Espírito impuro* ou *Espírito maligno*. Na passagem evangélica assinalada, há nítida referência de processo obsessivo em grau severo, denominado a *subjugação por possessão*.

O texto de *Mateus*, 8:28-34 é também relatado por *Marcos*, 5:1-20 e por *Lucas*, 8:26-39 — os quais serão estudados no momento oportuno —, mas esses dois evangelistas apresentam alguns pontos de divergências e outros detalhes, omitidos por *Mateus* que podemos assim resumir:

1º) Mateus fala em dois obsidiados (endemoniados); Marcos e Lucas falam de apenas um. Na *Bíblia de Jerusalém, consta esta explicação*: "Dois endemoninhados, em lugar de um só como em Mc e Lc; do mesmo modo, dois cegos em Jericó (20:30) e dois cegos em Betsaida (9:27), milagre que não passa de decalque do anterior. Esse desdobramento de personagens parece ser recurso de estilo de Mt"[592]

2º) Mateus afirma que os obsidiados (endemoniados) são gadarenos; Marcos e Lucas informam que o endemoniado é geraseno. Ambas as palavras estão corretas, pois são sinônimas. É "[...] nome dos naturais ou habitantes de Gadara, que Josefo diz ser a metrópole de Pereia, cidade grega, opulenta e rica [...]. Eusébio diz que ela estava situada a oriente do Jordão, quase defronte de Tiberíades e de Citópolis [...]. Os manuscritos variam, registrando diversos nomes: gerasenos, gadarenos, habitantes de Gadara.

Notas explicativas:

> JOSEFO: Tito Flávio Josefo: em latim Titus Flavius Josephus, em hebraico *Yosef bem Mattityahu*, ou em português José, filho de Matias (37ou 38 a.C.–100 d.C.), foi um historiador judeu, descendente de importante linhagem de sacerdotes e reis, que se tornou cidadão romano. Josefo presenciou e registrou a destruição de Jerusalém ordenada pelo Imperador romano Vespasiano, sob o comando do seu filho Tito, que mais tarde lhe sucederia ao trono. As obras de Josefo fornecem importantes informações históricas do século I, no contexto do Judaísmo e do domínio romano. Suas obras mais importantes são *A guerra dos Judeus* e *As Antiguidades Judaicas*.
>
> EUSÉBIO DE CESAREIA ou *Eusebius Pamphili* (265–339 d.C.): bispo de Cesareia conhecido como o "pai da história da Igreja" porque os seus escritos relatam acontecimentos importantes do Cristianismo primitivo.

O texto de *Mateus* é mais sintético, os de *Marcos* e *Lucas* são mais extensos por apresentarem informações complementares.

O estudioso protestante Russell Norman Champlin assim se pronuncia a respeito do assunto, ora em foco.

[...] Jesus possuía poder sobre as forças malignas. O NT exibe a realidade da possessão demoníaca, e a experiência humana o comprova [...]. O Messias tinha de ter esse poder e a literatura rabínica antecipou isso. [...]. Um dos temas de *Marcos* é que os demônios, que são seres espirituais, reconheciam em Jesus o filho de Deus; e isso agora é transportado sem hesitação para o *Evangelho de Mateus*. *Mateus* entretanto, omite uma das porções mais edificantes da narrativa, em que o homem aparece já vestido e de mente equilibrada.[593]

Localizamos, nos três textos, obsessão por subjugação possessiva, que é sempre produzida por Espíritos endurecidos, perseguidores implacáveis que atuam sobre o obsidiado não lhe dando tréguas. Nessa situação, raramente há apenas um perseguidor espiritual envolvido no processo, mas um agrupamento de Espíritos obsessores, caracterizando uma legião, como consta, especificamente, nos textos de Marcos e Lucas. Na verdade, não é tão simples lidar com tais Espíritos perseguidores, até porque o obsidiado está completamente sob o severo jugo deles, não raciocina com clareza e a vontade está totalmente dominada.

As ações de tais perseguidores trazem vinculações que se reportam a ações que ocorreram nesta ou em outras reencarnações, envolvendo obsessor e obsidiado num círculo de mágoa e ódio. Com isso, os perseguidores "[...] não atendem às exortações, não aceitam conselhos, não obedecem a razões e não há sentimento, por mais generoso que seja, que os comova. Por isso o Evangelho os classifica de imundos".[594] As subjugações espirituais vinculam-se a ações passadas, desta ou de outras existências, cuja mágoa e ódio mantêm ligados obsessor e obsidiado.

> Assim como as moléstias resultam das imperfeições físicas que tornam o corpo acessível às influências perniciosas exteriores, a obsessão decorre sempre de uma imperfeição moral, que dá ascendência a um Espírito mau. A uma causa física opõe-se uma força física; a uma causa moral é preciso que se contraponha uma força moral. Para preservar o corpo das enfermidades, é preciso fortificá-lo; para garantir a alma contra a obsessão, tem-se que fortalecê-la. Daí, para o obsidiado, a necessidade de trabalhar pela sua própria melhoria, o que na maioria das vezes é suficiente para livrá-lo do obsessor, sem o socorro de pessoas estranhas. Este socorro se torna necessário quando a obsessão degenera em subjugação e em possessão, porque neste caso o paciente não raro perde a vontade e o livre-arbítrio.
>
> Quase sempre a obsessão exprime vingança tomada por um Espírito e sua origem frequentemente se encontra nas relações que o obsidiado manteve com o obsessor, em precedente existência [...].[595]

31.2 AÇÃO DE JESUS NO TRATO DAS OBSESSÕES

As ações desobsessivas e curas realizadas por Jesus decorrem da elevadíssima superioridade do seu Espírito, do poder grandioso da sua vontade e do seu magnetismo, saturado de fluidos e energias inconcebíveis para todos nós, que, associados ao seu imenso amor e compaixão por todos os sofredores, operavam fatos extraordinários. Jesus libertava os envolvidos no processo, fazendo-os compreender a importância do perdão. Porém, antes de chegarem a essa compreensão, era necessário afastar a carga fluídica negativa e doentia que impregnava as estruturas do perispírito e do corpo físico.

> Nos casos de obsessão grave, o obsidiado fica como que envolto e impregnado de um fluido pernicioso, que neutraliza a ação dos fluidos salutares e os repele. É daquele fluido que é preciso desembaraçá-lo. Ora, um fluido mau não pode ser eliminado por outro igualmente mau. Por meio de ação idêntica à do médium curador, nos casos de enfermidade, *há que se expulsar o fluido mau com o auxílio de um fluido melhor*.
>
> Nem sempre, porém, basta esta ação mecânica; cumpre, sobretudo, *atuar sobre o ser inteligente*, ao qual é preciso que se tenha o direito de *falar com autoridade*, que, entretanto, não a possui quem não tenha superioridade moral. Quanto maior essa for, tanto maior também será aquela. Mas ainda não é tudo: para assegurar a libertação, é preciso que o Espírito perverso seja levado a renunciar aos seus maus desígnios; que nele desponte o arrependimento, assim como o desejo do bem, por meio de instruções habilmente ministradas, em evocações particularmente feitas com vistas à sua educação moral. Pode-se então ter a grata satisfação de libertar um encarnado e de converter um Espírito imperfeito.[596]

31.3 AS GRAVES CONSEQUÊNCIAS DAS SUBJUGAÇÕES

O relato apresentado por cada evangelista informa que os obsidiados (ou o obsidiado) viviam no cemitério, habitando sepulcros. Esse fato, por si só, indica o estado de insanidade mental em que se encontravam. As pessoas portadoras de semelhante estado de perturbação mental se afastam, em geral, do convívio social, isolando-se em lugares ermos e lúgubres.

No texto que se segue, apresentamos a interpretação dada pela igreja protestante em relação à passagem evangélica do obsidiado gadareno, observando que essa não difere, em princípio, do pensamento espírita.

> *Segundo a crença antiga*, os sepulcros eram esconderijos de Espíritos maus, e os endemoninhados tinham a tendência natural de ocupar esses lugares, uma vez que fossem expelidos da sociedade [...]. Sua baixa espiritualidade

os atrairia a esses lugares e a outros semelhantes [...]. Os suicidas, às vezes, buscam os cemitérios para cometer seu ato tresloucado, e pessoas mentalmente afetadas fazem o mesmo, como aqueles que o vulgo chama de "vampiros". Os "dementes", afetados por espíritos humanos ou por entidades espirituais, fazem suas vítimas escolherem depressões repletas de cadáveres. [...].

Aplicação espiritual: Devemos cuidar para não viver nos túmulos de ontem, da estagnação em pensamento e inquirição espiritual. Os que vivem nos túmulos de ontem servem de obstáculo para si mesmo e para os outros, no caminho autêntico do progresso espiritual.[597]

Em outras palavras: devemos manter a mente permanentemente saneada, emitindo pensamentos no bem, a fim de evitarmos vinculações psíquicas desarmônicas e perturbadoras. A respeito, Emmanuel esclarece ao analisar o texto de *Marcos*, 5:6-7: "Ao ver Jesus, de longe, correu e prostrou-se diante d'Ele, clamando em alta voz: 'Que queres de mim, Jesus, Filho de Deus Altíssimo? Conjuro-te por Deus que não me atormentes!'":

> Refere-se o evangelista a entidades perversas que se assenhoreavam do corpo da criatura.
>
> Entretanto, essas inteligências infernais prosseguem dominando vastos organismos do mundo.
>
> Na edificação da política, erguida para manter os princípios da ordem divina, surgem sob os nomes de discórdia e tirania; no comércio, formado para estabelecer a fraternidade, aparecem com os apelidos de ambição e egoísmo; nas religiões e nas ciências, organizações sagradas do progresso universal, acodem pelas denominações de orgulho, vaidade, dogmatismo e intolerância sectária.
>
> Não somente o corpo da criatura humana padece a obsessão de Espíritos perversos. Os agrupamentos e instituições dos homens sofrem muito mais.
>
> E quando Jesus se aproxima, com o Evangelho, pessoas e organizações indagam com pressa: "Que temos com o Cristo? que temos a ver com a vida espiritual?"
>
> É preciso permanecer vigilante à frente de tais sutilezas, porquanto o adversário vai penetrando também os círculos do Espiritismo Evangélico, vestido nas túnicas brilhantes da falsa ciência.[598]

31.4 O DIÁLOGO DE JESUS COM OS OBSESSORES

O diálogo prossegue entre os enfermos espirituais e Jesus, conforme este registro de Marcos: "Com efeito, Jesus lhe disse: 'Sai deste homem, espírito impuro!' E perguntando-lhe: 'Qual é o teu nome?" Respondeu: 'Legião é o meu nome, porque, somos muitos'" (Mc 5:8-9).

Emmanuel analisa com sabedoria esses dois versículos de *Marcos*. Retira o espírito da letra, fornecendo os devidos esclarecimentos relacionados ao símbolo *legião*, e explica por que tal ocorrência, relatada em toda a passagem evangélica, ainda atinge a Humanidade e causa tanta perplexidade e sofrimento.

> O Mestre legou inolvidável lição aos discípulos nesta passagem dos Evangelhos.
>
> Dispensador do bem e da paz, aproxima-se Jesus do Espírito perverso que o recebe em desesperação.
>
> O Cristo não se impacienta e indaga carinhosamente de seu nome, respondendo-lhe o interpelado: "Chamo-me Legião, porque somos muitos".
>
> Os aprendizes que o seguiam não souberam interpretar a cena, em toda a sua expressão simbólica.
>
> E até hoje pergunta-se pelo conteúdo da ocorrência com justificável estranheza.
>
> É que o Senhor desejava transmitir imortal ensinamento aos companheiros de tarefa redentora.
>
> À frente do Espírito delinquente e perturbado, Ele era apenas um; o interlocutor, entretanto, denominava-se "Legião", representava maioria esmagadora, personificava a massa vastíssima das intenções inferiores e criminosas. Revelava o Mestre que, por indeterminado tempo, o bem estaria em proporção diminuta comparado ao mal em aludes arrasadores.
>
> Se te encontras, pois, a serviço do Cristo na Terra, não te esqueças de perseverar no bem, dentro de todas as horas da vida, convicto de que o mal se faz sentir em derredor, à maneira de legião ameaçadora, exigindo funda serenidade e grande confiança no Cristo, com trabalho e vigilância, até à vitória final.[599]

O texto de *Mateus* omite tais informações, que são também encontradas em *Lucas*, porém com mais detalhes: "Jesus, com efeito, ordenava ao Espírito impuro que saísse do homem, pois se apossava dele com frequência. Para guardá-lo, prendiam-no com grilhões e algemas, mas ele arrebentava as correntes e era impelido pelo demônio para os lugares desertos. Jesus perguntou-lhe: "Qual é o teu nome?"—"Legião", respondeu, porque muitos demônios haviam entrado nele" (Lc 8:29-30).

31.5 OS OBSESSORES ATACAM UMA MANADA DE PORCOS

Um fato que causa estranheza, à luz do Espiritismo, é citado pelos três evangelistas: os obsessores se retiram do obsidiado e atacam uma manada de porcos que morrem afogados, após terem sido jogados" num precipício. Eis como consta nos três relatos:

Texto de Mateus: "Os demônios lhe imploravam, dizendo: 'Se nos expulsas, manda-nos para a manada de porcos.' Jesus lhes disse: 'Ide'. Eles, saindo, foram para os porcos e logo toda a manada se precipitou no mar, do alto de um precipício, e pereceu nas águas" (Mt 8:31 e 32).

Texto de Marcos: "E rogava-lhe insistentemente que não os mandasse para fora daquela região. Ora, havia ali, pastando na montanha, uma grande manada de porcos. Rogava-lhe, então, dizendo: "Manda-nos para os porcos, para que entremos neles". Ele o permitiu. E os Espíritos impuros saíram, entraram nos porcos e a manada — cerca de dois mil — se arrojou no mar, precipício abaixo, e eles se afogavam no mar" (Mc 5:10-13).

Texto de Lucas: "Ora, havia ali, pastando na montanha, uma numerosa manada de porcos. Os demônios rogavam que Jesus lhes permitisse entrar nos porcos. E ele o permitiu. Os demônios então saíram do homem, entraram nos porcos e a manada se arrojou pelo precipício, dentro do lago, e se afogou" (Lc 8:32 e 33).

A objetividade da análise de Kardec define o pensamento espírita a respeito.

> O fato de alguns Espíritos maus terem sido mandados meter-se em corpos de porcos é contrário a todas as probabilidades. Aliás, seria difícil explicar a existência de tão numeroso rebanho de porcos num país onde esse animal inspirava horror e não oferecia nenhuma utilidade para a alimentação. Não é por ser mau que um Espírito deixa de ser um Espírito humano, embora tão imperfeito que continue a fazer o mal, depois de desencarnar, como o fazia antes, e é contrário a todas as leis da natureza que ele possa animar o corpo de um animal. É preciso, pois, ver nesse fato a existência de um desses exageros tão comuns nos tempos de ignorância e de superstição; ou, talvez, uma alegoria destinada a caracterizar os pendores imundos de certos Espíritos.[600]

31.6 RECOMENDAÇÃO DE JESUS AO GADARENO, APÓS LIBERTÁ-LO DOS OBSESSORES

Após a libertação do processo obsessivo, o gadareno pede a Jesus para permanecer junto a Ele, como registram *Marcos* e *Lucas*. Jesus, porém, lhe recomenda: "[...] Vai para tua casa e para os teus e anuncia-lhes tudo o que fez por ti o Senhor na Sua Misericórdia" (Mc 5:19). A resposta do Mestre ao pedido do gadareno visa fazê-lo assumir a sua vida, as atividades que foram suspensas ou retardadas em decorrência da obsessão. Com a cura, surgia o momento de recuperar o tempo perdido e de cumprir os desígnios que lhe foram determinados naquela reencarnação. É o que Emmanuel esclarece:

> Eminentemente expressiva a palavra de Jesus ao endemoninhado que recuperara o equilíbrio, ao toque de seu Divino Amor.
>
> Aquele doente que, após a cura, se sentia atormentado de incompreensão, rogava ao Senhor lhe permitisse demorar ao seu lado, para gozar-lhe a sublime companhia.
>
> Jesus, porém, não lho permite e recomenda-lhe procure os seus, para anunciar-lhes os benefícios recebidos.
>
> Quantos discípulos copiam a atitude desse doente que se fazia acompanhar por uma legião de gênios perversos!
>
> Olhos abertos à verdade, coração tocado de nova luz, à primeira dificuldade do caminho pretendem fugir ao mundo, famintos de repouso ao lado do Nazareno, esquecendo-se de que o Mestre trabalha sem cessar.
>
> O problema do aprendiz do Cristo não é o de conquistar feriados celestes, mas de atender aos serviços ativos, a que foi convocado, em qualquer lugar, situação, idade e tempo.
>
> Se recebeste a luz do Senhor, meu amigo, vai servir ao Mestre junto dos teus, dos que se prendem à tua caminhada. Se não possuis a família direta, possuis a indireta. Se não contas parentela, tens vizinhos e companheiros. Anuncia os benefícios do Salvador, exibindo a própria cura. Quem demonstra a renovação de si mesmo, em Cristo, habilita-se a cooperar na renovação espiritual dos outros. Quanto ao bem-estar próprio, serás chamado a ele, no momento oportuno.[601]

REFERÊNCIAS

[583] KARDEC, Allan. *A gênese*. Trad. Evandro Noleto Bezerra. 2. ed. 2. imp. Brasília: FEB, 2019, cap. 14, it. 45, p. 258-259.

[584] _____. *O livro dos médiuns*. Trad. Evandro Noleto Bezerra. 2. ed. 5. imp. Brasília: FEB, 2019, 2ª pt., cap. 23, it. 239, p. 260.

[585] _____. _____. It. 238, p. 260.

[586] _____. _____. It. 239, p. 261.

[587] _____. _____. Cap. 23, it. 240, p. 261-262.

[588] _____. *A gênese*. Trad. Evandro Noleto Bezerra. 2. ed. 2. imp. Brasília: FEB, 2019, cap. 14, it. 47, p. 260.

[589] _____. _____. P. 260.

[590] _____. *O evangelho segundo o espiritismo*. Trad. Evandro Noleto Bezerra. 2. ed. 10. imp. Brasília: FEB, 2020, cap. 28, it. 16, p. 341.

591 BÍBLIA DE JERUSALÉM. Gilberto da Silva Gorgulho; Ivo Storniolo e Ana Flora Anderson (Coords.). Diversos tradutores. Nova ed. rev. e ampl. 13. imp. São Paulo: Paulus, 2019, *Evangelho segundo Mateus,* 8:28-34, p. 1.718.

592 _____. _____. *Evangelho segundo Mateus,* 8:28, nota de rodapé "b", p. 1.718.

593 CHAMPLIN, Russell Norman. *O novo testamento interpretado versículo por versículo:* Mateus/Marcos. Nova edição revisada. São Paulo: Hagnos, 2014, v. 1. III. Ministério das obras poderosas de Jesus (8.1-9.34), p. 354.

594 SCHUTEL, Cairbar. *O espírito do cristianismo.* 8. ed. Matão: O Clarim, 2001, cap. 60, p. 311.

595 KARDEC, Allan. *A gênese.* Trad. Evandro Noleto Bezerra. 2. ed. 2. imp. Brasília: FEB, 2019, cap. 14, it. 46, p. 259.

596 _____. _____. P. 259.

597 CHAMPLIN, Russell Norman. *O novo testamento interpretado versículo por versículo:* Mateus/Marcos. Nova edição revisada. São Paulo: Hagnos, 2014, v. 1, cap. 3, *Marcos,* 5:1-14 (5:2), p. 801.

598 XAVIER, Francisco Cândido. *Caminho, verdade e vida.* Pelo Espírito Emmanuel. 1. ed. 17. imp. Brasília: FEB, 2020, cap. 144, p. 303-304.

599 _____. _____. Cap. 143, p. 301-302.

600 KARDEC, Allan. *A gênese.* Trad. Evandro Noleto Bezerra. 2. ed. 2. imp. Brasília: FEB, 2019, cap. 14, it. 34, p. 282.

601 XAVIER, Francisco Cândido. *Vinha de luz.* Pelo Espírito Emmanuel. 1. ed. 15. imp. Brasília: FEB, 2020, cap. 111, p. 235-236.

TEMA 32

A PREGAÇÃO DO REINO DOS CÉUS: A CURA DO PARALÍTICO (MT 9:1-8)

O capítulo nove de *O evangelho segundo Mateus* inicia com a cura do paralítico. O tema nos oferece oportunidade para novos aprendizados, tais como: a importância das enfermidades para a nossa melhoria espiritual, o valor da amizade e da intercessão espiritual, a fé e a manifestação da Misericórdia Divina.

32.1 A CURA DO PARALÍTICO (MT 9:1-8)[602]

> *1 E entrando num barco, Ele atravessou as águas e foi para a sua cidade. 2 Aí trouxeram um paralítico deitado numa cama. Jesus, vendo sua fé, disse ao paralítico: "Tem ânimo, meu filho; os teus pecados te são perdoados." 3 Ao ver isso alguns dos escribas diziam consigo: "Blasfema". 4 Mas Jesus, conhecendo os sentimentos deles, disse: "Por que tendes esses maus sentimentos em vossos corações? 5 Com efeito, que é mais fácil dizer: 'Teus pecados são perdoados', ou dizer: 'Levanta-te e anda'? 6 Pois bem, para que saibais que o Filho do Homem tem poder na Terra de perdoar pecados..." disse então ao paralítico: "Levanta-te, toma tua cama e vai para casa". 7 Ele se levantou e foi para casa. 8 Vendo o ocorrido, as multidões ficaram com medo e glorificaram a Deus, que deu tal poder aos homens.*

Após a cura dos gadarenos (ou do geraseno) obsidiados, estudada no tema anterior, Jesus se retira da região da Gadara e retorna para a sua cidade, como assinala o versículo "E entrando num barco, ele atravessou e foi para a sua cidade" (Mt 9:1):

Jesus volta a Cafarnaum, cidade que atualmente é denominada Tell Rum .Sabemos que Jesus só foi viver em Cafarnaum, adotando-a como cidade do coração, depois de ter sido rejeitado em Nazaré. A propósito, o Espírito Amélia Rodrigues informa como foram suas impressões iniciais ao chegar à cidade:[603]

O dia estuava de luz de ouro, quando Ele chegou a Cafarnaum.

Amava aquela cidade onde a ternura dos corações singelos dava mostras de amor puro. Ali se refugiaria muitas vezes, encontrando a família ampliada na devoção das almas singelas que O cercavam de carinho [...].[604]

O versículo 2 envolve o encontro de Jesus com o enfermo e a confirmação da autoridade moral do Mestre, indicativa de ser Ele o Messias aguardado: "Aí lhe trouxeram um paralítico deitado numa cama. Jesus, vendo tão grande fé, disse ao paralítico: "Tem ânimo, meu filho; os teus pecados te são perdoados" (Mt 9:2).

Merece destaque a manifestação da fé em Jesus que, acreditava-se, não era tão efetiva por parte do enfermo, mas dos seus amigos, que agiram como os seus intercessores junto ao enviado celestial. De qualquer forma, o sofrimento do enfermo deveria ser intenso, e ele, possivelmente, trazia consigo muitas desesperanças. Daí o Mestre dizer-lhe para ter bom ânimo, perdoando-lhe os pecados em seguida, pelo poder da autoridade de que Ele estava investido.[605]

Por outro lado, Amélia Rodrigues, não só informa o nome do paralítico, como nos apresenta outra versão da passagem evangélica, com base no relato transmitido pelo próprio paralítico. Nessa informação, o enfermo revela ter alguma fé em ser curado por Jesus, ainda que carregasse consigo o peso de sentimentos amargos. Ouçamos o que tem a nos dizer Natanael Ben Elias, conhecido como o paralítico de Cafarnaum:

> Como todos sabem — enxugou o suor do rosto alterado pela emoção — desde há muito a paralisia e as febres me rondavam o corpo, terminando por imobilizar-me em total prisão, num leito infecto e detestável, impedindo-me qualquer movimento. Transformaram-me num réprobo repulsivo.
>
> Esquecido, no meu catre, até há pouco, era vítima de extrema miséria física e moral.
>
> Aguardava a morte, que tardava, como uma libertadora.
>
> Ouvi falar d'Ele e chorava por conhecê-lo. Secreta intuição me informava que Ele poderia curar-me ...
>
> Hoje, sabendo-o aqui em Cafarnaum, pedi a amigos que me conduzissem à Sua presença, e estes, carregando o grabato onde eu expungia minhas amargas penas, levaram-me à casa onde Ele se encontrava. A multidão era tão compacta que não me puderam levar pela porta.
>
> [...].[606]

A benfeitora espiritual prossegue no seu interessante comunicado, fornecendo detalhes a respeito do momento de encontro entre o paralítico e Jesus.

> A sala apinhada abriu pequeno espaço e, como se Ele me esperasse, fitou-me demoradamente, em silêncio, examinando a minha ruína orgânica. Descerrou os lábios e falou:
>
> — Natanael Ben Elias, crês que Eu te posso curar?
>
> A voz era aveludada e forte, meiga, no entanto, e firme.
>
> — Sim — respondi-lhe —, creio-o!
>
> Um estremecimento sacudiu-me. Houve um grande silêncio e mesmo o calor pareceu diminuir.
>
> Senhor! — exclamei. Como sabes o meu nome? Conheces-me?
>
> [...] — Teus pecados — exclamou — estão perdoados![607]

O versículo 3 registra: Ao ver isso alguns dos escribas diziam consigo: "Está blasfemando". A despeito da sublimidade do momento, de regozijo e de gratidão, sabemos que, ao nosso redor, ainda permanecem Espíritos sintonizados com a crítica improdutiva, os que somente percebem o lado negativo das pessoas e acontecimentos. Aqueles escribas não conseguiram entender que a ação de Jesus refletia não apenas a cura do veículo orgânico do, então, paralítico — fato já por si só extraordinário —, mas a libertação espiritual de um Espírito endividado por ter violado as Leis de Deus.

Os críticos usuais ainda permanecerão por muito tempo no planeta, até que lhes ocorra impulso evolutivo, libertando-os do estado de inferioridade em que se comprazem por ora. Os críticos contumazes são incapazes de atentar para os valores espirituais elevados, fecham-se em ideias cristalizadas, em opiniões e comportamentos particulares que lhes retardam a marcha evolutiva. Entretanto, tudo passa. Chegará o dia em que a humanidade se transformará, e a Terra passará a ser espaço de verdadeira convivência fraterna.

A cura operada por Jesus colocava um ponto final no delito cometido em outra existência. Naquele momento, a dívida daquele Espírito sofredor estava quitada perante a Justiça Divina. É possível que a paralisia resultasse da consciência culpada de atos que o enfermo teria cometido em vida passada, pois como sabemos, nenhuma provação nos alcança por acaso.

> O paralítico era um Espírito em expiação. Num corpo entrevado, resgatava os erros do passado. O sofrimento resignado lhe abrira o coração para o amor e despertara-lhe o desejo de viver nobremente. E por fim desenvolveu em

seu íntimo a fé na bondade divina. Estava, pois, em condições de merecer a comutação da pena a que se sujeitava. Como a causa que lhe tinha acarretado o castigo tinha cessado, foi possível a Jesus beneficiá-lo.[608]

Em resposta aos críticos, Jesus pondera com boa argumentação lógica para, em seguida, transmitir o benefício ansiosamente aguardado pelo enfermo e por seus amigos:

> Mas Jesus, conhecendo os seus pensamentos, disse: "Por que tendes esses maus pensamentos em vossos corações? Com efeito, que é mais fácil dizer: Teus pecados são perdoados, ou dizer: Levanta-te e anda? Pois bem, para que saibais que o Filho do Homem tem poder na Terra de perdoar pecados, disse então ao paralítico: Levanta-te, toma tua cama e vai para casa". Ele se levantou e foi para casa (Mt 8:4-7).
>
> Que podiam significar aquelas palavras: "Teus pecados te são perdoados", e em que podiam elas influir para a cura? O Espiritismo lhes dá a explicação, como a uma infinidade de outras palavras incompreendidas até hoje. Ele nos ensina, por meio da pluralidade das existências, que os males e aflições da vida são muitas vezes expiações do passado, bem como que sofremos na vida presente as consequências das faltas que cometemos em existência anterior, até que tenhamos pago a dívida de nossas imperfeições, pois as existências são solidárias umas com as outras.
>
> Se, portanto, a enfermidade daquele homem era uma expiação do mal que ele praticara, ao dizer-lhe Jesus: "Teus pecados te são perdoados", é como se lhe tivesse dito: "Pagaste a tua dívida; a fé que agora possuis anulou a causa da tua enfermidade; em consequência, mereces ficar livre dela". Daí o haver dito aos escribas: "Tão fácil é dizer: Teus pecados te são perdoados, como: Levanta-te e anda". Cessada a causa, o efeito tem que cessar. É justamente o caso do prisioneiro a quem se declara: "Teu crime está expiado e perdoado", o que equivaleria a lhe dizer: "Podes sair da prisão".[609]

O último versículo indica o estado de perplexidade pelo qual a multidão foi envolvida ante o tal acontecimento que presenciara: "Vendo o ocorrido, as multidões ficaram com medo e glorificaram a Deus, que deu tal poder aos homens" (Mt 9:8).

O medo da multidão indica desconhecimento ou explicação para o ocorrido. Mas, observemos, a mesma multidão que revelou temor, glorificou também o fato, em razão do benefício proporcionado. Da mesma forma, não escapou à multidão, a constatação do poder de Jesus, situação que contrastava do pensamento e palavras dos escribas. No passado e no presente, as "[...] multidões aceitaram a Jesus como alguém dotado de autoridade Divina; aceitaram o acontecido como milagre de Deus; não duvidaram da autoridade de Jesus de perdoar pecados. Era um povo simples, ingênuo, impressionável e correto."[610]

O texto de Mateus nos conduz naturalmente à reflexão a respeito do porquê das enfermidades, físicas ou não, que nos alcançam, assim como da necessidade de buscarmos a sua cura definitiva, libertando-nos dos equívocos cometidos, no passado e no presente. Emmanuel, ao analisar com sabedoria um registro do apóstolo Tiago, relaciona as principais causas e consequências das doenças para, em seguida, indicar a forma de obter a cura definitiva.

O REMÉDIO SALUTAR[611]

"Confessai as vossas culpas uns aos outros, e orai uns pelos outros para que sareis." (*Tiago*, 5:16).

> A doença sempre constitui fantasma temível no campo humano, qual se a carne fosse tocada de maldição; entretanto, podemos afiançar que o número de enfermidades, essencialmente orgânicas, sem interferências psíquicas, é positivamente diminuto.
>
> A maioria das moléstias procede da alma, das profundezas do ser. Não nos reportando à imensa caudal de provas expiatórias que invade inúmeras existências, em suas expressões fisiológicas, referimo-nos tão somente às moléstias que surgem, de inesperado, com raízes no coração.
>
> Quantas enfermidades pomposamente batizadas pela ciência médica não passam de estados vibratórios da mente em desequilíbrio?
>
> Qualquer desarmonia interior atacará naturalmente o organismo em sua zona vulnerável. Um experimentar-lhe-á os efeitos no fígado, outro, nos rins e, ainda outro, no próprio sangue.
>
> Em tese, todas as manifestações mórbidas se reduzem a desequilíbrio, desequilíbrio esse cuja causa repousa no mundo mental.
>
> O grande apóstolo do Cristianismo nascente foi médico sábio, quando aconselhou a aproximação recíproca e a assistência mútua como remédios salutares. O ofensor que revela as próprias culpas, ante o ofendido, lança fora detritos psíquicos, aliviando o plano interno; quando oramos uns pelos outros, nossas mentes se unem, no círculo da intercessão espiritual, e, embora não se verifique o registro imediato em nossa consciência comum, há conversações silenciosas pelo "sem fio" do pensamento.
>
> A cura jamais chegará sem o reajustamento íntimo necessário, e quem deseje melhoras positivas, na senda de elevação, aplique o conselho de Tiago; nele, possuímos remédio salutar para que saremos na qualidade de enfermos encarnados ou desencarnados.

REFERÊNCIAS

602 BÍBLIA DE JERUSALEM. Gilberto da Silva Gorgulho; Ivo Storniolo e Ana Flora Anderson (Coords.). Diversos tradutores. Nova ed. rev. e ampl. 13. imp. São Paulo: Paulus, 2019, *Evangelho segundo Mateus,* 9:1-8, p. 1.718.

603 CHAMPLIN, Russell Norman. *O novo testamento interpretado versículo por versículo*: Mateus/Marcos. Nova edição revisada. São Paulo: Hagnos, 2014, v. 1, cap. 9, it. III- Ministério de Obras Poderosas de Jesus, O Messias (*Mt*, 1:34), p. 357.

604 FRANCO, Divaldo Pereira. *Luz do mundo.* Pelo Espírito Amélia Rodrigues. 1. ed. Salvador: LEAL, 2016, cap. 14, p. 92.

605 CHAMPLIN, Russell Norman. *O novo testamento interpretado versículo por versículo*: Mateus/Marcos. Nova edição revisada. São Paulo: Hagnos, 2014, v. 1, it. Cap. 9:2, p. 357.

606 FRANCO. Divaldo Pereira. *Primícias do reino*. Pelo Espírito Amélia Rodrigues. 12. ed. Salvador: LEAL, 2015, cap. 7, p. 93-94.

607 _____. _____. P. 94-95.

608 RIGONATTI, Eliseu. *O evangelho dos humildes.* 1. ed. São Paulo: Pensamento, 2018, cap. 9, p. 61.

609 KARDEC, Allan. *A gênese.* Trad. Evandro Noleto Bezerra. 2. ed. 2. imp. Brasília: FEB, 2019, cap. 15, it. 15, p. 271.

610 CHAMPLIN, Russell Norman. *O novo testamento interpretado versículo por versículo*: Mateus/Marcos. Nova edição revisada. São Paulo: Hagnos, 2014, v. 1, it. Cap. 9:8, p. 359.

611 XAVIER, Francisco Cândido. *Vinha de luz.* Pelo Espírito Emmanuel. 1. ed. 15. imp. Brasília: FEB, 2020, cap. 157, p. 327-328.

TEMA 33

A PREGAÇÃO DO REINO DOS CÉUS: REFEIÇÃO COM OS PECADORES (MT 9:10-13)

Os acontecimentos narrados por *Mateus, Marcos* e *Lucas* nas passagens evangélicas inseridas em seguida aconteceram logo após o chamamento de Mateus pelo Cristo, para que ele, o publicano, viesse fazer parte do Colégio Apostolar (*Mateus,* 9:9), estudado anteriormente, no tema 11 [*Escolha dos quatro primeiros discípulos:* Mt 4:18-22; *O chamado de Mateus* (9:9) e *Jesus ensina e cura* (Mt 4:23-25)].

As citações dos evangelistas são muito semelhantes entre si. Apresentam três ideias gerais, objeto de análise neste estudo: o significado de pecado e de pecadores; a crítica dos fariseus e a resposta que o Cristo lhes transmitiu. Há outras ideias, mas que serão retomados posteriormente, no momento do estudo do *Evangelho segundo Marcos* e do *Evangelho segundo Lucas.*

Os registros da *refeição com os pecadores* são os que se seguem.

Refeição com os pecadores (Mt 9:10-13)[612]

> 10 Aconteceu que, estando Ele à mesa em casa, vieram muitos publicanos e pecadores e se assentaram à mesa com Jesus e seus discípulos. 11 Os fariseus, vendo isso, perguntaram aos discípulos: "Por que come o vosso Mestre com os publicanos e os pecadores?" 12 Ele, ao ouvir o que diziam, respondeu: "Não são os que têm saúde que precisam de médico, e sim os doentes.
>
> 13 Ide, pois, e aprendei o que significa: Misericórdia quero, e não sacrifício. Com efeito, eu não vim chamar justos, mas pecadores".

Refeição com os pecadores (Mc 2:15-17)[613]

> 15 Aconteceu que, estando à mesa, em casa de Levi, muitos publicanos e pecadores também estavam com Jesus e os seus discípulos, pois eram muitos os que o seguiam. 16 Os escribas dos fariseus, vendo-o comer com os pecadores e os publicanos, diziam aos discípulos dele: "Quê? Ele come com os publicanos e pecadores?" 17 Ouvindo isso, Jesus lhes disse: "Não são os que têm

saúde que precisam de médico, mas os doentes. Eu não vim chamar justos, mas pecadores".

Refeição com os pecadores na casa de Levi (Lc 5:29-32)[614]

> 29 Levi ofereceu-lhe então uma grande festa em sua casa, e com eles estava à mesa numerosa multidão de publicanos e outras pessoas. 30 Os fariseus e seus escribas murmuravam e diziam aos discípulos dele: "Por que comeis e bebeis com os publicanos e com os pecadores?" 31 Jesus, porém, tomando a palavra, disse-lhes: "Os sãos não têm necessidade de médico e sim os doentes; 32 não vim chamar os justos, mas sim os pecadores, ao arrependimento".

33.1 O PECADO E O PECADOR

A referência da presença de "pecadores" no banquete oferecido por Levi (ou Mateus), após esse ter sido aceito como membro do Colégio Apostolar, é algo que se destaca nos textos. Surgem, então, as seguintes indagações: quem seriam esses pecadores? Qual era o entendimento de pecado?

> [Pecadores] eram os que não frequentavam as sinagogas, que davam pouco valor à religião, e que talvez tivessem sido expulsos das sinagogas. Era o vulga-cho, cada qual com o seu *vício*. Em Cafarnaum [onde aconteceu o banquete], tal ocasião contaria também com a participação dos gentios. Certamente, não era uma multidão com a qual os membros de uma igreja devessem reunir-se. Havia uma bizarra mistura de gente: Jesus, os quatro pescadores [Pedro, João, Tiago e André], Natanael, Filipe, Mateus e seus antigos amigos, os fariseus e seus discípulos, alguns seguidores de João Batista, certamente em período de jejum, irritados e prontos para criticar os que participavam da festa. Os fariseus se sentiam escandalizados porque Jesus festejava em companhia de pecadores [...].[615]

Localizamos nos três textos uma variedade de pessoas que, pelo fato de não seguirem as instruções do Judaísmo, eram genericamente denominadas pecadores, incluindo entre eles os publicanos, como o anfitrião *Mateus* cuja profissão era motivo de desprezo dos judeus, ainda que, individualmente, os pecadores presentes ao banquete pudessem ser qualificados como pessoas de bem. Veremos que essa maneira de pensar e de agir irá permanecer nos séculos subsequentes no meio religioso, judeu e cristão. Ideia que tomou forma mais concreta com a organização das igrejas católicas, do Ocidente e do Oriente: As inúmeras bulas papais e as deliberações conciliares definiram uma monarquia papal, que se prolonga atualmente, marcada por teologias, dogmas, cultos externos e políticas clericais.

> Na época de Jesus, como em todas as épocas, havia espíritos encarnados sequiosos e famintos de ensinamentos espirituais. Eram todos aqueles que estavam aptos a compreender as lições mais elevadas, possuídos de grande vontade de progredirem e de se regenerarem. Ao ouvirem Jesus, intuitivamente percebiam que ele estava provendo às necessidades de suas almas. E a personalidade de Jesus era como um ímã que os atraía irresistivelmente [...].[616]

O texto evangélico dos evangelistas *Mateus, Marcos* e *Lucas* objeto deste estudo, oferece feliz oportunidade para refletirmos a respeito dos atavismos que ainda marcam os nossos comportamentos ante a prática religiosa que abraçamos, inclusive entre nós, os espíritas. Ainda é relativamente comum encontrarmos confrarias e grupos, cujos membros revelam certos clichês mentais que, na verdade, decorrem de atavismos herdados de comportamentos passados, adquiridos em outras existências. Por exemplo, a rejeição/exclusão de um membro da família ou do meio social ainda é muito comum, simplesmente porque essas pessoas pensam ou agem diferente do nosso modo de ser, mas nem por isto deixam de ser pessoas leais, devotadas trabalhadoras do Bem. São atavismos que representam, efetivamente, obstáculos ao progresso do Espírito.

Apenas como estudo e sem a menor intenção de criticar ou emitir juízos de valor às crenças e práticas religiosas não espíritas, e, também, por considerar a fenomenal influência das ideias judaico-cristãs na formação da mentalidade cultural e religiosa do Ocidente, parece-nos oportuno dar uma espiada, ainda que superficialmente, no significado teológico de pecado e de pecador.

Conceito bíblico de pecado

> Na perspectiva bíblica, o pecado não é somente o ato de praticar o mal, como também um estado de alienação de Deus. Para os grandes profetas de Israel, o pecado é muito mais do que a violação de um tabu ou transgressão de um estatuto externo. Significa o rompimento de um relacionamento pessoal com Deus, a traição da confiança que Ele tem em nós [...].[617]

Pecado eterno e pecado imperdoável

O **pecado eterno** e o **pecado imperdoável** têm como base a seguinte citação de Marcos: "Na verdade vos digo que todos os pecados serão perdoados aos filhos dos homens, e toda sorte de blasfêmias, com que blasfemarem. Qualquer, porém, que blasfemar contra o Espírito Santo, nunca obterá perdão, mas será réu do eterno juízo" (Mc 3:28 e 29).[618] Citação que, ao ser interpretada literalmente pela teologia cristã, apresenta este significado: "[...]

Moralmente, o *pecado eterno* é, realmente, muito pior. Trata-se de blasfêmia contra o Espírito Santo, para o qual não há perdão".[619]

O pecado mortal

É pecado que se revela extremamente radical, pois, segundo o literalismo teológico, provoca a morte espiritual do ser humano. Trata-se de um conceito que nos parece inverossímil, de difícil entendimento, pois, como um erro humano, por mais greve que seja, poderia ocasionar a morte espiritual do ser humano? Mas é o que a teologia católica afirma, sob o véu dos dogmas:

> [...] O ensino bíblico é claro: todo pecado é pecado mortal neste sentido: sua intrusão na experiência humana é a causa da morte de todo o ser humano (Rm 5:12; 6:23). A teologia moral católica romana entende que o pecado tem dois lados: o mortal e o venial [pessoa digna de perdão]. O mortal extingue a vida divina na alma; o pecado venial enfraquece, mas não destrói aquela vida. No pecado venial, o agente resolve livremente fazer um ato específico, mesmo assim, não é o seu propósito tornar-se um certo tipo de pessoa. No pecado venial, o indivíduo realiza um ato, mas, bem no íntimo, anseia por ser o tipo de indivíduo que se opõe àquela ação. [...] O pecado mortal envolve totalmente o agente. Ele resolve não somente agir de um modo específico, como expressa nisso o tipo de indivíduo que deseja ser dentro daquela ação e através dela. O resultado é a morte espiritual.[620]

Os pecados mortais, definidos pela Igreja Católica romana são em número de sete, e são considerados pecados capitais ou radicais: "a soberba, a cobiça, a concupiscência [=cobiça de bens materiais e/ou de prazeres sensuais], a inveja, a glutonaria, a ira e a preguiça".[621]

Perante tais concepções, foi natural a igreja elaborar um sistema que incluísse a ideia de céu, inferno e purgatório. Neste contexto, porém, as pessoas passam a ter verdadeiro pavor da morte, uma vez que o céu só oferece acesso a uma minoria muito restrita: os santos. Nesta conjuntura, quem não teria medo de morrer? O pecador condenado por pecado mortal estaria morto espiritualmente, indo possivelmente habitar o inferno, eternamente. Se o pecado foi classificado de venial, ele poderia viver no purgatório. Mesmo assim, a vida aí não tem nada de agradável. Ora, sem dúvida, a ideia da reencarnação, tal como ensina Espiritismo, é, de longe, a melhor solução. É a mais lógica, pois se fundamenta na "[...] justiça de Deus e na revelação, pois incessantemente repetimos: o bom pai sempre deixa aos filhos uma porta aberta ao arrependimento [...]",[622] esclarecem os Espíritos orientadores da Codificação.

Ao considerar a questão da reencarnação, Allan Kardec, pondera:

> Todos os Espíritos tendem para a perfeição e Deus lhes faculta os meios de alcançá-la pelas provações da vida corpórea. Mas, em Sua Justiça, Ele lhes concede realizar, em novas existências, *o que não puderam fazer ou concluir numa primeira prova*.
>
> Deus não agiria com equidade, nem de acordo com a Sua Bondade, se castigasse para sempre os que encontraram obstáculos ao seu melhoramento, independentemente de sua vontade, no próprio meio em que foram colocados. Se a sorte dos homens se fixasse irrevogavelmente depois da morte, Deus não teria pesado as ações de todos na mesma balança, nem os teria tratado com imparcialidade.
>
> A doutrina da reencarnação, isto é, a que consiste em admitir para o homem muitas existências sucessivas, é a única que corresponde à ideia que fazemos da Justiça de Deus, com respeito aos homens de formação moral inferior; a única que pode explicar o futuro e firmar as nossas esperanças, pois que nos oferece os meios de resgatarmos os nossos erros mediante novas provações. A razão no-la indica e os Espíritos a ensinam [...].[623]

33.2 A CRÍTICA DOS FARISEUS E DOS SEUS ESCRIBAS

Os seguintes registos dos três evangelistas apresentam o mesmo tipo de crítica a Jesus e aos seus discípulos por participarem de um banquete onde estavam presentes os, então, denominados pecadores.

» Texto de *Mateus*: "Os fariseus, vendo isso, perguntaram aos discípulos: "Por que come o vosso Mestre com os publicanos e os pecadores?" (Mt 9:11).

» Texto de *Marcos*: "Os escribas dos fariseus, vendo-o comer com os pecadores e os publicanos, diziam aos discípulos dele: "Quê? Ele come com os publicanos e pecadores?" (Mc 2:16).

» Texto de *Lucas*: "Os fariseus e seus escribas murmuravam e diziam aos discípulos dele: "Por que comeis e bebeis com os publicanos e com os pecadores?" (Lc 5:30).

A pergunta que se faz, ainda hoje, é: Por que os fariseus ou escribas de fariseus se encontravam num banquete que tinham pecadores, ou seja, pessoas que eles abominavam? Em resposta, o estudioso Russell Norman Champlin considera quem possivelmente seriam os críticos de Jesus e porque eles se encontravam no banquete.

[...] Provavelmente, eram os mesmos que presenciaram o [considerado] milagre da cura do paralítico, tendo sido rotundamente derrotados ante as vistas do povo, e que agora esperavam uma oportunidade de acusar Jesus de algum erro. Não se pode imaginar que tivessem sido convidados oficialmente, mas provavelmente ficaram de fora, descontentes, de mau humor. Receosos de enfrentar novamente Jesus, dirigiram uma pergunta aos discípulos: "Por que come o vosso Mestre com os publicanos e pecadores?" Talvez os fariseus e seus escribas quisessem dissuadir os discípulos, mostrando-lhes quão escandalosa era a conduta de Jesus. Lê-se, na literatura judaica, que as autoridades religiosas achavam que estar na companhia de tais pessoas equivalia a cometer os mesmos pecados delas [...].[624]

Críticos deste tipo sempre existem, tanto no passado quanto no presente. Eles se acham limitados aos limites das próprias opiniões, apresentando estreiteza de conhecimento e de percepção a respeito das pessoas e fatos cotidianos. Somente o tempo e as reencarnações sucessivas lhes ampliarão a visão da vida.

> Os fariseus, não admitindo em sua companhia os pobrezinhos, os humildes, os pecadores e os sofredores, estabeleceram na Terra o monopólio das coisas divinas, no que foram imitados pelo clero atual. Ninguém tem o direito de monopolizar a graça divina; nem o clero, nem os médiuns, nem quem quer que seja que dirija os trabalhos espirituais. Lembremo-nos constantemente de que nosso concurso é por demais pequeno e tudo emana de Deus. Por isso, por mais pecador que um irmão seja, nunca o afastemos de nós, quando quer participar conosco de nossos trabalhos espirituais. É esta a lição que Jesus aqui nos dá, admitindo em sua companhia publicanos e pecadores.
>
> Notemos aqui que os ricos não procuravam a companhia de Jesus e até escarneciam dos que o buscavam. A explicação é simples: os ricos e os bem situados na vida terrena ordinariamente não procuram o conforto espiritual, porque possuem o conforto material. Ao passo que os pobres, impossibilitados de se ampararem nas coisas materiais, apoiam-se com mais facilidade nas coisas espirituais, das quais recebem forças para a caminhada terrena.
>
> Tal qual Jesus, o Espiritismo em nossos dias congrega em humildes recintos os pecadores e os sofredores de todas as espécies. E eles encontram no Espiritismo o mesmo conforto, o mesmo amparo e a mesma consolação que os pequeninos do tempo de Jesus encontravam nele. Mas os fariseus modernos, como os antigos, longe de se regenerarem e crerem, ainda tentam abafar a voz amiga, que conclama a Humanidade para o Reino dos Céus.[625]

33.3 A RESPOSTA DE JESUS À CRÍTICA QUE LHE FORA ENDEREÇADA

A resposta de Jesus aos seus críticos é muito semelhante nos três textos evangélicos:

Mateus: "Ele, ao ouvir o que diziam, respondeu: Não são os que têm saúde que precisam de médico, mas sim os doentes. Ide, pois, e aprendei o que significa: Misericórdia é que eu quero, e não sacrifício. Com efeito, eu não vim chamar justos, mas pecadores" (Mt 9:12-13).

Marcos: "Ouvindo isso, Jesus lhes disse: Não são os que têm saúde que precisam de médico, mas os doentes. Eu não vim chamar justos, mas pecadores" (Mc 2:17).

Lucas: "Jesus, porém, tomando a palavra, disse-lhes: Os sãos não têm necessidade de médico e sim os doentes; não vim chamar os justos, mas sim os pecadores, ao arrependimento" (Lc 5:31- 32).

Trata-se de resposta do Mestre Nazareno que revela a sua Divina sabedoria; que transmite lição para todos nós, Espíritos imperfeitos, tão necessitados do seu jugo, da sua companhia e da sua assistência.

> Os fracos, os tristes, os doentes, os desanimados, os sofredores, enfim, sentiam-se bem na companhia de Jesus, porque eram banhados pelos fluidos benéficos que a espiritualidade dele irradiava.
>
> Ainda hoje, os pecadores e os sofredores que dirigem suas preces sinceras a Jesus recebem os mesmos fluidos revigorantes que recebiam os que se sentavam com Ele à mesa terrena. E o conforto espiritual desce a seus corações em resposta à súplica fervorosa.[626]

O Espírito Emmanuel transmite palavras confortadoras e esclarecedoras explicações a respeito da lição transmitida por Jesus aos que o criticavam por conviver com pessoas consideradas pecadoras. É uma mensagem poderosa que ecoa ao longo dos milênios como lição inesquecível. Eis algumas citações do venerável mentor para o nosso aprendizado:

» Nós, as consciências que nos reconhecemos endividadas, regozijamo-nos com a declaração consoladora do Cristo: — "Não são os que gozam de saúde os que precisam de médico".

» Sim, somos espíritos enfermos com ficha especificada nos gabinetes de tratamento, instalados nas Esferas Superiores, dos quais instrutores e benfeitores da Vida Maior nos acompanham e analisam ações e reações, mas é preciso considerar que o facultativo, mesmo sendo nosso Senhor Jesus Cristo, não pode salvar o doente e nem auxiliá-lo de todo, se o doente persiste em fugir do remédio.[627]

» Aqui e ali, encontramos inúmeros doentes que se candidatam ao auxílio da ciência médica, mas, em toda parte, igualmente, existem aqueles outros, portadores de moléstias da alma, para os quais há que se fazer o socorro de espírito. E nem sempre semelhantes necessitados são os viciados e os malfeitores, que se definem, de imediato, por enfermos de ordem moral quando aparecem. Vemos outros muitos, para os quais é preciso descobrir o remédio justo e, às vezes, difícil, de vez que se intoxicaram no próprio excesso das atitudes respeitáveis em que desfiguraram os sentimentos [...].[628]

» Se já acendeste a Luz do conhecimento superior na própria vida, não desdenhes estendê-la aos ângulos da jornada — que ainda mostrem a antiga dominação da sombra.

» Disse-nos o Senhor — "Eu não vim para curar os sãos".

» E nenhum de nós recolhe os talentos do Céu para encarcerá-los na torre do egoísmo, a pretexto de sustentar a virtude [...].[629]

Como conclusão do estudo, mas sem guardar a mais leve pretensão de ter esgotado o assunto, inserimos esclarecedora mensagem também do Espírito Emmanuel que demonstra porque o banquete com os pecadores se reveste de grandioso aprendizado para todos os que desejam servir na seara do Cristo, hoje e sempre.

O BANQUETE DOS PUBLICANOS[630]

"E os fariseus, vendo isto, disseram aos seus discípulos: Por que come o vosso Mestre com os publicanos e pecadores?" (*Mateus*, 9:11).

De maneira geral, a comunidade cristã, em seus diversos setores, ainda não percebeu toda a significação do banquete do Mestre, entre publicanos e pecadores.

Não só a última ceia com os discípulos mais íntimos se revestiu de singular importância. Nessa reunião de Jerusalém, ocorrida na Páscoa, revela-nos Jesus o caráter sublime de suas relações com os amigos de apostolado. Trata-se de ágape íntimo e familiar, solenizando despedida afetuosa e divina lição ao mesmo tempo.

No entanto, é necessário recordar que o Mestre atendia a esse círculo em derradeiro lugar, porquanto já se havia banqueteado carinhosamente com os publicanos e pecadores. Partilhava a ceia com os discípulos, num dia de alta vibração religiosa, mas comungara o júbilo daqueles que viviam à distância da fé, reunindo-os, generoso, e conferindo-lhes os mesmos bens nascidos de seu amor.

O banquete dos publicanos tem especial significado na história do Cristianismo. Demonstra que o Senhor abraça a todos os que desejem a excelência de sua alimentação espiritual nos trabalhos de sua vinha, e que não só nas ocasiões de fé permanece presente entre os que o amam; em qualquer tempo e situação, está pronto a atender as almas que o buscam.

O banquete dos pecadores foi oferecido antes da ceia aos discípulos. E não nos esqueçamos de que a Mesa Divina prossegue em sublime serviço. Resta aos comensais o aproveitamento da concessão.

REFERÊNCIAS

[612] BÍBLIA DE JERUSALÉM. Gilberto da Silva Gorgulho; Ivo Storniolo e Ana Flora Anderson (Coords.). Diversos tradutores. Nova ed. rev. e ampl. 13. imp. São Paulo: Paulus, 2019, *Evangelho segundo Mateus*, 9: 10-13, p. 1.718-1.719.

[613] _____. _____. *Evangelho segundo Marcos*, 2:15-17, p. 1.762.

[614] _____. _____. *Evangelho segundo Lucas*, 5:29-32, p. 1.797.

[615] CHAMPLIN, Russell Norman. *O novo testamento interpretado versículo por versículo*: Mateus/Marcos. Nova edição revisada. São Paulo: Hagnos, 2014, v. 1, it. III- Ministério de Obras Poderosas de Jesus. 9. Jesus e os pecadores (9:10-13), p. 360.

[616] RIGONATTI, Eliseu. *O evangelho dos humildes*. 1. ed. São Paulo: Pensamento, 2018, cap. 9, it. 10, p. 62.

[617] ELWELL, Walter A. *Enciclopédia histórica-teológica da igreja cristã*. 2. ed. 1. imp. São Paulo: sociedade Religiosa Edições Vida Nova, 1992, v. 3, (N-Z) p. 109.

[618] BÍBLIA SAGRADA. Trad. João Ferreira de Almeida. 4. ed. rev. e corr. Barueri: Sociedade Bíblica do Brasil, 2009, *O evangelho segundo Marcos*, 3:28 e 29, p. 1302.

[619] ELWELL, Walter A. *Enciclopédia histórica-teológica da igreja cristã*. 2. ed. 1. imp. São Paulo: sociedade Religiosa Edições Vida Nova, 1992, v. 3, (N-Z) p.115.

[620] _____. _____. P. 117.

[621] _____. _____. P. 119.

[622] KARDEC, Allan. *O livro dos espíritos*. Trad. Evandro Noleto Bezerra. 4. ed. 9. imp. Brasília: FEB, 2020, q. 171, p. 120.

623 _____. _____. Q. 171-comentário, p. 120-121.
624 CHAMPLIN, Russell Norman. *O novo testamento interpretado versículo por versículo*: Mateus/Marcos. Nova edição revisada. São Paulo: Hagnos, 2014, v. 1, it. 9:11, p. 360.
625 RIGONATTI, Eliseu. *O evangelho dos humildes*. 1. ed. São Paulo: Pensamento, 2018, cap. 9, it. 11, p. 62.
626 _____. _____. Cap. 9, it. 10, p. 62.
627 XAVIER, Francisco Cândido. *Livro da esperança*. Pelo Espírito Emmanuel.16. ed. Uberaba: CEC, 2000, cap. 78, p. 209.
628 XAVIER, Francisco Cândido. *Enfermos da alma*. Pelo Espírito Emmanuel. *Reformador*. Ano 84, jul. 1966, p. 146.
629 _____. _____. *Escrínio de luz*. Pelo Espírito Emmanuel. Ed. comemorativa. Matão: O Clarim, 1973, cap. Nos quadros da luta.
630 _____. _____. *Caminho, verdade e vida*. Pelo Espírito Emmanuel. 1. ed. 17. imp. Brasília: FEB, 2020, cap. 137, p. 289-290.

TEMA 34

A PREGAÇÃO DO REINO DOS CÉUS: A RESSURREIÇÃO DA FILHA DE UM CHEFE E A CURA DE UMA HEMORROÍSSA (MT 9:18-26)

Uma explicação se faz necessária, logo no início: os dois temas que se encontram inseridos no registro de Mateus estão intercalados, contudo, para facilitar a análise, optamos pelo estudo separado de cada um deles.

34.1 A RESSURREIÇÃO DA FILHA DE UM CHEFE (MT 9:18-19; 23-26)[631]

> 18 Enquanto Jesus lhes falava sobre essas coisas, veio um chefe e prostrou-se diante dele, dizendo: "Minha filha acaba de morrer. Mas vem, impõe-lhe a mão e ela viverá". 19 Levantando-se, Jesus o seguia, juntamente com os seus discípulos. [...].
>
> 23 Jesus, ao entrar na casa do chefe, vendo os flautistas e a multidão em alvoroço, disse:24 "Retirai-vos todos daqui, porque a menina não morreu: dorme". E caçoavam dele. 25 Mas, assim que a multidão foi removida para fora, ele entrou, tomou-a pela mão e ela se levantou. 26 A notícia do que aconteceu espalhou-se por toda aquela região.

A palavra ressurreição equivale ao vocábulo ressuscitação, ambos usualmente entendidos no sentido de alguém que, supostamente morto, "retorna à vida". Jesus ressuscitou também o filho da viúva de Naim (Lc 7:11-15) e Lázaro (Jo 11:1-46). Acontecimentos que merecem os seguintes comentários de Allan Kardec:

> O fato de voltar à vida corpórea um indivíduo que se achasse realmente morto seria totalmente contrário às leis da natureza e, portanto, milagroso. Ora, não é preciso que se recorra a essa ordem de fatos para que se tenha a explicação das ressurreições realizadas pelo Cristo. Se, mesmo na atualidade, as aparências às vezes enganam os profissionais, quão mais frequentes não haviam de

ser os acidentes daquela natureza, num país onde não se tomava nenhuma precaução contra eles e onde o sepultamento era imediato. É, pois, de todo provável que [...] apenas houvesse síncope ou letargia. O próprio Jesus declara positivamente, com relação à filha de Jairo: "Esta menina, disse Ele, não está morta, está apenas adormecida".

Considerando-se o poder fluídico que Jesus possuía, nada há de espantoso em que esse fluido vivificante, dirigido por uma vontade poderosa, haja reanimado os sentidos em torpor; que haja mesmo feito voltar o Espírito ao corpo, prestes a abandoná-lo, uma vez que o laço perispirítico ainda não se rompera definitivamente. Para os homens daquela época, que consideravam morto o indivíduo que tão logo deixasse de respirar, havia ressurreição em casos tais, de modo que o afirmavam de muito boa-fé; contudo, o que havia na realidade era *cura* e não ressurreição, na acepção legítima do termo.[632]

Jairo era um dos oficiais ou chefes da sinagoga que, mesmo sendo judeu, seguindo os ritos do Judaísmo e tendo posição de destaque no meio religioso, apelou para Jesus no momento de desespero, crendo, firmemente, que o Mestre Nazareno o auxiliaria. A história deu-se assim, possivelmente.

[...] Jairo apelou para Jesus, depois que este atravessara o mar da Galileia, vindo de Decápolis [após a cura do gadareno obsidiado], e desembarcou perto de Cafarnaum. Sua filha, com doze anos, estava prestes a falecer, e Jairo lhe rogou que viesse curá-la. A caminho de casa, Jesus curou a mulher com hemorragia. Então chegou a notícia que a menina havia morrido. A maioria dos presentes julgava desnecessário perturbar Jesus depois disso, e zombaram de sua afirmação de que a menina não estava morta, mas dormia. Quando todos, menos Pedro, Tiago João, Jairo e sua esposa, haviam sido tirados do quarto, Jesus a tomou pela mão e ela voltou à vida. Ordenou que a alimentassem e exortou que se fizesse silêncio a respeito.

Do ponto de vista literário, é interessante observar que Mateus comprime a história, de tal modo que ela dá a impressão de que a menina já morrera, quando Jairo apelou para Jesus. Também é digno de nota que a frase *t^elitá qum[i]* é repetida por Marcos.[633]

A ressurreição da criança, mesmo se acontecesse atualmente, seria considerada fato admirável, ainda que exista explicação científica para tal ocorrência. Denomina-se *letargia* ou *estado letárgico* (vulgarmente também denominado síncope*)* o que aconteceu com a filha de Jairo. "*Letargia* é o estado de profunda e prolongada inconsciência, semelhante ao sono profundo, do qual a pessoa pode ser despertada, mas ao qual retorna logo a seguir".[634] Equivocadamente, há quem confunda *letargia* com *catalepsia*. Esta, a catalepsia, pode caracterizar uma convulsão e apresentar alguma semelhança com letargia, contudo, na catalepsia, há algum envolvimento de distúrbio mental, como esclarece a medicina: "*Catalepsia* – [...] Condição observada em pacientes psicóticos em quem ocorre uma diminuição generalizada da resposta (reatividade), e que se caracteriza comumente por um estado similar ao transe [...]."[635]

Efetivamente, a menina não estava morta, mas encontrava-se num estado de profunda alteração da consciência, tal como aconteceu com Yvonne Pereira, desde a sua mais remota infância. Segundo relato da própria médium, a primeira letargia ocorrera quando ela contava apenas um mês de vida: "Durante seis horas consecutivas permaneci com rigidez cadavérica, o corpo arroxeado, a fisionomia abatida e macilenta do cadáver, os olhos aprofundados, o nariz afilado, a boca cerrada e o queixo endurecido, enregelada, sem respiração e sem pulso [...]".[636] O final da história foi promissor, como sabemos. Antes mesmo do sepultamento, com a criança ainda no ataúde, a prece sentida da mãe de Yvonne, dirigida a Maria de Nazaré, exerceu poder tão efetivo que retirou a filha não só do estado de letargia em que se encontrava como também dos braços da morte. E tal fenômeno se repetiria em outros momentos, ao longo do período reencarnatório da querida médium.

Na *Bíblia*, há somente sete casos de os mortos serem ressuscitados, e três desses de crianças. Elias levantou o filho da viúva de Sarepta (I Rs 17:19-24); Eliseu, o filho da mulher sunamita (II Rs 4:34-37) [e este, da filha de Jairo]. A maneira de ressuscitar a criança em cada caso é instrutiva. Elias estendeu-se três vezes sobre o menino e pôs a boca sobre a boca dele, e seus olhos sobre os olhos dele, as suas mãos sobre as mãos dele, e curvou-se sobre ele, transmitindo-lhe calor à carne. "Quão diferente o procedimento do Senhor Jesus! 'E tomando a mão da menina, disse-lhe: 'Talitá cumi'. Ele era mais poderoso que a morte. Mas em ambos os casos houve contato".[637]

Jairo, contudo, apela a Jesus, expondo-lhe o sofrimento que trazia no íntimo: "Minha filha acaba de morrer. Mas vem, impõe-lhe a mão e ela viverá" (9:18), ou, segundo Mc 5:22-23: "[...] e vendo-o caiu a seus pés. Rogou-lhe insistentemente, dizendo: "Minha filhinha está morrendo. Vem e impõe sobre ela as mãos, para que ela seja salva e viva"; ou, ainda, no dizer de Lucas: "Caindo aos pés de Jesus, rogava-lhe que entrasse em sua casa, porque sua filha única, de mais ou menos doze anos, estava à morte" (Lc 8:41-42).

Amélia Rodrigues destaca dois pontos muito sensíveis, úteis à nossa reflexão. No primeiro, o bondoso Espírito traça um paralelo entre as limitações do poder temporal e do prestígio de cargos que os "jairos" da vida ocupam transitoriamente no mundo, condições que se revelam incapazes de algo fazer para amenizar ou solucionar as provações existenciais. O segundo ponto está relacionado à voz contraditória, pessimista e zombeteira dos levianos e superficiais com que nos deparamos na jornada da vida. São Espíritos que ainda não conseguem perceber o poder do amor.

> A confiança sempre faz transbordar a taça do sofrimento, renovando-lhe o conteúdo, graças ao que pode ser chamado de portal para a vitória.
>
> Penetrando-lhe o ser arrebentado de dor, Jesus e os discípulos seguiram-no.
>
> Chegando à casa, defrontaram o desespero dominando a família, os tocadores de flautas e a multidão que se aglutinara à porta, pranteando a menina morta.
>
> Percebendo que ainda não se houvera dado a ruptura total dos vínculos com o corpo, e o Espírito ali se encontrava, Jesus asseverou:
>
> – Retirai-vos, porque a menina não está morta: dorme!
>
> Diante do inusitado, os cépticos habituais puseram-se a rir, zombeteiros, ante o fato que aparentemente constatavam: a morte da criança.
>
> Limitados às percepções sensoriais, não podiam ir além da capacidade de análise incompleta. A mofa era, então, o recurso único de que podiam dispor, dela utilizando-se com naturalidade. [...].[638]

Amélia Rodrigues complementa com sabedoria:

> Raros, no entanto, buscavam entendê-lo. Compreende-se a miserabilidade intelectual em que se debatiam os mais numerosos, desinteressados totalmente dos valores imperecíveis do Espírito imortal. Tinham necessidades, desejavam supri-las, e isso lhes bastava. N'Ele viam apenas o equacionador, aquele que lhes resolvia os problemas e os aninhava no coração. Ainda hoje é, mais ou menos, assim. Os infelizes andam mais preocupados em ser recebidos e cuidados, do que em retribuírem com uma parcela sequer do que disputam conquistar. É parte do fenômeno da evolução, do estágio espiritual em que se encontram, ainda longe das legítimas aspirações que enobrecem e libertam [...].[639]

Faz-se necessário, porém, enfatizar que a mensagem da ressurreição da filha de Jairo é tema que deve ser refletido e sentido com mais profundidade, consoante a mensagem que carreia. Continuemos com os esclarecimentos da benfeitora espiritual.

> "— Talitha, Koum! (Menina, levanta-te e anda!)
>
> Erguendo-se do leito, e inundada de vida, a menina foi retirada dali, enquanto Ele propunha: — Deem-lhe de comer!"
>
> [...] E saiu como um raio de sol que acabara de inundar de luz as trevas existentes.

O episódio envolvendo a menina que *dormia* é portador de grande significado para todas as criaturas, especialmente para aquelas que estão amortalhadas no sono da indiferença ou da ignorância em torno da realidade existencial.

Há aquelas que se comprazem no letargo, distantes da responsabilidade, enquanto outras optam pelo sono da negligência para não se darem ao esforço da renovação moral.

Dormem milenarmente, e quando se lhes fala sobre a finalidade do despertar, escusam-se, rebelam-se, agridem e não cednum passo na postura adotada. Estão inconscientes dos objetivos existenciais e preferem permanecer neles. Despertarão, sim, um dia, queiram-no ou não, porquanto é inevitável o fenômeno do crescimento interior na direção de Deus.

Outras, que ainda não se deram conta, por ignorância ou estupidez, já percebem que lhes é impossível continuar dormindo, e predispõem-se a aguardar a doce-enérgica voz, impondo-lhes: — Desperta e anda!...[640]

34.2 CURA DE UMA HEMORROÍSSA (MT 9:20-22)[641]

> 20 Enquanto ia, certa mulher, que sofria de fluxo de sangue fazia doze anos, aproximou-se d'Ele por trás e tocou-lhe a orla do manto, 21 pois dizia consigo: "Será bastante que eu toque o seu manto e ficarei curada". 22 Jesus, voltando-se e vendo-a, disse-lhe: "Ânimo, minha filha, tua fé te salvou". Desde aquele momento, a mulher foi salva.

A cura da mulher que sangrava é passagem evangélica bastante conhecida. Ela foi curada por Jesus mesmo na ausência de pedido verbalizado. Dificilmente, na situação em que se encontrava, ela poderia, mesmo, fazê-lo, pois o Mestre Nazareno estava cercado por uma grande multidão heterogênea, de necessitados, curiosos, críticos e de discípulos. Sendo assim, as chances de a enferma se posicionar perante Jesus e, diretamente, pedir-lhe auxílio eram reduzidas. Mesmo assim, a confiança nele era tão grande que, para ela, bastava tocar-lhe a extremidade da veste para ser curada, contudo Jesus percebeu que uma força, no dizer de *Marcos* e *Lucas* ou um fluido curativo, segundo o Espiritismo, se desprendeu d'Ele. O texto evangélico destaca, portanto, duas ordens gerais de ideias: a) a cura da mulher que sangrava, sem a imposição de mãos como Jesus procedia na maioria das vezes; b) e o poder da fé.

A enferma apenas tocou as vestes de Jesus, mas a liberação da energia curativa foi imediatamente percebida por Ele. Devido a sua natureza superior, em todos os aspectos, não nos surpreende que o Cristo tenha curado uma pessoa enferma, à revelia da solicitação expressa. Mesmo assim, o fato foi por Ele percebido imediatamente. O episódio nos fornece oportunidade para lembrarmos o papel do médium curador, como nos ensina o Espiritismo. Condição que nem sempre merece a devida compreensão no meio espírita. Vejamos o que Allan Kardec nos orienta.

> [...] Diremos apenas que este gênero de mediunidade consiste principalmente no dom que possuem certas pessoas de curar pelo simples toque, pelo olhar, mesmo por um gesto, sem o concurso de qualquer medicação. Certamente dirão que se trata simplesmente de magnetismo. Evidentemente, o fluido magnético desempenha aí importante papel; porém, quando se examina o fenômeno com cuidado, facilmente se reconhece que há mais alguma coisa. A magnetização ordinária é um verdadeiro tratamento regular, seguido e metódico. No caso que apreciamos, as coisas se passam de modo inteiramente diverso. Todos os magnetizadores são mais ou menos aptos a curar, desde que saibam conduzir-se convenientemente, ao passo que nos médiuns curadores a faculdade é espontânea e alguns até a possuem sem jamais terem ouvido falar de magnetismo. A intervenção de uma potência oculta, que caracteriza a mediunidade, torna-se evidente em certas circunstâncias, sobretudo se considerarmos que a maioria das pessoas que podem ser qualificadas de médiuns curadores recorre à prece, que é uma verdadeira evocação.[642]

O poder curativo de Jesus vinha diretamente d'Ele, mas, em se tratando de outros seres humanos, devemos considerar que há ação mediúnica ("potência oculta", no dizer de Kardec), promovida pelos Espíritos benfeitores. O Espiritismo não tem a menor dúvida a respeito, ainda que alguns espíritas invigilantes queiram negar a mediunidade curadora, atribuindo esse fato à mera expressão do magnetismo. Daí os Espíritos orientadores afirmarem:

> [...] A força magnética reside, sem dúvida, no homem, mas é aumentada pela ação dos Espíritos que ele chama em seu auxílio. Se magnetizas com o propósito de curar, por exemplo, e invocas um Espírito bom que se interessa por ti e pelo teu doente, ele aumenta a tua força e a tua vontade, dirige o teu fluido e lhe dá as qualidades necessárias.[643]

O poder da fé

O poder da fé demonstrado pela enferma é muito relevante, sendo comum ouvir Jesus dizer em diferentes ocasiões: "a tua fé te curou". Isso nos remete à constatação básica de que, nos processos de cura, não é suficiente a ação exclusiva do doador de fluidos ou do médium curador. Faz-se necessário que o receptor dos fluídos salutares ofereça algo de si: que creia, que tenha fé. Mesmo nos casos em que a cura não está programada nos planos reencarnatórios, a enfermidade pode ser amenizada. Na passagem evangélica em estudo, percebemos que quem desencadeou a cura foi a própria hemorroíssa, a partir do momento que ela deseja, com fé ou fervor, ser curada. Confere com a citação de Mateus: "Enquanto ia, certa mulher, que sofria de um fluxo de sangue fazia doze anos, aproximou-se dele por trás e tocou-lhe a orla da veste, pois dizia consigo: 'Será bastante que eu toque a sua veste e ficarei curada'" (Mt 9:20 e 21).

A fé da enferma é um exemplo que nos cala fundo, mesmo que não tenhamos conhecimento do fator gerador da enfermidade crônica, que perdurava por doze anos: seria decorrente de atos cometidos naquela existência ou em vidas passadas? Ou uma obsessão? O certo é que a iniciativa de curar partiu da doente, e Jesus fez questão de identificar a pessoa beneficiária, não por mera curiosidade, obviamente, mas para nos transmitir a lição da fé: "A mulher, vendo que não podia se ocultar, veio tremendo, caiu-lhe aos pés e declarou diante de todos por que razão o tocara, e como ficara instantaneamente curada. 48. Ele disse: 'Minha filha, tua fé te salvou; vai em paz'" (Lc 8:47 e 48).

> Jesus tinha, pois, razão para dizer: "Tua fé te salvou". Compreende-se que a fé a que Ele se referia não é uma virtude mística, qual a entendem muitas pessoas, mas uma verdadeira *força atrativa*, de sorte que aquele que não a possui opõe à corrente fluídica uma força repulsiva, ou, pelo menos, uma força de inércia, que paralisa a ação. Assim sendo, é fácil compreender-se que, apresentando-se ao curador dois doentes com a mesma enfermidade, um possa ser curado e outro não. É este um dos mais importantes princípios da mediunidade curadora e que explica certas anomalias aparentes, apontando-lhes uma causa muito natural. [...].[644]

Como conclusão dos dois temas (A ressureição da filha de Jairo e A cura da hemorroíssa), acrescentamos, com Eliseu Rigonatti:

> Conquanto Jesus possuísse excepcional força magnética, não lhe seria possível fazer voltar à vida um corpo que já estivesse morto. Depois que os laços fluídicos que ligam o espírito ao corpo se desatam, nada mais os poderá atar de novo. A rudimentar medicina dos antigos não sabia distinguir entre a morte real e a aparente, isto é, entre a morte e uma síncope. O próprio Jesus declara: "A menina não está morta, mas dorme". Em nossos dias, feitos os exames necessários, um médico diria: "A menina teve uma síncope". E Jesus, aplicando-lhe um vigoroso passe, reanimou-a.
>
> Quanto à mulher que tinha um fluxo de sangue, constitui um caso bem interessante. Notemos que para curar a menina foi a vontade de Jesus que agiu; Ele fez com que os fluidos penetrassem no corpo da menina. Ao passo que foi a própria mulher que atraiu para si o fluido magnético que emanava do corpo de Jesus.
>
> A cura da mulher que tinha um fluxo de sangue se explica da seguinte maneira: Todos nós irradiamos fluidos e de contínuo os recebemos. Pela nossa

vontade podemos fazer com que uma determinada pessoa receba nossos fluidos. E também pela nossa vontade, podemos atrair para nós os fluidos que uma outra pessoa irradia. A mulher que tinha o fluxo de sangue, possuída do intenso desejo de se curar, desenvolveu força de vontade tamanha que, apesar das pessoas que rodeavam Jesus, conseguiu estabelecer entre ela e o Mestre a corrente fluídica magnética que a curou.[645]

REFERÊNCIAS

[631] BÍBLIA DE JERUSALÉM. Gilberto da Silva Gorgulho; Ivo Storniolo e Ana Flora Anderson (Coords.). Diversos tradutores. Nova ed. rev. e ampl. 13. imp. São Paulo: Paulus, 2019, *Evangelho segundo Mateus,*. 9:18-19 e 23-26-, p. 1.719.

[632] KARDEC, Allan. *A gênese*. Trad. Evandro Noleto Bezerra. 2. ed. 2. imp. Brasília: FEB, 2019, cap. 15, it. 39, p. 284-285.

[633] DOUGLAS, J.J (organizador) e al. *O novo dicionário bíblico*. Trad. João Bentes. 3. ed. rev. São Paulo: Vila Nova, 2006, p. 652.

[634] HOUAISS, Antônio e VILLAR, Mauro de Salles. *Dicionário Houaiss da língua portuguesa*. 1. ed. Rio de Janeiro: Objetiva, 2009, p. 1171.

[635] THOMAS, Clayton L. (Coord.). *Dicionário médico enciclopédico taber*. Trad. Fernando Gomes do Nascimento. 1. ed. (17. ed. americana). São Paulo: Manole, 2000, p. 285.

[636] PEREIRA, Yvonne A. *Recordações da mediunidade*. Obra mediúnica orientada pelo Espírito Bezerra de Menezes. 12. ed. 5. imp. Brasília: FEB, 2016, cap. Faculdade Nativa, p. 24.

[637] MACNAIR, S. E. *Bíblia de estudo aplicado. Dicionário harpa cristã*. 1. ed. Rio de Janeiro: CPAD, 2014, *Evangelho segundo Marcos,* 5:21-24 e 35-43, p. 1091.

[638] FRANCO, Divaldo Pereira. *Dias venturosos*. Pelo Espírito Amélia Rodrigues. 4. ed. Salvador: LEAL, 2015, cap. 2, p. 20-21.

[639] _____. *A mensagem do amor imortal*. Pelo Espírito Amélia Rodrigues. 2. ed. Salvador: LEAL, 2015, cap. 2, p. 20.

[640] _____. _____. Cap. 2, p. 22-23.

[641] BÍBLIA DE JERUSALÉM. Gilberto da Silva Gorgulho; Ivo Storniolo e Ana Flora Anderson (Coords.). Diversos tradutores. Nova ed. rev. e ampl. 13. imp. São Paulo: Paulus, 2019, *Evangelho segundo Mateus,* 9:20-22, p. 1.719.

[642] KARDEC, Allan. *O livro dos médiuns*. Trad. Evandro Noleto Bezerra. 2. ed. 5. imp. Brasília: FEB, 2019, 2ª pt., cap. 14, it. 175, p. 180.

[643] _____. _____. It. 176, q. 2, p. 181.

644 _____. *A gênese*. Trad. Evandro Noleto Bezerra. 2. ed. 2. imp. Brasília: FEB, 2019, cap. 15, it. 11, p. 270.

645 RIGONATTI, Eliseu. *O evangelho dos humildes*. 1. ed. São Paulo: Pensamento, 2018, cap. 9, it. A cura da mulher que tinha fluxo de sangue, p. 65.

A PREGAÇÃO DO REINO DOS CÉUS: A CURA DE DOIS CEGOS E DE UM ENDEMONIADO (MT 9:27-34)

35.1 A CURA DE DOIS CEGOS (MT 9:27-31)[646]

> *27 Partindo Jesus dali, puseram-se a segui-lo dois cegos, que gritavam e diziam: "Filho de Davi, tem compaixão de nós!" 28 Quando entrou em casa, os cegos aproximaram-se dele. Jesus lhes perguntou: "Credes vós que tenho poder de fazer isso?" Eles responderam: "Sim, Senhor". 29 Então tocou-lhes os olhos e disse: "Seja feito segundo a vossa fé." 30 E os seus olhos se abriram. Jesus, porém, os admoestou com energia: "Cuidado, para que ninguém o saiba." 31 Mas eles, ao saírem dali, espalharam sua fama por toda aquela região.*

Situações preditas no Antigo Testamento

Cabe destacar que tais situações foram preditas por profetas do Antigo Testamento. Encontramos em *Isaías* (35:1-10), no contexto de "Os poemas de Israel e Judá" e "Triunfo de Jerusalém": após anunciar que

> Eles verão a glória de Iahweh, o esplendor do nosso Deus, segue o profeta dizendo: "[...] 3 Fortalecei as mãos abatidas, revigorai os joelhos cambaleantes. 4 Dizei aos corações conturbados: "Sede fortes, não temais. Eis que vosso Deus vem para vingar-vos, trazendo a recompensa divina. Ele vem para vos salvar." 5 Então se abrirão os olhos dos cegos, e os ouvidos dos surdos se desobstruirão. 6 Então o coxo saltará como um cervo, e a língua do mudo cantará canções alegres, porque a água jorrará do deserto, e rios, da estepe. 7 A terra seca se transformará em brejo, e a terra árida em mananciais de água. Onde repousavam os chacais, surgirá campo de juncos e de papiros. Partindo Jesus dali, puseram-se a segui-lo dois cegos, que gritavam e diziam: "Filho de Davi, tem compaixão de nós! [...] (Mt 9:27).[647]

Isaías é um dos mais respeitados profetas judeus, muito catado, igualmente, pelo Cristianismo: foi um dos doze profetas de Judá, viveu em

Jerusalém no século 8 a.C. Tinha o dom da visão de forma ampliada. Ao lado de Jeremias, Ezequiel e Daniel constituem o grupo dos "quatro profetas maiores". John Davis. In: *Novo dicionário da bíblia,* p. 601-605.

Ao analisar a expressão "cura de dois cegos", embora não seja possível afirmar com precisão onde teria ocorrido o fato, temos alguns indicativos. Segundo Pastorino: "[...] Alguns hermenautas o situam em Cafarnaum, em vista de estar, em *Mateus* logo a seguir à ressurreição da filha de Jairo, e se dividem quanto à "casa" a que se refere o narrador, que diz apenas "entrando em casa" (*elthónti eis tên oikían*). [...] supõe, como em geral, ser casa de Pedro [...]".[648]

Dessa forma, presume-se de que os dois cegos partiram da casa de Jairo, e puseram-se a seguir Jesus, ou estavam junto à multidão que se aglomerava no entorno da casa ou, ainda, estavam à beira do caminho, entre a casa de Jairo e o próximo destino de Jesus.

Nos versículos 18 a 26, antecedentes à cura dos dois cegos (estudados no tema anterior, o 34), Mateus relata que um chefe se prostrou diante de Jesus dizendo que a filha dele estava morta, rogando que o acompanhasse, a fim de que, impondo-lhe a mão, vivesse novamente. Pondo-se a caminho, junto com seus discípulos, Jesus tem sua roupa tocada por uma mulher que há 12 anos sofria fluxo de sangue. Jesus, voltando-se e vendo-a lhe diz: "Ânimo, minha filha, a tua fé te salvou". E chegando à casa de Jairo, pede que todos se retirem, dizendo que a menina (filha de Jairo, chefe da sinagoga segundo relatos de Marcos e Lucas) apenas dormia. Então, tomou-a pela mão e ela se levantou.

Emmanuel, ao falar de Jesus, informa que:

> A Boa-Nova em seu coração, em seu verbo e em seus braços é essencialmente dinâmica.
>
> Não se contenta em ser procurado para mitigar o sofrimento e socorrer a aflição.
>
> Vai, Ele mesmo, ao encontro das necessidades alheias, sem alardear presunção.
>
> [...]
>
> Não adota posição especial, a fim de receber os doentes e impressioná-los.
>
> Na praça pública, limpa os leprosos e restaura a visão dos cegos.
>
> À beira do lago, entre pescadores, reergue paralíticos.
>
> Em meio da multidão, doutrina entidades da sombra, reequilibrando obsidiados e possessos.
>
> [...]
>
> Em ocasião alguma o encontramos fora de ação.

[...]

Marcha ao encontro da necessidade e da ignorância, da dor e da miséria [...].[649]

Na passagem em questão, Jesus é procurado. Os dois cegos do caminho vão até Ele com a firme convicção de que Ele poderá ajudá-los. Jesus não interrompe a sua caminhada para lhes atender, como se estivesse a provar a perseverança de ambos. Prossegue enquanto os desafortunados da visão corpórea clamam por sua compaixão. E eles o seguem, até à casa. Demonstram vontade firme e reconhecem em Jesus, o *Filho de Davi* (segundo rei de Israel, primeiro na linhagem da qual o Messias nasceria). Os cegos do caminho buscavam a cura de suas enfermidades físicas, porém, o grande médico de almas enxergava neles, como enxerga em todos nós, necessidades mais profundas. Jesus curava a matéria, no entanto, seu propósito era despertar as almas para a verdadeira vida.

Assim como os cegos do caminho, ainda caminhamos na obscuridade de nossos pensamentos, tanto quanto na fragilidade de nossos sentimentos. O verbo *seguir* significa "ir atrás" ou "na companhia de". Seguir Jesus significa aplicar os seus ensinos, agir conforme os seus exemplos. Tal como aconteceu a Saulo que desperta Paulo, após o inesquecível encontro com o Cristo, à entrada de Damasco, nós também nos encontramos a caminho. Conhecemos o Evangelho de luz, conhecemos a Doutrina consoladora prometida pelo Cristo, queremos que Jesus nos cure, mas será que estamos dispostos à cura própria? Até quando caminharemos cegos, surdos, mudos e paralíticos em relação às verdades eternas? Conforme afirma Emmanuel,

> Quanta gente fala em Cristo sem buscar-lhe a companhia!
>
> [...]
>
> Muitos dizem: — "Quero Jesus!" — mas não o aceitam.
>
> [...]
>
> O problema do cristão, todavia, não é apenas suspirar pelo Senhor. É permanecer com Ele, assimilando-lhe a palavra e seguindo-lhe o exemplo.
>
> Não apenas crença, mas comunhão.[650]

Nesse sentido, o Espírito Amélia Rodrigues elucida-nos:

> *Segui-lo é renunciar às vãs ambições da posse, das quiméricas aquisições que não transpõem o túmulo. Permutar os limites do que se toca pelo horizonte sem-fim das realizações espirituais.*
>
> *É ter sem deter.*
>
> *Possuindo sem dominar.*
>
> [...]

Não ter nada e tudo possuir. Sem amanhã, num perene hoje a perder-se na verticalidade do amor.[651]

[...] Quando entrou em casa, os cegos aproximaram-se dele. Jesus lhes perguntou: "Credes vós que tenho poder de fazer isso?" Eles responderam: "Sim, Senhor". Então tocou-lhes os olhos e disse: "Seja feito segundo a vossa fé". E os seus olhos se abriram. Jesus, porém, os admoestou com energia:" Cuidado, para que ninguém o saiba". Mas eles, ao saírem dali, espalharam sua fama por toda aquela região (Mt 9:28-31).

Parte da população vivia à margem da sociedade. Em especial os cegos, os surdos, os mudos, os coxos, os paralíticos, os leprosos, os lunáticos (obsidiados) que, entre outros, sofriam rejeição e eram chamados de impuros por apresentarem tais doenças, consideradas como "castigo" de Deus.

No entanto, Mateus descreve que os cegos entraram na casa e se aproximaram de Jesus. Com o Cristo: o acolhimento, a esperança renovada, a oportunidade única de refrigério para aqueles homens deserdados do caminho. Eles se aproximam e Jesus cura-os. Esclarece-nos Amélia Rodrigues:

> As enfermidades procedem do Espírito, cujas feridas morais são de cicatrização difícil. Resultados da imprevidência e da ignorância, as ações infelizes dilaceram as fibras delicadas do corpo perispiritual, nelas imprimindo as mazelas e as necessidades evolutivas de reparação.
>
> [...]
>
> Sem a consciência lúcida a respeito das ocorrências inditosas que desencadearam as aflições, as criaturas correm atrás dos taumaturgos e curandeiros de toda espécie, buscando, a qualquer preço, a cura, a paz, sem que se deem conta de que é necessário o esforço pelo bem interior, pela transformação moral para melhor.
>
> [...]
>
> Jesus evitava produzir fenômenos, porque, para Ele, o maior fenômeno que pode acontecer numa vida é o da sua modificação moral para melhor, o fortalecimento dos valores espirituais, a capacidade de entrega ao bem, o trabalho autoiluminativo.
>
> As massas, não obstante, sofriam e, por compaixão, não poucas vezes, Ele as atendeu, despertando-lhes o interesse externo para a conquista dos tesouros interiores.[652]

Emmanuel, assevera que

> [...] Jesus continua derramando bênçãos todos os dias. E os prodígios ocultos, operados no silêncio de seu amor infinito, são maiores que os verificados em Jerusalém e na Galileia, porquanto os cegos e leprosos curados, segundo as narrativas apostólicas, voltaram mais tarde a enfermar e morrer. A cura de

nossos espíritos doentes e paralíticos é mais importante, já que se efetua com vistas à eternidade.⁶⁵³

Aliada ao magnetismo curador, associa-se a fé do beneficiado. Quando Jesus afirma: "Seja feito segundo a vossa fé", é porque diante dele estava alguém que desenvolveu dentro de si a verdadeira fé, como conferem as palavras de Allan Kardec, em *O evangelho segundo o espiritismo*: "[...] A fé robusta dá a perseverança, a energia e os recursos que fazem vencer os obstáculos, nas pequenas como nas grandes coisas. A fé vacilante dá a incerteza e a hesitação de que se aproveitam os adversários que devemos combater [...]".⁶⁵⁴

A fé é condição fundamental para todos aqueles que desejam estar com Jesus. No entanto, não se trata da fé por si só. Em *O evangelho segundo o espiritismo*, José, Espírito protetor, nos adverte: "[...] Não admitais a fé sem comprovação, filha cega da cegueira. Amai a Deus, mas sabendo por que o amais. [...]".⁶⁵⁵ Outro aspecto relevante da fé é que ela deve sempre estar associada às obras, conforme *Tiago* (2:5-8), em sua epístola:

> 5 Ouvi, meus amados irmãos: Porventura não escolheu Deus aos pobres deste mundo para serem ricos na fé e herdeiros do Reino que prometeu aos que o amam? 6 Mas vós desonrastes o pobre. Porventura, não vos oprimem os ricos, e não vos arrastam aos tribunais? 7 Porventura, não blasfemam eles o bom nome que sobre vós foi invocado? 8 Todavia, se cumprirdes, conforme a Escritura, a lei real: Amarás a teu próximo como a ti mesmo, bem fazeis.⁶⁵⁶

A respeito do assunto, Emmanuel faz esclarecedora advertência:

> No entanto, quando o Pai convoca os filhos à cooperação nas suas obras, eis que muita vez se salientam os ingratos, que convertem os favores recebidos, não em deveres nobres e construtivos, mas em novas exigências; então, faz-se preciso que o coração se lhes endureça cada vez mais, porque, fora do equilíbrio, encontrarão o sofrimento na restauração indispensável das leis externas desse mesmo amor Divino. Quando nada enxergam além dos aspectos materiais da paisagem transitória, sobrevém, inopinadamente, a luta depuradora.
>
> É quando Jesus chega e opera a cura.
>
> Só então torna o ingrato à compreensão da Magnanimidade divina.
>
> O amor equilibra, a dor restaura. É por isso que ouvimos muitas vezes: "Nunca teria acreditado em Deus se não houvesse sofrido".⁶⁵⁷

Conforme se depreende, a cura é o ápice de um processo depurador. Não se dá ao acaso; Allan Kardec nos esclarece em *A gênese*:

> O [...] o fluido universal é o elemento primitivo do corpo carnal e do perispírito, os quais são simples transformações dele. Pela identidade da sua natureza,

esse fluido, condensado no perispírito, pode oferecer princípios reparadores ao corpo; o Espírito, encarnado ou desencarnado, é o agente propulsor que infiltra num corpo deteriorado uma parte da substância do seu envoltório fluídico. A cura se opera mediante a substituição de uma molécula *malsã* por uma molécula *sã*. O poder curativo estará, pois, na razão direta da pureza da substância inoculada; mas depende, também, da energia da vontade, que provoca uma emissão fluídica mais abundante e dá ao fluido maior força de penetração. Depende ainda das intenções daquele que deseje realizar a cura, *seja homem ou Espírito*. Os fluidos que emanam de uma fonte impura são quais substâncias medicamentosas alteradas.[658]

Quanto à recomendação de Jesus: "Cuidado, para que ninguém o saiba. Mas eles, ao saírem dali, espalharam sua fama por toda aquela região" (Mt 9:30 e 31), Rigonatti afirma:

> Para curar os dois cegos, Jesus procura despertar-lhes a fé, tanto que lhes diz que o pedido deles seria atendido segundo a fé que possuíssem.
>
> Mas qual é a fé que deveriam possuir? Deveriam possuir a fé em Deus, nosso Pai, que é o único que pode permitir que os desejos de seus filhos sejam satisfeitos. Por isso é que Jesus proíbe os cegos de que digam de quem receberam a cura. É como se lhes dissesse: "Não digam que fui Eu quem lhes deu a vista, porque foi de Deus que a receberam". Admiramos aqui a humildade de Jesus, fazendo com que suas obras glorifiquem a Deus, nosso Pai.[659]

35.2 A CURA DE UM ENDEMONINHADO MUDO (MT 9:32-34)[660]

> "Logo que saíram, eis que lhe trouxeram um endemoninhado mudo. Expulso o demônio, o mudo falou. A multidão ficou admirada e pôs-se a dizer: Nunca se viu coisa semelhante em Israel! Os fariseus, porém, diziam: É pelo príncipe dos demônios que ele expulsa os demônios."

Nessa passagem, encontramos um caso de obsessão grave, definida por Allan Kardec pelo termo "possessão". Trata-se da ação de Espíritos maus, que agem a partir da sintonia estabelecida com o Espírito do obsidiado. Sobre o assunto, afirma o codificador da Doutrina Espírita:

> As libertações de possessos, juntamente com as curas, figuram entre os mais numerosos atos de Jesus [...]. A prova da participação de uma inteligência oculta, em tal caso, ressalta de um fato material: são as numerosas curas radicais obtidas, em alguns centros espíritas, tão só pela evocação e doutrinação dos Espíritos obsessores, sem magnetização, nem medicamentos e, muitas vezes, na ausência do paciente e a grande distância deste. A imensa superioridade do Cristo lhe dava tal autoridade sobre os Espíritos imperfeitos, então chamados

demônios, que bastava a Ele ordenar que se retirassem para que se vissem obrigados a não resistir a essa ordem formal [...].⁶⁶¹

Em relação à autoridade moral, encontramos em *O livro dos espíritos*, o seguinte esclarecimento:

» Questão 274: "As diferentes ordens de Espíritos estabelecem entre estes uma hierarquia de poderes. Há entre eles subordinação e autoridade?"

» Resposta: "Sim, muito grande. Os Espíritos têm, uns sobre os outros, uma autoridade relativa à sua superioridade, autoridade que eles exercem por um ascendente moral irresistível."⁶⁶²

» Questão 274-a: "Os Espíritos inferiores podem subtrair-se à autoridade dos que lhes são superiores?"

» Resposta: "Eu disse: irresistível."⁶⁶³

Kardec, prossegue em *A gênese*:

> Os fariseus acusavam Jesus de expulsar os demônios pela influência dos demônios. Segundo eles, o bem que Jesus fazia era obra de Satanás, sem refletirem que, se Satanás expulsasse a si mesmo, praticaria uma insensatez. É de notar-se que os fariseus daquele tempo já pretendessem que toda faculdade transcendente e, por esse motivo, reputada sobrenatural, era obra do demônio, visto que, na opinião deles, era do demônio que Jesus recebia o poder de que dispunha. É esse mais um ponto de semelhança daquela com a época atual e tal doutrina é ainda a que a Igreja procura fazer que prevaleça hoje, contra as manifestações espíritas.⁶⁶⁴

As curas que Jesus realizou, restabelecendo a visão aos dois cegos do caminho e a voz ao mudo endemoninhado, demonstram que a ação curativa deve sempre buscar a verdadeira causa do problema e essa causa, invariavelmente, se encontra no Espírito.

É importante ressaltar que todos nós estamos a caminho, o que significa dizer que, embora portadores de muitas necessidades, também nos encontramos aptos a servir e a contribuir com a obra do Criador.

Emmanuel nos esclarece a respeito, fornecendo subsídios à nossa reflexão.

> Muita gente alega incapacidade de colaborar nos serviços do bem, sob a égide do Cristo, relacionando impedimentos morais.

Há quem se diga errado em excesso; há quem se afirme sob fardos de remorsos e culpas; há quem se declare portador de graves defeitos, e quem assevere haver sofrido lamentáveis acidentes da alma....

Entretanto, a palavra de Jesus se dirige a todos, sem qualquer exceção.

Pobres de virtude, aleijados do sentimento, coxos do raciocínio e cegos do conhecimento superior são chamados à edificação da era nova. Isso porque, em Jesus, tudo é novo para que a vida se renove.

Espíritos viciados, inibidos, desorientados e ignorantes de ontem, ao toque do Evangelho, fazem-se hoje cooperadores da Grande Causa, esquecendo ilusões, desfazendo cárceres mentais, suprimindo desequilíbrios e dissipando velhas sombras.

Se a realidade espiritual te busca, ofertando-te serviço no levantamento das boas obras, não te detenhas, apresentando deformidades e frustrações. No clima da Boa-Nova, todos nós encontramos recursos de cura e reabilitação, reerguimento e consolo. Para isso, basta sejamos sinceros, diante da nossa própria necessidade de corrigenda, com o espírito espontaneamente consagrado ao privilégio de trabalhar e servir.[665]

REFERÊNCIAS

[646] BÍBLIA DE JERUSALÉM. Gilberto da Silva Gorgulho; Ivo Storniolo e Ana Flora Anderson (Coords.). Diversos tradutores. Nova ed. rev. e ampl. 13. imp. São Paulo: Paulus, 2019, *Evangelho segundo Mateus,*. p. 1.719.

[647] _____. _____. P. 1.307.

[648] PASTORINO, Carlos T. *Sabedoria do evangelho*. Rio de Janeiro: Sabedoria, 1968, v. 5, it. Cura de dois cegos, p. 159.

[649] XAVIER, Francisco Cândido. *Roteiro*. Pelo Espírito Emmanuel. 14. ed. 7. imp. Brasília: FEB, 2019, cap. 20, p. 87 a 89.

[650] _____. *Segue-me!...* Pelo Espírito Emmanuel. 9. ed. Matão: O Clarim, 2002, cap. *Renovemo-nos*, p. 111-112.

[651] FRANCO, Divaldo Pereira. *Luz do mundo*. 11. ed. Salvador: LEAL, 2016, cap. 15, p. 99.

[652] _____. *A mensagem do amor imortal*. Pelo Espírito Amélia Rodrigues. 2. ed. Salvador: LEAL, 2015, cap. 29, p. 203 e 205.

[653] XAVIER, Francisco Cândido. *Caminho, verdade e vida*. Pelo Espírito Emmanuel. 1. ed. 17. imp. Brasília: FEB, 2020, cap. 79, p. 173-174.

[654] KARDEC, Allan. *O evangelho segundo o espiritismo*. Trad. Evandro Noleto Bezerra. 2. ed. 10. imp. Brasília: FEB, 2020, cap. 19, it. 2, p. 252.

[655] _____. _____. It. 11, p. 256.

656 BÍBLIA SAGRADA. Trad. João Ferreira de Almeida. Ed. rev. e corr. 4. ed. Barueri: Sociedade Bíblica do Brasil, 2009. *Epístola de Tiago.* p. 1.593.

657 XAVIER, Francisco Cândido. *Caminho, verdade e vida.* 1. ed. 17. imp. Brasília: FEB, 2020, cap. 139, p. 293-294.

658 KARDEC, ALLAN. *A gênese.* Trad. Evandro Noleto Bezerra. 2. ed. 2. imp. Brasília: FEB, 2019, cap. 14, it. 31, p. 251.

659 RIGONATTI, Eliseu. *Evangelho dos humildes.* São Paulo: Pensamento, 2018, cap. 9, it. A cura de um cego e um mudo, p. 66.

660 BÍBLIA DE JERUSALÉM. Gilberto da Silva Gorgulho; Ivo Storniolo e Ana Flora Anderson (Coords.). Diversos tradutores. Nova ed. rev. e ampl. 13. imp. São Paulo: Paulus, 2019, *Evangelho segundo Mateus*, 9:32-34, p. 1.720.

661 KARDEC, ALLAN. *A gênese.* Trad. Evandro Noleto Bezerra. 2. ed. 2. imp. Brasília: FEB, 2019, cap. 15, it. 33, p. 281-282.

662 _____. *O livro dos espíritos.* Trad. Evandro Noleto Bezerra. 4. ed. 9. imp. Brasília: FEB, 2020, q. 274, p. 171.

663 _____. _____. Q. 274-a, p. 171.

664 _____. *A gênese.* Trad. Evandro Noleto Bezerra. 2. ed. 2. imp. Brasília: FEB, 2019, cap. 15, it. 36, p. 282-283.

665 XAVIER, Francisco Cândido. *Palavras de vida eterna.* Pelo Espírito Emmanuel. 41. ed. Uberaba: CEC, 2017, cap. 127, Chamamento divino, p. 269-270.

TEMA 36

DISCURSO APOSTÓLICO: MISSÃO DOS DOZE. PERSEGUIÇÃO AOS MISSIONÁRIOS. FALAR ABERTAMENTE (MT 10:1-33)

O estudo atual analisa de forma ampla o texto de *Mateus*, 10:1-33, subdivididos em três partes: *A missão dos doze apóstolos*; *A perseguição aos missionários* e *O falar abertamente, sem medo*. As ideias anotadas pelo evangelista serão retomadas quando do estudo do Evangelho segundo Marcos e Lucas.

36.1 A MISSÃO DOS DOZE APÓSTOLOS (MT 10:1-16)[666]

> *1 Chamou os doze discípulos e deu-lhes autoridade de expulsar os Espíritos impuros e de curar toda a sorte de males e enfermidades. 2 Estes são os nomes dos doze apóstolos: primeiro, Simão, também chamado Pedro, e André, seu irmão; Tiago, filho de Zebedeu, e João, seu irmão; 3 Filipe e Bartolomeu; Tomé e Mateus o publicano; Tiago, o filho de Alfeu, e Tadeu; 4 Simão, o Zelota, e Judas Iscariotes, aquele que o entregou. 5 Jesus enviou esses doze com estas recomendações: Não tomeis o caminho dos gentios, nem entreis em cidade de samaritanos. 6 Dirigi-vos, antes, às ovelhas perdidas da casa de Israel. 7 Dirigindo-vos a elas, proclamai que o Reino dos Céus está próximo. 8 Curai os doentes, ressuscitai os mortos, purificai os leprosos, expulsai os demônios. De graça recebestes, de graça dai. 9 Não leveis ouro, nem prata, nem cobre nos vossos cintos, 10 nem alforje para o caminho, nem duas túnicas, nem sandálias, nem cajado, pois o operário é digno do seu sustento. 11 Quando entrardes numa cidade ou num povoado, procurai saber de alguém que seja digno e permanecei ali até vos retirardes do lugar. 12 Ao entrardes na casa, saudai-a. 13 E se for digna, desça a vossa paz sobre ela. Se não for digna, volte a vós a vossa paz. 14 Mas se alguém não vos recebe e não dá ouvidos às vossas palavras, saí daquela casa ou daquela cidade e sacudi o pó de vossos pés. 15 Em verdade vos digo: no Dia do Julgamento haverá menos rigor para Sodoma e Gomorra do que para aquela cidade. 16 Eis que eu*

TEMA 36 – Discurso apostólico: Missão dos doze. Perseguição aos missionários. Falar abertamente (Mt 10:1-33)

vos envio como ovelhas entre lobos. Por isso, sede prudentes como as serpentes e sem malícia como as pombas.

A missão de Jesus é precedida da formação do colégio apostolar, revelando, desde o início, que o trabalho no bem é construção coletiva, ainda que Ele, o Messias Divino, pudesse perfeitamente, realizar sozinho a sua missão:

> Jesus chamou a equipe dos apóstolos que lhe asseguraram cobertura à obra redentora, não para incensar-se e nem para encerrá-los em torre de marfim, mas para erguê-los à condição de amigos fiéis, capazes de abençoar, confortar, instruir e servir ao povo que, em todas as latitudes da Terra, lhe constitui a amorosa família do coração.[667]

Mateus não se limita a transmitir o nome dos doze apóstolos, mas explicita a missão que lhes cabia executar. *Marcos*, 3:13-19 e *Lucas*, 6:12-16 apresentam apenas a relação dos doze membros do colégio apostolar. Assim, para maiores informações a respeito dos dados biográficos dos apóstolos e a missão que lhes coube realizar, pesquisar no *Programa O Evangelho Redivivo*, livro I (*Introdução ao estudo de o evangelho redivivo*), tema 4: *O Evangelho de Jesus e a Doutrina Espírita*, item 4: *Os apóstolos de Jesus e os evangelistas*.

Nomeados em ordem alfabética, os doze apóstolos de Jesus foram: *André; Bartolomeu* (também conhecido como *Natanael*); *Filipe; João*, o evangelista, filho de *Zebedeu; Judas Iscariote; Judas Tadeu* (chamado também de *Tadeu* ou *Lebeu*); *Mateus* também conhecido como *Levi; Pedro* (também chamado *Simão, Simão Pedro* ou *Cefas*); *Tiago, filho de Zabedeu* ou *Tiago Maior; Tiago, filho de Alfeu* ou *Tiago Menor; Simão* ou *Simeão, o Zelote*; e *Tomé* ou *Dídimo*.

Jesus contava, igualmente, com o apoio de diversos discípulos, muitos dos quais o acompanhavam ou seguiam os apóstolos. A título de lembrete, *apóstolo* é palavra de origem grega que traz o significado de *enviado*; já discípulo, com etimologia no latim, é o mesmo que *aluno* ou *aprendiz*. Entretanto, é certo dizer que todo apóstolo é um discípulo, revelando-se sempre como um aprendiz dedicado. O discípulo, porém, nem sempre é apóstolo, sobretudo quando não se entrega de corpo e alma à tarefa da evangelização, preferindo permanecer como aluno.

Os doze apóstolos receberam instruções específicas do Cristo para pregarem a Boa-Nova, assim indicadas por Mateus:

> 5 Jesus enviou esses doze com estas recomendações: Não tomeis o caminho dos gentios, nem entreis em cidade de samaritanos. 6 Dirigi-vos, antes, às ovelhas perdidas da casa de Israel. 7 Dirigindo-vos a elas, proclamai que o Reino

dos Céus está próximo. 8 Curai os doentes, ressuscitai os mortos, purificai os leprosos, expulsai os demônios. De graça recebestes, de graça dai. 9 Não leveis ouro, nem prata, nem cobre nos vossos cintos, 10 nem alforje para o caminho, nem duas túnicas, nem sandálias, nem cajado, pois o operário é digno do seu sustento. 11 Quando entrardes numa cidade ou num povoado, procurai saber de alguém que seja digno e permanecei ali até vos retirardes do lugar. 12 Ao entrardes na casa, saudai-a. 13 E se for digna, desça a vossa paz sobre ela. Se não for digna, volte a vós a vossa paz. 14 Mas se alguém não vos recebe e não dá ouvidos às vossas palavras, saí daquela casa ou daquela cidade e sacudi o pó de vossos pés. 15 Em verdade vos digo: no Dia do Julgamento haverá menos rigor para Sodoma e Gomorra do que para aquela cidade. 16 Eis que eu vos envio como ovelhas entre lobos. Por isso, sede prudentes como as serpentes e sem malícia como as pombas (Mt 10:5-16).

Em síntese, as recomendações de Jesus ao seu colegiado foram:

Mt 10:5-7 — Pregar o Evangelho do Reino apenas às "ovelhas perdidas da Casa de Israel (o trabalho junto aos gentios seria realizado posteriormente). Ou seja, eles deveriam pregar o Evangelho aos judeus que se encontravam distanciados ou indiferentes do Judaísmo, uteis para entender a mensagem cristã:

> [...] *O Caminho dos gentios* alude a uma estrada que conduzia a certas cidades provavelmente gentílicas, como as da região de Decápolis. Por ocasião de qualquer festividade pagã, os judeus estavam proibidos de se utilizar de estradas como essa [...]. Era vedado aos judeus não só comerem com os samaritanos, mas, igualmente, casarem-se com eles [...].[668]

Mt 10:8 – Realizar curas, ressuscitações e tratar das obsessões espirituais. Este versículo faz alusão à faculdade mediúnica, orientação que nos faz refletir a respeitos dos dons mediúnicos: "Em matéria de mediunidade, o fenômeno é suplemento. Importa o serviço. Em qualquer tarefa das boas obras, deixa, pois, que a mediunidade te brilhe nas mãos [...]".[669]

Mt 10:9-10 — Levar consigo bagagem pequena, desprovida de moedas de grande valor (ouro, prata ou cobre), de muitos alimentos e mais de uma peça de roupa (levaria uma única túnica, a que vestiam) etc. Tal orientação provavelmente teve duas finalidades imediatas: não haver sobrecarga de bagagem, o que poderia dificultar o deslocamento (sem alforje, cajado ou sandálias) nem adquirir recursos na jornada: a [...] proibição de Jesus não foi somente contra a posse de bens, mas também contra a busca de bens.[670]

Por isto eles foram instruídos de que "o operário é digno do seu sustento". Ou seja, eles deveriam realizar algum trabalho para conseguirem alimento e para viagens.

Mt 10:9-11 — Localizar pessoas de bem nas localidades visitadas foi, possivelmente, a instrução para que os apóstolos não se transformassem em alvo de pessoas maldosas ou enganadoras. Em qualquer tarefa no bem, por mais insignificante que seja, devemos estar atentos à influência de pessoas desajustadas às leis de Deus que, em geral, nos compartilham a estrada da vida. Estão mortos para as realidades espirituais.

> Não nos esqueçamos.
>
> Os verdadeiros mortos estão sepultados na carne terrestre.
>
> Alguns permanecem no inferno do remorso ou do sofrimento criados por eles mesmos,
>
> [...]
>
> Aguçai a visão e observemos a infortunada caravana de fantasmas que seguem, vacilantes e enganados dentro da vida.
>
> Há quem morreu sufocado em orgulho vão, no mausoléu da vaidade infeliz.
>
> Há quem permaneça cadaverizado em sepulcro de ouro, incapaz de um simples olhar à plena luz [...].[671]

Mt 10:9-13 — Tratar as pessoas com respeito e gentileza, abençoando-as, mesmo se não aceitarem o ensinamento ou a orientação da mensagem cristã: "Desempenha tuas mínimas tarefas com caridade, desde agora. Se não encontras retribuição espiritual, no domínio do entendimento, em sentido imediato, sabes que o Pai acompanha todos os filhos devotadamente".

Mt 10:9-15 — Evitar qualquer desentendimento ou descortesia com pessoas que não os receberem bem, afastando-se imediatamente da localidade. Cedo ou tarde as pessoas tomarão consciência e aceitarão o Evangelho: "Em verdade vos digo: no Dia do Julgamento haverá menos rigor para Sodoma e Gomorra do que para aquela cidade", afirma o versículo 15.

> Os próprios discípulos materializaram o ensinamento de Jesus, sacudindo a poeira das sandálias, retirando-se desse ou daquele lugar de rebeldia ou impenitência. Todavia, se o símbolo que transparece da lição do Mestre estivesse destinado apenas a gesto mecânico, não teríamos nele senão um conjunto de palavras vazias.
>
> O ensinamento, porém, é mais profundo. Recomenda a extinção do fermento doentio.
>
> Sacudir o pó dos pés é não conservar qualquer mágoa ou qualquer detrito nas bases da vida, em face da ignorância e da perversidade que se manifestam no caminho de nossas experiências comuns.

Mt 10:9-16 — Agir sempre com cuidado, prudência e bons sentimentos nos relacionamentos humanos, como *ovelhas entre lobos, prudentes como as serpentes e sem malícia como as pombas.*

> O Mestre, indubitavelmente, desejava as qualidades de ternura e magnanimidade dos continuadores, mas não lhes endossaria as vacilações e fraquezas.
>
> Aliás, para serviço de tal envergadura, desdobrado em verdadeiras batalhas espirituais, *Ele* necessitava de cooperadores fiéis, bondosos, prudentes, mas valorosos. Enviava os discípulos ao centro de conflito áspero, não no gesto de quem remete carneiros ao matadouro, e sim à gleba de serviço, onde pudessem semear novos e sublimados dons espirituais, entre os lobos famintos, por meio da exemplificação no bem incessante [...].[672]

As orientações de Jesus configuram chamamentos do Mestre aos apóstolos, a fim de prepará-los para não só compreender os seus ensinamentos, mas, também, no momento apropriado, serem vivenciados em espírito e verdade. Ao fazer um paralelo da missão dos apóstolos com as atribuições que nos cabem na reencarnação, guardando as devidas proporções, Emmanuel orienta com segurança quando nos lembra que

[...] nos foi atribuída a cada um determinada área de ação, na qual o serviço que se nos designa, uns à frente dos outros, se reveste da maior significação tanto para aqueles a quem nos cabe servir quanto para nós. Pondera, assim, na importância das obrigações que a vida te confere, observando que Deus te esculpiu como não esculpiu a mais ninguém.[673]

[...] Provavelmente, há três níveis de chamadas: 1) para o *discipulado*; 2) para o trabalho como *evangelista*; e 3) para o *apostolado*. Nota-se, entretanto, que aqui Jesus somente começou a ensinar o que é apostolado; os discípulos ainda teriam de aprender muita coisa, antes de começarem a desempenhar aquela missão de forma completa [...].[674]

36.2 PERSEGUIÇÃO AOS MISSIONÁRIOS (MT 10:17-25)[675]

> *17 Guardai-vos dos homens: eles vos entregarão aos sinédrios e vos flagelarão em suas sinagogas. 18 E, por causa de mim, sereis conduzidos à presença de governadores e de reis, para dar testemunho perante eles e perante as nações. 19 Quando vos entregarem, não fiqueis preocupados em saber como ou o que haveis de falar. Naquele momento vos será indicado o que deveis falar, 20 porque não sereis vós que falareis, mas o Espírito de vosso Pai é que falará em vós. 21 O irmão entregará o irmão à morte e o pai entregará o filho. Os filhos se levantarão contra os pais e os farão morrer. 22 E sereis odiados por todos por causa do meu nome. Aquele, porém, que perseverar até o fim, esse será salvo. 23 Quando vos*

> *perseguirem numa cidade, fugi para outra. E se vos perseguirem nesta, tornai a fugir para terceira. Em verdade vos digo que não acabareis de percorrer as cidades de Israel até que venha o Filho do Homem. 24 O discípulo não está acima do mestre, nem o servo acima do seu senhor. 25 Basta que o discípulo se torne como o mestre e o servo como o seu senhor. Se chamaram Beelzebu ao chefe da casa, que não dirão de seus familiares!*

Destacamos do texto duas observações indicadas na *Bíblia de Jerusalém*. A primeira refere-se à primeira missão que Jesus concedeu aos apóstolos: "Os ensinamentos dos vv. 17-39 ultrapassam evidentemente o horizonte dessa primeira missão dos doze e devem ter sido pronunciados mais tarde (ver o lugar que ocupam em Mc e Lc). Mateus os reuniu aqui, a fim de compor um breviário completo do missionário".[676] Trata-se de informação importante em termos de contextualização histórica, indicativa de que o registro de eventos ocorridos durante a estada do Cristo entre nós nem sempre estão descritos na ordem cronológica exata. Daí ser válido procurarmos sempre focar o assunto, o fato em si mesmo, não necessariamente quando ele se deu. A outra observação da *Bíblia de Jerusalém* diz respeito à abrangência da palavra *sinédrios* que aparece no versículo 17: "Guardai-vos dos homens: eles vos entregarão aos sinédrios e vos flagelarão em suas sinagogas" refere-se aos "pequenos sinédrios de província e o grande sinédrio de Jerusalém [...]."[677]

As instruções de Jesus aos apóstolos fazem referência aos desafios que eles iriam enfrentar pela pregação do Evangelho, orientando-os sobre a atitude comportamental que deveriam adotar. Percebemos que são orientações de caráter atemporal e universais, que chegam até nós na forma de alerta e de regra de conduta para todos os que divulgam a mensagem cristã, assim expressa nos versículos 17-22 do capítulo 10 de *Mateus*.

Como a História relata, a pregação e divulgação do Evangelho não foi isenta de sofrimentos, suplícios e perseguições, ao longo dos séculos. Amélia Rodrigues fala a respeito: "Eles sabiam que a adesão ao Cristo era, também, cárcere e morte, com o que se rejubilavam.

Prisão significava-lhes a consciência apóstata, o compromisso com os erros, o apoio à legislação arbitrária, a vinculação com o crime [...]."[678] Mesmo atualmente, ainda há muita intransigência, esclarece a benfeitora espiritual.

> Prisioneiros das paixões destruidoras enxameiam por toda parte, macerados e exauridos, transitando nos limitados espaços das dependências viciosas a que se ergastulam, enquanto livres das algemas do crime e da conivência infeliz com o erro, os discípulos de Cristo, na fé renovada que os Imortais lhes trazem,

deixam-se crucificar nas incompreensões, arder nas renúncias, rasgar-se nas provações, consumir-se nas tenazes dos testemunhos silenciosos [...].[679]

Importa enfatizar a instrução de Jesus que consta em *Mateus,* 10:24--25: "Não existe discípulo superior ao mestre, nem servo superior ao seu senhor. Basta que o discípulo se torne como o mestre e o servo como o seu senhor. Se chamaram Beelzebu ao chefe da casa, quanto mais chamarão assim aos seus familiares!" O aprendiz do Evangelho deve, em primeiro lugar esforçar-se para superar as próprias imperfeiçoes, antes de buscar ou exibir títulos de mestre e de suposto *dono da verdade.* É o tipo de comportamento que revela um certo grau de imaturidade espiritual e que põe em evidência a vaidade. A transformação em pessoas melhores indica que, primeiro, a semeadura, depois, a colheita. O aprendizado acontecerá no espaço entre uma e outra ação. Somente assim, com o devido aprendizado, estaremos aptos para, por meio dos testemunhos da fé, fazer colheita farta. Estejamos alertas, pois "Não existe discípulo superior ao mestre, nem servo superior ao seu senhor"

Por outro lado, é fundamental guardar a devida vigilância quando da difusão do Evangelho, visto que Espíritos distanciados da legítima compreensão do bem ou muito presos às práticas de culto externo podem considerar o pregador do Evangelho como enviado de Espíritos perturbadores. O próprio Cristo foi assim classificado pelos fariseus e outros membros do clero judaico: "Se chamaram Beelzebu ao chefe da casa, quanto mais chamarão assim aos seus familiares!" (Mt 10:25), afirma o registro evangélico. Emmanuel pontua:

Muitos discípulos do Evangelho existem, ciosos de suas predileções e pontos de vista, no campo individual.

Falsas concepções ensombram-lhes o olhar.

Quase sempre se inquietam pelo reconhecimento público das virtudes que lhes exornam o caráter, guardam o secreto propósito de obter a admiração de todos e sentem-se prejudicados se as autoridades transitórias do mundo não lhes conferem apreço.

Agem esquecidos de que o Reino de Deus não vem com aparência exterior [...].[680]

Sem dúvida, cedo ou tarde, poderemos chegar à categoria de mestre e de senhor. Contudo, é preciso perseverar, alerta o versículo: "aquele, porém, que perseverar até o fim, esse será salvo" (Mt 10:22):

Todas as vitórias da criatura são frutos substanciosos da perseverança.

Perseverando na edificação do progresso, mentes e corações, sem cessar, renovam os itinerários da própria vida.

O estudante incipiente chega a ser o erudito professor.

O curioso bisonho transforma-se no artífice genial.

A alma inexperiente atinge a angelitude.

Dir-se-ia constituir o triunfo evolutivo um hino perene à constância no aprendizado.

Sem firmeza e tenacidade, a teoria do projeto jamais deixará o sonho do vir-a-ser...[681]

36.3 FALAR ABERTAMENTE E SEM MEDO (MT 10:26-33)[682]

> *26 Não tenhais medo deles, portanto. Pois nada há de encoberto que não venha a ser descoberto, nem de oculto que não venha a ser revelado. 27 O que vos digo às escuras, dizei-o à luz do dia; o que vos é dito aos ouvidos, proclamai-o sobre os telhados. 28 Não temais os que matam o corpo, mas não podem matar a alma. Temei antes aquele que pode destruir a alma e o corpo na geena. 29 Não se vendem dois pardais por um asse? E, no entanto, nenhum deles cai em terra sem o consentimento do vosso Pai! 30 Quanto a vós, até mesmo os vossos cabelos foram todos contados. 31 Não tenhais medo, pois valeis mais do que muitos pardais. 32 Todo aquele, portanto, que se declarar por mim diante dos homens, também eu me declararei por ele diante de meu Pai que está nos Céus. 33 Aquele, porém, que me renegar diante dos homens, também o renegarei diante de meu Pai que está nos Céus.*

Em excelente mensagem de *O evangelho segundo o espiritismo*, que traz considerações a respeito da missão dos espíritas, o Espírito Erasto declara enfaticamente: "Arme-se a vossa falange de decisão e coragem! Mãos à obra! O arado está pronto; a terra espera; é preciso que trabalheis".[683] É declaração que faz paralelo com a do Cristo, citada nesse registro de Mateus. Sob a proteção do Senhor, o discípulo sincero, verdadeiramente sincero, fala, age e trabalha sob o amparo de Jesus e da falange dos Espíritos superiores. Assim, não cabe espaço para o medo, para vacilações

Não temais é lema de "[...] Jesus que [...] repetiu várias vezes sob circunstâncias diferentes, a fim de ensinar diversas lições. Em *Lucas*, 8:17 [como estudaremos no momento apropriado], o lema acompanha a parábola do semeador, provavelmente indicando que os ensinos do Reino dos Céus (conforme essa parábola mostra parcialmente) não podem ficar ocultos, mas que, finalmente, se propagarão por todo o Universo [...]".[684]

Da mesma forma, assevera o Mestre Nazareno, a verdade será sempre conhecida, cedo ou tarde: "Pois nada há de encoberto que não venha a ser descoberto, nem de oculto que não venha a ser revelado. O que vos digo às escuras, dizei-o à luz do dia; o que vos é dito aos ouvidos, proclamai-o sobre os telhados" (Mt 10:26 e 27). Estejamos, pois, atentos.

> Alma alguma pode encobrir, para si mesma, as próprias manifestações no quadro da vida, e, de igual modo, perante a lei, ninguém consegue disfarçar o menor pensamento.
>
> Tudo pode ser descortinado, sopesado, medido...
>
> Assim, não só a realidade ainda ignorada por nós, como também as mentalizações e os atos de nosso próprio caminho serão revisados e conhecidos sempre que semelhante medida se fizer necessária no local exato e na época oportuna.
>
> "Nada há encoberto que não haja de revelar-se, nem oculto que não haja de saber-se", esclarece o Senhor.
>
> Recordemos, assim, o ensinamento vivo em nosso próprio passo, agindo na esfera particular como quem vive à frente da multidão, porquanto os nossos mínimos movimentos, na soledade ou na sombra, podem ser também trazidos ao campo da plena luz.[685]

REFERÊNCIAS

[666] BÍBLIA DE JERUSALÉM. Gilberto da Silva Gorgulho; Ivo Storniolo e Ana Flora Anderson (Coords.). Diversos tradutores. Nova ed. rev. e ampl., 13. imp. São Paulo: Paulus, 2019, *Evangelho segundo Mateus,* 10:1-16, p. 1.720-1.721.

[667] XAVIER, Francisco Cândido e VIEIRA, Waldo. *Estude e viva*. Pelos Espíritos Emmanuel e André Luiz. 14. ed. 7. imp. Brasília: FEB, 2020, cap. 39 (mensagem de Emmanuel), p.171.

[668] CHAMPLIN, Russell Norman. *Novo O novo testamento interpretado versículo por versículo:* Mateus/Marcos. Nova ed. rev. São Paulo: Hagnos, 2014, v. 1, it. 10.5, p. 372.

[669] XAVIER, Francisco Cândido. *Livro da esperança*. Pelo Espírito Emmanuel. 20. ed. Uberaba: CEC, 2008, cap. 87, p. 229.

[670] CHAMPLIN, Russell Norman. *Novo O novo testamento interpretado versículo por versículo:* Mateus/Marcos. Nova ed. rev. São Paulo: Hagnos, 2014, v. 1, it. 10.9, p. 374.

[671] XAVIER, Francisco Cândido. *Servidores no além*. Por diversos Espíritos. 2. ed. Araras: IDE, 2009, cap. 18 (mensagem de Emmanuel), p. 75-76.

672 _____. *Vinha de luz*. Pelo Espírito Emmanuel. 1. ed. 15. imp. Brasília: FEB, 2020, cap. 144, p.301.

673 _____. *Segue-me*. Pelo Espírito Emmanuel. 9. ed. Matão: O Clarim, 2002, cap. Mandato pessoal, p. 176.

674 CHAMPLIN, Russell Norman. *O novo testamento interpretado versículo por versículo:* Mateus/Marcos. Nova ed. rev. São Paulo: Hagnos, 2014, v. 1, it. 10.4, p. 371.

675 BÍBLIA DE JERUSALÉM. Gilberto da Silva Gorgulho; Ivo Storniolo e Ana Flora Anderson (Coords.). Diversos tradutores. Nova ed. rev. e ampl., 13. imp. São Paulo: Paulus, 2019, *Evangelho segundo Mateus,* 10:17-25, p. 1.721.

676 _____. _____. Nota de rodapé b", p. 1.721.

677 _____. _____. Nota de rodapé "c", p. 1.721.

678 FRANCO, Divaldo Pereira. *Pelos caminhos de Jesus*. Pelo espírito Amélia Rodrigues. 8. ed. Salvador: LEAL, 2015, cap. 25, p. 156.

679 _____. _____. P. 157.

680 XAVIER, Francisco Cândido. *Caminho, verdade e vida*. Pelo Espírito Emmanuel. 1. ed. 17. imp. Brasília: FEB, 2020, cap. 103, p. 221.

681 _____. *Ideal espírita*. Espíritos Diversos. 11. ed. Uberaba: CEC, 1991, cap. 6, p. 27-28.

682 BÍBLIA DE JERUSALÉM. Gilberto da Silva Gorgulho; Ivo Storniolo e Ana Flora Anderson (Coords.). Diversos tradutores. Nova ed. rev. e ampl., 13. imp. São Paulo: Paulus, 2019, *Evangelho segundo Mateus,* 10:26-33, p. 1.721.

683 KARDEC, Allan. *O evangelho segundo o espiritismo*. Trad. Evandro Noleto Bezerra. 2. ed. 10. imp. Brasília: FEB, 2020, cap. 20, it. 4, p. 263.

684 CHAMPLIN, Russell Norman. *Novo O novo testamento interpretado versículo por versículo:* Mateus/Marcos. Nova ed. rev. São Paulo: Hagnos, 2014, v. 1, it. 10.26, p. 382.

685 XAVIER, Francisco Cândido e VIEIRA, Waldo. *O espírito da verdade*. Por diversos Espíritos. 18. ed. 7. imp. Brasília: FEB, 2019, cap. 34 (mensagem de Emmanuel), p. 96.

DISCURSO APOSTÓLICO: A PAZ E A ESPADA. RENUNCIAR A SI MESMO. CONCLUSÃO DO DISCURSO APOSTÓLICO (MT 10:34-42)

Com estes três temas, chegamos ao final do capítulo 10 do livro de *Mateus* que transmitem informações esclarecedoras a respeito da mensagem de Jesus, à luz do entendimento espírita.

37.1 A PAZ E A ESPADA (MT 10:34-36)[686]

> *34 Não penseis que vim trazer paz à Terra. Não vim trazer paz, mas espada. 35 Com efeito, vim contrapor o homem ao seu pai, a filha à sua mãe e a nora à sua sogra. 36 Em suma: os inimigos do homem serão os seus próprios familiares.*

A interpretação equivocada das palavras de Jesus que constam em *Mateus*, 10:34: "Não penseis que vim trazer paz à Terra. Não vim trazer paz, mas espada", foi motivo de graves conflitos religiosos, como as cruzadas — então denominadas "guerras santas" — e a inquisição. Contudo, as palavras do Cristo apenas anunciavam os desafios e os sacrifícios que os discípulos passariam na implantação do reinado do bem na Terra. A pregação e vivência do Evangelho ainda não se faz sem conflitos de toda ordem: "Não vim trazer a paz, mas a espada — disse-nos o Senhor. E muitos aprendizes prevalecem-se da feição literal de Sua palavra, para estender a sombra e a perturbação [...]",[687] esclarece o Espírito Emmanuel, que também pondera:

> Todos os símbolos do Evangelho, dado o meio em que desabrocharam, são, quase sempre, fortes e incisivos.
>
> Jesus não vinha trazer ao mundo a palavra de contemporização com as fraquezas do homem, mas a centelha de luz para que a criatura humana se iluminasse para os planos Divinos.

TEMA 37 – Discurso apostólico: A paz e a espada. Renunciar a si mesmo. Conclusão do discurso apostólico (Mt 10:34-42)

> E a lição sublime do Cristo, ainda e sempre, pode ser conhecida como a "espada" renovadora, com a qual deve o homem lutar consigo mesmo, extirpando os velhos inimigos do seu coração, sempre capitaneados pela ignorância e pela vaidade, pelo egoísmo e pelo orgulho.[688]

Allan Kardec afirma ser inconcebível supor que o Enviado Celestial do Amor, pregasse uso de armas, como espadas, ou de discórdias e divisões no Evangelho.

> Será mesmo possível que Jesus, a personificação da doçura e da bondade, logo Ele que não cessou de pregar o amor ao próximo, haja dito: "Não vim trazer a paz, mas a espada; vim causar divisão entre o filho e seu pai, entre o esposo e a esposa; vim lançar fogo à Terra e tenho pressa de que ele se acenda?". Tais palavras não estarão em flagrante contradição com os seus ensinos? [...].[689]

O Codificador conclui, então, com acerto:

> Toda ideia nova encontra forçosamente oposição e não há uma só que se tenha estabelecido sem lutas. Ora, nesses casos, a resistência é sempre proporcional à importância dos resultados *previstos*, porque, quanto maior ela é, tanto mais numerosos são os interesses que fere. Se for notoriamente falsa, se a julgam sem consequência, ninguém se alarma e deixam-na passar, certos de que lhe falta vitalidade. Se, porém, é verdadeira, se está assentada em bases sólidas, se lhe preveem o futuro, um secreto pressentimento adverte os seus antagonistas de que constitui um perigo para eles e para a ordem de coisas em cuja manutenção se empenham. Atiram-se, então, contra ela e contra os seus adeptos.[690]

A contradição humana oscila entre o desejo de ser bom e as ações contrárias ao que se idealiza. Pelo autoconhecimento, porém, aprendemos que é possível ver, efetivamente, e sem ilusões, as nossas imperfeições e limitações. Assim como as qualidades que já estamos desenvolvendo. Com o reconhecimento honesto das nossas imperfeiçoes e das nossas virtudes podemos, então, elaborar um plano de melhoria espiritual, pois a vivência da paz, começa em nós. A respeito, esclarece o lúcido benfeitor Emmanuel em seu texto *A Espada Simbólica*, do qual destacamos apenas alguns trechos, úteis à nossa reflexão:

> [...] Na expressão comum, ter paz significa haver atingido garantias exteriores, dentro das quais possa o corpo vegetar sem cuidados, rodeando-se o homem de servidores, apodrecendo na ociosidade e ausentando-se dos movimentos da vida.
>
> Jesus não poderia endossar tranquilidade desse jaez, e, em contraposição ao falso princípio estabelecido no mundo, trouxe consigo a luta regeneradora, a espada simbólica do conhecimento interior pela revelação divina, a fim de que o homem inicie a batalha do aperfeiçoamento em si mesmo. O Mestre veio instalar o combate da redenção sobre a Terra. Desde o seu ensinamento

primeiro, foi formada a frente da batalha sem sangue, destinada à iluminação do caminho humano. E Ele mesmo foi o primeiro a inaugurar o testemunho pelos sacrifícios supremos.

[...]

Buscar a mentirosa paz da ociosidade é desviar-se da luz, fugindo à vida e precipitando a morte.

No entanto, Jesus é também chamado o Príncipe da Paz.

Sim, na verdade o Cristo trouxe ao mundo a espada renovadora da guerra contra o mal, constituindo em si mesmo a divina fonte de repouso aos corações que se unem ao seu amor; esses, nas mais perigosas situações da Terra, encontram, nele, a serenidade inalterável. É que Jesus começou o combate de salvação para a Humanidade, representando, ao mesmo tempo, o sustentáculo da paz sublime para todos os homens bons e sinceros.[691]

37.2 RENUNCIAR A SI MESMO E SEGUIR JESUS (MT 10:37-39)[692]

37 Aquele que ama pai ou mãe mais do que a mim não é digno de mim. E aquele que ama filho ou filha mais do que a mim não é digno de mim. 38 Aquele que não toma a sua cruz e não me segue não é digno de mim. 39 Aquele que acha a sua vida, a perderá, mas quem perde sua vida por causa de mim, a achará.

O amor ao Cristo deve ser maior que o amor aos pais, ensina os textos do Evangelho, uma vez que os genitores são Espíritos que nos acolhem, especialmente em razão dos ajustes da Lei de Causa e Efeito, enquanto o Mestre Nazareno, o Guia e Modelo da Humanidade, é quem nos faz ascender aos processos evolutivos da vida. Assim, a mensagem deste versículo: "Aquele que ama pai ou mãe mais do que a mim não é digno de mim. E aquele que ama filho ou filha mais do que a mim não é digno de mim" expressa significado mais amplo, que extrapola o simples entendimento das vinculações dos laços consanguíneos.

Aquele [...] que não possui esse tipo de amor, isto é, amor maior do que aquele que devota à sua família, não é digno do Cristo e dificilmente pode ser discípulo do Reino dos Céus. Aquele que não tem esse tipo de amor não sofrerá oposição por parte da família ao querer tornar-se discípulo. [...]. Jesus não se volta contra o lar e suas relações familiares, mas mostra que há uma relação ainda mais elevada, a saber, a vinculação espiritual com Deus. Esta relação espiritual com Deus é estabelecida com os homens, por meio do Cristo, e a atitude que o homem tem para com o Cristo mostra claramente que tipo de relação ele mantém com Deus. Cristo é nosso irmão; Deus o nosso Pai; os outros discípulos do Reino são nossos irmãos. Essa é a família cujos laços perdurarão para sempre, sendo mais importante que as relações naturais das famílias [...].⁶⁹³

Espíritos imperfeitos que ainda somos, temos dificuldade para entender e vivenciar esse amor maior. E as palavras do Cristo, anotadas por *Mateus* podem não ser entendidas, pois, no estágio evolutivo atual, estamos apenas iniciando a compreensão do amor universal, ora anunciado pelo Cristo. Amélia Rodrigues esclarece melhor:

> [...] Pertencemos todos à família universal, ligados, uns aos outros, pela mesma energia que a tudo deu origem. A fim de que o amor se estabeleça entre as criaturas de conduta e de sentimentos tão difíceis, o Excelso Pai fez o ser humano também cocriador, contribuindo com ele para o crescimento de cada um, através da união conjugal, da qual surge a família consanguínea, que é pródromo da universal. Graças à união dos indivíduos pelo sangue, surgem as oportunidades da convivência saudável, mediante o exercício da tolerância e da fraternidade, em treinamento para a compreensão dos comportamentos antagônicos, que serão enfrentados nos relacionamentos fora do lar.
>
> Assim, a família biológica é a célula inicial do organismo geral em que todos se movimentam [...].⁶⁹⁴

37.3 CONCLUSÃO DO DISCURSO APOSTÓLICO (MT 10:40-42)⁶⁹⁵

> *40 Quem vos recebe, a mim me recebe, e quem me recebe, recebe o que me enviou. 41Quem recebe um profeta na qualidade de profeta, receberá recompensa de profeta. E quem recebe um justo na qualidade de justo, receberá recompensa de justo. 42 E quem der, nem que seja um copo d'água fria a um destes pequeninos, por ser meu discípulo, em verdade vos digo que não perderá sua recompensa.*

Com este registro, *Mateus,* 10:40-42 conclui o discurso apostólico, isto é, aquele que Jesus dirige aos doze membros do colégio apostolar.

> Jesus termina suas predições sobre o sofrimento e perigo com outras predições e com promessas de galardão. "Quem vos recebe, a mim recebe" – aqui Ele mostra a relação íntima que há entre ele e seus discípulos [...]. Nas palavras deste versículo, Jesus indica que, apesar da oposição, estava garantido certo êxito [...] aos discípulos [...]. Com essas palavras, Jesus mostra a elevada posição dos discípulos, o que não deixa de ser uma recompensa e encorajamento para o presente. O discípulo verdadeiro ocupa a posição de Cristo entre os homens, ao mesmo tempo que sustém relações com Deus Pai. Jesus também ensina que a cruz que os discípulos levariam seria uma fonte de bênção nesta vida, sem falar na vida vindoura, onde a cruz, que só parece indicar sofrimento, também trará os seus benefícios [...].⁶⁹⁶

A esta altura do estudo, e antes de iniciarmos o estudo do capítulo 11 de *Mateus* que trata do Mistério do Reino dos Céus (ou de Deus), é válido recordar as principais ações de Jesus estudadas até aqui, para não perdermos a visão geral do todo que foi analisado:

» *Nascimento e infância de Jesus:* visita dos magos. Fuga para o Egito e massacre dos inocentes. Retorno do Egito e estabelecimento em Nazaré. Capítulos 1 e 2 de *Mateus*.

» *Promulgação do Reino dos Céus (ou de Deus)*. Pregação de João Batista. Batismo de Jesus, prisão e posterior morte de João Batista, o último dos profetas judeus que deu cumprimento às profecias do advento do Messias. Tentação no deserto. Capítulos 3 e 4 de *Mateus*.

» *Discurso: O Sermão da Montanha*. É texto que representa a plataforma dos ensinos do Mestre Jesus e que abrange as bem-aventuranças e outros ensinamentos básicos ministrados pelo Cristo a partir daquele momento. Assuntos que seriam, mais tarde, distribuídos nos 27 livros que compõem o Novo Testamento. Capítulos 5, 6 e 7 de *Mateus*.

» *A Pregação do Reino*. Jesus inicia a sua missão de três anos de pregação nas sinagogas, nos caminhos, nas praças e praias, nas travessias de barco; realiza cura em doentes do corpo e do espírito e produz fatos extraordinários (p. ex.: andar sobre as águas). Capítulos 8 e 9 de *Mateus*.

» *Discurso Apostólico*. Missão dos doze apóstolos, instruções de como deveriam proceder e os sacrifícios aos quais se subordinariam quando da pregação do Evangelho do Reino. Há também um alerta sobre as perseguições e divisões que os ensinamentos provocariam. Capítulo 10 de *Mateus*.

Como fechamento do estudo e reflexão final, lembramos que a mínima ação no Bem, mesmo se realizada despretensiosamente, mas em nome do Cristo, é contabilizada, sendo geradora de muitas bênçãos, tanto para quem doa o benefício quanto para quem o recebe. Nesse contexto, vale destacar estas últimas palavras do versículo 42 que encerra, com chave de ouro, o capítulo 10 de *Mateus*: "E quem der, nem que seja um copo d'água fria a um destes pequeninos, por ser meu discípulo, em verdade vos digo que não perderá sua recompensa".

Emmanuel apresenta-nos reflexiva análise a respeito, a qual transcrevemos abaixo:

> Meu amigo, quando Jesus se referiu à bênção do copo de água fria, em seu nome, não apenas se reportava à compaixão rotineira que sacia a sede comum. Detinha-se o Mestre no exame de valores espirituais mais profundos.
>
> [...]
>
> A fonte que procede do coração da Terra e a rogativa que flui no imo d'alma, quando se unem na difusão do bem, operam milagres.
>
> O Espírito que se eleva na direção do Céu é antena viva, captando potenciais de natureza superior, podendo distribuí-los a benefício de todos os que lhe seguem a marcha.
>
> [...]
>
> Reconheçamos, pois, que o Mestre quando se referiu à água simples, doada em nome de sua memória, reportava-se ao valor real da providência a benefício da carne e do espírito, sempre que estacionem através de zonas enfermiças.
>
> Se desejas, portanto, o concurso dos Amigos Espirituais, na solução de tuas necessidades físico-psíquicas ou nos problemas de saúde e equilíbrio dos companheiros, coloca o teu recipiente de água cristalina à frente de tuas orações, espera e confia. O orvalho do Plano Divino magnetizará o líquido com raios de amor em forma de bênçãos e estarás, então, consagrando o sublime ensinamento do copo de água pura, abençoado nos Céus.[697]

REFERÊNCIAS

[686] BÍBLIA DE JERUSALÉM. Gilberto da Silva Gorgulho; Ivo Storniolo e Ana Flora Anderson (Coords.). Diversos tradutores. Nova ed. rev. e ampl. 13. imp. São Paulo: Paulus, 2019, *Evangelho segundo Mateus,* p. 1.722.

[687] XAVIER, Francisco Cândido. *Ceifa de luz.* Pelo Espírito Emmanuel. 2. ed. 10. Imp. Brasília: FEB, 2019, cap. 5, p. 21.

[688] _____. *O consolador.* Pelo Espírito Emmanuel. 20. ed. 11. imp. Brasília: FEB, 2020, q. 304, p. 205.

[689] KARDEC, Allan. *O evangelho segundo o espiritismo.* Trad. Evandro Noleto Bezerra. 2. ed. 10. imp. Brasília: FEB, 2020, cap. 23, it. 11, p. 285-286.

[690] _____. _____. It. 12, p. 286.

[691] XAVIER, Francisco Cândido. *Caminho, verdade e vida.* Pelo Espírito Emmanuel. 1. ed. 17. imp. Brasília: FEB, 2020, cap. 104, p. 223-224.

692 BÍBLIA DE JERUSALÉM. Gilberto da Silva Gorgulho; Ivo Storniolo e Ana Flora Anderson (Coords.). Diversos tradutores. Nova ed. rev. e ampl. 13. imp. São Paulo: Paulus, 2019, *Evangelho segundo Mateus*. p. 1.722.

693 CHAMPLIN, Russell Norman. *O novo testamento interpretado versículo por versículo*: Mateus/Marcos. Nova edição revisada. São Paulo: Hagnos, 2014, v. 1, it. 10:37, p. 386.

694 FRANCO, Divaldo Pereira. *A mensagem do amor imortal.* Pelo Espírito Amélia Rodrigues. 2. ed. Salvador: LEAL, 2015, cap. 14, p. 98-99.

695 BÍBLIA DE JERUSALÉM. Gilberto da Silva Gorgulho; Ivo Storniolo e Ana Flora Anderson (Coords.). Diversos tradutores. Nova ed. rev. e ampl. 13. imp. São Paulo: Paulus, 2019, *Evangelho segundo Mateus*, p. 1.722.

696 CHAMPLIN, Russell Norman. *O novo testamento interpretado versículo por versículo*: Mateus/Marcos. Nova edição revisada. São Paulo: Hagnos, 2014, v. 1, it. 10:40, p. 387.

697 XAVIER, Francisco Cândido. *Segue-me...!* Pelo Espírito Emmanuel. 9. ed. Matão: O Clarim, 2002, cap. A água fluida, p. 129-130.

TEMA 38

O MISTÉRIO DO REINO DOS CÉUS: A PARTE NARRATIVA 1 (MT 11:1-30)

Na *Bíblia de Jerusalém*, os capítulos 11,12 e 13 de *Mateus* trazem o título geral *O Mistério do Reino dos Céus*, que comportam, respectivamente, três partes. A primeira parte possui duas narrativas: *Narrativa* 1 (Mt 11:1-30) e *Narrativa* 2 (Mt 12:1-50). A terceira parte abrange o capítulo 13, cujo título é *Discurso em parábolas*, no qual consta a excelente metodologia didática utilizada por Jesus na transmissão dos seus ensinamentos: o ensino por parábolas.

38.1 NARRATIVA 1 (MT 11:1-30)[698]

1 Quando Jesus acabou de dar instruções a seus doze discípulos, partiu dali para ensinar e pregar nas cidades deles. 2 João, ouvindo falar, na prisão, a respeito das obras do Cristo, enviou-lhe alguns dos seus discípulos para lhe perguntarem: 3 "És tu aquele que há de vir ou devemos esperar outro?" 4 Jesus respondeu-lhes: "Ide contar a João o que ouvis e vedes: 5 os cegos recuperam a visão, os coxos andam, os leprosos são purificados, os surdos ouvem, os mortos ressuscitam e os pobres são evangelizados. 6 E bem-aventurado aquele que não se escandaliza por causa de mim!" 7 Ao partirem eles, começou Jesus a falar a respeito de João às multidões: "Que fostes ver no deserto? Um caniço agitado pelo vento? 8 Mas que fostes ver? Um homem vestido de roupas finas? Mas os que vestem roupas finas vivem nos palácios dos reis. 9 Então, que fostes ver? Um profeta? Eu vos afirmo que sim, e mais do que um profeta. 10 É dele que está escrito: "Eis que envio o meu mensageiro à tua frente; ele preparará o teu caminho diante de ti". 11 Em verdade vos digo que, entre os nascidos de mulher, não surgiu nenhum maior do que João, o Batista, e, no entanto, o menor no Reino dos Céus é maior do que ele. 12 Desde os dias de João Batista até agora, o Reino dos Céus sofre violência e violentos se apoderam dele. 13 Porque todos os profetas, bem como a Lei profetizaram, até João. 14 E se quiserem dar crédito, ele é o Elias que deve vir. 15 Quem tem ouvidos, ouça! 16 A que compararei esta geração? Ela é como crianças sentadas nas praças, a desafiarem-se mutuamente: 17 Nós vos tocamos flauta. E não dançastes! Entoamos lamentações. E não batestes no peito! 18 Com efeito, veio João, que não come nem bebe, e dizem: "Um demônio está nele". 19 Veio o Filho do Homem que come e bebe, e dizem: "Eis aí um glutão e beberrão, amigo de publicanos e pecadores". Mas a sabedoria foi justificada pelas suas obras. 20 Então começou a verberar as cidades onde havia feito a maior parte dos seus milagres, por não se terem arrependido. 21 Ai de ti Corazin! Ai de ti Betsaida! Porque se em Tiro e em Sidônia tivessem sido realizados os milagres que em vós se realizaram, há muito se teriam arrependido, vestindo-se de cilício e cobrindo-se de cinzas. 22 Mas eu vos digo: No Dia do Julgamento haverá menos rigor para Tiro e Sidônia do que para vós. 23 E tu Cafarnaum, por acaso te elevará até o Céu? Antes, até o inferno descerás. Porque se em Sodoma tivessem sido realizados os milagres que em ti se realizaram, ela teria permanecido até hoje. 24 Mas eu vos digo que no Dia do Julgamento haverá menos rigor para a terra de Sodoma do que para vós. 25 Por esse tempo, pôs-se Jesus a dizer: "Eu te louvo, ó Pai, Senhor dos Céus e da Terra, porque ocultaste estas coisas dos sábios e doutores, e as revelaste aos pequeninos. 26 Sim, Pai, porque assim foi do teu agrado. 27 Tudo me foi entregue por meu Pai e ninguém conhece o Filho a não ser o Pai, e ninguém conhece o Pai senão o Filho e aquele a quem o Filho o quiser revelar. 28 Vinde a mim todos os que estais cansados sob o peso do vosso fardo e vos darei descanso. 29 Tomai sobre vocês o meu jugo e aprendei de mim, porque sou manso e humilde de coração, e encontrarão descanso para as suas almas. 30 Pois o meu jugo é suave e o meu fardo é leve.

Muitos ensinamentos são oferecidos nesses versículos que, por um esforço de síntese, destacamos as três ideias principais: a) a grandeza espiritual de João Batista e a sua missão, ambas testemunhadas por Jesus; b) Jesus lamenta a indiferença pelos seus ensinamentos em algumas localidades; c) Jesus se declara Enviado Celestial.

38.2 A GRANDEZA ESPIRITUAL DE JOÃO BATISTA E A MISSÃO SÃO TESTEMUNHADAS POR JESUS (MT 11:1-19)

O testemunho de Jesus em relação ao valoroso Espírito João Batista e à missão que lhe coube está expresso nos versículos iniciais do capítulo 11, do registro de *Mateus*. Esta é a ideia principal do texto. Mas, há outras ideias secundárias, não menos importantes, que merecem ser analisadas.

A vinda de João Batista foi anunciada pelo profeta Malaquias em dois momentos. Em *Malaquias* (3:1): "Eis que eu envio o meu anjo, que preparará o caminho diante de mim; e, de repente, virá ao seu templo o Senhor, a quem vós buscais, o anjo do concerto, a quem vós desejais; eis que ele vem, diz o Senhor dos Exércitos".[699] Também no capítulo 4:5, o profeta Malaquias deixa claro, inclusive, ser ele, João Batista, a reencarnação de Elias: "Eis que eu vos envio o profeta Elias, antes que venha o dia grande e terrível do Senhor".[700] Da mesma forma, o profeta Isaías (40:3) anuncia, referindo-se a João, o Batista: "Voz do que clama no deserto: Preparai o caminho do Senhor; endireitai no ermo vereda a nosso Deus".[701]

Importa também destacar que nos versículos que se seguem, Jesus não só dá testemunho da elevação espiritual de João Batista, como confirma ser ele o precursor do advento do Cristo (Ele próprio, Jesus) e ser a reencarnação de Elias:

> Em verdade vos digo que, entre os nascidos de mulher, não surgiu nenhum maior do que João, o Batista, e, no entanto, o menor no Reino dos Céus é maior do que ele. Desde os dias de João Batista até agora, o Reino dos Céus sofre violência e violentos se apoderam dele. Porque todos os Profetas bem como a Lei profetizaram, até João. E se quiserem dar crédito, ele é o Elias que deve vir. Quem tem ouvidos, ouça! (Mt 11:11-15).[702]

Além das informações alusivas à missão de João Batista, é relevante destacar a frase final do versículo 15 ("Quem tem ouvidos, ouça!") porque, além de se tratar de um alerta de Jesus, usualmente nos mantemos surdos a esse aviso do Mestre, ignorando-o. Emmanuel pondera e aconselha, a respeito.

> Ouvidos... Toda gente os possui.
>
> Achamos, no entanto, ouvidos superficiais em toda parte.
>
> Ouvidos que apenas registram sons.
>
> [...]
>
> Se desejas, porém, sublimar as possibilidades de acústica da própria alma, estuda e reflete, pondera e auxilia, fraternalmente, e terás contigo os "ouvidos de ouvir", a que se reportava Jesus, criando em ti mesmo o entendimento para a assimilação da Eterna Sabedoria.[703]

Por outro lado, os versículos 16 ao 19, indicam avaliação de Jesus a respeito do estado moral das pessoas que viviam àquela época:

> A que compararei esta geração? Ela é como crianças sentadas nas praças, a desafiarem-se mutuamente: Nós vos tocamos flauta. E não dançastes! Entoamos lamentações. E não batestes no peito! Com efeito, veio João, que não come nem bebe, e dizem: "Um demônio está nele". Veio o Filho do Homem que come e bebe, e dizem: "Eis aí um glutão e beberrão, amigo de publicanos e pecadores". Mas a sabedoria foi justificada pelas suas obras (Mt 11:16-19).

Trata-se de uma geração de Espíritos insensatos e imaturos, que demonstravam apego excessivo às coisas transitórias da reencarnação, muito semelhantes a "[...] crianças mal-humoradas, que se negassem a participar de todos os brinquedos que se lhe propõem [...], os judeus rejeitavam todas as ofertas divinas, tanto a penitência de João como a condescendência de Jesus [...]".[704]

38.3 JESUS LAMENTA A INDIFERENÇA PELOS SEUS ENSINAMENTOS EM ALGUMAS LOCALIDADES (MT 11:20-24)[705]

> A indiferença e até mesmo perseguição a Jesus e aos seus discípulos ocorreram durante a pregação do Evangelho do Reino em algumas comunidades. O Cristo cita explicitamente algumas comunidades nesse texto de *Mateus* mas sabemos se o mesmo procedimento aconteceu em outras cidades, como Jerusalém, por exemplo. Jesus não só lamenta a rejeição ao Evangelho nas localidades citadas, mas lhes assinala a destinação futura que lhes caberia. Tais cidades se tornaram impiedosas na percepção de outros profetas judeus, que vieram antes do Cristo, cujos habitantes se sentiam, de certa forma, ameaçados pelas verdades pregadas pelos profetas e, depois, por Jesus (Am 9:10; Ez 26:19; Zc 9:2-4).[706]

Por que as comunidades dessas localidades se sentiam ameaçadas? A resposta está nas informações histórico-culturais que chegaram até nós. Assim, nos parece oportuno algumas características das cidades mencionadas por Jesus, para melhor compreender a mentalidade dos seus habitantes. Com base em *Mateus* (11:20-24) temos:

> Então começou a verberar as cidades onde havia feito a maior parte dos seus milagres, por não se terem arrependido. "Ai de ti Corazin! Ai de ti Betsaida! Porque se em Tiro e em Sidônia tivessem sido realizados os milagres que em vós se realizaram, há muito se teriam arrependido, vestindo-se de cilício e cobrindo-se de cinzas. Mas eu vos digo: No Dia do Julgamento haverá menos rigor para Tiro e Sidônia do que para vós. E tu Cafarnaum, por acaso te elevará até o céu? Antes, até o inferno descerás. Porque se em Sodoma tivessem sido realizados os milagres que em ti se realizaram, ela teria permanecido até hoje. Mas eu vos digo que no Dia do Julgamento haverá menor rigor para a terra de Sodoma do que para vós".

Corazin (ou Corazim) e Betsaida. O que se sabe é que em ambas as comunidades grandes feitos de Jesus aconteceram, a ponto de serem considerados milagrosos. Entretanto, nada modificou a forma de ser e agir dos seus habitantes que, por certo, continuaram repetindo erros, e erros graves, a ponto de o Mestre lamentar: "Ai de ti Corazin! Ai de ti Betsaida! [...]". (Mt 11:21) e declarar: "No Dia do Julgamento haverá menos rigor para Tiro e Sidônia do que para vós". (Mt 11:22)

Corazin era aldeia situada às margens do mar da Galileia. Atualmente, identificada como *Kerazeh*, lá só existem ruínas, localizadas a 4 km de Cafarnaum.[707] **Betsaida** era uma aldeia situada nas praias nortes da Galileia, perto do Jordão. O nome é aramaico e tem o sentido de "casa de pesca" ou "casa de pescadores". Mais tarde, a cidade foi reedificada por Filipe, o tetrarca, e passou a ser chamada Julias, em honra a Julia, filha do imperador romano Augusto. Ficava próxima a Cafarnaum.[708]

Tiro e Sidônia. "[...] Porque se em Tiro e em Sidônia tivessem sido realizados os milagres que em vós se realizaram, há muito se teriam arrependido, vestindo-se de cilício e cobrindo-se de cinzas. 22. Mas eu vos digo: No Dia do Julgamento haverá menos rigor para Tiro e Sidônia do que para vós" (Mt 11:21 e 22).

> **Tiro** era o principal porto marítimo da costa da Fenícia. Cidade independente, seus governantes dominaram a maior parte das cidades costeiras da Fenícia, estendendo-se para o interior até o Líbano. Foi palco de muitas inveja e conflitos bélicos, sobretudo com o Egito e Assíria, inicialmente. Desempenhou papel ativo no comércio marítimo da época, inclusive comercializando artigos de luxo vindos do Egito, a ponto de Tiro ser considerada a localidade comercial mais importante do Mediterrâneo Oriental. E, como a cidade realizava o tráfico de escravos hebreus, foi intensamente criticada por profetas judeus, como Isaías e Amós, entre outros. A cidade foi dominada pelos babilônios com o declínio do domínio assírio, assim como por Alexandre, o Grande. A queda definitiva de Tiro aconteceu durante as Cruzadas. Atualmente, existem apenas ruínas. Por esses e outros motivos, a cidade era, efetivamente, poderosa, mas pagã e idólatra, onde se exerciam inúmeras práticas inescrupulosas e criminosas.[709]

Sidônia ou **Sidom**, "nome de uma antiga cidade dos cananeus [...]. situada na costa do mar, cerca de 14 km de Tiro. No século 15 estava sujeita ao Egito. Homero dá-lhe grande relevo, referindo-se sempre a ela e nunca à cidade de Tiro. Fala de Sidom e sidônios como sinônimo de Fenícia e fenícios [...]. No governo dos Juízes, os sidônios oprimiram os israelitas [...]. Estes, por sua vez, passaram a adorar os deuses dos sidônios, [...] cujo principal deles foi Baal, que simbolizava o Sol [...]. O objeto principal da adoração era a deusa Astarote, símbolo da fertilidade. Etbaal, rei dos sidônios, era pai de Jezabel, mulher de Acabe, rei de Israel [...]. No ano 64, passou para domínio romano. Gente de Sidom veio à Galileia para ouvir a palavra de Jesus e presenciar os seus milagres [...]. A moderna cidade chama-se Saída [...].[710]

Cafarnaum

> E tu Cafarnaum, por acaso te elevará até o Céu? Antes, até o Inferno descerás. Porque se em Sodoma tivessem sido realizados os milagres que em ti se

realizaram, ela teria permanecido até hoje. Mas eu vos digo que no Dia do Julgamento haverá menor rigor para a terra de Sodoma do que para vós (Mt 11:23-24).

Cafarnaum (do grego *Kapharnaoum* = cidade de Naum), era aldeia situada a Noroeste do mar da Galileia. "Consta que Jesus teria se estabelecido em Cafarnaum e feito ali seu lar no início de seu ministério. Dali realizou suas primeiras pregações e fez muitas curas [...]. Ali curou o escravo do centurião [...]. Cafarnaum era, evidentemente, uma cidade de pescadores e tinha uma população de não mais de mil habitantes".[711]

Consta que em Cafarnaum Jesus foi muito criticado pelos religiosos do clero. Tal fato esclarece por que a cidade teria uma destinação pior do que as demais, habitadas por gentios em sua maioria. É que em Cafarnaum não havia praticamente estrangeiros, exceto os romanos invasores que, na verdade, ocupavam toda a região. Ora, se na cidade havia mais judeus, eles detinham, por princípio, maiores esclarecimentos sobre Deus, a Justiça e a Misericórdia divinas. Os seus habitantes possuíam desde o nascimento informações espirituais que as outras não possuíam. Eis aí o motivo destas palavras do Cristo: "Mas eu vos digo que no Dia do Julgamento haverá menor rigor para a terra de Sodoma do que para vós".

À semelhança do simbolismo encontrado na Parábola do Semeador (Mt 13:1-9), na qual a "semente" caída em diferentes solos indica os diferentes níveis evolutivos do ser humano, cada localidade citada — Corazin, Betsaida, Tiro, Sidônia e Cafarnaum —, simboliza o baixo nível de moralidade que os seus habitantes possuíam. Daí Allan Kardec denominá-las "cidades impenitentes", em *A gênese,* capítulo 17. Eram assim denominadas porque, mesmo conhecendo os ensinamentos transmitidos pelos profetas, ao longo dos tempos, e por Jesus, em especial, os seus habitantes optaram por seguir o comportamento moral distanciado do bem.

Quando alguém alega ignorância de algo, as suas ações e comportamentos derivam da ignorância, é óbvio. Mas quem conhece ou está informado a respeito do que é certo ou errado, e faz opção pelo incorreto, não tem desculpas. É uma má escolha! O sofrimento que passará, em decorrência da Lei de Causa e Efeito será maior porque não teve a força moral necessária para sacrificar interesses e práticas materialistas, sempre de satisfação temporária. Esclarece Amélia Rodrigues a respeito:

> Jesus é, portanto, o grande restaurador, mas cada espírito tem o dever de permitir-se o trabalho de autorrenovação em favor da própria felicidade. A

Sua voz continua ecoando na acústica das almas: "— Vinde a mim, [...], e eu vos aliviarei!" (Mt 11:28)

É necessário, porém, ir a Ele...[712]

A benfeitora prossegue com os seus lúcidos esclarecimentos:

> A Humanidade ainda padece essas conjunturas aflitivas que merece.
>
> Existem muitos seres humanos que andam, porém, são paralíticos para o bem, encontrando-se mutilados morais, dessa maneira sem interesse por movimentarem a máquina orgânica de que se utilizam para a própria como para a edificação do seu próximo. Caminham, e seus passos os dirigem para as sombras, a que se atiram com entusiasmo e expectativas de prazer, imobilizando-se nas paixões dissolventes que terão de vencer...
>
> Há outros que pensam, mas a alucinação faz parte da sua agenda mental: devaneando no gozo, asfixiando-se nos vapores entorpecentes, longe de qualquer realização enobrecedora. Intoxicados pela ilusão dos sentidos, não conseguem liberar-se das fixações perniciosas que os atraem e os dominam.
>
> [...] E quantos que têm olhos e ouvidos, mas apenas deles se utilizam para os interesses servis a que se entregam, raramente direcionando a visão para o *Alto* e a audição para a mensagem de eterna beleza da vida?
>
> Ainda buscam Jesus nos templos de fé, a que recorrem, uma que outra vez, mantendo a fantasia de merecer privilégios, de desfrutar regalias, sem qualquer compromisso com a realidade ou expectativa ditosa para o amanhã, sem a mórbida inclinação para o vício, para a perversão.[713]

As povoações impenitentes, grande e pequenas, encarnadas e desencarnadas, continuam a existir, prisioneiras de suas mazelas. É doloroso admitir tal constatação até mesmo no meio espírita, cujos postulados convocam, continuamente, os homens a se transformarem em pessoas melhores, a praticarem a verdadeira caridade, a não se manterem distanciados do Messias Divino. O risco espiritual de adiar o momento de aceitar o seu jugo amoroso é grave.

O Espírito Amélia Rodrigues lembra-nos o convite que Jesus dirigiu àquelas cidades penitentes, e, por ecoar ao longo dos séculos, repercutem ainda muito fortemente, portas adentro do íntimo do nosso ser.

> — A hora é esta, para a grande revolução pelo Reino de Deus.
>
> Enquanto no mundo, a criatura somente experimenta aflições, porque tudo a quanto se aferra é efêmero. São passageiros os prazeres, o poder, a fortuna, a saúde, o próprio corpo... Essa ilusão de gozo é a geradora dos sofrimentos, em razão da transitoriedade dele e de como passam todas as coisas, por mais sejam aguardadas. Quando chegam e começam a ser fruídas, já se encontram

em deperecimento, de passagem, deixando memórias, frustrações, ansiedades novas, amarguras...

O homem, prudente e sábio, que pensa no amanhã, reserva-se bens duradouros, que lhe favoreçam tranquilidade e repouso. Esses bens imorredouros são as ações do amor, que proporcionam paz, o esforço para domar as paixões inferiores, que oferece a felicidade.

Fez um silêncio oportuno, a fim de facultar entendimento, reflexão, aos ouvintes:

Logo mais, prosseguiu:

— Eu vos convido a virdes comigo, para a fundação da Nova Era, que se instalará nos corações, modificando as estruturas atuais e instaurando o primado do amor...[714]

Ouça quem tem ouvidos de ouvir, repetimos!

38.4 JESUS REAFIRMA-SE COMO O ENVIADO CELESTIAL, O GUIA E MODELO DA HUMANIDADE TERRESTRE (MT 11:25-30)[715]

> *Por esse tempo, pôs-se Jesus a dizer: "Eu te louvo, ó Pai, Senhor dos Céus e da Terra, porque ocultaste estas coisas dos sábios e doutores, e as revelaste aos pequeninos. Sim, Pai, porque assim foi do Teu agrado. Tudo me foi entregue por meu Pai e ninguém conhece o Filho a não ser o Pai, e ninguém conhece o Pai senão o Filho e aquele a quem o Filho o quiser revelar. Vinde a mim todos os que estais cansados sob o peso do vosso fardo e vos darei descanso. Tomai sobre vós o meu jugo e aprendei de mim, porque sou manso e humilde de coração, e encontrareis descanso para as vossas almas. Pois o meu jugo é suave e o meu fardo é leve" (Mt 11:25-30).*

Tais versículos atestam, de imediato, duas ideias: a) o Evangelho é revelado aos simples; b) Jesus é o Mestre com fardo leve. Todavia, o conteúdo dos versículos 25 a 27 indicam que a ordem e o contexto cronológico da narrativa de *Mateus* estudados até então, tomaram outro rumo, surpreendentemente.

A *Bíblia de Jerusalém* fornece esta explicação para o fato:

> Visto que esse trecho (Mt 25-27) não tem conexão mais estreita com o contexto em que Mt o inseriu (confere o lugar diferente que ocupa em Lc), "estas coisas" não se refere ao que precede, mas deve ser entendido de um modo geral como se referindo aos "mistérios do Reino (13:11)", revelados aos "pequeninos", i.é, aos discípulos (cf. 10:.42), mas escondidos aos "sábios", i.é., aos fariseus e aos seus doutores.[716]

Allan Kardec faz a ponderação que se segue, muito útil para a análise do texto:

> Pode parecer singular que Jesus renda graças a Deus, por haver revelado estas coisas *aos simples e aos pequenos*, que são os pobres de espírito, e por as ter ocultado aos sábios e aos prudentes, mais aptos, na aparência, a compreendê--las. É que se deve entender, pelos primeiros, os *humildes*, aqueles que se humilham diante de Deus, e não se consideram superiores a todo o mundo; e, pelos segundos, *os orgulhosos*, envaidecidos do seu saber mundano, que se julgam prudentes porque negam e tratam a Deus de igual para igual, quando não se recusam a admiti-lo, porque, na Antiguidade, *sábio* era sinônimo de *douto*. É por isso que Deus lhes deixa a pesquisa dos segredos da Terra e revela os do Céu aos simples e aos humildes que se inclinam diante dele.[717]

Ao nos determos na avaliação de Jesus a respeito da Humanidade, à época que Ele esteve entre nós, e mesmo considerando o significativo aumento da população planetária, percebemos que as mesmas mazelas daqueles tempos continuam predominantes. O nosso processo de ascensão espiritual é, efetivamente, muito lento.

> Não obstante a significativa extensão de tempo, os homens atuais, observados coletivamente, mostram-se próximos à condição de crianças espirituais.
>
> Não se deve estranhar nem confundir maturidade espiritual com o progresso científico atual, reconhecido por contribuição exclusiva de poucos vultos, que surgem no campo da Ciência, que o povo conhece apenas pela melhor qualidade de vida que anota.
>
> O crescimento dos valores morais, aliados à maturidade do Espírito, característica de sua maioridade, permanece ainda em terreno individual.
>
> Coletivamente, ainda que na condição de adulto, predominam, no homem, as fantasias inerentes aos seres espiritualmente jovens, cujas alegrias se traduzem por coisas pueris e mutáveis do mundo físico, sustentadas pela vaidade e pela ingenuidade da alma, cuja mente permanece em sintonia com as inquietações estranhas à edificação íntima [...].[718]

Os últimos versículos do capítulo 11 de *Mateus* é um convite do Mestre para segui-lo em espírito e verdade, não por meio da fé cega e dos rituais que, atavicamente, insistimos em vivenciá-los: "Vinde a mim todos os que estais cansados sob o peso do vosso fardo e vos darei descanso. Tomai sobre vós o meu jugo e aprendei de mim, porque sou manso e humilde de coração, e encontrareis descanso para as vossas almas. Pois o meu jugo é suave e o meu fardo é leve" (Mt 11:28-30).

Hoje, como espíritas, é inaceitável tentar conciliar interesses passageiros da vida material, muitos dos quais nos conduzem a tenebrosos e sofridos desvios da rota evolutiva, à melhoria espiritual que é oferecida pelo Cristo. Precisamos estar atentos, pois este tem sido o nosso erro secular: unir o medíocre ao sublime, o atraso moral à melhoria espiritual. Cedo ou tarde, teremos de fazer uma opção, pois o Cristo não é apenas um caminho, ele é o único Caminho.

> O crente escuta o apelo do Mestre, anotando abençoadas consolações. O doutrinador repete-o para comunicar vibrações de conforto espiritual aos ouvintes.
>
> Todos ouvem as palavras do Cristo, as quais insistem para que a mente inquieta e o coração atormentado lhe procurem o regaço refrigerante...
>
> Contudo, se é fácil ouvir e repetir o "vinde a mim" do Senhor, quão difícil é "ir para Ele"!
>
> Aqui, as palavras do Mestre se derramam por vitalizante bálsamo, entretanto, os laços da conveniência imediatista são demasiado fortes; além, assinala-se o convite Divino, entre promessas de renovação para a jornada redentora, todavia, o cárcere do desânimo isola o espírito, por meio de grades resistentes; acolá, o chamamento do Alto ameniza as penas da alma desiludida, mas é quase impraticável a libertação dos impedimentos constituídos por pessoas e coisas, situações e interesses individuais, aparentemente inadiáveis.
>
> Jesus, o nosso Salvador, estende-nos os braços amoráveis e compassivos. Com Ele, a vida enriquecer-se-á de valores imperecíveis e à sombra dos seus ensinamentos celestes seguiremos, pelo trabalho santificante, na direção da Pátria universal...
>
> Todos os crentes registram-lhe o apelo consolador, mas raros se revelam suficientemente valorosos na fé para lhe buscarem a companhia.
>
> Em suma, é muito doce escutar o "vinde a mim"...
>
> Entretanto, para falar com verdade, já consegues ir?[719]

REFERÊNCIAS

[698] BÍBLIA DE JERUSALÉM. Gilberto da Silva Gorgulho; Ivo Storniolo e Ana Flora Anderson (Coords.). Diversos tradutores. Nova ed. rev. e ampl. 13. imp. São Paulo: Paulus, 2019, *Evangelho segundo Mateus*, p. 1.722-1.723.

[699] BÍBLIA SAGRADA. Trad. João Ferreira de Almeida. Revista e Corrigida. 4. ed. Barueri [SP]: Sociedade Bíblica do Brasil, 2009, p. 1.241.

[700] MACNAIR, S. E. *Bíblia de estudo aplicado* (Com Dicionário e Harpa Cristã e texto bíblico Almeida revista e corrigida, ed. 1995). Rio de Janeiro: Cpad, 2014Nota de rodapé, p. 1.033.

701 BÍBLIA SAGRADA. Trad. João Ferreira de Almeida. Revista e Corrigida. 4. ed. Barueri [SP]: Sociedade Bíblica do Brasil, 2009, p. 959.

702 BÍBLIA DE JERUSALÉM. Gilberto da Silva Gorgulho; Ivo Storniolo e Ana Flora Anderson (Coords.). Diversos tradutores. Nova ed. rev. e ampl. 13. imp. São Paulo: Paulus, 2019, *Evangelho segundo Mateu,* p. 1.723.

703 XAVIER, Francisco Cândido, *Palavras de vida eterna.* Pelo Espírito Emmanuel. 41. ed. Uberaba: CEC, 2017, cap. 72, p. 160-161.

704 BÍBLIA DE JERUSALÉM. Gilberto da Silva Gorgulho; Ivo Storniolo e Ana Flora Anderson (Coords.). Diversos tradutores. Nova ed. rev. e ampl. 13. imp. São Paulo: Paulus, 2019, Nota de rodapé "d", p. 1.723.

705 _____. *Evangelho segundo Mateus,* 11: 20-24, p. 1.723.

706 _____. Nota de rodapé "é", p. 1.723.

707 DOUGLAS, J. D. *O novo dicionário da bíblia.* Trad. João Bentes. 3. ed. rev. Vila Nova: São Paulo, 2006p. 261.

708 _____. _____. P. 167.

709 _____. _____. P. 1.346-1.347.

710 DAVIS, John. *Novo dicionário da bíblia.* Trad. J. R. Carvalho Braga. Ampl. e atual. Ampliado e atualizado. Trad. J. R. Carvalho Braga. São Paulo: Hagnos, 2005 p. 1.150-1.151.

711 METZER, Bruce M. e COOGAN, Michael, D. *Dicionário da bíblia*: as pessoas e os lugares. Trad. Maria Luísa X. de A. Borges. Rio de Janeiro: Jorge Zahar Editora, 2002, v. 1, p. 38.

712 FRANCO, Divaldo Pereira. *Vivendo com Jesus.* Pelo Espírito Amélia Rodrigues. Salvador: LEAL, 2012, cap. 10, p. 75.

713 _____. _____. Cap. 10, p. 74.

714 _____. *Trigo de Deus.* Pelo Espírito Amélia Rodrigues. 6. ed. Salvador: LEAL, 2014, cap. 1, p. 19.

715 BÍBLIA DE JERUSALÉM. Gilberto da Silva Gorgulho; Ivo Storniolo e Ana Flora Anderson (Coords.). Diversos tradutores. Nova ed. rev. e ampl. 13. imp. São Paulo: Paulus, 2019, *Evangelho segundo Mateus.* p. 1.723.

716 _____. _____. Nota de rodapé "a", p. 1.724.

717 KARDEC, Allan. *O evangelho segundo o espiritismo.* Trad. Evandro Noleto Bezerra. 2. ed. 10. imp. Brasília: FEB, 2020, cap. 7, it. 8, p. 108-109.

718 MOUTINHO, João de Jesus. *Notícias do Reino.* 1. ed. 1. reimp. Rio de Janeiro: FEB, 2010, cap. 12, p. 39.

719 XAVIER, Francisco Cândido. *Fonte viva.* Pelo Espírito Emmanuel. 1. ed. 16. imp. Brasília: FEB, 2020, cap. 5, p. 25-26.

O MISTÉRIO DO REINO DOS CÉUS: A PARTE NARRATIVA 2 (MT 12:1-32)

39.1 NARRATIVA 2 (MT 12:1-32)[720]

1 Por esse tempo, Jesus passou, num sábado, pelas plantações. Os seus discípulos, que estavam com fome, puseram-se a arrancar espigas e a comê-las. 2 Os fariseus, vendo isso, disseram: "Olha só! Os teus discípulos a fazerem o que não é lícito fazer num sábado!" 3 Mas ele respondeu-lhes: "Não lestes o que fez Davi e seus companheiros quando tiveram fome? 4 Como entrou na Casa de Deus e como eles comeram os pães da proposição, que não era lícito comer, nem a ele, nem aos que estavam com ele, mas exclusivamente aos sacerdotes? 5 Ou não lestes na Lei que com os seus deveres sabáticos os sacerdotes no Templo violam o sábado e ficam sem culpa? 6 Digo-vos que aqui está algo maior do que o Templo. 7 Se soubésseis o que significa: Misericórdia é que eu quero e não sacrifício, não condenaríeis os que não têm culpa. 8 Pois o Filho do Homem é Senhor do sábado". 9 Partindo dali, entrou na sinagoga deles. 10 Ora, ali estava um homem com a mão atrofiada. Então perguntaram-lhe, a fim de acusá-lo: "É lícito curar aos sábados?" 11 Jesus respondeu: "Quem haverá dentre vós que, tendo uma só ovelha e caindo ela numa cova em dia de sábado, não vai apanhá-la e tirá-la dali? 12 Ora, um homem vale muito mais do que uma ovelha! Logo, é lícito fazer o bem aos sábados". 13 Em seguida, disse ao homem: "Estende a mão". Ele a estendeu e ela ficou sã, como a outra. 14 Então os fariseus, saindo dali, tramaram contra ele, sobre como acabariam com ele. 15 Ao saber disso, Jesus afastou-se dali. Muitos o seguiram, e Ele os curou a todos. 16 E os proibia severamente de torná-lo manifesto, 17 a fim de que se cumprisse o que foi dito pelo profeta Isaías: 18 Eis o meu Servo, a quem escolhi, o meu Amado, em quem minha alma se compraz. Porei o meu Espírito sobre ele e ele anunciará o Direito às nações. 19 Ele não discutirá, nem clamará; nem sua voz nas ruas se ouvirá. 20 Ele não quebrará o caniço rachado nem apagará a mecha que ainda fumega, até que conduza o direito ao triunfo. 21 E no seu nome as nações porão sua esperança. 22 Então trouxeram-lhe um endemoninhado cego e mudo. E ele o curou, de modo que o mudo podia falar e ver. 23 Toda a multidão ficou espantada e pôs-se a dizer: "Não será este o Filho de Davi?" 24 Mas os fariseus, ouvindo isso, disseram: "Ele não expulsa demônios, senão por Beelzebu, príncipe dos demônios". 25 Conhecendo os seus pensamentos, Jesus lhes disse: "Todo reino dividido contra si mesmo acaba em ruína e nenhuma cidade ou casa dividida contra si mesma poderá subsistir. 26 Ora, se Satanás expulsa a Satanás, está dividido contra si mesmo. Como, então, poderá subsistir seu reinado? 27 Se eu expulso os demônios por Beelzebu, por quem os expulsam os vossos adeptos? Por isso, eles mesmos serão os vossos juízes. 28 Mas se é pelo Espírito de Deus que eu expulso os demônios, então o Reino de Deus já chegou a vós. 29 Ou como pode alguém entrar na casa de um homem forte e roubar os seus pertences, se primeiro não o amarrar? Só então poderá roubar a sua casa. 30 Quem não está a meu favor, está contra mim, e quem não ajunta comigo, dispersa. 31 Por isso vos digo: todo pecado e blasfêmia serão perdoados aos homens, mas a blasfêmia contra o Espírito não será perdoada. 32 Se alguém disser uma palavra contra o Filho do Homem, ser-lhe-á perdoado, mas se disser contra o Espírito Santo, não lhe será perdoado, nem nesta era, nem na outra. As palavras manifestam o coração.

A partir do momento em que Jesus começa atualizar a Lei Antiga, sobretudo em relação às interpretações literais e aos rituais e manifestações de culto externo, os religiosos se sentiram muito incomodados, até porque havia entre eles e o poder invasor dominante (romanos) um relacionamento pecaminoso, caracterizado pela bajulação e obtenção de favores e posições de poder:

> [...] Dali, obtemos excelente quadro sobre como Jesus pensava. Ele não fez declarações abstratas sobre questões éticas, nem estabeleceu princípios teóricos quanto à interpretação da lei. Como os rabinos, Ele estabelecia regras com base em situações concretas, e devemos deduzir os princípios básicos de Jesus de narrativas como esta.[721]

A crítica vinda dos fariseus é, imediatamente, replicada por Jesus

> [...] usando o argumento que os fariseus reputavam seu principal argumento contra ele. As *Escrituras* do AT, Jesus cita a história de Davi, em *I Samuel*, 21. Os sacerdotes do AT tinham regras elaboradas sobre a preparação dos pães da proposição, os pães da *face*, isto é, da presença de Deus. No início de cada sábado, esses pães eram substituídos por novos, enquanto os velhos eram postos sobre a mesa recoberta de ouro, no pórtico do santuário. Sem dúvida, esses pães velhos eram consumidos pelos sacerdotes, e, nessa ocasião histórica de Davi, foram consumidos não apenas por Davi, mas também por seus homens, que o acompanhavam.[722]

39.2 TRABALHAR NO DIA DE SÁBADO (MT 12:1-8)

Todas as interpretações religiosas, cristãs ou não cristãs, prisioneiras de rituais ou de outras manifestações de culto externo, apresentam enormes dificuldades para interpretar e vivenciar os postulados morais que Jesus transmitiu. É um aprendizado que não se faz de um dia para outro. Para o Judaísmo, a primeira religião revelada do planeta, surgem várias questões a respeito, como a indicada nos versículos, que fazem referências ao trabalho ou atividade laboral realizado nos sábados, pois era algo impensado, algo considerado uma espécie de heresia. Jesus, portanto, tocou diretamente na ferida quando advertiu:

> Não lestes o que fez Davi e seus companheiros quando tiveram fome? Como entrou na Casa de Deus e como eles comeram os pães da proposição, que não era lícito comer, nem a ele, nem aos que estavam com ele, mas exclusivamente aos sacerdotes? Ou não lestes na Lei que com os seus deveres sabáticos os sacerdotes no Templo violam o sábado e ficam sem culpa? Digo-vos que aqui está algo maior do que o Templo. Se soubésseis o que significa: Misericórdia é que eu quero e não sacrifício, não condenaríeis os que não têm culpa. Pois o Filho do Homem é Senhor do sábado (Mt 12:1-8).[723]

A questão do trabalho no dia de sábado iniciou, na verdade, um pouco antes, quando aconteceu a discussão sobre o jejum (Mt 9:14), e se efetivou quando os discípulos começaram a colher espigas da plantação, no sábado, porque estavam com fome. Os fariseus ficaram horrorizados porque os seguidores de Jesus estavam colhendo as espigas, portanto, trabalhando num dia de sábado (Mt 12:1-3), ainda que o motivo fosse o de aplacar a fome. Segundo interpretação dos fariseus, essa atitude não era permitida num dia de sábado, visto que "colher espigas" era reputado um tipo de ceifa, e a ação de "debulhar" com as mãos era considerada um trabalho manual [...]".[724]

Na verdade, todo o mal-entendido decorreu da interpretação literal da Torah e das orientações do Talmude, como esclarece Rigonatti:

> As religiões dogmáticas prendem seus adeptos a rígidas práticas exteriores e colocam o culto a Deus na observância exclusiva de fórmulas vãs, sem cogitarem de melhorar o íntimo de seus fiéis.
>
> Jesus veio ensinar a Humanidade a adorar o Pai Celestial em espírito e verdade. Jesus desprezava o ritual das religiões organizadas e, com frequência, faz exatamente o contrário do que elas mandam, a fim de demonstrar ao povo que práticas exteriores e fórmulas de adoração de nada valem diante de Deus.
>
> Esta lição é bem sugestiva. É um brado de revolta do bondoso coração de Jesus contra a hipocrisia dos sacerdotes [...].[725]

Merecem destaque os versículos 6 a 8: "Digo-vos que aqui está algo maior do que o Templo. Se soubésseis o que significa: Misericórdia é que eu quero e não sacrifício, não condenaríeis os que não têm culpa. Pois o Filho do Homem é Senhor do sábado" (Mt 12:68). Jesus pede misericórdia e compreensão. Contudo, diante da mentalidade construída ao longo da formação das igrejas cristãs, sobretudo a partir do século III, os ensinamentos do Mestre Nazareno foram sendo substituídos por interpretações literais, sem sacrifícios morais, sendo comuns as promessas e cilícios, destituídos da menor repercussão para o progresso do Espírito imortal.

Emmanuel esclarece a respeito:

> Cilícios para ganhar os Céus!
>
> A Infinita Bondade abençoe a quem os pratique de boa-fé, no entanto, convém recordar que o Apelo Divino solicita "misericórdia e não sacrifício".
>
> Nessa legenda, lógica espírita aconselha disciplinas edificantes e não rigores inúteis; austeridades que rendam educação e progresso; regimes que frutifiquem compreensão e beneficência; cooperação por escola e trabalho exprimindo aprendizado espontâneo [...].
>
> Cilícios para conquistar os talentos celestes!... [...][726]

39.3 CURA DO HOMEM COM MÃO ATROFIADA E OUTRAS CURAS NO SÁBADO (MT 12:9-16)[727]

Jesus foi severamente criticado porque permitiu que os discípulos colhessem espigas e se alimentassem no dia de sábado. Imagine o escândalo e as intrigas ocorridos quando o Senhor realizou curas nesse dia, sem contar que uma aconteceu dentro da sinagoga. Façamos uma releitura desse texto de Mateus para maior reflexão.

> Partindo dali, entrou na sinagoga deles. Ora, ali estava um homem com a mão atrofiada. Então perguntaram-lhe, a fim de acusá-lo: "É lícito curar aos sábados?" Jesus respondeu: "Quem haverá dentre vós que, tendo uma só ovelha e caindo ela numa cova em dia de sábado, não vai apanhá-la e tirá-la dali? Ora, um homem vale muito mais do que uma ovelha! Logo, é lícito fazer o bem aos sábados". Em seguida, disse ao homem: "Estende a mão". Ele a estendeu e ela ficou sã, como a outra. Então os fariseus, saindo dali, tramaram contra Ele, sobre como acabariam com Ele. Ao saber disso, Jesus afastou-se dali. Muitos o seguiram, e ele os curou a todos. E os proibia severamente de torná-lo manifesto (Mt 12:9-16).

O problema se assemelha à narrativa anterior. Os rabinos permitiam a cura num dia de sábado quando a vida de um homem corria *perigo*; mas essa cura,

> que poderia ser efetuada no dia seguinte, parecia-lhes um desafio desnecessário à vontade revelada de Deus [...]. Para nós, modernos, é difícil imaginar o rigor que era aplicado à guarda do sábado. Somos ajudados a entender isso quando nos lembramos de que até mesmo no AT, a lei ordenava a execução de seus violadores. Não é de admirar, pois, que os fariseus e os outros tenham levado a lei do sábado a extremos, e tivessem ficado chocados ante o aparente desinteresse para com alguns de seus aspectos, demonstrado por Jesus e seus discípulos. Sem dúvida, foram tidos como os piores hereges [...].[728]

Efetivamente, o rigor da Lei quanto às suas práticas levou muitos adeptos se decepcionarem com a religião, dela se desvinculando, envolvendo-se, inclusive, com rituais politeístas dos gentios. O Senhor veio, também, para sacudir os alicerces do Judaísmo, renovando-o:

> As curas que Jesus de propósito realizava nos sábados eram um eloquente protesto contra o rigorismo da religião organizada, que tinha sufocado num amontoado de observâncias materiais os Mandamentos Divinos. Em obediência à lei de Moisés, o sábado era um dia santificado [...] Consagravam o sábado às orações e à frequência às sinagogas [...]. Ao fazer o bem nos sábados, contrariando assim o costume da época, Jesus ensina aos homens que é necessário fazê-lo todos os dias; porque o Pai Celestial leva em conta os atos de cada um e não a guarda de um determinado dia."[729]

Retornaremos ao estudo da cura do homem com a mão atrofiada e outras curas, em *Marcos,* 3:1-6 e *Lucas,* 6:6-11, oportunidade que nos permitirá analisar as possíveis causas das enfermidades curadas por Jesus.

39.4 JESUS É O SERVO DE DEUS OU DE *IAHWEH* (MT 12:17-21)[730]

Nessa passagem do Evangelho consta uma citação do profeta Isaías que antecipa, em séculos, o advento de Jesus, o Messias Divino, o filho de Deus – ou *Iahweth* como dizem os judeus. O registro de Isaías declina as qualidades que o Messias possuía (sugerimos releitura de Mt 12:18-21) e que, em síntese, são as que se seguem: Jesus era o Amado de Deus, apresentará a todos os povos noções do Direito e da Justiça, sob inspiração Divina, e Ele agirá sempre com sabedoria, prudência e benevolência, fazendo que as suas palavras ecoem por toda a Humanidade, como uma mensagem de esperança. Israel, contudo, não entendeu a mensagem de Jesus nem a revelação que o Cristo trazia. "Este texto descreve uma espécie de *interlúdio.* Sua mensagem essencial é que a revelação teria de ficar oculta para Israel, que ainda não estava preparado para aceitar Jesus e os seus ensinos, rejeitando, dessa forma, na realidade, a mensagem e os conselhos de Deus [...]."[731]

39.5 CURA DOS ENDEMONIADOS OU OBSIDIADOS (MT 12:22-29)[732]

Os Espíritos obsidiados são, às vezes, portadores de obsessões severas, como a subjugação. Este assunto já foi analisado nos temas 31 e 35, que tratam, respectivamente, dos gadarenos endemoniados (obsidiados) e da cura de um endemoniado (obsidiado), os quais sugerimos releitura. No atual registro de *Mateus* o enfermo, além de ser subjugado por um Espírito (ou Espíritos), é também cego e surdo. Dolorosa expiação. Em seguida, indicamos as principais características dessa obsessão, assinaladas por Allan Kardec:

> Assim como as moléstias resultam das imperfeições físicas que tornam o corpo acessível às influências perniciosas exteriores, a obsessão decorre sempre de uma imperfeição moral, que dá ascendência a um Espírito mau. A uma causa física opõe-se uma força física; a uma causa moral é preciso que se contraponha uma força moral. Para preservar o corpo das enfermidades, é preciso fortificá-lo; para garantir a alma contra a obsessão, tem-se que fortalecê-la. Daí, para o obsidiado, a necessidade de trabalhar pela sua própria melhoria [...].
>
> [...]
>
> Quase sempre a obsessão exprime vingança tomada por um Espírito e sua origem frequentemente se encontra nas relações que o obsidiado manteve com o obsessor, em precedente existência.
>
> Nos casos de obsessão grave, o obsidiado fica como que envolto e impregnado de um fluido pernicioso, que neutraliza a ação dos fluidos salutares e os repele. É daquele fluido que é preciso desembaraçá-lo [...].
>
> Nem sempre, porém, basta esta ação mecânica; cumpre, sobretudo, *atuar sobre o ser inteligente*, ao qual é preciso que se tenha o direito de *falar com autoridade*, que, entretanto, não a possui quem não tenha superioridade moral. Quanto maior esta for, tanto maior também será aquela.
>
> Mas ainda não é tudo: para assegurar a libertação, é preciso que o Espírito perverso seja levado a renunciar aos seus maus desígnios; que nele desponte o arrependimento, assim como o desejo do bem, por meio de instruções habilmente ministradas [...].[733]

Os versículos 23-28 merecnum comentário, ainda que breve, sobre as curas generalizadas, no sábado e em outros dias, na sinagoga e fora dela. Embora tenham sido essas curas que desencadearam as ações nocivas dos fariseus, fazendo-os tramar contra Jesus, espalhando a maledicência de que ele curava em nome do Espírito do Mal ou das Trevas, denominado Belzebu:

> Toda a multidão ficou espantada e pôs-se a dizer: "Não será este o Filho de Davi?" 24 Mas os fariseus, ouvindo isso, disseram: "Ele não expulsa demônios, senão por Beelzebu, príncipe dos demônios". Conhecendo os seus pensamentos, Jesus lhes disse: "Todo reino dividido contra si mesmo acaba em ruína e nenhuma cidade ou casa dividida contra si mesma poderá subsistir. Ora, se Satanás expulsa a Satanás, está dividido contra si mesmo. Como, então, poderá subsistir seu reinado? Se eu expulso os demônios por Beelzebu, por quem os expulsam os vossos adeptos? Por isso, eles mesmos serão os vossos juízes. 28 Mas se é pelo Espírito de Deus que eu expulso os demônios, então o Reino de Deus já chegou a vós" (Mt 12:23-28).

As contra-argumentações do Senhor são poderosas, mas a imperfeição moral do clero judaico dominante, que vivia mais da aparência do que da realidade espiritual dos ensinamentos da Torah, se sentiu intimidado e, de forma covarde, os seus representantes começaram a se reunir para perseguir e denunciar o Cristo. Eliseu Rigonatti pontua as seguintes ideias relacionadas às blasfêmias dos fariseus e as atitudes que eles tomaram, a partir daquele momento.

Jesus é acusado de agir por intermédio de Belzebu

> Mas os fariseus, ouvindo isso, disseram: "Ele não expulsa demônios, senão por Beelzebu, príncipe dos demônios" (Mt 12:24).
>
> Devemos considerar que Jesus veio inaugurar na Terra as relações mais intensivas entre o mundo material e o mundo espiritual. Em sua época o povo não compreendia as manifestações espirituais que Jesus provocava e, por isso, surgiam as dúvidas. A princípio, essas dúvidas eram motivadas pela falta de compreensão do povo; mas, depois que os sacerdotes perceberam que a obra de Jesus tomava vulto e se firmava, contrariando os objetivos materiais que visavam, resolveram combater a obra do Mestre. E as primeiras armas de que lançaram mão foram a ignorância e a superstição em que mantinham o povo para melhor explorá-lo.[734]
>
> [...]
>
> Aqui Jesus recomenda que lhe analisem os atos. Belzebu era um símbolo do mal; por conseguinte, quem abrigava o mal em seu coração jamais poderia estar praticando o bem.
>
> Com o decorrer dos tempos, a Humanidade compreenderia a obra de Jesus e, então, saberia julgar com acerto todas as suas ações, realizando os mesmos atos de Jesus. Cumpria que a evolução espiritual se processasse. E hoje, graças às revelações do Espiritismo, sabemos que os demônios nada mais são do que os Espíritos desencarnados que já viveram na Terra. Como não sabem ainda

se comportar cristãmente, perseguem aqueles dos quais guardam ódio. Para expeli-los, basta que a pessoa tenha superioridade moral e amorosamente lhes ensine o caminho que deverão trilhar para serem felizes, alcançando, assim, o Reino de Deus. Este Reino, Jesus o trouxe a nós; caracteriza-se pela prática do bem, pela observância da lei da fraternidade e pelo auxílio mútuo. Cumpre agora que todos trabalhem com boa vontade, para que este Reino se estabeleça em todos os corações.[735]

Os comentários e atitudes dos fariseus dividem a opinião pública

"[...] Jesus lhes disse: 'Todo reino dividido contra si mesmo acaba em ruína e nenhuma cidade ou casa dividida contra si mesma poderá subsistir. Ora, se Satanás expulsa a Satanás, está dividido contra si mesmo. Como, então, poderá subsistir seu reinado?'" (Mt 12:25-26).

Em virtude de sua elevada hierarquia espiritual, Jesus possuía a clarividência em toda sua plenitude. Sabemos que os pensamentos são imagens mentais, emitidas pelo cérebro e refletidas no exterior, como numa tela. A clarividência de Jesus permitia que ele visse as imagens mentais projetadas por seus interlocutores e por isso sabia o que pensavam.

A resposta de Jesus é uma lição de concórdia. Toda a obra em que não reine a concórdia entre seus executores está destinada ao fracasso. Os espíritas deverão tomar estas palavras como uma advertência para que vivam em harmonia, a fim de que o Espiritismo não encontre tropeços em sua expansão.[736]

39.6 O QUE SIGNIFICA ESTAR COM O CRISTO (MT 12:30-32)[737]

O versículo 30 de Mateus registra estas informações, altamente significativas para quem, efetivamente, deseja ser servidor do Cristo: "Quem não está a meu favor, está contra mim, e quem não ajunta comigo, dispersa" (Mt 12:30). Não há, pois, meio-termo nem mais ou menos: ou aceitamos as condições de servir ao Mestre Nazareno, nomeadas por Ele próprio, ou busquemos outro a quem servir. Contudo, merece aqui a reflexão de que só servimos a alguém que reconhecemos como senhor. Somos felizes em ser servos de Jesus porque temos amor por Ele. Sem amor é inviável qualquer ação neste sentido. Entretanto, importa considerar que, amar a Jesus não quer dizer que nos transformaremos em pessoas desprovidas de raciocínio, servis, incapazes de fazer escolhas ou usar do livre-arbítrio.

O amor do Cristo não escraviza, não subjuga. Ao contrário, o seu jugo é leve, como estudamos: "Vinde a mim, todos os que estais cansados e oprimidos, e eu vos aliviarei. Tomai sobre vós o meu jugo, e aprendei de mim, que sou manso e humilde de coração, e encontrareis descanso para a vossa alma. Porque o meu jugo é suave, e o meu fardo é leve" (Mt 11:28-30).[738] Assim, entre

> [...] o mal e o bem não há meio-termo: ou somos bons ou somos maus. A indiferença é indício de inferioridade moral. Se não lutarmos por melhorar nosso caráter, segundo os ensinamentos do Mestre, estamos desperdiçando o tempo que nos foi concedido na Terra para cuidarmos de nosso progresso espiritual. Essa é uma advertência que Jesus faz aos encarnados, para que aproveitem bem a presente encarnação.[739]

Os dois últimos versículos do texto, ora em estudo, afirmam:

> Por isso vos digo: todo pecado e blasfêmia serão perdoados aos homens, mas a blasfêmia contra o Espírito não será perdoada. Se alguém disser uma palavra contra o Filho do Homem, ser-lhe-á perdoado, mas se disser contra o Espírito Santo, não lhe será perdoado, nem neste mundo, nem no vindouro. As palavras manifestam o coração (Mt 12:31-32).

> Pecar contra o Espírito Santo significa pecar com conhecimento de causa e, por conseguinte, pecar não por cegueira ou por inexperiência, mas por maldade. O Espírito Santo constitui a coletividade de Espíritos esclarecidos e bons, que lutam por melhorar as condições espirituais da Terra. Todos aqueles que recebunma parcela de conhecimentos espirituais e, contudo, persistem na prática do mal pecam contra o Espírito Santo. Essas faltas são tanto mais difíceis de reparar, porque foram cometidas por livre vontade, menosprezando a alma suas aquisições divinas.

> Pecam contra o Espírito Santo os ministros e pregadores e sacerdotes de religiões, quando deixam de praticar o que ensinam, apesar do conhecimento espiritual que possuem.

> Dizendo Jesus que o pecado contra o Espírito Santo não será perdoado nem neste mundo nem no outro, não quer ele dizer que a condenação será eterna. Não há condenações eternas. O que Ele quer dizer-nos é que os pecados cometidos com conhecimento de causa não apresentam desculpas que os atenuem. Assim sendo, o pecador terá de arcar com a responsabilidade integral do erro cometido, o que lhe acarretará uma reparação difícil e trabalhosa.[740]

REFERÊNCIAS

[720] BÍBLIA DE JERUSALÉM. Gilberto da Silva Gorgulho; Ivo Storniolo e Ana Flora Anderson (Coords.). Diversos tradutores. Nova ed. rev. e ampl. 13. imp. São Paulo: Paulus, 2019, *Evangelho segundo Mateus*, p. 1.724-1.725.

721 CHAMPLIN, Russell Norman. *O novo testamento interpretado versículo por versículo*: Mateus/Marcos. Nova edição revisada. São Paulo: Hagnos, 2014, v. 1, cap. 12, p. 402.

722 _____. _____. It. 12.4, p. 403.

723 BÍBLIA DE JERUSALÉM. Gilberto da Silva Gorgulho; Ivo Storniolo e Ana Flora Anderson (Coords.). Diversos tradutores. Nova ed. rev. e ampl. 13. imp. São Paulo: Paulus, 2019, *Evangelho segundo Mateus*. p. 1.724.

724 CHAMPLIN, Russell Norman. *O novo testamento interpretado versículo por versículo*: Mateus/Marcos. Nova edição revisada. São Paulo: Hagnos, 2014, v. 1, cap. 12, p. 402.

725 RIGONATTI, Eliseu. *O evangelho dos humildes*. São Paulo: Pensamento, 2018, cap. 12, it. Jesus é o Senhor do sábado, p. 90.

726 XAVIER, Francisco Cândido e VIEIRA, Waldo. *Opinião espírita*. Pelos Espíritos Emmanuel e André Luiz. 4. ed. Uberaba: CEC, 1973, cap. 44 (mensagem de Emmanuel), p. 147 e 148.

727 BÍBLIA DE JERUSALÉM. Gilberto da Silva Gorgulho; Ivo Storniolo e Ana Flora Anderson (Coords.). Diversos tradutores. Nova ed. rev. e ampl. 13. imp. São Paulo: Paulus, 2019, *Evangelho segundo Mateus*, p. 1.724-1.725.

728 CHAMPLIN, Russell Norman. *O novo testamento interpretado versículo por versículo*: Mateus/Marcos. Nova edição revisada. São Paulo: Hagnos, 2014, v. 1, cap. 12.8, p. 405.

729 RIGONATTI, Eliseu. *O evangelho dos humildes*. São Paulo: Pensamento, 2018, cap. 12, it. A cura do homem que tinha uma das mãos ressicada, p. 91.

730 BÍBLIA DE JERUSALÉM. Gilberto da Silva Gorgulho; Ivo Storniolo e Ana Flora Anderson (Coords.). Diversos tradutores. Nova ed. rev. e ampl. 13. imp. São Paulo: Paulus, 2019, *Evangelho segundo Mateus*, p. 1.725.

731 CHAMPLIN, Russell Norman. *O novo testamento interpretado versículo por versículo*: Mateus/Marcos. Nova edição revisada. São Paulo: Hagnos, 2014, v. 1, cap. 12.14, p. 407.

732 BÍBLIA DE JERUSALÉM. Gilberto da Silva Gorgulho; Ivo Storniolo e Ana Flora Anderson (Coords.). Diversos tradutores. Nova ed. rev. e ampl. 13. imp. São Paulo: Paulus, 2019, *Evangelho segundo Mateus*, p. 1.725.

733 KARDEC, Allan. *A gênese*. Trad. Evandro Noleto Bezerra. 2. ed. 2. imp. Brasília: FEB, 2019, cap. 14, it. 46, p. 259.

734 RIGONATTI, Eliseu. *O evangelho dos humildes*. São Paulo: Pensamento, 2018, cap. 12, it. A blasfêmia dos fariseus. p. 95.

735 _____. _____. P. 96.

736 _____. _____. P. 95.

737 BÍBLIA DE JERUSALÉM. Gilberto da Silva Gorgulho; Ivo Storniolo e Ana Flora Anderson (Coords.). Diversos tradutores. Nova ed. rev. e ampl. 13. imp. São Paulo: Paulus, 2019, *Evangelho segundo Mateus,* p. 1.725.

738 BÍBLIA SAGRADA. Trad. João Ferreira de Almeida. Rev. e corr. 4. ed. Barueri: Sociedade Bíblica do Brasil, 2009, *O evangelho segundo Mateus,* p. 1.262.

739 RIGONATTI, Eliseu. *O evangelho dos humildes.* São Paulo: Pensamento, 2018, cap. 12, it. A blasfêmia dos fariseus, p. 96.

740 _____. _____. P. 97.

TEMA 40

O MISTÉRIO DO REINO DOS CÉUS: A PARTE NARRATIVA 3 (MT 12: 33-50)

Com este tema, finalizamos a narrativa 3 do capítulo 12 de *Mateus* que faz o fechamento da pregação inicial de Jesus. O texto apresenta quatro ideias principais que serão apreciadas durante a reunião de estudo: a) *As palavras manifestam o coração*; b) *O sinal de Jonas*; c) *O retorno ofensivo do Espírito impuro*; d) *Os verdadeiros parentes de Jesus*.

40.1 AS PALAVRAS MANIFESTAM O CORAÇÃO (MT 12:33-37)[741]

> *33 Ou declarais que a árvore é boa e o seu fruto é bom, ou declarais que a árvore é má e o seu fruto é mau. É pelo fruto que se conhece a árvore. 34 Raça de víboras, como podeis falar coisas boas, se sois maus? Porque a boca fala daquilo de que o coração está cheio. 35 O homem bom, do seu bom tesouro tira coisas boas, mas o homem mau, do seu mau tesouro tira coisas más. 36 Eu vos digo que de toda palavra sem fundamento que os homens disserem, darão contas no Dia do Julgamento. 37 Pois por tuas palavras serás justificado e por tuas palavras serás condenado.*

O conteúdo desses versículos já foi, na verdade, expresso anteriormente pelo evangelista (Mt 7:16-20), no último capítulo que engloba o Sermão da Montanha, considerado a plataforma dos ensinos de Jesus. Em *Lucas*, 6:43-44 também encontramos referência ao assunto, que será estudado oportunamente. De forma ampla, os seguintes entendimentos permeiam a mensagem do Cristo:[742]

» *Os homens são julgados pelas suas obras (frutos)*: "Ou declarais que a árvore é boa e o seu fruto é bom, ou declarais que a árvore é má e o seu fruto é mau. É pelo fruto que se conhece a árvore" (Mt 12:33).

- » *O problema de pregar o bem sem exemplificá-lo*: esta foi uma questão que o Cristo tocou diretamente e que indica a raiz dos problemas que a prática da lei antiga pelos religiosos suscitava aos crentes: os sacerdotes judeus não exemplificavam aquilo que pregavam, mas exigiam a prática por parte do adepto. Além do mais, os ensinamentos da lei não eram tão claramente entendidos pelo povo, em geral, porque eram apresentados de forma velada e obscura, envolvidos na farsa dos rituais, abundantemente utilizada pelo clero, sobretudo em se tratando dos fariseus. Jesus, então, não tinha muita condescendência com eles, como afirma o versículo: "Raça de víboras, como podeis falar coisas boas, se sois maus? Porque a boca fala daquilo de que o coração está cheio" (Mt 12:34).

- » *A conduta humana é representada pelo simbolismo do fruto bom ou mau*: a conduta humana é o conjunto dos atos praticados pelos indivíduos, que geram resultados que serão colhidos, cedo ou tarde, da mesma forma que uma árvore produz bons ou maus frutos, como atesta o versículo: "O homem bom, do seu bom tesouro tira coisas boas, mas o homem mau, do seu mau tesouro tira coisas más" (Mt 12:35).

- » *A necessidade da renovação da lei antiga*: a verdadeira prática da lei, em espírito e verdade, dispensa rituais e cultos externos. Essa era uma das propostas de Jesus que se transformou em pomo da discórdia, porque os fariseus e demais sacerdotes estavam muito acomodados na leitura literal do Judaísmo, pouco ou nada se interessando pelos princípios espirituais orientadores que os fariam refletir e se transformar em pessoas melhores. Passaram, então, a contestar, caluniar e perseguir Jesus. Aliás, a calúnia era um ponto que Jesus condenava em relação ao comportamento dos fariseus e dos escribas: "Eu vos digo que de toda palavra sem fundamento que os homens disserem, darão contas no dia do Julgamento" (Mt 12: 36).

- » *O mal será sempre revelado, mesmo que esteja muito escondido*: não há ação humana que permaneça escondida para sempre. O mal, cujas consequências são sempre danosas, será um dia desmascarado, assinala o versículo: "Pois por tuas palavras serás justificado e por tuas palavras serás condenado" (Mt 12: 37).

Eliseu Rigonatti faz uma boa comparação entre as árvores e os frutos, assim se expressando:

> A árvore é a religião; os frutos são o bem e o mal que os adeptos de uma religião espalham. Aqui Jesus nos adverte de que são os adeptos de uma religião que a tornam boa ou má. Uma religião para dar bons frutos deve seguir as leis divinas; seus sacerdotes devem observá-las estritamente e não pouparem esforços para ensinar o povo a viver de conformidade com elas; do contrário os frutos não poderão ser bons.
>
> Na Terra estão encarnados espíritos nos mais variados graus de adiantamento espiritual e desenvolvimento intelectual. Por isso cada criatura possui uma determinada capacidade de raciocínio e, obedecendo à lei da afinidade, formam grupos mais ou menos homogêneos. Origina-se daí que nem todos os ensinamentos são aceitos por todos, mas que cada criatura e cada grupo somente aceitam os ensinamentos segundo o grau de compreensão que possuem. As correntes espirituais estão sempre em harmonia com o grau de compreensão do grupo a que presidem e seus frutos são próprios daquele meio. Agora, cumpre a cada componente do grupo fazer com que os frutos sejam bons. Cada um de nós e o grupo a que pertencermos poderemos produzir frutos bons ou frutos maus: frutos bons se agirmos com pureza de pensamentos, palavras e atos; frutos maus se preferirmos os caminhos tortuosos dos pensamentos malévolos, das palavras maledicentes e dos atos malignos.
>
> Em virtude do grande esforço que o Espiritismo está desenvolvendo junto a seus adeptos para instruí-los nas leis divinas, os espíritas têm por obrigação produzir bons frutos. Nunca nos esqueçamos de que a base para a produção dos frutos bons é a regeneração de nossas almas. Sem renovação íntima não é possível perfazer-se o progresso moral, produtor dos bons frutos.[743]

40.2 O SINAL DE JONAS (MT 12:38-42)[744]

> 38 Nisso, alguns escribas e fariseus tomaram a palavra dizendo: "Mestre, queremos ver um sinal feito por ti". 39 Ele replicou: "Uma geração má e adúltera busca um sinal, mas nenhum sinal lhe será dado, exceto o sinal do profeta Jonas". Fora um sinal para ninivitas — libertação miraculosa, pregação aos pagãos — Jesus anuncia de modo velado o seu triunfo final. [Em seguida, acrescenta]: "40 Pois, como Jonas esteve no ventre do monstro marinho três dias e três noites, assim ficará o Filho do Homem três dias e três noites (intervalo entre a morte e a ressurreição) no seio da terra. 41 Os habitantes de Nínive se levantarão no julgamento, juntamente com esta geração e a condenarão, porque eles se converteram pela pregação de Jonas. Mas aqui está algo mais do que Jonas! 42 A rainha do Sul se levantará no julgamento juntamente com esta geração e a condenará, porque veio dos confins da Terra para ouvir a sabedoria de Salomão. Mas aqui está algo mais do que Salomão!

Os fariseus e os escribas pedem a Jesus a demonstração de um prodígio ou sinal para que eles pudessem comprovar a autoridade do Mestre como Messias ou mesmo como um profeta. Mas Jesus lhes recusa a dar qualquer sinal, informa que, por muito menos, povos gentios aceitaram os ensinamentos de Deus; contudo lhes fornece apenas um sinal, aquele referente ao que mais tarde seria conhecido como o da sua ressurreição. Os seguintes versículos transmitem estas ideias: "Ele replicou: 'Uma geração má e adúltera busca um sinal, mas nenhum sinal lhe será dado, exceto o sinal do profeta Jonas". Fora um sinal para ninivitas — libertação miraculosa, pregação aos pagãos — Jesus anuncia de modo velado o seu triunfo.

Jesus associa os três dias que o profeta Jonas permaneceu no ventre de "um peixe grande" (Jn 2:1) ao período aproximado que aconteceria entre a sua morte por crucificação e a sua ressurreição.[745] Jonas (*no hebraico é Yônah, "pomba"*) é o nome de um dos profetas de Israel, filho de Amitai, natural de Gate. Antes de findar o reinado de Jeroboão II, profetizou que Israel recobraria os antigos limites desde a entrada de Hamate até o mar do deserto, II Rs 14:25; Jn 1:1".[746] Jonas é considerado como um dos profetas menores. A denominação **profeta maior** e **profeta menor** não está relacionada à grandeza do trabalho realizado pelos profetas do Antigo Testamento, mas à dimensão ou tamanho do livro que eles escreveram. Assim, Isaías, Jeremias, Ezequiel e Daniel foram denominados *profetas maiores* porque escreveram os livros mais extensos do AT. Enquanto os profetas Oseas, Joel, Amós, Obadias, Jonas, Miqueias, Naum, Habacuque, Sofonias, Ageu, Zacarias e Malaquias, conhecidos como *profetas menores,* escreveram os livros de menor tamanho do AT.

Jesus faz referência a alguns povos gentílicos (ninivitas e os da região governados pela rainha do Sul), ao profeta Jonas e ao rei Salomão, nos seguintes versículos: "Os habitantes de Nínive se levantarão no Julgamento, juntamente com esta geração e a condenarão, porque eles se converteram pela pregação de Jonas. Mas aqui está algo mais do que Jonas! A rainha do Sul se levantará no Julgamento juntamente com esta geração e a condenará, porque veio dos confins da Terra para ouvir a sabedoria de Salomão. Mas aqui está algo mais do que Salomão" (Mt 12:41-42). Essas referências têm uma razão de ser, pois servem de subsídios para a sua argumentação diante da intolerância dos fariseus e demais religiosos aos seus ensinamentos. Os habitantes do Nínive, assim como os governados pela rainha do Sul, eram povos gentílicos que desconheciam os ensinamentos da religião judaica.

Consta que os ninivitas se converteram ao Judaísmo após ouvirem o profeta Jonas, porque mantiveram a mente aberta, não endureceram o coração, nem rejeitaram os conselhos de Deus manifestados pela boca do profeta.[747] Quanto à rainha do Sul, conhecida como rainha de Sabá – uma porção de terras árabes que se limitava com o mar vermelho, cujo território ficava ao sul da Judeia – é referência de Jesus à narrativa que se encontra em *I Reis*, 10:1-19. Segundo a tradição judaica, essa rainha adotou a religião dos judeus, quando, durante a sua visita a Israel, ficou maravilhada com os ensinamentos de Salomão e com a grandeza do seu reino.[748]

Nesse contexto, os povos de Nínive, assim como a rainha do Sul/Sabá, representam o bom exemplo, pessoas desarmadas psicologicamente que souberam fazer a boa escolha. Situação oposta era o comportamento dos fariseus e demais religiosos do Judaísmo, assim como o dos habitantes de Tiro, Sídom, Sodoma, Corarzin, Betsaida e Cafarnaum, cidades impenitentes (veja estudo realizado anteriormente), cujos habitantes rejeitaram ou foram indiferentes aos ensinos dos profetas e os de Jesus. Mesmo assim, assinala Jesus, os profetas, Jonas e o rei Salomão eram menores que o Messias de Deus.

> Incapazes de compreenderem a beleza moral de seus ensinamentos e não querendo ver as numerosas curas que tinha praticado, os escribas e os fariseus reclamavam de Jesus surpreendentes fatos materiais.
>
> Curando os doentes, Jesus queria demonstrar que o verdadeiro poder é o daquele que faz o bem. Aliviando o sofrimento de todos os que se aproximavam dele, Jesus conquistava as criaturas pelo coração e fazia prosélitos mais numerosos e sinceros, do que se os encantasse com maravilhas, que apenas lhes tocassem os olhos, como se fosse um prestidigitador a desempenhar sua parte num espetáculo.
>
> O objetivo de Jesus não era satisfazer à curiosidade dos indiferentes, mas plantar no coração dos homens as sementes do amor a Deus e ao próximo e fornecer-lhes os meios de concretizarem na Terra o Reino dos Céus. Por isso não atendeu ao estulto pedido que os sacerdotes lhe fizeram. Comentando este episódio da vida de Jesus, Allan Kardec judiciosamente conclui:
>
> "Do mesmo modo, o Espiritismo prova sua missão providencial pelo bem que faz. Ele cura os males físicos, mas cura, sobretudo, as doenças morais, e são estes os maiores prodígios que lhe atestam a procedência. Seus mais sinceros adeptos não são os que foram tocados pela observação de fenômenos extraordinários, mas os que dele recebem consolações para suas almas; aqueles aos quais liberta da tortura da dúvida; aqueles aos quais levantou o ânimo nas aflições, que hauriram forças na certeza que lhes trouxe acerca do futuro, no conhecimento da vida espiritual. Estes são os de fé inabalável, porque sentem

e compreendem. E assim como Jesus, não será por meio de prodígios que o Espiritismo triunfará da incredulidade; será pela multiplicação dos benefícios morais".[749]

40.3 RETORNO OFENSIVO DO ESPÍRITO IMPURO (MT 12:43-45)[750]

> 43 "Quando o espírito impuro sai do homem, perambula por lugares áridos, procurando repouso, mas não o encontra. 44 Então diz: 'Voltarei para minha casa de onde saí.' Chegando lá, encontra-a desocupada, varrida e arrumada. 45 Diante disso, vai e toma consigo outros sete espíritos piores do que ele e vêm habitar aí. E com isso, a condição final daquele homem torna-se pior do que antes. Eis o que acontecerá a esta geração má."

Os antigos entendiam que os lugares desertos eram povoados de demônios. Entretanto, estes preferem ainda habitar entre os homens.

Pelos estudos desenvolvidos anteriormente, fica evidente que existiam muitas pessoas obsidiadas à época de Jesus, que buscavam libertação espiritual por meio das práticas religiosas difundidas. Entretanto, tais práticas tinham pouca eficácia, pois eram associadas aos exorcismos e às blasfêmias de uso comum, sobretudo pelos fariseus e escribas. Como práticas externas, os resultados eram ineficazes, não provocando a necessária renovação espiritual, base da desobsessão, a despeito de existir no Judaísmo a noção da existência de Espíritos que poderiam ser a causa do processo obsessivo. Trata-se de uma informação totalmente de acordo com os princípios espíritas, que esclarecem sobre a existência de Espíritos em todos os lugares, mesmo os considerados vazios: "Pode-se dizer que os Espíritos são os seres inteligentes da Criação. Povoam o Universo, fora do mundo material".[751] Da mesma forma, os orientadores espirituais esclarecem:

> Os Espíritos estão em toda parte. Povoam infinitamente os espaços infinitos. Há os que estão sem cessar ao vosso lado, observando-vos e atuando sobre vós, sem que o saibais, já que os Espíritos são uma das forças da Natureza e os instrumentos de que Deus se serve para a execução de seus desígnios providenciais. Nem todos, porém, vão a toda parte, pois há regiões interditas aos menos adiantados.[752]

O retorno ofensivo do Espírito impuro é consequente do clima de desarmonia que havia naquele ambiente onde Jesus pregava. Importa compreender que o Espírito que ainda não adquiriu condições para garantir a sua harmonização íntima pode ser conduzido a um estado de perturbação espiritual pela sintonia com influências negativas presentes num local ou provenientes de pessoas espiritualmente enfermas. Tais vinculações são possíveis e ocorrem com muita frequência, são estabelecidas sintonias em razão da escassa disciplina mental ou da prática usual do bem, condições que neutralizariam vinculações indesejáveis. Desta forma, um pequeno foco de perturbação pode gerar inúmeros outros nichos de desarmonia. Tais desarmonias estão simbolizadas nas palavras deste versículo: "Diante disso, vai e toma consigo outros sete espíritos piores do que ele e vêm habitar aí. E com isso, a condição final daquele homem torna-se pior do que antes. Eis o que acontecerá a esta geração má" (Mt 12:45).

Jesus insiste, então, na necessidade da transformação moral e de se vivenciar em espírito os ensinamentos da Lei, até então obliterados pelos cultos externos. Mas a base do Evangelho é a melhoria moral do ser. Percebemos, assim, que o panorama geral da vida cotidiana, transcorrida naquele momento histórico em que Jesus esteve entre nós, era particularmente perturbador em razão das vibrações inferiores emitidas pela rejeição aos seus ensinos, às intrigas e calúnias generalizadas. Em consequência, havia um clima de tensão, de intrigas e controvérsias provocado pelos fariseus e escribas, em especial, favorável à sintonia com entidades perturbadas e perturbadoras.[753] Daí Emmanuel esclarecer: "Quando se verifique a invasão da desarmonia nos institutos do bem, que os agentes humanos acusem a si mesmos pela defecção nos compromissos assumidos ou pela indiferença ao ato de servir. E que ninguém peça ao Céu determinadas receitas de fraternidade, porque a fórmula sagrada e imutável permanece conosco no 'amai-vos uns aos outros'".[754]

O registro de *Mateus* (retorno ofensivo do Espírito impuro) reflete situação bem conhecida do espírita quando se trata da influência dos Espíritos em nossos pensamentos e atos. Quando Kardec perguntou aos orientadores da Codificação se "os Espíritos influem em nossos pensamentos e em nossos atos", a resposta objetiva foi: "Muito mais do que imaginais, pois frequentemente são eles que vos dirigem".[755] Assim, vigiar o pensamento, adquirir o hábito da oração, trabalhar incessantemente no bem são, entre outras, ações que naturalmente neutralizam influências inferiores:

> Não basta que os Espíritos obsessores sejam doutrinados e encaminhados. Há absoluta necessidade de que o homem construa sua fortaleza moral, a fim de que não mais seja assaltado pelo mal. Se não se fortificar pela prática do bem e pela moralização de sua vida, segundo os preceitos do Evangelho, novos Espíritos obsessores tomarão o lugar dos primeiros e o estado da vítima se tornará pior.[756]

40.4 OS VERDADEIROS PARENTES DE JESUS (MT 12:46-50)[757]

> *46 Estando ainda a falar às multidões, sua mãe e seus irmãos* [designa relações de parentesco] *estavam fora, procurando falar-lhe. 47 Eis que tua mãe e teus irmãos estão fora e procuram falar-te* [bons testemunhos]. *48 Jesus respondeu àquele que o avisou: "Quem é minha mãe e quem são meus irmãos?" 49 E apontando para os discípulos com a mão, disse: "Aqui estão minha mãe e meus irmãos, 50 porque aquele que fizer a vontade de meu Pai que está nos Céus, esse é meu irmão, irmã e mãe"* [parentesco espiritual].

Os ensinamentos do Mestre no tocante aos seus verdadeiros parentes foi motivo de muita discussão no passado, uma vez que nem sempre foi possível compreender a lição que Jesus nos transmitia: os laços espirituais de fraternidade entre os seres humanos:

> Aqui Jesus começa a pregar a fraternidade universal. A despeito dos laços transitórios do sangue, somos todos irmãos, filhos do mesmo Pai, que é Deus. Não importa a cor, a raça, a religião, o credo político a que cada um pertence; estas coisas são transitórias e deixam o espírito logo que desencarne. Também são transitórios os laços consanguíneos; pela desencarnação, estes laços se desfazem, permanecendo apenas os laços da afeição e da simpatia que unem os Espíritos uns aos outros. No mundo espiritual, nossa verdadeira pátria, não há pais, mães, maridos e esposas: há apenas irmãos, filhos de Deus [...].[758]

Em *O evangelho segundo o espiritismo*, lemos o seguinte:

> Os laços do sangue não estabelecem necessariamente vínculos entre os Espíritos. O corpo procede do corpo, mas o Espírito não procede do Espírito, porque o Espírito já existia antes da formação do corpo. Não é o pai que cria o Espírito de seu filho; apenas lhe fornece o invólucro corpóreo, cumprindo--lhe, no entanto, auxiliar o desenvolvimento intelectual e moral do filho, para fazê-lo progredir.
>
> Os Espíritos que encarnam numa mesma família, sobretudo como parentes próximos, são, na maioria das vezes, Espíritos simpáticos, ligados por relações anteriores, que se traduzem por uma afeição recíproca na vida terrena. Mas também pode acontecer que sejam completamente estranhos uns aos outros, divididos por antipatias igualmente anteriores, que se expressam na Terra por um mútuo antagonismo, a fim de lhes servir de provação. Os verdadeiros laços de família não são, pois, os da consanguinidade, e sim os da simpatia e da comunhão de pensamentos, que prendem os Espíritos antes, durante e depois de suas encarnações. Consequentemente, dois seres nascidos de pais diferentes podem ser mais irmãos pelo Espírito, do que se o fossem pelo sangue. Podem atrair-se, buscar-se, sentir prazer quando juntos, ao passo que dois irmãos consanguíneos podem repelir-se, conforme se vê todos os dias.

Eis um problema moral que só o Espiritismo podia resolver pela pluralidade das existências.

Há, pois, duas espécies de famílias: as famílias pelos laços espirituais e as famílias pelos laços corpóreos. As primeiras são duráveis e se fortalecem pela purificação, perpetuando-se no mundo dos Espíritos através das várias migrações da alma; as segundas, frágeis como a matéria, se extinguem com o tempo e muitas vezes se dissolvem moralmente, já na existência atual. Foi o que Jesus quis tornar compreensível, dizendo de seus discípulos: "Aqui estão minha mãe e meus irmãos", isto é, minha família pelos laços do Espírito, pois todo aquele que faz a vontade de meu Pai que está nos Céus é meu irmão, minha irmã e minha mãe.[759]

REFERÊNCIAS

[741] BÍBLIA DE JERUSALÉM. Gilberto da Silva Gorgulho; Ivo Storniolo e Ana Flora Anderson (Coords.). Diversos tradutores. Nova ed. rev. e ampl. 13. imp. São Paulo: Paulus, 2019, *Evangelho segundo Mateus,* 12:33-37, p. 1.725-1.726.

[742] CHAMPLIN, Russell Norman. *O novo testamento interpretado versículo por versículo:* Mateus/Marcos. Nova edição revisada. São Paulo: Hagnos, 2014, v. 1, cap. 12:33-37, p. 415

[743] RIGONATTI, Eliseu. *O evangelho dos humildes.* 1. ed. São Paulo: Pensamento, 2018, cap. 12, it. As árvores e os seus frutos, p. 97-98.

[744] BÍBLIA DE JERUSALÉM. Gilberto da Silva Gorgulho; Ivo Storniolo e Ana Flora Anderson (Coords.). Diversos tradutores. Nova ed. rev. e ampl. 13. imp. São Paulo: Paulus, 2019, *Evangelho segundo Mateus,* 12:38-42, p. 1.726.

[745] _____. _____. Nota de rodapé "e", p. 1.726.

[746] DAVIS, John. *Novo dicionário da bíblia.* Ampl. e atual. Trad. J. R. Carvalho Braga. São Paulo: Hagnos, 2005, p. 694.

[747] CHAMPLIN, Russell Norman. *O novo testamento interpretado versículo por versículo*: Mateus/Marcos. Nova edição revisada. São Paulo: Hagnos, 2014, v. 1, cap. 12,41, p. 418.

[748] _____. _____. Cap. 12:42, p. 419.

[749] RIGONATTI, Eliseu. *O evangelho dos humildes.* 1. ed. São Paulo: Pensamento, 2018, cap. 12, it. O milagre de Jonas, p. 98-99.

[750] BÍBLIA DE JERUSALÉM. Gilberto da Silva Gorgulho; Ivo Storniolo e Ana Flora Anderson (Coords.). Diversos tradutores. Nova ed. rev. e ampl. 13. imp. São Paulo: Paulus, 2019, *Evangelho segundo Mateus,* 12:43-45, p. 1.726.

[751] KARDEC, Allan. *O livro dos espíritos.* Trad. Evandro Noleto Bezerra. 4. ed. 9. imp. Brasília: FEB, 2020, q. 76, p. 83.

752 _____. _____. Q. 87, p. 85-86.
753 CHAMPLIN, Russell Norman. *O novo testamento interpretado versículo por versículo*: Mateus/Marcos. Nova edição revisada. São Paulo: Hagnos, 2014, v. 1, cap. 12:43-45, p. 419.
754 XAVIER, Francisco Cândido. *Pão nosso.* Pelo Espírito Emmanuel. 1. ed. 17. imp. Brasília: FEB, 2020, cap. 10, p. 34.
755 KARDEC, Allan. *O livro dos espíritos.* Trad. Evandro Noleto Bezerra. 4. ed. 9. imp. Brasília: FEB, 2020, q. 459, p. 230.
756 RIGONATTI, Eliseu. *O evangelho dos humildes.* 1. ed. São Paulo: Pensamento, 2018, cap. 12, O milagre de Jonas, p. 101.
757 BÍBLIA DE JERUSALÉM. Gilberto da Silva Gorgulho; Ivo Storniolo e Ana Flora Anderson (Coords.). Diversos tradutores. Nova ed. rev. e ampl. 13. imp. São Paulo: Paulus, 2019, *Evangelho segundo Mateus,* 12:46-50, p. 1.726-1.727.
758 RIGONATTI, Eliseu. *O evangelho dos humildes.* 1. ed. São Paulo: Pensamento, 2018, cap. 12, it. A família de Jesus, p. 102.
759 KARDEC, Allan. *O evangelho segundo o espiritismo.* Trad. Evandro Noleto Bezerra. 2. ed. 10. imp. Brasília: FEB, 2020, cap. 14, it. 8, p. 195.

DISCURSO EM PARÁBOLAS: A PARÁBOLA DO SEMEADOR (MT 13:1-23)

A segunda parte do capítulo 13 de *Mateus* é caracterizada pelo ensino de parábolas que, no presente estudo, abrange a análise geral de duas ideias: a) *O significado do estudo/ensino por parábolas*; e b) *A parábola do semeador*, cujo registro do evangelista é o que se segue (Mt 13:1-23):[760]

> 1 Naquele dia, saindo Jesus de casa, sentou-se à beira-mar. 2 Em torno dele reuniu-se uma grande multidão. Por isso, entrou num barco e sentou-se, enquanto a multidão estava em pé na praia. 3 E disse-lhes muitas coisas em parábolas:
>
> *Parábola do semeador:* Ele dizia: "Eis que o semeador saiu para semear. 4 E ao semear, uma parte da semente caiu à beira do caminho e as aves vieram e a comeram. 5 Outra parte caiu em lugares pedregosos, onde não havia muita terra. Logo brotou, porque a terra era pouco profunda. 6 Mas, ao surgir o sol, queimou-se e, por não ter raiz, secou. 7 Outra ainda caiu entre os espinhos. Os espinhos cresceram e a abafaram. 8 Outra parte, finalmente, caiu em terra boa e produziu fruto, uma cem, outra sessenta e outra trinta, 9 Quem tem ouvidos, ouça!"
>
> *Por que Jesus fala em parábolas:* 10 Aproximando-se os discípulos, perguntaram-lhe: "Por que lhes falas em parábolas?" 11 Jesus respondeu: "Porque a vós foi dado conhecer os mistérios do Reino dos Céus, mas a eles não. 12 Pois àquele que tem, lhe será dado e lhe será dado em abundância, mas ao que não tem, mesmo o que tem lhe será tirado. 13 É por isso que lhes falo em parábolas: porque veem sem ver e ouvem sem ouvir nem entender. 14 É neles que se cumpre a profecia de *Isaías* que diz: Certamente haveis de ouvir, e jamais entendereis. Certamente haveis de enxergar, e jamais vereis. 15 Porque o coração deste povo se tornou insensível. E eles ouviram de má vontade, e fecharam os olhos, para não acontecer que vejam com os olhos, e ouçam com os ouvidos, e entendam com o coração, e se convertam, e assim eu os cure. 16 Mas felizes os vossos olhos, porque veem, e os vossos ouvidos, porque ouvem. 17 Em verdade vos digo que muitos profetas e justos desejaram ver o que vedes e não viram, e ouvir o que ouvis e não ouviram.

Explicação da parábola do semeador: 18 Ouvi, portanto, a parábola do semeador. 19 Todo aquele que ouve a Palavra do Reino e não a entende, vem o Maligno e arrebata o que foi semeado no seu coração. Esse é o que foi semeado à beira do caminho. 20 O que foi semeado em lugares pedregosos é aquele que ouve a Palavra e a recebe imediatamente com alegria, 21 mas não tem raiz em si mesmo, é de momento: quando surge uma tribulação ou uma perseguição por causa da Palavra, logo sucumbe. 22 O que foi semeado entre os espinhos é aquele que ouve a Palavra, mas os cuidados do mundo e a sedução da riqueza sufocam a Palavra e ela se torna infrutífera. 23 O que foi semeado em terra boa é aquele que ouve a Palavra e a entende. Esse dá fruto, produzindo à razão de cem, de sessenta e de trinta.

Para facilitar o desenvolvimento do estudo, não seguiremos a ordem numérica dos versículos, do 1 ao 23, como consta no registro de Mateus. Distribuímos tais versículos em dois conjuntos: o primeiro diz respeito *ao ensino por parábolas*, sendo representado pelos versículos 1 a 3 e 10 a 17; o segundo conjunto refere-se à *parábola do semeador*, propriamente dita, e às explicações transmitidas por Jesus e comporta os versículos 4 a 9 e 18 a 23.

41.1 O ENSINO POR PARÁBOLAS (MT 13:1-3; 10-17)[761]

A metodologia do ensino por parábolas é recurso educativo de grande valia na preservação de ensinamentos ao longo dos séculos. É instrumento didático usado pelos filósofos desde a Antiguidade. Como as parábolas do Evangelho foram proferidas por Jesus para uma multidão heterogênea, intelectual e moralmente, foi necessário garantir que as orientações do seu Evangelho fossem eternamente preservadas, como assinala Vinícius (Pedro Camargo):

> Jesus como sábio educador, costumava recorrer frequentemente às parábolas a fim de melhor interessar e impressionar os ouvintes.
>
> Esse processo é eminentemente prático e pedagógico, pois supre as deficiências intelectuais do educando, sempre que se trata de assuntos transcendentes.
>
> Demais, na época em que o Mestre Divino predicava, e mesmo muito tempo depois de sua partida, os ensinamentos eram conservados e revividos por meio da tradição. Ora, é muito mais fácil reter na mente a lição ministrada por um conto qualquer, em que há o enredo que auxilia as associações das ideias, do que quando ensinada de modo inteiramente abstrato.
>
> [...]
>
> Assim também, se o sapientíssimo Instrutor e Guia da Humanidade não tivesse envolvido seus sublimes preceitos no manto parabólico, eles não teriam chegados até nós.[762]

Indagado a respeito de por que Ele falava ao povo por meio de parábolas, Jesus esclarece:

> Aproximando-se os discípulos, perguntaram-lhe: "Por que lhes falas em parábolas?" Jesus respondeu: "Porque a vós foi dado conhecer os mistérios do Reino dos Céus, mas a eles não. Pois àquele que tem, lhe será dado e lhe será dado em abundância, mas ao que não tem, mesmo o que tem lhe será tirado. É por isso que lhes falo em parábolas: porque veem sem ver e ouvem sem ouvir nem entender" (Mt 13:10-13).

Como sabemos, os apóstolos e muitos discípulos foram preparados antes da reencarnação para atuarem como auxiliares do Cristo. Eram Espíritos que já detinham conhecimento espiritual mais amplo, diferentemente da maioria dos ouvintes, inclusive dos sacerdotes.

Outro ponto importante, relacionado à necessidade das parábolas como meio de preservação da mensagem do Cristo, é que o cidadão comum daquela época se revelava indiferente aos assuntos espirituais propriamente ditos, possivelmente porque a religião focava aspectos de cultos externos, como os rituais e os simbolismos. Outro não foi o motivo de o Mestre Nazareno lembrar-lhes a profecia de *Isaías*, 6:9 e 10, extraída da *Bíblia Hebraica LXX* (*Septuaginta*):[763]

> É por isso que lhes falo em parábolas: porque veem sem ver e ouvem sem ouvir nem entender. É neles que se cumpre a profecia de *Isaías* que diz: Certamente haveis de ouvir, e jamais entendereis. Certamente haveis de enxergar, e jamais vereis. Porque o coração deste povo se tornou insensível. E eles ouviram de má vontade, e fecharam os olhos, para não acontecer que vejam com os olhos, e ouçam com os ouvidos, e entendam com o coração, e se convertam, e assim eu os cure (Mt 13:13-15).

Ao longo dos tempos, as parábolas foram preservadas, mas, historicamente falando, percebe-se que sempre houve uma certa superficialidade interpretativa no seio das religiões cristãs, a despeito de serem as orientações do Cristo imprescindíveis à melhoria espiritual do ser humano. Com o Espiritismo, torna-se bem mais fácil compreender todos os ensinamentos do Evangelho, afirma Emmanuel: "Em suma, diante do acesso aos mais altos valores da vida, Jesus e Kardec estão perfeitamente conjugados pela Sabedoria Divina. Jesus, a porta. Kardec, a chave".[764]

Jesus destaca que, para compreender verdades espirituais, impulsionadoras da evolução, os homens precisam ter "olhos de ver" e "ouvidos de ouvir". Isto é, precisam, primeiramente, se libertar do jugo dos interesses materiais que lhes obliteram os sentidos e a capacidade de perceber além da vida material, transformando-os em cegos e surdos quanto ao progresso espiritual, como assinalam os versículos: "Mas felizes os vossos olhos, porque veem, e os vossos ouvidos, porque ouvem. Em verdade vos digo que muitos profetas e justos desejaram ver o que vedes e não viram, e ouvir o que ouvis e não ouviram" (Mt 13:16-17).

O certo é que o Evangelho representa verdade libertadora que será acolhida, um dia, por todos os Espíritos, pois se trata de um imperativo da Lei do Progresso. Amélia Rodrigues assim se expressa a respeito:

> O progresso marcha, lenta ou aceleradamente, e ninguém o pode deter. É o processo natural da vida, que evolui sistematicamente sem nunca parar. O repouso, por isto mesmo, e a inércia, não fazem parte dos seus quadros.
>
> O mesmo ocorre com a verdade. Não pode ser impedida, porque o seu fluxo, o seu curso é inestancável.
>
> Quanto mais lúcida a civilização, mais claro se lhe desvela o conhecimento da verdade, ultrapassando o chavão comum, que fala a respeito daquela que é de *cada um*. Expande-se e, mesmo quando sombreada pelos cúmulos dos preconceitos e dos comportamentos arbitrários, rompe o aparente impedimento e brilha com todo o esplendor.[765]

41.2 A PARÁBOLA DO SEMEADOR E A EXPLICAÇÃO DE JESUS (MT 13:4-9; 18-23)[766]

É a primeira parábola ensinada por Jesus, e Ele ensina como interpretá-la. Na Parábola do Semeador (assim como nas demais parábolas), encontramos símbolos que devem ser analisados no seu verdadeiro sentido: *o semeador, a semente* e os diferentes tipos de *solos* onde a semente foi semeada. Os símbolos indicados nas parábolas de Jesus são, na verdade, códigos retirados da simples leitura dos elementos da Natureza, os quais devem ser decodificados sabiamente, pois como afirma Emmanuel: "Ninguém julgue fácil a aquisição de um título referente à elevação espiritual. O Mestre recorreu sabiamente aos símbolos vivos da natureza, favorecendo-nos a compreensão".[767]

Como foi dito, a Parábola do Semeador é a primeira ensinada pelo Cristo. Tanto nesta como na do Joio e do Trigo (a segunda parábola do Evangelho), Jesus não se limita apenas a transmitir a orientação Divina, mas explica como devemos compreender os elementos simbólicos por Ele selecionados. Apresentamos, em seguida, a análise espírita de cada um dos símbolos citados por Jesus (semeador, semente e solos da semeadura).

41.2.1 O SEMEADOR

Inegavelmente, Jesus é o grande semeador. O Divino Semeador previsto por profetas do Velho Testamento; o guia e modelo da humanidade terrestre.[768] Em menor escala, guardando as devidas proporções, nós, os aprendizes do Evangelho, podemos nos transformar em semeadores da Lavoura Divina, desde que tenhamos o devido cuidado para semear apenas a semente do Evangelho:

> Transferindo a imagem para o solo do espírito, em que tantos imperativos de renovação convidam os obreiros da boa vontade à santificante lavoura da renovação, somos levados a reconhecer que o servidor do Evangelho é compelido a sair de si próprio, a fim de beneficiar corações alheios. É necessário desintegrar o velho cárcere do 'ponto de vista' para devotarmos ao serviço do próximo.[769]

41.2.2 A SEMENTE

Simboliza "a palavra de Deus, a Lei do Amor que abrange a Religião e a Ciência, a Filosofia e a Moral [...]. A palavra de Deus, a 'semente', é uma só, quer dizer, é sempre a mesma que tem sido apregoada em toda parte, desde que o homem se achou em condição de recebê-la". A semente é, pois, a palavra de Deus, admiravelmente transmitida pelo Messias da Humanidade em seu Evangelho.

Os discípulos sinceros do Evangelho, a despeito das suas imperfeições, compreendem a importância da difusão da palavra divina, que se reporta ao advento do *Reino de Deus,* uma era de paz e alegrias que, cedo ou tarde, alcançará o planeta Terra. Tais discípulos trabalham espontaneamente na seara do Cristo na condição de semeadores da vida, ou seja, são os que semeiam a boa semente.

A propósito, é importante estarmos atentos ao conselho de Emmanuel, dirigido a quem age como semeador ou aspira a tal posição:

> [...]. Estende as mãos a serviço do amor e tanto quanto possível, semeia sempre. Não exijas, porém, que o fruto chegue hoje. Primeiro, o suor do trabalho e a semente no solo. Depois, a defesa laboriosa e a verdura tenra, pedindo apoio. Mais tarde, no entanto, surpreenderás, jubilosamente, a alegria da flor e a bênção do pão.

41.2.3 OS DIFERENTES SOLOS DA SEMEADURA

Jesus explica claramente que cada solo citado na Parábola do Semeador (Mt 13:18-23) são os diferentes níveis evolutivos, moral e intelectual, do ser humano. Nem sempre, porém, se percebe essa ideia de imediato. Assim, para tornar mais fácil o aprendizado, apresentamos, em seguida, grupos de versículos: o primeiro grupo indica citações da parábola do semeador contada por Jesus, o segundo grupo são as explicações do Mestre a respeito da parábola. Entre um e outro grupo, inserimos alguns breves comentários espíritas.

» Mt 13:4 – "Eis que o semeador saiu para semear. E ao semear, uma parte da semente caiu à beira do caminho e as aves vieram e a comeram". A semente que cai nesse solo indica um terreno ainda não preparado para a semeadura. A sua utilidade é sustentar a vida dos seres da Criação (no caso, as aves do céu). Mt 13:18 e 19 – "Ouvi, portanto, a parábola do semeador. Todo aquele que ouve a Palavra do Reino e não a entende, vem o Maligno e arrebata o que foi semeado no seu coração. Esse é o que foi semeado à beira do caminho." À beira ou à margem do caminho, está o solo que representa o fluxo do vai-e-vem de pessoas, de forma que a pessoa se posiciona mais como observador de diferentes cenários. São pessoas que podem ser influenciadas por ideologias materialistas ("o maligno"), que as distanciam de uma vida de retidão moral.

» Mt 13:5 e 6 – "Outra parte caiu em lugares pedregosos, onde não havia muita terra. Logo brotou, porque a terra era pouco profunda. Mas, ao surgir o sol, queimou-se e, por não ter raiz, secou". Esse solo indica as pessoas entusiastas, que não analisam as ideias e os fatos com maior profundidade e ponderação. Mt 13:20-21 – "O que foi semeado em lugares pedregosos é aquele que ouve a Palavra e a recebe imediatamente com alegria; mas não tem raiz em si mesmo, é de momento: quando surge uma tribulação ou uma perseguição por causa da Palavra, logo sucumbe." É o solo representando indivíduos que "[...] depressa se cansam de seus trabalhos espirituais. Aceitam o Evangelho, mas o abandonam tão logo tenham de fazer qualquer esforço para pô-lo em prática. O entusiasmo deles esfria ao receberem a mais ligeira crítica contra a doutrina que abraçaram ou ao surgirem dificuldades para segui-la."[770]

» Mt 13:7 – "Outra ainda caiu entre os espinhos. Os espinhos cresceram e a abafaram". É o solo indicativo de pessoas materialistas, para as quais os prazeres e confortos da vida material são as prioridades da vida. Mt 13:22 – "O que foi semeado entre os espinhos é aquele que ouve a Palavra, mas os cuidados do mundo e a sedução da riqueza sufocam a Palavra e ela se torna infrutífera." São os indivíduos que pouco ou nada consideram dos ensinos espiritualistas, apesar de demonstrarem alguma inteligência para compreendê-los. "Temos aqui aqueles que, ao ouvirem a Palavra Divina, comparam as coisas materiais com as espirituais e se decidem pelas materiais por parecer-lhes um caminho mais fácil e mais cômodo; são almas de pequenino desenvolvimento espiritual, que se acomodam melhor nas facilidades que a matéria proporciona [...].[771]

» Mt 13:8 – "Outra parte, finalmente, caiu em terra boa e produziu fruto, uma cem, outra sessenta e outra trinta". São solos férteis relacionados aos indivíduos que já possunum certo grau de maturidade espiritual, os quais possuem capacidade de produção moral de acordo com o próprio grau evolutivo. Mt 13:23 – "O que foi semeado em terra boa é aquele que ouve a Palavra e a entende. Esse dá fruto, produzindo à razão de cem, de sessenta e de trinta".

Nesse trecho vemos a

> [...] personificação do adepto sincero; abraça os ensinamentos Divinos, esforça-se por praticá-los e trabalha no campo espiritual sem medir sacrifícios. E cada um produzirá de acordo com seu adiantamento espiritual: uns mais ou outros menos. Esta comparação de Jesus dizendo que uns dão cem, outros sessenta e outros trinta por um, significa que na seara do Senhor há trabalho para todos, desde o mais pequenino ao mais letrado, desde o mais pobrezinho ao mais bem situado no mundo [...].[772]

Allan Kardec faz uma correlação dos diferentes solos onde a semente foi semeada com as categorias de espíritas:

> A Parábola do Semeador exprime perfeitamente os matizes existentes na maneira de serem utilizados os ensinos do Evangelho. De fato, quantas pessoas existem para as quais ele não passa de letra morta, à maneira da semente caída sobre pedregulhos, que não produz nenhum fruto!
>
> Ela encontra uma explicação não menos justa nas diferentes categorias de espíritas. Não será ela o emblema dos que apenas atentam nos fenômenos materiais e não tiram nenhuma consequência deles, por que neles só veem fatos curiosos? Dos que não buscam senão o lado brilhante das comunicações dos Espíritos, pelas quais só se interessam quando lhes satisfazem a imaginação, e que, depois de as terem ouvido, se conservam tão frios e indiferentes quanto eram? Os que acham muito bons os conselhos e os admiram, mas para serem aplicados aos outros, e não a si mesmos? Enfim, aqueles, para os quais essas instruções são como a semente que cai em terra boa e dá frutos.[773]

É muito importante que cada um de nós faça uma autoavaliação, certificando que tipo de solo representamos. O resultado dessa avaliação nos situa melhor na jornada da vida, tendo em vista a última recomendação de Jesus, após ter transmitido a Parábola do Semeador: "Quem tem ouvidos, ouça!" (Mt 13:9).

Em síntese:

- *O solo da semente semeada na beira da estrada.* É aquele que sempre utiliza os ensinamentos do Evangelho de forma indiferente ou distraída, citando frases e expressões de efeito, mas sem maiores compromissos. Talvez até tenham sido motivados por alguma curiosidade inicial, mas que logo passa.

- *O solo da semente semeada nos pedregulhos.* É aquele que reflete entusiasmo para com mensagem espiritual do Evangelho, mas que dela se afasta perante o surgimento de obstáculos e dificuldades da caminhada evolutiva.

- *O solo da semente que caiu no espinheiro.* Indica aquele indivíduo que acredita na verdade espiritual das orientações de Jesus, a ponto de se autodenominar religioso, mas que relega a planos secundários a sua prática, pois os interesses do mundo falam mais alto, ainda que exista no íntimo compreensão da mensagem do Mestre. Contudo, a despeito do entendimento intelectual, o esforço moral de vivenciar a orientação se revela frágil.

- *Os diferentes solos férteis.* Representam as pessoas que não só compreendem a mensagem do Evangelho, mas possuem perseverança para vencer os obstáculos que surgem na vida, inclusive os decorrentes das próprias limitações, produzindo mais ou menos frutos, de acordo com a dedicação à Causa do Evangelho.

Emmanuel pondera, sabiamente:

> Referindo-nos à parábola do semeador, narrada pelo Divino Mestre, lembremo-nos de que o campo da vida é assim como a terra comum.
>
> Nele encontramos criaturas que expressam glebas espirituais de todos os tipos.
>
> Homens-calhaus... Homens-espinheiros... Homens-milhafres... Homens--parasitas... Homens-charcos... Homens-furnas... Homens-superfícies... Homens-obstáculos... Homens-venenos... Homens-palhas... Homens--sorvedouros... Homens-erosões... Homens-abismos...

Mas surpreendemos também, com alegria, os homens-searas, aqueles que reunindo consigo o solo produtivo do caráter reto, a água pura dos sentimentos nobres, o adubo da abnegação, a charrua do esforço próprio e o suor do trabalho constante, sabem albergar as sementes divinas do conhecimento superior, produzindo as colheitas do bem para os semelhantes.

Reparemos a vasta paisagem que nos rodeia, através da meditação, e, com facilidade, por nossa atitude perante os outros, reconheceremos de pronto que espécie de terreno estamos sendo nós.[774]

REFERÊNCIAS

[760] BÍBLIA DE JERUSALÉM. Gilberto da Silva Gorgulho; Ivo Storniolo e Ana Flora Anderson (Coords.). Diversos tradutores. Nova ed. rev. e ampl., 13. imp. São Paulo: Paulus, 2019, *Evangelho segundo Mateus,* 13:1-23, p. 1.727-1.728.

[761] _____. *Evangelho segundo Mateus,* 13:1-3 e 10-17, p. 1.727.

[762] VINICIUS (Pedro Camargo). *Em torno do mestre.* 9. ed. 5. imp. Brasília: FEB, 2019, cap. Jesus e suas parábolas, p. 283.

[763] CHAMPLIN, Russell Norman. *O novo testamento interpretado versículo por versículo:* Mateus/Marcos. Nova edição revisada. São Paulo: Hagnos, 2014, v. 1, cap. 13,14, p. 429.

[764] XAVIER, Francisco Cândido. *Opinião espírita.* Pelo Espírito Emmanuel. 4. ed. Uberaba: CEC, 1973, cap. 2, p. 25.

[765] FRANCO, Divaldo Pereira. *Dias venturosos.* Pelo Espírito Amélia Rodrigues. 4. ed. Salvador: LEAL, 2015, cap. 22, p. 143.

[766] BÍBLIA DE JERUSALÉM. Gilberto da Silva Gorgulho; Ivo Storniolo e Ana Flora Anderson (Coords.). Diversos tradutores. Nova ed. rev. e ampl., 13. imp. São Paulo: Paulus, 2019, *Evangelho segundo Mateus,* 13:4-9 e 18-23, p. 1.727 e 1.728.

[767] XAVIER, Francisco Cândido. *Caminho, verdade e vida.* Pelo Espírito Emmanuel. 1. ed. 17. imp. Brasília: FEB, 2020, cap. 102, p. 219.

[768] KARDEC, Allan. *O livro dos espíritos.* Trad. Evandro Noleto Bezerra. 4. ed. 9. imp. Brasília: FEB, 2020, q. 625, p. 285.

[769] XAVIER, Francisco Cândido. *Fonte viva.* Pelo Espírito Emmanuel. 1. ed. 16. imp. Brasília: FEB, 2020, cap. 64, p. 143.

[770] RIGONATTI, Eliseu. *O evangelho dos humildes.* 1. ed. São Paulo: Pensamento, 2018, cap. 13, it. A parábola do semeador, p. 106.

[771] _____. _____. P. 106.

[772] _____. _____. P. 107.

[773] KARDEC, Allan. *O evangelho segundo o espiritismo.* Trad. Evandro Noleto Bezerra. 2. ed. 10. imp. Brasília: FEB, 2020, cap. 17, it. 6, p. 230-231.

[774] XAVIER, Francisco Cândido. *Palavras de vida eterna.* Pelo Espírito Emmanuel. 41. ed. Uberaba: CEC, 2017, cap. 51, p. 118-119.

TEMA 42

DISCURSO EM PARÁBOLAS: A PARÁBOLA DO JOIO, A DO GRÃO DE MOSTARDA E A DO FERMENTO (MT 13: 24-43)

Estudaremos, separada e amplamente, as três parábolas indicadas e, juntamente com a parábola do joio, conheceremos a interpretação que foi transmitida por Jesus. É sempre oportuno lembrar que, com o livro de *Mateus* estamos apenas iniciando o estudo dos textos evangélicos, uma simples introdução para que venhamos a adquirir visão panorâmica de grande parte das escrituras neotestamentais.

O propósito do programa O Evangelho Redivivo é, porém, estudar os 27 livros que compõem o Novo Testamento. Tal fato nos permitirá retomar os temas que foram selecionados pelos autores dos respectivos livros, os quais se encontravam sob assistência espiritual do próprio Cristo. Assim, o assunto não se esgota numa reunião semanal, cujo conteúdo deve ser mantido focado.

42.1 A PARÁBOLA DO JOIO (MT 13:24-30)[775]

> *24 propôs-lhes outra parábola: "O Reino dos Céus é semelhante a um homem que semeou boa semente no seu campo. 25 Enquanto todos dormiam, veio o seu inimigo e semeou o joio no meio do trigo e foi-se embora. 26 Quando o trigo cresceu e começou a granar, apareceu também o joio. 27 Os servos do proprietário foram procurá-lo e lhe disseram: "Senhor, não semeaste boa semente no teu campo? Como então está cheio de joio?" 28 Ao que este respondeu: "Um inimigo é que fez isso". Os servos perguntaram-lhe: "Queres, então, que vamos arrancá-lo?" 29 Ele respondeu: "Não, para não acontecer que, ao arrancar o joio, com ele arranqueis também o trigo. 30 Deixai-os crescer juntos até a colheita. No tempo da colheita, direi aos ceifeiros: "Arrancai primeiro o joio e atai-o em feixes para ser queimado; quanto ao trigo, recolhei-o no meu celeiro."* […]

Trata-se da parábola registrada por *Mateus* também conhecida como Parábola do Trigo e do Joio (*Bíblia sagrada*, trad. João Ferreira de Almeida; *Bíblia Thompson*, por Frank Charles Thompson; e *Bíblia de estudo explicada*, trad. João Ferreira de Almeida). Importa considerar que inserimos, em seguida, uma simples informação a respeito de uma pequena dúvida existente entre os estudiosos a respeito do texto original. O foco, porém, de O Evangelho Redivivo é analisar as escrituras do Novo Testamento à luz da Doutrina Espírita, sem a mais leve intenção de realizar estudo religioso comparativo.

> [...] Evidentemente essa matéria originou-se na tradição oral ou escrita, provavelmente preservada pela igreja de Antioquia.
>
> Algumas autoridades nos estudos neotestamentários têm identificado esta parábola com o texto de *Marcos*, 4:26-29 (Parábola do *crescimento inconsciente da semente*) e, entre tais estudiosos, grande é o debate sobre qual das apresentações das palavras de Jesus — a de Mateus ou a de Marcos — seria a forma original do adágio. Entretanto as semelhanças são superficiais e a intenção da lição, em cada caso, é inteiramente diversa. Provavelmente, portanto, essas palavras representam adágios diferentes de Jesus, proferidos sob circunstâncias e em ocasiões diferentes [...].[776]

Não resta dúvida de que a "boa semente" indica, sempre, os ensinamentos do Cristo, por Ele trazidos ao planeta. Rodolfo Calligaris registra os conceitos espíritas dos símbolos que aparecem na parábola, facilmente percebidos: "O campo somos nós, a Humanidade; o semeador é Jesus; a semente de trigo — o Evangelho; a erva má — as interpretações capciosas de seus textos; e o inimigo — aqueles que as têm lançado de permeio com a lídima Doutrina cristã."[777]

> O joio está para o trigo, assim como o juízo humano está para as manifestações superiores.
>
> Uma doutrina, por mais clara e pura que seja, no mesmo momento em que é concedida ao homem, suscita inimigos que a trucidam, interesseiros e interessados em manter a ignorância que a desvirtua, revestindo-a de falsas interpretações e desnaturando completamente sua essência puríssima! São como o joio, que amesquinha, transforma, envenena e até mata o trigo![778]

É natural que, se revelamos alguma consciência da necessidade de semear o bem, devemos envidar todos os esforços para que a semente germine e se transforme no alimento espiritual, que nutre o indivíduo, e aqui representado pelo trigo. Este, porém, por injunções divinas, deve conviver com a erva daninha ou joio, pelo menos até um determinado momento.

O aprendiz atento percebe, então, que, nesta vivência próxima do bem e do mal, o mal pode apresentar muitas facetas, mascarando muitas vezes as ações do bem. Com o estudo a respeito do assunto, a inteligência se aprimora, e, com a persistência das boas ações, a moralidade, é desenvolvida. A questão se reduz, pois, a um raciocínio bem elementar: saber identificar o mal e as suas múltiplas facetas, para não ser por ele afetado. Outro ponto, não menos importante: o reconhecimento do que é o mal e do que é o bem impulsiona o processo evolutivo do Espírito, pois ele aprende a fazer escolhas acertadas, pelo uso correto do livre-arbítrio. O discernimento espiritual ou bom senso surge e se desenvolve com o exercício incessante do livre-arbítrio.

42.1.1 EXPLICAÇÃO DA PARÁBOLA DO JOIO (MT 13:36-42)[779]

> 36 Então, deixando as multidões, entrou em casa. E os discípulos chegaram-se a ele, pedindo-lhe: "Explica-nos a parábola do joio no campo". 37 Ele respondeu: "O que semeia a boa semente é o Filho do Homem. 38 O campo é o mundo. A boa semente são os filhos do Reino. O joio são os filhos do Maligno. 39 O inimigo que o semeou é o Diabo. A colheita é o fim do mundo. Os ceifadores são os anjos. 40 Da mesma forma que se junta o joio e se queima no fogo, assim será no fim do mundo: 41 o Filho do Homem enviará seus anjos e eles apanharão do seu Reino todos os escândalos e os que praticam a iniquidade 42 e os lançarão na fornalha ardente. Ali haverá choro e ranger de dentes. 43 Então os justos brilharão como o Sol no Reino de seu Pai. O que tem ouvidos, ouça!

As explicações do Cristo em relação à parábola que ele acabara de ensinar merece mais algumas ponderações espíritas. Vejamos, então.

» *O semeador.* Não há dúvidas quem seja ele: é o próprio Mestre Nazareno, assim confirmado por ele: "Ele respondeu: 'O que semeia a boa semente é o Filho do Homem" (Mt 13: 37).

» *O campo a ser semeado.* Indica a Humanidade terrestre: "o campo é o mundo", indica o versículo: Mt 13:37.

> Efetivamente, a vida é comparável ao trato do solo que nos é concedido cultivar.
>
> Ergue-te, cada dia, e ampara o teu campo de serviço, a fim de que esse mesmo campo de serviço te possa auxiliar.
>
> A sementeira é a empreitada, o dever a cumprir, o compromisso de que te incumbes. O terreno é o próximo que te propicia colheita.
>
> Lavrar o talhão é dar de nós sem pensar em nós [...].[780]

» *A boa semente.* São as lições imortais do Evangelho. Contudo, Jesus indica que podem representar os homens de bem, os Espíritos puros, ou: "A boa semente são os filhos do Reino" (Mt 13:38). Enfim: são os Espíritos, efetivamente, evangelizados.

» *O joio ou má semente.* São todas as ações negativas, tudo o que é alimentado pelo mal: "O joio são os filhos do Maligno" (Mt 13: 38). "Quando Jesus recomendou o crescimento simultâneo do joio e do trigo, não quis senão demonstrar a sublime tolerância celeste, no quadro das experiências da vida. O Mestre nunca subtraiu as oportunidades de crescimento e santificação do homem" [...].[781]

» *O inimigo que semeou. A colheita e os ceifadores.* O inimigo indica os Espíritos atrasados e maldosos; os que plantam as desarmonias no mundo, representados no simbolismo "diabo" que consta do versículo. A *colheita* indica, necessariamente, os resultados encontrados ao final de um ciclo evolutivo (mundos regenerados, felizes ou Divinos). Os *ceifadores* são os Espíritos mais esclarecidos, moral e intelectualmente, que têm a incumbência de separar o mal do bem e dar destinação final a cada um. O versículo resume tudo: "O inimigo que o semeou é o Diabo.

» A colheita é o fim do mundo. Os ceifadores são os anjos" (Mt 13:39).

» Separação do joio e do trigo. No final de determinado ciclo evolutivo ocorre uma ascensão espiritual, caracterizada pela maior ou menor separação do mal e do bem. Nos mundos Divinos, o bem reina absoluto. Nos mundos felizes, o bem predomina, mas ainda há o mal. Nos mundos de regeneração, o mal está em equilíbrio com o bem e, nos mundos de expiação, o mal predomina.[782] Assinala o versículo: "Da mesma forma que se junta o joio e se queima no fogo, assim será no fim do mundo" (Mt 13:39).

> A colheita não é igual para todas as sementes da terra. Cada espécie tem o seu dia, a sua estação.
>
> Eis por que, aparecendo o tempo justo, de cada homem e de cada coletividade exige-se a extinção do joio, quando os processos transformadores de Jesus foram recebidos em vão. Nesse instante, a individualidade ou o povo a se agitarem em razão de aflições e hecatombes diversas, em gritos de alarme e socorro, como se estivessem nas sombras de naufrágio inexorável. No entanto, verifica-se apenas a destruição de nossas aquisições ruinosas ou inúteis. E, em vista de o joio ser atado, aos molhos, uma dor nunca vem sozinha.[783]

Rigonatti nos apresenta outras importantes considerações:

Esta parábola nos explica por que na Terra o mal existe ao lado do bem. Depois de sua formação, a Terra se tornou apta a receber os Espíritos, que aqui viriam desenvolver-se. Esses Espíritos se encarnaram simples e ignorantes e deveriam iniciar seu longo aprendizado, que os transformaria em Espíritos perfeitos. Como, porém, cada um possui o seu livre-arbítrio, uns se dedicaram ao bem e outros, ao mal. E a Terra passou a ser qual seara onde, ao lado da planta generosa e útil, crescesse também a planta venenosa. E hoje, contemplando o mal que campeia pela face da Terra, muitos corações bem formados se admiram que o Senhor não o elimine do globo. Entretanto esse dia chegará. Depois de o Evangelho ser pregado a todos os povos da Terra, de modo que ninguém possa alegar ignorância das leis divinas, o Senhor procederá à ceifa, isto é, os maus serão compelidos a desencarnarem e a se retirarem para mundos inferiores, mais de conformidade com o caráter de cada um; então a Terra será um imenso celeiro de almas regeneradas.[784]

42.2 PARÁBOLA DO GRÃO DE MOSTARDA (MT 13:31-32)[785]

31 Propôs-lhes outra parábola, dizendo: "O Reino dos Céus é semelhante a um grão de mostarda que um homem tomou e semeou no seu campo. 32 Embora seja a menor de todas as sementes, quando cresce é a maior das hortaliças e torna-se árvore, a tal ponto que as aves do céu se abrigam nos seus ramos".

Amélia Rodrigues considera que o "[...] grão de mostarda é o menor de todos, no entanto, cresce e a planta se torna grandiosa. As aves nela alojam, procurando agasalho nos seus ramos..."[786] Cairbar Schutel por sua vez, pontua:

> O grão de mostarda serviu duas vezes para as comparações de Jesus: uma vez comparou-o ao Reino dos Céus; outra, à fé.
>
> O grão de mostarda tem substância e uma semente faz efeito revulsivo. Essa mesma substância se transforma em árvore; dá, depois, muitas sementes e muitas árvores e até suas folhas servem de alimento.
>
> Mas é necessária a fertilidade da terra, para que trabalhe a germinação, haja transformação, crescimento e frutificação do que foi semente; e é necessário, a seu turno, o trabalho da semente e da planta no aproveitamento desse elemento que lhe foi dado. Assim acontece com o Reino dos Céus na alma humana; sem o trabalho dessa "semente", que é feito pelos Espíritos do Senhor; sem o concurso da boa vontade, que e a maior fertilidade que lhe podemos proporcionar; sem o esforço da pesquisa, do estudo, não pode aumentar e engrandecer-se em nós, não se nos pode mostrar tal como é, assim como a mostarda não se transforma em hortaliça sem o emprego dos requisitos imperiosos para essa modificação.

A fé é a mesma coisa: parece-se com um grão de mostarda quando já é capaz de "transportar montanhas", mas a sua tendência é sempre para o crescimento, a fim de operar mudança para campo mais largo, mais aberto, de mais dilatados horizontes.

A Fé verdadeira estuda, examina, pesquisa, sem espírito preconcebido, e cresce sempre no conhecimento e na vivência do Evangelho de Jesus.[787]

42.3 PARÁBOLA DO FERMENTO (MT 13:33)[788]

33 Contou-lhes outra parábola: "O Reino dos Céus é semelhante ao fermento que uma mulher tomou e pôs em três medidas de farinha, até que tudo ficasse fermentado".

O fermento é substância, biológica ou química, que faz crescer ou "levedar" (= de levedo ou tipo específico de microrganismo) uma massa, tornando-a mais leve. É bastante utilizado na produção de pães e derivados, milenarmente.

O fermento que uma mulher toma representa o labor evangélico, que se desenvolveria através dos tempos, por meio dos discípulos de boa vontade, até que a humanidade fique completamente evangelizada.

Assim como a massa se fermenta vagarosamente, assim também a humanidade não compreenderá nem assimilará os ensinamentos espirituais de uma só vez, mas aos poucos. Quanto mais a humanidade estudar o Evangelho, tanto mais gosto irá tendo por ele e tanto melhor o irá compreendendo e descobrindo como aplicá-lo em todos os departamentos das atividades terrenas.

O mesmo acontece a cada um de nós. A princípio lutamos com dificuldades para compreender e aceitar os preceitos Divinos; mas, se persistirmos no estudo, nossa compreensão irá aumentando, até ficarmos aptos não só para bem entendê-los, como também para vivermos de conformidade com eles.[789]

42.3.1 AS MULTIDÕES SÓ ENTENDEM PARÁBOLAS (MT 13:34 E 35)[790]

34 Jesus falou tudo isso às multidões por parábolas. E sem parábolas nada lhes falava, 35 para que se cumprisse o que foi dito pelo profeta: "Abrirei a boca em parábolas; proclamarei coisas ocultas desde a fundação do mundo".

A multidão que ouvia ou seguia Jesus estava habituada às manifestações de culto externo que o Judaísmo praticava. Não se interessava ou não lhe era facultado conhecer o significado espiritual que se encontrava escondido pelos inúmeros símbolos e práticas religiosas existentes. Mesmo entre os sacerdotes, o entendimento era limitado. Havia, obviamente, exceções à regra, entre os membros do clero (como Nicodemos, p. ex.) ou entre os

TEMA 42 – Discurso em parábolas: A parábola do joio, a do grão de mostarda e a do fermento (Mt 13: 24-43)

discípulos. Tal situação se repetia também com os apóstolos, pois o nível de entendimento e percepção da mensagem de Jesus era variável entre eles. Ao utilizar a linguagem alegórica, mas simples e direta das parábolas, Jesus despertara a atenção do povo que conseguiu absorver o significado do que era mais importante e necessário para aquele momento evolutivo.

A citação contida no final do versículo 34 diz que o falar por parábolas teria sido de um profeta, possivelmente Isaías. Mas não há consenso a respeito. Ao contrário, acredita-se que a citação foi inserida por escribas.[791]

Acontece o aprendizado, moral e intelectual: aos poucos, paulatinamente.

> As revelações são progressivas. À medida que a Humanidade avança na senda do progresso, vai recebendo os ensinamentos compatíveis com o grau de progresso alcançado.
>
> A vinda de Jesus ao nosso planeta assinala a maioridade terrena. A Humanidade ia ser iniciada nas coisas espirituais, tendo-se em vista sua elevação aos planos superiores do Universo.
>
> As coisas escondidas desde a criação do mundo são os ensinamentos que Jesus nos trouxe e as revelações que nos fez sobre a sobrevivência da alma, a reencarnação dos espíritos, a fraternidade universal, a Bondade Divina e os poderes espirituais da alma, os quais podem ser movimentados pela fé e pela prece.
>
> Jesus se servia de parábolas para ilustrar seus ensinamentos, facilitando assim a compreensão do povo, que ainda tinha dificuldades em compreender os ensinamentos espirituais abstratos. E são ditas de tal modo, que as parábolas se aplicarão a todos os tempos, mesmo quando a Humanidade tiver atingido o mais alto quociente de espiritualidade e de intelectualidade; porque quanto mais as estudarmos, tanto mais belas explicações e aplicações encontraremos para elas.[792]

As três parábolas podem ter representatividade temporal quando aplicadas em relação ao período de permanência de Jesus entre nós. Indicam, na verdade, dimensão atemporal, quando revelam lições que todos os indivíduos enfrentam, uns mais outros menos, em seu processo evolutivo, cotidianamente: em família, nas relações sociais, profissionais e no meio espírita. A luta entre o bem e o mal é fator constante entre os Espíritos imperfeitos, como nós que, mesmo sabendo identificar a "boa semente" (Evangelho), o semeador Divino (Jesus), a erva daninha (o inimigo ou o mal), ainda temos muitas dificuldades para pôr em prática as lições apreendidas. Em suma, podemos afirmar:

> [...] A parábola do joio é principalmente profética, estendendo-se até o julgamento final, ao passo que a parábola do crescimento inconsciente da semente é apenas outra parábola que ilustra o caráter geral do desenvolvimento do Reino

dos Céus entre os homens, como é ilustrado pelas parábolas do fermento e do grão de mostarda. A parábola do grão de mostarda ilustra o crescimento observado do lado de fora; a parábola do fermento, observa pelo lado de dentro esse mesmo crescimento; e a parábola que se lê em *Marcos,* 4:26-49, a do crescimento inconsciente, contempla esse crescimento de maneira que não pode ser visto pelos homens.[793]

As expressões "crescimento exterior", "crescimento interior" e "crescimento inconsciente" são metafóricas, obviamente, que revelam, respectivamente, padrões comportamentais exteriores, íntimos e involuntários (ou instintivos).

Como fechamento do presente estudo, mas não do assunto, reflitamos nestas sábias palavras de Emmanuel:

> Jesus tem o seu campo de serviço no mundo inteiro.
>
> Nele, naturalmente, como em todo campo de lavoura, há infinito potencial de realizações, com faixas de terra excelente e zonas necessitadas de arrimo, corretivo e proteção.
>
> [...]
>
> A gleba imensa do Cristo reclama trabalhadores devotados, que não demonstrem predileções pessoais por zonas de serviço ou gênero de tarefa.
>
> Apresentam-se muitos operários ao Senhor do Trabalho, diariamente, mas os verdadeiros servidores são raros.
>
> A maioria dos tarefeiros que se candidatam à obra do Mestre não seguem além do cultivo de certas flores, recuam à frente dos pântanos desprezados, temem os sítios desertos ou se espantam diante da magnitude do serviço, recolhendo-se a longas e ruinosas vacilações ou fugindo das regiões infecciosas.
>
> [...]
>
> Jesus, todavia, não descansa e prossegue aguardando companheiros para as realizações infinitas, em favor do Reino celeste na Terra.
>
> Reflete nesta verdade e enriquece as tuas qualidades de colaboração, aperfeiçoando-as e intensificando-as nas obras do bem indiscriminado e ininterrupto...
>
> É certo que não se improvisa um cooperador para Jesus, entretanto, não te esqueças de trabalhar, dia a dia, na direção do glorioso fim...[794]

REFERÊNCIAS

775 BÍBLIA DE JERUSALÉM. Gilberto da Silva Gorgulho; Ivo Storniolo e Ana Flora Anderson (Coords.). Diversos tradutores. Nova ed. rev. e ampl. 13. imp. São Paulo: Paulus, 2019, *Evangelho segundo Mateus,* 13:24-30, p. 1.728.

776 CHAMPLIN, Russell Norman. *O novo testamento interpretado versículo por versículo*: Mateus/Marcos. Nova ed. rev. São Paulo: Hagnos, 2014, v.1, it. VI: Terceiro grande discurso dirigido às multidões (13:1-58) – O reino dos céus e os seus mistérios, p. 434.

777 CALLIGARIS, Rodolfo. *Parábolas evangélicas.* 11. ed. 6. imp. Brasília: FEB, 2019, cap. *Parábola do joio e do trigo.* p. 13.

778 SCHUTEL, Cairbar. *Parábolas e ensinos de Jesus.* 28. ed. Matão: O Clarim, 2016, cap. *Parábola do joio,* p. 37.

779 BÍBLIA DE JERUSALÉM. Gilberto da Silva Gorgulho; Ivo Storniolo e Ana Flora Anderson (Coords.). Diversos tradutores. Nova ed. rev. e ampl. 13. imp. São Paulo: Paulus, 2019, *Evangelho segundo Mateus,* 13:36-43, p. 1.728-1.729.

780 XAVIER, Francisco Cândido. *Ceifa de luz.* Pelo Espírito Emmanuel. 2. ed. 10. Imp. Brasília: FEB, 2019, cap. 13, p. 227.

781 _____. *Vinha de luz.* Pelo Espírito Emmanuel. 1. ed. 15. imp. Brasília: FEB, 2020, cap. 107, p. 227.

782 KARDEC, Allan. *O evangelho segundo o espiritismo.* Trad. Evandro Noleto Bezerra. 2. ed. 10. imp. Brasília: FEB, 2020, cap. 3, it. 3 a 18, p. 52-58.

783 XAVIER, Francisco Cândido. *Vinha de luz.* Pelo Espírito Emmanuel. 1. ed. 15. imp. Brasília: FEB, 2020, cap. 107, p. 228.

784 RIGONATTI, Eliseu. *O evangelho dos humildes.* 1. ed. São Paulo: Pensamento, 2018, cap. 13, it. *A parábola do trigo e da cizânia,* p. 107-108.

785 BÍBLIA DE JERUSALÉM. Gilberto da Silva Gorgulho; Ivo Storniolo e Ana Flora Anderson (Coords.). Diversos tradutores. Nova ed. rev. e ampl. 13. imp. São Paulo: Paulus, 2019, *Evangelho segundo Mateus,* 13:31-32, p. 1.728.

786 FRANCO, Divaldo Pereira. *Primícias do reino.* Pelo Espírito Amélia Rodrigues. 8. ed. Salvador: LEAL, 2001, cap. 6, p. 84.

787 SCHUTEL, Cairbar. *Parábolas e ensinos de Jesus.* 28. ed. Matão: O Clarim, 2016, cap. Parábola do grão de mostarda, p. 40-41.

788 BÍBLIA DE JERUSALÉM. Gilberto da Silva Gorgulho; Ivo Storniolo e Ana Flora Anderson (Coords.). Diversos tradutores. Nova ed. rev. e ampl. 13. imp. São Paulo: Paulus, 2019, *Evangelho segundo Mateus,* 13:33, p. 1.728.

789 RIGONATTI, Eliseu. *O evangelho dos humildes.* 1. ed. São Paulo: Pensamento, 2018, cap. 13, it. As parábolas do grão de mostarda do fermento, p. 108-109.

790 BÍBLIA DE JERUSALÉM. Gilberto da Silva Gorgulho; Ivo Storniolo e Ana Flora Anderson (Coords.). Diversos tradutores. Nova ed. rev. e ampl. 13. imp. São Paulo: Paulus, 2019, *O evangelho segundo Mateus*, 13:34 e 35, p. 1.728.

791 CHAMPLIN, Russell Norman. *O novo testamento interpretado versículo por versículo*: Mateus/Marcos. Nova ed. rev. São Paulo: Hagnos, 2014, v.1, it. VI: *Terceiro grande discurso dirigido às multidões* (13:1-58) – *O reino dos céus e os seus mistérios*; 13:34, p. 437.

792 RIGONATTI, Eliseu. *O evangelho dos humildes*. 1. ed. São Paulo: Pensamento, 2018, cap. 13, it. As parábolas do grão de mostarda e do fermento, p. 109.

793 CHAMPLIN, Russell Norman. *O novo testamento interpretado versículo por versículo*: Mateus/Marcos. Nova ed. rev. São Paulo: Hagnos, 2014, v.1, it. VI: *Terceiro grande discurso dirigido às multidões* (13:1-58) – *O Reino dos Céus e os seus mistérios*, p. 434.

794 XAVIER, Francisco Cândido. *Vinha de luz*. Pelo Espírito Emmanuel. 1. ed. 15. imp. Brasília: FEB, 2020, cap. 68, p. 149-150.

DISCURSO EM PARÁBOLAS: PARÁBOLAS DO TESOURO, DA PÉROLA E DA REDE (MT 13:44-52)

Estas três parábolas: a do tesouro, da pérola e da rede apresentam ligações entre si quanto ao teor da seguinte ideia básica: quando o ser humano encontra o verdadeiro tesouro espiritual, tudo faz para obtê-lo e jamais perdê-lo. Ou, como consta na nota explicativa da Bíblia de Jerusalém: "Quem encontra o Reino dos Céus deve deixar tudo para entrar nele (Cf. 19,21; Lc 9:57-62)".[795]

43.1 PARÁBOLAS DO TESOURO E DA PÉROLA

> 44 O Reino dos Céus é semelhante a um tesouro escondido no campo; um homem o acha e torna a esconder e, na sua alegria, vai, vende tudo o que possui e compra aquele campo. 45 O Reino dos Céus é ainda semelhante a um negociante que anda em busca de pérolas finas. 46 Ao achar uma pérola de grande valor, vai, vende tudo o que possui e a compra (Mt 13:44-46).[796]

A parábola da pérola é citação encontrada apenas em *Mateus*, mas ambas as parábolas, a do tesouro e da pérola, indicam formas distintas do Espírito chegar à plenitude evolutiva, ainda que, no final, o resultado alcançado seja o mesmo.

> A parábola da pérola [...] ilustra o indivíduo que encontra o Reino dos Céus como algo de grande valor, como resultado de uma busca diligente, em contraste com a parábola do tesouro escondido, que alude à descoberta acidental do Reino. O homem que é personagem desta parábola [da pérola] aparece como competente crítico de valores, perito conhecedor de pérolas. A busca deste homem era resoluta, decisiva, judiciosa, incessante, guiada por princípios diligentes e pela experiência [...].[797]

Estudiosos das igrejas cristãs tradicionais conferem diferentes significados ao símbolo *pérola* do registro de Mateus: salvação eterna; comunhão com Deus; o próprio Cristo, sob a alegação de ser Ele quem busca e adquire a pérola. Em geral, o pensamento da igreja reformada é assim delineado: "A ideia central, portanto, é de que todas as demais coisas, quando contrastadas com a posse do Reino, têm pouquíssimo valor, e que há certas pessoas que buscam esse reino, e então, ao encontrá-lo, dão-lhe tão grande valor, que se dispõem a sacrificar tudo a fim de se apossarem dele".[798]

A compreensão espírita é que, se a pessoa já consegue se libertar do jugo das posses e conquistas efêmeras da existência material, ela passa a ser mais atenta no combate às imperfeiçoes que ainda lhes são próprias, esforçando-se para viver os preceitos da Lei de Amor. Neste sentido, assemelha-se tanto ao negociante que, após buscas intencionais, encontrou a mais preciosa das pérolas, como ao indivíduo que, fortuitamente, encontra o maior de todos os tesouros: o Reino dos Céus. "[...] Naturalmente, o tesouro é tudo quanto Jesus Cristo nos dá, nossa transformação em sua imagem, para compartilharmos de sua natureza, ou seja, de virmos a compartilhar de sua Divindade (II Pe 1:4)".[799] Atingido tal nível evolutivo, desenvolve-se, então, o entendimento de que a "[...] riqueza real é atributo da alma eterna e permanece incorruptível naquele que a conquistou".[800]

O sentido da transformação espiritual pela aquisição de virtudes é o pensamento central das duas narrativas. Transformação que alcança o ser humano cedo ou tarde.

> Jesus aqui nos adverte de que a verdadeira finalidade de nossa vida terrena é obtermos a riqueza espiritual. Tão logo chegarmos a compreender que a real felicidade não consiste na posse transitória das coisas do mundo, de bom grado passaremos a trabalhar ativamente para entrarmos na posse dos bens espirituais. É assim como o homem que vendeu tudo o que tinha para comprar o campo e o negociante de pérolas que trocou tudo por uma de alto preço, assim também nós, quando compreendermos o valor dos bens espirituais, tudo trocaremos por eles. Quaisquer sacrifícios serão pequenos para realizarmos o Reino de Deus no íntimo de nossa alma.[801]

Importa também considerar que há um processo gradual de aquisição de bens espirituais ou da conquista do Reino dos Céus, variável de indivíduo para indivíduo, semelhante ao que acontece na Natureza: há o instante da semeadura e da germinação da semente; do crescimento da planta, da floração e o da produção de frutos. A ascensão evolutiva, moral e intelectual, só se revela possível, portanto, com as oportunidades concedidas pela reencarnação e pelos conhecimentos adquiridos na vida extrafísica, como esclarece Allan Kardec.

Na infância da Humanidade, o homem só aplica a inteligência à procura do alimento, dos meios de se preservar das intempéries e de se defender dos seus inimigos. Deus, porém, lhe concedeu, mais do que facultou aos animais, *o desejo incessante do melhor*, e é esse desejo que o impele à pesquisa dos meios de melhorar a sua posição, que o leva às descobertas, às invenções, ao aperfeiçoamento da Ciência, pois é a Ciência que proporciona o que lhe falta. Por meio das pesquisas, sua inteligência se engrandece, o moral se depura. Às necessidades do corpo sucedem as do espírito; depois do alimento material, ele precisa do alimento espiritual. É assim que o homem passa da selvageria à civilização.

Mas o progresso que cada homem realiza individualmente durante a vida é bem pouca coisa, imperceptível mesmo, em grande número deles. Como, então, a Humanidade poderia progredir, sem a preexistência e a *reexistência* da alma? Se as almas se fossem todos os dias, para não mais voltarem, a Humanidade se renovaria incessantemente com os elementos primitivos, tendo de fazer tudo, de aprender tudo. Não haveria, pois, razão para que o homem se achasse hoje mais adiantado do que nas primeiras idades do mundo, uma vez que a cada nascimento todo o trabalho intelectual teria de recomeçar. Ao contrário, voltando com o progresso que já realizou e adquirindo de cada vez alguma coisa a mais, a alma passa gradualmente da barbárie à civilização material e desta à civilização moral.[802]

43.2 PARÁBOLA DA REDE

> 47 O Reino dos Céus é ainda semelhante a uma rede lançada ao mar, que apanha de tudo. 48 Quando está cheia, puxam-na para a praia e, sentados, juntam o que é bom em vasilhas, mas o que não presta, deitam fora. 49 Assim será no fim do mundo: virão os anjos e separarão os maus dentre os justos 50. e os lançarão na fornalha ardente. Ali haverá choro e ranger de dentes (Mt 13:47-50). [803]

Essa parábola também só foi registrada por Mateus. Destaca-se que a rede, à qual faz referência o texto evangélico, não era pequena, mas de grande dimensão, tendo em vista a finalidade específica do uso ao qual ela estava destinada, ou seja, capturar maior quantidade de peixes: "uma das extremidades era presa à praia, e a outra, a uma embarcação [...]. Essa grande rede recolhia grande acúmulo de peixes, entre os quais, naturalmente, vinham bons e ruins, úteis e inúteis [...]."[804]

> A parábola ilustra os efeitos da pregação do Evangelho no mundo. Alguns aceitam a mensagem e assim desenvolvnuma fé autêntica, tornando-se discípulos legítimos do Cristo. Outros parece que são somente "recolhidos" pela rede da mensagem de Cristo, mas finalmente mostram que são falsos discípulos. Alguns possuem verdadeiramente a vida espiritual, conferida em face da fé

verdadeira, enquanto os outros só aparentemente têm vida espiritual. Alguns, segundo os propósitos de Deus, estão prontos para cumprir os alvos Divinos, ao passo que outros não são aptos para cumprir os alvos de Deus no tocante ao destino determinado para os seres humanos.[805]

Localizamos, nesse registro do evangelista, quatro importantes símbolos que merecem ser analisados: a) o significado de *Reino dos Céus* (ou de Deus); b) a *rede* que recolhe tudo, o que é útil e o que não é; c) a posterior *seleção* quanto à qualidade do que fora recolhido; d) o anúncio da *transformação evolutiva da Humanidade terrestre*.

43.2.1 O REINO DOS CÉUS É AINDA SEMELHANTE A UMA REDE LANÇADA AO MAR, QUE APANHA DE TUDO (MT 13: 47)

O versículo nos informa do significado de Reino dos Céus ou de Deus, anunciado por Jesus e da coleta Divina lançada à Humanidade terrestre em momentos apropriados.

> A expressão *Reino dos Céus*, muito usada por Jesus em suas lições, tem dois sentidos: o sentido objetivo e o sentido subjetivo. Quando usada objetivamente designa o mundo exterior, isto é, o Universo, do qual a Terra faz parte e onde habitamos. Reserva-se, então, a denominação Reino dos Céus para os lugares felizes do Universo, que são os mundos regenerados, os felizes e os Divinos. As outras categorias de mundos, que são os primitivos, os de expiações e de provas, constituem os mundos ou lugares onde há prantos e ranger de dentes.
> [...]
> Tomada no sentido subjetivo, a expressão Reino dos Céus designa a tranquilidade de consciência, a paz interior, a felicidade íntima, a suavidade no coração, a calma interna, a fé viva em Deus, tudo isso originado da perfeita compreensão das Leis Divinas e de completa submissão à Vontade do Senhor.[806]

A rede da Providência Divina não desconsidera nenhum ser da Criação, envolve a todos com amor, justiça e misericórdia, concedendo à Humanidade todas a oportunidades de progresso moral e intelectual, pois a felicidade plena e legítima é a herança que o Pai celestial destina aos seus filhos. No contexto da parábola, a "[...] rede representa a lei de amor, inscrita por Deus em todas as consciências, e os peixes de toda a espécie apanhados por ela são os homens de todas as raças e de todos os credos, que serão *julgados de acordo com as suas obras* [...]."[807]

> A rede cheia de peixes de toda a espécie representa a Lei Suprema, que ministrada a todos, sem exceção, sejam gregos ou gentios, vem trazendo ao Tribunal de Cristo gente de toda a espécie, bons, medianos e maus, para serem julgados de acordo com as suas obras.

[...]

Finalmente: [a *Parábola da rede*]. Ela é a chave com que Jesus quis fechar naqueles corações o ensino alegórico que lhes havia transmitido, ensino bastante explicativo do Reino dos Céus com todas as suas prerrogativas.[808]

43.2.2 QUANDO ESTÁ CHEIA, PUXAM-NA PARA A PRAIA E, SENTADOS, JUNTAM O QUE É BOM EM VASILHAS, MAS O QUE NÃO PRESTA DEITAM FORA (MT 13:48)

À medida que o ser humano desenvolve os devidos aprendizados, morais e intelectuais, surge-lhe a bendita oportunidade de ascensão espiritual. Todavia, antes da mudança de patamar evolutivo propriamente dita, há uma espécie de aferição do aprendizado, ou seleção como consta no versículo, a fim de que se possa separar os que são efetivamente bons dos que apresentam apenas a intenção ou a aparência de melhoria espiritual. À semelhança dos peixes, os bons serão posicionados em plano melhor.

> Os Espíritos se desenvolvem de acordo com o livre-arbítrio que Deus lhes concede. De tempos a tempos, a diretoria espiritual do globo procede, por ordem do Altíssimo, a uma seleção rigorosa dos Espíritos que habitam o ambiente terreno: os que usaram de seu livre-arbítrio para cultivarem o bem tornam-se dignos de passar a viver em planos mais adiantados do Universo, onde fruirão de felicidade imperturbável; os que usaram o seu livre-arbítrio para cometerem o mal são transferidos para planos inferiores, onde os aguardam rudes provas e expiações."[809]

Trata-se, pois, de processo seletivo inerente à Lei Divina, à qual Jesus faz referência em outras oportunidades (p. ex., na *Parábola do joio e do trigo*, Mt 13:24-30). A Doutrina Espírita esclarece de forma inequívoca a importância dessa seleção, que é sempre pautada pela Justiça e Misericórdia Divinas. Assim, é de fundamental importância realizarmos, sempre que possível, uma autoavaliação da conduta, aferirmos o quanto temos aprendido e melhorado em termos espirituais, ou o que ainda precisamos melhorar.

> Quer dizer que não vale só conhecer, é preciso também praticar; não vale estar dentro da rede; é indispensável ser bom!
>
> Os que conhecem o amor e não têm amor; os que exigem a lealdade e a sinceridade, mas não as praticam; os que clamam por indulgência e não são indulgentes; os que anunciam a humildade, mas se elevam aos primeiros lugares, deixando o banco do discípulo para se sentarem na cadeira do Mestre; todos estes, e ainda mais os perjuros, os convencionalistas, os tíbios e os subservientes, não poderão ter a cotação dos bons, dos humildes, dos que têm o coração

reto, dos que cultivam o amor pelo amor, a fé pelo seu valor progressivo, e trabalham pela Verdade para terem liberdade.[810]

43.2.3 ASSIM SERÁ NO FIM DO MUNDO: VIRÃO OS ANJOS E SEPARARÃO OS MAUS DENTRE OS JUSTOS E OS LANÇARÃO NA FORNALHA ARDENTE. ALI HAVERÁ CHORO E RANGER DE DENTES (MT 13:49-50).

> É o fim do mundo velho, é o advento do mundo novo; é uma fase que se extingue para dar lugar a outra que vem nascendo. Não é o fim do mundo, como alguns o têm entendido, mas, sim, o fim dos costumes com os seus usos, suas praxes, seu convencionalismo, sua ciência, sua filosofia, sua religião. É uma fase do nosso mundo, que ficará gravada nas páginas da História com letras indeléveis, encerrando um ciclo de existência da Humanidade e abrindo outra página em branco mas trazendo no alto o novo programa de Vida.[811]

Allan Kardec pondera a respeito do sentido que se deva dar à expressão "fim do mundo":

> Até aqui, a Humanidade tem realizado incontestáveis progressos. Os homens, com a sua inteligência, chegaram a resultados que jamais haviam alcançado, sob o ponto de vista das ciências, das artes e do bem-estar material. Resta-lhes, ainda, um imenso progresso a realizar: *fazerem que reinem entre si a caridade, a fraternidade e a solidariedade, que lhes assegurem o bem-estar moral.* Não poderiam consegui-lo nem com as suas crenças, nem com as suas instituições antiquadas, resquícios de outra idade, boas para certa época, suficientes para um estado transitório, mas que, havendo dado tudo que comportavam, hoje seriam um entrave. O homem já não necessita somente de desenvolver a inteligência, mas de elevar o sentimento; para isso, faz-se preciso destruir tudo o que superexcite nele o egoísmo e o orgulho. Tal o período em que vão entrar de agora em diante e que marcará uma das fases principais da Humanidade.[812]

43.2.4 "ENTENDESTES TODAS ESSAS COISAS?" RESPONDERAM-LHE: "SIM". ENTÃO LHES DISSE: "POR ISSO, TODO ESCRIBA QUE SE TORNOU DISCÍPULO DO REINO DOS CÉUS É SEMELHANTE A UM PAI DE FAMÍLIA QUE DO SEU TESOURO TIRA COISAS NOVAS E VELHAS" (MT 13:51 E 52).

As ideias contidas nas parábolas aqui estudadas revelam a importante lição de que Jesus não veio destruir ou revogar a Lei Antiga, mas atualizá-la segundo os preceitos de amor a Deus e ao próximo: "o doutor judeu que se tornou discípulo do Cristo, possui e administra toda a riqueza antiga, acrescida das perfeições da nova [...]."[813]

Em linhas gerais, podemos afirmar que o *barco* indica a nossa posição evolutiva na vida, a direção que estamos imprimindo na existência de acordo com as nossas escolhas e comportamentos. A Lei de Amor está representada pela *rede*, indicativa da Previdência Divina que acolhe e dá oportunidades a todos os filhos da Criação. A melhoria espiritual é comprovada pelo aferimento das virtudes conquistadas ou desenvolvidas ao longo da caminhada ascensional e que, na parábola, indica a *seleção dos peixes*, após eles terem sido recolhidos na rede. É interessante observar que a rede é sempre lançada num plano onde vige a heterogeneidade humana para que ocorra diferentes aprendizados: na família, na escola, no templo religioso e na vida em sociedade. Esse conjunto é fonte inesgotável de recursos, onde se pode capturar auxílio de toda natureza. Entretanto, chega-se a um momento em que não é suficiente apenas saber, é preciso colocar o conhecimento em prática. O Espírito Emmanuel esclarece a respeito.

SABER E FAZER[814]

"Se sabeis estas coisas, bem-aventurados sois se as fizerdes" – Jesus (*João*, 13:17).

>Entre saber e fazer existe singular diferença.
>
>Quase todos sabem, poucos fazem.
>
>Todas as seitas religiosas, de modo geral, somente ensinam o que constitui o bem. Todas possuem serventuários, crentes e propagandistas, mas os apóstolos de cada uma escasseiam cada vez mais.
>
>Há sempre vozes habilitadas a indicar os caminhos. É a palavra dos que sabem.
>
>Raras criaturas penetram valorosamente a vereda, muita vez em silêncio, abandonadas e incompreendidas. É o esforço supremo dos que fazem.
>
>Jesus compreendeu a indecisão dos filhos da Terra e, transmitindo-lhes a palavra da verdade e da vida, fez a exemplificação máxima, através de sacrifícios culminantes.
>
>A existência de uma teoria elevada envolve a necessidade de experiência e trabalho. Se a ação edificante fosse desnecessária, a mais humilde tese do bem deixaria de existir por inútil.
>
>João assinalou a lição do Mestre com sabedoria. Demonstra o versículo que somente os que concretizam os ensinamentos do Senhor podem ser bem-aventurados. Aí reside, no campo do serviço cristão, a diferença entre a cultura e a prática, entre saber e fazer.

REFERÊNCIAS

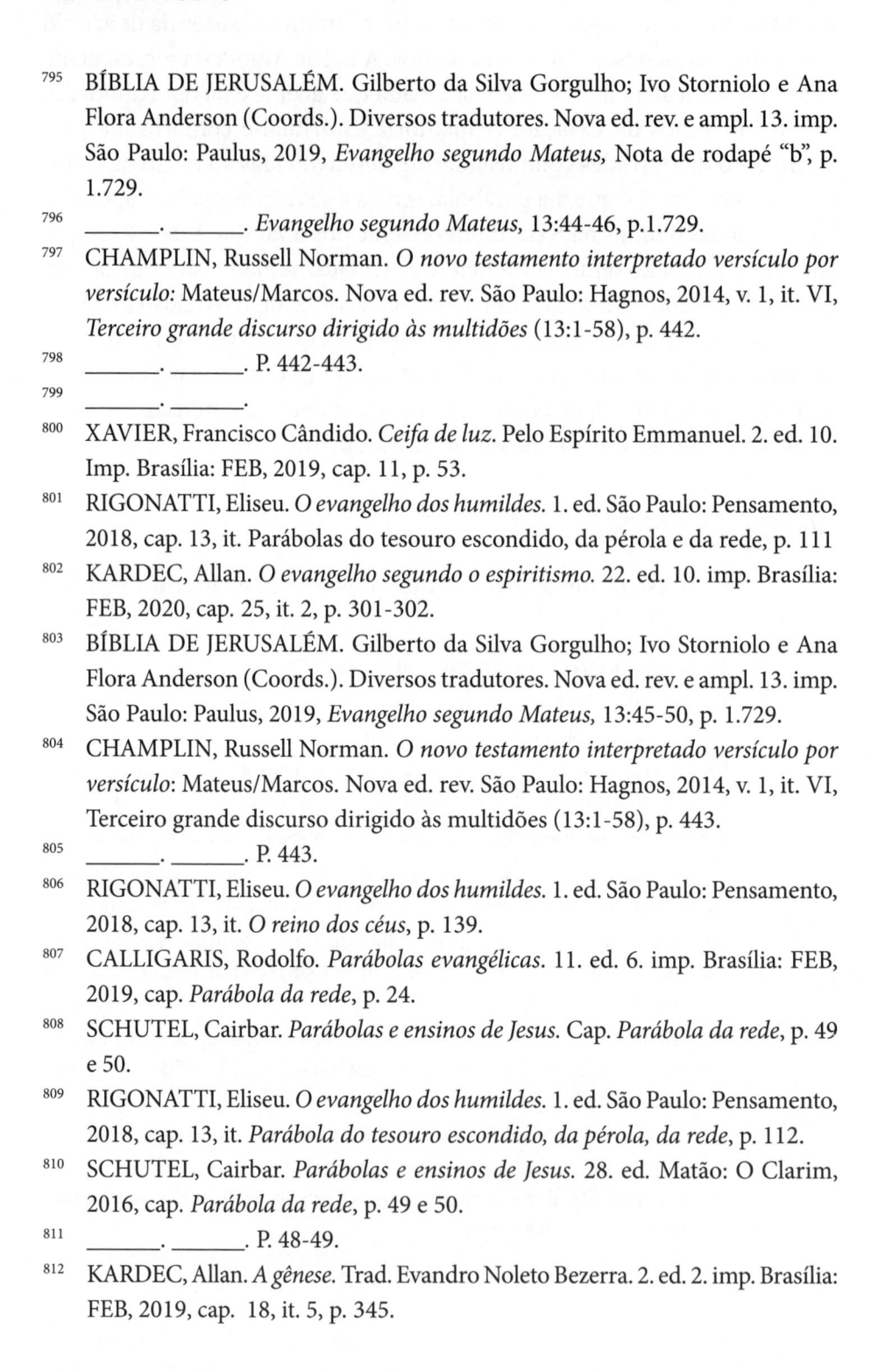

795 BÍBLIA DE JERUSALÉM. Gilberto da Silva Gorgulho; Ivo Storniolo e Ana Flora Anderson (Coords.). Diversos tradutores. Nova ed. rev. e ampl. 13. imp. São Paulo: Paulus, 2019, *Evangelho segundo Mateus,* Nota de rodapé "b", p. 1.729.

796 _____. _____. *Evangelho segundo Mateus,* 13:44-46, p.1.729.

797 CHAMPLIN, Russell Norman. *O novo testamento interpretado versículo por versículo*: Mateus/Marcos. Nova ed. rev. São Paulo: Hagnos, 2014, v. 1, it. VI, *Terceiro grande discurso dirigido às multidões* (13:1-58), p. 442.

798 _____. _____. P. 442-443.

799 _____. _____.

800 XAVIER, Francisco Cândido. *Ceifa de luz*. Pelo Espírito Emmanuel. 2. ed. 10. Imp. Brasília: FEB, 2019, cap. 11, p. 53.

801 RIGONATTI, Eliseu. *O evangelho dos humildes*. 1. ed. São Paulo: Pensamento, 2018, cap. 13, it. Parábolas do tesouro escondido, da pérola e da rede, p. 111

802 KARDEC, Allan. *O evangelho segundo o espiritismo*. 22. ed. 10. imp. Brasília: FEB, 2020, cap. 25, it. 2, p. 301-302.

803 BÍBLIA DE JERUSALÉM. Gilberto da Silva Gorgulho; Ivo Storniolo e Ana Flora Anderson (Coords.). Diversos tradutores. Nova ed. rev. e ampl. 13. imp. São Paulo: Paulus, 2019, *Evangelho segundo Mateus,* 13:45-50, p. 1.729.

804 CHAMPLIN, Russell Norman. *O novo testamento interpretado versículo por versículo*: Mateus/Marcos. Nova ed. rev. São Paulo: Hagnos, 2014, v. 1, it. VI, *Terceiro grande discurso dirigido às multidões* (13:1-58), p. 443.

805 _____. _____. P. 443.

806 RIGONATTI, Eliseu. *O evangelho dos humildes*. 1. ed. São Paulo: Pensamento, 2018, cap. 13, it. *O reino dos céus*, p. 139.

807 CALLIGARIS, Rodolfo. *Parábolas evangélicas*. 11. ed. 6. imp. Brasília: FEB, 2019, cap. *Parábola da rede*, p. 24.

808 SCHUTEL, Cairbar. *Parábolas e ensinos de Jesus*. Cap. *Parábola da rede*, p. 49 e 50.

809 RIGONATTI, Eliseu. *O evangelho dos humildes*. 1. ed. São Paulo: Pensamento, 2018, cap. 13, it. *Parábola do tesouro escondido, da pérola, da rede*, p. 112.

810 SCHUTEL, Cairbar. *Parábolas e ensinos de Jesus*. 28. ed. Matão: O Clarim, 2016, cap. *Parábola da rede*, p. 49 e 50.

811 _____. _____. P. 48-49.

812 KARDEC, Allan. *A gênese*. Trad. Evandro Noleto Bezerra. 2. ed. 2. imp. Brasília: FEB, 2019, cap. 18, it. 5, p. 345.

[813] BÍBLIA DE JERUSALÉM. Gilberto da Silva Gorgulho; Ivo Storniolo e Ana Flora Anderson (Coords.). Diversos tradutores. Nova ed. rev. e ampl. 13. imp. São Paulo: Paulus, 2019, *Evangelho segundo Mateus*. Nota de rodapé "c", p. 1.729.

[814] XAVIER, Francisco Cândido. *Caminho, verdade e vida*. Pelo Espírito Emmanuel. 1. ed. 17. imp. Brasília: FEB, 2020, cap. 49, p. 113-114.

PRIMÍCIAS DO REINO: PARTE NARRATIVA 1 (MT 14:1-36)

Os capítulos 14 a 17 do *Livro de Mateus* revelam quatro grandes narrativas que, respectivamente, tratam dos movimentos iniciais de constituição da igreja cristã primitiva e do movimento cristão. Acredita-se que o marco inicial da fundação da igreja cristã foi a partir da confissão de Pedro a respeito de ser Jesus o Filho de Deus, a qual se encontra registrada no capítulo 16. É importante assinalar, porém, que Lucas considera os acontecimentos de Pentecostes como ponto inicial da fundação da primeira igreja cristã.

Estudiosos dos textos bíblicos defendem a ideia de que o arcabouço das quatro narrativas de Mateus foi retirado dos escritos de Marcos (fonte conhecida como *protomarcos*), ainda que Mateus tenha realizado acréscimos da sua própria produção.

> [...] Há alguns paralelos em *Lucas* (a morte de João Batista Lc 9:7-9; a confissão de Pedro, Lc 9:18-21 [...]. A narrativa de *Lucas* em toda essa seção geralmente é mais abreviada que a de *Mateus* mas o protomarcos continua a ser a fonte informativa comum a ambos [...]. Por toda esta seção, há indícios do estabelecimento da igreja [cristã]
>
> [...].
>
> Jesus trouxe uma mensagem superior, que tinha o poder de libertar discípulos fieis das manobras do farisaísmo legalista, formando deles um corpo que buscaria o ideal superior. Essa "polêmica", que justifica o surgimento da igreja como corpo separado do Judaísmo, certamente é presente no manuseio do autor [Mateus] sobre declarações genuínas de Jesus [...].[815]

O capítulo 14 do livro de Mateus inicia-se com uma introdução que é, na verdade, o fechamento do capítulo anterior. Essa introdução informa que Jesus retorna à cidade onde viveu a sua infância (Nazaré), oportunidade em que aproveita para pregar o Evangelho do Reino e realizar fatos considerados milagrosos. O fechamento do referido capítulo relata outra visita de Jesus: à cidade de Genesaré (ou Tiberíades).

44.1 VISITA A NAZARÉ (MT 13:53-58)[816]

> 53 Quando Jesus acabou de proferir essas parábolas, partiu dali 54 e, dirigindo-se para a sua pátria, pôs-se a ensinar as pessoas que estavam na sinagoga, de tal sorte que elas se maravilhavam e diziam: "De onde lhe vêm essa sabedoria e esses milagres? 55 Não é Ele o filho do carpinteiro? Não se chama a mãe dele Maria e os seus irmãos Tiago, José, Simão e Judas? 56 E as suas irmãs não vivem todas entre nós? Donde então lhe vêm todas essas coisas?" 57 E se escandalizavam dele. Mas Jesus lhes disse: "Não há profeta sem honra, exceto em sua pátria e em sua casa". 58 E não fez ali muitos milagres, por causa da incredulidade deles.

Após a pregação das parábolas do tesouro, da pérola e da rede, Jesus vai a Nazaré, cidade onde ele passou a sua infância, depois do retorno do Egito com os seus pais, Maria e José. Nazaré (no hebraico, *naçret*, no grego é *Nazareth*), o significado da palavra é incerto, talvez *verdejante*, ou *rebento*, *renovo*, nome da cidade da Galileia, onde Jesus cresceu e passou a maior parte de sua existência. Por isso o chamavam de Jesus de Nazaré (ou o Nazareno). Atualmente a cidade tem o nome de *en-Nasirah*, e está localizada num estreito vale da baixa Galileia, a cerca de 27 quilômetros ao sudeste de Tiberíades e a 37 Km a sudeste de Tell-Hum, lugar onde se julga ter existido a cidade de Cafarnaum.[817]

A pregação em Nazaré é caracterizada pelo preconceito social contra Jesus, demonstrado por grande parte dos ouvintes e dos que presenciaram os feitos milagrosos do Mestre.

> Reconheceram que Jesus não era uma pessoa comum, mas hesitaram por demais em aceitar a sua autoridade, e certamente poucos o aceitaram como o Messias que cumpriu todas as profecias do AT. A ideia de que um personagem tão importante pudesse sair de uma vila tão pequena jamais foi aceita pelos seus habitantes [...]. Por isto é que indagavam: "[...] donde lhe vem esta sabedoria e poderes miraculosos?" Jesus não recebera instrução nas escolas rabínicas, não nascera em família importante, não estava relacionado a personagens importantes entre as autoridades políticas ou religiosas, e nem exercia nenhuma influência que pudesse fazer d'Ele um personagem de vulto.[818]

Em decorrência do declarado preconceito, Jesus afirma: "Não há profeta sem honra, exceto em sua pátria e em sua casa". E não fez ali muitos milagres, por causa da incredulidade deles" (Mt 13:57-58).

Pessoas originárias de famílias possuidoras de recursos econômicos ou portadoras de títulos que revelam poder e destaque social, político e acadêmico, sempre mereceram destaque na vida em sociedade, ainda que tais valores não guardassem ou tivessem alguma correspondência com o caráter moral dos representantes da comunidade. Como esse sentimento estava entranhado na mentalidade — e lamentavelmente ainda está presente no meio social atual —, era inconcebível para os habitantes de Nazaré supor que alguém de origem humilde pudesse ser considerado importante, e, sobretudo, ser considerado o Messias aguardado pelo povo judeu. Daí a indagação que pairava no ar: "Não é Ele o filho do carpinteiro?" (Mt 13:55).

Sem dúvida, esse foi um dos maiores equívocos dos representantes e seguidores do Judaísmo, que ainda se repete em todas as sociedades planetárias, em maior ou menor expressão: supor a impossibilidade de que um enviado celestial ou mesmo alguém de destaque no cenário local ou mundial tenha origem humilde. Mesmo assim, "[...] Jesus disseminou o amor, a liberdade, a paz, conclamando ao Reino de Deus e pregando a "não violência" até o próprio sacrifício. Sintetizando os objetivos da vida no "amor a Deus sobre todas as coisas e ao próximo como a si mesmo", fez esse legado de amor em torrentes luminosas e soberanas".[819]

44.2 A EXECUÇÃO DE JOÃO BATISTA (MT 14:1-12)[820]

1 Naquele tempo, Herodes, o tetrarca, veio a conhecer a fama de Jesus 2 e disse aos seus oficiais: "Certamente se trata de João Batista: ele foi ressuscitado dos mortos e é por isso que os poderes operam através dele!" 3 Herodes, com efeito, havia mandado prender, acorrentar e encarcerar João, por causa de Herodíades, a mulher de seu irmão Filipe, 4 pois João lhe dizia: "Não te é permitido tê-la por mulher". 5 Queria matá-lo, mas tinha medo da multidão, porque esta o considerava profeta. 6 Ora, por ocasião do aniversário de Herodes, a filha de Herodíades dançou ali e agradou a Herodes, 7 por essa razão prometeu, sob juramento, dar-lhe qualquer coisa que pedisse. 8 Ela, instruída por sua mãe, disse: "Dá-me, aqui num prato, a cabeça de João Batista". 9 O rei se entristeceu. Entretanto, por causa do seu juramento e dos convivas presentes, ordenou que lha dessem. 10 E mandou decapitar João no cárcere. 11 A cabeça foi trazida num prato e entregue à moça, que a levou à sua mãe. 12 Vieram então os discípulos de João, pegaram o seu corpo e o sepultaram. Em seguida, foram anunciar o ocorrido a Jesus.

João Batista, o precursor, foi aprisionado por ordem de Herodes, o Tetrarca (também chamado Herodes Antipas), e permaneceu acorrentado no cárcere por quase um ano, antes de ser executado por degolamento. Herodes, o Tetrarca ou Antipas, era o mais novo dos três filhos de Herodes, o Grande (40-4 a.C.), denominado rei dos judeus pelos romanos, e de sua esposa Maltace. "Em seu testamento, [Herodes] legou o seu reino a três de seus filhos — a Judeia e a Samaria para Arquelau (Mt 2:22), a Galileia e a

Pereia para Antipas, e os territórios do nordeste para Filipe (Lc 3:1). Esses legados foram ratificados por Augusto [imperador romano]".[821]

> Nos Evangelhos ele aparece com destaque principalmente por causa de sua participação no aprisionamento e execução de João Batista (Mc 6:14-28), bem como por causa de seu breve encontro com Jesus, quando o Senhor lhe foi enviado por Pilatos, para ser julgado (Lc 23:7). Está registrado que em certa ocasião Jesus o descreveu como "essa raposa" (Lc 13:31). Era o mais capaz dos filhos de Herodes, e, tal qual seu pai, foi um grande edificador; a cidade de Tiberíades, no lago de da Galileia, foi edificada por ele (22 d.C.) e foi assim chamada em honra ao imperador Tibério. Casou-se com a filha do rei Nabateu, Arestas IV, mas divorciou-se dela a fim de casar-se com Herodías, esposa de seu meio irmão, Herodes Filipe. João Batista incorreu na ira de Antipas por haver denunciado seu segundo casamento como ilegal. [...] Arestas naturalmente se ressentiu do insulto feito à sua filha, e aproveitou-se dessa oportunidade para, poucos anos mais tarde, declarar guerra contra Antipas (36 d.C.). As forças leais a Antipas foram derrotadas [...]. Em 39 d.C., Antipas é denunciado ao imperador Gaio, por seu sobrinho Agripa, como um conspirador; foi deposto de sua tetrarquia e terminou seus dias no exílio.[822]

João Batista foi, acima de tudo, um Espírito forte. Todas as adversidades sofridas não abateram o ânimo dessa grande alma; permaneceu fiel a Deus e a Jesus até o término da sua jornada terrestre. Foi abatido pelas forças do mal, mas jamais vencido e cumpriu com honra extrema a sua divina missão. Humberto de Campos esclarece mais a respeito.

> Transcorridos alguns anos, vamos encontrar o Batista na sua gloriosa tarefa de preparação do caminho à verdade, precedendo o trabalho Divino do amor, que o mundo conheceria em Jesus Cristo.
>
> João, de fato, partiu primeiro, a fim de executar as operações iniciais para grandiosa conquista. Vestido de peles e alimentando-se de mel selvagem, esclarecendo com energia e deixando-se degolar em testemunho à Verdade, ele precedeu a lição da misericórdia e da bondade. O Mestre dos mestres quis colocar a figura franca e áspera do seu profeta no limiar de seus gloriosos ensinos e, por isso, encontramos em João Batista um dos mais belos de todos os símbolos imortais do Cristianismo. Salomé representa a futilidade do mundo, Herodes e sua mulher, o convencionalismo político e o interesse particular. João era a verdade, e a verdade, na sua tarefa de aperfeiçoamento, dilacera e magoa, deixando-se levar aos sacrifícios extremos.
>
> Como a dor que precede as poderosas manifestações da luz no íntimo dos corações, ela recebe o bloco de mármore bruto e lhe trabalha as asperezas para que a obra do amor surja, em sua pureza divina. João Batista foi a voz clamante do deserto. Operário da primeira hora, é ele o símbolo rude da verdade que arranca as mais fortes raízes do mundo, para que o Reino de Deus prevaleça nos corações. Exprimindo a austera disciplina que antecede a espontaneidade

do amor, a luta para que se desfaçam as sombras do caminho, João é o primeiro sinal do cristão ativo, em guerra contra as próprias imperfeições do seu mundo interior, a fim de estabelecer em si mesmo o santuário de sua realização com o Cristo. Foi por essa razão que dele disse Jesus: "Dos nascidos de mulher, João Batista é o maior de todos".[823]

44.3 FENÔMENOS EXTRAORDINÁRIOS REALIZADOS POR JESUS (MT 14:13-36)[824]

Há muitas especulações a respeito de fatos extraordinários realizados por Jesus, em geral contabilizados como milagrosos, se considerarmos os efeitos produzidos. À luz da fé raciocinada, o Espiritismo apresenta explicações tanto para o fenômeno da multiplicação dos pães e dos peixes, como para o de Jesus andar sobre as águas. No primeiro caso, pode-se pensar em materialização dos alimentos, necessária para alimentar a multidão faminta. O fato é totalmente plausível, pois leva-se em conta a irrestrita capacidade de doação fluídico-magnética do Mestre. No segundo acontecimento, existem duas possibilidades, totalmente plausíveis e com vários relatos na história do Espiritismo: desdobramento perispiritual (ou bilocação) e levitação corporal.

Em ambas as ocorrências, Jesus demonstra perfeito conhecimento e domínio das leis que regem os fenômenos materiais e espirituais, entre eles o magnetismo, os fluidos, as transformações da matéria etc. Trata-se, portanto, de fenômenos paranormais, como são atualmente classificados, ainda que as suas propriedades sejam pouco conhecidas pela Ciência.

44.3.1 A MULTIPLICAÇÃO DOS PÃES E PEIXES

13 Jesus, ouvindo isso, partiu dali, de barco, para um lugar deserto, afastado. Assim que as multidões o souberam, vieram das cidades, seguindo-o a pé. 14 Assim que desembarcou, viu uma grande multidão e, tomado de compaixão, curou os seus doentes. 15 Chegada a tarde, aproximaram-se dele os seus discípulos, dizendo: "O lugar é deserto e a hora já está avançada. Despede as multidões para que vão aos povoados comprar alimento para si. 16. Mas Jesus lhes disse: "Não é preciso que vão embora. Dai-lhes vós mesmos de comer". 17 Ao que os discípulos responderam: "Só temos aqui cinco pães e dois peixes". Disse Jesus: 18 "Trazei-os aqui". 19 E, tendo mandado que as multidões se acomodassem na grama, tomou os cinco pães e os dois peixes, elevou os olhos ao céu e pronunciou a bênção. Em seguida, partindo os pães, deu-os aos discípulos, e os discípulos às multidões. 20 Todos comeram e ficaram saciados,

e ainda recolheram doze cestos cheios dos pedaços que sobraram. 21 Ora, os que comeram eram cerca de cinco mil homens, sem contar mulheres e crianças.

A multiplicação dos pães e dos peixes consta no relato dos quatro evangelistas, e aconteceu em duas oportunidades, segundo relatos neotestamentais: num lugar deserto, nas proximidades de Betzaida, e em localidade situada pouco antes do território de Magdala. Na primeira multiplicação, a partir de cinco pães e dois peixes, citada por *Mateus,* 14:13-21, *Marcos,* 6:34-35, *Lucas,* 9:10-17 e *João,* 6:1-14, Jesus alimenta cinco mil pessoas, e ainda sobram doze cestos com pedaços desses alimentos. Na segunda multiplicação, relatada por *Mateus,* 15:32-39 e *Marcos,* 8:1-10, quatro mil pessoas tiveram a fome saciada, tendo como base sete pães e alguns peixinhos, sobrando sete cestos com pedaços dos alimentos.

Inicialmente, Jesus instrui seus discípulos para alimentar a multidão cansada e faminta que o acompanhara até um lugar deserto e em horário tardio. Mas, ao constatar que os alimentos eram escassos (cinco pães e dois peixes), o Mestre Nazareno multiplica-os em quantidade mais do que suficiente para saciar a fome dos famintos presentes. Importa, contudo, extrair o ensinamento espiritual que está embutido no fato extraordinário realizado por Jesus.

> Temos de distinguir dois aspectos: o material e o espiritual. Materialmente falando, o fato pertence ao gênero dos fenômenos de efeitos físicos. E, nas sessões espíritas de efeitos físicos, já se tem observado a formação de objetos pelos Espíritos com auxílio dos médiuns. Jesus, médium de Deus, ajudado pela mediunidade de seus doze discípulos e assistido pelos Espíritos que o secundavam nos trabalhos evangélicos, faz com que se materializem em suas mãos os bocados de pão para o povo.[825]

A lição que se destaca é, pois, referente à saciedade da fome espiritual, necessidade evolutiva que alcança todos os seres da Criação, cedo ou tarde. Emmanuel pondera a respeito.

> Ante o quadro da legião de famintos, qualquer homem experimentaria invencível desânimo, considerando a migalha de cinco pães e dois peixes.
>
> Mas Jesus emprega o imenso poder da bondade e consegue alimentar a todos, sobejamente.
>
> Observemos, contudo, que para isso toma os discípulos por intermediários.
>
> O ensinamento do Mestre, nesse passo do Evangelho, é altamente simbólico.
>
> Quem identifica a aluvião de males criados por nós mesmos, pelos desvios da vontade, na sucessão de nossas existências sobre a Terra, custa a crer na migalha de bem que possuímos em nós próprios.

[...]

Entretanto, se o servidor fiel caminha para o Senhor, a migalha de suas luzes é imediatamente suprida pelo milagre da multiplicação, de vez que Jesus, considerando a oferta espontânea, abençoar-lhe-á o patrimônio pequenino, permitindo-lhe nutrir verdadeiras multidões de necessitados.

[...]

É imprescindível, no entanto, não duvidar de nossas possibilidades mínimas no bem.

Nossas migalhas de boa vontade na disposição de servir santamente, quando conduzidas ao Cristo, valem mais que toda a multidão de males do mundo.[826]

44.3.2 JESUS CAMINHA SOBRE AS ÁGUAS[827]

22 Logo em seguida, forçou os discípulos a embarcar e aguardá-lo na outra margem, até que Ele despedisse as multidões. 23 Tendo-as despedido, subiu ao monte, a fim de orar a sós. Ao chegar a tarde, estava ali, sozinho. 24 O barco, porém, já estava a uma distância de muitos estádios da terra, agitado pelas ondas, pois o vento era contrário. 25 Na quarta vigília da noite, ele dirigiu-se a eles, caminhando sobre o mar. 26 Os discípulos, porém, vendo que caminhava sobre o mar, ficaram atemorizados e diziam: "É um fantasma!" E gritaram de medo. 27 Mas Jesus lhes disse logo: "Tende confiança, sou eu, não tenhais medo". 28 Pedro, interpelando-o, disse: "Senhor, se és tu, manda que eu vá ao teu encontro sobre as águas". 29 E Jesus respondeu: "Vem". Descendo do barco, Pedro caminhou sobre as águas e foi ao encontro de Jesus. 30 Mas, sentindo o vento, ficou com medo e, começando a afundar, gritou: "Senhor, salva-me!" 31 Jesus estendeu a mão prontamente e o segurou, repreendendo-o: "Homem fraco na fé, por que duvidaste?" 32 Assim que subiram ao barco, o vento amainou. 33 Os que estavam no barco prostraram-se diante dele, dizendo: "Verdadeiramente, tu és o Filho de Deus!"

Allan Kardec identifica duas possibilidades para explicar o "andar sobre as águas": desdobramento perispiritual, por força da emancipação da alma (bicorporeidade), seguida de tangibilidade do Espírito; ou por simples levitação corporal.

Jesus, embora estivesse vivo, pôde aparecer sobre a água com uma forma tangível, enquanto seu corpo permaneceu em outro lugar. É a hipótese mais provável. Pode-se mesmo reconhecer, nessa narrativa, alguns sinais característicos das aparições tangíveis [...].

Por outro lado, também pode ter sucedido que seu corpo fosse sustentado e neutralizada a sua gravidade pela mesma força fluídica que mantém uma mesa no espaço, sem ponto de apoio. Idêntico efeito se produz muitas vezes com os corpos humanos.[828]

O fato é que Jesus não se encontrava no barco, pois, enquanto Ele se despedia da multidão, os discípulos já faziam a travessia de uma margem para outra. Mas, durante a travessia, já distante da segurança da terra firme, uma corrente de ventos contrários agitou o barco, provocando medo nos que ali se encontravam. Com o intuito de acalmá-los, o Cristo foi até os discípulos "caminhando sobre as águas". Acontecimento que, a princípio, gerou temor, pois os discípulos pensaram estar diante de um fantasma (palavra utilizada, na linguagem comum, para as aparições de Espíritos).

> As aparições propriamente ditas ocorrem quando o vidente se acha em estado de vigília e no gozo de plena e inteira liberdade das suas faculdades. Apresentam-se, em geral, sob uma forma vaporosa e diáfana, às vezes vaga e imprecisa, inicialmente como uma claridade esbranquiçada, cujos contornos pouco a pouco se vão delineando. De outras vezes as formas se mostram claramente acentuadas, distinguindo-se os menores traços da fisionomia, a ponto de se poder descrevê-las com precisão. As maneiras, o aspecto, são semelhantes ao que tinha o Espírito quando encarnado.[829]

O surgimento de Jesus sobre as águas reforça o fato do fenômeno de *bicorporeidade*, também conhecido como *bilocação*, ou, ainda, *homem duplo*. Trata-se de uma manifestação visível de um Espírito aos circunstantes, médiuns videntes ou não, independentemente de estar o Espírito encarnado ou desencarnado. A aparição tangível pode acontecer de forma espontânea ou induzida (hipnose, drogas). A bicorporeidade/bilocação/desdobramento visível está relacionada a certas propriedades plásticas do perispírito, sobretudo as de expansibilidade e tangibilidade.

Outra hipótese é que a aparição do Cristo pode ser considerada como uma levitação. Nessa situação, não há desdobramento do perispírito: o Cristo teria deslocado-se no ar, por meio da levitação ou volitação, quando percebeu o perigo que os discípulos enfrentavam dentro de um barco.

> Levitação é o fenômeno pelo qual pessoas erguem-se do solo, elevando-se no ar, a pequenas ou consideráveis alturas, com eventuais deslocamentos, sem evidente causa física. Há casos em que a pessoa ou o objeto levitado vai até o teto ou paira sobre as copas das árvores ou sobre a crista de montes [...]. Não só a literatura espírita, mas também a Bíblia e o próprio Hagiológico da Igreja Católica narram casos de médiuns, de profetas e de santos que se elevaram no ar, ou levitaram em ambientes fechados, templos e ao ar livre.[830]

Não é fácil, portanto, discernir se o fenômeno de andar sobre as águas foi de uma aparição tangível — com essa possibilidade, Jesus teria saído do corpo e se materializara, tornando-se tangível — ou se foi uma levitação. A hipótese da levitação parece ser a mais aceita, considerando-se que Jesus permaneceu no barco durante a travessia, e, além disso, também fez Pedro caminhar sobre as águas.

44.4 CURAS EM GENESARÉ (MT 14:34-36)[831]

> 34 Terminada a travessia, alcançaram terra em Genesaré. 35 Quando os habitantes daquele lugar o reconheceram, espalharam a notícia de sua chegada por toda a região. E lhe trouxeram todos os doentes, 36 rogando-lhe tão-somente tocar a orla da sua veste. E todos os que a tocaram foram salvos.

Concluída a travessia, Jesus chega a Genesaré (no hebraico, *Jardim das riquezas* ou *Jardim de Hazor*), região de planície, adjacente ao Lago de Genesaré, ou Mar da Galileia, ou, ainda, Mar de Tiberíades, termos utilizados, popularmente. Atualmente é a planície conhecida como *el-Ghuweir*, compreendida entre a praia e o norte de Magdala.[832] Na sua passagem pela cidade, Jesus cura doentes do corpo e do espírito, e as suas provações existenciais são amenizadas.

O Cristo, o Guia e Modelo da Humanidade terrestre, continua a operar curas e a realizar fenômenos prodigiosos em nome de Deus, todos os dias. E permanecerá assim pelos milênios e milênios que se abrem no futuro. Todavia, o prodígio maior será o de transformar Espíritos primitivos e imperfeitos da Humanidade terrestre em seres de luz, pelo conhecimento e vivência do seu Evangelho, pois "[...] o Evangelho não fala aos embriões da espiritualidade, mas às inteligências e corações que já se mostram suscetíveis de receber-lhe o concurso".[833]

REFERÊNCIAS

[815] CHAMPLIN, Russell Norman. *O novo testamento interpretado versículo por versículo:* Mateus/Marcos. Nova ed. rev. São Paulo: Hagnos, 2014, v. 1, cap. 14. VII. Controvérsias e obras, p. 446.

[816] BÍBLIA DE JERUSALÉM. Gilberto da Silva Gorgulho; Ivo Storniolo e Ana Flora Anderson (Coords.). Diversos tradutores. Nova ed. rev. e ampl, 13. imp. São Paulo: Paulus, 2019, *Evangelho segundo Mateus*, 13:53-58, p. 1.729.

[817] DAVIS, John. *Novo dicionário da bíblia*. Trad. J. R. Carvalho Braga. Ampl. e atual. Trad. J.R. Carvalho Braga. São Paulo: Hagnos, 2005, p. 864.

818 CHAMPLIN, Russell Norman. *O novo testamento interpretado versículo por versículo:* Mateus/Marcos. Nova ed. rev. São Paulo: Hagnos, 2014, v. 1, Terceiro grande discurso dirigido às multidões, p. 445.

819 FRANCO, Divaldo, Pereira. *Primícias do reino.* Pelo Espírito Amélia Rodrigues. 12. ed. Salvador: LEAL, 2015, It. Respingos históricos, p. 26.

820 BÍBLIA DE JERUSALÉM. Gilberto da Silva Gorgulho; Ivo Storniolo e Ana Flora Anderson (Coords.). Diversos tradutores. Nova ed. rev. e ampl, 13. imp. São Paulo: Paulus, 2019, *Evangelho segundo Mateus,* 14:1-12, p. 1.729-1.730.

821 DOUGLAS, J. J. (Org.). *O novo dicionário bíblico.* Trad. João Bentes. 3. ed. rev. Vila Nova: São Paulo, 2006, p. 586.

822 _____. _____. P. 586-587.

823 XAVIER, Francisco Cândido. *Boa nova.* Pelo Espírito Humberto de Campos. 37. ed. 15. imp. Brasília: FEB, 2020, cap. 2, p. 21-22.

824 BÍBLIA DE JERUSALÉM. Gilberto da Silva Gorgulho; Ivo Storniolo e Ana Flora Anderson (Coords.). Diversos tradutores. Nova ed. rev. e ampl, 13. imp. São Paulo: Paulus, 2019, *Evangelho segundo Mateus,* 14:13-36, p. 1.730.

825 RIGONATTI, Eliseu. *O evangelho dos humildes.* 1. ed. São Paulo: Pensamento, 2018, cap. 14, it. a primeira multiplicação dos pães, p. 115.

826 XAVIER, Francisco Cândido. *Vinha de luz.* Pelo Espírito Emmanuel. 1. ed. 15. imp. Brasília: FEB, 2020, cap. 91, p. 195-196.

827 BÍBLIA DE JERUSALÉM. Gilberto da Silva Gorgulho; Ivo Storniolo e Ana Flora Anderson (Coords.). Diversos tradutores. Nova ed. rev. e ampl, 13. imp. São Paulo: Paulus, 2019, *Evangelho segundo Mateus,* 14:22-33, p. 1.730-1.731.

828 KARDEC, Allan. *A gênese.* Trad. Evandro Noleto Bezerra. 2. ed. 2. imp. Brasília: FEB, 2019, cap. 15, it. 42, p. 286.

829 _____. *O livro dos médiuns.* Trad. Evandro Noleto Bezerra. 2. ed. 5. imp. Brasília: FEB, 2019, 2ª pt., cap. 6, it. 102, p. 115.

830 NÁUFEL, José. *Do abc ao infinito*: espiritismo experimental. 2. ed. Rio de Janeiro: FEB, 1999, v. 2, cap. 16, p. 146.

831 BÍBLIA DE JERUSALÉM. Gilberto da Silva Gorgulho; Ivo Storniolo e Ana Flora Anderson (Coords.). Diversos tradutores. Nova ed. rev. e ampl, 13. imp. São Paulo: Paulus, 2019, *Evangelho segundo Mateus,* 14:34-36, p. 1.731.

832 DAVIS, John. *Novo dicionário da bíblia.* Trad. J. R. Carvalho Braga. Ampl. e atual. Trad. J.R. Carvalho Braga. São Paulo: Hagnos, 2005, p.519.

833 XAVIER, Francisco Cândido. *Vinha de luz.* Pelo Espírito Emmanuel. 1. ed. 15. imp. Brasília: FEB, 2020, cap. 135, p. 283.

TEMA 45

PRIMÍCIAS DO REINO: PARTE NARRATIVA 2 (MT 15:1-39)[834]

A palavra *primícias* (do latim *primitías*) significa os primeiros frutos; primeiras produções; primeiros efeitos; primeiros lucros; primeiros sentimentos; primeiros gozos; começos; prelúdios. O sentido geral não é diferente nos textos bíblicos, porém adequado às práticas de culto externo, usuais na tradição dos judeus.

> Nome que se dava à parte das coisas que os israelitas adquiriam para oferecer a Jeová (Lv, 22:12; Nm 5:9; 18:8; 31:28; 29:1). A parte das coisas santas, toda a oblação e sacrifício e tudo o que se oferece pelo pecado e pelo delito, não exigido para ser queimado no altar. Essas primícias pertenciam aos sacerdotes que as comiam no recinto do santuário. [...] As primícias que os filhos de Israel votavam e ofereciam ao Senhor, pertenciam às famílias dos sacerdotes por um direito perpétuo de que somente os que estavam cerimonialmente limpos poderiam comer [...]. Os primeiros frutos do vinho, do azeite e do trigo (Nm 18:32; cf. 24:30; Dt 18:4; Ne 18:39) [...].[835]

Importa considerar que, com o advento do Cristo, tais rituais e práticas não eram utilizados, de forma que o "[...] termo primícias, é empregado figuradamente em Rm 8:23; 11:16; 16:5; I Co 15:20,23; 16:15; Tg 1:18; Ap 14:4."[836] Nesse sentido, não há utilidade em fazer maiores aprofundamentos a respeito do assunto, uma vez que, à luz do entendimento espírita, o importante é sentir e sobretudo vivenciar os ensinamentos de Jesus (atentar no entendimento espiritual deles).

O estudo do registro de *Mateus* ora em foco, abrange o conjunto dos trinta e nove versículos iniciais do capítulo 15, o qual se encontra subdividido em cinco perícopes ou recortes do texto bíblico; na Bíblia de Jerusalém: 1) *Discussão sobre as tradições dos fariseus* (Mt 15:1-9); 2) *Ensinamento sobre o puro e o impuro* (Mt 15:10-20); 3) *Cura da filha de uma mulher cananeia* (Mt 15:2-28); 4) *Numerosas curas ao lago* (Mt 15:29-31); 5) *Segunda multiplicação dos pães* (Mt 15:32-39).

45.1 DISCUSSÃO SOBRE AS TRADIÇÕES DOS FARISEUS (MT 15:1-9)[837]

> *1 Nesse tempo, chegaram-se a Jesus fariseus e escribas vindos de Jerusalém e disseram: 2 "Por que os teus discípulos violam a tradição dos antigos? Pois que não lavam as mãos quando comem". 3 Ele respondeu-lhes: "E vós, por que violais o mandamento de Deus por causa da vossa tradição? 4 Com efeito, Deus disse: Honra pai e mãe e aquele que maldisser pai ou mãe certamente deve morrer. 5 Vós, porém, dizeis: aquele que disser ao pai ou à mãe 'aquilo que de mim poderias receber foi consagrado a Deus', 6 esse não está obrigado a honrar pai ou mãe. E assim invalidastes a Palavra de Deus por causa da vossa tradição. 7 Hipócritas! Bem profetizou Isaías a vosso respeito, quando disse: 8 Este povo me honra com os lábios, mas o coração está longe de mim. 9 Em vão me prestam culto, pois o que ensinam são apenas mandamentos humanos.*

A transgressão à tradição a que o texto faz alusão, declarada a Jesus pelos fariseus, consistia em manter o culto externo, composta sem maiores preocupações com a melhoria moral do religioso, fato que o Cristo enfatizava. Ao analisar a questão de *lavar as mãos*, percebia-se que a queixa era muito mais relacionada ao rito. Daí a resposta de Jesus com outra pergunta: "Ele respondeu-lhes: "E vós, por que violais o mandamento de Deus por causa da vossa tradição?" (Mt 16:3).

> Havia muitas e diferentes regras que se aplicavam a qualquer situação da vida. Entre essas regras, havia aquelas que orientavam a lavagem das mãos. No princípio, exigia-se que as mãos fossem lavadas antes das refeições. Mais tarde, outra lavagem passou a ser exigida depois das refeições. Com a passagem do tempo, os mais zelosos também começaram a lavar as mãos no decurso das refeições.
>
> [...]
>
> Esses ritos nada tinham a ver com a higiene física, mas eram reputados um tipo de higiene espiritual.
>
> [...]
>
> O rito da lavagem das mãos supostamente livrava-os das imundícias do mundo, tornando-os dignos de adorar a Deus e de receber Bênçãos Divinas.[838]

Obviamente, Jesus não condenaria os princípios básicos de higiene, como o lavar as mãos antes das refeições. A questão primordial que se destaca é o fato de a pessoa seguir todos os ritos e práticas religiosos, mas não se tornar uma pessoa melhor.

Em *O evangelho segundo o espiritismo*, Allan Kardec analisa os versículos 7, 8 e 9, e registra com propriedade:

> Os judeus haviam desprezado os verdadeiros mandamentos de Deus para se apegarem à prática dos regulamentos estabelecidos pelos homens e da rígida observância desses regulamentos faziam casos de consciência. O fundo, muito simples, acabara por desaparecer debaixo da complicação da forma. Como era mais fácil observar atos exteriores do que se reformar moralmente, *lavar as mãos do que limpar o coração*, os homens iludiram-se a si próprios, julgando-se quites para com Deus por se conformarem com aquelas práticas, mantendo-se tais quais eram, já que lhes haviam ensinado que Deus não exigia mais do que isso. Esta a razão de haver dito o profeta: É em vão que esse povo me honra com os lábios, ensinando máximas e ordenações humanas.
>
> Assim também aconteceu com a doutrina moral do Cristo, que acabou sendo relegada a segundo plano, o que tem levado muitos cristãos, a exemplo dos antigos judeus, a considerarem mais garantida a salvação por meio das práticas exteriores, do que pelas da moral [...].[839]

Jesus lembra o profeta do Antigo Testamento para confrontar os fariseus quanto à necessidade de servir a Deus em espírito e verdade, como se percebe nestas palavras: "Hipócritas! Bem profetizou Isaías a vosso respeito, quando disse: Este povo me honra com os lábios, mas o coração está longe de mim. Em vão me prestam culto, pois o que ensinam são mandamentos humanos" (Mt 16:8-9). Citação do Cristo que merece as seguintes ponderações do benfeitor espiritual Emmanuel:

> Os lábios dão passagem ao verbo e transmitem o beijo.
>
> Quantos sofrimentos se espalham na Terra, através da palavra leviana ou fingida e do ósculo criminoso ou insincero? Entretanto, a maioria dos homens persiste em desconhecer o papel dos lábios na própria existência.
>
> Se procuras, porém, a união com o Senhor, repara o que dizes e como dizes, observa os afetos a que te unes e a maneira pela qual estimas alguém. O grande problema não reside em falares tudo o que pensas [...], mas em falares e amares, pondo nos lábios a sinceridade construtiva do amor cristão.[840]

45.2 ENSINAMENTO SOBRE O PURO E O IMPURO (MT 15:10-20)[841]

> 10 Em seguida, chamando para junto de si a multidão, disse-lhes: "Ouvi e entendei! 11 Não é o que entra pela boca que torna o homem impuro, mas o que sai da boca, isto sim o torna impuro". 12 Então os discípulos, acercando-se d'Ele, disseram-lhe: "Sabes que os fariseus, ao ouvirem o que disseste, ficaram escandalizados?" 13 Ele respondeu-lhes: "Toda planta que não foi plantada por meu Pai Celeste será arrancada. 14 Deixai-os. São cegos conduzindo cegos! Ora, se um cego conduz outro cego, ambos acabarão caindo num buraco". 15 Pedro, interpelando-o, pediu-lhe: "Explica-nos a parábola". 16 Disse Jesus:

"Nem mesmo vós tendes inteligência? 17 Não entendeis que tudo o que entra pela boca vai para o ventre e daí para a fossa? 18 Mas o que sai da boca procede do coração e é isto que torna o homem impuro. 19 Com efeito, é do coração que procedem más intenções, assassínios, adultérios, prostituições, roubos, falsos testemunhos e difamações. 20 São essas coisas que tornam o homem impuro, mas o comer sem lavar as mãos não o torna impuro".

Esse trecho é continuação da interpretação espiritual de Jesus quanto à questão do lavar as mãos antes das refeições. O Mestre Nazareno amplia o significado do simbolismo ao analisar o que se deve entender, verdadeiramente, por puro ou impuro. Jesus adverte que as impurezas internas, decorrentes do metabolismo corporal são secundárias à noção de impureza espiritual ou moral. Enfatiza, então, a miopia espiritual dos religiosos e interpretadores da Lei a qual está focada nas ações exteriores, não na essência do ensinamento. Associa, igualmente, a limitação do universo das pregações farisaicas às plantas de falsa origem, pautadas em doutrinas vãs. Por isto afirma incisivamente: "Toda planta que não foi plantada por meu Pai Celeste será arrancada" (Mt 15:13).

Os dois recortes do texto de *Mateus* que abrangem os versículos de 1 a 20, demonstram o conflito entre as práticas da Lei antiga e a renovação proposta por Jesus. Para os judeus, Jesus estava errado, mas, para o Cristo, era importante que as autoridades religiosas saíssem da zona de conforto espiritual na qual se encontravam acomodadas, a fim de melhor compreenderem os ensinamentos de Deus.

> [...] Jesus introduziu uma nova e revolucionária doutrina, que entrava em choque com tudo o que os judeus tinham ouvido e ensinado desde seu nascimento. [...]; mas o v.11 "Não é o que entra pela boca que torna o homem impuro, mas o que sai da boca, isto sim o torna impuro" introduz outra coisa, isto é, o ensino contra as leis cerimoniais em geral, e foi este último ensino, mais do que qualquer outro fator, que provocou a indignação das autoridades religiosas. Entretanto, não nos devemos esquecer de que o outro argumento de Jesus também deve ter ofendido as autoridades religiosas, especialmente por haver ele citado o profeta Isaías e aplicado a eles as suas palavras proféticas. Não há que duvidar que aqueles pensavam que sua "indignação" e "repulsa" eram santas e justas. Jesus foi considerado um herege por eles, de conformidade com os ensinos judaicos comuns.[842]

Destacam-se, então, os seguintes pontos, considerados essenciais para a atualização da Lei antiga, segundo os ensinamentos de Jesus:

A planta que não foi plantada por Deus será arrancada – Indica que ensinos, doutrinas e práticas exteriores não persistirão. "[...] Jesus se referiu ao sistema religioso judaico, mas, provavelmente, por extensão, podemos compreender também que Ele se referia aos indivíduos que ensinavam tal sistema.[...] A ideia geral do trecho é que somente as "plantas" de origem Divina poderão continuar a medrar e florescer para sempre. Finalmente, pelo julgamento de Deus, e pelos processos naturais da história, as plantas falsas seriam todas arrancadas [...]".[843]

Os guias cegos – Os costumes observados pelas autoridades judaico-religiosas receberam severa advertência de Jesus: "Deixai-os. São cegos conduzindo cegos! Ora, se um cego conduz outro cego, ambos acabarão caindo num buraco" (Mt 15:14). As "[...] autoridades religiosas dos judeus gostavam de comparar-se com guias de cegos e com luzeiros que fornecem luz aos que estão às escuras; mas Jesus, neste passo, usando as próprias ideias deles, mostra que realmente eram cegos que se faziam de guias, porquanto não podiam orientar nem fornecer luz aos outros [...]".[844]

Pior do que a cegueira material é a cegueira espiritual, sobretudo daquele que se recusa a ver a luz das claridades espirituais.

O que torna o homem puro ou impuro – A interpelação de Pedro que consta do versículo 15 (Pedro, interpelando-o, pediu-lhe: "Explica-nos a parábola", leva o Mestre a questioná-lo de forma maiêutica, isto é, orientando-o a buscar a verdade dentro si mesmo, livre das amarras do culto e das tradições, pois o que macula o homem não vem de fora. O ensinamento dos versículos 18 ao 20 são cristalinos:

> Mas o que sai da boca procede do coração e é isto que torna o homem impuro. Com efeito, é do coração que procedem más intenções, assassínios, adultérios, prostituições, roubos, falsos testemunhos e difamações. São essas coisas que tornam o homem impuro, mas o comer sem lavar as mãos não o torna impuro (Mt 15:18-20).

A análise de Emmanuel corrobora o ensinamento de Jesus:

> O ensinamento do Mestre, sob o véu da letra, consubstancia profunda advertência.
>
> Indispensável cuidar do coração, como fonte emissora do verbo, para que não percamos a harmonia necessária à própria felicidade.
>
> O que sai do coração e da mente, pela boca, é força viva e palpitante, envolvendo a criatura para o bem ou para o mal, conforme a natureza da emissão.
>
> Do íntimo dos tiranos, por esse processo, origina-se o movimento inicial da guerra, movimento destruidor que torna à fonte em que nasceu, lançando ruína e aniquilamento.

Da alma dos caluniadores, partem os venenos que atormentam espíritos generosos, mas que voltam a eles mesmos, escurecendo-lhes os horizontes mentais.

Do coração dos maus, dos perversos e dos inconscientes, surgem, com o poder verbalista, os primórdios das quedas, dos crimes e das injustiças; [...].[845]

45.3 A CURA DA FILHA DE UMA MULHER CANANEIA (MT 15:21-28)

> *21 Jesus, partindo dali, retirou-se para a região de Tiro e de Sidônia. 22 E eis que uma mulher cananeia, daquela região, veio gritando: "Senhor, filho de Davi, tem compaixão de mim: a minha filha está horrivelmente endemoninhada". 23 Ele, porém, nada lhe respondeu. Então os seus discípulos se chegaram a Ele e pediram-lhe: "Despede-a, porque vem gritando atrás de nós". 24 Jesus respondeu: "Eu não fui enviado senão às ovelhas perdidas da casa de Israel". 25 Mas ela, aproximando-se, prostrou-se diante dele e pôs-se a rogar: "Senhor, socorre-me!" 26 Ele tornou a responder: "Não fica bem tirar o pão dos filhos e atirá-lo aos cachorrinhos". 27 Ela insistiu: "Isso é verdade, Senhor, mas também os cachorrinhos comem das migalhas que caem da mesa dos seus donos!" 28 Diante disso, Jesus lhe disse: "Mulher, grande é a tua fé! Seja feito como queres!" E a partir daquele momento sua filha ficou curada.*[846]

O principal escopo da missão de Jesus na Terra, consoante as palavras de Cairbar Schutel [...] foi arrebanhar as "ovelhas perdidas de Israel".[847] E o Rabi da Galileia não fazia distinção entre judeus e gentios. Sua luz é dada a todos em todos os tempos da Humanidade. Ele prossegue em busca das ovelhas desgarradas da casa de Israel, isto é, daqueles que desdenham ou ignoram as benesses do Deus único, em meio às turbulências reencarnatórias.

Nesse contexto, a mulher sirofenícia (ou cananeia) e a sua filha são consideradas ovelhas desgarradas. O sirofenício ou cananeu era "[...] habitante da Fenícia que, nos tempos do NT, fazia parte da província romana da Cilicia e da Síria. Foi uma mulher sirofenícia (*syrophoinikissa*) da região de Tiro e Sidom, que pleiteou junto a Jesus a favor da cura da sua filha (Mc 7:26; Mt 15:21-28)."[848]

> A mulher sirofenícia, embora não fosse da "casa de Israel", era uma dessas ovelhas. A sua intuição de procurar a Jesus, o seu gesto de prostrar-se a seus pés, o seu modo decisivo e claro de falar-lhe, a sua insistência na rogativa dirigida ao Mestre, mostra bem claramente que se tratava de uma pessoa que não podia deixar de ter afinidade espiritual com Jesus.
>
> Para afirmar mais ainda a sua fé, e certamente porque aquela mulher havia cometido a grande falta do "desgarramento" do seu rebanho em anterior encarnação, Jesus propositalmente tratou-a com severidade, pois assim despertaria

nela fundas intuições de haver abandonado o Mestre e ela se firmaria ainda mais no dever de reparar a falta [...].[849]

Esta frase de Jesus, "Não fica bem tirar o pão dos filhos e atirá-lo aos cachorrinhos" (Mt 15:26), foi um golpe certeiro para que nela despertasse a falta cometida e, com humildade, respondesse ao Senhor: "Isso é verdade, Senhor, mas também os cachorrinhos comem das migalhas que caem da mesa dos seus donos!" (Mt 15:27). "[...] Já não era somente a cura de sua filha que ela desejava; queria também, embora 'como um cachorrinho', comer uma migalha daquele *pão* da Vida que Jesus estava distribuindo, tão fartamente e com tanto amor, para os deserdados da sorte".[850]

45.4 NUMEROSAS CURAS JUNTO AO LAGO (MT 15:29-31)[851]

> *29 Jesus, partindo dali, foi para as cercanias do mar da Galileia e, subindo a uma montanha, sentou-se. 30 Logo vieram até ele numerosas multidões trazendo coxos, cegos, aleijados, mudos e muitos outros, e os puseram aos seus pés e ele os curou, 31 de sorte que as multidões ficaram espantadas ao ver os mudos falando, os aleijados sãos, os coxos andando e os cegos a ver. E deram glória ao Deus de Israel.*

As curas de Jesus estão no primeiro plano do cenário de suas ações sobre a matéria. Sabe-se que não era um mero taumaturgo e muito menos exercia a arte de curar por amor à medicina ou ao magnetismo. O poder de curar, em Jesus, não era sobrenatural, era apenas sobre-humano. Ele tinha conhecimento e domínio sobre as leis que regem as propriedades da matéria. Um dom perfeito exercido com maestria, bondade e lógica de profundo aprendizado para os que tivessem olhos para ver e ouvidos para ouvir. Soava como o sonido certo da trombeta que despertava os dormentes e refestelados na zona de conforto das ilusões materiais. Muitas enfermidades eram obsessões provocadas por Espíritos dominadores, como aconteceu na cura da filha da mulher cananeia: "[...] A imensa superioridade do Cristo lhe dava tal autoridade sobre os Espíritos imperfeitos, então chamados demônios, que bastava a Ele ordenar que se retirassem para que se vissem obrigados a não resistir a essa ordem formal" [...].[852]

Guia e modelo da Humanidade, Jesus é o Espírito mais puro e perfeito que Deus nos enviou,[853] representa o tipo de perfeição moral a que se possa aspirar em planos como o nosso.

Sem nada prejulgar sobre a natureza do Cristo [...] e não o considerando, por hipótese, senão um Espírito superior, não podemos deixar de reconhecê-lo como um dos Espíritos de ordem mais elevada e, por suas virtudes, colocado muitíssimo acima da Humanidade terrestre. Pelos imensos resultados que produziu, a sua encarnação neste mundo forçosamente há de ter sido uma dessas missões que a Divindade somente confia a seus mensageiros diretos, para cumprimento de seus desígnios [...].[854]

45.5 SEGUNDA MULTIPLICAÇÃO DOS PÃES (MT 15:32-39)[855]

32 Jesus, chamando os discípulos, disse: "Tenho compaixão da multidão, porque já faz três dias que está comigo e não tem o que comer. Não quero despedi-la em jejum, por receio de que possa desfalecer pelo caminho." 33 Os discípulos lhe disseram: "De onde tiraríamos, num deserto, tantos pães para saciar tal multidão?" 34 Jesus lhes disse: "Quantos pães tendes?" Responderam: "Sete e alguns peixinhos". 35 Então, mandando que a multidão se assentasse pelo chão, 36 tomou os sete pães e os peixes e, depois de dar graças, partiu-os e dava-os aos discípulos, e os discípulos à multidão. 37 Todos comeram e ficaram saciados, e ainda recolheram sete cestos cheios dos pedaços que sobraram. 38 Ora, os que comeram eram quatro mil homens, sem contar mulheres e crianças. 39 Tendo despedido as multidões, Jesus entrou no barco e foi para o território de Magadã.

Todos os fenômenos, quando desconhecidos, barram nas margens do inverossímil. O bruxulear da inteligência humana tem sofrido os embates das negações. É o que acontece com o então denominado milagre da multiplicação dos pães.

O episódio da primeira multiplicação dos pães e peixes está registrado nos quatro evangelistas, conforme vimos no tema 44 deste estudo. Todavia, esta segunda ocorrência encontramos em *Mateus*, 15:34 e em *Marcos*, 8:3.

O que fica explícito, no texto de *Mateus* é a necessidade de Jesus de alimentar a multidão, movido pela compaixão. A multidão faminta ali estava há três dias, distante de casa, em local deserto. Há várias explicações para o fato, contudo, em termos espíritas, Kardec considera a possibilidade de Jesus ter eliminado a sensação de fome mais pela irradiação de seus poderes magnéticos do que pela materialização de pães e peixes, propriamente dita (*A gênese*, cap. 15, it. 48). É uma possibilidade, mas pode-se pensar também que, efetivamente, ocorreu a multiplicação tal como é relatada no Evangelho.

Há também outras conjecturas: muitos têm visto, nesta narrativa da multiplicação dos pães, uma parábola na qual se compara o alimento espiritual da alma ao alimento do corpo. Cairbar Schutel ao se referir ao fato, pondera:

> A "panificação do trigo", sob as ordens e direção de Jesus Cristo, no deserto, não pode deixar de obedecer à lei da materialização dos corpos, tenham eles a natureza que tiverem, sejam de carne, de massa, de pedra.
>
> [...]
>
> No Universo todo, existe a força e a matéria. Na atmosfera terrestre a força e a matéria se manifestam de modo frisante; no deserto e no monte, nas cercanias do Tiberíades, não podia deixar de haver profusão de força e matéria.[856]

O *Bandeirante do Espiritismo* conclui, com sabedoria:

> Assim como o Mestre multiplicou, no deserto, os pães e os peixes, e saciou a multidão faminta, recolhendo-se ainda, da sobra, muitos cestos de pedaços de pães e de peixes, assim continuará Ele a fazer aos que buscarem a sua Palavra, aos que lhe obedecerem os preceitos, aos que tomarem vivo interesse pelo seu próprio progresso espiritual.
>
> De duas naturezas eram os pães que Jesus ofertou à multidão, que, pressurosa, seguia seus passos: o pão para o corpo e o pão para a alma, o pão que sacia a fome do Espírito.
>
> Elevemo-nos em reconhecimento e gratidão pelas muitas graças que cotidianamente d'Ele vamos recebendo e não nos esqueçamos de que bem-aventurado não será só o que ouviu a Palavra do Evangelho, mas sim o que a puser em prática.[857]

REFERÊNCIAS

[834] BÍBLIA DE JERUSALÉM. Gilberto da Silva Gorgulho; Ivo Storniolo e Ana Flora Anderson (Coords.). Diversos tradutores. Nova ed. rev. e ampl. 13. imp. São Paulo: Paulus, 2019, *Evangelho segundo Mateus*, 15:1-39, p. 1.731- 1.733.

[835] DAVIS, John. *Novo dicionário da bíblia*. Ampliado e atualizado. Trad. J. R. Carvalho Braga. São Paulo: Hagnos, 2005, p. 1.002.

[836] _____. _____. P. 1.002.

[837] BÍBLIA DE JERUSALÉM. Gilberto da Silva Gorgulho; Ivo Storniolo e Ana Flora Anderson (Coords.). Diversos tradutores. Nova ed. rev. e ampl. 13. imp. São Paulo: Paulus, 2019, *Evangelho segundo Mateus*, 15:1-9, p. 1.731.

[838] CHAMPLIN, Russell Norman. *O novo testamento interpretado versículo por versículo:* Mateus/Marcos. Nova ed. rev. São Paulo: Hagnos, 2014, v. 1, p. 462.

[839] KARDEC, Allan. *O evangelho segundo o espiritismo*. Trad. Evandro Noleto Bezerra. 2. ed. 10. imp. Brasília: FEB, 2020, cap. 8, it. 10, p. 121.

840 XAVIER, Francisco Cândido. *Lábios*. Pelo Espírito Emmanuel. *Reformador.* Set. 1943, p. 217,

841 BÍBLIA DE JERUSALÉM. Gilberto da Silva Gorgulho; Ivo Storniolo e Ana Flora Anderson (Coords.). Diversos tradutores. Nova ed. rev. e ampl. 13. imp. São Paulo: Paulus, 2019, *Evangelho segundo Mateus,* 15:10-20, p. 1.731-1.732.

842 CHAMPLIN, Russell Norman. *O novo testamento interpretado versículo por versículo:* Mateus/Marcos. Nova ed. rev. São Paulo: Hagnos, 2014, v. 1, p. 4.625.

843 _____. _____. P. 466.

844 _____. _____.

845 XAVIER, Francisco Cândido. *Vinha de luz.* Pelo Espírito Emmanuel. 1. ed. 15. imp. Brasília: FEB. 2020, cap. 97, p. 207.

846 BÍBLIA DE JERUSALÉM. Gilberto da Silva Gorgulho; Ivo Storniolo e Ana Flora Anderson (Coords.). Diversos tradutores. Nova ed. rev. e ampl. 13. imp. São Paulo: Paulus, 2019, *Evangelho segundo Mateus.* 15:21-28, p. 1.732.

847 SCHUTEL Cairbar. *O espírito do cristianismo, cap.* 63, p. 322.

848 DOUGLAS, J.D (organizador). *O novo dicionário da bíblia.* Trad. João Bentes. 3. ed. rev. São Paulo: Vida Nova, 2006, p. 279.

849 SCHUTEL Cairbar. *O espírito do cristianismo.* 8. ed. Matão: O Clarim. 2001, cap. 63, p. 323.

850 _____. _____.

851 BÍBLIA DE JERUSALÉM. Gilberto da Silva Gorgulho; Ivo Storniolo e Ana Flora Anderson (Coords.). Diversos tradutores. Nova ed. rev. e ampl. 13. imp. São Paulo: Paulus, 2019, *Evangelho segundo Mateus,* 15:29-31, p. 1.732.

852 KARDEC, Allan. *A gênese.* Trad. Evandro Noleto Bezerra. 2. ed. 2. imp. Brasília: FEB, 2019, cap. 15, it. 33, p. 281-282.

853 _____. *O livro dos espíritos.* Trad. Evandro Noleto Bezerra. 4. ed. 9. imp. Brasília: FEB, 2020, q. 625, p. 285-286.

854 _____. *A gênese.* Trad. Evandro Noleto Bezerra. 2. ed. 2. imp. Brasília: FEB, 2019, cap. 15, it. 2, 264.

855 BÍBLIA DE JERUSALÉM. Gilberto da Silva Gorgulho; Ivo Storniolo e Ana Flora Anderson (Coords.). Diversos tradutores. Nova ed. rev. e ampl. 13. imp. São Paulo: Paulus, 2019, *Evangelho segundo Mateus,* 15:32-39, p. 1.732-1.733.

856 SCHUTEL, Cairbar. *O espírito do Cristianismo.* 8. ed. Matão: O Clarim. 2001, cap. 12, p. 92-93.

857 _____. _____. P. 96.

TEMA 46

PRIMÍCIAS DO REINO: PARTE NARRATIVA 3 (MT 16:1-28)

A parte narrativa três, do texto *Primícias do Reino*, de *Mateus*, abrange um conjunto de ideias que nos remete aos primeiros momentos da instalação do movimento cristão, assim classificados: 1) *pedido de um sinal do céu a Jesus*; 2) *o fermento dos fariseus e dos saduceus*; 3) *a profissão de fé e primado de Pedro*; 4) *o primeiro anúncio da paixão*; 5) *condições para seguir Jesus*. Analisaremos cada uma dessas ideias para facilitar o entendimento.

46.1 PEDE-SE A JESUS UM SINAL DO CÉU (MT 16:1-4)[858]

> *1 Os fariseus e os saduceus vieram até Ele e pediram-lhe, para pô-lo à prova, que lhes mostrasse um sinal vindo do céu. 2 Mas Jesus lhes respondeu: "Ao entardecer dizeis: Vai fazer bom tempo, porque o céu está avermelhado; 3 e de manhã: Hoje teremos tempestade, porque o céu está de um vermelho sombrio. O aspecto do céu, sabeis interpretar, mas os sinais dos tempos, não sois capazes! 4 Geração má e adúltera! Reclama um sinal e de sinal, não lhe será dado, senão o sinal de Jonas". E, deixando-os, foi-se embora.*

Segundo a tradição do Judaísmo, o Messias surgiria no plano físico, mas apresentaria sinais inequívocos. Um deles seria um "sinal do céu". Nessa situação, Jesus deveria apresentar uma prova de que ele era o enviado de Deus. Na verdade, Jesus apresentou inúmeras provas, mas a vaidade, o orgulho e a intriga dos principais religiosos judeus, ainda por demais presos às benesses da vida material, recusaram todas as ações do Cristo. Champlin nos presta as seguintes informações:

> O texto paralelo, em *Marcos*, 8:11-13, é bem semelhante ao texto de *Mateus*, 12:38, que registra o fato dos escribas e fariseus pedirnum sinal a Jesus. Aqui encontramos os "saduceus" entre os que requeriam esse sinal. Não há razão em negar a possibilidade de este acontecimento se ter verificado por mais de uma vez, pois é patente que as autoridades religiosas dos judeus frequentemente procuravam lançar no descrédito as obras milagrosas de Jesus. Na literatura judaica, aprende-se que alguns judeus pensavam que os demônios eram capazes

de realizar diversos tipos de milagres, mas não que incluíssem sinais do céu. Pensavam também que os deuses falsos dos pagãos podiam produzir certos sinais na terra, como, por exemplo, os feiticeiros de Faraó, no Egito, os quais entraram em luta contra Moisés.[859]

Essa era a mentalidade reinante. Qualquer coisa que Jesus falasse ou fizesse seria mal interpretada. É o que se deduz da resposta de Jesus aos que lhe pediram um sinal do céu, como também no texto dos versículos citados (Mt 16:1-4). Mesmo o sinal de Jonas, aquele conhecido como quem ficou no ventre do grande peixe, foi motivo de divergência de opiniões, e não mereceu a aceitação irrestrita das autoridades religiosas. Jesus apenas retrucou, ao afirmar: "Uma geração má e adúltera exige um sinal, mas nenhum sinal lhe será dado, senão o sinal de Jonas. E, deixando-os, foi-se embora."

Cairbar Schutel nos apresenta pequeno resumo a respeito do sinal de Jonas:

> A estória de Jonas acha-se contida no *Antigo Testamento*, no livro deste profeta, constante de quatro pequenos capítulos. Resumamo-la: Depois da morte de Elizeu, os dons proféticos explodiram em Jonas, e foi ele enviado pelo Espírito chefe de Israel a Nínive, onde o povo vivia em grande dissolução, a fim de fazer que aquela gente se arrependesse e mudasse sua norma de proceder.
>
> Nínive, capital do Império da Assíria, vivia, de fato, mergulhada, como se observa hoje em nosso país, na impiedade e na idolatria.
>
> [...]
>
> Em alto-mar fez-se um grande vento e caiu uma tempestade. Todos atribuíam aquele fenômeno a uma ação superior que tinha por motivo algum dos tripulantes ou passageiros, do barco. Lançaram sortes para ver quem era causador daquele mal e a sorte indicou Jonas. [...] A ordem foi executada e a tempestade cessou, como por encanto. Três dias depois Jonas era atirado às praias de Nínive.
>
> Não se sabe como, mas o profeta dizia que viera no ventre de um grande peixe [...].[860]

46.2 O FERMENTO DOS FARISEUS E DOS SADUCEUS (MT 16:5-12)[861]

> 5 Ao passarem para a outra margem do lago, os discípulos esqueceram-se de levar pães. 6 Como Jesus lhes dissesse: "Cuidado, acautelai-vos do fermento dos fariseus e dos saduceus!", 7 puseram-se a refletir entre si: "Ele disse isso porque não trouxemos pães". 8 Jesus, percebendo, disse: "Homens fracos na fé! Por que refletis entre vós por não terdes pães? 9 Ainda não entendeis, nem vos lembrais dos cinco pães para cinco mil homens e de quantos cestos recolhestes? 10 Nem dos sete pães para quatro mil homens e de quantos cestos

> recolhestes? 11 Como não entendeis que eu não estava falando de pães, quando vos disse: 'Acautelai-vos do fermento dos fariseus e dos saduceus?" 12 Então compreenderam que não dissera: Acautelai-vos do fermento do pão, mas sim do ensinamento dos fariseus e dos saduceus.
>
> Os versículos 5-12 apresentam um incidente que ilustra a *dificuldade* dos discípulos em aprender as verdades espirituais. Jesus lhes fez cinco perguntas, e eles se mostraram lerdos em respondê-las (v. 8-11). No paralelo de *Marcos*, 8:14-21, as perguntas tomam forma um tanto diferente, e são em número de seis. Lembramo-nos de que os discípulos tiveram o privilégio de ser testemunhas oculares dos milagres. E isso mostra o embotamento intelectual, a dureza de coração, a surdez e a cegueira em que estavam. Essa passagem representa uma reprimenda severa contra aqueles que tiveram tão grandes vantagens, mas só se preocupavam com meras exterioridades.[862]

A ignorância, associada aos maus pendores e às más ações, representam meios de retardar a marcha evolutiva. A prisão aos cultos e rituais são algemas poderosas, cuja libertação requer muito esforço do discípulo sincero. Enquanto não houver uma transformação moral efetiva do Espírito, o Cristo continuará sendo alvo da incompreensão e da ignorância humana: "Os intérpretes da lei, em qualquer segmento, por vezes, estão interessados na posição social, nos privilégios e gratificações que os cargos lhes conferem. Ao povo, somente se reservam os tributos e a obediência aos cânones por eles ditados, à semelhança do que ocorre no terreno da política".[863]

Nisso se resume, portanto, o fermento dos fariseus.

A ideia do bem e do mal é estudada em *O livro dos espíritos* de forma muito lúcida. Esclarecem-nos os Espíritos orientadores que, para se praticar o bem, evitando-se o mal, é preciso edificar o caráter moral. Destacamos os seguintes ensinamentos como ilustração e reflexão a respeito do assunto.

» Questão 629: *Que definição se pode dar da moral?*[864]

» Resposta: "A moral é a regra de bem proceder, isto é, a distinção entre o bem e o mal. Funda-se na observância da Lei de Deus. O homem procede bem quando faz tudo pelo bem de todos, porque então cumpre a Lei de Deus."

» Questão 630: *Como se pode distinguir o bem do mal?*[865]

» Resposta: "O bem é tudo o que é conforme a Lei de Deus, e o mal é tudo o que dela se afasta. Assim, fazer o bem é proceder de acordo com a Lei de Deus. Fazer o mal é infringir essa lei."

> Questão 631: *O homem tem meios de distinguir por si mesmo o que é bem do que é mal?*[866]

> "Sim, quando crê em Deus e o quer saber. Deus lhe deu a inteligência para distinguir um do outro."

46.3 PROFISSÃO DE FÉ E PRIMADO DE PEDRO (MT 16:13-20)[867]

> *13 Chegando Jesus ao território de Cesaréia de Filipe, perguntou aos discípulos: "Quem dizem os homens ser o Filho do Homem?" 14 Disseram: "Uns afirmam que é João Batista, outros que é Elias, outros, ainda, que é Jeremias ou um dos profetas". 15 Então lhes perguntou: "E vós, quem dizeis que eu sou?" 16 Simão Pedro, respondendo, disse: "Tu és o Cristo, o filho do Deus vivo". 17 Jesus respondeu-lhe: "Bem-aventurado és tu, Simão, filho de Jonas, porque não foi carne ou sangue que te revelaram isso, e sim o meu Pai que está nos Céus. 18 Também eu te digo que tu és Pedro, e sobre esta pedra edificarei minha Igreja, e as portas do Hades nunca prevalecerão contra ela. 19 Eu te darei as chaves do Reino dos Céus e o que ligares na Terra será ligado nos Céus, e o que desligares na Terra será desligado nos Céus". 20 Em seguida, proibiu severamente aos discípulos de falarem a alguém que ele era o Cristo.*

Não restam dúvidas de que esse texto de Mateus representa uma das mais significativas páginas do Evangelho de Jesus. Aqui, o Mestre Nazareno faz avaliação do pensamento do povo a seu respeito, e, também, de qual era a opinião dos discípulos que com ele tinham um contato mais próximo.

46.3.1 QUEM DIZEM OS HOMENS SER O FILHO DO HOMEM? (MT 16:13)

Comecemos por analisar a expressão "Filho do Homem", comum nos textos evangélicos e que Jesus atribui a si mesmo.

> O Filho do Homem é [...] o exemplo de perfeição a que podemos aspirar. O homem por excelência que, amadurecendo seus potenciais, penetra nas linhas sutis de assimilação das revelações espirituais superiores. Trata-se de alguém ajustado à sintonia ideal do eterno Bem que, pela utilização dos conteúdos existentes no seu superconsciente, liga-se diretamente às fontes inesgotáveis da Vida Maior. É Espírito portador de evolução humana completa, caracterizada pela angelitude. Dessa forma, "Filho do Homem" é aquele que nasce, cresce

e se evidencia pela capacidade de transformação de si mesmo, sob a tutela amorável de Deus.[868]

É importante destacar que, na opinião geral do povo, talvez influenciado pelas autoridades religiosas, não havia o entendimento de que Jesus, seria, efetivamente o Messias aguardado. No entanto, quando os discípulos próximos transmitem o pensamento do povo, há clara demonstração de que a ideia era inata, ainda que não tivessem maiores esclarecimentos a respeito. É o que transparece no versículo: "Uns afirmam que é João Batista, outros que é Elias, outros, ainda, que é Jeremias ou um dos profetas" (Mt 16:14).

Por outro lado, a pergunta de Jesus dirigida especificamente aos apóstolos e discípulos próximos é uma aferição oportuna: uma coisa era o pensamento de representantes da multidão, os quais viviam mais à distância, snum contato próximo com Jesus. Outra coisa, bem diferente, era saber o que pensava quem convivia com Ele no dia a dia. A resposta de Pedro, inspirada pelos bons Espíritos, foi admirável. Naquele momento, o valoroso apóstolo entrou em sintonia com os Espíritos superiores e captou deles o que já acolhia no íntimo.

É por isso que muitos estudiosos concordam que o marco inicial do movimento cristão está assinalado na resposta inspirada de Pedro, pois foi aí que se identificou Jesus como o Messias de Deus, porém, Lucas entende que o movimento cristão começou, efetivamente, em Pentecostes. Mas, para o Espiritismo, não há a menor dúvida a respeito de quem é Jesus: "[...] Sim! O Cristo é bem o Messias Divino. A sua palavra é bem a palavra da verdade, e a religião fundada nessa verdade se torna inabalável, desde que siga e pratique os sublimes ensinamentos que ela contém e não faça do Deus justo e bom, que nela reconhecemos, um Deus parcial, vingativo e cruel."[869] E mais: "Para o homem, Jesus representa o tipo da perfeição moral a que a Humanidade pode aspirar na Terra. Deus no-lo oferece como o mais perfeito modelo, e a doutrina que ensinou é a mais pura expressão de sua lei, porque, sendo Jesus o ser mais puro que já apareceu na Terra, o Espírito Divino o animava [...]."[870] Jesus é um Espírito puro, um emissário celestial, encarregado da Missão Divina de conduzir a Humanidade terrestre ao progresso espiritual.

> [...] Os Espíritos puros são os messias ou mensageiros de Deus para a transmissão e execução das suas vontades. Executam as grandes missões, presidem à formação dos mundos e à harmonia geral do Universo, tarefa gloriosa a que não se chega senão pela perfeição. Os da ordem mais elevada são os únicos

a possuírem os segredos de Deus, inspirando-se no seu pensamento, de que são os representantes diretos.[871]

Após ouvir Pedro, o Senhor o abençoa e afirma:

> Bem-aventurado és tu, Simão, filho de Jonas, porque não foi carne ou sangue que te revelaram isso, e sim o meu Pai que está nos céus. Também eu te digo que tu és Pedro, " e sobre esta pedra edificarei minha Igreja, e as portas do Inferno nunca prevalecerão contra ela. Eu te darei as chaves do Reino dos Céus e o que ligares na Terra será ligado nos Céus, e o que desligares na Terra será desligado? nos Céus" (Mt 16:17-19).

O entendimento precário da mensagem espiritual do Cristo permitiu aos membros das diferentes igrejas cristãs interpretar de forma equivocada as palavras de Jesus. Pedro se tornou, em consequência, o patrono da igreja católica, o seu primeiro papa, no entanto, o sentido das palavras de Jesus é bem diferente:

> A palavra de Jesus se tornou a pedra angular, isto é, a pedra de consolidação do novo edifício da fé, erguido sobre as ruínas do antigo. Havendo os judeus, os príncipes dos sacerdotes e os fariseus rejeitado essa pedra, ela os esmagou, do mesmo modo que esmagará os que, depois, a desconheceram ou lhe desfiguraram o sentido em prol de suas ambições.[872]

46.4 O PRIMEIRO ANÚNCIO DA PAIXÃO (MT 16:21-23)[873]

> *21 A partir dessa época, Jesus começou a mostrar aos seus discípulos ser necessário que fosse a Jerusalém e sofresse muito por parte dos anciãos, dos chefes dos sacerdotes e dos escribas, e que fosse morto e ressurgisse ao terceiro dia. 22 Pedro, tomando-o à parte, começou a repreendê-lo, dizendo: "Deus não o permita, Senhor! Isso jamais te acontecerá!" 23 Ele, porém, voltando-se para Pedro, disse: "Afasta-te de mim, Satanás! Tu me serves de pedra de tropeço, porque não pensas as coisas de Deus, mas as dos homens!"*

Ao lançar as vistas para o futuro imediato, Jesus começou a preparar o espírito dos discípulos, anunciando-lhes de forma sutil, no início, e depois, mais incisiva, os acontecimentos relacionados ao sofrimento (paixão) que Ele passaria, ao ser condenado pelo sacerdócio judeu, e sua consequente morte por crucificação. Esse é um dos episódios mais triste da história do Cristianismo.

> Nesta altura dos acontecimentos, estamos somente a seis meses da cruz, o que já estava perfeitamente patente para Jesus. O novo conhecimento e discernimento de Pedro, acerca da identidade de Jesus como Messias, criava a circunstância favorável para Jesus anunciar algumas duras ocorrências que

estavam para vir. Esses acontecimentos seriam provas difíceis para os apóstolos, e Jesus quis prepará-los.

[...]

Antes dessa ocasião, Jesus avisara seus discípulos acerca de sua morte, conforme se vê em *Mateus,* 10:38 e João, 2:19, mas nunca o fizera tão claramente como desta vez [...].[874]

46.5 CONDIÇÕES PARA SEGUIR JESUS (MT 16:24-28)[875]

> *24 Então disse Jesus aos seus discípulos: "Se alguém quer vir após mim, negue-se a si mesmo, tome a sua cruz e siga-me. 25 Pois aquele que quiser salvar a sua vida, a perderá, mas o que perder a sua vida por causa de mim, a encontrará. 26 De fato, que aproveitará ao homem ganhar o mundo inteiro, mas arruinar a sua vida? Ou que poderá o homem dar em troca de sua vida? 27 Pois o Filho do Homem há de vir na glória do seu Pai, com os seus anjos, e então retribuirá a cada um de acordo com o seu comportamento. 28 Em verdade vos digo que alguns dos que aqui estão não provarão a morte até que vejam o Filho do Homem vindo em seu Reino".*

As condições para seguir Jesus nada têm de excepcionais ou sobre-humanas. Requerem, porém, sentimento moral mais aperfeiçoado que, associado ao conhecimento dos princípios que regem as Leis Divinas, permitem ao ser humano desprender-se dos apelos da vida material, e, em consequência, dedicar-se à sua espiritualidade. Daí as sábias palavras do Mestre amigo: "Então disse Jesus aos seus discípulos: 'Se alguém quer vir após mim, negue-se a si mesmo, tome a sua cruz e siga-me" (Mt 16:24).

Quem deseja salvar a si mesmo, sem esforço próprio, faz opção por uma vida de ilusões, tnum longo caminho de amarguras pela frente, ao longo das reencarnações. As condições de melhoria do Espírito, no campo da moralidade e do conhecimento, passam por um processo educativo permanente. Emmanuel esclarece a respeito:

> A missão do Espiritismo é a do Consolador, que permanecerá entre os homens de sentimento e de razão equilibrados, impulsionando a mentalidade do mundo para uma esfera superior. Vindo em socorro da personalidade espiritual que sofre, nos tempos modernos, as penosas desarmonias do homem físico do planeta, estabelece o Consolador a renovação dos valores mais íntimos da criatura e não poderá executar a sua tarefa sagrada, na hipótese de seus trabalhadores abandonarem o esforço próprio, no sentido de operar-se o reajustamento das energias morais de cada indivíduo.
>
> A capacidade intelectual do homem é restrita ao seu aparelhamento sensorial; todavia, a iluminação de seu mundo intuitivo o conduz aos mais elevados

planos de inspiração, onde a inteligência se prepara, em face das generosas realizações que lhe compete atingir no imenso futuro espiritual.

A grande necessidade, ainda e sempre, é a da evangelização íntima, para que todos os operários da causa da verdade e da luz conheçam o caminho de suas atividades regeneradoras, aprendendo que toda obra coletiva de fraternidade, na redenção humana, não se efetua sem a cooperação legítima, cuja base é o esclarecimento sincero, mas também é a abnegação, em que o discípulo sabe ceder, tolerar e amparar, no momento oportuno.[876]

REFERÊNCIAS

[858] BÍBLIA DE JERUSALÉM. Gilberto da Silva Gorgulho; Ivo Storniolo e Ana Flora Anderson (Coords.). Diversos tradutores. Nova ed. rev. e ampl. 13. imp. São Paulo: Paulus, 2019, *Evangelho segundo Mateus*, 16:1-4, p. 1.733.

[859] CHAMPLIN, Russell Norman. *O novo testamento interpretado versículo por versículo*: Mateus/Marcos. Nova ed. rev. V. 1. São Paulo: Hagnos, 2014, v. 1, p. 475.

[860] SCHUTEL, Cairbar. *O espírito do cristianismo*. 8. ed. Matão: O Clarim, 2001, cap. 19, p. 117-118.

[861] BÍBLIA DE JERUSALÉM. Gilberto da Silva Gorgulho; Ivo Storniolo e Ana Flora Anderson (Coords.). Diversos tradutores. Nova ed. rev. e ampl. 13. imp. São Paulo: Paulus, 2019, *Evangelho segundo Mateus*, 16:5-12, p. 1.733.

[862] CHAMPLIN, Russell Norman. *O novo testamento interpretado versículo por versículo*: Mateus/Marcos. Nova ed. rev. V. 1. São Paulo: Hagnos, 2014, v. 1, p. 477.

[863] MOUTINHO, João de Jesus. *O evangelho sem mistérios nem véus*. 1. ed. 2. imp. Brasília: FEB, 2015, cap. 81, p. 294.

[864] KARDEC, ALLAN. *O livro dos espíritos*. Trad. Evandro Noleto Bezerra. 4. ed. 9. imp. Brasília: FEB, 2020, q. 629, p. 287.

[865] _____. _____. Q. 630, p. 287-288.

[866] _____. _____. Q. 631, p. 288.

[867] BÍBLIA DE JERUSALÉM. Gilberto da Silva Gorgulho; Ivo Storniolo e Ana Flora Anderson (Coords.). Diversos tradutores. Nova ed. rev. e ampl. 13. imp. São Paulo: Paulus, 2019, *Evangelho segundo Mateus*, 16:13-20, p. 1.733-1.734.

[868] MOURA, Marta A. (Org). *Estudo aprofundado da doutrina espírita*. Livro II. 1. ed. 7. imp. Brasília: FEB, 2018, Módulo II, Roteiro 6, p. 96.

[869] KARDEC, Allan. *O céu e o inferno*. Trad. Evandro Noleto Bezerra. 2. ed. 2. imp. Brasília: FEB, 2019, 1ª pt., cap. 10, it. 19, p. 142.

870 _____. *O livro dos espíritos*. Trad. Evandro Noleto Bezerra. 4. ed. 9. imp. Brasília: FEB, 2020, q. 625, comentário, p. 286.

871 _____. *O céu e o inferno*. Trad. Evandro Noleto Bezerra. 2. ed. 2. imp. Brasília: FEB, 2019, 1ª pt., cap. 3, it. 12, p. 37.

872 _____. *A gênese*. Trad. Evandro Noleto Bezerra. 2. ed. 2. imp. Brasília: FEB, 2019, cap. 17, it. 28, p. 324.

873 BÍBLIA DE JERUSALÉM. Gilberto da Silva Gorgulho; Ivo Storniolo e Ana Flora Anderson (Coords.). Diversos tradutores. Nova ed. rev. e ampl. 13. imp. São Paulo: Paulus, 2019, *Evangelho segundo Mateus*, 16:21-23, p. 1.734.

874 CHAMPLIN, Russell Norman. *O novo testamento interpretado versículo por versículo*: Mateus/Marcos, v.1, p 487.

875 BÍBLIA DE JERUSALÉM. Gilberto da Silva Gorgulho; Ivo Storniolo e Ana Flora Anderson (Coords.). Diversos tradutores. Nova ed. rev. e ampl. 13. imp. São Paulo: Paulus, 2019, *Evangelho segundo Mateus*, 16:24-28, p. 1.734.

876 XAVIER, Francisco Cândido. *Educandário de luz*. Por diversos Espíritos. 2. ed. São Paulo: IDEAL, 1988, cap. 11 (mensagem de Emmanuel), p. 34-35.

TEMA 47

PRIMÍCIAS DO REINO: PARTE NARRATIVA 4 (MT 17:1-27)

O capítulo 17 do Evangelho de Mateus traz em si curioso desafio ao entendimento evangélico. Aparentemente, relata ensinos do sublime Mestre desconectados um do outro, tal como partes de um todo que, apenas mais tarde, iria se formar. Logo de início, percebemos que Jesus inicia uma série de exortações, com as quais alerta e esclarece como deve ser a correta postura do verdadeiro seguidor de Deus. O texto traz a seguinte ordem de ideias que serão analisadas em seus pontos fundamentais (segundo a Bíblia de Jerusalém, esses pontos serão retomados por outros evangelistas e/ou autores dos textos neotestamentais): 1) *A transfiguração;* 2) *Uma pergunta a respeito de Elias;* 3) *O endemoniado epiléptico;* 4) *O segundo anúncio da paixão;* 5) *O tributo para o templo.*

47.1 A TRANSFIGURAÇÃO (MT 17:1-8)[877]

> *1 Seis dias depois, Jesus tomou Pedro, Tiago e seu irmão João, e os levou para um lugar à parte sobre uma alta montanha. 2 E ali foi transfigurado diante deles. O seu rosto resplandeceu como o sol e as suas vestes tornaram-se alvas como a luz. 3 E eis que lhes apareceram Moisés e Elias conversando com ele. 4 Então Pedro, tomando a palavra, disse a Jesus: "Senhor, é bom estarmos aqui. Se queres, levantarei aqui três tendas: uma para ti outra para Moisés e outra para Elias". 5 Ainda falava, quando uma nuvem luminosa os cobriu com sua sombra e uma voz, que saía da nuvem, disse: "Este é o meu Filho amado, em quem me comprazo, ouvi-o!" 6 Os discípulos, ouvindo a voz, muito assustados, caíram com o rosto no chão. 7 Jesus chegou perto deles e, tocando-os, disse: "Levantai-vos e não tenhais medo". 8 Erguendo os olhos, não viram ninguém: Jesus estava sozinho.*

Destaca-se, de imediato, o fato de Jesus levar consigo apenas três apóstolos (Pedro, João e Tiago maior) à alta montanha, então denominada Tabor, onde teria ocorrido a sua transfiguração. Possivelmente os três eram os que possuíam maior capacidade de doação fluídica ou de energias magnéticas. Porém, é digno de nota, informar que esses apóstolos estavam sempre presentes aos acontecimentos mais importantes relatados no Evangelho, a ponto de Paulo denominá-los "colunas da comunidade" (Gl 2:9). O acontecimento se deu, presumivelmente, pouco mais de um mês antes da crucificação de Jesus. O fenômeno da transfiguração é algo notável, uma capacidade psíquica e anímica (não é mediúnica) rara: "Consiste na mudança de aspecto de um corpo vivo. [...]",[878] como informa e esclarece Allan Kardec:

> Em alguns casos, a transfiguração pode originar-se de uma simples contração muscular, capaz de dar à fisionomia uma expressão muito diferente da habitual, a ponto de tornar a pessoa quase irreconhecível. Já o observamos diversas vezes com alguns sonâmbulos, mas, nesse caso, a transformação não é radical.
>
> [...]
>
> Admite-se, em princípio, que o Espírito pode dar ao seu perispírito todas as aparências; que, mediante uma modificação na disposição molecular, pode dar-lhe a visibilidade, a tangibilidade e, por conseguinte, a *opacidade*; que o perispírito de uma pessoa viva, isolado do corpo, é passível das mesmas transformações; e que essa mudança de estado se opera pela combinação dos fluidos. Imaginemos, agora, o perispírito de uma pessoa viva, não isolado, mas irradiando-se em volta do corpo, de maneira a envolvê-lo numa espécie de vapor. Nesse estado, o perispírito pode sofrer as mesmas modificações que sofreria, caso estivesse separado do corpo. Se perder a sua transparência, o corpo pode desaparecer, tornar-se invisível e ficar velado, como se estivesse mergulhado num nevoeiro. Poderá mesmo mudar de aspecto, fazer-se brilhante, se tal for a vontade ou o poder do Espírito. Um outro Espírito, combinando seus próprios fluidos com os do primeiro, poderá imprimir a aparência que lhe é própria, de tal sorte que o corpo real desaparecerá sob o envoltório fluídico exterior, cuja aparência pode variar à vontade do Espírito. Esta parece ser a verdadeira causa do estranho e raro fenômeno da transfiguração.[879]

A transfiguração de Jesus foi sublime, como consta no versículo: [...] *O seu rosto resplandeceu como o sol e as suas vestes tornaram-se alvas como a luz.* (Mt17:2). E o significado espírita dessa transfiguração é assim comentada por Emmanuel:

> Todas as expressões do Evangelho possuem uma significação divina e, no Tabor, contemplamos a grande lição de que o homem deve viver a sua existência, no mundo, sabendo que pertence ao Céu, por sua sagrada origem, sendo indispensável, desse modo, que se desmaterialize, a todos os instantes, para que se desenvolva em amor e sabedoria, na sagrada exteriorização da virtude celeste, cujos germes lhe dormitam no coração.[880]

Quanto ao Monte Tabor (do hebraico, *hartabhôr*) — local onde teria ocorrido a transfiguração, não é consenso entre os estudiosos — "[...]

situava-se entre montes [...] e figurava entre os mais notáveis da Palestina, ainda que inferior em tamanho ao Hermon [...]. Tabor chama-se, atualmente, Jebel el-Tor, monte separado entre outros de formação calcária, erguendo-se a 1.843 pés sobre o nível do Mediterrâneo. [...]."[881]

Logo após a transfiguração, o evangelista relata o aparecimento de Moisés e Elias que confabularam com Jesus. O fato não só comprova a imortalidade e a sobrevivência do Espírito, como destaca o apoio, a amizade e a fidelidade ao Cristo, sobretudo naquele momento, próximo da sua morte por crucificação. Elias e Moisés simbolizam mais que os grandiosos séquitos de Jesus, mas todo o esforço de revelação divina que o Cristo dispensa ao mundo desde sempre. Dos idos imensuráveis do profeta Elias, arrebatado e não morto, (em II Reis, 2:11 diz que *"Elias subiu ao Céu"* e, posteriormente, no versículo 15, relata que *"O espírito de Elias repousa sobre Eliseu"*), o qual passou pela libertação moral das consciências para a realidade espiritual, (terra prometida) representada por Moisés, até a sublimação do entendimento cristão com Jesus, há sempre a ação do Verbo de Deus num contínuo indivisível, por esse motivo a figura do Evangelho afirma que eles estavam "conversando". Tal como nos afirma Emmanuel: "Todos os documentos religiosos da *Bíblia* se identificam entre si, no todo, desde a primeira revelação com Moisés, de modo a despertar no homem as verdadeiras noções do seu dever para com os semelhantes e para com Deus".[882]

Talvez tenha ocorrido uma materialização dos Espíritos Moisés e Elias (é a hipótese mais aceita, considerando-se a capacidade de doação ectoplásmica dos apóstolos presentes), mas é possível supor também que os três apóstolos possam ter percebido os Espíritos por meio da vidência mediúnica. De qualquer forma, foi um acontecimento muito real, a ponto de Pedro sugerir a Jesus construir tendas para cada um dos mensageiros do Alto ali presentes. Entretanto, eis que surge uma nuvem (que não deveria ser nuvem, propriamente dita, mas uma carga concentrada de fluidos ectoplásmicos), enevoando a visão dos discípulos e, a partir dela, ouve-se a voz que aponta Jesus como o Filho bem amado, conforme palavras do texto de Mateus: *Ainda falava, quando uma nuvem luminosa os cobriu com a sua sombra e uma voz, que saía da nuvem, disse: "Este é o meu Filho amado, em quem me comprazo, ouvi-o!"*(Mt 17:5).

Emmanuel comenta esta passagem desta maneira:

> Encontravam-se os discípulos deslumbrados com a visão de Jesus transfigurado, tendo junto de si Moisés e Elias, aureolados de intensa luz.

Eis, porém, que uma grande sombra comparece. Não mais distinguem o maravilhoso quadro. Todavia, do manto de névoa espessa, clama a voz poderosa da revelação divina: "Este é o meu amado Filho, a Ele ouvi!"

Manifestava-se a palavra do Céu, na sombra temporária.

A existência terrestre, efetivamente, impõe angústias inquietantes e aflições amargosas. É conveniente, contudo, que as criaturas guardem serenidade e confiança, nos momentos difíceis.

As penas e os dissabores da luta planetária contêm esclarecimentos profundos, lições ocultas, apelos grandiosos. A voz sábia e amorosa de Deus fala sempre por meio deles.[883]

47.2 UMA PERGUNTA A RESPEITO DE ELIAS (MT 17:9-13)[884]

> *9 Ao descerem do monte, Jesus ordenou-lhes: "Não conteis a ninguém essa visão, até que o Filho do Homem ressuscite dos mortos". 10 Os discípulos perguntaram-lhe: "Por que razão os escribas dizem que é preciso que Elias venha primeiro?" 11 Respondeu-lhes Jesus: "Certamente Elias terá de vir para restaurar tudo. 12 Eu vos digo, porém, que Elias já veio, mas não o reconheceram. Ao contrário, fizeram com ele tudo quanto quiseram. Assim também o filho do Homem sofrerá da parte deles". 13 Então os discípulos entenderam que se referia a João Batista.*

A recomendação de Jesus aos três apóstolos de nada comentar a respeito dos acontecimentos que presenciaram, demonstra a prudência do Mestre, para não exaltar, mais ainda, os ânimos que os seus ensinamentos provocavam no meio das autoridades religiosas e entre o povo. Ele sabia que a sua condenação pelo clero dominante estava próxima, assim, fazia-se necessário manter um certo nível de harmonia espiritual. Emmanuel, por sua vez, convoca-nos a ponderar quanto à recomendação de guardar silêncio a respeito dos acontecimentos do Tabor e que pode ser contextualizado em todos os momentos desafiantes da caminhada evolutiva.

> Se o homem necessita de grande prudência nos atos da vida comum, maior vigilância se exige da criatura, no trato com a esfera espiritual.
>
> É o próprio Mestre Divino quem no-lo exemplifica.
>
> Tendo conduzido Tiago, Pedro e João às maravilhosas revelações do Tabor, onde se transfigurou ao olhar dos companheiros, junto de gloriosos emissários do plano superior, recomenda solícito: "A ninguém conteis a visão, até que o Filho do homem seja ressuscitado dos mortos."
>
> O Mestre não determinou a mentira, entretanto, aconselhou se guardasse a verdade para ocasião oportuna.
>
> Cada situação reclama certa cota de conhecimento.

Sabia Jesus que a narrativa prematura da sublime visão poderia despertar incompreensões e sarcasmos nas conversações vulgares e ociosas.

Não esqueçamos que todos nós estamos marchando para Deus, salientando-se, porém, que os caminhos não são os mesmos para todos.

Se guardas contigo preciosa experiência espiritual, indubitavelmente poderás usá-la, todos os dias, utilizando-a em doses apropriadas, a fim de auxiliares a cada um dos que te cercam, na posição particularizada em que se encontram; mas não barateies o que a esfera mais alta te concedeu, entregando a dádiva às incompreensões criminosas, porque tudo o que se conquista do Céu é realização intransferível.[885]

Jesus faz não só alusão direta à reencarnação como afirma que João Batista, recém-desencarnado, era a reencarnação do profeta Elias, como consta com clareza nestas informações de Mateus: *Os discípulos perguntaram-lhe: "Por que razão os escribas dizem que é preciso que Elias venha primeiro?" Respondeu-lhes Jesus: "Certamente Elias terá de vir para restaurar tudo. Eu vos digo, porém, que Elias já veio, mas não o reconheceram. Ao contrário, fizeram com ele tudo quanto quiseram. Assim também o Filho do Homem irá sofrer da parte deles". Então os discípulos entenderam que se referia a João Batista.* (Mt 17:10-13). "Dizendo que Elias já viera, Jesus demonstra a seus discípulos a reencarnação dos Espíritos, os quais se reencarnam periodicamente, não só para progredirem e saldarem o passado culposo, como também para desempenharem tarefas em benefício da coletividade".[886]

A reencarnação é sempre objeto de referências do Cristo. Já vimos em estudo anterior (Tema 38) *Mateus,* 11:12-15 Jesus afirmar: *E, desde os dias de João Batista até agora, se faz violência ao Reino dos céus, e pela força se apoderam dele. Porque todos os profetas e a lei profetizaram até João. E, se quereis dar crédito, é este o Elias que havia de vir. Quem tem ouvidos para ouvir ouça.*[887] Nesse texto, como o atual, a ideia da reencarnação persiste. O Codificador analisa de perto o assunto.

> [...] Não há aí figura nem alegoria: é uma afirmação positiva. — "Desde o tempo de João Batista até o presente, o Reino dos céus é tomado pela violência". Que significam essas palavras, uma vez que João Batista ainda vivia naquele momento? Jesus as explica, dizendo: "Se quiserdes compreender o que digo, ele mesmo é o Elias que há de vir". Ora, sendo João o próprio Elias, Jesus se refere à época em que João vivia com o nome de Elias.
>
> [...]

Depois acrescenta: *Ouça quem tiver ouvidos de ouvir*. Essas palavras, que Jesus tanto repetiu, dizem claramente que nem todos estavam em condições de compreender certas verdades.[888]

47.3 O ENDEMONINHADO EPILÉTICO (MT 17:14-21)[889]

14 Ao chegarem junto da multidão, aproximou-se dele um homem que, de joelhos, lhe pedia: 15 "Senhor, tem compaixão de meu filho, porque é lunático e sofre muito com isso. Muitas vezes cai no fogo e outras muitas na água. 16 Eu o trouxe aos teus discípulos, mas eles não foram capazes de curá-lo". 17 Ao que Jesus replicou: "Ó geração incrédula e perversa, até quando estarei convosco? Até quando vos suportarei? Trazei-o aqui". 18 Jesus o conjurou severamente e o demônio saiu dele. E o menino ficou são a partir desse momento. 19 Então os discípulos, procurando Jesus a sós, disseram: "Por que razão não podemos expulsá-lo?" 20 Jesus respondeu-lhes: "Por causa da fraqueza da vossa fé, pois em verdade vos digo: se tiverdes fé como um grão de mostarda, direis a esta montanha: transporta-te daqui para lá, e ela se transportará, e nada vos será impossível".

Temos aqui mais uma cura de processo obsessivo, ou desobsessão, realizada por Jesus, assunto que já foi objeto de estudos anteriores. Mas o que se destaca, neste registro de *Mateus* é a explicação que Jesus dá aos seus discípulos das razões por que eles não conseguiam fazer o mesmo: curar física e psiquicamente enfermos. O impedimento não era de natureza moral, nem de rejeição às orientações de Jesus. O problema era outro, mais subjetivo, que só o tempo e o empenho permitem ao discípulo sincero obter: o desenvolvimento da fé.

Emmanuel analisa com propriedade essa questão da fé: necessário é ser precisa, ser cultivada com perseverança, cotidianamente.

> Para que possamos movimentar a fé no plano exterior, é imprescindível venhamos a possuí-la, ainda mesmo na diminuta proporção de uma semente de mostarda, no solo de nosso próprio espírito.
>
> Assim, pois, é indispensável arrotear a terra seca e empedrada de nosso mundo interior, para ambientar em nosso coração essa planta divina.
>
> A vida é qual fazenda valiosa de que somos usufrutuários felizes; mas não podemos aprimorá-la ou enriquecê-la, confiando-nos à preguiça ou à distração.
>
> O proprietário da vinha não cederia ao lavrador uma enxada com destino à ferrugem.
>
> A gleba das possibilidades humanas, em nossas mãos, reclama trabalho incessante e incansável boa vontade.

É imperioso remover, no campo de nossa alma, os calhaus da indiferença, e drenar, na vasta extensão de nossos desejos, os charcos da ociosidade e do desânimo.

Serpes traiçoeiras e vermes daninhos ameaçam-nos a sementeira de elevação, por todos os lados, e detritos de variada natureza tentam sufocar instintivamente os germens de nossos pequeninos impulsos para o bem.

É necessário, assim, alterar a paisagem de nossa vida íntima, para que a fé viva nasça e se desenvolva em nossos destinos, por gradativo investimento de força transformadora e criativa, dotando-nos de abençoadas energias para as nossas realizações de ordem superior.

"Se tiveres fé do simples tamanho dum grão de mostarda — disse o Senhor — adquirireis o poder de transportar montanhas".

Aproveitemos, desse modo, a luta e a dificuldade que a experiência nos oferece, cada dia, e habilitar-nos-emos a converter as sombras de nossa antiga animalidade, em divina luz da espiritualidade santificante para a nossa ascensão à vida eterna.[890]

47.4 SEGUNDO ANÚNCIO DA PAIXÃO (MT 17:22-23)[891]

22 Estando eles reunidos na Galileia, Jesus lhes disse: "O Filho do Homem será entregue às mãos dos homens 23 e eles o matarão, mas no terceiro dia ressuscitará". E eles ficaram muito tristes.

Estudamos, no tema anterior, em *Mateus*, 16:21-23, que Jesus fez o primeiro anúncio dos fatos que se sucederiam: condenação, sofrimento (paixão) e morte na cruz. Aqui, o Mestre volta a preparar o espírito dos discípulos e afirma, sem qualquer margem de dúvida, não só os desoladores acontecimentos da condenação, prisão, calvário e crucificação, mas também a sua sobrevivência à morte, configurada nos textos do Novo Testamento como ressureição: *22 O Filho do Homem vai ser entregue às mãos dos homens 23 e eles o matarão, mas no terceiro dia ressuscitará. E eles ficaram muito tristes.*

A missão de Jesus estava quase terminada aqui no plano terreno. Sua ação como encarnado findava, para que ele a recomeçasse no plano espiritual, onde trabalha e trabalhará até a consumação dos séculos, em benefício de seus pequeninos tutelados que somos todos nós. Aproximava-se o momento de ele voltar para o Alto. Apesar de sua elevada hierarquia espiritual, Jesus pede forças ao Pai e não se esquece de fortificar seus discípulos.

Precisamos não nos esquecer de vigiar e de orar, pois, nós também, de acordo com nosso adiantamento espiritual, teremos desses momentos supremos, nos quais demonstraremos nossa fé e nossa fortaleza moral e espiritual.[892]

Desta forma, Jesus nos mostra que, como discípulos, devemos estar atentos para compreendermos as verdades divinas perante as provações que passaremos, quando o mundo agir contra o Cristo que nasce em nós. Devemos lembrar das verdades anunciadas por Elias contra os poderes inferiores e aceitar, ainda que sob sacrifícios, as nuvens necessárias para que as veredas de nossos corações sejam endireitadas para que nosso Senhor, Jesus Cristo, possa caminhar dentro de nós. Não devemos jamais esquecer que, perante as tribulações surge, sempre, a bênção da ressurreição, aqui também representada pela esperança e pela permanência do bem, medida sempre atuante da previdência divina.

47.5 O TRIBUTO PARA O TEMPLO PAGO POR JESUS E POR PEDRO (MT 17:24-27)[893]

> *24 Quando chegaram a Cafarnaum, os coletores da didracma aproximaram-se de Pedro e lhe perguntaram: "O vosso Mestre não paga a didracma?" 25 Pedro respondeu: "Sim". Ao entrar em casa, Jesus antecipou-se-lhe, dizendo: "Que te parece, Simão? De quem recebem os reis da terra tributos ou impostos? Dos seus filhos ou dos estranhos?" 26 Como ele respondesse "Dos estranhos", Jesus lhe disse: "Logo, os filhos estão isentos. 27 Mas, para que não os escandalizemos, vai ao mar e joga o anzol. O primeiro peixe que subir, segura-o e abre-lhe a boca. Acharás aí um estáter. Pega-o e entrega-o a eles por mim e por ti".*

O pagamento de impostos representa um assunto sempre presente na história e cultura do Judaísmo. É um assunto sensível que motivou muitas discussões e rebeliões. Champlin esclarece que, "[...] todos os homens judeus, de vinte anos para cima tinham a obrigação de pagar o imposto. [...]"[894] E o imposto era pago não apenas ao dominador romano, mas à sociedade judaica, ante a necessidade de manter a continuidade das práticas religiosas. O didracma era um "imposto anual e pessoal para cobrir as necessidades do Templo".[895]

É relevante destacar também, que essa narrativa consta apenas do *Evangelho de Mateus*.

> O texto indica que Jesus tinha o costume de *pagar impostos*. Aquele imposto era de *duas dracmas* (moeda grega usada pelos romanos). A Lei judaica exigia que a moeda fosse trocada pelo dinheiro judaico; e, no processo do câmbio, as autoridades religiosas exigiam certa comissão. Com essa taxa de comissão, ganhavam muito dinheiro. A data do pagamento era no mês de *Adar* (março); e, assim, Jesus e Pedro estavam realmente atrasados em seis meses. Durante este tempo estiveram viajando pela Galileia. O imposto destinava-se ao templo

de Jerusalém, era esperado, mas não exigido, de todos os homens de mais de vinte anos de idade.[896]

Entretanto, Jesus aproveita o acontecimento para, de certa forma, questionar o pagamento do imposto, visto que os serviços no templo de Deus deveriam ser gratuitos. Mesmo assim, segue as normas do pagamento do imposto, a despeito de não possuírem recursos para tal. Entretanto localiza uma moeda (*estáter*) num peixe e faz o pagamento.[897] O *estáter* era uma moeda grega antiga, mas de maior valor que o didracma/dracma, por ser de ouro. O dracma era de prata e equivale à moeda romana denário, que era também de prata.[898]

> De tudo Jesus procurava extrair lições proveitosas para seus aprendizes. Não deixava escapar nenhuma ocasião de ensiná-los a viverem na Terra, segundo as leis de Deus. Os mais pequeninos fatos da vida cotidiana forneciam-lhe o material para desenvolver os seus ensinamentos e os exemplos para ilustrá-los. Assim, conseguiu fazer de seu Evangelho, não só um manual prático, que devemos observar em nossa vida diária de relação com nosso próximo, como também de respeito e de amor para com nosso Pai Celestial.[899]

REFERÊNCIAS

[877] BÍBLIA DE JERUSALÉM. Gilberto da Silva Gorgulho; Ivo Storniolo e Ana Flora Anderson (Coords.). Diversos tradutores. Nova ed. rev. e ampl. 13. imp. São Paulo: Paulus, 2019, *Evangelho segundo Mateus*, 17:1-8, p. 1.735.

[878] KARDEC, Allan. *O livro dos médiuns*. Trad. Evandro Noleto Bezerra. 2. ed. 5. imp. Brasília: FEB, 2019, 2ª pt., cap. 7, it. 122, p. 132.

[879] _____. _____. It. 123, p. 132-133.

[880] XAVIER, Francisco Cândido. *O consolador*. Pelo Espírito Emmanuel. 29. ed. 11. imp. Brasília: FEB, 2020, q. 310, p. 207-208.

[881] DAVIS, John. *Novo dicionário da bíblia*. Trad. J. R. Carvalho Braga. Ampliado e atualizado. São Paulo: Hagnos, 2005, p. 1188-1189.

[882] XAVIER, Francisco Cândido. *O consolador*. Pelo Espírito Emmanuel. 29. ed. 11. imp. Brasília: FEB, 2020, q. 275, p. 189.

[883] XAVIER, Francisco Cândido. *Caminho, verdade e vida*. Pelo Espírito Emmanuel. 1. ed. 17. imp. Brasília: FEB, 2020, cap. 32, p. 79-80.

[884] BÍBLIA DE JERUSALÉM. Gilberto da Silva Gorgulho; Ivo Storniolo e Ana Flora Anderson (Coords.). Diversos tradutores. Nova ed. rev. e ampl. 13. imp. São Paulo: Paulus, 2019, *Evangelho segundo Mateus*, 17:9-13, p. 1.735.

885 XAVIER, Francisco Cândido. *Caminho, verdade e vida*. Pelo Espírito Emmanuel. 1. ed. 17. imp. Brasília: FEB, 2020, cap. 128, p. 271-272.

886 RIGONATTI, Eliseu. *O evangelho dos humildes*. 1. ed. São Paulo: Pensamento, 2018, cap. 17, p. 129.

887 BÍBLIA SAGRADA. Trad. João Ferreira de Almeida. Revista e Corrigida. 4. ed. Barueri: Sociedade Bíblica do Brasil, 2009, *Mateus*, 11:12-15, p. 1.261.

888 KARDEC, Allan. *O evangelho segundo o espiritismo*. Trad. Evandro Noleto Bezerra. 2. ed. 10. imp. Brasília: FEB, 2020, cap. 4, it. 11, p. 64-65.

889 BÍBLIA DE JERUSALÉM. Gilberto da Silva Gorgulho; Ivo Storniolo e Ana Flora Anderson (Coords.). Diversos tradutores. Nova ed. rev. e ampl. 13. imp. São Paulo: Paulus, 2019, *Evangelho segundo Mateus*, 17:14-21, p. 1.735.

890 XAVIER, Francisco Cândido. *Na Sementeira da Fé*. Pelo Espírito Emmanuel. *Reformador*. Jun. 1955, p. 137.

891 BÍBLIA DE JERUSALÉM. Gilberto da Silva Gorgulho; Ivo Storniolo e Ana Flora Anderson (Coords.). Diversos tradutores. Nova ed. rev. e ampl. 13. imp. São Paulo: Paulus, 2019, *Evangelho segundo Mateus*, 17:22 e 23, p. 1.735.

892 RIGONATTI, Eliseu. *O evangelho dos humildes*. 1. ed. São Paulo: Pensamento, 2018, cap. 17, p. 130-131.

893 BÍBLIA DE JERUSALÉM. Gilberto da Silva Gorgulho; Ivo Storniolo e Ana Flora Anderson (Coords.). Diversos tradutores. Nova ed. rev. e ampl. 13. imp. São Paulo: Paulus, 2019, *Evangelho segundo Mateus*, 17:24-27, p. 1.736.

894 CHAMPLIN, Russell Norman. *O novo testamento interpretado versículo por versículo*: Mateus/Marcos. Nova ed. rev. São Paulo: Hagnos, 2014, v. 1, p. 504.

895 BÍBLIA DE JERUSALÉM. Gilberto da Silva Gorgulho; Ivo Storniolo e Ana Flora Anderson (Coords.). Diversos tradutores. Nova ed. rev. e ampl. 13. imp. São Paulo: Paulus, 2019, *Evangelho segundo Mateus*. Nota de rodapé "a", p. 1.736.

896 CHAMPLIN, Russell Norman. *O novo testamento interpretado versículo por versículo*: Mateus/Marcos. V. 1, Nova ed. rev. São Paulo: Hagnos, 2014, v. 1, it. 17:24, p. 504.

897 _____. _____.

898 O que significa denário, dracma, darico, asse e estáter na *Bíblia*? https://www.esbocandoideias.com/2017/05/denario-dracma-darico-asse-estater.html Acesso em 9/9/2019.

899 RIGONATTI, Eliseu. *O evangelho dos humildes*. 1. ed. São Paulo: Pensamento, 2018, cap. 17, p. 131.

TEMA 48

PRIMÍCIAS DO REINO: O DISCURSO ECLESIÁSTICO (MT 18:1-35)

Na *Bíblia de Jerusalém*, o capítulo 18 de *Mateus* está subdividido num conjunto de sete assuntos, que recebeu o nome genérico de *discurso eclesiástico* (eclesiástico = igreja), assim designado para precisar o início do movimento da igreja cristã que, desde os primórdios, foi marcado por críticas e perseguições de autoridades religiosas. Para que se tenha uma visão geral do referido capítulo, analisaremos cada uma dessas subdivisões.

48.1 QUEM É O MAIOR? (MT 18:1-4)[900]

> 1 Nessa ocasião, os discípulos aproximaram-se de Jesus e lhe perguntaram: "Quem é o maior no Reino dos Céus?" 2 Ele chamou perto de si uma criança, colocou-a no meio deles 3 e disse: "Em verdade vos digo que, se não vos converterdes e não vos tornardes como as crianças, de modo algum entrareis no Reino dos Céus. 4 Aquele, portanto, que se tornar pequenino como esta criança, esse é o maior no Reino dos Céus."

A fim de destacar a simplicidade e pureza de coração, usualmente encontradas na infância, Jesus compara o maior no reino dos céus à imagem de uma criança. Ambas as virtudes são características dos humildes, dos Espíritos que já conseguiram banir de si o orgulho e o egoísmo. Allan Kardec destaca:

> A pureza de coração é inseparável da simplicidade e da humildade. Exclui toda ideia de egoísmo e de orgulho. É por isso que Jesus toma a infância como emblema dessa pureza, do mesmo modo que a tomou como o da humildade. Essa comparação poderia parecer injusta, considerando-se que o Espírito da criança pode ser muito antigo, e traz, ao renascer para a vida corpórea, as imperfeições de que não se tenha despojado em suas precedentes existências. Só um Espírito chegado à perfeição nos poderia oferecer o tipo da verdadeira pureza. Mas a comparação é exata do ponto de vista da vida presente, porque

a criancinha, não havendo ainda podido manifestar nenhuma tendência perversa, nos apresenta a imagem da inocência e da candura. Além disso, Jesus não disse de modo absoluto que o Reino dos céus é para elas, mas *para os que se assemelhem a elas*.[901]

Virtude superior, a humildade está impressa em todos os ensinamentos e atos de Jesus pela revelação da lei de amor a Deus e ao próximo, como é bem lembrada por Amélia Rodrigues ao referir-se a Jesus: "A suprema humildade em excelsa lição de amor seria a expressão final da renúncia de si mesmo".[902]

48.2 O ESCÂNDALO (MT 18:5-11)[903]

5 E aquele que receber uma criança como esta por causa do meu nome, recebe a mim. 6 Caso alguém escandalize um destes pequeninos que creem em mim, melhor seria que lhe pendurem ao pescoço uma pesada mó e seja precipitado nas profundezas do mar. 7 Ai do mundo por causa dos escândalos! É necessário que haja escândalos, mas ai do homem pelo qual o escândalo vem! 8 Se a tua mão ou o teu pé te escandalizam, corta-os e atira-os para longe de ti. Melhor é que entres mutilado ou manco para a Vida do que, tendo duas mãos ou dois pés, seres atirado no fogo eterno. 9 E, se o teu olho te escandaliza, arranca-o e atira-o para longe de ti. Melhor é que entres com um olho só para a Vida do que, tendo dois olhos, seres atirado na geena de fogo. 10 Não desprezeis nenhum desses pequeninos, porque eu vos digo que os seus anjos nos céus veem continuamente a face de meu Pai que está nos céus."

Jesus valoriza a necessidade de unir a simplicidade e a humildade para vivenciar o cristianismo, virtudes não encontradas, em geral, na prática do Judaísmo pelas autoridades religiosas, as quais reverenciavam o poder, as posições sociais e a riqueza, entre outros. Comportamentos semelhantes persistem no clero dos dias atuais: "Se nos fosse indagado sobre quais são as pessoas maiores de nossa cidade, para o que se voltaria nossa mente, juntamente com todos os homens e mulheres? Dinheiro, prestígio, erudição, conquistas militares — é nesses terrenos que os homens buscam ou reconhecem a *grandeza* [...]".[904]

A vida em sociedade pode conduzir o ser humano à busca pelo poder e pela projeção social. Mas, ao se deixar entorpecer pelo falso brilho das conquistas efêmeras, o homem sofre as consequências do uso indevido do livre-arbítrio, manifestadas na forma de "escândalos" ou provações. É por causa do escândalo que os homens são lançados aos precipícios do atraso moral que os fazem sofrer. Situação que é para se lamentar profundamente, como o faz o Cristo: *Ai do mundo por causa dos escândalos! É necessário que haja escândalos, mas ai do homem pelo qual o escândalo vem! Se a tua mão ou o teu pé te escandalizam, corta-os e atira-os para longe de ti. Melhor é que entres mutilado ou manco para a Vida do que, tendo duas mãos ou dois pés, seres atirado no fogo eterno. E, se o teu olho te escandaliza, arranca-o e atira-o para longe de ti. Melhor é que entres com um olho só para a Vida do que, tendo dois olhos, seres atirado na geena de fogo* (Mt 18:7-9).

Em *O consolador*, Emmanuel explica por que o Cristo disse ser necessário o escândalo:

> — Num plano de vida, onde quase todos se encontram pelo escândalo que praticaram no pretérito, é justo que o mesmo "escândalo" seja necessário, como elemento de expiação, de prova ou de aprendizado, porque aos homens falta ainda aquele "amor que cobre a multidão dos pecados".
>
> As palavras do ensinamento do Mestre ajustam-se, portanto, de maneira perfeita, à situação dos encarnados no mundo, sendo lastimáveis os que não vigiam, por se tornarem, desse modo, instrumentos de tentação nas suas quedas constantes, através dos longos caminhos.[905]

Jesus declara, então, que é preferível alguém renascer num corpo mutilado, enfermo e com graves limitações para que se possa, assim, reparar o passado delituoso e reajustar-se perante a Lei de Deus.

> Unicamente a reencarnação esclarece as questões do ser, do sofrimento e do destino. Em muitas ocasiões, falou-nos Jesus de seus belos e sábios princípios.
>
> Esta passagem de *Mateus* é sumamente expressiva.
>
> É indispensável considerar que o Mestre se dirigia a uma sociedade estagnada, quase morta.
>
> No concerto das lições divinas que recebe, o cristão, a rigor, apenas conhece, de fato, um gênero de morte, a que sobrevém à consciência culpada pelo desvio da Lei; e os contemporâneos do Cristo, na maioria, eram criaturas sem atividade espiritual edificante, de alma endurecida e coração paralítico. A expressão "melhor te é entrar na vida" representa solução fundamental. Acaso, não eram os ouvintes pessoas humanas? Referia-se, porém, o Senhor à existência contínua, à vida de sempre, dentro da qual todo espírito despertará para a sua gloriosa destinação de eternidade.
>
> Na elevada simbologia de suas palavras, apresenta-nos Jesus o motivo determinante dos renascimentos dolorosos, em que observamos aleijados, cegos e paralíticos de berço, que pedem semelhantes provas como períodos de refazimento e regeneração indispensáveis à felicidade porvindoura.
>
> Quanto à imagem do "fogo eterno", inserta nas letras evangélicas, é recurso muito adequado à lição, porque, enquanto não se dispuser a criatura a viver com o Cristo, será impelida a fazê-lo, por mil meios diferentes; se a rebeldia

perdurar por infinidade de séculos, os processos purificadores permanecerão igualmente como o fogo material, que existirá na Terra enquanto seu concurso perdurar no tempo, como utilidade indispensável à vida física.[906]

Ao tomar como símbolo a imagem da criança ou da infância para indicar o Espírito humilde, o Mestre Nazareno ensina o caminho que nos conduzirá à felicidade espiritual e nos afastará das quedas morais, identificadas nas reencarnações dolorosas. O Senhor recomenda, inclusive, os cuidados que devemos ter na educação dos filhos, ao afirmar: *Não desprezeis nenhum desses pequeninos, porque eu vos digo que os seus anjos nos céus veem continuamente a "face" de meu Pai que está nos Céus* (Mt 18:10).

Emmanuel pondera a respeito:

> Quando Jesus nos recomendou não desprezar os pequeninos, esperava de nós não somente medidas providenciais alusivas ao pão e à vestimenta.
>
> Não basta alimentar minúsculas bocas famintas ou agasalhar corpinhos enregelados. É imprescindível o abrigo moral que assegure ao espírito renascente o clima de trabalho necessário à sua sublimação.
>
> Muitos pais garantem o conforto material dos filhinhos, mas lhes relegam a alma a lamentável abandono.
>
> [...]
>
> Não desprezes, pois, a criança, entregando-a aos impulsos da natureza animalizada.
>
> Recorda que todos nos achamos em processo de educação e reeducação, diante do Divino Mestre.
>
> [...]
>
> Lembremo-nos da nutrição espiritual dos meninos, através de nossas atitudes e exemplos, avisos e correções, em tempo oportuno, de vez que desamparar moralmente a criança, nas tarefas de hoje, será condená-la ao menosprezo de si mesma, nos serviços de que se responsabilizará amanhã.[907]

48.3 A OVELHA DESGARRADA (MT 18:12-14)[908]

> *12 Que vos parece? Se um homem possui cem ovelhas e uma delas se extravia, não deixa ele as noventa e nove nos montes para ir à procura da extraviada? 13 Se consegue achá-la, em verdade vos digo, terá maior alegria com ela do que com as noventa e nove que não se extraviaram. 14 Assim também, não é da vontade de vosso Pai, que está nos céus, que um destes pequeninos se perca.*

Temos aqui uma parábola contada por Jesus que, nos textos de *Mateus* e *Lucas* apresentam pequenas diferenças: "[...] *Mateus* usa a parábola para ilustrar ainda mais fortemente o grande amor e cuidado de Deus para com os 'pequeninos', ao passo que *Lucas* usa a parábola para ilustrar o direito que Jesus tinha de misturar-se com os pecadores, isto é, estar em companhia deles [...]".[909]

A ovelha perdida simboliza alguém que se desviou do caminho reto, mas, mesmo assim, não deve ser abandonado. O bom pastor jamais entrega as suas ovelhas à própria sorte. Com essa parábola, Jesus ensina o verdadeiro sentido do amor ao próximo. Esclarece que o bom pastor jamais abandona a ovelha perdida, assim como os bons pais não desprezam o filho desviado do bem, ou o bom médico não deixa de cuidar do doente:

> É certo que o médico existe porque pululam as enfermidades, e o remédio é o recurso especializado para facultar o retorno da saúde.
>
> Como, então, combater-se o doente e não a doença, o desfalecente e não as causas que a geram? Somente a crueldade possui mecanismo de razão para adotar comportamento de tal natureza, ou o despeito frio e calculado, com sórdidos objetivos de perturbação."[910]

Cairbar Schutel, analisa igualmente, o significado do simbolismo da parábola da ovelha perdida:

> A parábola mostra bem claramente que as almas transviadas não ficarão perdidas no labirinto das paixões, nem nas furnas onde medram os abrolhos. Como a ovelha desgarrada, elas serão procuradas, ainda mesmo que seja preciso deixar de cuidar daquelas que atingiram já uma altura considerável, ainda mesmo que as noventa e nove ovelhas fiquem estacionadas num local do monte, os encarregados do rebanho sairão ao campo à procura da que se perdeu.
>
> O Pai não quer a morte do ímpio; não quer a condenação do mau, do ingrato, do injusto, mas sim a sua regeneração, a sua salvação, a sua vida, a sua felicidade.[911]

48.4 CORREÇÃO FRATERNA (MT 18:15-18)[912] E PERDÃO DAS OFENSAS (MT 18:21-22)[913]

Como ambos os assuntos são correlacionados, vamos estudá-los em conjunto, fora da sequência especificada na *Bíblia de Jerusalém*.

48.4.1 INSTRUÇÕES PARA RESOLUÇÃO DE CONFLITOS INTERPESSOAIS

> *15 Se o teu irmão pecar, vai corrigi-lo a sós. Se ele te ouvir, ganhaste o teu irmão. 16 Se não te ouvir, porém, toma contigo mais uma ou duas pessoas, para que toda questão seja decidida pela palavra de duas ou três testemunhas. 17 Caso não lhes der ouvido, dize-o à Igreja. Se nem mesmo à Igreja der ouvido, trata-o*

> *como o gentio ou o publicano. 18 Em verdade vos digo: tudo quanto ligardes na terra será ligado no céu e tudo quanto desligardes na terra será desligado no céu.*

Os versículos 15, 16 e 17 indicam um plano de conduta para a resolução de conflitos interpessoais: a) ofendido e ofensor devem buscar solução para a ofensa em particular, a sós; b) convocar uma ou mais testemunhas para auxiliar a mediação do conflito, se não ocorreu entendimento em particular; c) buscar orientação de representantes da igreja se as duas tentativas anteriores não ofereceram resultados positivos; d) tratar como gentio ou publicano a pessoa que não aceitou nenhum tipo de conciliação. A palavra gentio é definida pela sociedade judaica como qualquer pessoa não-judia. E, nesse contexto, deve ser mantida à distância. Publicano, por outro lado, era o judeu que exercia o ofício de cobrar impostos e que agia em nome do invasor romano. Não era considerada pessoa bem vista, até mesmo considerada desonrada, sobretudo porque muitos publicanos enriqueceram às custas da exploração do povo.

As orientações de Jesus, para a resolução de conflitos, são regadas de bom senso e não produzem escândalos ou murmúrios. Todavia, naquela época, como atualmente, as autoridades religiosas das diferentes igrejas, cristãs e não-cristãs, intrometiam-se nos assuntos particulares dos fiéis. Tal comportamento exacerbava muitas autoridades religiosas, um problema que poderia ter sido resolvido no particular.

> O alvo primário destas instruções é o encontro de *solução* para o problema sem a interferência da igreja ou de testemunhas. Quando possível, seria melhor que os irmãos resolvessem entre si os seus problemas, sem a intervenção da igreja. O ministério do pastor e de outras autoridades eclesiásticas pode ajudar, mas geralmente os problemas pessoais podem ser resolvidos sem a interferência de terceiros. É necessário, entretanto, que o ofendido tenha uma atitude razoável, inteligente, flexível, paciente, compassiva e altruísta. Ele não se deve esquecer de que foi ofendido por um "irmão", um dos "pequeninos" de Deus. Deve também lembrar-se de que ofende outros e peca contra Deus. Chegou a sua vez de sofrer o que usualmente pratica contra Deus e contra os outros. Essa atitude, que inclui a compaixão e a paciência, faz parte do desenvolvimento espiritual e é resultante do crescimento na fé. [...].[914]

A medida de bom senso e de maturidade espiritual é sempre procurar resolver os conflitos, mágoas e desentendimentos em particular, a sós, entre o ofendido e o ofensor. Resolvido o impasse, afirma Jesus: *Se ele te ouvir, ganhaste o teu irmão* (Mt 18:15). Ganhar um irmão é o maior dissolvente de mágoas, pois fundamenta-se no exercício do perdão, em saber relevar ofensas. Emmanuel sugere o quanto é importante perdoar e relevar ofensas:

Observemos o ensinamento do Cristo acerca do perdão.

Note-se que o Senhor afirma convincente: "Se o vosso irmão agiu contra vós...".

Isso quer dizer que Jesus principia considerando-nos na condição de pessoas ofendidas, incapazes de ofender; ensina-nos a compreender os semelhantes, crendo-nos seguros no trato fraternal.

Nas menores questões de ressentimento, sujeitemo-nos a desapaixonado autoexame.

Quem sabe a reação surgida contra nós terá nascido de ações impensadas, desenvolvidas por nós mesmos?

Se do balanço de consciência estivermos em débito com os outros, tenhamos suficiente coragem de solicitar-lhes desculpas, diligenciando sanar a falta cometida e articulando serviço que nos evidencie o intuito de reparação.

Se nos sentimos realmente feridos ou injustiçados, esqueçamos o mal. Na hipótese de o prejuízo alcançar-nos individualmente e tão somente a nós, reconheçamo-nos igualmente falíveis e ofertemos aos nossos inimigos imediatos possibilidades de reajuste. Se, porém, o dano em que fomos envolvidos atinge a coletividade, cabendo à justiça e não a nós o julgamento do golpe verificado, é claro que não nos compete louvar a leviandade. Ainda assim, podemos reconciliar-nos com os nossos adversários, em Espírito, orando por eles e amparando-os, por via indireta, a fim de que se valorizem para o bem geral nas tarefas que a vida lhes reservou.[915]

Finalizadas as instruções relativas ao comportamento do cristão, Jesus conclui: *Em verdade vos digo: tudo quanto ligardes na terra será ligado no céu e tudo quanto desligardes na terra será desligado no Céu* (Mt 18:18). Trata-se do compromisso espiritual do cristão de garantir a união quando fala ou age em nome de Deus. Recorrendo mais uma vez à sabedoria de Emmanuel, encontramos os esclarecimentos que se seguem, retirados do livro *O consolador*:

> — Faz-se indispensável observar que as palavras do Cristo foram dirigidas aos apóstolos e que a missão de seus companheiros não era restrita ao ambiente das tribos de Israel, tendo a sua divina continuação além das próprias atividades terrestres. Até hoje, os discípulos diretos do Senhor têm a sua tarefa sagrada, em cooperação com o Mestre Divino, junto da Humanidade – a Israel mística dos seus ensinamentos.
>
> Os méritos dos apóstolos de modo algum poderiam ser automaticamente transferidos aos sacerdotes degenerados pelos interesses políticos e financeiros de determinados grupos terrestres, depreendendo-se daí que a Igreja romana, a que mais tem abusado desses conceitos, uma vez mais desviou o sentido sagrado da lição do Cristo.
>
> Importa, porém, lembrarmos neste particular a promessa de Jesus, de que estaria sempre entre aqueles que se reunisse sinceramente em seu nome.

Nessas circunstâncias, os discípulos leais devem manter-se em plano superior ao do convencionalismo terrestre, agindo com a própria consciência e com a melhor compreensão de responsabilidade, em todos os climas do mundo, porquanto, desse modo, desde que desenvolvam atuação no bem, pelo bem e para o bem, em nome do Senhor, terão seu atos evangélicos tocados pela luz sacrossanta das sanções divinas.[916]

48.4.2 O LIMITE DA CAPACIDADE DE PERDOAR

> 21 Então Pedro chegando-se a ele, perguntou-lhe: "Senhor, quantas vezes devo perdoar ao irmão que pecar contra mim? Até sete vezes?" 22 Jesus respondeu-lhe: "Não te digo até sete, mas até setenta e sete vezes".

Não há limite para a capacidade de perdoar. É o que se deduz da resposta que Jesus transmitiu ao apóstolo Pedro. Ou seja, devemos perdoar sempre, infinitamente, até que cheguemos ao estágio de não precisar perdoar, porque já não nos sentimos feridos pelas ofensas do próximo.

O Espírito Amélia Rodrigues transmite-nos notáveis considerações a respeito do perdão, apresentadas aqui na forma de uma síntese:

48.4.2.1 Perdoar 70 vezes 7 vezes:

> — O dever é perdoar setenta vezes sete vezes... cada erro da criatura, a fim de que aquele que perdoa sinta-se realmente em condições de ser irmão do seu próximo e saber que o seu é o amor por excelência, que procede do Pai e nada lhe pode entorpecer a grandiosidade.[917]

48.4.2.2 Perdoar com sinceridade:

> Extraordinária terapia para a exulceração moral é o perdão. Elevada expressão do amor, abençoa quem o doa e apazigua aquele que recebe [...]. O perdão chega e suaviza a gravidade do delito, auxiliando na reparação, mediante a qual o equivocado se reabilita, alterando a conduta e tornando-se útil à comunidade onde está situado. Quem perdoa, cresce; quem recebe perdão, renova-se.[918]

48.4.2.3 O poder do perdão:

> É normal pensar-se no revide ao mal, no entanto, essa reação vincula a vítima ao seu perseguidor, transforma-se em tóxico mental a envenená-lo lentamente. Quando se consegue perdoá-lo, rompem-se os grilhões da perturbação, mas quando se ama esse algoz, faz-se com que ele se erga do abismo de si mesmo. Todavia, é necessário fazer mais: retribuir-lhe com o bem todo o mal que ele engendrou e produziu.[919]

48.5 ORAÇÃO EM COMUM (MT 18:19-20)[920]

> *19 Em verdade ainda vos digo: se dois de vós estiverem de acordo na terra sobre qualquer coisa que queiram pedir, isso lhes será concedido por meu Pai que está nos céus. 20 Pois onde dois ou três estiverem reunidos em meu nome, ali estou eu no meio deles.*

Temos aqui um apelo do Cristo para o cultivo da fé, que deve ser trabalhada pela oração e pelo trabalho solidário dos discípulos. Allan Kardec analisa o assunto com a lucidez que lhe é peculiar:

> Seria ilógico concluir desta máxima: "Seja o que for que peçais na prece, crede que vos será concedido", que basta pedir para obter, como seria injusto acusar a Providência se não atender a toda súplica que lhe é feita, uma vez que ela sabe, melhor do que nós, o que é para o nosso bem.
>
> [...].
>
> O que Deus concederá ao homem, se ele lhe pedir com confiança, é a coragem, a paciência e a resignação. Também lhe concederá os meios de se livrar por si mesmo das dificuldades, mediante ideias que fará que os Espíritos bons lhe sugiram, deixando-lhe dessa forma o mérito da ação. Ele assiste os que se ajudam a si mesmos, conforme esta máxima: "Ajuda-te, que o Céu te ajudará", e não os que tudo esperam de um socorro estranho, sem fazer uso das próprias faculdades. Entretanto, na maioria das vezes, o que o homem quer é ser socorrido por um milagre, sem nada fazer de sua parte.[921]

A prece coletiva revela um maior efeito, porque resulta do somatório dos pensamentos e das energias individuais: "O poder da prece está no pensamento. Não depende de palavras, nem de lugar, nem do momento em que seja feita. Pode-se, portanto, orar em toda parte e a qualquer hora, a sós ou em comum. A influência do lugar e do tempo só se faz sentir nas circunstâncias que favoreçam o recolhimento. A prece em comum tem ação mais poderosa, quando todos os que oram se associam de coração a um mesmo pensamento e têm o mesmo objetivo: é como se muitos clamassem juntos e em uníssono. [...]."[922]

48.6 PARÁBOLA DO DEVEDOR IMPLACÁVEL (MT 18:23-35)[923]

> *23 Eis porque o Reino dos Céus é semelhante a um rei que resolveu acertar contas com os seus servos. 24 Ao começar o acerto, trouxeram-lhe um que devia dez mil talentos. 25 Não tendo este com que pagar, o senhor ordenou que o vendessem, juntamente com a mulher e com os filhos e todos os seus bens, para o pagamento da dívida. 26 O servo, porém, caiu aos seus pés e, prostrado, suplicava-lhe: "Dá-me*

um prazo e eu te pagarei tudo". 27 Diante disso, o senhor, compadecendo-se do servo, soltou-o e perdoou-lhe a dívida. 28 Mas, quando saiu dali, esse servo encontrou um dos seus companheiros de servidão, que lhe devia cem denários e, agarrando-o pelo pescoço, pôs-se a sufocá-lo e a insistir: "Paga-me o que me deves". 29 O companheiro, caindo aos seus pés, rogava-lhe: "Dá-me um prazo e eu te pagarei". 30 Mas ele não quis ouvi-lo; antes, retirou-se e mandou lançá-lo na prisão até que pagasse o que devia. 31 Vendo os companheiros de serviço o que acontecera, ficaram muito penalizados e, procurando o senhor, contaram-lhe todo o acontecido. 32 Então o senhor mandou chamar aquele servo e lhe disse: "Servo mau, eu te perdoei toda a tua dívida, porque me rogaste. 33 Não devias, também tu, ter compaixão do teu companheiro, como eu tive compaixão de ti?" 34 Assim, encolerizado, o seu senhor o entregou aos verdugos, até que pagasse toda a sua dívida. 35 Eis como meu Pai celeste agirá convosco, se cada um de vós não perdoar, de coração, ao seu irmão.

A parábola do devedor implacável, também denominada parábola do credor incompassivo, encerra o capítulo 18 do livro de Mateus e traz novamente à cena a questão do perdão. Refere-se a uma pessoa que teve vultosa dívida perdoada, mas que não soube perdoar a pequena dívida que alguém lhe devia. O credor incompassivo recebeu misericórdia e perdão em abundância, mas não se fez merecedor desses benefícios, quando foi colocado em situação similar.

A história relata, na verdade, dois tipos de credores: um compassível, que soube entender as agruras do endividado, perdoando-lhe o pagamento da dívida, e outro implacável, que se revelou intransigente para quem lhe devia. O primeiro credor revela ser alma elevada, portadora de sentimentos nobres como misericórdia, tolerância, generosidade, capacidade para ouvir e perceber as dificuldades do endividado. São atributos comuns aos Espíritos superiores, portadores de benevolência para com o próximo. O segundo credor revela-se como Espírito imperfeito, moralmente atrasado, egoísta e pouco indulgente: luta pelos benefícios próprios, mas não se compadece de quem está passando por situação de dificuldades.

> A parábola acima ilustra muito bem o que se passa entre a Humanidade: todos estamos sobrecarregados de imensos débitos para com a Providência Divina; todos, continuamente, lhe suplicamos o perdão. Todavia, somos incapazes de perdoar do fundo do coração a menor falta que alguém cometer contra nós. Queremos que Deus nos perdoe e nos tolere, mas não queremos perdoar, nem tolerar nossos semelhantes. Por meio desta tão singela e tão expressiva parábola o Mestre nos ensina que devemos cobrir com o manto do perdão e do amor os erros que são cometidos contra nós, porque, se assim não o fizermos,

compareceremos com nossos erros descobertos na presença de Deus, o qual nos tratará exatamente como tivermos tratado nossos irmãos.[924]

REFERÊNCIAS

[900] BÍBLIA DE JERUSALÉM. Gilberto da Silva Gorgulho; Ivo Storniolo e Ana Flora Anderson (Coords.). Diversos tradutores. Nova ed. rev. e ampl. 13. imp. São Paulo: Paulus, 2019, *Evangelho segundo Mateus*, 18:1-4, p. 1.736.

[901] KARDEC, Allan. *O evangelho segundo o espiritismo*. Trad. Evandro Noleto Bezerra. 2. ed. 10. imp. Brasília: FEB, 2020, cap. 8, it. 3, p. 117-118.

[902] FRANCO, Divaldo Pereira. *Quando voltar a primavera*. Pelo Espírito Amélia Rodrigues. 8. ed. Salvador: LEAL, 2015, cap. 16, p. 110.

[903] BÍBLIA DE JERUSALÉM. Gilberto da Silva Gorgulho; Ivo Storniolo e Ana Flora Anderson (Coords.). Diversos tradutores. Nova ed. rev. e ampl. 13. imp. São Paulo: Paulus, 2019, *Evangelho segundo Mateus*, 18:5-11, p. 1.736.

[904] CHAMPLIN, Russell Norman. *O novo testamento interpretado versículo por versículo*: Mateus/Marcos. Nova ed. rev. V. 1. São Paulo: Hagnos, 2014, v. 1, cap., p. 505

[905] XAVIER, Francisco Cândido. *O consolador*. Pelo Espírito Emmanuel. 29. ed. 11. imp. Brasília: FEB, 2020, q. 307, p. 206-207.

[906] _____. *Caminho, verdade e vida*. Pelo Espírito Emmanuel. 1. ed. 17. imp. Brasília: FEB, 2020, cap. 108, p. 231-232.

[907] _____. *Fonte viva*. Pelo Espírito Emmanuel. 1. ed. 16. imp. Brasília: FEB, 2020, cap. 157, p. 331-332.

[908] BÍBLIA DE JERUSALÉM. Gilberto da Silva Gorgulho; Ivo Storniolo e Ana Flora Anderson (Coords.). Diversos tradutores. Nova ed. rev. e ampl. 13. imp. São Paulo: Paulus, 2019, *Evangelho segundo Mateus*, 18:12-14, p. 1.736.

[909] CHAMPLIN, Russell Norman. *O novo testamento interpretado versículo por versículo*: Mateus/Marcos. Nova ed. rev. V. 1. São Paulo: Hagnos, 2014, v. 1, it. A parábola da ovelha perdida, p. 513.

[910] FRANCO, Divaldo Pereria. *A mensagem do amor imortal*. Pelo Espírito Amélia Rodrigues. 2. ed. Salvador: LEAL, 2015, cap. 5, p. 39.

[911] SCHUTEL, Cairbar. *Parábolas e ensinos de Jesus*. 28. ed. Matão/SP: O Clarim, 2016, cap. Parábola da Ovelha Perdida, p. 52.

[912] BÍBLIA DE JERUSALÉM. Gilberto da Silva Gorgulho; Ivo Storniolo e Ana Flora Anderson (Coords.). Diversos tradutores. Nova ed. rev. e ampl. 13. imp. São Paulo: Paulus, 2019, *Evangelho segundo Mateus*, 18:15-18, p. 1.737.

[913] _____. _____. *Evangelho segundo Mateus*, 18:21-22, p. 1.737.

914 CHAMPLIN, Russell Norman. *O novo testamento interpretado versículo por versículo*: Mateus/Marcos. Nova ed. rev. V. 1. São Paulo: Hagnos, 2014, v. 1, p. 516.

915 XAVIER, Francisco Cândido e VIEIRA, Waldo. *Estude e viva*. Pelos Espíritos Emmanuel e André Luiz. 14. ed. 7. imp. Brasília: FEB, 2020, cap. 27 (mensagem de Emmanuel), p. 121-122.

916 XAVIER, Francisco Cândido. *O consolador*. Pelo Espírito Emmanuel. 29. ed. 11. imp. Brasília: FEB, 2020, q. 297, p. 200-201.

917 FRANCO, Divaldo Pereira. *Pelos caminhos de Jesus*. Pelo Espírito Amélia Rodrigues. 8. ed. Salvador: LEAL, 2015, cap. 8, p. 62.

918 _____. _____. P. 87.

919 _____. _____. *A mensagem do amor universal*. Pelo Espírito Amélia Rodrigues. 2. ed. Salvador: LEAL, 2015, cap. 22, p.157.

920 BÍBLIA DE JERUSALÉM. Gilberto da Silva Gorgulho; Ivo Storniolo e Ana Flora Anderson (Coords.). Diversos tradutores. Nova ed. rev. e ampl. 13. imp. São Paulo: Paulus, 2019, *Evangelho segundo Mateus*, 18:19 e 20, p. 1.737.

921 KARDEC, Allan. *O evangelho segundo o espiritismo*. Trad. Evandro Noleto Bezerra. 2. ed. 10. imp. Brasília: FEB, 2020, cap. 27, it. 7, p. 315.

922 _____. _____. It. 15, p. 319.

923 BÍBLIA DE JERUSALÉM. Gilberto da Silva Gorgulho; Ivo Storniolo e Ana Flora Anderson (Coords.). Diversos tradutores. Nova ed. rev. e ampl. 13. imp. São Paulo: Paulus, 2019, *Evangelho segundo Mateus*, 18:23-35, p. 1.737.

924 RIGONATTI, Eliseu. *O evangelho dos humildes*. 15. ed. São Paulo: Pensamento, 2003, cap. 18, it. A parábola do credor incompassível, p. 136-137.

O ADVENTO PRÓXIMO DO REINO DOS CÉUS: PARTE NARRATIVA 1 (MT 19:1-30)

Após o "Discurso Eclesiástico", estudado no capítulo 18 do livro de *Mateus* Jesus deixa a Galileia e parte para a Judeia, no além Jordão, para dar continuidade ao seu ministério, sempre acompanhado de multidões. O atual registro do evangelista, o capítulo 19, abrange seis assuntos interrelacionados, segundo a *Bíblia de Jerusalém*: a) *Perguntas sobre o divórcio*; b) *A continência voluntária*; c) *Jesus e as crianças*; d) *O moço rico*; e) *O perigo das riquezas*; f) *Recompensa prometida pelo desprendimento das coisas materiais*.

A palavra *Advento* significa "chegada", "aparecimento", "vinda." Portanto, Jesus anuncia que o *Reino dos Céus* é um acontecimento que se aproxima. A propósito, a expressão *Reino dos Céus*, também conhecida como *Reino de Deus*, foi citada inúmeras vezes por Jesus, nos mais variados contextos e em diversas parábolas, conforme assinala o Espírito Amélia Rodrigues: "A sua mensagem, impregnada de ternura, objetivava todos os seres humanos; especialmente, porém, aqueles que eram espoliados, que haviam sido excluídos do convívio social edificante, que perderam tudo, menos o direito de ser amados...".[925]

49.1 PERGUNTAS SOBRE O DIVÓRCIO (MT 19:1-9)[926]

> *1 Quando Jesus terminou essas palavras, partiu da Galileia e foi para o território da Judeia, além do Jordão. 2 Acompanharam-no grandes multidões e ali as curou. 3 Alguns fariseus se aproximaram dele, querendo pô-lo à prova. E perguntaram: "é lícito repudiar a própria mulher por qualquer motivo?" 4 Ele respondeu: "Não lestes que desde o princípio O Criador os fez homem e mulher? 5 e que disse: Por isso, o homem deixará pai e mãe e se unirá a sua mulher e os dois serão uma só carne? 6 De modo que já não são dois, mas uma só carne. Portanto, o que Deus uniu o homem não deve separar."7 Eles, porém, objetaram: "Por que, então, ordenou Moisés que desse carta de divórcio quando repudiasse?" 8 Ele disse:*

> *"Moisés, por causa da dureza dos vossos corações, vos permitiu repudiar vossas mulheres, mas ao princípio não era assim. 9 E eu vos digo que todo aquele que repudiar sua mulher — exceto por motivo de 'fornicação' — e desposar outra, comete adultério."*

Para querer provocar e testar Jesus, alguns fariseus dirigem-lhe estas duas perguntas: *perguntaram:* "[....] *É lícito repudiar a própria mulher por qualquer motivo?*" (Mt 19:3) e "[...] por que, então, ordenou Moisés que desse carta de divórcio quando repudiasse?" (Mt 19:7).

Segundo a *Bíblia de Estudo*, da Sociedade Bíblica do Brasil (ARC, p. 1060) "Jesus considera o matrimônio no seu aspecto mais nobre e sublime, como união feita pelo propósito e vontade de Deus", e não como Moisés que, na condição de legislador de um povo cheio de vícios adquiridos nos tempos da escravidão no Egito, teve necessidade de instituir leis humanas mais rigorosas, a fim de regular as relações conjugais daquela época, como assinala *Deuteronômio*: "Se um homem casar-se com uma mulher e depois não a quiser mais, por encontrar nela algo que ele reprova, dará certidão de divórcio à mulher e a mandará embora" (Dt 24:1).

Contudo, Jesus analisa a questão do casamento do ponto de vista mais elevado. Indica que o assunto deve ser considerado não apenas em função das regras religiosas e legais existentes, mas segundo um código de moralidade superior, tem como princípio e referencial a união definida por Deus: "Portanto, o que Deus uniu o homem não deve separar" (Mt 19:6). Infelizmente, mesmo nos tempos atuais, as uniões conjugais continuam sem valorizar aspectos espirituais do casamento. Em consequência surge o divórcio.

A visão espírita do casamento e do divórcio procura enfatizar a orientação de Jesus a respeito do assunto, isto é, indica o que é de ordem divina e o que resulta dos hábitos e costumes sociais. Neste propósito, Allan Kardec faz as seguintes considerações:

49.1.1 INDISSOLUBILIDADE DO CASAMENTO

> Só o que vem de Deus é imutável. Tudo o que é obra dos homens está sujeito a mudanças. As Leis da Natureza são as mesmas em todos os tempos e em todos os países. As leis humanas mudam segundo os tempos, os lugares e o progresso da inteligência. No casamento, o que é de ordem divina é a união dos sexos, para que se opere a substituição dos seres que morrem, mas as condições que regulam essa união são de tal modo humanas que não há no mundo inteiro, nem mesmo na cristandade, dois países onde elas sejam

absolutamente as mesmas, e nenhuma onde não haja sofrido mudanças, com o passar do tempo. [...].⁹²⁷

49.1.2 O DIVÓRCIO

O divórcio é lei humana que tem por fim separar legalmente o que já está, de fato, separado. Não é contrário à Lei de Deus, pois apenas reforma o que os homens fizeram e só é aplicável nos casos em que não se levou em conta a Lei Divina.⁹²⁸

49.1.3 A LEI DE AMOR

Mas, na união dos sexos, ao lado da Lei divina material, comum a todos os seres vivos, há outra Lei divina, imutável como todas as Leis de Deus, exclusivamente moral: a lei de amor. Quis Deus que os seres se unissem não só pelos laços da carne, mas também pelos da alma, a fim de que a afeição mútua dos esposos se transmitisse aos filhos, e que fossem dois, e não somente um, a amá-los, a cuidá-los e a fazê-los progredir. [...].⁹²⁹

49.2 A CONTINÊNCIA VOLUNTÁRIA (MT 19:10-12)⁹³⁰

10 Os discípulos disseram-lhes: "Se é assim a condição do homem em relação à mulher, não vale a pena casar-se. 11 Ele acrescentou: "Nem todos são capazes de compreender essa palavra, mas só aquele a quem é concedido. 12 Com efeito, há eunucos que nasceram assim, do ventre da mãe; E há eunucos que foram feitos eunucos pelos homens. E há eunucos que se fizeram eunucos por causa do Reino dos Céus. Quem tiver capacidade para compreender, compreenda!"

Conforme as palavras de Jesus, há três tipos de eunucos: os que nasceram assim (congenitamente); os que se tornaram por efeito da ação humana e os que, por si mesmo, se tornaram eunucos por causa do reino dos céus (são os eunucos espirituais). J. D. Douglas esclarece a respeito:

A derivação do vocábulo hebraico é incerta, porém, julga-se ter derivado de um termo assírio que significa "Aquele que é cabeça (para o rei)". [...] O sentido primário é "oficial da corte". No hebraico se percebe um sentido secundário, a saber, um "castrado", um "eunuco" no sentido moderno. [...] Tais pessoas eram frequentemente empregadas pelos governantes orientais como oficiais da casa. [...]

No NT, o vocábulo *eunouchos* é empregado, e pode ser derivado de *eunen echo* ("conservar o leito"). Tal como seu paralelo, *saris*, não precisa denotar alguém estritamente castrado. Em At 8:27 ambos os sentidos talvez estejam em foco; em Mt 19:12 o sentido "castrado" ultrapassa qualquer dúvida. Nesta última passagem, três classes de eunucos são mencionadas, a saber, os que já nascem eunucos, os feitos por mãos humanas, e os eunucos espirituais. Esta última classe inclui todos aqueles que sacrificaram desejos legítimos e naturais por amor ao reino do céu. [...][931]

Em *O livro dos espíritos* encontramos referências a respeito do assunto.

Pergunta 698: O celibato voluntário é um estado de perfeição meritório aos olhos de Deus? Resposta: "Não, e os que assim vivem, por egoísmo, desagradam a Deus e enganam a todos."[932]

Pergunta 699: O celibato voluntário não representa um sacrifício que fazem certas pessoas com o fim de se dedicarem mais inteiramente ao serviço da Humanidade? Resposta: "Isso é muito diferente. Eu disse: por egoísmo. Todo sacrifício pessoal é meritório, quando feito para o bem. Quanto maior o sacrifício, tanto maior o mérito".

Comentários de Kardec:

Deus não pode contradizer-se, nem achar ruim o que Ele próprio fez; não pode, pois, ver mérito algum na violação de sua lei. Mas, se o celibato, em si mesmo, não é um estado meritório, o mesmo não sucede quando constitui, pela renúncia às alegrias da família, um sacrifício praticado em favor da Humanidade. Todo sacrifício pessoal, tendo em vista o bem e sem qualquer ideia egoísta, eleva o homem acima da sua condição material.[933]

O Espírito Emmanuel, por sua vez, esclarece:

Abstinência, em matéria de sexo e celibato, na vida de relação pressupõe experiências da criatura em duas faixas essenciais — a daqueles Espíritos que escolhem semelhantes posições voluntariamente para burilamento ou serviço, no curso de determinada reencarnação, e a daqueles outros que se veem forçados a adotá-las, por força de inibições diversas.

Indubitavelmente, os que consigam abster-se da comunhão afetiva, embora possuindo em ordem todos os recursos instrumentais para se aterem ao conforto de uma existência a mais, com o fim de se fazerem mais úteis ao próximo, decerto que traçam a si mesmos escaladas mais rápidas aos cimos do aperfeiçoamento.

Agindo assim, por amor, doando o corpo a serviço do semelhante, e, por esse modo, amparando os irmãos de Humanidade, através de variadas maneiras, convertem a existência, sem ligações sexuais, em caminho de acesso à sublimação, ambientando-se em climas diferentes de criatividade, porquanto a energia sexual neles não estancou o próprio fluxo; essa energia simplesmente se canaliza para outros objetivos — o de natureza espiritual [...].[934]

49.3 JESUS E AS CRIANÇAS (MT 19:13-15)[935]

> *13 Naquele momento, foram-lhe trazidas crianças para que lhe impusesse as mãos e fizesse uma oração. Os discípulos, porém, as repreendiam.14 Jesus, todavia, disse: Deixai as crianças e não as impeçais de vir a mim; pois delas é o reino dos céus.15 Em seguida, impôs-lhes as mãos e partiu dali.*

No livro de Emmanuel, *Há dois mil anos*, consta belíssima descrição relacionada a essa passagem evangélica, conforme palavras de Ana, uma serva de Lívia e Publius Lentulus, em que se evidencia o imenso amor de Jesus pelas crianças e o grandioso magnetismo que Ele exerce sobre elas.

Pastorino nos esclarece por que o Reino dos Céus pertence às crianças: "De uma forma ou de outra, é indispensável possuir certas qualidades, para que se alcance o Reino dos Céus. Sem pretender enumerar todas, poderemos citar, como próprio das crianças em tenra idade, as seguintes qualidades:[936]

» a *humildade*, que está sempre disposta a reconhecer sua incapacidade e a esforçar-se por aprender, sem pretender ser nem saber mais que o instrutor; e essa qualidade é básica na infância, que aceita o que se lhe ensina com humildade e fé;

» o *amor*, que se prontifica sempre a perdoar e esquecer as ofensas. A criança pode brigar a sopapos e pontapés, e sair apanhando, mas na primeira ocasião vai novamente brincar com quem a maltratou, esquecendo-se totalmente do que houve;

» a *ânsia de saber*, coisa que as crianças possuem até chegar, por vezes, ao ponto de exasperar, no mais vemos com suas perguntas constantes, embaraçosas e indiscretas, jamais dando-se por integralmente satisfeitas;

» a *perseverança* que, quando quer uma coisa, não desiste, mas usa de todas as artimanhas até consegui-la, com incrível persistência e teimosia, obtendo o que quer, às vezes, pelo cansaço que causa aos adultos;

» a *inocência*, sem qualquer malícia, diante de quaisquer cenas e situações; para as crianças tudo é "natural" e limpo, mormente se são educadas sem mistérios nem segredos, pois a maldade ainda não viciou suas almas;

» a *simplicidade*, tudo fazendo sem calcular "o que dirão os outros", sem ter preconceitos nem procurar esconder qualquer gesto ou ato, mesmo aqueles que os adultos hipocritamente classificam como "vergonhosos";

» a *docilidade* de deixar-se guiar, confiantemente, pelos mais idosos, sem indagar sequer "aonde vão". Não podem imaginar traições nem enganos, porque eles mesmos são incapazes de fazê-lo, e julgam os outros por si.

49.4 O MOÇO RICO (MT 19:16-22)[937]

> 16 Aí alguém se aproximou dele e disse: Mestre, que farei de bom para ter a vida eterna?17 Respondeu: "Por que me perguntas sobre o que é bom? O bom é um só. Mas se entrar para a Vida, guarda os mandamentos."18 Ele perguntou-lhe: "Quais?" Jesus respondeu: "Estes: Não matarás, não adulterarás, não roubarás, não levantarás falso testemunho; 19 honra teu pai e tua mãe, e amarás o teu próximo como a ti mesmo.20 Disse-lhe então o moço: Tudo isso tenho guardado. Que me falta ainda? 21 Jesus lhe respondeu: "Se queres ser perfeito, vai, vende tudo o que possuis e dá-o aos pobres, e terás um tesouro no céu. Depois, vem e segue-me". 22 O moço, ouvindo essa palavra, saiu pesaroso, pois era possuidor de muitos bens.

Segundo Champlin,

> [...] Esses ensinamentos de Jesus (e a subsequente narrativa de Marcos, que os inclui) causaram não pequena perplexidade na igreja primitiva, pois, provavelmente, entre aqueles crentes, ainda sobrevivia a crença comum na cultura judaica de que as riquezas comprovam as bênçãos de Deus [...].
>
> O Evangelho segundo o Nazareno (JAMES, Apocryphal NT, p. 6) procura resolver esse problema, demonstrando que aquele homem, em realidade, não observava os mandamentos conforme asseverou [...]. Todavia, na narrativa dos Evangelhos canônicos, pode-se perceber que esse ensino não visava às necessidades dos pobres, mas focalizava o rico, isto é, a necessidade que o rico tinha de sacrificar as suas muitas posses, se realmente desejasse possuir as riquezas celestiais.[938]

Emmanuel faz considerações a respeito do risco do apego às posses materiais quando afirma:

> O instinto de propriedade tem provocado grandes revoluções, ensanguentando os povos. Nas mais diversas regiões do planeta, respiram homens inquietos pela posse material, ciosos de suas expressões temporárias e dispostos a morrer em sua defesa. Isso demonstra que o homem ainda não aprendeu a possuir [...]. O homem ganhará impulso santificante, compreendendo que só possui verdadeiramente aquilo que se encontra dentro dele, no conteúdo espiritual de sua vida [...].[939]

49.5 O PERIGO DAS RIQUEZAS (MT 19:23-26)[940]

> *23 Então Jesus disse aos seus discípulos: Em verdade vos digo que o rico dificilmente entrará no Reino dos Céus. 24 E, vos digo, ainda: é mais fácil o camelo passar pelo buraco da agulha do que o rico entrar no Reino de Deus. 25 Ao ouvirem isso, os discípulos ficaram muito espantados e disseram: "Quem poderá então salvar-se?" 26 Jesus, fitando-os disse: Ao homem isso é impossível, mas a Deus tudo é possível.*

Este registro do *Evangelho de Mateus* complementa o anterior (*O moço rico*) e nos faz refletir sobre os riscos que a riqueza pode produzir. Neste sentido, a Doutrina Espírita esclarece que o planejamento reencarnatório é pautado por provações sobretudo num mundo de provas e expiações como é a Terra. A riqueza, em especial, pode representar um grande desafio, pelas facilidades que produz. Daí a afirmação de Jesus: *E, vos digo, ainda: é mais fácil o camelo passar pelo buraco da agulha do que o rico entrar no Reino de Deus* (Mt 19:20).

> [...] Sem dúvida a riqueza é uma prova muito arriscada, mais perigosa do que a miséria, em virtude dos arrastamentos a que dá causa, pelas tentações que gera e pela fascinação que exerce. É o supremo excitante do orgulho, do egoísmo e da vida sensual. É o laço mais poderoso que prende o homem à Terra e lhe desvia do Céu o pensamento. Produz tal vertigem que, muitas vezes, aquele que passa da miséria à riqueza esquece depressa a sua primeira condição, os que com ele a partilharam, os que o ajudaram, e faz-se insensível, egoísta e vão. Mas, pelo fato de a riqueza tornar difícil a jornada, não significa que a torne impossível e não possa vir a ser um meio de salvação nas mãos daquele que sabe servir-se dela, como certos venenos podem restituir a saúde, se empregados a propósito e com discernimento.
>
> [...]
>
> Se a riqueza é a fonte de tantos males, se exacerba tanto as más paixões, se provoca mesmo tantos crimes, não é a ela que devemos inculpar, mas ao homem, que dela abusa, como de todos os dons de Deus. Pelo abuso, ele torna pernicioso o que lhe poderia ser de maior utilidade. É a consequência do estado de inferioridade do mundo terrestre. Se a riqueza só produzisse males, Deus não a teria posto na Terra. Compete ao homem fazê-la produzir o bem. Se não é um elemento direto de progresso moral, é, sem contestação, poderoso elemento de progresso intelectual.[941]

49.6 RECOMPENSA PROMETIDA AO DESPRENDIMENTO (MT 19:27-30)[942]

> 27 Então Pedro, tomando a palavra, disse-lhe: Eis que nós deixamos tudo, e te seguimos; que receberemos? 28 E Jesus disse-lhes: Em verdade vos digo que vós, que me seguistes, quando, na regeneração, o Filho do homem se assentar no trono da sua glória, também vos assentareis sobre doze tronos, para julgar as doze tribos de Israel.
>
> 29 E todo aquele que tiver deixado casas, ou irmãos, ou irmãs, ou pai, ou mãe, ou mulher, ou filhos, ou terras, por amor de meu nome, receberá cem vezes tanto, e herdará a vida eterna.
>
> 30 Porém, muitos primeiros serão os derradeiros, e muitos derradeiros serão os primeiros.

Em *O céu e o inferno*, Allan Kardec inseriu o relato de um Espírito feliz — A condessa Paula — que passou pela prova da riqueza e foi bem-sucedida. Isto é, ela não se deixou sucumbir pelos atrativos que os bens materiais exerceram em sua vida: "Bela, jovem, rica de família ilustre, a condessa Paula era também perfeito modelo de qualidades intelectuais e morais. Faleceu em 1851, com 36 anos. [...] Ela era boa, meiga e indulgente, sempre pronta a desculpar ou atenuar o mal, em vez de aumentá-lo [...]."[943]

A manifestação mediúnica da Condessa Paula revela-se um bom estudo de caso relacionado à utilização da riqueza como processo de melhoria espiritual. Citaremos alguns trechos, como ilustração.[944]

> Tendes razão, meu amigo, em pensar que sou feliz. Realmente sou feliz, muito mais do que a linguagem pode exprimir, embora ainda esteja longe de atingir o último grau. Estive na Terra entre os felizes, pois não me lembro de aí haver experimentado um só desgosto real. Juventude, saúde, fortuna, consideração, eu tinha tudo o que entre vós constitui a felicidade. O que é, no entanto, essa felicidade, comparada à de que desfruto aqui? O que são essas festas esplêndidas, em que na Terra se exibem as mais belas joias, comparadas a estas assembleias de Espíritos resplendentes de brilho que as vossas vistas não suportariam, brilho que é atributo da sua pureza? Que são os vossos palácios e salões dourados comparados a estas moradas aéreas, vastas regiões do Espaço, matizados de cores que ofuscariam o próprio arco-íris? A que se reduzem os vossos passeios nos parques, comparados aos percursos da imensidade, mais rápidos que o relâmpago? E que dizer desses horizontes nebulosos e limitados, comparados ao espetáculo de mundos a se moverem no Universo infinito ao influxo do Altíssimo? [...]
>
> Não foi sem luta que alcancei a posição que ocupo na vida espiritual; e ficai certo de que a minha última existência, por mais meritória que vos pareça, não era por si só bastante para tanto. Durante várias existências passei por provas

do trabalho e miséria que voluntariamente havia escolhido para fortalecer e depurar a minha alma; tive a felicidade de sair dessas provas vitoriosa, mas restava uma, de todas a mais perigosa: a da fortuna e do bem-estar material, *um bem-estar sem sombras de desgosto. Nisso consistia o p*erigo. Antes de o tentar, quis sentir-me bastante forte para não sucumbir. Deus levou em conta minhas boas intenções e concedeu-me a graça do seu auxílio. Muitos outros Espíritos, seduzidos pelas aparências, apressam-se por escolher essa prova; fracos para afrontar-lhe o perigo, deixam que as seduções triunfem sob a sua inexperiência [...].[945]

Dessa forma, concluímos o nosso estudo com a seguinte mensagem de Amélia Rodrigues:

[...] A existência terrena, tida como feliz, isto é, sem preocupações financeiras, sem problemas sociais, com saúde perfeita, não representa muito para quem a desfruta, mas concessão divina para ser utilizada, delineando as futuras experiências iluminativas. Desse modo, quem a malbarata, retorna em escassez; aquele que a perverte, volve excruciado pela sua ausência; todo e qualquer caminho, recolhendo os calhaus e os espinhos que deixou em abundância...

O sofrimento é bênção que o Pai oferece aos Seus eleitos, a fim de que não se percam, tornando-se escolhidos. Bem sei que, no atual estágio da evolução humana, considera-se a felicidade como sendo a ausência de problemas e a alegria na condição de faltas de preocupações... Mas o reino dos Céus é diferente das conjunturas humanas, começando nas fronteiras do comportamento terrestre."[946]

REFERÊNCIAS

[925] FRANCO, Divaldo Pereira. *Vivendo com Jesus*. Pelo Espírito Amélia Rodrigues. 1. ed. Salvador: LEAL, 2012, it. Apresentação, p. 11.

[926] BÍBLIA DE JERUSALÉM. Gilberto da Silva Gorgulho; Ivo Storniolo e Ana Flora Anderson (Coords.). Diversos tradutores. Nova ed. rev. e ampl. 13. imp. São Paulo: Paulus, 2019, *Evangelho segundo Mateus,* 19:1-9, p. 1.738.

[927] KARDEC, Allan. *O evangelho segundo o espiritismo*. Trad. Evandro Noleto Bezerra. 2. ed. 10. imp. Brasília: FEB, 2020, cap. 22, it. 2, p. 278-279.

[928] _____. _____. It. 5, p. 279.

[929] _____. _____. It. 3, p. 278.

[930] BÍBLIA DE JERUSALÉM. Gilberto da Silva Gorgulho; Ivo Storniolo e Ana Flora Anderson (Coords.). Diversos tradutores. Nova ed. rev. e ampl. 13. imp. São Paulo: Paulus, 2019, *Evangelho segundo Mateus,* 19:10-12, p. 1.738.

931 DOUGLAS, J. D. (Org.). O novo *dicionário bíblico*. Trad. João Bentes. 3. ed. rev. São Paulo: Vida Nova, 2006, p. 187.
932 KARDEC, Allan. *O livro dos espíritos*. Trad. Evandro Noleto Bezerra. 4. ed. 9. imp. Brasília: FEB, 2013, q. 698, p. 310.
933 _____. _____. Q. 699, p. 310.
934 XAVIER, Francisco Cândido. *Vida e sexo*. Pelo Espírito Emmanuel. 27. ed. 7. imp. Brasília: FEB, 2020, cap. 23, p. 91-92.
935 BÍBLIA DE JERUSALÉM. Gilberto da Silva Gorgulho; Ivo Storniolo e Ana Flora Anderson (Coords.). Diversos tradutores. Nova ed. rev. e ampl. 13. imp. São Paulo: Paulus, 2019, *Evangelho segundo Mateus*, 19:13-15, p. 1.738.
936 PASTORINO, Carlos T. *Sabedoria do Evangelho*. V. 6. Item: Jesus e as crianças, p.104.
937 BÍBLIA DE JERUSALÉM. Gilberto da Silva Gorgulho; Ivo Storniolo e Ana Flora Anderson (Coords.). Diversos tradutores. Nova ed. rev. e ampl. 13. imp. São Paulo: Paulus, 2019, *Evangelho segundo Mateus*, 19:16-22, p. 1.738-1.739.
938 CHAMPLIN, Russell Norman. *O novo testamento interpretado versículo por versículo*: Mateus/Marcos. Nova ed. rev. São Paulo: Hagnos, 2014, v. 1, cap. 19, Jesus sobe a Jerusalém. It. "c" O jovem rico (19:16-26), p. 538.
939 XAVIER, Francisco Cândido. *Caminho, verdade e vida*. Pelo Espírito Emmanuel. 1. ed. 17. imp. Brasília: FEB, 2020, cap. 149, p. 313.
940 BÍBLIA DE JERUSALÉM. Gilberto da Silva Gorgulho; Ivo Storniolo e Ana Flora Anderson (Coords.). Diversos tradutores. Nova ed. rev. e ampl. 13. imp. São Paulo: Paulus, 2019, *Evangelho segundo Mateus*, 19:23-26, p. 1.739.
941 KARDEC, Allan. *O evangelho segundo o espiritismo*. Trad. Evandro Noleto Bezerra. 2. ed. 10. imp. Brasília: FEB, 2020, cap. 16, it. 7, p. 213-214.
942 BÍBLIA DE JERUSALÉM. Gilberto da Silva Gorgulho; Ivo Storniolo e Ana Flora Anderson (Coords.). Diversos tradutores. Nova ed. rev. e ampl. 13. imp. São Paulo: Paulus, 2019, *Evangelho segundo Mateus*, 19:27-30, p. 1.739.
943 KARDEC, Allan. *O céu e o inferno*. Trad. Evandro Noleto Bezerra. 22. ed. 2. imp. Brasília: FEB, 2019, 2ª pt., cap. 2, it. Condessa Paula, p. 200.
944 _____. _____. P. 201.
945 _____. _____. P. 202.
946 FRANCO, Divaldo Pereira. *Até o fim dos tempos*. Pelo Espírito Amélia Rodrigues. 4. ed. Salvador: LEAL, 2015, cap. 17, p. 115.

TEMA 50

O ADVENTO PRÓXIMO DO REINO DOS CÉUS: PARTE NARRATIVA 2 (MT 20:1-34)

O segundo bloco da parte narrativa que trata do advento próximo do *Reino dos Céus* compreende os seguintes subtítulos: *Parábola dos trabalhadores enviados à vinha; Terceiro anúncio da paixão; Pedido da mãe dos filhos de Zebedeu; Os chefes devem servir; e Os dois cegos de Jericó.*

Jesus se dirige à multidão, falando-lhe de forma amorosa, por parábolas ou lições extraídas de situações cotidianas e, portanto, ao alcance da compreensão de todos. Na citação a seguir, registrada tão somente por *Mateus* Jesus, o Mestre por excelência, apresenta o *Reino dos Céus* em mais uma bela parábola.

50.1 PARÁBOLA DOS TRABALHADORES ENVIADOS À VINHA (MT 20:1-16)[947]

> *Porque o Reino dos Céus é semelhante ao pai de família que saiu de manhã cedo para contratar trabalhadores para a sua vinha. 2 Depois de combinar com os trabalhadores um denário por dia, mandou-os para a vinha. 3 Tornando a sair pela hora terceira, viu outros que estavam na praça, desocupados, 4 e disse-lhes: Ide, também vós para a vinha, e eu vos darei o que for justo. 5 Eles foram. Tornando a sair pela hora sexta e pela hora nona, fez a mesma coisa. 6 Saindo pela hora undécima, encontrou outros que lá estavam e disse-lhes: Porque ficais aí o dia inteiro sem trabalhar? 7 Responderam: Porque ninguém nos contratou. Disse-lhes: Ide, também vós, para a vinha. 8 Chegada a tarde, disse o dono da vinha ao seu administrador: Chama os trabalhadores e paga-lhes o salário começando pelos últimos até os primeiros. 9 Vindo os da hora undécima, receberam um denário cada um. 10 E vindo os primeiros, pensaram que receberiam mais, mas receberam um denário cada um também eles. 11 Ao receber, murmuravam contra o pai de família, dizendo: 12 Estes últimos fizeram uma hora só e tu os igualaste a nós, que suportamos o peso do dia e o calor do sol. 13 Ele, então, disse a um deles: Amigo, não fui injusto contigo. Não combinamos um denário?*

14 Toma o que é teu e vai. Eu quero dar a este último o mesmo que a ti. 15 Não tenho o direito de fazer o que quero com o que é meu? Ou estás com ciúme porque sou bom?' 16 Eis como os últimos serão primeiros e os primeiros serão últimos.

Conforme assevera Emmanuel, "A formosa parábola dos servidores envolve conceitos profundos. Em essência, designa o local dos serviços humanos e refere-se ao volume de obrigações que os aprendizes receberam do Mestre Divino [...]. Onde quer que estejas, recorda que te encontras na Vinha do Cristo".[948]

Com essas palavras, Emmanuel nos esclarece que o local dos serviços humanos é a grande vinha, e Jesus é o seu administrador. Os trabalhadores são os aprendizes que se dispõem ao trabalho edificante. Reparemos que somente com os trabalhadores iniciais foi acordado o pagamento de um denário.[949] Os demais, ao serem convidados ao trabalho, se dispuseram prontamente e com a informação de que haveria um justo pagamento, sem saber ao certo de quanto seria. Assim, buscaram trabalhar na vinha, sem que o salário fosse o interesse primordial.

Segundo Cairbar Schutel, "[...] as condições essenciais para os trabalhadores são: a constância, o desinteresse, a boa vontade e o esforço que fazem no trabalho que assumiram. Os bons trabalhadores se distinguem por estes característicos."[950] Destaca-se, também, conforme Emmanuel: a localização histórica de Jesus recorda a presença pessoal do Senhor da Vinha. O Enviado de Deus, o Tutor amoroso e sábio, veio abrir caminhos novos e estabelecer a luta salvadora para que os homens reconheçam a condição de eternidade que lhes é própria.[951]

Dessa forma, trabalhar na "vinha do Senhor" se constitui caminho seguro para se alcançar o Reino dos Céus em nosso coração, onde quer que estejamos. É trabalho que exige de cada qual o esforço no bem, a perseverança no bom combate, porém, infelizmente, nem sempre assim acontece. Na obra *Os mensageiros,* Bacelar, trabalhador da Colônia Campo da Paz e chefe de turmas de assistência aos irmãos do círculo carnal, assevera:

> [...] a maioria dos irmãos que se propõem ao serviço partem daqui prometendo, mas gostam de viver descansados, no planeta. Poucos fogem ao estalão comum. Raramente encontramos companheiros encarnados com bastante disposição para amar o trabalho pelo trabalho, sem ideia de recompensa. A maioria está procurando remuneração imediata. Nessas condições, não percebem que a mente lhes fica como aposento escuro, atulhado de elementos inúteis. À força de viciarem raciocínios, confundem igualmente a visão. Enxergam tormentas onde há paisagens celestes, montanhas de pedra onde o caminho é gloriosa

elevação. De pequenos enganos a pequenos enganos, formam o continente das grandes fantasias. Daí por diante, a recapitulação das experiências terrenas inclina-os, mais fortemente, para a exigência animal e, chegados a esse ponto, raros voltam ao dever sagrado, para considerar a grandeza das divinas bênçãos.[952]

Por isso necessitamos nos manter vigilantes em nossos pensamentos e ações, a fim de estabelecer melhor sintonia com os benfeitores espirituais que o Senhor da vinha nos envia constantemente para nos auxiliar a caminhada. Oportuno resgatar o significativo diálogo entre Jesus e Tiago, filho de Alfeu, presente na obra *Vivendo com Jesus*, do Espírito Amélia Rodrigues, onde o discípulo pergunta ao Mestre:

> — O Reino dos Céus, por exemplo, a que sempre vos referis, é um lugar especial de delícias, que se vivenciará depois da morte ou se encontra aqui na Terra onde estamos?
>
> O Mestre, compassivo sorriu suavemente, olhando com brandura o amigo quase constrangido, e respondeu:
>
> — Todas as criaturas aspiram à felicidade, que se apresenta para cada uma delas de maneira diferente: para o enfermo é a cura, para o faminto é o pão, para o sedento é a água refrescante, para o necessitado é o socorro que o livre de preocupação, para o solitário é a companhia, sendo algo especial para cada grau de aflição ou de sofrimento. A felicidade, no entanto, não é a falta de sofrimento. Existem pessoas que não se encontram enfermas, que não têm carência de coisa alguma e, no entanto, vivem dominadas pelo mau-humor, pelo desinteresse em torno da vida, tristes e macambúzias...[...].[953]

Amélia Rodrigues observa também:

> Assim é o Reino dos Céus, que tem início no coração das criaturas, quando optam pelos valores do Bem, da justiça, do trabalho, do amor, da solidariedade. A mudança de atitude na vida, em relação à harmonia entre todas as coisas e seres, acalma interiormente o indivíduo, que passa a aspirar à compreensão entre todos e pelo espírito de solidariedade que deve existir nos sentimentos. Essa compreensão proporciona-lhe bem-estar interno, que se exterioriza em forma de júbilo e de saúde, mesmo que surjam doenças nesse percurso. Aquele que assim procede, vivencia, desde então, o Reino dos Céus no coração, prolongando-o para além da morte física, quando o espírito, livre das injunções penosas, muitas vezes, do corpo, se alça em direção ao Pai Amoroso.[954]

A esclarecida benfeitora conclui com as suas lúcidas considerações:

> A felicidade, desse modo, que constitui o Reino dos Céus na Terra, não é feita dos desejos e da sofreguidão que atormentam as criaturas, mas de renúncias e de libertação das coisas que escravizam, desde que as posses, por mais honrosas conforme se apresentem, são temporárias e ninguém as conduz após a

morte, sendo motivo de desavenças e desgraças, normalmente, entre aqueles que ficam...⁹⁵⁵

Allan Kardec assinala em *O evangelho segundo o espiritismo*, comunicação do Espírito Constantino, Espírito protetor, o qual esclarece:

> Bons espíritas, meus bem-amados, sois todos obreiros da última hora. Bem orgulhoso seria aquele que dissesse: Comecei o meu trabalho ao alvorecer do dia e só o terminarei ao anoitecer. Todos viestes quando fostes chamados, um pouco mais cedo, um pouco mais tarde, para a encarnação cujos grilhões arrastais; mas há quantos séculos e séculos o Senhor vos chamava para a sua vinha, sem que quisésseis penetrar nela! Eis-vos no momento de embolsar o salário; empregai bem a hora que vos resta e não esqueçais nunca que a vossa existência, por longa que vos pareça, mais não é do que um instante fugitivo na imensidade dos tempos que formam para vós a eternidade.⁹⁵⁶

50.2 TERCEIRO ANÚNCIO DA PAIXÃO (MT 20:17-19)⁹⁵⁷

> *17 Quando estavam para subir a Jerusalém, ele tomou os Doze a sós e lhes disse, enquanto caminhavam: 18 Eis que estamos subindo a Jerusalém e o Filho do Homem será entregue aos chefes dos sacerdotes e escribas. Eles o condenarão à morte 19 e o entregarão aos gentios para ser escarnecido, açoitado e crucificado. Mas, no terceiro dia ressuscitará.*

Essa passagem, também encontrada nos *Evangelhos de Marcos* (10:32-34) e *Lucas* (18:31-33), indica o significativo momento em que Jesus, reunido a sós com os discípulos, anuncia, pela terceira vez, os seus momentos derradeiros. São anúncios que visavam preparar os discípulos para uma etapa que se seguiria sem a presença do Mestre encarnado, embora sua presença espiritual nunca iria lhes faltar. A despeito de todos os sinais reveladores de que Jesus era o Messias aguardado pelo povo judeu, sabemos que representantes da casta sacerdotal, como os fariseus, e outras autoridades religiosas (membros do sinédrio e publicanos), temerosos de perder as regalias que a posição que ocupavam lhes conferiram, planejaram e executaram a perseguição a Jesus, que culminou com a sua crucificação.

Irmão X (Humberto de Campos) fornece maiores detalhes históricos a respeito da trama armada contra o Cristo e as pessoas diretamente envolvidas nela:

> No tempo do Cristo, já era antiga a hipocrisia farisaica.
>
> À força de se declararem homens de fé e ambicionando a hegemonia nos círculos religiosos e sociais, os fariseus exibiam insuportável orgulho e repugnante vaidade.

Sentiam-se únicos, diante da Divindade.

Pervertidos pelo intelectualismo de superfície, colocavam acima de tudo o rigorismo aparente. Eram os inspiradores de todas as medidas da convenção política em Jerusalém. Sabiam manejar, com maestria, a arma de dois gumes, mostrando a lâmina da calúnia, no trato com os adversários do mesmo sangue, e a da bajulação, diante do romano dominador. Imiscuíam-se nos negócios públicos e impunham movimentos de opinião. Elevavam seus ídolos ao trono da autoridade e do poder, incensando-os com o elogio fácil do desvario verbalístico e precipitavam, astuciosos, no abismo da antipatia publica, todos aqueles que não soletrassem a sua cartilha de fingimento. Exigiam os primeiros lugares nas sinagogas e reclamavam destaque nas assembleias mais simples. Seus mantos luxuosos requisitavam a reverência do povo e, quando penetravam o templo, o fausto de sua presença eclipsava o próprio santuário.[958]

Atento aos fatos, Jesus preparou, assim, o espírito dos discípulos com o intuito de auxiliá-los na realização da nova etapa da disseminação da Boa-Nova, após a sua partida, a qual exigiria deles espírito de sacrifício e renúncia, tal qual exemplificado pelo próprio Senhor, sobre o alicerce da fé. Ainda com Irmão X, lembramos que, com o advento do Espiritismo, que é o Cristianismo redivivo, a esperança na supremacia do Bem deve permanecer, pois ainda há muitos adversários do Cristo.

Inda agora, que o Espiritismo cristão espalha as bênçãos do Consolador Prometido, restaurando a fé nos corações atormentados e sofredores, os novos fariseus congregam-se em arrojados tribunais da Religião e da Ciência, emitindo sentenças condenatórias. Estão completamente redivivos, noutra roupagem carnal e envergando outros títulos exteriores para confundir e perturbar.

A revelação é exclusividade deles. Não admitem a intromissão em seus trabalhos teológicos, inacessíveis. São prediletos da Divindade, senhores absolutos da crença, ministros únicos da graça celeste. E contra a onda renovadora da vida humana, que procede do Alto, através daqueles que regressam do túmulo, comentando as realidades eternas até então obscuras, vociferam maldições, lançam insultos, espalham dúvidas brilhantes e escuros sarcasmo.

Todavia, os servidores sinceros da Nova Revelação conhecem-nos, de longo tempo. E, por isso, caminham, valorosos e desassombrados, indiferentes aos calhaus da incompreensão deliberada e surdos ao velho realejo da ironia, eles sabem que os avoengos de seus perseguidores de agora cercaram o Cristo, pedindo-lhe benefícios e sinais que lhes dessem ensejo a calúnias cruéis, e que, não contentes na posição de detratores sistemáticos, se constituíram em autores do processo injusto contra o Mensageiro Divino [...].[959]

50.3 PEDIDO DA MÃE DOS FILHOS DE ZEBEDEU (MT 20:20-23)[960]

> 20 Então a mãe dos filhos de Zebedeu, juntamente com seus filhos, dirigiu-se a Ele, prostrando-se, para fazer-lhe um pedido. 21 Ele perguntou: Que queres? Ao que ela respondeu: Dize que estes meus dois filhos se assentnum à tua direita e a outro à tua esquerda, no teu Reino. 22 Jesus, respondendo, disse: Não sabeis o que pedis. Podeis beber o cálice que hei de beber? Eles responderam: Podemos. 23 Então lhes disse: Sim, bebereis do meu cálice. Todavia, sentar-se à minha direita e à minha esquerda, não cabe a mim concedê-lo; mas é para aqueles aos quais meu Pai o destinou.

Essa passagem é também registrada pelo Evangelista Marcos (10:35--40), no entanto, diferentemente de *Mateus* ele anota que o pedido feito a Jesus teria sido realizado pelos próprios discípulos. Essa questão está devidamente esclarecida a partir dos relatos do Espírito Humberto de Campos que, na obra *Boa nova*, nos informa que, após Jesus haver convidado Tiago e João, que pescavam às margens do Tiberíades, ambos retornaram à casa com o espírito arrebatado e relataram à sua mãe o que se passara. Segue a narrativa de Humberto de Campos:

> [...] Salomé, esposa de Zebedeu, apesar de bondosa e sensível, recebeu a notícia com certo cuidado. Também ela ouvira o profeta de Nazaré nas suas gloriosas afirmativas da véspera. Pôs-se então a ponderar consigo mesma: não estaria próximo aquele Reino prometido por Jesus? Quem sabe se o filho de Maria não falava na cidade em nome de algum príncipe? [...]. O novo reinado estaria próximo e, alucinada pelos sonhos maternais, Salomé procurou o Messias no círculo dos primeiros discípulos.
>
> — Senhor — disse, atenciosa — logo após a instituição do teu Reino, eu desejaria que os meus filhos se sentassnum à tua direita e outro à tua esquerda, como as duas figuras mais nobres do teu trono.
>
> Jesus sorriu e obtemperou com gesto bondoso:
>
> — Antes de tudo, é preciso saber se eles quererão beber do meu cálice!...
>
> A progenitora dos dois jovens embaraçou-se. Além disso, o grupo que rodeava o Messias a observava com indiscrição e manifesta curiosidade. Reconhecendo que o instante não lhe permitia mais amplas explicações, retirou-se apressada, colocando o seu velho esposo ao corrente dos fatos.[961]

O Espírito Humberto de Campos prossegue em sua narrativa, e, ao entardecer do mesmo dia, Zebedeu, acompanhado de seus dois filhos, procurou o Mestre em casa de Simão. Jesus então o esclarece, dizendo:

> [...] O Reino de Deus tem que ser fundado no coração das criaturas; o trabalho árduo é o meu gozo; o sofrimento, o meu cálice; mas, o meu Espírito se ilumina

da sagrada certeza da vitória [...]. A paz da consciência pura e a resignação suprema à Vontade de meu Pai são do meu Reino; mas os homens costumam falar de uma paz que é ociosidade de espírito e de uma resignação que é vício do sentimento. Trago comigo as armas para que o homem combata os inimigos que lhe subjugam o coração e não descansarei enquanto não tocarmos o porto da vitória. Eis por que o meu cálice, agora, tem de transbordar de fel, que são os esforços ingentes que a obra reclama [...].[962]

50.4 OS CHEFES DEVEM SERVIR (MT 20:24-28)[963]

> 24 Ouvindo isso, os dez ficaram indignados com os dois irmãos. 25 Mas Jesus, chamando-os disse: Sabeis que os governadores das nações as dominam e os grandes as tiranizam. 26 Entre vós não deverá ser assim. Ao contrário, aquele que quiser tornar-se grande entre vós seja aquele que serve, 27 e o que quiser ser o primeiro dentre vós, seja o vosso servo. 28 Desse modo, o Filho do Homem não veio para ser servido, mas para servir e dar sua vida como resgate por muitos.

Essa passagem também é encontrada em *Marcos* (10:41-45), de forma semelhante, também em *Marcos* (9:35) e em *Lucas* (22:24-27), às quais retornaremos no momento oportuno.

Como em diversas outras oportunidades, aqui Jesus nos apresenta a humildade como condição essencial para a felicidade do Espírito. Ninguém, pois, deve buscar posição de destaque julgando-se maior e melhor que seus irmãos. Conforme assevera o Espírito Lacordaire:

> A humildade é uma virtude muito esquecida entre vós. Os grandes exemplos que vos foram dados pouco são seguidos. Entretanto, sem humildade, podeis ser caridosos com o vosso próximo? [...] Sem a humildade, apenas vos adornais de virtudes que não possuís, como se trouxésseis um vestuário para ocultar as deformidades do vosso corpo. Lembrai-vos daquele que nos salvou; lembrai-vos da sua humildade, que o fez tão grande e o colocou acima dos profetas.
>
> O orgulho é o terrível adversário da humildade [...].[964]

Na mesma direção, assevera o Espírito Emmanuel:

> Nos variados setores da experiência humana, encontramos as mais diversas criaturas a buscarem posições de destaque e postos de diretiva.
>
> Há pessoas que enveredam pelas sendas do comércio e da indústria, em corrida infrene por se elevarem nas asas frágeis da posse efêmera.
>
> Muitas elegem a tirania risonha no campo social, para se afirmarem poderosas e dominantes.
>
> Outras pontificam através do intelecto, usando a Ciência como apoio da autoridade que avocam para si mesmas.

Temos ainda as inteligências que, em nome da inovação ou da arte, se declaram francamente partidárias da delinquência e do vício, para sossegarem as próprias ânsias de fulguração nas faixas da influência.

Todas caminham subordinadas às mesmas leis, elevando-se hoje, para descer amanhã. O império econômico, a autoridade terrestre ou o intelectualismo sistemático possibilitam a projeção da criatura no cenário humano, à feição de luz meteórica, riscando, instantaneamente, a imensidade dos céus.

Em piores circunstâncias, aquele que preferiu o brilho infernal do crime, esbarra, em breve tempo, com a dureza de si mesmo, sendo constrangido a reunir os estilhaços da vida, provocados por suas ações lamentáveis, na recomposição do destino próprio.

Grande maioria toma a aparência do comando como sendo a melhor posição, e raros chegam a identificar, no anonimato da posição humilde, o posto de carreira que conduz a alma aos altiplanos da Criação.

Apesar de tudo, porém, a verdade permanece imutável.

A liderança real, no caminho da vida, não tem alicerces em recursos amoedados.

Não se encastela simplesmente em notoriedade de qualquer natureza.

Não depende unicamente de argúcia ou sagacidade.

Nem é fruto da erudição pretensiosa. A chefia durável pertence aos que se ausentam de si mesmos, buscando os semelhantes para servi-los...

Esquecendo as luzes transitórias da ribalta do mundo...

Renunciando à concretização de sonhos pessoais em favor das realizações coletivas... Obedecendo aos estímulos e avisos da consciência...

E por amar a todos sem reclamar amor para si, embora na condição de servo de todos, faz-se amado da vida, que nele concentra seus interesses fundamentais.[965]

Emmanuel afirma ainda que

[...] a pessoa, que se habitua a ser invariavelmente servida em todas as situações, não sabe agir sozinha em situação alguma. A criatura que serve pelo prazer de ser útil progride sempre e encontra mil recursos dentro de si mesma, na solução de todos os problemas [...]. Se há mais alegria em dar que em receber, há mais felicidade em servir que em ser servido. Quem serve, prossegue...[966]

50.5 OS DOIS CEGOS DE JERICÓ (MT 20:29-34)[967]

29 Enquanto saíam de Jericó, uma grande multidão o seguiu. 30 E eis dois cegos, sentados à beira do caminho. Ouvindo que Jesus passava, puseram-se a gritar: Senhor, filho de Davi, tem compaixão de nós! 31 A multidão repreendeu-os para que se calassem. Mas eles gritavam ainda mais alto: Senhor, filho de Davi, tem compaixão de nós! 32 Jesus parou, chamou-os e disse: Que quereis que vos faça? Responderam-lhe: 33 Senhor, que os nossos olhos se abram! 34 Movido de compaixão, Jesus tocou-lhes os olhos e, imediatamente, eles recuperaram a visão. E o seguiram.

A narrativa de Mateus cita que eram dois cegos, enquanto a narrativa de *Lucas* (18:35-43) e *Marcos* (10:46-52) informa tratar-se de um cego e a de Marcos informa, adicionalmente, tratar-se do cego Bartimeu, isto é, filho de Timeu.

O Espírito Amélia Rodrigues, contextualiza o significativo encontro. Diz a benfeitora:

> Considerada uma das cidades mais antigas da Terra, Jericó, em árabe conhecida como *Arihã*, na Jordânia, é um verdadeiro oásis entre as regiões áridas em que se situa.
>
> [...]
>
> Inúmeras vezes Jesus transitou pela agradável e festiva Jericó.
>
> [...]
>
> Sempre que ali esteve, a multidão, fascinada pelo Seu Verbo e feitos, acompanhou-o.
>
> [...] E assim, Ele incendiou o *velho mundo*, dos compromissos mesquinhos, ensejando a visão ditosa da liberdade espiritual.
>
> Jericó o recebia com entusiasmo.
>
> [...]
>
> Havia em Jericó um conhecido mendigo, filho de Timeu, por isso chamado Bartimeu, que era cego.
>
> Sentado, à margem da estrada, carpia a treva em que se encontrava mergulhado, rogando esmolas.
>
> A esperança abandonara-o, substituída pela dor que nele fez morada.
>
> [...]
>
> A marcha dos desiludidos é sempre assinalada pela sombra mesclada de sombras. Não, porém, naquele dia...
>
> A notícia da chegada de Jesus à cidade, deixara-o excitado, expectante.
>
> No máximo da amargura luzia-lhe uma claridade de esperança, um fiapo de fé, que passou a constituir-lhe estímulo que já não conhecia desde há muito.
>
> Estava mergulhado nestas reflexões de alento, quando escutou a multidão pronunciar o nome de Jesus de Nazaré.
>
> Todo ele se comoveu.
>
> Aquela era a sua oportunidade, a última. Ouvira falar d'Ele e acreditara, na imensa descrença em que se aturdia, na Sua força restauradora.
>
> Rompeu o silêncio, e a voz do desespero gritou pela sua boca:
>
> — Jesus, Filho de Davi, tem piedade de mim!

O Senhor, sentindo-lhe a ansiedade e a fé, compadeceu-se dele e pediu que o chamassem, trazendo-o à Sua presença.

Mudara-se a paisagem emocional.

[...]

— Que queres que te faça? — inquiriu Jesus.

— Rabboni, que eu veja! — respondeu-lhe o cego.

Naquele rápido minuto, que sintetizava toda a vida nas sombras, ele quis gritar, mas se deteve paralisado.

— Vai — impôs-lhe o Mestre — a tua fé te salvou![968]

E, assim, seguimos nossa jornada, e o Espírito Emmanuel esclarece-nos que:

Cada aprendiz em sua lição. Cada trabalhador na tarefa que lhe foi cometida. Cada vaso em sua utilidade. Cada lutador com a prova necessária. Assim, cada um de nós tem o testemunho individual no caminho da vida. Por vezes, falhamos aos compromissos assumidos e nos endividamos infinitamente. No serviço reparador, todavia, clamamos pela Misericórdia do Senhor, rogando-lhe compaixão e socorro. A pergunta endereçada pelo Mestre ao cego de Jericó é, porém, bastante expressiva: — Que queres que Eu faça?[969]

REFERÊNCIAS

[947] BÍBLIA DE JERUSALÉM. Gilberto da Silva Gorgulho; Ivo Storniolo e Ana Flora Anderson (Coords.). Diversos tradutores. Nova ed. rev. e ampl. 13. imp. São Paulo: Paulus, 2019, *Evangelho segundo Mateus*, 20:1-16, p. 1.739.

[948] XAVIER, Francisco Cândido. *Pão nosso*. Pelo Espírito Emmanuel. 1. ed. 17. imp. Brasília: FEB, 2020, cap. 29, p. 71-72.

[949] Moeda de prata romana correspondente ao salário pago por um dia de salário no campo. *O novo testamento*. Trad. Haroldo Dutra Dias, p.117.

[950] SCHUTEL, Cairbar. *Parábolas e ensinos de Jesus*. 28. ed. Matão/SP: O Clarim, 2016, it. Parábola dos trabalhadores da vinha, p. 59.

[951] XAVIER, Francisco Cândido. *Caminho, verdade e vida*. Pelo Espírito Emmanuel. 1. ed. 17. imp. Brasília: FEB, 2020, cap. 133, p. 281-282.

[952] _____. *Os mensageiros*. Pelo Espírito André Luiz. 47. ed. 2. imp. Brasília: FEB, 2019, cap. 28, p. 176-177.

[953] FRANCO, Divaldo Pereira. *Vivendo com Jesus*. Pelo Espírito Amélia Rodrigues. 1. ed. Salvador: LEAL, 2012, cap. 6, p. 49.

[954] _____. _____. P. 47-48.

[955] _____. _____. P. 51.

956 KARDEC, Allan. *O evangelho segundo o espiritismo*. Trad. Evandro Noleto Bezerra. 2. ed. 10. imp. Brasília: FEB, 2020, cap. 20, it. 2, p. 261.

957 BÍBLIA DE JERUSALÉM. Gilberto da Silva Gorgulho; Ivo Storniolo e Ana Flora Anderson (Coords.). Diversos tradutores. Nova ed. rev. e ampl. 13. imp. São Paulo: Paulus, 2019, *Evangelho segundo Mateus,* 20:17-19, p. 1.740.

958 XAVIER, Francisco Cândido. *Lázaro redivivo.* Pelo Espírito Irmão X. 13. ed. 4. imp. Brasília: FEB, 2020, cap. 18, p. 99-100.

959 _____. _____. P. 102.

960 BÍBLIA DE JERUSALÉM. Gilberto da Silva Gorgulho; Ivo Storniolo e Ana Flora Anderson (Coords.). Diversos tradutores. Nova ed. rev. e ampl. 13. imp. São Paulo: Paulus, 2019, *Evangelho segundo Mateus*, 20:20-23, p. 1.740.

961 XAVIER, Francisco Cândido. *Boa nova.* Pelo Espírito Humberto de Campos. 37. ed. 15. imp. Brasília: FEB, 2020, cap. 4, p. 30-31.

962 _____. _____. P. 31-32.

963 BÍBLIA DE JERUSALÉM. Gilberto da Silva Gorgulho; Ivo Storniolo e Ana Flora Anderson (Coords.). Diversos tradutores. Nova ed. rev. e ampl. 13. imp. São Paulo: Paulus, 2019, *Evangelho segundo Mateus*, 20:24-28, p. 1.740.

964 KARDEC, Allan. *O evangelho segundo o espiritismo*. Trad. Evandro Noleto Bezerra. 2. ed. 10. imp. Brasília: FEB, 2020, cap. 7, it. 11, p. 110.

965 XAVIER, Francisco Cândido. *O espírito da verdade.* Pelo Espírito Emmanuel. 18. ed. 1. imp. Brasília: FEB, 2013, cap. 64, p. 173-174.

966 _____. *Fonte viva.* Pelo Espírito Emmanuel. 1. ed. 16. imp. Brasília: FEB, 2020, cap. 82, p. 179-180.

967 BÍBLIA DE JERUSALÉM. Gilberto da Silva Gorgulho; Ivo Storniolo e Ana Flora Anderson (Coords.). Diversos tradutores. Nova ed. rev. e ampl. 13. imp. São Paulo: Paulus, 2019, *Evangelho segundo Mateus*, 20:29-34, p. 1.740-1.741.

968 FRANCO, Divaldo Pereira. *Pelos caminhos de jesus.* Pelo Espírito Amélia Rodrigues. 8. ed. Salvador: LEAL, 2015, cap. 11, p. 99.

969 XAVIER, Francisco Cândido. *Fonte viva.* Pelo Espírito Emmanuel. 1. ed. 16. imp. Brasília: FEB, 2020, cap. 89, p. 195-196.

TEMA 51

O ADVENTO PRÓXIMO DO REINO DOS CÉUS: PARTE NARRATIVA 3 (MT 21:1-46)

O capítulo 21 de *Mateus* encontra-se subdividido em seis assuntos, de acordo com a *Bíblia de Jerusalém*: *Entrada messiânica em Jerusalém; Os vendedores expulsos do templo; A figueira estéril e seca; Fé e oração; Pergunta dos judeus sobre a autoridade de Jesus; Parábola dos dois filhos; Parábola dos vinhateiros homicidas*. São assuntos encontrados nos demais Evangelhos sinóticos, mais ou menos detalhados.

51.1 ENTRADA MESSIÂNICA EM JERUSALÉM (MT 21:1-11)[970]

> *1 Quando se aproximaram de Jerusalém e chegaram a Betfagé, no monte das Oliveiras, Jesus enviou dois discípulos, 2 dizendo-lhes: "Ide ao povoado aí em frente, e logo encontrareis uma jumenta amarrada e, com ela, um jumentinho. Soltai-a e trazei-mos. 3 E se alguém vos disser alguma coisa, respondereis que o Senhor está precisando deles, mas logo os devolverá". 4 Isso aconteceu para se cumprir o que foi dito pelo profeta: 5 Dizei à Filha de Sião: eis que o teu rei vem a ti, modesto e montado numa jumenta, num jumentinho, filho de um animal de carga.*
>
> *6 Os discípulos foram e fizeram como Jesus lhes ordenara: 7 trouxeram a jumenta e o jumentinho e puseram sobre eles as suas vestes. E ele sentou-se em cima. 8 A numerosa multidão estendeu suas vestes pelo caminho, enquanto outros cortavam ramos das árvores e os espalhavam pelo caminho. 9 As multidões que o precediam e os que o seguiam gritavam: Hosana ao Filho de Davi! Bendito o que vem em nome do Senhor! Hosana no mais alto dos céus! 10 E, entrando em Jerusalém, a cidade inteira agitou-se e dizia: "Quem é este?" 11 A isso as multidões respondiam: "Este é o profeta Jesus, de Nazaré da Galileia".*

As cenas descritas nesses onze versículos passaram para a história como *Domingo de Ramos* que caracteriza uma semana antes das festividades da Páscoa judaica. O tema é mencionado nos demais Evangelhos canônicos ou sinópticos (*Marcos*, 11:1-10; *Lucas* 19:29), assim como no *Evangelho de João*, 12:12-19. Tudo indica que foi intencional a forma como Jesus entrou em Jerusalém, a fim de cumprir a profecia de Malaquias, a respeito da vinda do Messias, como consta deste versículo 2 de *Mateus*:"Dizei à Filha de Sião: eis que o teu rei vem a ti, manso e montado num jumento, num jumentinho, filho de uma jumenta", que procura reproduzir estas palavras do profeta do Antigo Testamento: "Eis que eu envio o meu anjo, que preparará o caminho diante de mim; e, de repente, virá ao seu templo o Senhor, a quem vós buscais, o anjo do conserto, a quem vós desejais; eis que vem, diz o Senhor dos exércitos (Ml 3:1).[971]

A escolha do jumento e o uso dos ramos de plantas são práticas que se reportam à tradição oriental, muito comum à época: o jumento trazia a representatividade de um animal dócil, pacífico. A folhagem era usada para forrar o caminho de pessoas consideradas muito honradas. Tais manifestações simbólicas foram incorporadas pelo Catolicismo e são usuais até os dias de hoje.[972] "[...] O uso de palmas foi introduzido em Roma somente no século XII. As palmas ajudam a simbolizar a última entrada de Jesus em Jerusalém antes de sua crucificação [...].[973]

De qualquer forma a manifestação pública nos faz constatar a fragilidade dos louvores públicos, sobretudo quando se constata, com amargura e tristeza, que menos de uma semana depois desse acontecimento, na sexta-feira seguinte, Jesus morre por crucificação. O Espírito Humberto de Campos informa-nos que Jesus, por saber dos fatos que se sucederiam, procurou alertar os discípulos, como verificamos no texto que se segue:

> No mesmo instante, preparando os companheiros para os acontecimentos próximos, o Messias continuou dizendo:
> — Amados, importa que eu vos esclareça o coração, a fim de que as horas tormentosas que se aproximam não cheguem a vos confundir o entendimento [...]. Cumprindo as profecias da Escritura, sou aquele Pastor que vem a Israel com o propósito de reunir as ovelhas tresmalhadas do imenso rebanho. Venho buscar as dracmas perdidas do tesouro de nosso Pai [...]. É indispensável, pois, que eu sofra. Não tardará muito o escândalo que me há de envolver em suas malhas sombrias. Faz-se mister o cumprimento da palavra dos grandes instrutores da revelação dos céus, que me precederam no caminho!... Está escrito que eu padeça, e não fugirei ao testemunho [...].[974]

O Mestre Nazareno prossegue em sua lição de vigilância aos discípulos e a todos nós que procuramos entender a sua mensagem de amor:

— Vim ao mundo para o bom trabalho e não posso ter outra vontade, senão a que corresponda aos sábios desígnios daquele que me enviou. Além de tudo, minha ação se dirige aos que estão escravizados no cativeiro do sofrimento, do pecado, da expiação. Instituindo na Terra a luta perene contra o mal, tenho de dar o legítimo testemunho dos meus esforços.

[...]

— Não espereis por triunfos, que não os teremos sobre a Terra de agora. Nosso Reino ainda não é, nem pode ser, deste mundo... Por essa razão, em breves dias, não obstante as minhas aparentes vitórias, entrarei em Jerusalém para sofrer as mais penosas humilhações. Os príncipes dos sacerdotes me coroarão a fronte com suprema ironia; serei arrastado pela turba como um simples ladrão! Cuspirão nas minhas faces, dar-me-ão fel e vinagre, quando manifestar sede, para que se cumpram as Escrituras; experimentarei as angústias mais dolorosas, mas sentirei, em todas as circunstâncias, o amparo daquele que me enviou!... [...].[975]

51.2 OS VENDEDORES EXPULSOS DO TEMPLO (MT 21:12-17)[976]

12 Então Jesus entrou no Templo e expulsou todos os vendedores e compradores que lá estavam. Virou as mesas dos cambistas e as cadeiras dos que vendiam pombas. 13 E disse-lhes: "Está escrito: Minha casa será chamada casa de oração. Vós, porém, fazeis dela um covil de ladrões!" 14 Aproximaram-se dele, no Templo, cegos e coxos, e ele os curou. 15 Os chefes dos sacerdotes e os escribas, vendo os prodígios que fizera e as crianças que exclamavam no Templo "Hosana ao Filho de Davi!", ficaram indignados 16 e lhe disseram: "Estás ouvindo o que estão a dizer?" Jesus respondeu: "Sim. Nunca lestes que: 'Da boca dos pequeninos e das criancinhas de peito preparaste um louvor para ti?" 17 Em seguida, deixando-os, saiu da cidade e dirigiu-se para Betânia. E ali pernoitou.

As atividades comerciais que se desenvolviam às portas do templo eram abusivas, implicando declarado desrespeito às práticas religiosas que, a despeito de se revestirem de rituais e manifestações de culto externo, não propiciavam ao devoto ou crente sincero um clima de harmonia espiritual para ele conectar-se com o Pai Celestial. A ação enérgica de Jesus foi necessária, ainda que tenha merecido críticas por parte dos comerciantes e, surpreendentemente, das autoridades religiosas que deveriam ser os primeiros a cumprir o que constava nas escrituras e foi lembrando por Jesus: "Está escrito: Minha casa será chamada casa de oração. Vós, porém, fazeis dela um covil de ladrões!" (Mt 21:13).

Neste sentido, a Doutrina Espírita orienta muita cautela nas práticas que acontecem portas adentro da casa espírita, evitando-se, a todo custo, o uso de rifas, leilões e pregões, assim como cobrança por qualquer benefício obtido pelo adepto, como as preces pagas ou orientações mediúnicas. Importa considerar com a devida seriedade as seguintes ponderações de Allan Kardec:

> Jesus também disse: Não cobreis pelas vossas preces; não façais como os escribas que, "a pretexto de longas preces, *devoram as casas das viúvas*", isto é, apropriam-se das fortunas. A prece é um ato de caridade, um impulso do coração. Cobrar a prece que se dirige a Deus em favor de outro, é transformar-se em intermediário assalariado [...].
>
> Deus não vende os benefícios que concede. Por que, então, alguém que não é, sequer, o distribuidor deles, que não pode garantir a sua obtenção, cobraria um pedido que talvez não produza nenhum resultado? Deus não pode subordinar um ato de clemência, de bondade ou de justiça, que se solicite da sua misericórdia, a uma soma em dinheiro. Do contrário, se a soma não fosse paga, ou fosse insuficiente, a justiça, a bondade e a clemência de Deus ficariam em suspenso. A razão, o bom senso e a lógica dizem que Deus, a perfeição absoluta, não pode delegar a criaturas imperfeitas, o direito de estabelecer preço para a sua justiça [...].[977]

Estejamos, pois, atentos, para mais este alerta do Codificador: "Jesus expulsou do templo os mercadores. Condenou assim o tráfico das coisas santas *sob qualquer forma*. Deus não vende a sua bênção, nem o seu perdão, nem a entrada no Reino dos céus. Portanto, o homem não tem o direito de cobrá-los".[978] Em se tratando da prática mediúnica, a situação é mais grave, e todo cuidado é pouco a este respeito para que, de alguma forma, o médium ou a instituição espírita *não* receba pagamentos amoedados ou de outras formas:

> A mediunidade é uma coisa santa, que deve ser praticada santamente, religiosamente. Se há um gênero de mediunidade que requeira essa condição de modo ainda mais absoluto é a mediunidade curadora [...]. O médium curador transmite o fluido salutar dos Espíritos bons: não tem o direito de vendê-los. Jesus e os apóstolos, embora pobres, nada cobravam pelas curas que operavam. Aquele, pois, que não tem do que viver, procure recursos em qualquer parte, menos na mediunidade; não lhe consagre, se assim for preciso, senão o tempo de que possa dispor materialmente. Os Espíritos levarão em conta o seu devotamento e sacrifício, ao passo que se afastam dos que fazem deles um trampolim por onde possam subir.[979]

51.3 A FIGUEIRA ESTÉRIL E SECA. FÉ E ORAÇÃO (MT 21:18-22)[980]

> *18 De manhã, ao voltar para a cidade, teve fome. 19 E vendo uma figueira à beira do caminho, foi até ela, mas nada encontrou, senão folhas. E disse à figueira: "Nunca mais produzas fruto!" E a figueira secou no mesmo instante. 20 Os discípulos, vendo isso, diziam, espantados: "Como assim, a figueira secou de repente?" 21 Jesus respondeu: "Em verdade vos digo: se tiverdes fé, sem duvidar, fareis não só o que fiz com a figueira, mas até mesmo se disserdes a esta montanha: 'Ergue-te e lança-te ao mar', isso acontecerá. 22 E tudo o que pedirdes com fé, em oração, vós o recebereis".*

A parábola da figueira estéril e seca apresenta dois grandes símbolos: a) o das pessoas que apresentam uma bela aparência externa, mas que são escassas de valores espirituais; b) indica também os indivíduos que foram favorecidos na encarnação por muitos recursos, como os da inteligência, mas não compartilham o que possuem com o próximo. Os primeiros são superficiais no agir, os segundos, egoístas.

> A figueira que secou é o símbolo das pessoas que apenas aparentam propensão para o bem, mas que, em realidade, nada produzem de bom; dos oradores, que têm mais brilho do que solidez; suas palavras trazem o verniz superficial, de modo que agradam aos ouvidos, sem, no entanto, revelarem, quando perscrutadas, algo de substancial para os corações. Depois de proferidas, é de perguntar-se que proveito tiraram delas os que as escutaram.
>
> Simboliza também todos aqueles que, tendo meios de ser úteis, não o são; todas as utopias, todos os sistemas vazios, todas as doutrinas sem base sólida. O que falta na maioria das vezes é a verdadeira fé, a fé produtiva, a fé que abala as fibras do coração, numa palavra, a fé que transporta montanhas. São árvores cobertas de folhas, mas carentes de frutos. É por isso que Jesus as condena à esterilidade, porque dia virá em que se acharão secas até a raiz. Significa dizer que todos os sistemas, todas as doutrinas que não houverem produzido nenhum bem para a Humanidade cairão reduzidas a nada; que todos os homens deliberadamente inúteis, por não terem posto em ação os recursos que traziam consigo, serão tratados como a figueira que secou.[981]

O registro de *Mateus* versículos 21 e 22, traz outra lição preciosa, a respeito da fé e da oração: 21"Em verdade vos digo: se tiverdes fé, sem duvidar, fareis não só o que fiz com a figueira, mas até mesmo se disserdes a esta montanha: ergue-te e lança-te ao mar, isso acontecerá. 22 E tudo o que pedirdes com fé, em oração, vós o recebereis." (Mt 21:21-22).

Segundo a Doutrina Espírita, a fé apresenta características específicas e gerais, indicadas no capítulo 19 de *O evangelho segundo o espiritismo*, cuja síntese apresentamos em seguida.

51.3.1 CONCEITO DE FÉ:

No sentido próprio, é certo que a confiança nas suas próprias forças torna o homem capaz de executar coisas materiais, que não consegue fazer quem duvida de si, mas, aqui, é unicamente no sentido moral que se devem entender essas palavras [...].[982] Mas a fé pode também significar [...] confiança que se tem na realização de uma coisa, a certeza de atingir determinado fim. Ela dá uma espécie de lucidez que permite se veja, em pensamento, a meta que se quer alcançar e os meios de chegar lá, de sorte que aquele que a possui caminha, por assim dizer, com absoluta segurança [...].[983]

51.3.2 SUPERAÇÃO DAS DIFICULDADES PELA FÉ:

As montanhas que a fé transporta são as dificuldades, as resistências, a má vontade, em suma, que encontramos entre os homens, ainda quando se trate das melhores coisas. Os preconceitos da rotina, o interesse material, o egoísmo, a cegueira do fanatismo e as paixões orgulhosas são outras tantas montanhas que barram o caminho de quantos trabalham pelo progresso da Humanidade.[984]

51.3.3 O EXERCÍCIO DA FÉ FORTALECE O ESPÍRITO:

A fé robusta dá a perseverança, a energia e os recursos que fazem vencer os obstáculos, nas pequenas como nas grandes coisas. A fé vacilante dá a incerteza e a hesitação de que se aproveitam os adversários que devemos combater; essa fé não procura os meios de vencer, porque não acredita que possa vencer.[985]

51.3.4 COMO SE MANIFESTA A VERDADEIRA FÉ:

A fé sincera e verdadeira é sempre calma; faculta a paciência que sabe esperar, porque, tendo seu ponto de apoio na inteligência e na compreensão das coisas, tem a certeza de alcançar a meta visada. [...].[986] Não se deve confundir a fé com a presunção. A verdadeira fé se alia à humildade; aquele que a possui deposita mais confiança em Deus do que em si próprio, por saber que, simples instrumento da Vontade Divina, nada pode sem Ele. É por essa razão que os Espíritos bons vêm em seu auxílio [...].[987]

51.3.5 A FÉ RELIGIOSA E A FÉ ESPÍRITA:

Do ponto de vista religioso, a fé consiste na crença em dogmas especiais, que constituem as diferentes religiões. Todas elas têm os seus artigos de fé. Sob esse aspecto, a fé pode ser *raciocinada* ou *cega*. Nada examinando, a fé cega aceita sem controle tanto o verdadeiro como o falso e a cada passo se choca com a evidência e a razão. Levada ao excesso, produz o *fanatismo* [...].[988]

A fé espírita é sempre raciocinada, passa tudo pelo crivo da razão: "A fé raciocinada, a que se apoia nos fatos e na lógica, não deixa nenhuma obscuridade; a criatura acredita porque tem certeza, e tem certeza porque compreendeu. Eis por que não se dobra: "Fé inabalável é somente a que pode encarar a razão face a face, em todas as épocas da Humanidade".[989]

Ainda no mesmo texto de *Mateus* (21:22), ora em estudo, Jesus afirma: *E tudo o que pedirdes com fé, em oração, vós o recebereis.* Fica claro, assim, que o poderoso sustentáculo da fé é a prece, a oração sincera que o filho dirige ao Pai e Criador. A propósito, Emmanuel nos lembra: "O que o homem não deve esquecer, em todos os sentidos e circunstâncias da vida, é a prece do trabalho e da dedicação, no santuário da existência de lutas purificadoras, porque Jesus abençoará as suas realizações de esforço sincero".[990]

51.4 PERGUNTA DOS JUDEUS SOBRE A AUTORIDADE DE JESUS (MT 21:23-27)[991]

> *23 Vindo Ele ao templo, estava a ensinar, quando os chefes dos sacerdotes e os anciãos do povo se aproximaram e perguntaram-lhe: "Com que autoridade fazes estas coisas? E quem Te concedeu essa autoridade?" 24 Jesus respondeu: "Também eu vos proporei uma só questão. Se me responderdes, também eu vos direi com que autoridade faço estas coisas: 25 O batismo de João, de onde era? Do Céu ou dos homens?" Eles arrazoavam entre si, dizendo: "Se respondermos 'Do Céu', Ele nos dirá: 'Por que então não crestes n'Ele?' 26 Se respondermos 'Dos homens', temos medo da multidão, pois todos consideram João como profeta". 27. Diante disso, responderam a Jesus: "Não sabemos". Ao que Ele também respondeu: "Nem eu vos digo com que autoridade faço estas coisas".*

A autoridade do Cristo é, sobretudo, de natureza moral e pode ser resumida nesta mensagem de Um Espírito Israelita, que faz parte de *O evangelho segundo o espiritismo*:

> O Cristo foi o iniciador da moral mais pura, da mais sublime: a moral evangélico-cristã, que há de renovar o mundo, aproximar os homens e torná--los irmãos; que há de fazer brotar de todos os corações humanos a caridade e o amor do próximo e estabelecer entre os homens uma solidariedade comum; de uma moral, enfim, que há de transformar a Terra, tornando-a morada de Espíritos superiores aos que hoje a habitam. É a lei do progresso, à qual a Natureza está submetida, que se cumpre, e o *Espiritismo* é a alavanca de que Deus se utiliza para fazer com que a Humanidade avance.

São chegados os tempos em que as ideias morais hão de desenvolver-se para que se realizem os progressos que estão nos desígnios de Deus. Têm elas de seguir a mesma rota que percorreram as ideias de liberdade, suas precursoras. Porém, não se deve acreditar que esse desenvolvimento se faça sem lutas. Não, aquelas ideias precisam, para atingirem a maturidade, de abalos e discussões, a fim de que atraiam a atenção das massas. Uma vez isso conseguido, a beleza e a santidade da moral tocarão os espíritos, e eles se dedicarão a uma ciência que lhes dá a chave da vida futura e lhes abre as portas da felicidade eterna. Moisés abriu o caminho; Jesus continuou a obra; o Espiritismo a concluirá. – *Um Espírito israelita*. (Mulhouse, 1861).[992]

51.5 PARÁBOLA DOS DOIS FILHOS (MT 21:28-32)[993]

28 Que vos parece? Um homem tinha dois filhos. Dirigindo-se ao primeiro, disse: "Filho, vai trabalhar hoje na vinha". 29 Ele respondeu: "Não quero"; mas depois, pego pelo remorso, foi. 30 Dirigindo-se ao segundo, disse a mesma coisa. Este respondeu: "Eu irei, senhor"; mas não foi. 31 Qual dos dois realizou a vontade do pai?" Responderam-lhe: "O primeiro". Então Jesus lhes disse: "Em verdade vos digo que os publicanos e as prostitutas vos precederão no Reino de Deus. 32 Pois João veio a vós, num caminho de justiça, e não crestes nele. Os publicanos e as prostitutas creram nele. Vós, porém, vendo isso, nem sequer tivestes remorso para crer nele".

Esta parábola é uma alegoria que define duas classes de trabalhadores da seara do Cristo: O primeiro filho promete realizar o trabalho espiritual que lhe foi designado, mas não cumpre o que prometeu. O segundo filho rejeita de imediato o trabalho quando este lhe é proposto, mas ao refletir sobre as implicações da sua rejeição, volta atrás e termina por obedecer a vontade do pai.

Como exemplo do primeiro filho, temos os religiosos que renascem com compromisso de espalhar luzes espirituais aos irmãos de Humanidade, mas que, diante das facilidades ou dos obstáculos da vida, revelam-se portadores de vontade fraca e não cumprem o que foi prometido. Muitas vezes, até se desviam do caminho previamente traçado. O segundo filho representa os Espíritos imperfeitos, os vacilantes na fé, que, a despeito da negação, decidem aceitar o convite, movidos em geral, pelo sentimento de dever. Cairbar Schutel esclarece a respeito:

> Estas duas personalidades revelam perfeitamente as suas qualidades em suas palavras e ações. O primeiro filho, convidado pelo pai a trabalhar na sua vinha, disse que ia mas não foi. O segundo disse que não ia, mas foi. O primeiro é a personificação da crença (credo) sem obras. O segundo é o tipo do homem

inteligente que, negando-se ao trabalho espiritual, depois de haver raciocinado e tirado suas conclusões, transformou o não em sim, não com a palavra abstrata, a crença, a obediência cega, mas por um esforço intelectual e pelas obras que deliberou fazer, *trabalhando na vinha*.[994]

51.6 PARÁBOLA DOS VINHATEIROS HOMICIDAS (MT 21:33-46)[995]

33 Escutai outra parábola. Havia um proprietário que plantou uma vinha, cercou-a com uma sebe, abriu nela um lagar e construiu uma torre. Depois disso, arrendou-a a vinhateiros e partiu para o estrangeiro. 34 Chegada a época de colheita, enviou os seus servos aos vinhateiros, para receberem os seus frutos. 35 Os vinhateiros, porém, agarraram os servos, espancaram um, mataram outro e apedrejaram o terceiro. 36 Enviou de novo outros servos, em maior número do que os primeiros, mas eles os trataram da mesma forma. 37 Por fim, enviou-lhes o seu filho, imaginando: "Respeitarão o meu filho". 38 Os vinhateiros, porém, vendo o filho, confabularam: "Este é o herdeiro: vamos! matemo-lo e apoderemo-nos da sua herança". 39 Agarrando-o, lançaram-no para fora da vinha e o mataram. 40 Pois bem, quando vier o dono da vinha, que fará com esses vinhateiros? 41 Responderam-lhe: "Certamente destruirá de maneira horrível esses infames e arrendará a vinha a outros vinhateiros, que entregarão os frutos no tempo devido". 42 Disse-lhes então Jesus: "Nunca lestes nas Escrituras: A pedra que os construtores rejeitaram tornou-se a pedra angular; pelo Senhor foi feito isso e é maravilha aos nossos olhos?" 43 Por isso vos afirmo que o Reino de Deus vos será tirado e confiado a um povo que o fará produzir seus frutos. 44 Aquele que cair sobre essa pedra ficará em pedaços, e aquele sobre quem ela cair ficará esmagado. 45 Os chefes dos sacerdotes e os fariseus, ouvindo estas parábolas, perceberam que Jesus se referia a eles. 46 Procuravam prendê-lo, mas ficaram com medo das multidões, pois elas o consideravam profeta.

Em *A gênese*, Allan Kardec apresenta os seguintes esclarecimentos a respeito dos simbolismos que essa parábola transmite:

O pai de família é Deus; a vinha que Ele plantou é a Lei que estabeleceu; os vinhateiros a quem arrendou a vinha são os homens que devem ensinar e praticar a Lei; os servos que enviou aos arrendatários são os profetas que estes últimos massacraram; seu Filho, enviado por último, é Jesus, a quem eles igualmente mataram. Como tratará o Senhor os seus mandatários prevaricadores da Lei? Tratá-los-á como seus enviados foram por eles tratados e chamará outros arrendatários que lhe prestem melhores contas da sua propriedade e do proceder do seu rebanho. Assim aconteceu com os escribas, com os príncipes dos sacerdotes e com os fariseus; assim será quando Ele vier de novo pedir contas a cada um do que fez da sua Doutrina; retirará toda autoridade ao que dela houver abusado, pois Ele quer que o Seu Campo seja administrado de acordo com a Sua Vontade [...].[996]

O Codificador do Espiritismo faz, ao final da análise da parábola, a seguinte reflexão, que deve nos calar fundo, a respeito da mensagem de supremo amor que Jesus nos trouxe, e, passados mais de mil anos, ainda temos dificuldades de assimilar os seus ensinamentos:

> Que fizeram das suas máximas de caridade, de amor e de tolerância? Das recomendações que fez a seus apóstolos para que convertessem os homens pela *persuasão* e pela *brandura*? Que fizeram da simplicidade, da humildade, do desinteresse e de todas as virtudes que Ele exemplificou? Em seu nome, os homens se anatematizaram mutuamente e reciprocamente se amaldiçoaram; estrangularam-se em nome daquele que disse: Todos os homens são irmãos. Do Deus infinitamente justo, bom e misericordioso que Ele revelou, fizeram um Deus ciumento, cruel, vingativo e parcial [...].
>
> Que diria o Cristo se vivesse hoje entre nós? Se visse os que se dizem seus representantes a ambicionar as honras, as riquezas, o poder e o fausto dos príncipes do mundo, ao passo que Ele, mais rei do que todos os reis da Terra, fez a sua entrada em Jerusalém montado num jumento? Não teria o direito de dizer-lhes: Que fizestes dos meus ensinos, vós que incensais o bezerro de ouro, que proferis a maior parte das vossas preces em favor dos ricos, reservando uma parte insignificante para os pobres, apesar de eu haver dito: Os primeiros serão os últimos e os últimos serão os primeiros no Reino dos Céus? Mas se Ele não está carnalmente entre nós, está em Espírito e, como o senhor da parábola, virá pedir contas aos seus vinhateiros, quando chegar o tempo da colheita.[997]

REFERÊNCIAS

[970] BÍBLIA DE JERUSALÉM. Gilberto da Silva Gorgulho; Ivo Storniolo e Ana Flora Anderson (Coords.). Diversos tradutores. Nova ed. rev. e ampl. 13. imp. São Paulo: Paulus, 2019, *Evangelho segundo Mateus*, p. 1.741.

[971] BÍBLIA SAGRADA. Trad. João Ferreira de Almeida. Rev. e corr. 4. ed. Barueri: Sociedade Bíblica do Brasil, 2009, p. 1.241.

[972] **Domingo de Ramos**: disponível em <https://pt.wikipedia.org/wiki/Domingo_de_Ramos>. Acesso em 16 de setembro de 2019.

[973] ELWELL, Walter A. (Editor) *Enciclopédia histórico-teológica da igreja cristã*. Trad. Gordon Chown. 2. ed. 1. imp. São Paulo: Sociedade Religiosa Edições Vida Nova, 1992, v. 1, p. 493.

[974] XAVIER, Francisco Cândido. *Boa nova*. Pelo Espírito Humberto de Campos. 37. ed. 15. imp. Brasília: FEB, 2020, cap. 21, p. 138-139.

975 _____. _____. P. 139-140.
976 BÍBLIA DE JERUSALÉM. Gilberto da Silva Gorgulho; Ivo Storniolo e Ana Flora Anderson (Coords.). Diversos tradutores. Nova ed. rev. e ampl. 13. imp. São Paulo: Paulus, 2019, *Evangelho segundo Mateus*, p. 1.741.
977 KARDEC, Allan. *O evangelho segundo o espiritismo*. Trad. Evandro Noleto Bezerra. 2. ed. 10. imp. Brasília: FEB, 2020, cap. 26, it. 4, p. 308.
978 _____. _____. It. 6, p. 309.
979 _____. _____. It. 10, p. 311.
980 BÍBLIA DE JERUSALÉM. Gilberto da Silva Gorgulho; Ivo Storniolo e Ana Flora Anderson (Coords.). Diversos tradutores. Nova ed. rev. e ampl. 13. imp. São Paulo: Paulus, 2019, *Evangelho segundo Mateus*. p. 1.741-1.742.
981 KARDEC, Allan. *O evangelho segundo o espiritismo*. Trad. Evandro Noleto Bezerra. 2. ed. 10. imp. Brasília: FEB, 2020, cap.19, it. 9, p. 254-255.
982 _____. _____. Cap. 19, it. 2, p. 251.
983 _____. _____. It. 3, p. 252
984 _____. _____. It. 2, p. 251-252.
985 _____. _____. It. 3, p. 252.
986 _____. _____. P. 252.
987 _____. _____. P. 252.
988 _____. _____. It. 6, p. 253.
989 _____. _____. It. 7, p. 254.
990 XAVIER, Francisco Cândido. *O consolador*. Pelo Espírito Emmanuel. 29. ed. 11. imp. Brasília: FEB, 2020, q. 306, p. 206.
991 BÍBLIA DE JERUSALÉM. Gilberto da Silva Gorgulho; Ivo Storniolo e Ana Flora Anderson (Coords.). Diversos tradutores. Nova ed. rev. e ampl. 13. imp. São Paulo: Paulus, 2019, *Evangelho segundo Mateus*, p. 1.742.
992 KARDEC, Allan. *O evangelho segundo o espiritismo*. Trad. Evandro Noleto Bezerra. 2. ed. 10. imp. Brasília: FEB, 2020, cap. 1, it. 9, p. 42.
993 BÍBLIA DE JERUSALÉM. Gilberto da Silva Gorgulho; Ivo Storniolo e Ana Flora Anderson (Coords.). Diversos tradutores. Nova ed. rev. e ampl. 13. imp. São Paulo: Paulus, 2019, *Evangelho segundo Mateus*, p. 1.742.
994 SCHUTEL, Cairbar. *Parábolas e ensinos de Jesus*. 28. ed. Matão: O Clarim, 2016, it. Parábola dos dois filhos, p. 62.
995 BÍBLIA DE JERUSALÉM. Gilberto da Silva Gorgulho; Ivo Storniolo e Ana Flora Anderson (Coords.). Diversos tradutores. Nova ed. rev. e ampl. 13. imp. São Paulo: Paulus, *Evangelho segundo Mateus*, 21:33-46, p. 1.742-1.743.
996 KARDEC, Allan. *A gênese*. Trad. Evandro Noleto Bezerra. 2. ed. 2. imp. Brasília: FEB, 2019, cap. 17, it. 30, p. 325.
997 _____. _____. P. 325-326.

TEMA 52

O ADVENTO PRÓXIMO DO REINO DOS CÉUS: PARTE NARRATIVA 4 (MT 22:1-46)

A parte narrativa que compõe o capítulo 22 de *Mateus* apresenta cinco conjuntos de ideias: *1 Parábola do banquete nupcial; 2 O tributo a César; 3 A ressurreição dos mortos; 4 O maior mandamento; 5 e o Cristo, filho e Senhor de Davi.* Ainda que os assuntos aparentem ser independentes, há, porém, uma linha doutrinária que os une, fundamentada na prática da lei de amor, justiça e caridade.

52.1 PARÁBOLA DO BANQUETE NUPCIAL (MT 22:1-14)[998]

1 Jesus voltou a falar-lhes em parábolas e disse:

2 O Reino dos Céus é semelhante a um rei que celebrou as núpcias do seu filho.

3 Enviou seus servos para chamar os convidados para as núpcias, mas esses não quiseram vir.

4 Tornou a enviar outros servos, recomendando: Dizei aos convidados: eis que preparei meu banquete; meus touros e cevados já foram degolados e tudo está pronto. Vinde às núpcias'.

5 Eles, porém, sem darem a menor atenção, foram-se, um para o seu campo, outro para o seu negócio,

6 e os restantes, agarrando os servos, os maltrataram e os mataram.

7 Diante disso, o rei ficou com muita raiva e, mandando as suas tropas, destruiu aqueles homicidas e incendiou-lhes a cidade.

8 Em seguida, disse aos servos: As núpcias estão prontas, mas os convidados não eram dignos. 9 Ide, pois, às encruzilhadas e convidai para as núpcias todos os que encontrardes'.

10 E esses servos, saindo pelos caminhos, reuniram todos os que encontraram, maus e bons, de modo que a sala nupcial ficou cheia de convivas.

11 Quando o rei entrou para examinar os convivas, viu ali um homem sem a veste nupcial

> *12 e disse-lhe: Amigo, como entraste aqui sem a veste nupcial? Ele, porém, ficou calado.*
>
> *13 Então disse o rei aos que serviam: Amarrai-lhe os pés e as mãos e lançai-o fora, nas trevas exteriores. Ali haverá choro e ranger de dentes.*
>
> *14 Com efeito, muitos são chamados, mas poucos escolhidos.*

Esta parábola do banquete é também relatada por *Lucas,* 14:16-21, com diferença de alguns pormenores.

> Nesta parábola, Jesus compara o Reino dos Céus, em que tudo é alegria e felicidade, a uma festa de casamento. Pelos primeiros convidados, Ele se refere aos hebreus, que foram os primeiros chamados por Deus ao conhecimento da sua Lei. Os enviados do Senhor são os profetas que os vinham exortar a seguir o caminho da verdadeira felicidade; suas palavras, porém, quase não eram ouvidas; suas advertências eram desprezadas; muitos foram mesmo massacrados, como os servos da parábola. Os convidados que recusam o convite, sob o pretexto de terem de ir cuidar de seus campos e de seus negócios, simbolizam as pessoas mundanas que, absorvidas pelas coisas terrenas, se mantêm indiferentes às coisas celestiais.
>
> [...]
>
> Os hebreus foram os primeiros a praticar publicamente o monoteísmo; é a eles que Deus transmite a sua Lei, primeiramente por Moisés, depois por Jesus. Foi daquele pequenino foco que partiu a luz destinada a espalhar-se sobre o mundo inteiro, a triunfar do paganismo e a dar a Abraão uma posteridade espiritual *tão numerosa quanto as estrelas do firmamento* [assim afirmava o patriarca hebreu]. Os judeus, porém, repelindo de todo a idolatria, haviam desprezado a lei moral, para se dedicarem à prática mais fácil do culto exterior [...]. Dos primeiros a ser convidados para o grande banquete da fé universal, eles repeliram a palavra do Messias Celeste e o mataram. Perderam assim o fruto que teriam colhido da iniciativa que lhes coubera.[999]

O rei é Deus, o filho é Jesus, o Messias Divino e os servos são os Espíritos previamente preparados para levarem a palavra de Deus à Humanidade. Como muitos dos Espíritos preparados para levar a palavra de Deus aos habitantes do planeta falharam no compromisso, Deus oferece a possibilidade a todos os Espíritos, onde quer que eles se encontrem, para participarem da festa nupcial. Entretanto, pondera Emmanuel, entre o convite e a aceitação do trabalho há enorme diferença:

> Chamados e escolhidos não constituem expressões que se ajustam unicamente ao quadro das revelações vertidas do Céu para a Terra. Observemo-las no campo da experiência comum, de vez que toda criatura é escolhida para expressar os elementos chamados por ela mesma a substancializar o centro da própria vida.[1000]

O Reino dos Céus é retratado como um estado de plenitude espiritual, figurado num *banquete* oferecido aos Espíritos que conseguiram superar as próprias imperfeiçoes e praticar a Lei de Amor. Os alimentos servidos indicam os ensinamentos espirituais que Jesus, O Messias, transmitiu em nome do Pai para conduzir a Humanidade ao Reino dos Céus. Todavia, para participar da festa das bodas é necessário que o convidado esteja vestido adequadamente, com o *traje nupcial*:

> A *veste de núpcias* simboliza o amor, a humildade, a boa vontade em encontrar a verdade e observá-la, ou seja, a pureza das intenções, a virgindade espiritual!
>
> O interesseiro, o mercador, o astuto, o tartufo que, embora convidado a tomar parte nas bodas, está sem a túnica, não pode ali permanecer: será lançado fora, assim como será posto à margem o convidado a um casamento ou a uma cerimônia que não se traje de acordo com o ato a que vai assistir.[1001]

Os falsos profetas, comuns nos tempos atuais, assemelham-se aos que comparecem à festa das bodas sem estarem vestidos com os trajes nupciais.

52.2 O TRIBUTO A CÉSAR (MT 22:15-22)[1002]

> *15 Quando eles partiram, os fariseus fizeram um conselho para tramar como apanhá-lo por alguma palavra.*
>
> *16 E lhe enviaram os seus discípulos, juntamente com os herodianos, para lhe dizerem: Mestre, sabemos que és verdadeiro e que, de fato, ensinas o caminho de Deus. Não dás preferência a ninguém, pois não consideras um homem pelas aparências.*
>
> *17 Dize-nos, pois, que te parece: é lícito pagar imposto a César, ou não?*
>
> *18 Jesus, porém, percebendo a sua malícia, disse: Hipócritas! Por que me pondes à prova?*
>
> *19 Mostrai-me a moeda do imposto. Apresentaram-lhe um denário.*
>
> *20 Disse Ele: De quem é esta imagem e a inscrição?*
>
> *21 Responderam: De César. Então lhes disse: Devolvei, pois, o que é de César a César, e o que é de Deus, a Deus.*
>
> *22 Ao ouvirem isso, ficaram maravilhados e, deixando-o, foram-se embora.*

Em *O evangelho segundo o espiritismo*, Allan Kardec apresenta bons esclarecimentos a respeito do tributo a César. Primeiro, o Codificador analisa como foi desafiante a missão de Jesus, sendo testado a todo instante pelas autoridades religiosas.

> A questão proposta a Jesus era motivada pela circunstância de que os judeus, abominando o tributo que os romanos lhes impunham, haviam feito do

pagamento desse tributo uma questão religiosa. Numeroso partido se fundara contra o imposto. O pagamento do tributo, portanto, era para eles uma questão de irritante atualidade, sem o que nenhum sentido teria a pergunta feita a Jesus: *É-nos lícito pagar ou deixar de pagar a César o tributo?* Havia nessa pergunta uma armadilha, porque, conforme a resposta dada por Jesus, os fariseus esperavam excitar contra Ele a autoridade romana, ou os judeus dissidentes. Mas Jesus, *que lhes conhecia a malícia*, contornou a dificuldade, dando-lhes uma lição de justiça, ao dizer que a cada um seja dado o que lhe é devido [...].[1003]

Em segundo lugar, Kardec destaca a excelente resposta do Mestre dada aos representantes do clero e do rei Herodes: "Então lhes disse: Devolvei, pois, o que é de César a César, e o que é de Deus, a Deus" (Mt 22:21).

Esta sentença: *Dai a César o que é de César*, não deve ser entendida de modo restritivo e absoluto. Como em todos os ensinos de Jesus, trata-se de um princípio geral, resumido sob forma prática e usual e deduzido de uma circunstância particular. Esse princípio é consequente daquele segundo o qual devemos proceder para com os outros como gostaríamos que os outros procedessem para conosco. Ele condena todo prejuízo material e moral que se possa causar a outrem, toda violação de seus interesses.

Prescreve o respeito aos direitos de cada um, como cada um deseja que se respeitem os seus. Estende-se mesmo aos deveres contraídos para com a família, a sociedade, a autoridade, tanto quanto para os indivíduos em geral.[1004]

52.3 A RESSURREIÇÃO DOS MORTOS (MT 22:23-33)[1005]

23 Naquele dia, aproximaram-se dele alguns saduceus, que dizem não existir ressurreição, e o interrogaram:

24 Mestre, Moisés disse: Se alguém morrer sem ter filhos, o seu irmão se casará com a viúva e suscitará descendência para o seu irmão.

25 Ora, havia entre nós sete irmãos. O primeiro, tendo-se casado, morreu e, como não tivesse descendência, deixou a mulher para seu irmão.

26 O mesmo aconteceu com o segundo, com o terceiro, até o sétimo.

27 Por fim, depois de todos eles, morreu também a mulher.

28 Pois bem, na ressurreição, de qual dos sete será a mulher, pois que todos a tiveram?

29 Jesus respondeu-lhes: Estais enganados, desconhecendo as Escrituras e o poder de Deus.

30 Com efeito, na ressurreição, nem eles se casam e nem elas se dão em casamento, mas são todos como os anjos no céu.

31 Quanto à ressurreição dos mortos, não lestes o que Deus vos declarou:

> *32 Eu sou o Deus de Abraão, o Deus de Isaac e o Deus de Jacó? Ora, Ele não é Deus de mortos, mas sim de vivos.*
>
> *33 Ao ouvir isso, as multidões ficaram extasiadas com o seu ensinamento.*

Havia entre os judeus uma certa confusão a respeito do conceito de ressurreição, que era confundido com o de reencarnação: A palavra *ressurreição*, (do grego, *anástasis, égersis* que significa levantar, erguer, surgir, sair de um local ou de uma situação para outra. Ou do latim, *resurrectio*, ou ato de ressurgir, voltar à vida, reanimar-se), biblicamente, entende-se o termo ressurreição como o mesmo que ressurgir dos mortos, Mt 22:28,30,31. A ressurreição dos mortos ou do corpo é doutrina expressa na revelação bíblica. Significa, de maneira geral, em linguagem popular, união da alma ou espírito ao seu corpo, após a morte física [...].[1006]

> A reencarnação fazia parte dos dogmas dos judeus, sob o nome de ressurreição. Somente os saduceus, que pensavam que tudo acabava com a morte, não acreditavam nisso. As ideias dos judeus sobre esse ponto, como sobre muitos outros, não eram claramente definidas, porque só tinham noções vagas e incompletas acerca da alma e da sua ligação com o corpo. Acreditavam que um homem que vivera podia reviver, sem saberem precisamente de que maneira o fato poderia dar-se. Designavam pelo termo ressurreição o que o Espiritismo, mais judiciosamente, chama reencarnação. Com efeito, a ressurreição pressupõe o retorno à vida do corpo que já está morto, o que a Ciência demonstra ser materialmente impossível, sobretudo quando os elementos desse corpo já se acham desde muito tempo dispersos e absorvidos. A reencarnação é a volta da alma ou Espírito à vida corpórea, mas em outro corpo, novamente formado para ele e que nada tem de comum com o antigo. A palavra ressurreição podia assim aplicar-se a Lázaro, mas não a Elias, nem aos outros profetas. Se, portanto, segundo a crença deles, João Batista era Elias, o corpo de João não podia ser o de Elias, pois que João fora visto criança e seus pais eram conhecidos. João, pois, podia ser Elias reencarnado, mas não ressuscitado.[1007]

Jesus não fornece uma resposta direta aos seus indagadores a respeito do assunto, possivelmente porque não teriam condições intelectuais para entender a diferença entre ressurreição e reencarnação. Responde-lhes de forma muito ampla quando afirma: *"Quanto à ressurreição dos mortos, não lestes o que Deus vos declarou: Eu sou o Deus de Abraão, o Deus de Isaac e o Deus de Jacó? Ora, ele não é Deus de mortos, mas sim de vivos. Ao ouvir isso, as multidões ficaram extasiadas com o seu ensinamento"* (Mt 22:31-33)

> Jesus nos ensina que Deus não é Pai de mortos, porque não existem mortos. Nós somos espíritos imortais, habitantes temporários da terra, onde usamos um corpo de carne. Quando este corpo não servir mais para nosso progresso,

nós desencarnamos, isto é, deixaremos o corpo e passaremos a viver no mundo espiritual, continuando nossa vida pela eternidade.

A morte não existe, O que chamamos morte é o simples fenômeno de se desatarem os laços que prendiam o Espírito ao corpo. Uma vez desatados esses laços, o Espírito passa para o mundo espiritual; e o corpo se desintegra, volvendo para o grande reservatório da natureza. Do outro lado do túmulo a vida continua plena, bela e cheia de magníficas oportunidades de elevação para Deus.

Dizendo Jesus que Deus é pai de Abrahão, de Isaac e de Jacob, quis dizer-nos que Ele é o Pai de todos, não importa quem seja o indivíduo, suas posses, sua cor, seu credo político ou religioso.[1008]

52.4 O MAIOR DOS MANDAMENTOS (MT 22:34-40)[1009]

> *34 Os fariseus, ouvindo que ele fechara a boca dos saduceus, reuniram-se em grupo*
>
> *35 e um deles — a fim de pô-lo à prova — perguntou-lhe:*
>
> *36 Mestre, qual é o maior mandamento da Lei?*
>
> *37 Ele respondeu: Amarás ao Senhor teu Deus de todo o teu coração, de toda a tua alma e de todo o teu entendimento.*
>
> *38 Esse é o maior e o primeiro mandamento.*
>
> *39 O segundo é semelhante a esse: Amarás o teu próximo como a ti mesmo.*
>
> *40 Desses dois mandamentos dependem toda a Lei e os Profetas.*

Com esse ensinamento, Jesus faz uma síntese do Dez Mandamentos ou Decálogo ensinado por Moisés. E mais, esclarece que a doutrina cristã está assentada em dois fundamentos: amor a Deus e ao próximo.

> Amar o próximo como a si mesmo; fazer pelos outros o que gostaríamos que os outros fizessem por nós é a expressão mais completa da caridade, porque resume todos os deveres do homem para com o próximo. Não podemos encontrar guia mais seguro, a tal respeito, do que tomar, como medida do que devemos fazer aos outros, aquilo que desejamos para nós mesmos. Com que direito exigiríamos dos nossos semelhantes melhor proceder, mais indulgência, mais benevolência e devotamento, do que os temos para com eles? A prática dessas máximas tende à destruição do egoísmo. Quando os homens as adotarem como regra de conduta e como base de suas instituições, compreenderão a verdadeira fraternidade e farão que entre eles reinem a paz e a justiça. Não mais haverá ódios nem dissensões, mas apenas união, concórdia e benevolência mútua.

Nessas condições, o próximo passa a ser o instrumento da nossa evolução, porque, na verdade, só temos aquilo que damos a outrem. O mandamento maior, contudo, foi apenas recordado por Jesus, pois era orientação antiga, que fazia parte da cultura de diferentes povos. Contudo, o afastamento da mensagem espiritual dos profetas do Antigo Testamento e o uso abusivo de práticas e cultos externos tornaram os adeptos do Judaísmo distantes da essência dos preceitos Divinos da Lei. A mesma situação vamos encontrar no Catolicismo, com a implantação de dogmas e cerimoniais. Emmanuel esclarece a respeito:

> Incontestavelmente, muitos séculos antes da vinda do Cristo já era ensinada no mundo a Regra Áurea, trazida por embaixadores de sua sabedoria e misericórdia. Importa esclarecer, todavia, que semelhante princípio era transmitido com maior ou menor exemplificação de seus expositores.
>
> Diziam os gregos: "Não façais ao próximo o que não desejais receber dele". Afirmavam os persas: "Fazei como quereis que se vos faça".
>
> Declaravam os chineses: "O que não desejais para vós, não façais a outrem".
>
> Recomendavam os egípcios: "Deixai passar aquele que fez aos outros o que desejava para si".
>
> Doutrinavam os hebreus: "O que não quiserdes para vós, não desejeis para o próximo".
>
> Insistiam os romanos: "A lei gravada nos corações humanos é amar os membros da sociedade como a si mesmo".
>
> Na Antiguidade, todos os povos receberam a lei de ouro da magnanimidade do Cristo. profetas administradores, juízes e filósofos, porém, procederam como instrumentos mais ou menos identificados com a inspiração dos planos mais altos da vida. Suas figuras apagaram-se no recinto dos templos iniciáticos ou confundiram-se na tela do tempo em vista de seus testemunhos fragmentários.
>
> Com o Mestre, todavia, a Regra Áurea é a novidade Divina porque Jesus a ensinou e exemplificou, não com virtudes parciais, mas em plenitude de trabalho, abnegação e amor, à claridade das praças públicas, revelando-se aos olhos da Humanidade inteira.[1010]

52.5 O CRISTO, FILHO E SENHOR DE DAVI (MT 22:41-46)[1011]

41 Estando os fariseus reunidos, Jesus interrogou-os:

42 Que pensais a respeito do Cristo? Ele é filho de quem? Responderam-lhe: De Davi.

43 Ao que Jesus lhes disse: Como então Davi, falando sob inspiração, lhe chama Senhor, ao dizer:

44 O Senhor disse ao meu Senhor: senta-te à minha direita, até que eu ponha os teus inimigos debaixo dos teus pés?

> *45 Ora, se Davi lhe chama Senhor, como pode ser seu filho?*
>
> *46 E ninguém podia responder-lhe nada. E a partir daquele dia, ninguém se atreveu a interrogá-lo.*

Ocasionalmente, Jesus avaliava o que os discípulos pensavam a respeito d'Ele. Em Mt 16:13-17, estudado anteriormente, encontramos indagações semelhantes: Chegando Jesus ao território de Cesareia de Filipe, perguntou aos discípulos: Quem dizem os homens ser o Filho do Homem? Disseram: Uns afirmam que é João Batista, outros que é Elias, outros, ainda, que é Jeremias ou um dos profetas. Então lhes perguntou: E vós, quem dizeis que eu sou? Simão Pedro, respondendo, disse: Tu és o Cristo, o filho do Deus vivo. Jesus respondeu-lhe: Bem-aventurado és tu, Simão, filho de Jonas, porque não foi carne ou sangue que te revelaram isso, e sim o meu Pai que está nos Céus.

A despeito da inspirada resposta do apóstolo Pedro, que revelava Jesus como sendo o Messias de Deus, no atual registro de Mateus a resposta é de que Ele, o Cristo, é filho de Davi, de quem o Mestre Nazareno era descendente, de acordo com a genealogia elaborada por Mateus. O certo é que, mesmo sabendo que Jesus era o Messias aguardado pelo povo judeu, a ideia ainda não estava totalmente amadurecida no coração dos discípulos, inclusive entre os apóstolos. Somente nos anos posteriores à crucificação e a ressurreição é que a certeza de Jesus ser o Messias Divino seria forjada no íntimo de cada servidor. Convictos dessa verdade, eles se submeteram às mais dolorosas provações, a fim de se revelarem servos do Senhor.

Mas tudo a seu tempo. Como ensina Amélia Rodrigues.

> À semelhança dos dias em que Jesus viveu entre nós, os tempos atuais ensejam a restauração viva e atuante da Mensagem cristã, pois que, convertida em laboratório das experiências aflitivas, a Terra continua sendo campo rico de oportunidades para a vivência evangélica.
>
> Há incontáveis portas de serviço esperando por nós.
>
> Nestes dias de cultura e abastança pululam também a miséria física e moral aguardando socorro.
>
> Faz-se necessário que repontem como primavera de bênçãos as sementes da esperança e surjam como antes novos *homens do caminho*.[1012]

REFERÊNCIAS

998 BÍBLIA DE JERUSALÉM. Gilberto da Silva Gorgulho; Ivo Storniolo e Ana Flora Anderson (Coords.). Diversos tradutores. Nova ed. rev. e ampl. 13. imp. São Paulo: Paulus, 2019, *Evangelho segundo Mateus*, 22:1-14, p. 1.743.

999 KARDEC, Allan. *O evangelho segundo o espiritismo*. Trad. Evandro Noleto Bezerra. 2. ed. 10. imp. Brasília: FEB, 2020, cap. 18, it. 2, p. 240-241.

1000 XAVIER, Francisco Cândido. *Irmão*. Pelo Espírito Emmanuel. São Paulo: Ideal, 1980, cap. 10, p. 58.

1001 SCHUTEL, Cairbar. *Parábolas e ensinos de Jesus*. 28. ed. Matão: O Clarim, 2016, it. Parábola das bodas, p. 74.

1002 BÍBLIA DE JERUSALÉM. Gilberto da Silva Gorgulho; Ivo Storniolo e Ana Flora Anderson (Coords.). Diversos tradutores. Nova ed. rev. e ampl. 13. imp. São Paulo: Paulus, 2019, *Evangelho segundo Mateus*, 22:15-22, p. 1.743.

1003 KARDEC, Allan. *O evangelho segundo o espiritismo*. Trad. Evandro Noleto Bezerra. 2. ed. 10. imp. Brasília: FEB, 2020, cap. 11, it. 6, p. 149.

1004 _____. _____. It. 7, p. 149-150.

1005 BÍBLIA DE JERUSALÉM. Gilberto da Silva Gorgulho; Ivo Storniolo e Ana Flora Anderson (Coords.). Diversos tradutores. Nova ed. rev. e ampl. 13. imp. São Paulo: Paulus, 2019, *Evangelho segundo Mateus*, 22:23-33, p. 1.743-1.744.

1006 DAVIS, John. *Novo dicionário da bíblia*. Ampl. e atual. Trad. J.R. Carvalho Braga. São Paulo: Hagnos, 2005, p. 1053.

1007 KARDEC, Allan. *O evangelho segundo o espiritismo*. Trad. Evandro Noleto Bezerra. 2. ed. 10. imp. Brasília: FEB, 2020, cap. 4, it. 4, p. 62.

1008 RIGONATTI, Eliseu. *O evangelho dos humildes*. 15. ed. São Paulo: Pensamento, 2018, cap. 22, it. A cerca da ressurreição, p. 196.

1009 BÍBLIA DE JERUSALÉM. Gilberto da Silva Gorgulho; Ivo Storniolo e Ana Flora Anderson (Coords.). Diversos tradutores. Nova ed. rev. e ampl. 13. imp. São Paulo: Paulus, 2019, *Evangelho segundo Mateus*, 22:34-40, p. 1.744.

1010 XAVIER, Francisco Cândido. *Caminho, verdade e vida*. Pelo Espírito Emmanuel. 1. ed. 17. imp. Brasília: FEB, 2020, cap. 41, p. 97-98.

1011 BÍBLIA DE JERUSALÉM. Gilberto da Silva Gorgulho; Ivo Storniolo e Ana Flora Anderson (Coords.). Diversos tradutores. Nova ed. rev. e ampl. 13. imp. São Paulo: Paulus, *Evangelho segundo Mateus*, 22:41-46, p. 1.744.

1012 FRANCO, Divaldo Pereira. *Primícias do reino*. Pelo Espírito Amélia Rodrigues. 8. ed. Salvador: LEAL, 2001, Prólogo, p. 18-19.

O ADVENTO PRÓXIMO DO REINO DOS CÉUS: PARTE NARRATIVA 5 (MT 23:1-39)[1013]

A última parte dos discursos do *Evangelho de Mateus* compreende os capítulos de 23 a 25. O registro inicial do capítulo 23:1-39 apresenta as decisões dos sacerdotes, as lamúrias de Jesus sobre Jerusalém, onde foi impedido pela indiferença dos conhecedores da lei de cuidar do povo e de espalhar a esperança. Segundo o evangelista, Jesus revela a hipocrisia dos escribas e fariseus, adornada por vestes luxuriantes, arrematadas por largas franjas. Aliás, era comum esses religiosos se enfeitarem com objetos de "proteção" chamados filactérios — caixinhas de pergaminho ou couro de foca, contendo 4 trechos da Torá, de acordo com a tradição (Ex 13:1-10 e 16; Dt 6:4-9 e 22:12), presas a uma tira de couro, sobre a testa ou braço.[1014]

No capítulo vigésimo terceiro, objeto deste estudo, Mateus apresenta uma espécie de secção de transição entre as controvérsias e o discurso apocalíptico de Jesus, cuja foco é a condenação a que estavam sujeitas as autoridades religiosas dos judeus. Os capítulos 24 e 25 abordam o julgamento final de Deus, contra toda a Humanidade: "O evangelista reuniu todo esse variegado material e nos apresentou os tipos de denúncia que Jesus lançou contra os vários grupos de autoridades religiosas. Como fórmula fixa para apresentar tais homens, o autor deste Evangelho usa a expressão; "Ai de vós, escribas e fariseus, hipócritas!"[1015]

A *Bíblia de Jerusalém* apresenta a seguinte sequência de estudo do capítulo 23: 1. Hipocrisia e vaidade dos escribas e fariseus (Mt 23:1--12; 2); 2. Sete ameaças contra os escribas e fariseus (Mt 23:13-32); 3. Crimes e castigos iminentes (Mt 23:33-36); 4. Palavras sobre Jerusalém (Mt 23:37-39).

53.1 HIPOCRISIA E VAIDADE DOS ESCRIBAS E FARISEUS (MT 23:1-12)[1016]

> 1 Jesus então dirigiu-se às multidões e aos seus discípulos: 2 "Os escribas e fariseus estão sentados na cátedra de Moisés. 3 Portanto, fazei e observai tudo quanto vos disserem. Mas não imiteis as suas ações, pois dizem, mas não fazem. 4 Amarram fardos pesados e os põem sobre os ombros dos homens, mas eles mesmos nem com um dedo se dispõem a movê-los. 5 Praticam todas as suas ações com o fim de serem vistos pelos homens. Com efeito, usam largos filactérios e longas franjas. 6 Gostam do lugar de honra nos banquetes, dos primeiros assentos nas sinagogas, 7. de receber as saudações nas praças públicas e de que os homens lhes chamem 'Rabi'. 8 Quanto a vós, não permitais que vos chamem 'Rabi', pois um só é o vosso Mestre e todos vós sois irmãos. 9 A ninguém na terra chameis 'Pai', pois só tendes o Pai Celeste. 10 Nem permitais que vos chamem 'Guias', pois um só é o vosso guia, Cristo. 11 Antes, o maior dentre vós será aquele que vos serve. 12 Aquele que se exaltar será humilhado, e aquele que se humilhar será exaltado.

As afirmativas iniciais remetem às instruções do Antigo Testamento. A cadeira de Moisés refere-se metaforicamente ao lugar particular na sinagoga onde os líderes se sentavam como num trono, simbolizando a sucessão de mestres da Torá ao longo das eras.[1017] Nesse sentido:

> A referência à cadeira de Moisés (Mt 23:2) pode ser um eco de *Deuteronômio*, 17:10, texto em que o povo de Israel é instruído a agir segundo as decisões dos sacerdotes, levitas e juízes de Israel obedecendo em tudo o que lhe for ordenado fazer. O versículo 3 pode ser eco de *Malaquias*, 2:7 e 8, em que é exposto que os lábios dos sacerdotes preservam o conhecimento e que o povo deve buscar a orientação deles, em contraste direto com a desobediência dos líderes judaicos da época de Malaquias. Veja em *Êxodo*, 13:2-16 e *Deuteronômio*, 6:4 a 9 e 11:13-21.[1018]

O registro: "Amarram fardos pesados e os põem sobre os ombros dos homens, mas eles mesmos nem com um dedo se dispõem a movê-los" (Mt 23:4) indica ação contrária ao fardo leve proposto por Jesus (veja Mt 11:28 a 30) que é assim comentado por Allan Kardec:

> Todos os sofrimentos: misérias, decepções, dores físicas, perda de seres amados, encontram sua consolação na fé no futuro, na confiança na Justiça de Deus, que o Cristo veio ensinar aos homens. [...] Foi isso que levou Jesus a dizer: "Vinde a mim todos vós que estais fatigados, que Eu vos aliviarei".

> Entretanto, Jesus estabelece uma condição para a sua assistência e a felicidade que promete aos aflitos. Essa condição está na lei por Ele ensinada. Seu jugo é a observância dessa Lei; mas esse jugo é leve e a lei é suave, pois que apenas impõe, como dever, o amor e a caridade.[1019]

Na mesma perspectiva, prossegue a análise do Codificador, ao indicar a consciência que todos os Espíritos trazem quanto à intuição da vida futura:

> Desde todas as épocas o homem acreditou, por intuição, que a vida futura seria feliz ou infeliz, conforme o bem ou o mal praticado neste mundo. A ideia, porém, que ele tem feito dessa vida está em relação com o desenvolvimento de seu senso moral e com as noções mais ou menos justas do bem e do mal. As penas e recompensas são o reflexo dos instintos predominantes. [...] Enquanto o homem for dominado pela matéria, não poderá compreender senão imperfeitamente a espiritualidade, razão pela qual imagina para as penas e gozos futuros um quadro mais material que espiritual; acredita que deve comer e beber no outro mundo, porém mais e melhor que na Terra.[1020]

A Lei que todos trazemos inscrita na consciência[1021] não nos permite, pois, tergiversar. Por isso a firmeza de Jesus em suas referências aos "homens da lei", que colocando-se a serviço do templo prevaricavam em questões comezinhas. Utilizavam-se de pretextos e das prerrogativas que lhes outorgavam os cargos; abusavam dos menores e deserdados aqui representados na citação das "viúvas", que a lei mosaica ordenava fossem protegidas.

> Deus sempre mostrou compaixão especial para com as classes desprotegidas e principalmente para com as viúvas, Dt 10:18; Sl 68:5; 146:9; Pv 15:25; Jr 49:11. A lei mosaica ordenava que as viúvas fossem tratadas com justiça e consideração, determinando severas penas a quem a violasse, Ex 22:22; Dt 14:29; 16:14; 24:17-21; 26:12 e 13; Is 1:17; Jr 7:6; 22:3; Zc 7:10; Ml 3:5. Jesus também condenou os que devoram as casas das viúvas. Mc 12:40.[1022]

Allan Kardec, ao recordar que Jesus é o "Guia e Modelo da Humanidade terrestre",[1023] indica-nos que somente Ele, o Mestre Nazareno, é bastante grande e bastante puro para ser seguido. Jesus é a autoridade moral que veio atualizar a Lei antiga, a fim de estabelecer na Terra a vigência da Lei de Amor.

> Na procura de orientação para a conquista da felicidade suprema, com base na alegria santificante, lembra-te de que não podes encontrar a diretriz integral entre aqueles que te comungam a experiência terrestre.
>
> Nem na tribuna dos grandes filósofos.
>
> Nem no suor dos pioneiros da evolução.
>
> Nem na retorta dos cientistas eméritos.
>
> Nem no trabalho dos pesquisadores ilustres.
>
> Nem na cátedra dos professores distintos.
>
> Nem na veste dos sacerdotes abnegados.
>
> Nem no bastão dos pastores experientes.
>
> Nem no apelo dos porta-vozes de reivindicações coletivas.

Nem nas ordenações dos administradores mais dignos.

Nem nos decretos dos legisladores mais nobres.

Nem no verbo flamejante dos advogados do povo.

Nem na palavra dos juízes corretos.

Nem na pena dos escritores enobrecidos.

Nem na força dos condutores da multidão.

Nem no grito contagioso dos revolucionários sublimes.

Nem nas arcas dos filantropos generosos.

Nem na frase incisiva dos pregadores ardentes.

Nem na mensagem reconfortante dos benfeitores desencarnados.

Em todos, surpreenderás, em maior ou menor porção, defeito e virtude, fealdade e beleza, acertos e desacertos, sombras e luzes.[1024]

Ao final (Mt 23:1-12), quando o evangelista ao registrar a exaltação que o Cristo faz ao humilde e à humilhação que cabe ao arrogante (23:12) demonstra que, mais uma vez, Jesus faz atualização da Lei, tendo em vista o paralelo no Antigo Testamento, em *Jó*, 22:29, *Provérbios*, 29:23, *Isaías*,10:33 e *Ezequiel*, 21:26.[1025]

> Atualíssima a advertência de Jesus aos apóstolos iniciantes: "Acautelai-vos do fermento dos fariseus" (*Lucas*, 12:1). As falsas doutrinas, que geravam a hipocrisia e desviavam a percepção para as falsas interpretações, estão hoje fortalecidas pelas retóricas mundanas que ignoram a renovação espiritual e sedimentam as práticas exteriores [...]. A simplicidade do Espiritismo, o Cristianismo Redivivo, está ameaçada pelos abusos e excessos das paixões más.
>
> Cautela! Os laços da matéria estão falando mais alto e levando-nos a agir como espíritas imperfeitos, aqueles que recuaram ante a obrigação da transformação interior, não conseguindo romper com os duvidosos gostos e hábitos milenares, permanecendo jungidos às ilusões passageiras.[1026]

53.2 SETE MALDIÇÕES CONTRA OS ESCRIBAS E FARISEUS (MT 23:13-32)[1027]

> *13 Ai de vós, escribas e fariseus, hipócritas, porque bloqueais o Reino dos Céus diante dos homens! Pois vós mesmos não entrais, nem deixais entrar os que querem![14]*[1028] *15 Ai de vós, escribas e fariseus, hipócritas, que percorreis o mar e a terra para fazer um prosélito, mas, quando conseguis conquistá-lo, vós o tornais duas vezes mais digno da geena do que vós! 16 Ai de vós, condutores cegos, que dizeis: 'Se alguém jurar pelo santuário, o seu juramento não o obriga, mas se jurar pelo ouro do santuário, o seu juramento o obriga'. 17 Insensatos e cegos! Que é maior, o ouro ou o santuário que santifica o ouro? 18 Dizeis mais: 'Se alguém jurar pelo altar, não é nada, mas se jurar pela oferta que está sobre o*

> *altar, fica obrigado'. 19. Cegos! Que é maior, a oferta ou o altar que santifica a oferta? 20 Pois aquele que jura pelo altar, jura por ele e por tudo o que nele está. 21 E aquele que jura pelo santuário, jura por ele e por aquele que nele habita. 22 E, por fim, aquele que jura pelo céu, jura pelo trono de Deus e por aquele que nele está sentado. 23 Ai de vós, escribas e fariseus, hipócritas, que pagais o dízimo da hortelã, do endro e do cominho, mas omitis as coisas mais importantes da lei: a justiça, a misericórdia e a fidelidade. Importava praticar estas coisas, mas sem omitir aquelas. 24 Condutores cegos, que coais o mosquito e engolis o camelo! 25 Ai de vós, escribas e fariseus, hipócritas, que limpais o exterior do copo e do prato, mas por dentro estais cheios de rapina e de intemperança! 26. Fariseu cego, limpa primeiro o interior do copo e do prato, para que também o exterior fique limpo! 27 Ai de vós, escribas e fariseus, hipócritas! Sois semelhantes a sepulcros caiados, que por fora parecem belos, mas por dentro estão cheios de ossos de mortos e de toda podridão. 28 Assim também vós: por fora pareceis justos aos homens, mas por dentro estais cheios de hipocrisia e de iniquidade. 29 Ai de vós, escribas e fariseus, hipócritas, que edificais os túmulos dos profetas e enfeitais os sepulcros dos justos 30 e dizeis: 'Se estivéssemos vivos nos dias dos nossos pais, não teríamos sido cúmplices deles no derramar o sangue dos profetas'. 31 Com isso testificais, contra vós, que sois filhos daqueles que mataram os profetas. 32 Completai, pois, a medida dos vossos pais!*

Os três "ais" que iniciam esta perícope outro trecho de uma descrição (Mt 23:13-32) são dirigidos aos líderes judeus, a partir de 23:13, fazem eco com a citação de *Zacarias*, 11:17,[1029] em que o profeta adverte: "ai do pastor insensato, que abandona as ovelhas"![1030] Como insensatos pastores, os escribas e fariseus buscavam conquistar prosélitos, induzindo-os ao mal e não ao bem. Daí Jesus afirmar veementemente: "Ai de vós, escribas e fariseus, hipócritas!"

> Em *Lucas* esse "ai" é o clímax da diatribe [crítica mordaz e severa], expressando a indignação de Jesus contra as autoridades religiosas, que haviam furtado a chave do conhecimento das mãos do povo. Evidentemente Jesus queria dizer que o manuseio que faziam das questões religiosas havia quase impossibilitado ao homem comum entender a mensagem da lei. A intenção original do fariseísmo era anunciar a lei ao povo, em sua pureza; mas o que aconteceu, na prática, foi a formação de uma sociedade fechada que se tornou dominada por elementos extremistas. Isto tem sucedido frequentemente na história do Cristianismo, nas formações de suas muitas denominações e divisões, cada qual afirmando ser "o caminho melhor", "o mais iluminado" etc. [...].[1031]

Importa considerar, contudo, que Jesus pronunciou um total de sete "ais" (ainda existam traduções que falam indiquem oito "ais", contra a má conduta dos fariseus, assim resumidas, com base no livro de Russel Champlin:[1032]

1) Ficava empanada a compreensão sobre a instituição do templo e sobre a tarefa dos que estavam relacionados com o mesmo (v. 16 e 21);

2) a propagação da religião bíblica era realmente *impedida*, pois outros viam-se incapazes de encontrar a verdade, tornando-se convertidos do mal, ao invés de se converterem ao bem (v. 13 e 15);

3) na religião prática aqueles homens não passavam de uns pretensiosos, destruindo os fracos, ao invés de lhes servirem de ajuda genuína, que supostamente é a razão da existência dos líderes religiosos;

4) eram meticulosos quanto às formalidades externas, cerimônias e ritos religiosos; mas mostravam-se totalmente ignorantes no tocante à culpa e à corrupção pessoais e assim desconheciam os frutos tencionados da religião revelada (v. 22 a 28)

5) eram filhos legítimos de assassinos maliciosos, e se admitiam descendentes físicos diretos dos que haviam mortos os profetas, comparando-se a eles em espírito e intenção, bem como no seu caráter íntimo (v. 29 a 36). O v. 34 é profético e demonstra que os missionários cristãos, que seriam enviados a eles, seriam tratados por eles como o foram antigos profetas, por parte de seus antepassados

Allan Kardec, por sua vez, endossa as considerações do estudioso Champlin em seus comentários inseridos na Introdução de *O evangelho segundo o espiritismo*, item Notícias Históricas:

> Os fariseus tomavam parte ativa nas controvérsias religiosas. Servis observadores das práticas exteriores do culto e das cerimônias, cheios de um zelo ardente de proselitismo, inimigos dos inovadores, afetavam grande severidade de princípios, mas, sob as aparências de meticulosa devoção, ocultavam costumes dissolutos, muito orgulho e, acima de tudo, excessiva ânsia de dominação. Para eles, a religião era mais um meio de chegarem a seus fins, do que objeto de fé sincera. Da virtude só guardavam a ostentação e as exterioridades, embora exercessem, com isso, grande influência sobre o povo, a cujos olhos passavam por santas criaturas. Essa a razão por que eram muito poderosos em Jerusalém.
>
> Acreditavam, ou, pelo menos, fingiam acreditar na Providência, na imortalidade da alma, na eternidade das penas e na ressurreição dos mortos (Cap. 4, it. 4). Jesus, que prezava sobretudo a simplicidade e as qualidades do coração, que, na lei, preferia o espírito que vivifica, à letra, que mata, se aplicou, durante toda a sua missão, a lhes desmascarar a hipocrisia, transformando-os, em consequência disso, em seus inimigos obstinados. É por isso que eles se ligaram aos príncipes dos sacerdotes para amotinar o povo contra Jesus e eliminá-lo.[1033]

Em Doutrina Espírita, importa retirar o espírito da letra. Assim, Allan Kardec alerta a respeito da inconveniência das preces pagas, assinaladas por Mateus ("Tende cuidado com os escribas que se exibem a passear com longas túnicas, que gostam de ser saudados nas praças públicas e de ocupar os primeiros assentos nas sinagogas e os primeiros lugares nos banquetes; que, a pretexto de longas preces, devoram as casas das viúvas" – Mt 23:14):

> A prece é um ato de caridade, um impulso do coração. Cobrar a prece que se dirige a Deus em favor de outro, é transformar-se em intermediário assalariado. Nesse caso, a prece passa a ser uma fórmula, cujo preço é proporcional ao tempo que dure para ser proferida. Ora, de duas, uma: Deus mede ou não mede suas graças pelo número das palavras. Se estas forem necessárias em grande número, por que dizê-las pouco, ou quase nada, por aquele que não pode pagar? É falta de caridade. Se uma só é suficiente, o excesso é inútil. Por que então cobrá-las? É prevaricação.[1034]

Os sete "ais" emitidos por Jesus representam, repetimos, crítica do Cristo dirigida aos religiosos que deturpavam o sentido verdadeiro da Lei, atendendo a propósitos indignos, com o agravante de que, naqueles

> [...] tempos, *muitos daqueles homens* também serviam como juristas e tabeliães, e assim se achavam em posição de reivindicar coisas injustas dos ricos ou das viúvas (pobres). Alguns deles enganavam viúvas devotas, para que lhes deixassem as suas propriedades, como herança, à guisa de piedade, dizendo que, fazer isso, era prestar um serviço a Deus. Alguns convenciam tais pessoas a contribuírem para a manutenção física (financeira) das autoridades religiosas, acima do dízimo requerido e de outras obrigações religiosas.[1035]

A situação era, de fato, muito grave.

A ação de Jesus, em nenhum momento revela-se contrária à Lei de Deus. As bases da religiosidade sincera estavam implícitas em suas advertências — despertar os desavisados, os falsos e hipócritas para o verdadeiro sentido dessa conexão entre o humano e a transcendência. Orientadores da Codificação Espírita registram:

> Jesus não veio destruir a Lei, isto é, a Lei de Deus; veio cumpri-la, ou seja, desenvolvê-la, dar-lhe o verdadeiro sentido e adaptá-la ao grau de adiantamento dos homens. É por isso que se encontra, nessa lei, o princípio dos deveres para com Deus e para com o próximo, que constitui a base da sua doutrina. Quanto às leis de Moisés propriamente ditas, Ele, ao contrário, as modificou profundamente, quer na substância quer na forma. Combatendo constantemente o abuso das práticas exteriores e as falsas interpretações, não podia fazê-las passar por uma reforma mais radical, do que as reduzindo a esta única prescrição: "Amar a Deus acima de todas as coisas e ao próximo como a si mesmo", e acrescentando: "aí estão toda a lei e os profetas."[1036]

Os "ais" pronunciados pelo Cristo de Deus permanecem atuais, assim como as admoestações de Jesus em busca do despertar das consciências adormecidas. Jesus conhecia a fundo o que se passava no coração daqueles religiosos e qual seria a reação deles perante as suas críticas. Sabia, perfeitamente, que seria perseguido e sacrificá-lo, e que, em breve tempo Ele iria sorver o cálice da amargura, como vítima da sórdida armadilha que se delineava pelos inimigos, encarnados e desencarnados, do Evangelho. Ou seja, ao redor daquelas autoridades religiosas pululavam, igualmente, os Espíritos transviados, vivendo ambos em processo de sintonia contínua.

> Os Espíritos maus somente procuram lugares onde encontrem possibilidades de dar expansão à sua perversidade. Para os afastar, não basta pedir-lhes, nem mesmo ordenar-lhes que se vão; é preciso que o homem elimine de si o que os atrai. Os Espíritos maus farejam as chagas da alma, como as moscas farejam as chagas do corpo. Assim como limpais o corpo, para evitar contaminação pelos vermes, também deveis limpar a alma de suas impurezas, para evitar os Espíritos maus. Vivendo num mundo onde estes pululam, nem sempre as boas qualidades do coração nos põem a salvo de suas tentativas; embora nos deem a força para que lhes resistirmos.[1037]

53.3 CRIMES E CASTIGOS IMINENTES (MT 23:33-36)[1038]

> *33 Serpentes! Raça de víboras! Como haveis de escapar ao julgamento da geena? 34 Por isso vos envio profetas, sábios e escribas. A uns matareis e crucificareis, a outros açoitareis em vossas sinagogas e perseguireis de cidade em cidade. 35 E assim cairá sobre vós todo o sangue dos justos derramado sobre a terra, desde o sangue do justo Abel até o sangue de Zacarias filho de Baraquias, que matastes entre o santuário e o altar. 36 Em verdade vos digo: tudo isso sobrevirá a esta geração!*

Nesta sequência fica claríssimo o mote dos fariseus: não haveria reconciliação entre Jesus e as autoridades religiosas. Jesus os criticou severamente, mas, isentos de quaisquer arrependimentos, legitimados pela dureza de coração, eles decidiram perseguir o Mestre.

> Jesus comparou-os a serpentes e geração de cobras venenosas. Os homens temem instintivamente as víboras por causa de sua natureza venenosa; porque costumam ocultar-se em lugares perigosos e escondidos; porque atacam sem advertência e misericórdia, e muitos são mortos por elas. Jesus, dessa maneira, descreveu a natureza interior de tais homens eram venenosos e mortíferos, sutis, ímpios e traiçoeiros [...]. No fim desses «ais», Jesus pronunciou a maior de todas as advertências — a ameaça da geena. Geena se refere ao vale de Hinom, um vale estreito e escuro, que fica ao sul de Jerusalém, e onde antigamente o fogo queimava continuamente. Naqueles tempos os judeus idólatras haviam usado esse vale para sacrificar a seus próprios filhos. Mais tarde o lugar passou a ser usado como monturo da cidade. Além do lixo, eram ali lançados os cadáveres dos animais e dos criminosos. O fogo que queimava

o lixo subia continuamente desse vale, e por isso mesmo o lugar se tornou símbolo do inferno.[1039]

O Mestre relembrou os mártires mencionados nas escrituras: Abel, o primeiro, vítima do próprio irmão, e *Zacarias* o último a tombar em defesa da justiça. Referências históricas, mas de profundo significado espiritual: fratricídio, delito contra o próprio irmão e matança entre povos da mesma etnia. Ainda hoje persistem os flagelos da incompreensão da mensagem do Evangelho.

53.4 PALAVRAS SOBRE JERUSALÉM (MT 23:37-39)

> *37 Jerusalém, Jerusalém, que matas os profetas e apedrejas os que te são enviados, quantas vezes quis eu ajuntar os teus filhos, como a galinha recolhe os seus pintinhos debaixo das asas, e não o quiseste! 38 Eis que a vossa casa vos ficará abandonada 39 pois eu vos digo: não me vereis mais, até que digais: Bendito aquele que vem em nome do Senhor!*[1040]

Esta declaração é um lamento e uma profecia, ao mesmo tempo. Traz um tom inabalável de juízo após censurar a hipocrisia. Evidência que não descarta a ternura de Jesus que "muitas vezes desejou cuidar de seu povo e confortá-lo. Ao desejar reunir os filhos de Jerusalém à semelhança de uma galinha que ajunta os filhotes sob as asas", eco de imagens que podem ser encontradas em *Deuteronômio,* 32:11, *Salmos,* 36:7, *Rute,* 2:12 e *Isaías,* 31:5:[1041]

> [...] Jesus via aquelas autoridades como totalmente apóstatas e além da possibilidade de um verdadeiro arrependimento [...]. Jesus já se dirigira a essas autoridades taxando-as de falsas, insensatas, cegas e hipócritas. Agora ele salienta que eram indivíduos totalmente iníquos, venenosos e assassinos. Jesus comparou-os a serpentes e geração de cobras venenosas. Os homens temem instintivamente as víboras por causa de sua natureza venenosa; porque costumam ocultar-se em lugares perigosos e escondidos; porque atacam sem advertência e misericórdia, e muitos são mortos por elas. Dessa maneira, Jesus descrevera a natureza interior daqueles homens — eram venenosos e mortíferos, sutis, ímpios e traiçoeiros.[1042]

O versículo 39 ("pois eu vos digo: não me vereis, desde agora, até o dia em que direis: Bendito aquele que vem em nome do Senhor!") *indica* a misericórdia como a manifestação da esperança em dias melhores, sentimento sempre presente no coração dos Espíritos verdadeiramente superiores. É afirmativa que nos reposta ao comentário/resposta de Emmanuel à questão 311 de *O consolador*: "Para Deus, o mundo não mais deveria persistir no velho costume de sacrificar nos altares materiais, em seu nome, razão por que enviou aos homens a palavra do Cristo, a fim de que a Humanidade aprendesse a sacrificar no altar do coração, na ascensão divina dos sentimentos para o seu amor."[1043]

REFERÊNCIAS

[1013] BÍBLIA DE JERUSALÉM. Gilberto da Silva Gorgulho; Ivo Storniolo e Ana Flora Anderson (Coords.). Diversos tradutores. Nova ed. rev. e ampl. 13. imp. São Paulo: Paulus, 2019, *Evangelho segundo Mateus*, 23:1-39, p. 1.744- 1.746.

[1014] DAVIS, John. *Novo dicionário da bíblia*. Ampliado e atualizado. Trad. J. R. Carvalho Braga. São Paulo: Hagnos, 2005, p. 481.

[1015] CHAMPLIN, Russell Norman. *O novo testamento interpretado versículo por versículo*: Mateus/Marcos. Nova ed. rev. 1. São Paulo: Hagnos, 2014, v. 1, p. 610.

[1016] BÍBLIA DE JERUSALÉM. Gilberto da Silva Gorgulho; Ivo Storniolo e Ana Flora Anderson (Coords.). Diversos tradutores. Nova ed. rev. e ampl. 13. imp. São Paulo: Paulus, 2019, *Evangelho segundo Mateus*, 23:1-12, p. 1.744-1.745.

[1017] STERN, Davi H. *Comentário judaico do novo testamento*. Trad. Regina Aranha. 2. ed. Brasileira. Belo Horizonte: Atos, 2014, p. 92.

[1018] BEALE, G.K e CARSON, D. A. (Org.). *Comentário do uso do antigo no novo testamento*. Trad. C.E.S. Lopes, F. Medeiros, R. Malkomes e V. Kroker. São Paulo: Vida Nova, 2014, *Comentário do uso do Antigo no Novo Testamento*, p. 104.

[1019] KARDEC, Allan. *O evangelho segundo o espiritismo*. Trad. Evandro Noleto Bezerra. 2. ed. 10. imp. Brasília: FEB, 2020, cap. 6, it. 2, p. 99.

[1020] _____. *O céu e o Inferno*. Trad. Evandro Noleto Bezerra. 2. ed. 2. imp. Brasília: FEB, 2019, 1ª pt., cap. 4, it. 1, p. 43.

[1021] _____. *O livro dos espíritos*. Trad Evandro Noleto Bezerra. 4. ed. 9. imp. Brasília: FEB, 2020, q. 621, p. 285.

[1022] DAVIS, John. *Novo dicionário da bíblia*. Ampliado e atualizado. Trad. J. R. Carvalho Braga. São Paulo: Hagnos, 2005, p. 1264.

[1023] KARDEC, Allan. *O livro dos espíritos*. Trad. Evandro Noleto Bezerra. 4. ed. 9. imp. Brasília: FEB, 2020, q. 625, p. 285.

[1024] XAVIER, Francisco Cândido. *Religião dos espíritos*. Pelo Espírito Emmanuel. 22. ed. 9. imp. Brasília: FEB, 2019, cap. 37, p. 89-90.

[1025] BEALE, G.K e CARSON, D. A. (Org.). *Comentário do uso do antigo no novo testamento*. Trad. C.E.S. Lopes, F. Medeiros, R. Malkomes e V. Kroker. São

Paulo: Vida Nova, 2014, *Comentário do uso do Antigo no Novo Testamento*, p. 105.

1026 FEDERAÇAO ESPÍRITA BRASILEIRA. *Reformador*. Jan. 2019, p. 54-55.

1027 BÍBLIA DE JERUSALÉM. Gilberto da Silva Gorgulho; Ivo Storniolo e Ana Flora Anderson (Coords.). Diversos tradutores. Nova ed. rev. e ampl. 13. imp. São Paulo: Paulus, 2019, *Evangelho segundo Mateus*, 23:13-32, p. 1.745-1.746.

1028 Esse versículo foi omitido acima, na *Bíblia de Jerusalém*, mas acrescentado em nota de rodapé com a seguinte redação: "Ad. V. 14: 'Ai de vós, escribas e fariseus, hipócritas, que devorais os bens das viúvas, com pretexto de fazer longas orações; por isso mesmo sofrereis condenação mais severa', interpolação tomada a Mc 12,40 e Lc 20,47, elevando a oito o número intencional de sete maldições [...].

1029 BEALE, G. K e CARSON, D. A. (Org.). *Comentário do uso do antigo no novo testamento*. Trad. C.E.S. Lopes, F. Medeiros, R. Malkomes e V. Kroker. São Paulo: Vida Nova, 2014, *Comentário do uso do Antigo no Novo Testamento*, p. 105.

1030 BÍBLIA DE JERUSALÉM. Gilberto da Silva Gorgulho; Ivo Storniolo e Ana Flora Anderson (Coords.). Diversos tradutores. Nova ed. rev. e ampl. 13. imp. São Paulo: Paulus, 2019, *Zacarias*, 1ª pt., 11:17, p. 1.679.

1031 CHAMPLIN, Russell Norman. *O novo testamento interpretado versículo por versículo*: Mateus/Marcos. Nova ed. rev. 1. São Paulo: Hagnos, 2014, v. 1, it. 23:13, p. 616.

1032 _____. _____. P. 616.

1033 KARDEC, Allan. *O evangelho segundo o espiritismo*. Trad. Evandro Noleto Bezerra. 2. ed. 10. imp. Brasília: FEB, 2020, Introdução. It. III, p. 25.

1034 _____. _____. It. III, ap. XXVI, p. 308.

1035 CHAMPLIN, Russell Norman. *O novo testamento interpretado versículo por versículo*: Mateus/Marcos. Nova ed. rev. 1. São Paulo: Hagnos, 2014, v. 1, it. 23:14, p. 618.

1036 KARDEC, Allan. *O evangelho segundo o espiritismo*. Trad. Evandro Noleto Bezerra. 2. ed. 10. imp. Brasília: FEB, 2020, cap. 1, it. 3, p. 38.

1037 _____. _____. Cap. 28, it. 16, p. 341.

1038 BÍBLIA DE JERUSALÉM. Gilberto da Silva Gorgulho; Ivo Storniolo e Ana Flora Anderson (Coords.). Diversos tradutores. Nova ed. rev. e ampl. 13. imp. São Paulo: Paulus, 2019, *Evangelho segundo Mateus*, 23:33-36, p. 1.746.

1039 CHAMPLIN, Russell Norman. *O novo testamento interpretado versículo por versículo*: Mateus/Marcos. Nova ed. rev. 1. São Paulo: Hagnos, 2014, v. 1, it. 23:34, p. 624.

[1040] BÍBLIA DE JERUSALÉM. Gilberto da Silva Gorgulho; Ivo Storniolo e Ana Flora Anderson (Coords.). Diversos tradutores. Nova ed. rev. e ampl. 13. imp. São Paulo: Paulus, 2019, *Evangelho segundo Mateus*, 23:37-39, p. 1.746.

[1041] BEALE, G. K e CARSON, D. A. (Org.). *Comentário do uso do antigo no novo testamento*. Trad. C.E.S. Lopes, F. Medeiros, R. Malkomes e V. Kroker. São Paulo: Vida Nova, 2014, *Comentário do uso do Antigo no Novo Testamento*, p. 105.

[1042] CHAMPLIN, Russell Norman. *O novo testamento interpretado versículo por versículo*: Mateus/Marcos. Nova ed. rev. 1. São Paulo: Hagnos, 2014, v. 1, it. 23:33, p. 624.

[1043] XAVIER, Francisco Cândido. *O consolador*. Pelo Espírito Emmanuel. 29. ed. 11. imp. Brasília: FEB, 2020, q. 311, p. 208.

O ADVENTO PRÓXIMO DO REINO DOS CÉUS: O DISCURSO ESCATOLÓGICO 1 (MT 24:1-51)

O discurso escatológico é mais conhecido como *sermão profético*. A palavra *escatológico* ou *escatologia*, diz respeito à teoria relacionada aos acontecimentos do fim do mundo e da Humanidade, ou seja, às últimas coisas que devem acontecer antes e depois da extinção da vida na Terra.

No *Evangelho de Mateus* o discurso escatológico está dividido em duas partes: no capítulo 24 (v. 1-51) e no capítulo 25 (v. 1-46). Mas essas duas partes do discurso escatológico foram também registradas por *Marcos*, 13:1-37 e *Lucas*, 21:5-36 as quais, em momento oportuno, serão objeto de análise mais detalhada. *O sermão profético* faz referência às profecias e ensinamentos de Jesus que, em geral, são interpretadas literalmente pelas igrejas cristãs como sendo o anúncio do "fim do mundo". Contudo, Jesus nos informa a respeito de períodos de transformação moral e intelectual que a Humanidade terrestre deverá passar. Isso faz parte do processo evolutivo.

O capítulo 24 de *Mateus* objeto deste estudo, abrange seis assuntos, genericamente denominados "o princípio das dores": 1) *Introdução e O princípio das dores*; 2) *A grande tribulação de Jerusalém*; 3) *A vinda do filho do homem será manifesta e A amplitude cósmica desse acontecimento*; 4) *Parábola da figueira*; 5) *Vigiar para não ser surpreendido*; 6) *Parábola do mordomo*.

54.1 INTRODUÇÃO E O PRINCÍPIO DAS DORES (MT 24:1-14)[1044]

Introdução – 1 Jesus saiu do Templo, e como se afastava, os discípulos o alcançaram para fazê-lo notar as construções do Templo. 2 Mas Ele respondeu-lhes: "Vedes tudo isto? Em verdade vos digo: não ficará aqui pedra sobre pedra: tudo será destruído". 3 Estando Ele sentado no monte das Oliveiras, os discípulos foram pedir-lhe em particular: "Dize-nos quando vai ser isso, e qual o sinal da tua vinda e do fim desta época".

O princípio das dores – 4 Jesus respondeu: "Atenção para que ninguém vos engane. 5 Pois muitos virão em meu nome, dizendo: 'O Cristo sou eu', e enganarão a muitos. 6 Haveis de ouvir falar sobre guerras e rumores de guerras. Cuidado para não vos alarmardes. É preciso que essas coisas aconteçam, mas ainda não é o fim. 7 Pois se levantará nação contra nação e reino contra reino. E haverá fome e terremotos em todos os lugares. 8 Tudo isso será o princípio das dores. 9 Nesse tempo, vos entregarão à tribulação e vos matarão, e sereis odiados de todos os povos por causa do meu nome. 10 E então muitos sucumbirão, haverá traições e guerras intestinas. 11 E surgirão falsos profetas em grande número e enganarão a muitos. 12 E pelo crescimento da iniquidade, o amor de muitos esfriará. 13 Aquele, porém, que perseverar até o fim, esse será salvo. 14 E este Evangelho do Reino será proclamado no mundo inteiro, como testemunho para todas as nações. E então virá o fim.

Jesus inicia a sua profecia com o anúncio da destruição do Templo de Jerusalém, faz um alerta a respeito dos falsos profetas (ou falsos cristos) que surgirão, para, em seguida, prever um período de lutas antifraternas entre os povos, marcado por fome e catástrofes naturais, como terremotos: "Pois se levantará nação contra nação e reino contra reino. E haverá fome e terremotos em todos os lugares. Tudo isso será o princípio das dores" (Mt 24:7 e 8). Tais acontecimentos provocarão muitas tribulações e sofrimentos, descrenças e afastamento da mensagem cristã. Mesmo assim, no final, o "Evangelho do Reino será proclamado no mundo inteiro, como testemunho para todas as nações. E então virá o fim" (Mt 24:14). Essa profecia de Jesus tem como propósito: "1) assegurar nossos corações, de maneira que, quando os acontecimentos sucederem, não sejamos sobressaltados; 2) confirmar a nossa fé, verificando que assim fora predito; 3) preparar-nos para os acontecimentos".[1045]

54.1.1 A DESTRUIÇÃO DO TEMPLO DE JERUSALÉM

Não temos ideia exata de quando os acontecimentos previstos ocorrerão. Alguns já aconteceram, como a destruição do Templo de Jerusalém, o local mais sagrado dos judeus, de louvor e culto a Deus, que estava situado em plano elevado, no Monte ou Montanha da Casa do Senhor.[1046] Aliás, quando Jesus proferiu esta profecia, o Templo de Jerusalém já havia sido destruído em outras oportunidades, sendo a última no ano 70 d.C., sob o comando de Tito, general romano.

O primeiro templo foi construído por Salomão e, a partir daí "[...] foi atacado diversas vezes, e então destruído por Nabucodonosor, rei da Babilônia, em 587-588 a.C.[...]".[1047] Os judeus foram então subjugados e levados prisioneiros para a Babilônia. Após a libertação desse cativeiro, iniciou-se a construção do segundo templo, também chamado *Templo de Zorobabel*, mas que, efetivamente, só foi reerguido em 520 a.C., muito tempo depois do retorno dos judeus do cativeiro babilônico. Tratava-se de uma construção bem modesta. Entretanto, mais tarde, Herodes iniciou a remodelagem do templo, em 20 ou 21 a.C., vindo a concluí-lo 46 anos depois. Segundo os historiadores, o templo de Herodes era uma construção enorme, esplendorosa e mais luxuosa que a de Salomão. Esse magnífico templo foi destruído no ano 70 d.C. em represália à contínua agressão dos judeus a Roma, que lutavam para se libertarem do jugo romano. A esta altura, Jesus, o Cristo, já havia sido crucificado e a glória do Senhor já não estava presente em Jerusalém.[1048] E não ficou "pedra sobre pedra", conforme a previsão de Jesus.

54.1.2 O FIM DO MUNDO?

Um ponto que merece ser destacado é o fato de alguns representantes das diferentes igrejas cristãs acreditarem que a previsão de Jesus se refere ao "fim do mundo" e acrescentam a informação de que, antes do fim, haverá o retorno de Jesus – os cristãos utilizam a palavra grega *parusia*, cujo significado etimológico é "presença", quando se referem à segunda vinda do Cristo entre nós.

> [...] A ideia subjacente é que segundo o pensamento apocalíptico, a história da salvação era dividida por uma série de períodos ou de *éons*, por exemplo, da criação de Adão até Abraão, de Abraão a Moisés, de Moisés a Davi, de Davi até o exílio [babilônico], do exílio ao Messias (cf. Mt 1:1-14). A série de eras do mundo não estava rigidamente fixada. A inovação dos cristãos era a de focalizar duas vindas do Messias, uma na humildade, outra na glória. Com o Reino de Deus em sua plenitude, a primeira vinda já se realizou e inaugura o período da [formação] Igreja. A segunda está reservada para o futuro, e é a *parusia* propriamente dita. A ideia da segunda volta do Cristo já está presente no NT, por exemplo em Jo 14:3 [...].[1049]

Para o Espiritismo, os acontecimentos são sinais dos tempos, indicativos de um ou mais períodos de significativas mudanças: na estrutura geológica do planeta e no aperfeiçoamento da inteligência e da moralidade de seus habitantes.

> Tudo é harmonia na Criação; tudo revela uma providência que não se desmente nem nas menores, nem nas maiores coisas.
>
> [...].
>
> Isto posto, diremos que o nosso globo, como tudo o que existe, está submetido à lei do progresso. Ele progride fisicamente, pela transformação dos elementos que o compõem, e moralmente, pela depuração dos Espíritos encarnados e desencarnados que o povoam. Esses dois progressos se realizam paralelamente, visto que a perfeição da habitação guarda relação com a do habitante. Fisicamente, o globo terrestre tem sofrido transformações que a Ciência tem comprovado e que o tornaram sucessivamente habitável por seres cada vez mais aperfeiçoados. Moralmente, a Humanidade progride pelo desenvolvimento da inteligência, do senso moral e do abrandamento dos costumes. Ao mesmo tempo que o melhoramento do globo se opera sob a ação das forças materiais, os homens concorrem para isso pelos esforços da sua inteligência. Saneiam as regiões insalubres, tornam mais fáceis as comunicações e mais produtiva a terra.[1050]

Os sinais do tempo indicam a Era da Transição Planetária, em plena vigência. A *parusia* seria, então, o final dessa transição evolutiva e começo de outra, denominada pela Doutrina Espírita de Período da Regeneração.

> A época atual é de transição; os elementos das duas gerações se confundem. Colocados no ponto intermediário, assistimos à partida de uma e à chegada da outra, já se assinalando cada uma, no mundo, pelas características que lhes são peculiares.
>
> As duas gerações que se sucedem têm ideias e pontos de vista opostos. Pela natureza das disposições morais e, sobretudo, das disposições *intuitivas e inatas*, torna-se fácil distinguir a qual das duas pertence cada indivíduo.
>
> Cabendo-lhe fundar a era do progresso moral, a nova geração se distingue por inteligência e razão geralmente precoces, aliadas ao sentimento *inato* do bem e a crenças espiritualistas, o que constitui sinal indubitável de certo grau de adiantamento *anterior*. Não se comporá de Espíritos eminentemente superiores, mas dos que, já tendo progredido, se acham predispostos a assimilar todas as ideias progressistas e estejam aptos a secundar o movimento de regeneração.[1051]

54.1.3 OS FALSOS PROFETAS OU FALSOS CRISTOS

A despeito dos desafios que marcam a transição planetária, percebemos que a Providência Divina está sempre presente, sobretudo como o renascimento de Espíritos mais moralizados e mais desenvolvidos intelectualmente que têm como missão auxiliar os seus irmãos em Humanidade, em todas as áreas do saber. Entretanto, renascerão, igualmente, falsos profetas, e em número abundante como assinala o Cristo. São Espíritos que ainda revelam significativo atraso moral, ainda que portadores de capacidade intelectual mais desenvolvida. Tais Espíritos usarão a inteligência para provocar a desarmonia, as desuniões, guerras e lutas antifraternas. São indivíduos ainda presos aos atrativos que a vida da matéria proporciona: poder, riqueza, autoridade. É preciso muita prudência, a fim de não sermos por eles influenciados negativamente.

> *Desconfiai dos falsos profetas.* Essa recomendação é útil em todos os tempos, mas, sobretudo, nos momentos de transição em que, como no atual, se elabora uma transformação da Humanidade, porque, então, uma multidão de ambiciosos e intrigantes se arvoram em reformadores e messias. É contra esses impostores que se deve estar em guarda, cabendo a todo homem honesto o dever de desmascará-los. Perguntareis, sem dúvida, como se pode reconhecê-los.
>
> [...]
>
> Isto posto, haveis de concluir que o verdadeiro missionário de Deus tem de justificar a missão de que está investido pela sua superioridade, pelas suas virtudes, pela sua grandeza, pelo resultado e pela influência moralizadora de suas obras. Tirai, também, esta outra consequência: se, pelo seu caráter, pelas suas virtudes, pela sua inteligência, ele se mostra abaixo do papel com que se apresente, ou da personagem sob cujo nome se abriga, não passa de farsista de baixa categoria, que nem sequer sabe imitar o modelo que escolheu.[1052]

54.2 A GRANDE TRIBULAÇÃO DE JERUSALÉM (MT 24:15-25)[1053]

> *15 Quando, portanto, virdes a abominação da desolação, de que fala o profeta Daniel, instalada no lugar santo — que o leitor entenda! — 16 então, os que estiverem na Judeia fujam para as montanhas, 17 aquele que estiver no terraço, não desça para apanhar as coisas da sua casa, 18 e aquele que estiver no campo não volte atrás para apanhar a sua veste! 19 Ai daquelas que estiverem grávidas e estiverem amamentando naqueles dias! 20 Pedi para que a vossa fuga não aconteça no inverno ou num sábado. 21 Pois naquele tempo haverá grande tribulação, tal como não houve desde o princípio do mundo até agora, nem tornará a haver jamais. 22 E se aqueles dias não fossem abreviados, nenhuma vida se salvaria. Mas, por causa dos eleitos, aqueles dias serão abreviados. 23 Então, se alguém vos disser: "Olha o Cristo aqui! ou ali!", não creiais. 24 Pois hão de surgir falsos Cristos e falsos profetas, que apresentarão grandes sinais e prodígios de modo a enganar, se possível, até mesmo os eleitos. 25 Eis que vos preveni.*

A ocorrência de guerras e de cataclismos naturais indicam momentos de grandes tribulações e sofrimentos. As imagens que ilustram os seguintes versículos indicam que podem acontecer de forma tão abrupta, que pegarão a todos de surpresa, sem chance para as pessoas se defenderem ou fugirem:

> então, os que estiverem na Judeia fujam para as montanhas, aquele que estiver no terraço, não desça para apanhar as coisas da sua casa, e aquele que estiver no campo não volte atrás para apanhar a sua veste! Ai daquelas que estiverem grávidas e estiverem amamentando naqueles dias! 20. Pedi para que a vossa fuga não aconteça no inverno ou num sábado (Mt 24:16-20).

Importa considerar, porém, o simbolismo e a relatividade que envolvem todas as previsões. Pelo fato de o ser humano possuir livre-arbítrio, isto é, capacidade de decisão, pode adequar os valores já adquiridos da inteligência para, na iminência de tragédias, naturais ou não, implementar mudanças significativas. Quantas enfermidades, por exemplo, têm sido minimizadas ou contidas pelo trabalho adequadamente planejado de cientistas e pesquisadores? Daí Allan Kardec lembrar:

> Este quadro dos fins dos tempos é, sem dúvida, alegórico, como a maioria dos que Jesus compunha pelo seu vigor, as imagens que Ele encerra são passíveis de impressionar inteligências ainda rudes. Para ferir fortemente aquelas imaginações pouco sutis, eram necessárias pinturas vigorosas, de cores bem acentuadas [...].[1054]

Como, aliás, sugere este versículo, ao se referir aos eleitos (pessoas de bem e capazes): "E se aqueles dias não fossem abreviados, nenhuma vida se salvaria. Mas, por causa dos eleitos, aqueles dias serão abreviados" (Mt 24:22).

Jesus, porém, nos previne enfaticamente contra os falsos profetas e falsos cristos, que poderão apresentar sinais prodigiosos e enganar até mesmo os escolhidos, isto é, os homens de bem ("os escolhidos").

"Levantar-se-ão falsos cristos e falsos profetas, que farão grandes prodígios e coisas de espantar, a ponto de seduzirem os próprios escolhidos." Essas palavras dão o verdadeiro sentido do termo prodígio.

> [...]
> Em todos os tempos houve homens que exploraram, em proveito de suas ambições, de seus interesses e do seu anseio de dominação, certos conhecimentos que possuíam, a fim de alcançarem o prestígio de um suposto poder sobre-humano, ou de uma pretensa missão divina. São esses os falsos cristos e os falsos profetas. A difusão das luzes lhes destrói o crédito, razão pela qual o número deles diminui à medida que os homens se esclarecem. O fato de operar o que certas pessoas consideram prodígios não constitui, pois, sinal de uma missão divina, já que pode resultar de conhecimentos que cada um

pode adquirir ou de faculdades orgânicas especiais, que o mais indigno pode possuir tão bem, quanto o mais digno. O verdadeiro profeta se reconhece por características mais sérias e exclusivamente morais.[1055]

54.3 A VINDA DO FILHO DO HOMEM SERÁ MANIFESTA E A AMPLITUDE CÓSMICA DESSE ACONTECIMENTO (MT 24:26-31)[1056]

> *26 Se, portanto, vos disserem: "Ei-lo no deserto", não vades até lá; "Ei-lo em lugares retirados", não creiais. 27 Pois assim como o relâmpago parte do oriente e brilha até o poente, assim será a vinda do Filho do Homem. 28 Onde estiver o cadáver, aí se ajuntarão os abutres. 29 Logo após a tribulação daqueles dias, o sol escurecerá, a lua não dará a sua claridade, as estrelas cairão do céu e os poderes dos céus serão abalados. 30 Então aparecerá no céu o sinal do Filho do Homem e todas as tribos da terra baterão no peito e verão o Filho do Homem vindo sobre as nuvens do céu com poder e grande glória. 31 Ele enviará os seus anjos que, ao som da grande trombeta, reunirão os seus eleitos dos quatro ventos, de uma extremidade até a outra extremidade do céu.*

As alegorias da vinda do Cristo, após terem cessadas todas as calamidades, devem ser adequadamente entendidas, no seu sentido espiritual. Primeiro, não temos como afirmar se o Cristo retornará como pessoa, propriamente dita, ou no sentido figurado do seu Evangelho restaurado e vivenciado por toda a Humanidade. A primeira possibilidade está de acordo com a tradição religiosa, que preconiza ações de grande efeito: "O filho do Homem, a vir sobre as nuvens do céu, com grande majestade, cercado de seus anjos e ao som de trombetas, lhes parecia muito mais imponente do que a simples vinda de uma entidade investida apenas de poder moral. Por isso mesmo os judeus, que esperavam no Messias um rei terreno, mais poderoso do que todos os outros reis, a fim de colocar a nação deles à frente de todas as demais e a reerguer o trono de Davi e de Salomão, não quiseram reconhecê-lo no humilde filho do carpinteiro, sem autoridade material".[1057]

Quanto à segunda possibilidade, a da restauração e prática do Cristianismo, em espírito e verdade, é também muito viável.

> Entretanto, há grandes verdades a se ocultarem sob essas alegorias. Há, primeiramente, a predição das calamidades de todo gênero que assolarão e dizimarão a Humanidade, decorrentes da luta suprema entre o bem e o mal, a fé e a incredulidade, as ideias progressistas e as ideias retrógradas. Em segundo lugar, a da difusão, por toda a Terra, do Evangelho *restaurado na sua pureza primitiva*; depois, a do Reinado do Bem, que será o da paz e da fraternidade universais, que resultará do código de moral evangélica, posto em prática por

todos os povos. Será verdadeiramente o Reino de Jesus, pois que Ele presidirá à sua implantação, passando os homens a viver sob a égide da sua Lei. Será o Reinado da Felicidade, visto dizer Ele que "depois dos dias de aflição, virão os de alegria."[1058]

54.4 PARÁBOLA DA FIGUEIRA (MT 24:32-36)[1059]

> *32 Aprendei da figueira esta parábola: quando o seu ramo se torna tenro e as suas folhas começam a brotar, sabeis que o verão está próximo. 33 Da mesma forma também vós, quando virdes todas essas coisas, sabei que ele está próximo, às portas. 34 Em verdade vos digo que esta geração não passará sem que tudo isso aconteça. 35 Passarão o Céu e a Terra. Minhas palavras, porém, não passarão. 36 Daquele dia e da hora, ninguém sabe, nem os anjos dos Céus, nem o Filho, mas só o Pai.*

Estudamos anteriormente, no tema 51, a parábola da figueira que secou (Mt 21:18-22). Jesus apresenta agora outra parábola, utilizando o mesmo tema figueira, mas com significado diferente: a primeira figueira simboliza os indivíduos que, embora possuam bons recursos para vencerem os desafios existenciais, como saúde, estudo e inteligência, são como a figueira estéril que, a despeito de ser vistosa, bonita e rica de folhagens, não produz frutos. A figueira relatada por *Mateus 24:32-36*, no atual estudo, é uma alegoria aos sinais que indicam mudanças na moral e na inteligência dos habitantes do planeta: "Dizem-nos de todas as partes que são chegados os tempos marcados por Deus, em que grandes acontecimentos se vão dar para a regeneração da Humanidade [...]".[1060]

> Até aqui, a Humanidade tem realizado incontestáveis progressos. Os homens, com a sua inteligência, chegaram a resultados que jamais haviam alcançado, sob o ponto de vista das ciências, das artes e do bem-estar material. Resta-lhes, ainda, um imenso progresso a realizar: *fazerem que reinem entre si a caridade, a fraternidade e a solidariedade, que lhes assegurem o bem-estar moral*. Não poderiam consegui-lo nem com as suas crenças, nem com as suas instituições antiquadas, resquícios de outra idade, boas para certa época, suficientes para um estado transitório, mas que, havendo dado tudo que comportavam, hoje seriam um entrave. O homem já não necessita somente de desenvolver a inteligência, mas de elevar o sentimento; para isso, faz-se preciso destruir tudo o que superexcite nele o egoísmo e o orgulho.
>
> Tal o período em que vão entrar de agora em diante e que marcará uma das fases principais da Humanidade. Esta fase, que neste momento se elabora, é o complemento indispensável do estado precedente, como a idade viril é o complemento da juventude. Ela podia, pois, ser prevista e predita com antecedência e é por isso que se diz que os tempos marcados por Deus são chegados.[1061]

54.5 VIGIAR PARA NÃO SER SURPREENDIDO (MT 24:37-44)[1062]

> 37 Como nos dias de Noé, será a Vinda do Filho do Homem. 38 Com efeito, como naqueles dias que precederam o dilúvio, estavam eles comendo e bebendo, casando-se e dando-se em casamento, até o dia em que Noé entrou na arca, 39 e não perceberam nada até que veio o dilúvio e os levou a todos. Assim acontecerá na vinda do Filho do Homem. 40 E estarão dois homens no campo: um será tomado e o outro deixado. 41 Estarão duas mulheres moendo no moinho: uma será tomada e a outra deixada. 42 Vigiai, portanto, porque não sabeis em que dia vem o vosso Senhor. 43 Compreendei isto: se o dono da casa soubesse em que vigília viria o ladrão, vigiaria e não permitiria que sua casa fosse arrombada. 44 Por isso, também vós, ficai preparados, porque o Filho do Homem virá numa hora que não pensais.

Jesus volta a insistir: é importante estarmos preparados para o período de mudanças; esforçarmo-nos para nos transformarmos em pessoas melhores, pelo aprimoramento da inteligência e, sobretudo, pelo aperfeiçoamento moral, como pontifica Emmanuel:

> Ninguém alegue o título de aprendiz de Jesus para furtar-se ao serviço ativo na luta do bem contra o mal, da luz contra a sombra.
>
> A determinação de vigilância partiu dos próprios lábios do Mestre Divino.
>
> Como é possível preservar algum patrimônio precioso sem vigiá-lo atentamente? O homem de consciência retilínea, em todas as épocas, será obrigado a participar do esforço de conservação, dilatação e defesa do bem.
>
> É verdade indiscutível que marchamos todos para a fraternidade universal, para a realização concreta dos ensinamentos cristãos; todavia, enquanto não atingirmos a época em que o Evangelho se materializará na Terra, não será justo entregar ao mal, à desordem ou à perturbação a parte de serviço que nos compete.
>
> [...].
>
> E no serviço de construção cristã do mundo futuro, é indispensável vigiar o campo que nos compete.
>
> O apostolado é de Jesus; a obra pertence-lhe. Ele virá, no momento oportuno, a todos os departamentos de serviço, orientando as particularidades do ministério de purificação e sublimação da vida, contudo, ninguém se esqueça de que o Senhor não prescinde da colaboração de sentinelas.[1063]

54.6 PARÁBOLA DO MORDOMO (MT 24:45-51)[1064]

> 45 Quem é, pois, o servo fiel e prudente que o Senhor constituiu sobre a criadagem, para dar-lhe o alimento em tempo oportuno? 46 Feliz daquele servo

> *que o Senhor, ao chegar, encontrar assim ocupado. 47 Em verdade vos digo, Ele o constituirá sobre todos os seus bens. 48 Se aquele mau servo disser em seu coração: "Meu senhor tarda", 49 e começar a espancar os seus companheiros, a comer e beber em companhia dos bebedores, 50 o senhor daquele servo virá em dia imprevisto e hora ignorada. 51 Ele o partirá ao meio e lhe designará seu lugar entre os hipócritas. Ali haverá choro e ranger de dentes.*

No final do capítulo 24, Mateus faz mais uma importante anotação relacionada aos ensinamentos de Jesus, em tom de alerta, a lembrar a necessidade de o discípulo sincero guardar fidelidade aos preceitos evangélicos, a fim de que não venha a repetir dolorosas provações reencarnatórias ("Ali haverá choro e ranger de dentes"). Recorremos a Cairbar Schutel para fazer o fechamento do estudo:

> O sentido oculto desta parábola visa a estas duas qualidades, pelas quais se reconhece a bondade ou a maldade do homem: *fidelidade e infidelidade.*
>
> Fidelidade é a constância, a firmeza e a lealdade com que agimos em todos os momentos da vida: na abastança como na pobreza, nas eminências dos palácios como na humildade das choupanas, na saúde como na enfermidade, e até nos umbrais da morte como no apogeu da vida.
>
> [...]
>
> A fidelidade é a pedra de toque com que se prova o grau do caráter do homem.
>
> É fiel nos seus deveres? Tem forçosamente todas as qualidades exigidas ao homem de caráter: reconhecimento, gratidão, indulgência, caridade, amor, porque a verdadeira fidelidade não se manifesta com exceções ou preferências. Aquele que caminha para se aperfeiçoar em tudo, obedece à sentença de Jesus: "Sede perfeitos como perfeito é o vosso Pai Celestial".
>
> Pelo que se conclui: expondo a parábola, Jesus teve por fim exortar seus discípulos a se aplicarem nessa virtude, que se chama *fidelidade*, para que pudessem um dia representá-la condignamente, tal como se manifesta nos Céus.
>
> Como tudo na Natureza e como tudo o que se faz mister para a perfeição, quer no plano físico ou na esfera intelectual e moral, a fidelidade vai-se engrandecendo em nós à proporção que nela nos aperfeiçoamos. Não a adquirimos de uma só vez em sua plenitude, mas paulatinamente, gradativamente. E aquele que já a possui em certo grau, como o "administrador infiel" da parábola, faz jus à Benevolência Divina.[1065]

REFERÊNCIAS

1044 BÍBLIA DE JERUSALÉM. Gilberto da Silva Gorgulho; Ivo Storniolo e Ana Flora Anderson (Coords.). Diversos tradutores. Nova ed. rev. e ampl. 13. imp. São Paulo: Paulus, 2019, *O evangelho segundo Mateus*, 24:1-14, p. 1.746-1.747.

1045 MACNAIR, S. E. *Bíblia de estudo explicada* (Com Dicionário e Harpa Cristã e texto bíblico Almeida, rev. e corr, ed. 1995). 1. ed. Rio de Janeiro: CPAD, 2014, *Evangelho segundo Mateus*, capítulo 24, nota de rodapé, p. 1.069.

1046 CHAMPLIN, Russell Norman. *Novo dicionário bíblico*. Ampliado e atualizado. 1. ed. São Paulo: Hagnos, 2018, p. 1.699.

1047 _____. _____. P. 1.700.

1048 _____. _____. P. 1.700-1.701.

1049 BÍBLIA DE JERUSALÉM. Gilberto da Silva Gorgulho; Ivo Storniolo e Ana Flora Anderson (Coords.). Diversos tradutores. Nova ed. rev. e ampl. 13. imp. São Paulo: Paulus, 2019, *O evangelho segundo Mateus*, 24:1-7. Nota de rodapé "j", p. 1.746.

1050 KARDEC, Allan. *A gênese*. Trad. Evandro Noleto Bezerra. 2. ed. 2. imp. Brasília: FEB, 2019, cap. 18, it. 2, p. 343-344.

1051 _____. _____. Cap. 18, it. 28, p. 357.

1052 _____. *O evangelho segundo o espiritismo*. Trad. Evandro Noleto Bezerra. 2. ed. 10. imp. Brasília: FEB, 2020, cap. 21, it. 9, p. 270-271.

1053 BÍBLIA DE JERUSALÉM. Gilberto da Silva Gorgulho; Ivo Storniolo e Ana Flora Anderson (Coords.). Diversos tradutores. Nova ed. rev. e ampl. 13. imp. São Paulo: Paulus, 2019, *O evangelho segundo Mateus*, 24:15-25, p. 1.747.

1054 KARDEC, Allan. *A gênese*. Trad. Evandro Noleto Bezerra. 2. ed. 2. imp. Brasília: FEB, 2019, cap. 17, it. 54, p. 336.

1055 _____. *O evangelho segundo o espiritismo*. Trad. Evandro Noleto Bezerra. 2. ed. 10. imp. Brasília: FEB, 2020, cap. 21, it. 5, p. 266 e 267.

1056 BÍBLIA DE JERUSALÉM. Gilberto da Silva Gorgulho; Ivo Storniolo e Ana Flora Anderson (Coords.). Diversos tradutores. Nova ed. rev. e ampl. 13. imp. São Paulo: Paulus, 2019, *O evangelho segundo Mateus*, 24:26-31, p. 1.747-1.748.

1057 KARDEC, Allan. *A gênese*. Trad. Evandro Noleto Bezerra. 2. ed. 2. imp. Brasília: FEB, 2019, cap. 17, it. 54, p. 336.

1058 _____. It. 56, p. 337.

1059 BÍBLIA DE JERUSALÉM. Gilberto da Silva Gorgulho; Ivo Storniolo e Ana Flora Anderson (Coords.). Diversos tradutores. Nova ed. rev. e ampl. 13. imp. São Paulo: Paulus, 2019, *O evangelho segundo Mateus*, 24:32-36, p. 1.748.

[1060] KARDEC, Allan. *A gênese.* Trad. Evandro Noleto Bezerra. 2. ed. 2. imp. Brasília: FEB, 2019, cap. 18, it. 1, p. 343.

[1061] _____. _____. Cap. 18, it. 5, p. 345.

[1062] BÍBLIA DE JERUSALÉM. Gilberto da Silva Gorgulho; Ivo Storniolo e Ana Flora Anderson (Coords.). Diversos tradutores. Nova ed. rev. e ampl. 13. imp. São Paulo: Paulus, 2019, *O evangelho segundo Mateus*, 24:37-44, p. 1.748.

[1063] XAVIER, Francisco Cândido. *Vinha de luz.* Pelo Espírito Emmanuel. 1. ed. 125. imp. Brasília: FEB, 2020, cap. 132, p. 277 e 278.

[1064] BÍBLIA DE JERUSALÉM. Gilberto da Silva Gorgulho; Ivo Storniolo e Ana Flora Anderson (Coords.). Diversos tradutores. Nova ed. rev. e ampl. 13. imp. São Paulo: Paulus, 2019, *O evangelho segundo Mateus*, 24:45-51, p. 1.748-1.749.

[1065] SCHUTEL, Cairbar. *Parábolas e ensinos de Jesus.* 28. ed. Matão/SP: O Clarim, 2016, cap. Parábola do administrador infiel, p. 152-153.

O ADVENTO PRÓXIMO DO REINO DOS CÉUS: O DISCURSO ESCATOLÓGICO 2 (MT 25:1-46)

O capítulo 25 de Mateus indica a segunda parte do Discurso Escatológico, conhecido também como Sermão Profético. Trata-se dos seguintes ensinos de Jesus: 1 *A parábola das dez virgens;* 2 *A parábola dos talentos;* e 3 *O último julgamento.*

55.1 PARÁBOLA DAS DEZ VIRGENS (MT 25:1-13)[1066]

> *1 Então o Reino dos Céus será semelhante a dez virgens que, tomando as suas lâmpadas, saíram ao encontro do noivo. 2 Cinco eram insensatas e cinco, prudentes. 3 As insensatas, ao pegarem as lâmpadas, não levaram azeite consigo, 4 enquanto as prudentes levaram vasos de azeite com suas lâmpadas. 5 Atrasando o noivo, todas elas acabaram cochilando e dormindo. 6 Quando foi aí pela meia-noite, ouviu-se um grito: "O noivo vem aí! Saí ao seu encontro!" 7 Todas as virgens levantaram-se, então, e trataram de aprontar as lâmpadas. 8 As insensatas disseram às prudentes: "Dai-nos do vosso azeite, porque as nossas lâmpadas estão se apagando". 9 As prudentes responderam: "De modo algum, o azeite poderia não bastar para nós e para vós. Ide antes aos que vendem e comprai para vós". 10 Enquanto foram comprar o azeite, o noivo chegou e as que estavam prontas entraram com ele para o banquete de núpcias. E fechou-se a porta. 11Finalmente, chegaram as outras virgens, dizendo: "Senhor, senhor, abre-nos!" 12 Mas ele respondeu: "Em verdade vos digo: não vos conheço" 13 Vigiai, portanto, porque não sabeis nem o dia nem a hora.*

Essa parábola apresenta várias alegorias, muitas das quais refletem aspectos da cultura judaica. A palavra "virgens" refere-se à pureza da alma que se esforça para ficar imune às corrupções do mundo. "As dez virgens numa festa de bodas se explicam pelo costume judaico de as amigas da noiva um cortejo, recebendo o noivo à entrada da casa para conduzi-lo até a nubente, no interior. As lâmpadas (tochas, fachos luminosos) eram necessárias para iluminar o caminho, pois as núpcias se realizavam à noite".[1067]

A parábola das dez virgens transmite, igualmente, lição de perseverança, fé e confiança nos desígnios Divinos, especialmente nos atuais momentos da transição planetária, cuja interpretação espírita é assim fornecida por Rodolfo Calligaris:

> As dez virgens, nesta parábola, simbolizam aquelas criaturas que procuram resguardar-se das corrupções do mundo.
>
> Mas, há virgens e virgens.
>
> As cinco néscias representam os que se preocupam apenas em fugir ao pecado. Passam a vida impondo-se severa disciplina, evitando tudo aquilo que os possa macular, certos de que isto seja o bastante para assegurar-lhes um lugarzinho no Reino de Deus. Esquecem-se, todavia, de que a pureza sem o complemento da bondade é qual uma candeia mal provida, que, no meio da noite, não dá mais luz, deixando seus portadores mergulhados na mais densa escuridão.
>
> Já as virgens prudentes retratam os que, além dos cuidados que tomam para se manterem incorruptíveis, tratam também de prover-se do azeite, isto é, das virtudes ativas, que se manifestam em boas obras em favor do próximo. E, com a posse do precioso combustível, que se converte em luz, garantem a iluminação de seus passos no caminho que os há de conduzir à realização espiritual, à união com o Cristo.
>
> A chegada do noivo, como facilmente se deduz, é a era de paz, alegria e felicidade que a Terra desfrutará num futuro próximo, quando, após sofrer grandes transformações, será devidamente expurgada para tornar-se a morada de espíritos de boa vontade, que aqui implantarão uma nova civilização, verdadeiramente cristã, baseada no Amor e na Fraternidade Universal.
>
> A recusa das virgens prudentes em darem do seu azeite às virgens néscias, significa claramente que as virtudes são intransferíveis, devendo cada qual cultivá-las com seus recursos pessoais.
>
> É preciso, portanto, "vigiar", ou seja, trabalhar com afinco e sem esmorecimento pelo próprio aperfeiçoamento, para que mereçamos participar dessa nova fase evolutiva do orbe terráqueo.[1068]

55.2 PARÁBOLA DOS TALENTOS (MT 25:14-30)[1069]

> *14 Pois será como um homem que, viajando para o estrangeiro, chamou os seus próprios servos e entregou-lhes os seus bens. 15 A um deu cinco talentos, a outro dois, a outro um. A cada um de acordo com a sua capacidade. E partiu. Imediatamente, 16 o que recebera cinco talentos saiu a trabalhar com eles e ganhou outros cinco. 17 Da mesma maneira, o que recebera dois ganhou outros dois. 18 Mas aquele que recebera um só tomou-o e foi abrir uma cova no chão. E enterrou o dinheiro do seu senhor. 19 Depois de muito tempo, o senhor daqueles servos voltou e pôs-se a ajustar contas com eles. 20 Chegando aquele que recebera cinco talentos, entregou-lhe outros cinco, dizendo: "Senhor, tu me*

confiaste cinco talentos. Aqui estão outros cinco que ganhei." 21 Disse-lhe o senhor: "Muito bem, servo bom e fiel! Sobre o pouco foste fiel, sobre o muito te colocarei. Vem alegrar-te com o teu senhor!" 22 Chegando também o dos dois talentos, disse: "Senhor, tu me confiaste dois talentos. Aqui estão outros dois talentos que ganhei." 23 Disse-lhe o senhor: "Muito bem, servo bom e fiel! Sobre o pouco foste fiel, sobre o muito te colocarei. Vem alegrar-te com o teu senhor!" 24 Por fim, chegando o que recebera um talento, disse: "Senhor, eu sabia que és um homem severo, que colhes onde não semeaste e ajuntas onde não espalhaste. 25 Assim, amedrontado, fui enterrar o teu talento no chão. Aqui tens o que é teu." 26 A isso respondeu-lhe o senhor: "Servo mau e preguiçoso, sabias que eu colho onde não semeei e que ajunto onde não espalhei? 27 Pois então devias ter depositado o meu dinheiro com os banqueiros e, ao voltar, eu receberia com juros o que é meu. 28 Tirai-lhe o talento que tem e dai-o àquele que tem dez, 29 porque a todo aquele que tem será dado e terá em abundância, mas daquele que não tem, até o que tem será tirado. 30 Quanto ao servo inútil, lançai-o fora nas trevas. Ali haverá choro e ranger de dentes!"

Temos aqui uma das parábolas mais divulgadas no meio espírita (junto com a do *Semeador*, a do *Joio e do Trigo* e a do *Bom Samaritano*) e que, por isso mesmo, se encaixa com perfeição nos momentos atuais em que a Humanidade passa, decorrentes das mudanças progressistas previstas.

A história descrita na parábola relata a distribuição de oito benefícios, ou talentos, por Deus (representado por um homem que, em viagem ao estrangeiro, confiou a três servos a administração dos seus bens). Não há dúvida de que os talentos são as concessões divinas que auxiliam o ser humano a evoluir, moral e intelectualmente. Neste sentido, o Espírito Irmão X, apresenta-nos interessante diálogo, ilustrativo do que teria acontecido entre o Senhor (aqui representado por um rico proprietário de terras) e os seus servos (os Espíritos em evolução): O primeiro servo teria recebido cinco concessões divinas, identificadas como saúde, riqueza, habilidade, discernimento e autoridade; ao segundo servidor foram confiadas duas bênçãos divinas: inteligência e poder; e o terceiro servo recebeu um poderoso incentivo evolutivo, capaz de lhe saldar dívidas anteriores, cometidas contra as leis de Deus: a dor. Eis o diálogo transmitido por Irmão X:

> Ao enviar três servos de confiança para servi-lo em propriedade distante, onde outros milhares de trabalhadores, em diversos degraus da virtude e da sabedoria, lavravam a terra em louvor de tua grandeza divina, o Supremo Senhor chamou-os à sua presença e distribuiu com eles preciosos dons.
>
> Afagado o primeiro, entregou-lhe cinco "talentos", notificando:
>
> — Conduze contigo estes tesouros da alegria e da prosperidade. São eles a saúde, a riqueza, a habilidade, o discernimento e a autoridade. Multiplica-os,

aonde fores, em benefício dos meus filhos e teus irmãos que, em situação inferior à tua, avergados ao solo do planeta a quem levarás minhas bênçãos, se esforçam mais intensamente.

Ao segundo servidor passou dois "talentos", acentuando:

— Transporta contigo estas duas preciosidades, que se destinam ao esclarecimento e auxílio do mundo a que te diriges. São ambas a inteligência e o poder. Estende estes patrimônios respeitáveis às minhas construções eternas.

Ao terceiro, confiou apenas um "talento", aclarando, cuidadoso: — Apossa-te desta lâmpada sublime e segue. É a dor, o dom celeste da iluminação espiritual, acende-a em teu campo de trabalho, em favor de ti mesmo e dos semelhantes. Seus raios abrem acesso aos Tabernáculos Divinos.[1070]

Sabemos que no processo de melhoria espiritual recebemos inúmeros benefícios do Pai Celestial ao longo do processo ascensional. Caberiam, portanto, aos beneficiários corresponder ao auxílio recebido. Foi o que aconteceu com os dois primeiros servos que não só souberam beneficiar-se das concessões divinas, como as multiplicaram. Contudo, o mesmo não aconteceu com o terceiro servo, que "preferiu enterrar" o talento recebido, adiando, assim, a sua melhoria espiritual. Ante tal constatação o senhor repreende o mau servo e lhe informa que outro será o beneficiário daquele talento e que ele, o servo imprudente, terá que renascer outras tantas vezes, em reencarnações mais dolorosas (onde haverá "choro e ranger de dentes"), a fim de desenvolver o aprendizado necessário, como atesta o registro de Mateus:

> 26 Servo mau e preguiçoso, sabias que eu colho onde não semeei e que ajunto onde não espalhei? 27 Pois então devias ter depositado o meu dinheiro com os banqueiros e, ao voltar, eu receberia com juros o que é meu. 28 Tirai-lhe o talento que tem e dai-o àquele que tem dez, 29 porque a todo aquele que tem será dado e terá em abundância, mas daquele que não tem, até o que tem será tirado. 30 Quanto ao servo inútil, lançai-o fora nas trevas. Ali haverá choro e ranger de dentes! (Mt 25:26-30).

Estejamos convictos de que os "ajustes de contas" relacionados ao uso do livre-arbítrio, como está relatado na parábola, acontecerão cedo ou tarde: "Depois de muito tempo, o senhor daqueles servos voltou e pôs-se a ajustar contas com eles" (Mt 25:19). Não há como evitar o acerto das infrações cometidas contra as leis de Deus, que, em verdade, representam mecanismo regulatório da Lei de Progresso. Daí o imperativo de saberem utilizar o livre-arbítrio, que deve ser pautado por boas escolhas, tal como aconteceu com os dois primeiros servos, citados na parábola. As escolhas insensatas, por má utilização do livre-arbítrio, estão espelhadas nas ações do terceiro servo: ele terá de lidar com a dor das provações e dos desafios existenciais das terrenas experiências reencarnatórias.

Como síntese e reflexão das ideias desenvolvidas na parábola, inserimos a importante mensagem de Emmanuel intitulada *Administração*:

> "Dá conta de tua administração" – Jesus (*Lucas*, 16:2).
>
> Na essência, cada homem é servidor pelo trabalho que realiza na obra do Supremo Pai e, simultaneamente, é administrador, porquanto cada criatura humana detém possibilidades enormes no plano em que moureja.
>
> Mordomo do mundo não é somente aquele que encanece os cabelos, à frente dos interesses coletivos, nas empresas públicas ou particulares, combatendo tricas mil, a fim de cumprir a missão a que se dedica.
>
> Cada inteligência da Terra dará conta dos recursos que lhe foram confiados.
>
> A fortuna e a autoridade não são valores únicos de que devemos dar conta hoje e amanhã.
>
> O corpo é um templo sagrado.
>
> A saúde física é um tesouro.
>
> A oportunidade de trabalhar é uma bênção.
>
> A possibilidade de servir é um obséquio Divino.
>
> O ensejo de aprender é uma porta libertadora.
>
> O tempo é um patrimônio inestimável.
>
> O lar é uma dádiva do Céu.
>
> O amigo é um benfeitor.
>
> A experiência benéfica é uma grande conquista. A ocasião de viver em harmonia com o Senhor, com os semelhantes e com a Natureza é uma glória comum a todos.
>
> A hora de ajudar os menos favorecidos de recursos ou entendimento é valiosa.
>
> O chão para semear, a ignorância para ser instruída e a dor para ser consolada são apelos que o Céu envia sem palavras ao mundo inteiro.
>
> Que fazes, portanto, dos talentos preciosos que repousam em teu coração, em tuas mãos e no teu caminho? Vela por tua própria tarefa no bem, diante do Eterno, porque chegará o momento em que o Poder Divino te pedirá: "Dá conta de tua administração."[1071]

55.3 O ÚLTIMO JULGAMENTO (MT 25:31-46)[1072]

> *31 Quando o Filho do Homem vier em sua glória, e todos os anjos com ele, então se assentará no trono da sua glória. 32 E serão reunidas em sua presença todas as nações e ele separará os homens uns dos outros, como o pastor separa as ovelhas dos cabritos, 33 e porá as ovelhas à sua direita e os cabritos à sua esquerda. 34*

Então dirá o rei aos que estiverem à sua direita:"Vinde, benditos de meu Pai, recebei por herança o Reino preparado para vós desde a fundação do mundo. 35 Pois tive fome e me destes de comer. Tive sede e me destes de beber. Era forasteiro e me recolhestes. 36 Estive nu e me vestistes, doente e me visitastes, preso e me viestes ver." 37 Então os justos lhe responderão: "Senhor, quando foi que te vimos com fome e te alimentamos, com sede e te demos de beber? 38 Quando foi que te vimos forasteiro e te recolhemos ou nu e te vestimos? 39 Quando foi que te vimos doente ou preso e fomos te ver?" 40 Ao que lhes responderá o rei: "Em verdade vos digo: cada vez que o fizestes a um desses meus irmãos mais pequeninos, a mim o fizestes." 41 Em seguida, dirá aos que estiverem à sua esquerda: "Apartai--vos de mim, malditos, para o fogo eterno preparado para o diabo e para os seus anjos. 42 Porque tive fome e não me destes de comer. Tive sede e não me destes de beber. 43 Fui forasteiro e não me recolhestes. Estive nu e não me vestistes, doente e preso, e não me visitastes." 44 Então, também eles responderão: "Senhor, quando é que te vimos com fome ou com sede, forasteiro ou nu, doente ou preso e não te servimos?" 45 E ele responderá com estas palavras: "Em verdade vos digo: todas as vezes que o deixastes de fazer a um desses pequeninos, foi a mim que o deixastes de fazer." 46 E irão estes para o castigo eterno, enquanto os justos irão para a vida eterna.

O último julgamento ou julgamento final (para alguns cristãos, em geral, o juízo final ou fim do mundo) é caracterizado pela separação "dos bodes e das ovelhas". Trata-se de metáfora que indica o resultado das mudanças que a Humanidade terrestre vivenciou durante a *era da transição*, passando a viver em outro nível evolutivo, o da *era da regeneração*, cujo lema será "um só rebanho e um só pastor" (*João*, 10:10) e apenas uma bandeira estará tremulando em todas as regiões da Terra: *Fora da caridade não há salvação*.

Estejamos, pois, atentos às orientações de Allan Kardec a respeito do assunto:

> No quadro que traçou do juízo final, deve-se, como em muitas outras coisas, separar a figura da alegoria. A homens como os a quem falava, ainda incapazes de compreender as coisas puramente espirituais, tinha Ele de apresentar imagens materiais, chocantes e capazes de impressionar. Para melhor ser aceito, tinha mesmo que não se afastar muito das ideias correntes, quanto à forma, reservando sempre para o futuro a verdadeira interpretação de suas palavras e dos pontos sobre os quais não podia explicar-se claramente. Mas, ao lado da parte acessória ou figurada do quadro, há uma ideia dominante: a da felicidade reservada ao justo e da infelicidade que espera o mau.
>
> Naquele julgamento supremo, quais os considerandos da sentença? Sobre o que se baseia o libelo? Pergunta o juiz se foi preenchida tal ou qual formalidade, observada mais ou menos tal ou qual prática exterior? Não; inquire tão somente de uma coisa: a prática da caridade, e se pronuncia assim: Passai à direita, vós que assististes os vossos irmãos; passai à esquerda, vós que fostes

duros para com eles. Informa-se, por acaso, da ortodoxia da fé? Faz qualquer distinção entre o que crê de um modo e o que crê de outro? Não, pois Jesus coloca o samaritano, considerado herético, mas que pratica o amor ao próximo, acima do ortodoxo que falta com a caridade. Jesus, portanto, não faz da caridade apenas uma das condições para a salvação, mas a única condição. Se houvesse outras a serem preenchidas, Ele as teria apresentado. Já que coloca a caridade em primeiro lugar no rol de todas as virtudes, é porque ela abrange implicitamente todas as outras: a humildade, a brandura, a benevolência, a indulgência, a justiça etc., e porque é a negação absoluta do orgulho e do egoísmo.[1073]

No mundo de regeneração, a caridade é palavra de ordem, sob os auspícios de Jesus, o Divino Governador do planeta Terra, como consta em *O evangelho segundo o espiritismo*.

> Toda a moral de Jesus se resume na caridade e na humildade, isto é, nas duas virtudes contrárias ao egoísmo e ao orgulho. Em todos os seus ensinos, Ele aponta essas duas virtudes como as que conduzem à eterna felicidade: Bem-aventurado, disse, os pobres de espírito, isto é, os humildes, porque deles é o Reino dos Céus; bem-aventurados os que têm puro o coração; bem-aventurados os que são mansos e pacíficos; bem-aventurados os que são misericordiosos; amai o vosso próximo como a vós mesmos; fazei aos outros o que gostaríeis que vos fizessem; amai os vossos inimigos; perdoai as ofensas, se quiserdes ser perdoados; fazei o bem sem ostentação; julgai-vos a vós mesmos, antes de julgardes os outros. Humildade e caridade, eis o que não cessa de recomendar e o de que dá, Ele mesmo, o exemplo. Orgulho e egoísmo, eis o que não se cansa de combater. Jesus, porém, não se limita a recomendar a caridade: põe-na claramente e em termos explícitos como a condição absoluta da felicidade futura.[1074]

REFERÊNCIAS

[1066] BÍBLIA DE JERUSALÉM. Gilberto da Silva Gorgulho; Ivo Storniolo e Ana Flora Anderson (Coords.). Diversos tradutores. Nova ed. rev. e ampl. 13. imp. São Paulo: Paulus, 2019, *O evangelho segundo Mateus*, 25: 1-13, p.1.749.

[1067] *Parábola das dez virgens*. http://www.oconsolador.com.br/ano3/118/jose_silveira.html Acesso em 20/09/2019.

[1068] CALLIGARIS, Rodolfo. *Parábolas evangélicas*. 11. ed. Rio de Janeiro: FEB, 2010, 11. ed. 6. imp. Brasília: FEB, 2019, cap. *Parábola das dez virgens*, p. 45-46.

[1069] BÍBLIA DE JERUSALÉM. Gilberto da Silva Gorgulho; Ivo Storniolo e Ana Flora Anderson (Coords.). Diversos tradutores. Nova ed. rev. e ampl. 13. imp. São Paulo: Paulus, 2019, *O evangelho segundo Mateus*, 25:14-30, p. 1.749-1.750.

1070 XAVIER, Francisco Cândido. Luz acima. Pelo Espírito Irmão X. 11. ed. 4. imp. Brasília: FEB, 2013, cap. 33, *Lembrando a parábola*.

1071 XAVIER, Francisco Cândido. *Fonte viva*. Pelo Espírito Emmanuel. 1. ed. 16. imp. Brasília: FEB, 2020, cap. 75, p. 165-166.

1072 BÍBLIA DE JERUSALÉM. Gilberto da Silva Gorgulho; Ivo Storniolo e Ana Flora Anderson (Coords.). Diversos tradutores. Nova ed. rev. e ampl. 13. imp. São Paulo: Paulus, 2019, *O evangelho segundo Mateus*, 25:31-46, p. 1.750.

1073 KARDEC, Allan. *O evangelho segundo o espiritismo*. Trad. Evandro Noleto Bezerra. 2. ed. 10. imp. Brasília: FEB, 2020, cap. 15, it. 3, p. 203-204.

1074 _____. _____. P. 203.

TEMA 56

PAIXÃO E RESSURREIÇÃO 1 (MT 26:1-75)

Com este tema, vivenciaremos os momentos finais da passagem de Jesus entre nós, há mais de dois mil anos. Tais momentos são relatados pelos quatro evangelistas: *Mateus* nos capítulos 26, 27 e 28; *Marcos*, 14:1--72, 15:1-39 e 16:1-20; *Lucas*, 22:1-71; 23:1-55 e 24:1-53; e *João*, 18:1-40; 19:1-42; 20:1-31 e 21:1-25. Da mesma forma, vamos encontrar referências ao assunto em outros livros neotestamentais.

O capítulo 26 de *Mateus* apresenta 11 subdivisões, traduzidas por breves relatos, dos momentos iniciais da paixão e ressurreição do Cristo de Deus. Jesus já havia anunciado aos seus discípulos, em três momentos de seu ministério, o sofrimento e toda sorte de provações porque tinha que passar, e qual seria o desfecho. A derradeira e quarta vez se deu durante a reunião da última ceia. Com o intuito de facilitar o estudo do capítulo, agrupamos em subdivisões similares entre si, desta forma especificadas: 1) *Conspiração contra Jesus, unção em Betânia, traição de Judas* e *anúncio da traição de Judas*; 2) *Instituição da eucaristia, a negação de Pedro é predita, no Getsêmani*; 3) *As negações de Pedro*; e 4) *Prisão de Jesus e Jesus diante do sinédrio*.

56.1 CONSPIRAÇÃO CONTRA JESUS, UNÇÃO EM BETÂNIA, TRAIÇÃO DE JUDAS E ANÚNCIO DA TRAIÇÃO DE JUDAS (MT 26:1-25)[1075]

1 Quando Jesus terminou essas palavras todas, disse aos discípulos: 2 "Sabeis que daqui a dois dias será a Páscoa, e o Filho do Homem será entregue para ser crucificado". 3 Então os chefes dos sacerdotes e os anciãos do povo congregaram-se no pátio do Sumo Sacerdote, que se chamava Caifás, 4 e decidiram juntos que prenderiam a Jesus por um ardil e o matariam. 5 Diziam, contudo: "Não durante a festa, para não haver tumulto no meio do povo". 6 Estando Jesus em Betânia, em casa de Simão, o leproso, 7 aproximou-se dele uma mulher trazendo um frasco de alabastro de perfume precioso e pôs-se a derramá-lo sobre a cabeça de Jesus, enquanto ele estava à mesa. 8 Ao verem isso, os discípulos ficaram indignados e diziam: "A troco do que esse desperdício? 9 Pois isso poderia ser vendido bem caro e distribuído aos pobres". 10 Mas Jesus, ao perceber essas palavras, disse-lhes: "Por que aborreceis a mulher? Ela, de fato, praticou uma boa ação para comigo. 11 Na verdade, sempre tereis os pobres convosco, mas a mim nem sempre tereis. 12 Derramando este perfume sobre o meu corpo, ela o fez para me sepultar. 13 Em verdade vos digo que, onde quer que venha a ser proclamado o Evangelho, em todo o mundo, também o que ela fez será contado em sua memória". 14 Então um dos Doze, chamado Judas Iscariotes, foi até os chefes dos sacerdotes 15 e disse: "O que me dareis se eu o entregar?" Fixaram-lhe, então, a quantia de trinta moedas de prata. 16 E a partir disso, ele procurava uma oportunidade para entregá-lo. Preparativos para a ceia pascal – 17 No primeiro dia dos ázimos, os discípulos aproximaram-se de Jesus dizendo: "Onde queres que te preparemos para comer a Páscoa?" 18 Ele respondeu: "Ide à cidade, à casa de alguém e dizei-lhe: 'O Mestre diz: o meu tempo está próximo. Em tua casa irei celebrar a Páscoa com meus discípulos". 19 Os discípulos fizeram como Jesus lhes ordenara e prepararam a Páscoa. 20 Ao cair da tarde, Ele pôs-se a mesa com os Doze 21 e, enquanto comiam, disse-lhes: "Em verdade vos digo que um de vós me entregará". 22 Eles, muito entristecidos, puseram-se um por um — a perguntar-lhe: "Acaso sou eu, Senhor?" 23 Ele respondeu: "O que comigo põe a mão no prato, esse me entregará. 24 Com efeito, o Filho do Homem vai, conforme está escrito a seu respeito, mas ai daquele homem por quem o Filho do Homem for entregue! Melhor seria para aquele homem não ter nascido!" 25 Então Judas, seu traidor, perguntou: "Porventura sou eu, Rabi?" Jesus respondeu-lhe: "Tu o dizes".

56.1.1 O ÚLTIMO ANÚNCIO DA MORTE POR CRUCIFICAÇÃO (MT 26:1-2)

Pela quarta e última vez Jesus anuncia, de forma breve, a morte dele por crucificação, durante a última refeição que passou junto com os discípulos: *"Sabeis que daqui a dois dias será a Páscoa, e o Filho do Homem será entregue para ser crucificado."* Na última ceia, o Mestre Nazareno pronuncia ensinamentos importantíssimos, que representam uma espécie de síntese de sua pregação realizada ao longo de três anos, os quais estão mais detalhados em João, ainda que Marcos e Lucas apresentem outras informações. Humberto de Campos transmite-nos as impressões daquele momento inesquecível, de alegria, tristeza e saudade:

> Reunidos os discípulos em companhia de Jesus, no primeiro dia das festas da Páscoa, como de outras vezes, o Mestre partiu o pão com a costumeira ternura. Seu olhar, contudo, embora sem trair a serenidade de todos os momentos,

apresentava misterioso fulgor, como se sua alma, naquele instante, vibrasse ainda mais com os altos planos do Invisível.

Os companheiros comentavam com simplicidade e alegria os sentimentos do povo, enquanto o Mestre meditava, silencioso.

Em dado instante, tendo-se feito longa pausa entre os amigos palradores, o Messias acentuou com firmeza impressionante:

— Amados: é chegada a hora em que se cumprirá a profecia da Escritura. Humilhado e ferido, terei de ensinar em Jerusalém a necessidade do sacrifício próprio, para que não triunfe apenas uma espécie de vitória, tão passageira quanto as edificações do egoísmo ou do orgulho humanos [...]; entretanto, eu vim de meu Pai para ensinar como triunfam os que tombam no mundo, cumprindo um sagrado dever de amor, como mensageiros de um mundo melhor, onde reinam o bem e a verdade. Minha vitória é a dos que sabem ser derrotados entre os homens, para triunfarem com Deus, na divina construção de suas obras, imolando-se, com alegria, para glória de uma vida maior.[1076]

56.1.2 A CONSPIRAÇÃO CONTRA JESUS

Essa conspiração abrange, no registro de *Mateus* os versículos três a cinco: 3 Então os chefes dos sacerdotes e os anciãos do povo congregaram-se no pátio do Sumo Sacerdote, que se chamava Caifás, 4 e decidiram juntos que prenderiam a Jesus por um ardil e o matariam. 5 Diziam, contudo: "Não durante a festa, para não haver tumulto no meio do povo." (Mt 26:3-5). Sabemos, contudo, que desde o momento em que Jesus começou a pregar o seu Evangelho, que reflete na maior pureza a Lei de Deus, de Justiça, Amor e Caridade, e, portanto, a renovação da Lei antiga, iniciou-se um movimento sórdido de perseguição a Ele, planejado especialmente pelas autoridades religiosas, sob as lideranças de Caifás e Anás. Jesus foi levado à suprema corte religiosa do Judaísmo: o sinédrio. "[...] Caifás foi sumo sacerdote e presidente do sinédrio, de 18 a.C. a 36 d.C. programado seu sogro, Anás, foi sumo sacerdote e de 6 a 15 d.C., e alguns ainda o chamavam de sumo sacerdote. [...]. Cerca de dois anos após a crucificação de Jesus, Caifás e Pilatos foram ambos depostos por Vitélio, então governador da Síria, que, mais tarde, tornou-se imperador. Caifás, incapaz de suportar essa desgraça, e provavelmente por motivo de sua má consciência, por ter tido parte na crucificação de Jesus, suicidou-se, em cerca de 35 d.C. [...]".[1077]

Em razão dessa recomendação, transmitida pelos sacerdotes durante a reunião com Caifás e Anás, surgiu uma dúvida histórica — Jesus teria sido realmente crucificado no Dia da Páscoa? — "[...] e decidiram juntos que prenderiam a Jesus por um ardil e o matariam. Diziam, contudo: "Não durante a festa, para não haver tumulto no meio do povo" (Mt 26:4-5). "[...] É evidente, porém, que o inesperado benefício da traição de Judas Iscariotes apressou o processo inteiro, tornando possível que os homens provocaram a morte de Jesus antes do que eles haviam planejado [...]".[1078]

56.1.3 A UNÇÃO EM BETÂNIA

O relato da unção é história ocorrida em Betânia, durante uma refeição de Jesus e os discípulos na casa de Simão, o leproso. Durante a refeição, uma mulher toma a iniciativa de untar a cabeça de Jesus com um perfume raro, sendo admoestada pelos presentes. Mas Jesus não a impede e permite que ela prossiga com a unção. Esse relato está fora da ordem sequencial dos acontecimentos da prisão, condenação e morte de Jesus. Parece que a inclusão feita por Mateus é uma forma de constatar a última previsão da morte do Mestre, sobretudo quando se lê o que consta dos versículos 10 a 12: Mas Jesus, ao perceber essas palavras, disse-lhes: "Por que aborreceis a mulher? Ela, de fato, praticou uma boa ação para comigo. Na verdade, sempre tereis os pobres convosco, mas a mim nem sempre tereis. Derramando este perfume sobre o meu corpo, ela o fez para me sepultar" (Mt 26:10-12).

56.1.4 TRAIÇÃO DE JUDAS E O ANÚNCIO DA TRAIÇÃO DE JUDAS

Mateus narra nos versículos 13 a 25 a traição de Judas e o anúncio dessa traição por Jesus. Retomemos a sequência dos acontecimentos, interrompidos pela história da unção em Betânia. Jesus informa a sua morte e ressurreição iminentes. Naquele momento, em que mal tinham se recuperado do que acabaram de saber, os discípulos ficam perplexos ao tomarem conhecimento de que entre eles havia um traidor — Judas Iscariotes. Humberto de Campos melhor relata os fatos passados na última ceia:

> O Messias continuou:
>
> — Não vos perturbeis com as minhas afirmativas, porque, em verdade, um de vós outros me há de trair!... As mãos, que eu acariciei, voltam-se agora contra mim. Todavia, minha alma está pronta para execução dos desígnios de meu Pai.
>
> A pequena assembleia fez-se lívida. Com exceção de Judas, que entabulara negociações particulares com os doutores do Templo, faltando apenas o ato do beijo, a fim de consumar-se a sua defecção, ninguém poderia contar com as palavras amargas do Messias. Penosa sensação de mal-estar se estabelecera entre todos. O filho de Iscariotes fazia o possível por dissimular as suas dolorosas impressões, quando os companheiros se dirigiam ao Cristo com perguntas angustiadas:

— Quem será o traidor? — disse Filipe, com estranho brilho nos olhos.

— Serei eu? — indagou André ingenuamente.

— Mas, afinal — objetou Tiago, filho de Alfeu, em voz alta —, onde está Deus que não conjura semelhante perigo?

Jesus, que se mantivera em silêncio ante as primeiras interrogações, ergueu o olhar para o filho de Cleófas e advertiu:

— Tiago, faze calar a voz de tua pouca confiança na sabedoria que nos rege os destinos. Uma das maiores virtudes do discípulo do Evangelho é a de estar pronto ao chamado da Providência Divina. Não importa onde e como seja o testemunho de nossa fé. O essencial é revelarmos a nossa União com Deus, em todas as circunstâncias. É indispensável não esquecer a nossa condição de servos de Deus, para bem lhe atendermos ao chamado, nas horas de tranquilidade ou de sofrimento.[1079]

Importa considerar que Judas Iscariotes passou para a história como o traidor do Cristo. Entretanto, devemos ser cuidadosos ante qualquer tipo de juízo de valor a respeito, pois Judas foi apenas um discípulo iludido, que não soube, naquele momento junto ao Cristo, apreender a essência dos ensinamentos do Evangelho.

56.2 INSTITUIÇÃO DA EUCARISTIA, A NEGAÇÃO DE PEDRO É PREDITA, NO GETSÊMANI (MT 26:26-46)[1080]

26 Enquanto comiam, Jesus tomou um pão e, tendo-o abençoado, partiu-o e, distribuindo-o aos discípulos, disse: "Tomai e comei, isto é o meu corpo". 27 Depois, tomou um cálice e, dando graças, deu-lho dizendo: "Bebei dele todos, 28 pois isto é o meu sangue, o sangue da Aliança, que é derramado por muitos para remissão dos pecados. 29 Eu vos digo: desde agora não beberei deste fruto da videira até aquele dia em que convosco beberei o vinho novo no Reino do meu Pai". A negação de Pedro é predita – 30 Depois de terem cantado o hino, saíram para o monte das Oliveiras. 31 Jesus disse-lhes então: "Essa noite, todos vós vos escandalizarei por minha causa, pois está escrito: Ferirei o pastor e as ovelhas do rebanho se dispersarão. 32 Mas, depois que eu ressurgir, eu vos precederei na Galileia". 33 Pedro, tomando a palavra, disse-lhe: "Ainda que todos se escandalizem por tua causa, eu jamais me escandalizarei". 34 Jesus declarou: "Em verdade te digo que esta noite, antes que o galo cante, me negarás três vezes!" 35 Ao que Pedro disse: "Mesmo que tiver de morrer contigo, não te negarei". O mesmo disseram todos os discípulos. 36 Então Jesus foi com eles a um lugar chamado Getsêmani e disse aos discípulos: "Sentai-vos aí enquanto vou até ali para orar". 37 Levando Pedro e os dois filhos de Zebedeu, começou a entristecer-se e a angustiar-se. 38 Disse-lhes, então: "Minha alma está triste até a morte. Permanecei aqui e vigiai comigo". 39 E, indo um pouco adiante, prostrou-se com o rosto em terra e orou: "Meu Pai, se é possível, que passe de mim este cálice; contudo, não seja como eu quero, mas como Tu queres". 40 E, ao voltar para junto dos discípulos, encontra-os dormindo. E diz a Pedro: "Como assim? Não fostes capazes de vigiar comigo por uma hora! 41 Vigiai e orai, para que não entreis em tentação, pois o espírito está pronto, mas a carne é fraca." 42 Afastando-se de novo pela segunda vez, orou: "Meu Pai, se não é possível que isto passe sem que eu o beba, seja feita a tua vontade!" 43 E ao voltar de novo, encontrou-os dormindo, pois os seus olhos estavam pesados de sono. 44 Deixando--os, afastou-se e orou pela terceira vez, dizendo de novo as mesmas palavras. 45 Vem, então, para junto dos discípulos e lhes diz: "Dormi agora e repousai: eis que a hora está chegando e o Filho do Homem está sendo entregue às mãos dos pecadores. 46 Levantai-vos! Vamos! Eis que meu traidor está chegando".

A instituição da eucaristia (do grego *eukharistía* e do latim *eucaristia* = sacrifício de ação de graças), como consta na *Bíblia de Jerusalém*, é terminologia católica que tem origem na tradição judaica (eucaristia = *eulogein* = *bênçãos*) de louvar e agradecer a Deus pela Criação. Introduzida no ritual da missa, eucaristia designa o momento simbólico em que o pão (hóstia) e o vinho são transformados no corpo e sangue de Jesus:

> Por essa passagem se vê claramente que Jesus não tratava do pão material nem do vinho de uva, mas da sua Doutrina, que é o alimento do Espírito, e precisa ser repartido com todos, para que todos os Espíritos não sintam fome de conhecimentos religiosos; para que todos sejam saciados com esse Pão que nos dá um corpo novo, incorruptível, imortal.
>
> As duas espécies: *pão* e *vinho*, não são mais que alegorias, que dão ideia da *letra* e do *espírito*; assim como a *carne* e o *sangue* especificam a mesma ideia: *letra* e *espírito*.[1081]

Jesus retira-se para orar no *Getsêmani*, pois estava envolvido por grande tristeza, leva consigo os discípulos e pede-lhes para fazer vigilância enquanto Ele ora. Mas os discípulos adormecem. Por três vezes os discípulos são acordados por Jesus para, em seguida, adormecerem novamente. A lição transmitida pelo Cristo, registrada nos versículos 36 a 46, está relacionada ao sentido de velar com Jesus, o que deve ser entendida no sentido espiritual, conforme esclarece Emmanuel:

> Jesus veio à Terra acordar os homens para a vida maior.
>
> É interessante lembrar, todavia, que, em sentindo a necessidade de alguém para acompanhá-lo no supremo testemunho, não convidou seguidores tímidos ou beneficiados da véspera e, sim, os discípulos conscientes das próprias obrigações. Entretanto, esses mesmos dormiram, intensificando a solidão do Divino Enviado.
>
> É indispensável rememoremos o texto evangélico para considerar que o Mestre continua em esforço incessante e prossegue convocando cooperadores

devotados à colaboração necessária. Claro que não confia tarefas de importância fundamental a Espíritos inexperientes ou ignorantes; mas, é imperioso reconhecer o reduzido número daqueles que não adormecem no mundo, enquanto Jesus aguarda resultados da incumbência que lhes foi cometida.

Olvidando o mandato de que são portadores, inquietam-se pela execução dos próprios desejos, a observarem em grande conta os dias rápidos que o corpo físico lhes oferece [...].

E, em verdade, se ainda não podemos permanecer com o Cristo, ao menos uma hora, como pretendermos a divina união para a eternidade?[1082]

56.3 PRISÃO DE JESUS E JESUS DIANTE DO SINÉDRIO (MT 26:47-68)[1083]

47 E enquanto ainda falava, eis que veio Judas, um dos Doze, acompanhado de grande multidão com espadas e paus, da parte dos chefes dos sacerdotes e dos anciãos do povo. 48 O seu traidor dera-lhes um sinal, dizendo: "É aquele que eu beijar; prendei-o". 49 E logo, aproximando-se de Jesus, disse: "Salve, Rabi!" e o beijou. 50 Jesus respondeu-lhe: "Amigo, para que estás aqui?" Então, avançando, deitaram a mão em Jesus e o prenderam. 51 E eis que um dos que estavam com Jesus, estendendo a mão, desembainhou a espada e, ferindo o servo do Sumo Sacerdote, decepou-lhe a orelha. 52 Mas Jesus lhe disse: "Guarda a tua espada no seu lugar, pois todos os que pegam a espada pela espada perecerão. 53 Ou pensas tu que eu não poderia apelar para o meu Pai, para que ele pusesse à minha disposição, agora mesmo, mais de doze legiões de anjos? 54 E como se cumpririam então as Escrituras, segundo as quais isso deve acontecer?" 55 E naquela hora, disse Jesus às multidões: "Como a um ladrão, saístes para prender-me com espadas e paus! Eu me sentava no Templo ensinando todos os dias e não me prendestes". 56 Tudo isso, porém, aconteceu para se cumprirem os escritos dos profetas. Então todos os discípulos, abandonando-o, fugiram. 57 Os que prenderam Jesus levaram-no ao Sumo Sacerdote Caifás, onde os escribas e os anciãos estavam reunidos. 58 Pedro seguiu-o de longe até o pátio do Sumo Sacerdote e, penetrando no interior, sentou-se com os servidores para ver o fim. 59 Ora, os chefes dos sacerdotes e todo o Sinédrio procuravam um falso testemunho contra Jesus, a fim de matá-lo, 60 mas nada encontraram, embora se apresentassem muitas falsas testemunhas. Por fim, se apresentaram duas 61 que afirmaram: "Este homem declarou: Posso destruir o Templo de Deus e edificá-lo depois de três dias". 62 Levantando-se então o Sumo Sacerdote, disse-lhe: "Nada respondes? O que testemunham estes contra ti?" 63 Jesus, porém, ficou calado. E o Sumo Sacerdote lhe disse: "Eu te conjuro pelo Deus Vivo que nos declares se tu és o Cristo, o Filho de Deus". 64 Jesus respondeu: "Tu o disseste. Aliás, eu vos digo que, de ora em diante, vereis o Filho do Homem sentado à direita do Poderoso e vindo sobre as nuvens do céu". 65 O Sumo Sacerdote então rasgou suas vestes, dizendo: "Blasfemou! Que necessidade temos ainda de testemunhas?

> *Vede: vós ouvistes neste instante a blasfêmia. 66 Que pensais?" Eles responderam: "É réu de morte". 67 E cuspiram-lhe no rosto e o esbofetearam. Outros lhe davam bordoadas, 68 dizendo: "Faze-nos uma profecia, Cristo: quem é que te bateu"?*

Com a prisão de Jesus inicia o processo que conduziria o Cristo ao calvário — palavra derivada do aramaico *gólgota*, transcrita para o grego como *kranion* e no latim *calvaria*, etimologicamente significa "crânio" ou "caveira", que é referência ao nome do local onde ocorreu a crucificação do Cristo. Jesus foi reconhecido pelos soldados devido ao beijo que Judas lhe deu na face, sinal combinado para identificar o Senhor, como consta dos versículos:

> 48 O seu traidor dera-lhes um sinal, dizendo: "É aquele que eu beijar; prendei-o". 49 E logo, aproximando-se de Jesus, disse: "Salve, Rabi!" e o beijou. 50 Jesus respondeu-lhe: "Amigo, para que estás aqui?" Então, avançando, deitaram a mão em Jesus e o prenderam (Mt 26:48-50). Nesse momento alguém tenta defender a Jesus: 51 E eis que um dos que estavam com Jesus, estendendo a mão, desembainhou a espada e, ferindo o servo do Sumo Sacerdote, decepou-lhe a orelha. 52 Mas Jesus lhe disse: "Guarda a tua espada no seu lugar, pois todos os que pegam a espada pela espada perecerão" (Mt 26:48-52).

Identificamos duas lições transmitidas por Jesus nos dois textos acima: a primeira é continuar a dirigir-se a Judas como o seu amigo, porque o amigo verdadeiro compreende e perdoa a traição; a segunda está relacionada a não reagir com violência, quando somos por ela atingidos. Nessa lição, a violência equivale a uma faca de dois gumes: fere o outro, mas fere a si próprio, cedo ou tarde.

Em sequência à prisão, Jesus é levado perante o sinédrio, onde é julgado por meio de falsos testemunhos, recebendo a sentença de "réu de morte".

Emmanuel nos apresenta admiráveis conclusões relacionadas à prisão de Jesus; à traição de amigos; à frieza, indiferença e dureza dos sacerdotes:

> Toda ocorrência, na missão de Jesus, reveste-se de profunda expressão simbólica.
>
> Dificilmente o ataque de estranhos poderia provocar o Calvário doloroso. Os juízes do Sinédrio, pessoalmente, não se achavam habilitados a movimentar o sinistro assunto, nem os acusadores gratuitos do Mestre poderiam, por si mesmos, efetuar o processo infamante.
>
> Reclamava-se alguém que fraquejasse e traísse a si mesmo.
>
> A ingratidão não é planta de campo contrário.
>
> O infrator mais temível, em todas as boas obras, é sempre o amigo transviado, o companheiro leviano e o irmão indiferente.

Não obstante o respeito que devemos a Judas redimido, convém recordar a lição, em favor do serviço de vigilância, não somente para os discípulos em aprendizado, a fim de que não fracassassem, como também para os discípulos em testemunho para que exemplifiquem com o Senhor, compreendendo, agindo e perdoando.

Nas linhas do trabalho cristão, não é demais aguardar grandes lutas e grandes provas, considerando-se, porém, que as maiores angústias não procederão de círculos adversos, mas justamente da esfera mais íntima, quando a inquietação e a revolta, a leviandade e a imprevidência penetram o coração daqueles que mais amamos.

De modo geral, a calúnia e o erro, a defecção e o fel não partem de nossos opositores declarados, mas, sim, daqueles que se alimentam conosco, nos mesmos pratos da vida. Conserve-se cada discípulo plenamente informado, com respeito a semelhante verdade, a fim de que saibamos imitar o Senhor, nos grandes dias.[1084]

56.4 AS NEGAÇÕES DE PEDRO (MT 26:69-75)[1085]

69 Pedro estava sentado fora, no pátio. Aproximou-se dele uma criada, dizendo: "Também tu estavas com Jesus, o Galileu!" 70 Ele, porém, negou diante de todos, dizendo: "Não sei o que dizes". 71 Saindo para o pórtico, uma outra viu-o e disse aos que ali estavam: "Ele estava com Jesus, o Nazareu". 72 De novo ele negou, jurando que não conhecia o homem. 73 Pouco depois, os que lá estavam disseram a Pedro: "De fato, também tu és um deles; pois o teu dialeto te denuncia". 74 Então ele começou a praguejar e a jurar, dizendo: "Não conheço o homem!" E imediatamente o galo cantou. 75 E Pedro se lembrou da palavra que Jesus dissera: "Antes que o galo cante, três vezes me negarás". Saindo dali, ele chorou amargamente.

Amedrontados com a prisão e julgamento do Cristo, os seus discípulos mais próximos afastam-se temerosos. Pedro nega por três vezes conhecê-lo, quando é indagado a respeito. Somente na última negação, quando escuta o galo cantar, é que o valoroso apóstolo cai em si, em profunda desolação, como está registrado: "74 Então ele começou a praguejar e a jurar, dizendo: "Não conheço o homem!" E imediatamente o galo cantou. 75 E Pedro se lembrou da palavra que Jesus dissera: "Antes que o galo cante, três vezes me negarás". Saindo dali ele chorou amargamente (Mt 26:74,75).

Emmanuel pondera a respeito:

O fracasso, como qualquer êxito, tem suas causas positivas.

A negação de Pedro sempre constitui assunto de palpitante interesse nas comunidades do Cristianismo.

Enquadrar-se-ia a queda moral do generoso amigo do Mestre num plano de fatalidade? Por que se negaria Simão a cooperar com o Senhor em minutos tão difíceis?

Útil, nesse particular, é o exame de sua invigilância.

O fracasso do amoroso pescador reside aí dentro, na desatenção para com as advertências recebidas.

Grande número de discípulos modernos participa das mesmas negações, em razão de continuarem desatendendo.

Informa o Evangelho que, naquela hora de trabalhos supremos, Simão Pedro seguia o Mestre "de longe", ficou no "pátio do sumo-sacerdote", e "assentou-se entre os criados" deste, para "ver o fim".

Leitura cuidadosa do texto esclarece-nos o entendimento e reconhecemos que, ainda hoje, muitos amigos do Evangelho prosseguem caindo em suas aspirações e esperanças, por acompanharem o Cristo a distância, receosos de perderem gratificações imediatistas; quando chamados a testemunho importante, demoram-se nas vizinhanças da arena de lutas redentoras, entre os servos das convenções utilitaristas, assestando binóculos de exame, a fim de observarem como será o fim dos serviços alheios.

Todos os aprendizes, nessas condições, naturalmente fracassarão e chorarão amargamente.[1086]

REFERÊNCIAS

[1075] BÍBLIA DE JERUSALÉM. Gilberto da Silva Gorgulho; Ivo Storniolo e Ana Flora Anderson (Coords.). Diversos tradutores. Nova ed. rev. e ampl. 13. imp. São Paulo: Paulus, 2019, *O evangelho segundo Mateus*, p. 1.750-1.751.

[1076] XAVIER, Francisco Cândido. *Boa nova*. Pelo Espírito Humberto de Campos. 37. ed. 15. imp. Brasília: FEB, 2020, cap. 25, p. 161-162.

[1077] CHAMPLIN, Russell Norman. *O novo testamento interpretado versículo por versículo*: Mateus/Marcos. Ampliado e atualizado. 1. ed. São Paulo: Hagnos, 2018, v. 1, cap. 13, p. 672.

[1078] _____. _____. Cap. 13, it. 26.5, p. 672.

[1079] XAVIER, Francisco Cândido. *Boa nova*. Pelo Espírito Humberto de Campos. 37. ed. 15. imp. Brasília: FEB, 2020, cap. 25, p. 162-163.

[1080] BÍBLIA DE JERUSALÉM. Gilberto da Silva Gorgulho; Ivo Storniolo e Ana Flora Anderson (Coords.). Diversos tradutores. Nova ed. rev. e ampl. 13. imp. São Paulo: Paulus, 2019, *O evangelho segundo Mateus*, p. 1.752-1.753.

[1081] SCHUTEL, Cairbar. *Parábolas e ensinos de Jesus*. 28. ed. Matão/SP: O Clarim, 2016, it. A ceia pascoal, p. 314.

[1082] XAVIER, Francisco Cândido. *Caminho, verdade e vida*. Pelo Espírito Emmanuel. 1. ed. 17. imp. Brasília: FEB, 2020, cap. 89, p. 193-194.

[1083] BÍBLIA DE JERUSALÉM. Gilberto da Silva Gorgulho; Ivo Storniolo e Ana Flora Anderson (Coords.). Diversos tradutores. Nova ed. rev. e ampl. 13. imp. São Paulo: Paulus, 2019, *O evangelho segundo Mateus*, p. 1.752-1.753.

[1084] XAVIER, Francisco Cândido. *Vinha de luz*. Pelo Espírito Emmanuel. 1. ed. 15. imp. Brasília, FEB, 2020, cap. 104, p. 221-222.

[1085] BÍBLIA DE JERUSALÉM. Gilberto da Silva Gorgulho; Ivo Storniolo e Ana Flora Anderson (Coords.). Diversos tradutores. Nova ed. rev. e ampl. 13. imp. São Paulo: Paulus, 2019, *O evangelho segundo Mateus*, p. 1.754.

[1086] XAVIER, Francisco Cândido. *Caminho, verdade e vida*. Pelo Espírito Emmanuel. 1. ed. 17. imp. Brasília: FEB, 2020, cap. 89, p. 193-194.

PAIXÃO E RESSURREIÇÃO 2 (MT 27:1-66)

Do penúltimo capítulo do Evangelho de Mateus temos ainda quatro assuntos para serem analisados. Apresentaremos de acordo com a ordem estabelecida pela *Bíblia de Jerusalém*: 1) *Jesus perante Pilatos*; 2) *A morte de Judas*; 3) *A coroação de espinhos, a crucificação e Jesus é escarnecido e injuriado na cruz*; 4) *A morte, o sepultamento de Jesus e a guarda do túmulo*.

São temas também relatados pelos demais evangelistas, porém de forma mais variada. Há indicações históricas de que o texto de João seria o mais fidedigno porque apresenta um quadro mais completo dos acontecimentos.[1087]

57.1 JESUS PERANTE PILATOS (MT 27:1:2; 11-26)[1088]

1 Chegada a manhã, todos os chefes dos sacerdotes e os anciãos do povo convocaram um conselho contra Jesus, a fim de levá-lo à morte. 2 Assim, amarrando-o, levaram-no e entregaram-no a Pilatos, o governador.

[...]

11 Jesus foi posto perante o governador e o governador interrogou-o: "És tu o rei dos judeus?" Jesus declarou: "Tu o dizes". 12 E ao ser acusado pelos chefes dos sacerdotes e anciãos, nada respondeu. 13 Então lhe disse Pilatos: "Não estás ouvindo de quanta coisa te acusam?" 14 Mas Ele não lhe respondeu sequer uma palavra, de tal sorte que o governador ficou muito impressionado. 15 Por ocasião da festa, era costume o governador soltar um preso que a multidão desejasse. 16 Nessa ocasião, tinham eles um preso famoso, chamado Barrabás. 17 Como estivessem reunidos, Pilatos lhes disse: "Quem quereis que vos solte, Barrabás ou Jesus, que chamam de Cristo?" 18 Ele sabia, com efeito, que eles o haviam entregue por inveja. 19 Enquanto estava sentado no tribunal, sua mulher lhe mandou dizer: "Não te envolvas com esse justo, porque muito sofri hoje em sonho por causa dele". 20 Os chefes dos sacerdotes e os anciãos, porém, persuadiram as multidões a que pedissem Barrabás e que fizessem Jesus perecer. 21 O governador respondeu-lhes: "Qual dos dois quereis que vos solte?" Disseram: "Barrabás". 22 Pilatos perguntou: "Que farei de Jesus, que chamam de Cristo?" Todos responderam: "Seja crucificado!" 23 Tornou a dizer-lhes: "Mas que mal Ele fez?" Eles,

> *porém, gritavam com mais veemência: "Seja crucificado!" 24 Vendo Pilatos que nada conseguia, mas, ao contrário, a desordem aumentava, pegou água e, lavando as mãos na presença da multidão, disse: "Estou inocente desse sangue. A responsabilidade é vossa". 25 A isso todo o povo respondeu: "O seu sangue caia sobre nós e sobre nossos filhos". 26 Então soltou-lhes Barrabás. Quanto a Jesus, depois de açoitá-lo, entregou-o para que fosse crucificado.*

Há algumas práticas da tradição judaica que merecem ser destacadas a título de informação histórica, as quais estão relacionadas ao julgamento e condenação de Jesus, ocorridos fora dos parâmetros de moralidade, determinados pela religião e pela justiça.

57.1.1 JESUS É JULGADO E CONDENADO À MORTE

Antes da emissão da sentença do decreto de morte, Jesus foi submetido a uma sequência de ações desonradas e promovidas da parte das autoridades religiosas. Tomadas, inclusive, à revelia dos preceitos difundidos pela religião judaica, tais ações podem ser resumidas em três seguimentos:

> 1) O exame preparatório diante de Anás (Jo 18:13). Não foi uma reunião oficial do sinédrio. Anás não era, nessa ocasião, o sumo sacerdote oficial, tendo sido deposto pelos romanos. E Caifás fora posto em seu lugar. De acordo com a tradição judaica, porém, o ofício do sumo sacerdote era vitalício, e aos olhos deles, Anás continuava exercendo a autoridade como sumo sacerdote [...].[1089] Acrescente-se a isto o fato de que, mesmo deposto, Anás continuava exercendo forte influência sobre todas as autoridades religiosas;

> 2) Houve também outro julgamento, naquela mesma noite, imediatamente depois do julgamento diante de Anás. Esse segundo julgamento (Jo 18:24) foi realizado diante de Caifás. Provavelmente, a esse julgamento compareceu bom número dos juízes do sinédrio.[1090] *Mateus, Marcos* e *Lucas* consideram este o principal julgamento, o que fora efetuado à noite. Mas como há dúvidas a respeito, aceitam-se os registros de João como os mais confiáveis;

> 3) O terceiro julgamento, então, teve lugar, ou pelo menos houve uma reunião dos membros do sinédrio, durante a qual Jesus estava novamente presente, e que foi realizada bem cedo, na manhã seguinte. Esse julgamento foi uma extensão de natureza oficial, do julgamento que fora realizado na noite anterior.[1091]

Um fato digno de nota, e que invalida os dois primeiros julgamentos é que, de "acordo com as leis judaicas, uma pena de morte não podia ser imposta nem oficialmente decidida num tribunal que funcionasse à noite. É óbvio que essa reunião matutina do sinédrio teve como finalidade ratificar a decisão ilegal de condenar Jesus, o que evidentemente ficara resolvido na noite anterior."[1092]

A História demonstra que Jesus também foi submetido a três julgamentos "civis": "Houve o julgamento diante de Pilatos, (Mt 27:2); houve o julgamento diante de Herodes (Lc 23) e houve outro julgamento, final, diante de Pilatos. Lucas menciona todos os três julgamentos no vigésimo terceiro livro do seu *Evangelho* [...]."[1093]

Ante tais ocorrências, a palavra *injustiça* é a que se destaca quando tomamos conhecimento de como ocorreu o julgamento de Jesus. Faliram os religiosos e os representantes oficiais da administração política (Herodes e romanos). Emmanuel assinala a respeito: "Jesus Cristo!... Condenado sem culpa, vencido e vencedor... Profundamente amado, violentamente combatido! [...]".[1094] Contudo, a indagação de Pilatos dirigida às autoridades religiosas, e que consta do versículo 22 — *Pilatos perguntou:* "Que farei de Jesus, que chamam de Cristo?" — Ainda nos cala fundo, passados mais de dois milênios, sobretudo porque, para significativa parcela dos habitantes do planeta, a resposta pode ser a mesma que os sacerdotes e o povo, incitados por esses, deram ao preposto romano, indicada no mesmo versículo anteriormente citado: Todos responderam: "Seja crucificado!"

Verdade seja dita: somos uma Humanidade que tarda em evoluir. Para que ocorra a implantação da Lei de Amor, teremos ainda que nos submeter a suplícios e manifestações de renúncias, à semelhança do Cristo, a fim de domarmos nossa índole equivocada e ainda avessa à Lei de Amor, Justiça e Caridade.

Emmanuel oferece preciosa análise da pergunta de Pilatos e serve de oportuna reflexão para todos nós.

QUE FAZEMOS DO MESTRE?[1095]

Que farei então de Jesus, chamado o Cristo? – Pilatos (*Mateus,* 27:22)

Nos círculos do Cristianismo, a pergunta de Pilatos reveste-se de singular importância.

Que fazem os homens do Mestre Divino, no campo das lições diárias?

Os ociosos tentam convertê-lo em oráculo que lhes satisfaça as aspirações de menor esforço.

Os vaidosos procuram transformá-lo em galeria de exibição, através da qual façam mostruário permanente de personalismo inferior.

Os insensatos chamam-no indebitamente à aprovação dos desvarios a que se entregam, a distância do trabalho digno.

Grandes fileiras seguem-lhe os passos, qual a multidão que o acompanhava, no monte, apenas interessada na multiplicação de pães para o estômago.

Outros se acercam d'Ele, buscando atormentá-lo, à maneira dos fariseus arguciosos, rogando "sinais do céu".

Numerosas pessoas visitam-no, imitando o gesto de Jairo, suplicando bênçãos, crendo e descrendo ao mesmo tempo.

Diversos aprendizes ouvem-lhe os ensinamentos, ao modo de Judas, examinando o melhor caminho de estabelecerem a própria dominação.

Vários corações observam-no, com simpatia, mas, na primeira oportunidade, indagam, como a esposa de Zebedeu, sobre a distribuição dos lugares celestes.

Outros muitos o acompanham, estrada afora, iguais a inúmeros admiradores de Galileia, que lhe estimavam os benefícios e as consolações, detestando-lhe as verdades cristalinas.

Alguns imitam os beneficiários da Judeia, a levantarem mãos-postas no instante das vantagens e a fugirem, espavoridos, do sacrifício e do testemunho.

Grande maioria procede à moda de Pilatos que pergunta solenemente quanto ao que fará de Jesus e acaba crucificando-o, com despreocupação do dever e da responsabilidade.

Poucos imitam Simão Pedro que, após a iluminação no Pentecostes, segue-o sem condições até à morte.

Raros copiam Paulo de Tarso que se ergue, na estrada do erro, colocando-se a caminho da redenção, passando por impedimentos e pedradas, até ao fim da luta.

Não basta fazer do Cristo Jesus o benfeitor que cura e protege. É indispensável transformá-lo em padrão permanente da vida, por exemplo e modelo de cada dia.

57.2 A MORTE DE JUDAS (MT 27:3-10)[1096]

3 Então Judas, que o entregara, vendo que Jesus fora condenado, sentiu remorsos e veio devolver aos chefes dos sacerdotes e aos anciãos as trinta moedas de prata, 4 dizendo: "Pequei, entregando sangue inocente". Mas estes responderam: "Que temos nós com isso? O problema é teu". 5 Ele, atirando as moedas no Templo, retirou-se e foi enforcar-se. 6 Os chefes dos sacerdotes, tomando as moedas, disseram: "Não é lícito depositá-las no tesouro do templo, porque se trata de preço de sangue". 7 Assim, depois de deliberarem em conselho, compraram com elas o campo do Oleiro para o sepultamento dos estrangeiros. 8 Eis por que até hoje aquele campo se chama "Campo de Sangue". 9 Com isso se cumpriu o oráculo do profeta Jeremias: E tomaram as trinta moedas de prata, o preço do Precioso, daquele que os filhos de Israel avaliaram, 10 e deram-nas pelo campo do Oleiro, conforme o Senhor me ordenara.

Humberto de Campos (Irmão X) transmite alguns apontamentos e impressões a respeito dessa passagem de *Mateus*.

> [Judas] – Recordando suas primeiras conversações com as autoridades do Sinédrio, meditava na execução de seus sombrios desígnios.
>
> A madrugada o encontrou decidido, na embriaguez de seus sonhos ilusórios. Entregaria o Mestre aos homens do poder, em troca de sua nomeação oficial para dirigir a atividade dos companheiros. Teria autoridade e privilégios políticos. Satisfaria às suas ambições, aparentemente justas, com o fim de organizar a vitória cristã no seio de seu povo. Depois de atingir o alto cargo com que contava, libertaria Jesus e lhe dirigiria os dons espirituais, de modo a utilizá-los para a conversão de seus amigos e protetores prestigiosos. O Mestre, a seu ver, era demasiadamente humilde e generoso para vencer sozinho, por entre a maldade e a violência.
>
> Ao desabrochar a alvorada, o discípulo imprevidente demandou o centro da cidade e, após horas, era recebido pelo Sinédrio, onde lhe foram hipotecadas as mais relevantes promessas.
>
> Apesar de satisfeito com a sua mesquinha gratificação e desvairado no seu espírito ambicioso, Judas amava o Messias e esperava ansiosamente o instante do triunfo para lhe dar a alegria da vitória cristã, através das manobras políticas do mundo.
>
> O prêmio da vaidade, porém, esperava a sua desmedida ambição. Humilhado e escarnecido, seu Mestre bem-amado foi conduzido à cruz da ignomínia, sob vilipêndios e flagelações.
>
> [...]
>
> Observando os acontecimentos, que lhe contrariavam as mais íntimas suposições Judas Iscariotes se dirigiu a Caifás, reclamando o cumprimento de suas promessas. Os sacerdotes, porém, ouvindo-lhe as palavras tardias, sorriram com sarcasmo. Debalde recorreu às suas prestigiosas relações de amizade: teve de reconhecer a falibilidade das promessas humanas. Atormentado e aflito, buscou os companheiros de fé. Encontrou-os vencidos e humilhados; pareceu-lhe, porém, descobrir em cada olhar a mesma exprobração silenciosa e dolorida.[1097]

Judas optou pelo suicídio quando caiu em si, começando assim um ciclo de reencarnações dolorosas, desencadeadas pelo remorso que não soube administrar. Foi um discípulo iludido, que não soube penetrar na essência dos ensinamentos do Mestre por se manter prisioneiro da ilusão dos interesses passageiros da vida no plano físico. Contudo, mercê da Misericórdia do Pai Celestial e de Jesus, ele jamais foi abandonado, nem entregue a si mesmo ou sequer considerado traidor (na verdade, Judas traiu a si mesmo). Jesus continuou sendo o seu amigo e lhe concedeu todas as oportunidades de reparar o seu passado, como recorda Humberto de

Campos, ao transmitir informações colhidas, durante um encontro casual que ele teve com o próprio Judas Iscariotes:

> [...]. O remorso é uma força preliminar para os trabalhos reparadores. Depois da minha morte trágica submergi-me em séculos de sofrimento expiatório da minha falta. Sofri horrores nas perseguições infligidas em Roma aos adeptos da Doutrina de Jesus e as minhas provas culminaram numa fogueira inquisitorial, onde imitando o Mestre, fui traído, vendido e usurpado. Vítima da felonia e da traição deixei na Terra os derradeiros resquícios do meu crime, na Europa do século XV. Desde esse dia, em que me entreguei por amor do Cristo a todos os tormentos e infâmias que me aviltavam, com resignação e piedade pelos meus verdugos, fechei o ciclo das minhas dolorosas reencarnações na Terra, sentindo na fronte o ósculo de perdão da minha própria consciência...
> [...].[1098]

57.3 A COROAÇÃO DE ESPINHOS E A CRUCIFICAÇÃO. JESUS NA CRUZ É ESCARNECIDO E INJURIADO (MT 27:27 A 31; 32 A 38; 39 A 44)[1099]

» *27 Em seguida, os soldados do governador, levando Jesus para o Pretório, reuniram contra Ele toda a coorte. 28 Despiram-no e puseram-lhe uma capa escarlate. 29 Depois, tecendo uma coroa de espinhos, puseram-lhe na cabeça e um caniço na mão direita. E, ajoelhando-se diante dele, diziam-lhe, caçoando: "Salve, rei dos judeus!" 30 E cuspindo n'Ele, tomavam o caniço e batiam-lhe na cabeça. 31 Depois de caçoarem dele, despiram-lhe a capa escarlate e tornaram a vesti-lo com as suas próprias vestes, e levaram-no para o crucificar.*

» *32 Ao saírem, encontraram um homem de Cirene, de nome Simão. E o requisitaram para que carregasse a cruz de Jesus. 33 Chegando a um lugar chamado Gólgota, isto é, lugar que chamavam de Caveira, 34 deram-lhe de beber vinho misturado com fel. Ele provou, mas não quis beber. 35 E após crucificá-lo, repartiram entre si as suas vestes, lançando a sorte. 36 E, sentando-se, ali montavam-lhe guarda. 37 E colocaram acima da sua cabeça, por escrito, o motivo da sua condenação: "Este é Jesus, o Rei dos judeus". 38 Com ele foram crucificados dois ladrões, um à direita, outro à esquerda.*

» *39 Os transeuntes injuriavam-no, meneando a cabeça 40 e dizendo: "Tu que destróis o templo e em três dias o reedificas, salva-te a ti mesmo, se és Filho de Deus, e desce da cruz!" 41 Do mesmo modo, também os chefes dos sacerdotes, juntamente com os escribas e anciãos, caçoavam d'Ele: 42 "A outros salvou, a si mesmo não pode salvar! Rei de Israel que é, que desça agora da cruz e creremos n'Ele! 43 Confiou em Deus: pois que o livre agora, se é que se interessa por Ele! Já que Ele disse: Eu sou Filho de Deus". 44 E até os ladrões, que foram crucificados junto com Ele, o insultavam.*

O julgamento e a condenação de Jesus pelas autoridades não religiosas — judeus ligados a Herodes e os representantes do imperador romano, sob o comando de Pilatos — foram marcados por ações de humilhação e zombarias, como bem especificam os versículos 27 a 31:

> Em seguida, os soldados do governador, levando Jesus para o Pretório, reuniram contra Ele toda a coorte. Despiram-no e puseram-lhe uma capa escarlate. Depois, tecendo uma coroa de espinhos, puseram-na em sua cabeça e um caniço na mão direita. E, ajoelhando-se diante d'Ele, diziam-lhe, caçoando: "Salve, rei dos judeus!" E cuspindo n'Ele, tomaram o caniço e batiam-lhe na cabeça. Depois de caçoarem d'Ele, despiram-lhe a capa escarlate e tornaram a vesti-lo com as suas próprias vestes, e levaram-no para o crucificar.

Como registro histórico, é importante inserir alguns lembretes para contextualizar o cenário pérfido a que o Mestre Nazareno foi submetido. Assim, o "pretório", para onde Jesus foi levado pelos soldados, originalmente significava "[...] a tenda do comandante ou *praetor*, em consequência, os quartéis do exército. [...] Por extensão, a palavra veio a significar a residência de um governador provincial [o equivalente ao Palatino, residência do imperador em Roma]".[1100] O pretório era a residência do governador Pilatos. As normas especificadas para serem aplicadas a um prisioneiro condenado de morte eram cruéis e superavam, em muito, as humilhações e zombarias públicas. Tais normas foram aplicadas a Jesus:

> [...] Os soldados reuniram-se como expectadores para o açoite, que era o primeiro passo para a sentença de morte por crucificação. Para os soldados, isso era um grande esporte [...]. Posteriormente, os cristãos foram obrigados a lutar contra feras ou foram queimados em fogueiras, defronte de grandes audiências, como participantes desse passatempo inacreditavelmente cruel e desumano. Aqueles soldados pagãos também gostariam de mostrar o seu desprezo pelos judeus, castigando horrendamente um dos membros de sua raça.
>
> [...] Parece que levaram Jesus para esse lugar [pretório] a fim de zombar d'Ele sossegadamente. Haviam sido contagiados pelo espírito odioso da multidão [incitada pelas autoridades religiosas]; queriam zombar e punir aquele pretenso rei. Deram prosseguimento às zombarias que haviam sido iniciadas

por Herodes, quando vestiu Jesus num manto branco, como desprezo à sua reivindicação de realeza. [...] Somente os esforços da imaginação podem indicar os horrores que Jesus deve ter sofrido às mãos daqueles homens ímpios e desvairados.[1101]

O *manto escarlate* era uma capa curta, usada pelos oficiais militares, magistrados, reis e imperadores;[1102] *coroa de espinhos* equivalia ao diadema ou coroa real, enquanto o *caniço* é uma referência ao cetro usado pelos reis. Foram zombarias utilizadas para ridicularizar Jesus.[1103] Os versículos 30 e 31 revelam o desvario dos soldados romanos: *E, ajoelhando-se diante d'Ele, diziam-lhe, caçoando: "Salve, rei dos judeus!" E cuspindo n'Ele, tomaram o caniço e batiam-lhe na cabeça. Depois de caçoarem d'Ele, despiram-lhe a capa escarlate e tornaram a vesti-lo com as suas próprias vestes, e levaram-no para o crucificar.*

A dolorosa peregrinação do Mestre amado até o Gólgota, local onde seria crucificado, foi acrescida pelo peso massacrante de uma cruz. O gólgota, em aramaico *gulgatha* e no hebraico *gulgoleth*, significa "crânio", é também denominado Morro da Caveira, era o lugar usual das crucificações ocorridas naqueles idos tempos. O Espírito Amélia Rodrigues esclarece-nos a respeito desses momentos dolorosos.

> Curtos são os sentimentos da gratidão humana, e breve o caminho dos que dizem amar...
>
> Ele não enganara ninguém, porquanto sempre se reportava a um *Reino que não era desse mundo*. [...]
>
> Agora se encontrava só... a sós, com Deus, como, aliás, sempre estivera.
>
> [...]
>
> A estranha procissão percorreu distância inferior a quinhentos metros, atravessou a porta Judiciária, e a silhueta do monte sombrio [Gólgota] se desenhou entre o fulgor do dia em plenitude e o fundo azul abrasado da Natureza...
>
> [...]
>
> De semblantes sinistros, com varapaus, os membros da peregrinação torturam o Justo, agridem-no com acrimônia, mordacidade e zombaria.
>
> Sempre se fará assim com aqueles que se elevam acima da craveira da banalidade, com os que se erguem nas grimpas dos ideais de enobrecimento da Humanidade.[1104]

Poucos eram os que lhe enviavam um sentimento de compaixão ou prestavam um gesto de solidariedade. Entre esses, o texto evangélico cita Simão, o cireneu, nativo da cidade de Cirene, província romana, a partir de 67 a.C., que, condoído com a trágica situação que presenciava, foi escolhido por um soldado para auxiliar Jesus a carregar a cruz. O Espírito Amélia Rodrigues no livro *Quando Voltar a Primavera*, dá-nos outras informações importantes a respeito da compaixão de Simão, o cireneu, quando ele observou Jesus mais detidamente:

> Cirene, sua capital, passaria à narração evangélica graças a Simão, ali nascido, judeu de família grega que se encontrava acompanhando a sinistra procissão pelas vias estreitas de Jerusalém, naquele dia.
>
> Aquele homem de olhar triste fascinou-o.
>
> A pesada cruz, com quase setenta quilos, a dilacerar os ombros e as mãos do condenado, que cambaleia, comove-o.
>
> A noite de vigília demorada, as viagens entre Anás e Caifás, o Pretório, exauriram o Filho de Deus.
>
> O centurião fustigava o preso, a fim de que não desfalecesse. A penalidade deveria ser cumprida.
>
> Enfurecido, experimenta o soldado um misto de piedade e dever, ferido pelo amor pacífico e escravo, serviçal pela paixão a César. No tormento que o vence, deseja diminuir a carga que ameaça esmagá-lo. Perpassa olhar injetado pelas filas de mudos expectadores e chama o homem de Cirene.
>
> O convocado não reage. Parece até que rejubila interiormente.
>
> Submisso, curva-se, oferece o ombro e auxilia o estranho.
>
> A cruz se ergue mais leve. Jesus dirige-lhe um olhar de profundo amor.[1105]

57.4 A MORTE E O SEPULTAMENTO DE JESUS. A GUARDA DO TÚMULO (MT 27:45-56; 57-61; 62-66)[1106]

> *45 Desde a hora sexta até a hora nona, houve treva em toda a Terra. 46. Por volta da hora nona, Jesus deu um grande grito: "Eli, Eli, lamá sabachtháni?", isto é: 46 "Deus meu, Deus meu, por que me abandonaste?" 47 Alguns dos que tinham ficado ali, ouvindo-o, disseram: "Está chamando Elias!" 48 Imediatamente um deles saiu correndo, pegou uma esponja, embebeu-a em vinagre e, fixando-a numa vara, dava-lhe de beber. 49 Mas os outros diziam: "Deixa, vejamos se Elias vem salvá-lo!" 50 Jesus, porém, tornando a dar um grande grito, entregou o espírito. 51 Nisso, o véu do Santuário se rasgou em duas partes, de cima a baixo, a terra tremeu e as rochas se fenderam. 52 Abriram-se os túmulos e muitos corpos dos santos falecidos ressuscitaram. 53 E, saindo dos túmulos após a ressurreição de Jesus, entraram na Cidade Santa e foram vistos por muitos. 54 O centurião e os que com ele guardavam a Jesus, ao verem o terremoto e tudo mais que estava acontecendo, ficaram muito amedrontados e disseram: "De fato, este era Filho de Deus!" 55 Estavam ali muitas mulheres, olhando de longe. Haviam acompanhado Jesus desde a Galileia, a servi-lo. 56 Entre elas, Maria Madalena, Maria, mãe de Tiago e de José, e a mãe dos filhos de Zebedeu.*

> *57 Chegada à tarde, veio um homem rico de Arimateia, chamado José, o qual também se tornara discípulo de Jesus. 58 E dirigindo-se a Pilatos, pediu-lhe o corpo de Jesus. Então Pilatos mandou que lhe fosse entregue. 59 José, tomando o corpo, envolveu-o num lençol limpo 60 e o pôs em seu túmulo novo, que talhara na rocha. Em seguida rolando uma grande pedra para a entrada do túmulo, retirou-se. 61 Ora, Maria Madalena e a outra Maria estavam ali sentadas em frente ao sepulcro.*
>
> *62 No dia seguinte, um dia depois da Preparação, os chefes dos sacerdotes e os fariseus, reunidos junto a Pilatos, 63 diziam: "Senhor, lembramo-nos de que aquele impostor disse, quando ainda vivo: 'Depois de três dias ressuscitarei!' 64 Ordena, pois, que o sepulcro seja guardado com segurança até o terceiro dia, para que os discípulos não venham roubá-lo e depois digam ao povo: 'Ele ressuscitou dos mortos!' e a última impostura será pior do que a primeira". 65 Pilatos respondeu: "Tendes uma guarda; ide, guardai o sepulcro, como entendeis". 66 E, saindo, eles puseram em segurança o sepulcro, selando a pedra e montando guarda.*

O registro de *Mateus* mostra-nos que as trevas, aparentemente vencedoras, inundaram efetivamente o mundo com o julgamento e a condenação de Jesus à morte. O texto não faz referência apenas às trevas morais que legitimam o mal, mas ocorreu o fenômeno do escurecimento, a partir do meio dia até o último suspiro do Senhor que, segundo a tradição, alcançou toda a Judeia.[1107] À escuridão reinante, outros fenômenos de efeitos físicos ocorreram, como destaca os versículos 51 a 54:

> Nisso, o véu do Santuário se rasgou em duas partes, de cima a baixo, a terra tremeu e as rochas se fenderam. Abriram-se os túmulos e muitos corpos dos santos falecidos ressuscitaram. E, saindo dos túmulos após a ressurreição de Jesus, entraram na Cidade Santa e foram vistos por muitos. O centurião e os que com ele guardavam a Jesus, ao verem o terremoto e tudo mais que estava acontecendo, ficaram muito amedrontados e disseram: "De fato, este era filho de Deus!"

A exclamação de Jesus ocorrida pouco antes de sua morte, citada no versículo 46 — "Lá pela hora nona, Jesus deu um grande grito: '*Eli, Eli, lamá sabachtháni?*', isto é: 'Deus meu, Deus meu, por que me abandonaste?', tem sido motivo de muita discussão entre os mais respeitáveis estudiosos do Novo Testamento, procurando entender o sentido do clamor de Jesus, depois de tudo a que Ele se submeteu. Devemos crer, tirando-se uma média das interpretações, que o Cristo emitiu um grito de desolação, não por acreditar, efetivamente, no abandono de Deus, uma vez que Ele sabia que Deus jamais o abandonou. Segundo Russel,

> [...] Deus não abandonou a Jesus, porquanto naquele momento (como em todos os momentos em que esteve na cruz), quando Jesus expressou o seu

grito total de desolação, Deus aceitou não somente a Ele, mas também toda a Humanidade em sua pessoa; pois tão grande é o seu valor, como homem representativo, que, mediante a identificação com Ele, somos aceitos n'Ele [...].[1108]

Na última parte do capítulo 27, Mateus relata que algumas mulheres ficaram com Jesus até o final: "Maria Madalena, Maria, mãe de Tiago e de José, e a mãe dos filhos de Zebedeu" (v. 56). Consta também que o corpo de Jesus foi resgatado por um rico comerciante, José de Arimateia, que o conduziu ao sepulcro, após ter recebido a aprovação de Pilatos: "José, tomando o corpo, envolveu-o num lençol limpo e o pôs em seu túmulo novo, que talhara na rocha. Em seguida rolando uma grande pedra para a entrada do túmulo, retirou-se" (v. 59 e 60). Duas mulheres permanecem presentes a esta cerimônia final, de respeito e consideração: "Ora, Maria Madalena e a outra Maria estavam ali sentadas em frente ao sepulcro" (v. 61). Louvável essa fidelidade feminina que enfrentou os costumes e tradições.

Finalmente, lembramos que a condenação e morte de Jesus não foram suficientes para aplacar o medo que os sacerdotes tinham de Jesus voltar, por meio da ressurreição. Pediram proteção a Pilatos que ordenou colocasse um vigia, a fim de que algum discípulo não roubasse o corpo do Mestre:

> 62 No dia seguinte, um dia depois da preparação, os chefes dos sacerdotes e os fariseus, reunidos junto a Pilatos, 63 diziam: "Senhor, lembramo-nos de que aquele impostor disse, quando ainda vivo: 'Depois de três dias ressuscitarei!' 64 Ordena, pois, que o sepulcro seja guardado com segurança até o terceiro dia, para que os discípulos não venham roubá-lo e depois digam ao povo: 'Ele ressuscitou dos mortos!' e a última impostura será pior do que a primeira". 65 Pilatos respondeu: "Tendes uma guarda; ide, guardai o sepulcro, como entendeis". 66 E, saindo, eles puseram em segurança o sepulcro, selando a pedra e montando guarda.

Este tema será mais bem estudado no próximo e último capítulo de Mateus: o 28. Mas todos os acontecimentos relatados de forma panorâmica, nos fazem refletir que em momento algum Jesus foi derrotado, pois cumpriu, até o último suspiro, o seu mandato de amor. Voltaremos outras vezes a esse tema ao estudá-lo nos registros dos demais evangelistas e em outros livros do Novo Testamento. O que foi apresentado aqui é apenas uma breve introdução do assunto, a fim de que aprendamos a refletir com mais ponderação e maturidade a nossa conduta na vida: buscar sempre, sob quaisquer condições, a prática do bem.

Ao término desse estudo, Emmanuel oferece uma síntese dos principais acontecimentos, úteis à nossa reflexão:

Muitos estudiosos do Cristianismo combatem as recordações da cruz, alegando que as reminiscências do Calvário constituem indébita cultura de sofrimento.

Asseveram negativa a lembrança do Mestre, nas horas da crucificação, entre malfeitores vulgares.

Somos, porém, daqueles que preferem encarar todos os dias do Cristo por gloriosas jornadas e todos os seus minutos por divinas parcelas de seu ministério sagrado, ante as necessidades da alma humana.

Cada hora da presença d'Ele, entre as criaturas, reveste-se de beleza particular e o instante do madeiro afrontoso está repleto de majestade simbólica.

Vários discípulos tecem comentários extensos, em derredor da cruz do Senhor, e costumam examinar com particularidades teóricas os madeiros imaginários que trazem consigo.

Entretanto, somente haverá tomado a cruz de redenção que lhe compete aquele que já alcançou o poder de negar a si mesmo, de modo a seguir nos passos do Divino Mestre.

Muita gente confunde disciplina com iluminação espiritual. Apenas depois de havermos concordado com o jugo suave de Jesus Cristo, podemos alçar aos ombros a cruz que nos dotará de asas espirituais para a vida eterna.

Contra os argumentos, quase sempre ociosos, dos que ainda não compreenderam a sublimidade da cruz, vejamos o exemplo do Cireneu, nos momentos culminantes do Salvador. A cruz do Cristo foi a mais bela do mundo, no entanto, o homem que o ajuda não o faz por vontade própria e, sim, atendendo a requisição irresistível. E, ainda hoje, a maioria dos homens aceita as obrigações inerentes ao próprio dever, porque a isso é constrangida.[1109]

REFERÊNCIAS

[1087] CHAMPLIN, Russell Norman. *O novo testamento interpretado versículo por versículo*: Mateus/Marcos. Nova edição revisada. São Paulo: Hagnos, 2014, v. 1, it. Mateus 27, p. 706.

[1088] BÍBLIA DE JERUSALÉM. Gilberto da Silva Gorgulho; Ivo Storniolo e Ana Flora Anderson (Coords.). Diversos tradutores. Nova ed. rev. e ampl. 13. imp. São Paulo: Paulus, 2019, *Evangelho segundo Mateus*, p. 1.754 e 1.755.

[1089] CHAMPLIN, Russell Norman. *O novo testamento interpretado versículo por versículo*: Mateus/Marcos. Nova edição revisada. São Paulo: Hagnos, 2014, v. 1, it. Mateus, 27:1, p. 706.

[1090] _____. _____.

[1091] _____. _____.

[1092] _____. _____.

1093 _____. _____.

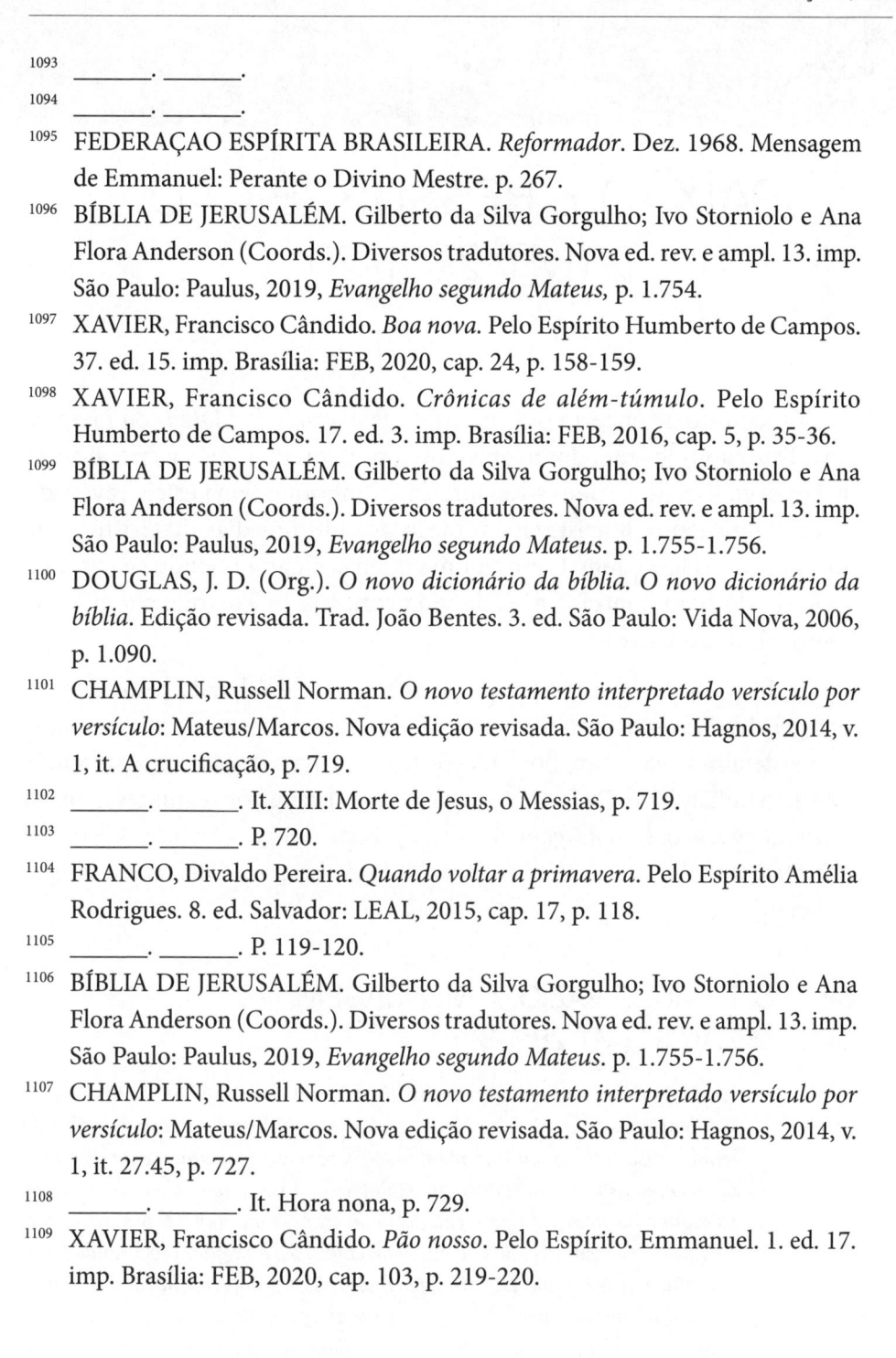

1094 _____. _____.

1095 FEDERAÇAO ESPÍRITA BRASILEIRA. *Reformador*. Dez. 1968. Mensagem de Emmanuel: Perante o Divino Mestre. p. 267.

1096 BÍBLIA DE JERUSALÉM. Gilberto da Silva Gorgulho; Ivo Storniolo e Ana Flora Anderson (Coords.). Diversos tradutores. Nova ed. rev. e ampl. 13. imp. São Paulo: Paulus, 2019, *Evangelho segundo Mateus,* p. 1.754.

1097 XAVIER, Francisco Cândido. *Boa nova.* Pelo Espírito Humberto de Campos. 37. ed. 15. imp. Brasília: FEB, 2020, cap. 24, p. 158-159.

1098 XAVIER, Francisco Cândido. *Crônicas de além-túmulo.* Pelo Espírito Humberto de Campos. 17. ed. 3. imp. Brasília: FEB, 2016, cap. 5, p. 35-36.

1099 BÍBLIA DE JERUSALÉM. Gilberto da Silva Gorgulho; Ivo Storniolo e Ana Flora Anderson (Coords.). Diversos tradutores. Nova ed. rev. e ampl. 13. imp. São Paulo: Paulus, 2019, *Evangelho segundo Mateus.* p. 1.755-1.756.

1100 DOUGLAS, J. D. (Org.). *O novo dicionário da bíblia. O novo dicionário da bíblia.* Edição revisada. Trad. João Bentes. 3. ed. São Paulo: Vida Nova, 2006, p. 1.090.

1101 CHAMPLIN, Russell Norman. *O novo testamento interpretado versículo por versículo*: Mateus/Marcos. Nova edição revisada. São Paulo: Hagnos, 2014, v. 1, it. A crucificação, p. 719.

1102 _____. _____. It. XIII: Morte de Jesus, o Messias, p. 719.

1103 _____. _____. P. 720.

1104 FRANCO, Divaldo Pereira. *Quando voltar a primavera.* Pelo Espírito Amélia Rodrigues. 8. ed. Salvador: LEAL, 2015, cap. 17, p. 118.

1105 _____. _____. P. 119-120.

1106 BÍBLIA DE JERUSALÉM. Gilberto da Silva Gorgulho; Ivo Storniolo e Ana Flora Anderson (Coords.). Diversos tradutores. Nova ed. rev. e ampl. 13. imp. São Paulo: Paulus, 2019, *Evangelho segundo Mateus.* p. 1.755-1.756.

1107 CHAMPLIN, Russell Norman. *O novo testamento interpretado versículo por versículo*: Mateus/Marcos. Nova edição revisada. São Paulo: Hagnos, 2014, v. 1, it. 27.45, p. 727.

1108 _____. _____. It. Hora nona, p. 729.

1109 XAVIER, Francisco Cândido. *Pão nosso.* Pelo Espírito. Emmanuel. 1. ed. 17. imp. Brasília: FEB, 2020, cap. 103, p. 219-220.

PAIXÃO E RESSURREIÇÃO 3 (MT 28:1-20)

O capítulo 28 encerra os estudos do *Evangelho de Mateus* ou *Livro de Levi*. Este capítulo trata dos acontecimentos ocorridos após a crucificação de Jesus, conhecidos como a Ressureição. Embora o tema esteja revestido de um sentimento de tristeza, em razão dos últimos dias do Cristo entre nós, por outro lado, remete-nos a uma imensa alegria quando se constata a vitória do bem contra o mal, da vida contra a morte, que é a gloriosa ressurreição do Cristo.

A história da ressurreição de Jesus também é relatada pelos demais evangelistas. Teremos, então, oportunidade de retomar ao assunto e analisar outros detalhes. Mas, para finalizar o estudo do livro de *Mateus* seguiremos o roteiro indicado na *Bíblia de Jerusalém*, que abrange os seguintes itens: 1) *O túmulo vazio* e *A mensagem do anjo*; 2) *A aparição às santas mulheres*; 3) *A astúcia dos chefes judaicos*; 4) *A aparição de Jesus na Galileia e a missão universal*.

58.1 O TÚMULO VAZIO. A MENSAGEM DO ANJO (MT 28:1-8)[1110]

> *1 Após o sábado, ao raiar do primeiro dia da semana, Maria Madalena e a outra Maria vieram ver o sepulcro. 2 E eis que houve grande terremoto: pois o Anjo do Senhor, descendo do céu e aproximando-se, removeu a pedra e sentou-se sobre ela. 3 O seu aspecto era como o do relâmpago e a sua roupa, alva como a neve. 4 Os guardas tremeram de medo dele e ficaram como mortos. 5 Mas o Anjo, dirigindo-se às mulheres disse-lhes: "Não temais! Sei que estais procurando Jesus, o crucificado. 6 Ele não está aqui, pois ressuscitou, conforme havia dito. Vinde ver o lugar onde ele jazia". 7 E depressa, ide dizer aos discípulos: "Ele ressuscitou de entre os mortos, e eis que vos precede na Galileia; é lá que o vereis. Vede bem, eu vo-lo disse!" 8 Elas partindo depressa do túmulo, comovidas e com grande alegria, correram a anunciá-lo aos seus discípulos.*

No final do capítulo 27, *Mateus* relata que as autoridades judaicas conseguem de Pilatos uma guarda para vigiar o corpo de Jesus, que fora conduzido ao sepulcro por José de Arimateia, pois temiam que os discípulos retirassem o corpo e divulgassem a notícia que o Cristo tinha ressuscitado. Mesmo assim, com toda a vigilância, o corpo de Jesus desapareceu. Allan Kardec analisa o fato de forma objetiva, foge das especulações relacionadas a um possível milagre, contrariando, dessa forma, suposições surgidas ao longo dos séculos nas igrejas cristãs.

> O desaparecimento do corpo de Jesus após sua morte tem sido objeto de inúmeros comentários. É atestado pelos quatro evangelistas, baseados nos relatos das mulheres que foram ao sepulcro no terceiro dia depois da crucificação e lá não o encontraram. Algumas pessoas viram nesse desaparecimento um fato milagroso, enquanto outras o atribuíram a uma subtração clandestina.
>
> Segundo outra opinião, Jesus não teria revestido um corpo carnal, mas apenas um corpo fluídico; não teria sido, em toda a sua vida, mais do que uma aparição tangível, uma espécie de agênere, em suma seu nascimento, sua morte e todos os atos materiais de sua vida teriam sido apenas aparentes. Foi assim que, dizem, seu corpo, voltado ao estado fluídico, pôde desaparecer do sepulcro e foi com esse mesmo corpo que Ele se teria mostrado depois de sua morte.
>
> Sem dúvida, semelhante fato não é radicalmente impossível, dentro do que hoje se sabe sobre as propriedades dos fluidos; mas seria, pelo menos, inteiramente excepcional e em formal oposição ao caráter dos agêneres (cap. 14, it. 36.) Trata-se, pois, de saber se tal hipótese é admissível, ou se é confirmada ou contraditada pelos fatos.[1111]

O Codificador apresenta argumentos tais, que justificam a análise dos fatos da vida de Jesus, do seu nascimento à ressurreição, sempre assinalados por feitos extraordinários. É importante conhecermos de perto esses argumentos:

58.1.1 O CORPO DE JESUS NÃO ERA FLUÍDICO

> Após o suplício de Jesus, seu corpo se conservou inerte e sem vida. Foi sepultado como o são comumente os corpos. E todos o puderam ver e tocar. Após a sua ressurreição, quando quis deixar a Terra, não morreu de novo; seu corpo se elevou, desvaneceu e desapareceu, sem deixar qualquer vestígio, prova evidente de que aquele corpo era de natureza diversa da do que pereceu na cruz. Deve-se, pois, concluir que, se foi possível que Jesus morresse, é que Ele tinha um corpo carnal.
>
> Em virtude de suas propriedades materiais, o corpo carnal é a sede das sensações e das dores físicas, que repercutem no centro sensitivo ou Espírito. Não é o corpo quem sofre, mas o Espírito, que recebe o contragolpe das lesões ou

alterações dos tecidos orgânicos. Num corpo privado de Espírito, a sensação é absolutamente nula. Pela mesma razão, o Espírito, que não tem corpo material, não pode experimentar os sofrimentos que resultam da alteração da matéria, devendo-se igualmente concluir que, se Jesus sofreu materialmente, como ninguém pode duvidar, é que ele tinha um corpo material de natureza semelhante ao de todas as pessoas.[1112]

58.1.2 JESUS POSSUÍA TAMBÉM UM CORPO FLUÍDICO OU PERISPÍRITO

Se as condições de Jesus, durante a sua vida, fossem as dos seres fluídicos, Ele não teria experimentado nem a dor, nem qualquer das necessidades do corpo. Supor que assim haja sido é tirar-lhe o mérito da vida de privações e de sofrimentos que escolhera, como exemplo de resignação. Se tudo nele não passasse de aparência, todos os atos de sua vida, a reiterada predição de sua morte, a cena dolorosa do Jardim das Oliveiras, sua prece a Deus para que lhe afastasse o cálice dos lábios, sua paixão, sua agonia, tudo, até o último brado, no momento de entregar o Espírito, não teria sido mais que um vão simulacro para enganar com relação à sua natureza e fazer crer num sacrifício ilusório de sua vida, numa comédia indigna de um homem simplesmente honesto, e, com mais forte razão, indigna de um ser tão superior. Numa palavra, Ele teria abusado da boa-fé dos seus contemporâneos e da posteridade. Tais as consequências lógicas desse sistema, consequências inadmissíveis, porque o rebaixariam moralmente, em vez de o elevarem.

Como todo homem, Jesus teve, pois, um corpo carnal e um corpo fluídico, o que é atestado pelos fenômenos materiais e pelos fenômenos psíquicos que lhe assinalaram a existência.[1113]

Reportando-nos ao texto de *Mateus* o certo é que as mulheres que foram visitar o sepulcro de Jesus, se surpreenderam ao ver um anjo retirar a pedra que lacrava a entrada da sepultura. Esse anjo anunciou-lhes que Jesus tinha ressuscitado e que elas deveriam transmitir a informação aos discípulos. Ratificamos o que consta dos versículos 2 a 8:

E eis que houve grande terremoto: pois o Anjo do Senhor, descendo do céu e aproximando-se, removeu a pedra e sentou-se sobre ela. O seu aspecto era como o do relâmpago e a sua roupa, alva como a neve. Os guardas tremeram de medo dele e ficaram como mortos. Mas o Anjo, dirigindo-se às mulheres disse-lhes: "Não temais! Sei que estais procurando Jesus, o crucificado. Ele não está aqui, pois ressuscitou, conforme havia dito. Vinde ver o lugar onde ele jazia. E depressa, ide dizer aos discípulos: 'Ele ressuscitou de entre os mortos, e eis que vos precede na Galileia; é lá que o vereis. Vede bem, eu vo-lo disse!" Elas, partindo depressa do túmulo, comovidas e com grande alegria, correram a anunciá-lo aos seus discípulos.

Para a Doutrina Espírita temos aqui a manifestação de fenômenos mediúnicos de efeitos físicos: materialização de um Espírito superior (anjo); a remoção da pedra que lacrava a sepultura e o aviso encaminhado aos discípulos, possivelmente por efeito da voz direta.

58.2 A APARIÇÃO ÀS SANTAS MULHERES (MT 28:9 E 10)[1114]

> *9 E eis que Jesus veio ao seu encontro e lhes disse: "Alegrai-vos". Elas, aproximando-se, abraçaram-lhe os pés, prostrando-se diante dele. 10 Então Jesus disse: "Não temais! Ide anunciar a meus irmãos que se dirijam para a Galileia; lá me verão".*

O estudioso Champlin esclarece que o "[...] fato de Jesus ter aparecido primeiramente a elas [às mulheres], e não aos discípulos, é um registro de profunda significação, porquanto elas haviam sido testemunhas de sua crucificação [...]".[1115] Realmente, Jesus sempre valorizou o papel da mulher na vida em sociedade que, a rigor e por séculos sucessivos, sempre foi considerada inferior, a ponto de, em determinada época da história humana, ocorrer a discussão se, de fato, a mulher tinha alma. Infelizmente, em algumas organizações sociais fechadas ainda permanece o pensamento sobre a inferioridade humana da mulher. De qualquer forma, fica a lição inesquecível do encontro que se deu entre Jesus e Maria Madalena na manhã do terceiro dia após a crucificação. Maria Madalena, ao encontrar o Senhor ressuscitado é transportada para um plano de ternura e gratidão, como assevera Humberto de Campos: "Instintivamente, Madalena se ajoelhou e recebeu o olhar do Mestre, num transbordamento de lágrimas de inexcedível ventura. Era a promessa de Jesus que se cumpria. A realidade da ressurreição era a essência divina, que daria eternidade ao Cristianismo".[1116]

A aparição às mulheres e à Maria Madalena está, todavia, regada de pormenores nem sempre concordantes nos registros dos demais evangelistas e interpretadores dos textos evangélicos. São pormenores que não anulam o fato simples e direto: Jesus ressuscitou. Ele venceu a morte, fez cumprir sua promessa de ressurreição no terceiro dia. Tal acontecimento levantou o ânimo, abafou a dor dos discípulos e dera-lhes a certeza de que um imenso caminho de evangelização do mundo se iniciava.

O Espírito Amélia Rodrigues recorda qual era, naquele momento, o clima emocional e psíquico dos discípulos e dos habitantes de Jerusalém:

O Mestre falara que volveria três dias depois de morto.

Eles criam, mas já não sabiam em que acreditar.

O medo é algoz impenitente, que oblitera a razão e anula a claridade mental.

[...]

A paisagem de horror da tarde ensombrada, em que Ele fora sacrificado, não lhes saía da mente.

Macerado, em abandono pelos melhores amigos, Ele não se defendera, não se queixara e permanecera estoico até o fim.

Agora, que O recordavam, percebiam a dimensão da ingratidão de que deram mostras.

São lentas as horas da aflição e do arrependimento, quanto são rápidos os minutos da alegria.

A cidade se apresentava tensa.

As conversas eram rumores e as consciências eram cavernas onde se homiziaram a covardia e os receios injustificáveis.

Anás e Caifás, Pilatos e Herodes sentiam o ar pesado, após a consumação do crime organizado.

Jerusalém jamais olvidaria aqueles dias e dificilmente se recuperaria deles...[1117]

Ainda assinala Amélia Rodrigues que, a par da tristeza generalizada que se abatia sobre os discípulos, eis que chega a notícia alvissareira, trazida pela alegria de Maria de Magdala (mais conhecida como Maria Madalena), Joana de Cusa e Maria de Cleófas que, ao se dirigirem ao sepulcro para levar bálsamos e óleos encontraram o túmulo vazio e Jesus ressuscitado. O pequeno diálogo ocorrido entre Jesus e Maria de Madalena tem muito a nos dizer:

> Ao adentrarem-se na antessala da caverna feita para as despedidas, viram um ser angélico que as informou da ocorrência. [*Mateus*, 28:1-10; *Marcos*, 16:1-11; *Lucas*, 24:10-12 – nota da autora espiritual.]
>
> Na parte inferior da sepultura estavam os panos que o cingiram e vazia a cova silenciosa.
>
> Susto e angústia dominaram-nas naquele momento grave.
>
> Maria de Magdala, saindo, a chorar, interrogou o jardineiro que cuidava das rosas silvestres e do local:
>
> — *Para onde O levaram?*
>
> Ele voltou-se. Todo em luz, tangível e vivo, o Mestre sorriu:
>
> — *Rabboni!* (Mestrezinho!)
>
> — *Maria! Ainda não fui a meu Pai. Avisa aos companheiros para que sigam à Galileia onde os encontrarei.*[1118]

Sem dúvida, o Mestre amado tinha gloriosamente ressurgido dos mortos, fazendo-nos compreender que a "[...] ressurreição incontestável era o selo da sua legitimidade, após as lutas que o túmulo não encerrara. Ressurreição e vida numa sinonímia profunda. As esperanças consolidaram-se. O medo cedeu ao desejo do sacrifício".[1119]

Ao refletir a respeito da preciosa lição da ressurreição, Emmanuel orienta-nos como inseri-la no contexto da nossa vida diária:

> Recordamos [...] o Benfeitor Celeste, em sua gloriosa ressurreição, e desejamos sejam essas páginas uma saudação dos vivos da Espiritualidade que bradam para os vivos da Escola Humana:
>
> — Irmãos, aproveitai o tempo que vos é concedido na Terra para a construção da verdadeira felicidade!...
>
> A morte é renovação, investindo a alma na posse do bem ou do mal que cultivou em si mesma durante a existência.
>
> Vinde à esperança, vós que chorais na sombra da provação!
>
> Suportai a dor como bênção do Céu e avançai para a luz sem desfalecer!...
>
> Além da cinza que o túmulo espalha sobre os sonhos da carne, a alma que amou e elevou-se renasce plena de alegria na vida eterna, qual esplendoroso sol, fulgurando além da noite.
>
> Depois de curto estágio na Terra, estareis conosco na triunfante imortalidade!
>
> Ajudai-vos uns aos outros.
>
> Educai-vos, aprendendo e servindo!...
>
> E, buscando a inspiração de Jesus para a nossa luta de cada dia, roguemos a Deus nos abençoe.[1120]

58.3 A ASTÚCIA DOS CHEFES JUDAICOS (MT 28:11-15)[1121]

> *11 Enquanto elas iam, eis que alguns da guarda foram à cidade e anunciaram aos chefes dos sacerdotes tudo o que acontecera. 12 Estes, depois de se reunirem com os anciãos e deliberarem com eles, deram aos soldados uma vultosa quantia em dinheiro, 13 recomendando: "Dizei que os seus discípulos vieram de noite, enquanto dormíeis, e o roubaram. 14 Se isso chegar aos ouvidos do governador, nós o convenceremos e vos deixaremos sem complicação". 15 Eles pegaram o dinheiro e agiram de acordo com as instruções recebidas. E espalhou-se essa história entre os judeus até o dia de hoje.*

Quanta inocência! Como deter a marcha do progresso? Como adulterar a própria História que dividiu a trajetória da Humanidade em antes do Cristo e depois d'Ele? Consultemos *O livro dos espíritos*.[1122] Questão 781: "É permitido ao homem deter a marcha do progresso?" Resposta: "Não, mas pode entravá-la algumas vezes". Questão 781-a: "Que pensar dos homens que tentam deter a marcha do progresso e fazer que a Humanidade retrograde?" Resposta: "Pobres seres, que Deus castigará. Serão arrastados pela torrente que procuram deter.

Comentário de Kardec à questão 781-a:[1123]

> *Sendo o progresso uma condição da natureza humana, ninguém tem o poder de se opor a ele. É uma força viva que as más leis podem retardar, mas não sufocar. Quando essas leis se tornam incompatíveis com o progresso, são aniquiladas com os que se esforçam por mantê-las. E assim será até que o homem tenha posto suas leis em conformidade com a Justiça Divina, que quer o bem para todos, e não a imposição de leis feitas para o forte em detrimento do fraco.*

58.4 A APARIÇÃO DE JESUS NA GALILEIA E A MISSÃO UNIVERSAL (MT 28:16-20)[1124]

> *16 Os onze discípulos caminharam para a Galileia, à montanha que Jesus lhes determinara. 17 Ao vê-lo, prostraram-se diante deles. Alguns, porém, duvidaram. 18 Jesus, aproximou-se deles, falou: "Todo poder foi me dado no Céu e sobre a Terra. 19 Ide, portanto, e fazei que todas as nações se tornem discípulos, batizando-as em nome do Pai, do Filho e do Espírito Santo. 20 E ensinando-as a observar tudo quanto vos ordenei. E eis que eu estou convosco todos os dias, até a consumação dos séculos!"*

As aparições de Jesus após a sua crucificação é ponto incontestável, sem espaço para dúvidas. Mas para se ter uma visão geral do assunto, relacionamos as manifestações do Senhor a diversos discípulos, em diferentes ocasiões, com o destaque de que nem todas foram citadas, explicitamente, por *Mateus* e que o registro considerado mais preciso é o de João:

» A descoberta do sepulcro vazio. Dia seguinte à crucificação: manhã do Domingo de Páscoa (Mt 28:1 a 8);

» Aparição às mulheres (possivelmente, Maria de Madalena, Joana de Cusa e Maria de Cleófas), no dia seguinte à crucificação (Mt 28:9-10);

» Aparição à Maria de Madalena, três dias após a crucificação (Jo 20:11-18);

» Aparição de Jesus a dois discípulos na estrada de Emaús, três dias após a crucificação (Lc 24:13-35);

> Aparição a Tomé e aos discípulos, oito dias após a crucificação (Jo 20:19-29);

> Aparição de Jesus a Simão, Tomé, Natanael, João e Tiago, filhos de Zebedeu, e a mais dois discípulos, à margem do lago de Tiberíades. Não se sabe quando tal manifestação se deu (Jo 21: 1-8) e os acompanhou até Betânia (Lc 24:50-53);

> Última aparição aos discípulos num monte da Galileia (Mt 28:16-20).

Allan Kardec apresenta as seguintes considerações a respeito das várias aparições de Jesus após a sua morte na cruz, fato que comprova a imortalidade, sobrevivência e individualidade do Espírito em outra dimensão da vida — a espiritual:

> Todos os evangelistas narram as aparições de Jesus, após sua morte, com detalhes circunstanciados que não permitem se duvide da sua realidade. Elas, aliás, se explicam perfeitamente pelas leis fluídicas e pelas propriedades do perispírito e não apresentam nada de anômalo em face do fenômeno do mesmo gênero, de que a História, antiga e moderna, oferece numerosos exemplos, sem lhes faltar sequer a tangibilidade. Se notarmos as circunstâncias em que ocorreram as suas diversas aparições, nele reconheceremos, em tais ocasiões, todas as características de um ser fluídico. Aparece inopinadamente e do mesmo modo desaparece; uns o veem, outros não, sob aparências que nem mesmo os seus discípulos o reconhecem; mostra-se em recintos fechados, onde um corpo carnal não poderia penetrar; sua própria linguagem não tem a vivacidade da de um ser corpóreo; fala em tom breve e sentencioso, peculiar aos Espíritos que se manifestam daquela maneira; todas as suas atitudes, em suma, denotam alguma coisa que não é do mundo terreno. Sua presença causa simultaneamente surpresa e medo; ao vê-lo, seus discípulos não lhe falam com a mesma liberdade de antes; sentem que já não é um homem [encarnado].
>
> Jesus, portanto, se mostrou com o seu corpo perispirítico, o que explica que só tenha sido visto pelos que Ele quis que o vissem. se estivesse com o seu corpo carnal, todos o veriam, como quando estava vivo.[1125]

O Espírito Humberto de Campos relata que a última aparição de Jesus, ocorrida na Galileia, foi presenciada não apenas pelos membros do colégio apostolar, mas por uma multidão que, ao todo, somava-se quinhentas pessoas:

> Depois do Calvário, verificadas as primeiras manifestações de Jesus no cenáculo singelo de Jerusalém, apossara-se de todos os amigos sinceros do Messias uma saudade imensa de sua palavra e de seu convívio. A maioria deles se apegava

aos discípulos, como que querendo reter as últimas expressões de sua mensagem carinhosa e imortal.

[...]

Foi quando Simão Pedro e alguns outros salientaram a necessidade de regresso a Cafarnaum, para os labores indispensáveis da vida.

Em breves dias, as velhas redes mergulhavam de novo no Tiberíades, por entre as cantigas rústicas dos pescadores.

[...]

No entanto ao pé do monte onde o Cristo se fizera ouvir algumas vezes, exalçando as belezas do Reino de Deus e da sua Justiça, reuniam-se invariavelmente todos os antigos seguidores mais fiéis, que se haviam habituado ao doce alimento de sua palavra inesquecível.

[...]

Numa tarde de azul profundo, a reduzida comunidade de amigos do Messias, ao lado da pequena multidão, reuniu-se em preces, no sítio solitário. João havia comentado as promessas do Evangelho, enquanto na encosta se amontoava a assembleia dos fiéis seguidores do Mestre. Viam-se, ali, algumas centenas de rostos embevecidos e ansiosos. Eram romanos de mistura com judeus desconhecidos, mulheres humildes conduzindo os filhos pobres e descalços, velhos respeitáveis, cujos cabelos alvejavam da neve dos repetidos invernos da vida.[1126]

Humberto de Campos relata também que, segundo as tradições existentes no Plano Espiritual, aquele dia caracterizaria a última aparição de Jesus que, ao despedir-se, deixou orientações bem claras relacionadas à implantação do seu Evangelho no coração dos homens. Consta que Jesus apareceu a aproximadamente quinhentas pessoas — denominadas, mais tarde, de *Os Quinhentos da Galileia* —, prestando-lhes os seguintes esclarecimentos:

— Amados — [...], eis que retorno à vida em meu Pai para regressar à luz do meu Reino!... Enviei meus discípulos como ovelhas no meio de lobos e vos recomendo que lhes sigais os passos no escabroso caminho. Depois deles, é a vós que confio a tarefa sublime da redenção pelas verdades do Evangelho. Eles serão os semeadores, vós sereis o fermento Divino. Instituo-vos os primeiros trabalhadores, os herdeiros iniciais dos Bens Divinos. Para entrardes na posse desse tesouro celestial, muita vez experimentareis o martírio da cruz e o fel da ingratidão... Em conflito permanente no mundo, estareis na Terra, fora de suas leis implacáveis e egoísticas, até que as bases do meu Reino de concórdia e justiça se estabeleça no espírito das criaturas. Negai-vos a vós mesmos, como neguei a minha própria vontade na execução dos desígnios de Deus, e tomai a vossa cruz para seguir-me.

Séculos de luta vos esperam na estrada universal. É preciso imunizar o coração contra todos os enganos da vida transitória, para a soberana grandeza da vida imortal. Vossas sendas estarão repletas de fantasmas de aniquilamento e de visões da morte. O mundo inteiro se levantará contra vós, em obediência espontânea às forças tenebrosas do mal, que ainda lhes dominam as fronteiras. Sereis escarnecidos e aparentemente desamparados; a dor vos assolará as esperanças mais caras; andareis esquecidos na Terra, em supremo abandono do coração. Não participareis do venenoso banquete das posses materiais, sofrereis a perseguição e o terror, tereis o coração coberto de cicatrizes e de ultrajes. A chaga é o vosso sinal, a coroa de espinhos o vosso símbolo; a cruz o recurso ditoso da redenção. Vossa voz será a do deserto, provocando, muitas vezes, o escárnio e a negação da parte dos que dominam na carne perecível [...].[1127]

Em conclusão, o Mestre Nazareno reafirma, uma vez mais, ser o guia e modelo da Humanidade terrestre,[1128] e quem nos conduzirá aos parámos da evolução espiritual:

> Porém, no desenrolar das batalhas sem sangue, do coração, quando todos os horizontes estiverem abafados pelas sombras da crueldade, dar-vos-ei da minha paz, que representa a água viva. Na existência ou na morte do corpo, estareis unidos ao meu Reino.
>
> [...]
>
> Amados, eis que também vos envio como ovelhas aos caminhos obscuros e ásperos. Entretanto, nada temais! Sede fiéis ao meu coração, como vos sou fiel, e o bom ânimo representará a vossa estrela! Ide ao mundo, onde teremos de vencer o mal! Aperfeiçoemos a nossa escola milenária, para que aí seja interpretada e posta em prática a lei de amor do Nosso Pai, em obediência feliz à Sua Vontade Augusta![1129]

REFERÊNCIAS

[1110] BÍBLIA DE JERUSALÉM. Gilberto da Silva Gorgulho; Ivo Storniolo e Ana Flora Anderson (Coords.). Diversos tradutores. Ed. rev. e ampl. São Paulo: Paulus, 2013, *Evangelho segundo Mateus*, p. 1.757.

[1111] KARDEC, Allan. *A gênese*. Trad. Evandro Noleto Bezerra. 2. ed. 2. imp. Brasília: FEB, 2019, cap. 15, it. 64, p. 300.

[1112] _____. _____. It. 65, p. 301.

[1113] _____. _____. It. 66, p. 301-302.

[1114] BÍBLIA DE JERUSALÉM. Gilberto da Silva Gorgulho; Ivo Storniolo e Ana Flora Anderson (Coords.). Diversos tradutores. Ed. rev. e ampl. São Paulo: Paulus, 2013, *Evangelho segundo Mateus*, p. 1.757.

[1115] CHAMPLIN, Russell Norman. *O novo testamento interpretado versículo por versículo*: Mateus/Marcos. Nova ed. rev. São Paulo: Hagnos, 2014, v. 1, it. Jesus aparece às mulheres, p. 743.

1116 XAVIER, Francisco Cândido. *Boa nova*. Pelo Espírito Humberto de Campos. 37. ed. 15. imp. Brasília: FEB, 2020, cap. 22, p. 147.

1117 FRANCO, Divaldo Pereira. Há flores no caminho. Pelo Espírito Amélia Rodrigues. 9. ed. Salvador: LEAL, 2015, cap. 24, p. 148.

1118 _____. _____. P. 149-150.

1119 _____. _____. P. 150.

1120 XAVIER, Francisco Cândido. *Instruções psicofônicas*. Por diversos Espíritos. 10. ed. 3. imp. Brasília: FEB, 2019, Prefácio: *Em saudação* (mensagem de Emmanuel), p. 16.

1121 BÍBLIA DE JERUSALÉM. Gilberto da Silva Gorgulho; Ivo Storniolo e Ana Flora Anderson (Coords.). Diversos tradutores. Ed. rev. e ampl. São Paulo: Paulus, 2013, *Evangelho segundo Mateus*, p. 1.757.

1122 KARDEC, Allan. *O livro dos espíritos*. Trad. Evandro Noleto Bezerra. 4. ed. 9. imp. Brasília: FEB, 2020, q. 781 e 781-a, p. 339.

1123 _____. _____. Q. 781-a, comentário, p. 339.

1124 BÍBLIA DE JERUSALÉM. Gilberto da Silva Gorgulho; Ivo Storniolo e Ana Flora Anderson (Coords.). Diversos tradutores. Ed. rev. e ampl. São Paulo: Paulus, 2013, *Evangelho segundo Mateus*, p. 1.758.

1125 KARDEC, Allan. *A gênese*. Trad. Evandro Noleto Bezerra. 2. ed. 2. imp. Brasília: FEB, 2019, cap. 15, it. 61, p. 298.

1126 XAVIER, Francisco Cândido. *Boa nova*. Pelo Espírito Humberto de Campos. 37. ed. 15. imp. Brasília: FEB, 2020, cap. 29, p. 185-186.

1127 _____. _____. P. 187-188.

1128 KARDEC, Allan. *O livro dos espíritos*. Trad. Evandro Noleto Bezerra. 4. ed. 9. imp. Brasília: FEB, 2020, q. 625, p. 285.

1129 XAVIER, Francisco Cândido. *Boa nova*. Pelo Espírito Humberto de Campos. 37. ed. 15. imp. Brasília: FEB, 2020, cap. 29, p. 188 e 189.

O QUE É ESPIRITISMO?

O Espiritismo é um conjunto de princípios e leis revelados por Espíritos Superiores ao educador francês Allan Kardec, que compilou o material em cinco obras que ficariam conhecidas posteriormente como a Codificação: *O livro dos espíritos*, *O livro dos médiuns*, *O evangelho segundo o espiritismo*, *O céu e o inferno* e *A gênese*.

Como uma nova ciência, o Espiritismo veio apresentar à Humanidade, com provas indiscutíveis, a existência e a natureza do Mundo Espiritual, além de suas relações com o mundo físico. A partir dessas evidências, o Mundo Espiritual deixa de ser algo sobrenatural e passa a ser considerado como inesgotável força da Natureza, fonte viva de inúmeros fenômenos até hoje incompreendidos e, por esse motivo, são tidos como fantasiosos e extraordinários.

Jesus Cristo ressaltou a relação entre homem e Espírito por várias vezes durante sua jornada na Terra, e talvez alguns de seus ensinamentos pareçam incompreensíveis ou sejam erroneamente interpretados por não se perceber essa associação. O Espiritismo surge então como uma chave, que esclarece e explica as palavras do Mestre.

A Doutrina Espírita revela novos e profundos conceitos sobre Deus, o Universo, a Humanidade, os Espíritos e as leis que regem a vida. Ela merece ser estudada, analisada e praticada todos os dias de nossa existência, pois o seu valioso conteúdo servirá de grande impulso à nossa evolução.

FEB editora
Livro espírita para um novo mundo
www.febeditora.com.br
@febeditoraoficial
@febeditora

Conselho Editorial:
Carlos Roberto Campetti
Cirne Ferreira de Araújo
Evandro Noleto Bezerra
Geraldo Campetti Sobrinho – Coord. Editorial
Jorge Godinho Barreto Nery – Presidente
Maria de Lourdes Pereira de Oliveira
Miriam Lúcia Herrera Masotti Dusi

Produção Editorial:
Elizabete de Jesus Moreira

Revisão:
Elizabete de Jesus Moreira
Jorge Leite de Oliveira

Capa e diagramação:
Thiago Pereira Campos

Projeto Gráfico:
Rones José Silvano de Lima – instagram.com/bookebooks_designer

Normalização Técnica:
Biblioteca de Obras Raras e Documentos Patrimoniais do Livro

Apoio:
Grupo Alegria é Servir

Esta edição foi impressa pela Viena Gráfica e Editora Ltda., Santa Cruz do Rio Pardo, SP, com tiragem de 1 mil exemplares, todos em formato fechado de 170x250 mm e com mancha de 124x204 mm. Os papéis utilizados foram o Offset 63 g/m² para o miolo e o Cartão 250 g/m² para a capa. O texto principal foi composto em Minion Pro 12/15 e os títulos em Zurich Lt BT Light 22/26,4. Impresso no Brasil. *Presita en Brazilo.*